刑事法律适用与案例指导丛书

总主编　胡云腾

危害公共安全罪案件
法律适用与案例指导

本册　主　编　党广锁
　　　副主编　靳　岩

人民法院出版社

图书在版编目（CIP）数据

危害公共安全罪案件法律适用与案例指导 / 党广锁
主编 ; 靳岩副主编. -- 北京 : 人民法院出版社,
2023.11
（刑事法律适用与案例指导丛书 / 胡云腾总主编）
ISBN 978-7-5109-3823-8

Ⅰ. ①危… Ⅱ. ①党… ②靳… Ⅲ. ①危害公共安全
罪－审判－案例－中国 Ⅳ. ①D924.325

中国国家版本馆CIP数据核字(2023)第117587号

危害公共安全罪案件法律适用与案例指导

党广锁　主编　靳　岩　副主编

策划编辑　韦钦平　郭继良
责任编辑　张　怡
执行编辑　沈洁雯
封面设计　尹苗苗
出版发行　人民法院出版社
地　　址　北京市东城区东交民巷 27 号（100745）
电　　话　（010）67550667(责任编辑)　67550558（发行部查询）
　　　　　　　　65223677(读者服务部)
客 服 QQ　2092078039
网　　址　http://www.courtbook.com.cn
E - mail　courtpress@sohu.com
印　　刷　三河市国英印务有限公司
经　　销　新华书店

开　　本　787 毫米×1092 毫米　1/16
字　　数　600 千字
印　　张　23.75
版　　次　2023 年 11 月第 1 版　2023 年 11 月第 1 次印刷
书　　号　ISBN 978 - 7 - 5109 - 3823 - 8
定　　价　79.00 元

危害公共安全罪案件法律适用与案例指导
编辑委员会

主　编：党广锁

副主编：靳　岩

撰稿人（按写作顺序）：

范杰臣　祝柏多　全　荃　武亦文　周泓仰

孙　璐　靳昊霖　王雅琦　张明杰　王艳秋

张　媛　庞诗雯　文　明　余爱民　李丽丹

刘志加　赵雪莹　王腾野　侯婉秋　商　雨

魏　盼　计书籴

出版说明

人民法院的刑事审判工作是党领导人民规制犯罪和治理社会的重要渠道和有效手段，发挥着保障人权，惩罚犯罪，维护社会公平正义，保障社会安定团结的重要职能。在全面建设社会主义现代化国家的新征程上，刑事审判要深入贯彻落实习近平法治思想，全面贯彻党的二十大精神，落实总体国家安全观，紧紧围绕"公正与效率"主题着力提升刑事案件审判水平，充分发挥审判职能作用，更好服务推进中国式现代化，助推以新安全格局保障新发展格局。

司法实践的复杂性与不断发展变化性导致实务中出现的大量问题总是超越立法时的设计。面对层出不穷的各类实务问题，唯有不断加强法律适用研究才能妥当处置。而法律适用研究不单单是法教义学的使命和主题，通过刑事政策的居高引领，强调政治效果、法律效果和社会效果的高度统一也是应有之义。因此，本丛书的出发点和目的地就是试图从妥当处置实务问题的角度出发，通过法律适用问题的研究，回应法律实务之需，为法律实务工作者提供必备的工具助手和法律智囊。

本套丛书以习近平法治思想为指导，其内容涵盖刑法总则，危害公共安全，破坏社会主义市场经济秩序，金融犯罪，侵犯公民人身权利、民主权利，侵犯财产，妨害社会管理秩序，毒品犯罪，贪污贿赂、渎职，刑事诉讼十个专题。在最高人民法院有关领导和专家的指导帮助下，丛书编写汇聚了北京市高级人民法院、黑龙江省高级人民法院、上海市高级人民法院、江苏省高级人民法院、浙江省高级人民法院、山东省高级人民法院、云南省高级人民法院、天津市第一中级人民法院、上海市第一中级人民法院、重庆市第五中级人民法院刑事审判庭的集体智慧。丛书立足刑事审判业务前沿，从司法实务中具体的疑难问题出发，结合刑事法理论认真进行法律适用研究，提炼问题、分析问题并最终解决问题，以期在刑事案件的侦查、公诉、辩护和审判中对读者能有所裨益。质言之，丛书具有如下三大特点：

（一）全面性、系统性

本套丛书定位为全面系统梳理整个刑事法律实务内容的大型实务工具书，其全面性系统性表现在：一是从各类犯罪构成要件、审判态势、审判原则、审判理念到审判所涉及的法律法规、司法解释、刑事审判政策等审判依据的全面系统梳理阐述；二是从最高人民法院、最高人民检察院指导性案例、公报案例，到近10年来刑事审判参考案例、最高人民法院公布的典型案例、人民法院案例选案例、地方法院新型疑难典型案例的全面归纳整理；三是对审判实践中的重点、疑难新型问题全面系统梳理提炼。以上三点亦是本丛书中各类犯罪各章、节的组成部分，内容由总到分，由点及面，层层递进，步步深入，观照每一节内容的系统性和完整性，从而保障了丛书的全面性系统性。

（二）针对性、实用性

本套丛书着眼于刑事审判实践中的重点、疑难新型问题，具有极强的针对性。实务中问题的筛选范围时间跨度长达10年，不仅收录了审判实践前沿问题，亦收录了司法解释明确，但实践中存在理解不一致、不准确的问题，采用一问一案或多案解读的模式，详细阐明事理法理情理，鲜活生动，深入透彻。同时，对于类案审判实务中较难把握的审判价值取向、刑事政策等类案裁判规则集中进行了阐释分析。丛书收录近2000个问题，多达1800余个案例，涉及约300个罪名，力求在目录和案例标题中呈现每一个细致的问题，以便检索，增强实用性和便捷性。

（三）权威性、准确性

本套丛书以最高人民法院司法裁判资源为基础，精选案例、提炼观点，由审判实践一线的专家型、学者型法官及审判业务骨干参与编写，并由最高人民法院专家型法官把关，观点来源权威。选取地方法院案例时要求在裁判观点上与最高人民法院的案例观点保持一致，而且各观点之间要在法律适用上保持统一性，避免前后矛盾、裁判依据不统一等问题。准确性主要体现在两方面：一是法律法规、司法解释等审判依据的有效性、规范性，确保适用的是最新的立法和司法解释；二是案例和问题提炼精准。

需要说明的是各类案例在内容编写时，考虑篇幅的问题，对部分内容进行了适当删减和修改。

囿于编写者和编辑水平能力有限，丛书在内容上难免挂一漏万，不当与错误之处，敬请读者批评指正。

编者

2023 年 10 月

前 言

危害公共安全罪规定在《刑法》分则的第二章，共三十七个条文，是一个概括性罪名，该罪侵犯的客体是公共安全，即不特定多人人的生命、健康和重大公私财产安全及公共生产、生活安全，这类犯罪同侵犯人身权利的故意杀人罪、故意伤害罪及侵犯财产的贪污罪、盗窃罪等有显著不同，其伤亡、损失的范围和程度往往是难以预料的。实践中，危害公共安全犯罪案件是刑事审判中的重要案件类型，司法实践中存在不少法律适用等方面的问题亟待解决，比如危险驾驶罪案件中刑期、罚金的标准不统一，交通肇事罪案件中附带民事赔偿执行困难，其他类型的案件在审理过程中存在对犯罪对象界定不清楚、不统一的问题等，对危害公共安全犯罪法律适用问题研究的系统性和指导性还有待加强，这一形势下，系统梳理、研究危害公共安全犯罪法律适用问题，对于进一步提高涉危害公共安全犯罪案件审判水平和统一法律适用，提升审判质效、统一裁判尺度、提高司法公信力具有重要意义。

基于以上考量，我们欣然接受人民法院出版社的邀请，参与《刑事法律适用与案例指导丛书》之《危害公共安全罪案件法律适用与案例指导》一卷的编写，自 2021 年开始，黑龙江高院各刑事审判庭在黑龙江高院党组领导下，积极组织多名法官及法官助理，前后历时两年多，经编辑部多次修改统稿，并结合审判实际，撰写本书。本书针对《刑法》分则第二章危害公共安全罪中各罪名在《刑法》总则、分则以及程序适用等方面的问题进行了全面的梳理与解读，以司法实践中涉及的争议问题和典型问题为导向，针对每一个具体问题总结审判经验，提炼审判规则。着力于汇总与释明司法实践中认定的关于《刑法》分则第二章危害公共安全罪中各罪名的适用规则和规则缘由，并通过典型案例予以阐明，希望以此进一步细化其规则、明晰其争议、规范其适用。

在书籍编写过程中，黑龙江高院刑一庭庭长范杰臣负责对应部分的统筹规划协调工作，副庭长祝柏多负责对应部分的具体指导及审校把关，法官助理周泓仰、靳昊霖负责概述部分撰写，法官助理武亦文、周泓仰、孙璐负责组织、领导、参加恐怖组织罪，宣扬恐怖主义、极端主义、煽动实施恐怖活动罪，利用极端主义破坏法律实施罪一章撰写，南岗区人民法院刑事审判庭副庭长全荃负责非法制造、买卖、运输、邮寄、储存枪支、弹药、爆炸物罪，非法制造、买卖、运输、储存危险物质罪一章撰写。

黑龙江高院刑二庭庭长王雅琦负责其对应部分统筹规划协调工作，副庭长张明杰负责对应内容的审校把关，法官助理王艳秋、张媛、庞诗雯负责梳理全省法院近五年审理的相关案件，从中筛选具有典型意义的案例。为确保丛书相关内容完整性，法官助理张媛、庞诗雯负责收集整理并充分吸收各省市典型案例及最高人民法院发布的刑事审判参考案例等。为发挥丛书在审判工作中的参考作用，法官助理张媛、庞诗雯负责及时更新相关罪名法律法规及司法解释，在关注司法实践的基础上，也梳理汇总学术前沿观点。最终，形成包含概述、审判依据、实践中疑难新型问题三部分的书稿体例。

黑龙江高院原刑三庭庭长王雅琦、刑三庭法官助理赵雪莹负责其对应部分的统筹规划协调工作，刑三庭庭长文明对全书内容审校把关。原刑三庭庭长王雅琦、刑三庭法官助理赵雪莹负责以危险方法危害公共安全罪一章撰写，副庭长余爱民、法官助理王腾野负责危险驾驶罪一章撰写，副庭长李丽丹、原刑三庭法官助理商雨负责放火罪、爆炸罪、投放危险物质罪一章撰写，刑三庭法官刘志加、法官助理侯婉秋负责交通肇事罪一章撰写，刑三庭法官助理魏盼、计书籴负责校对工作。

需要说明的是，人民法院审理案件都是依照当时的法律、法规进行审理的，随着经济社会的不断发展变迁，社会主义民主法治的日益健全，新的法律法规和司法解释不断出现，尽管在本书编写过程中，我们已尽其所能注明新法及司法解释，但难免挂一漏万。因此，请读者在阅读本书时，务必注意其中案例的审理时间以及所依照法律法规的时效性，全面、准确分析研究，在案件办理时，正确适用法律、司法解释有关规定。

在编写过程中，虽已慎之又慎，但也难免存在疏漏之处，就其中的不足和问题，欢迎各位读者批评指正。

本卷编者

2023 年 10 月

目录

导　论

第一章　交通肇事罪

第二章　危险驾驶罪

第一节　危险驾驶罪概述 / 107

第三章　以危险方法危害公共安全罪

第四章　放火罪、爆炸罪、投放危险物质罪

第五章　重大责任事故罪、重大劳动安全事故罪、危险物品肇事罪

第六章　破坏交通工具罪，破坏交通设施罪，破坏广播电视设施、公用电信设施罪，破坏电力设备罪，破坏易燃易爆设备罪

第七章　组织、领导、参加恐怖组织罪，宣扬恐怖主义、极端主义、煽动实施恐怖活动罪，利用极端主义破坏法律实施罪

第八章 劫持航空器罪，劫持船只、汽车罪

第九章 非法制造、买卖、运输、邮寄、储存枪支、弹药、爆炸物罪，非法制造、买卖、运输、储存危险物质罪，非法持有、私藏枪支、弹药罪

导 论

一、危害公共安全罪概念及构成要件

危害公共安全罪，是指故意或者过失地实施危及不特定或者多数人的生命、健康或者重大公私财产安全的行为。本类犯罪具有如下共同构成要件。

（一）客体要件

本类犯罪侵犯的客体是公共安全。何谓公共安全，理论上有不同理解：第一种观点认为，公共安全是指不特定多数人的生命、健康、重大公私财产安全以及公共生产、生活的安全。这种观点曾长期处于我国通说的地位，但现在受到不少学者的质疑。第二种观点认为，公共安全是指多数人的生命、身体或财产安全，不问是特定还是不特定，只要是对多数人的生命、身体或者财产造成威胁，就是危害公共安全。第三种观点认为，公共安全是指不特定人的生命、健康、财产安全。第四种观点认为，公共安全是指不特定或者多数人的生命、身体或财产的安全。这种观点在日本等大陆法系国家处于通说地位，20 世纪 90 年代以来在我国也得到较多学者的支持，有成为新的通说之势。

我们认为，公共安全的概念实际上包含两方面的内容：其一是"公共"；其二是"安全"。所谓安全，指的是生命、身体或财产"没有危险，不受威胁"，这一点为上述各种观点所公认。然而，《刑法》对于生命、身体、财产的保护不限于分则第二章"危害公共安全罪"，《刑法》还设有专章来惩治侵犯公民人身权利、民主权利以及侵犯财产的犯罪，这就意味着公共安全必须具有不同于单纯的人身安全或财产安全的性质。换言之，公共安全的本质特征在于"公共"，强调的是"社会性"与"公众性"。通常情况下，"社会性"与"公众性"是通过"多数"来体现的。而至于"不特定"，由于其蕴含着向"多数"发展的可能性，会导致社会成员产生不安全感，这种不安全感随时可能转化为多数人遭受侵害的现实。因此，"公共安全"应是指不特定或者多数人的生命、健康或重大公私财产的安全。所谓"不特定"，是指行为人对其行为可能侵害的对象与可能造成的后果事先无法具体预料，也难以控制。实施危害公共安全犯罪的行为人，有的往往有特定的侵害的对象，行为人对损害的可能范围也有所估计和认识。但行为一旦实施，实际侵害的对象和造成或可能造成的后果却具有不确定性，经常超出行为人先前"意图"的范围，是行为人难以控制的。因此，不能将"不特定"理解为没有特定的侵犯对象或目标。"多数"，是相对于其他犯罪只能危害到单个或少数对象而言，难以用具体数字说明。"多数"既可以是"不特定的"，也可以是"特定的"。只要行为使较多的人感受到生命、健康和重大公私财产有危险时，就应认定为危害了公共安全。

（二）客观要件

本类犯罪的客观方面表现为实施危及公共安全的行为。既包括对公共安全已经造成严重后果的行为，也包括具有足以造成严重后果的危险的行为。行为方式既可以是作为，也可以是不作为。具体表现为以危险方法实施的危害公共安全的行为、危害交通运输安全的行为、破坏重要公共设施的行为、违反安全规则造成重大责任事故的行为、实施恐怖活动的行为，以及针对具有极大杀伤性的枪支、弹药、爆炸物及危险物质的行为等。本类犯罪的行为必须具有危害公共安全的性质，即必须具有使不特定或多数人的生命、健康或公私财产的安全遭受侵害的重大危险性。对于过失危害公共安全的行为，《刑法》明文规定必须以造成严重后果作为犯罪成立的必备条件。而故意实施危害公共安全行为的，即使尚未造成严重后果，只要造成足以危害公共安全的危险状态，就构成犯罪。

（三）主体要件

本类犯罪的主体，既有一般主体，又有特殊主体。其中大多数犯罪的主体为一般主体。例如，放火罪、爆炸罪以及投放危险物质罪等。少数犯罪主体要求由从事特定业务或具有特定职务的人员构成。例如，非法出租、出借枪支罪，重大飞行事故罪等。有些犯罪主体既可由单位构成，也可由自然人构成。例如，资助恐怖活动罪，非法制造、买卖、运输、储存危险物质罪等。而有的犯罪主体却只能由单位构成，例如，违规制造、销售枪支罪等。根据《刑法》第 17 条的规定，已满 14 周岁不满 16 周岁的人，对放火、爆炸、投放危险物质罪，应当负刑事责任。

（四）主观要件

本类犯罪的主观方面，既有故意，也有过失。其中有的犯罪只能由故意构成，有的犯罪则只能由过失构成。过失犯罪的数量居《刑法》分则规定的各类犯罪之首，是本类犯罪的一大特点。

二、危害公共安全罪案件审理情况

危害公共安全罪，具体包括放火罪，决水罪，爆炸罪，投放危险物质罪，以危险方法危害公共安全罪，失火罪，破坏交通工具罪，破坏交通设施罪，破坏电力设备罪，破坏易燃易爆设备罪，组织、领导、参加恐怖组织罪，帮助恐怖活动罪，宣扬恐怖主义、极端主义、煽动实施恐怖活动罪，利用极端主义破坏法律实施罪，强制穿戴宣扬恐怖主义、极端主义服饰、标志罪，非法持有宣扬恐怖主义、极端主义物品罪，劫持航空器罪，劫持船只、汽车罪，暴力危及飞行安全罪，破坏广播电视设施、公用电信设施罪，非法制造、买卖、运输、邮寄、储存枪支、弹药、爆炸物罪，非法制造、买卖、运输、储存危险物质罪，违规制造、销售枪支罪，盗窃、抢夺枪支、弹药、爆炸物、危险物质罪，抢劫枪支、弹药、爆炸物、危险物质罪，非法持有枪支、弹药罪，非法出租、出借枪支罪，丢失枪支不报罪，非法携带枪支、弹药、管制刀具、危险物品危及公共安全罪，重大飞行事故罪,铁路运营安全事故罪,交通肇事罪,危险驾驶罪,重大责任事故罪,强令违章冒险作业罪,重大劳动安全事故罪,大型群众性活动重大安全事故罪,危险物品肇事罪,工程重大安全事故罪,教育设施重大安全事故罪,消防责任事故罪,不报、谎报安全事故罪,等等。

对于上述危害公共安全类犯罪,可以从处罚根据上分为四类:第一类是结果加重犯,第二类是普通的实害犯,第三类是具体的危险犯,第四类是抽象的危险犯。

据中国裁判文书网不完全统计,从 2017 年至 2022 年,全国法院每年一审审理危害公共安全类犯罪案件高达数万起,包含众多常见犯罪,整体案件数量较多。司法实践中,以危险方法危害公共安全罪案件主要呈现出以下特点及趋势:一是发案数量逐年增加,二是发案领域日趋广泛,三是危险驾驶罪、交通肇事罪等常见犯罪占比较高。

三、危害公共安全罪案件审理热点、难点问题

一是对于"公共"内涵的理解与界定。我国危害公共安全犯罪中的"公共"是什么含义,需要进一步明确。国外刑法理论上存在不同观点:第一种认为,公共危险是指对不特定人的生命、身体或者财产造成的危险;第二种观点认为,不问是否特定,只要是对多数人的生命、身体或者财产的危险,就是公共危险;第三种观点认为,公共危险是指对不特定并且多数人的生命、身体或者财产造成的危险;第四种观点认为,公共危险是指对不特定或者多数人的生命、身体或健康造成的危险。目前我国整体采取上述第三种观点,认为公共安全是指不特定多数人的生命、健康、重大公私财物以及公共生产、生活的安全。也有部分观点认为,作为危害公共安全罪的保护法益的公共安全中的"公共",是指不特定或多数人。

二是单纯的财产安全,是否属于公共安全。目前,我国刑法实践认为,重大公私财产的安全,属于公共安全的范畴。但是必须指出的是,并非只要侵害了价值重大的财产,就属于危害公共安全罪,同时,也并非只要行为侵害了不特定多数人的财产就构成危害公共安全罪,如集资诈骗行为或流窜盗窃多人财物的行为,并不构成危害公共安全罪。因此,使公私财产遭受重大损失,需要以危害不特定多数人的生命、身体健康为前提,才满足危害公共安全罪的构成要件。

三是除了不特定多数人的生命、身体之外,公共安全还包括什么内容。显然,规定在危害公共安全罪中的犯罪,并不都是侵害、威胁生命、身体的犯罪,如破坏广播电视设施、公用电信设施罪,通常不会直接侵害或威胁人的生命、身体,而是扰乱了公众生活的平稳与安宁。同时,明知屋内无人,但放火烧毁多数人住房的,仍应认定为放火罪,便是因为该行为侵害了多数人生活的平静与安宁。因此,公共安全其实还应当包括"公众生活的平稳与安宁",在司法实践中认定是否存在法益侵害时,可以注意这一问题。

四、危害公共安全罪案件审理指引

一是持续学习相关法律法规、典型案例,为案件准确定性及适用法律打下坚实基础。同时司法机关应当强化办案人员理论知识的学习、类案检索能力以及与公检法机关之间的业务交流,注重培养专业化、精细化办案人才,切实提高办案质量与效率,实现政治效果、法律效果与社会效果的有机统一。

二是善于利用审查规则对法律规定尚不明确的问题进行前瞻性分析,提高办案质量

与效率。司法机关在办理危害公共安全等案件过程中，各种新情况、新问题层出不穷，罪与非罪、此罪与彼罪的界限难以把握。对此，应当密切关注刑事理论研究的最新动向，针对司法前沿问题敢于、善于确立法律适用规则，推动适法统一。

三是重视对客观证据的审查运用，排除合理怀疑，准确认定案件事实。办理此类案件过程中，法院应当加强与公安机关、检察机关的协作配合，强化对客观证据材料的审查和运用，寻找行为人供述或证言的不合理之处与矛盾点，依靠严谨的证据体系和证明方法，合理排除案件矛盾，准确认定案件事实。在没有言词证据的情况下，综合全案客观证据能够认定行为人实施了危害公共安全犯罪的，应当认定构成犯罪。

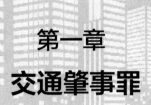

第一章
交通肇事罪

第一节　交通肇事罪概述

一、概念及构成要件

交通肇事罪，是指违反交通管理法规，因而发生重大事故，致人重伤、死亡或者使公私财产遭受重大损失的犯罪。

（一）客体要件

本罪侵犯的客体，是交通运输的安全。交通运输，是指与一定的交通工具与交通设备相联系的铁路、公路、水上及空中交通运输。这类交通运输的特点是与广大人民群众的生命财产安全紧密相连，一旦发生事故，就会危害到不特定多数人的生命安全和造成公私财产的广泛破坏，所以，其行为本质上是危害公共安全的犯罪。

（二）客观要件

本罪客观方面表现为在交通运输活动中违反交通运输管理法规，因而发生重大事故，致人重伤、死亡或者使公私财产遭受重大损失的行为。由此可见，本罪的客观方面是由4个相互联系、不可分割的因素组成的。

1. 必须有违反交通运输管理法规的行为。在交通运输中实施了违反交通运输管理法规的行为，这是发生交通事故的原因，也是承担刑事责任的法律基础。所谓交通运输管理法规，是指保证交通运输正常进行和交通运输安全的规章制度，包括水上、海上、空中、公路、铁路等各个交通运输系统的安全规则、章程以及从事交通运输工作必须遵守的纪律、制度等。如《道路交通安全法》《内河避碰规则》《渡口守则》《海上交通安全法》等。违反上述规则就可能造成重大交通事故。在实践中，违反交通运输管理法规行为主要表现为违反劳动纪律或操作规程，玩忽职守或擅离职守、违章指挥、违章作业，或者违章行驶等。例如，公路违章的情形有无证驾驶、强行超车、超速行驶、酒后开车；

航运违章的情形有船只强行横越，不按避让规章避让，在有碍航行处锚泊或停靠；航空违章的情形有违反空中交通管理擅自起飞，偏离飞行航线，无故不与地面联络，等等。上述违章行为的种种表现形式，可以归纳为作为与不作为两种基本形式，无论哪种形式，只要是违章，就具备构成本罪的条件。

2. 必须发生重大事故，产生致人重伤、死亡或者使公私财产遭受重大损失的严重后果。由于交通肇事罪属于过失犯罪，因此造成严重后果是构成交通肇事罪的必要条件之一。因此，行为人虽然违反了交通运输管理法规，但未造成上述法定严重后果的，不构成本罪。

近年来，我国道路交通事故大量增加，严重危害了人民群众生命财产的安全。为了加强同交通肇事犯罪行为的斗争，有效地保护国家的经济建设事业和人民群众的安全，2000 年 11 月 10 日最高人民法院发布了《最高人民法院关于审理交通肇事刑事案件具体应用法律若干问题的解释》，对如何追究交通肇事行为人的刑事责任作了具体规定。其规定，交通肇事具有下列情形之一的，处三年以下有期徒刑或者拘役：（1）死亡 1 人或者重伤 3 人以上，负事故全部或者主要责任的；（2）死亡 3 人以上，负事故同等责任的；（3）造成公共财产或者他人财产直接损失，负事故全部或者主要责任，无能力赔偿数额在 30 万元以上的。

交通肇事致 1 人以上重伤，负事故全部或者主要责任，并具有下列情形之一的，以交通肇事罪定罪处罚：（1）酒后、吸食毒品后驾驶机动车辆的；（2）无驾驶资格驾驶机动车辆的；（3）明知是安全装置不全或者安全机件失灵的机动车辆而驾驶的；（4）明知是无牌证或者已报废的机动车辆而驾驶的；（5）严重超载驾驶的；（6）为逃避法律追究逃离事故现场的。

3. 严重后果必须由违章行为引起，二者之间存在因果关系。行为人须有违章行为，造成严重后果，而且在时间上存在先行后续关系，否则不构成本罪。

4. 违反规章制度，致人重伤、死亡或者使公私财产遭受重大损失的行为，必须发生在从始发车站、码头、机场准备载入装货至终点车站、码头、机场旅客离去、货物卸完的整个交通运输活动过程中。从空间上说，必须发生在铁路、公路、城镇道路、水路和空中航道上；从时间上说，必须发生在正在进行的交通运输活动中。如果不是发生在上述空间、时间中，而是在工厂、矿山、林场、建筑工地、企业事业单位、院落内作业，或者进行其他非交通运输活动，如检修、冲洗车辆等，一般不构成本罪。

利用大型的、现代化的交通运输工具从事交通运输活动，违反规章制度，致人重伤、死亡或者使公私财产遭受重大损失的，应定交通肇事罪，这是没有异议的。但是，对于利用非机动车，如自行车、三轮车、马车等，从事交通运输活动，违章肇事，使人重伤、死亡，是否构成交通肇事罪，存在不同的看法。第一种意见认为：交通肇事罪属于危害公共安全的犯罪，即能够同时造成不特定的多人伤亡或者公私财产的广泛损害，而驾驶非机动车从事交通运输活动，违章肇事，一般只能给特定的个别人造成伤亡或者数量有限的财产损失，不具有危害公共安全的性质，因此，不应定交通肇事罪，而应根据具体情况，确定其犯罪的性质，造成他人死亡的，定过失致人死亡罪；造成重伤的，定过失致人重伤罪。第二种意见认为，驾驶非机动车违章肇事虽一般只能造成特定的个别人的伤亡或者有限的财产损失，但不能因此而否认其具有危害公共安全的性质，况且许多城镇交通事故都直接或间接与非机动车违章行车有关。因此，上述人员违章肇事，应当以交通肇事罪论处。如果因其撞死人而按过失致人死亡罪论处，因其撞伤人而按过失致人重伤罪论处，是不合理的。目前司法实践中，一般按第二种意见定罪判刑，即以交通肇事罪论处。

（三）主体要件

本罪的主体为一般主体。即凡年满 16 周岁、具有刑事责任能力的自然人均可构成。本罪主体不能理解为在交通运输部门工作的一切人员，也不能理解为仅指火车、汽车、电车、船只、航空器等交通工具的驾车人员，而应理解为一切直接从事交通运输业务和保证交通运输的人员以及非交通运输人员。交通运输人员具体地说，包括以下 4 种：（1）交通运输工具的驾驶人员，如火车、汽车、电车司机等；（2）交通设备的操纵人员，如扳道员、巡道员、道口看守员等；（3）交通运输活动的直接领导、指挥人员，如船长、机长、领航员、调度员等；（4）交通运输安全的管理人员，如交通监理员、交通警察等。他们担负的职责同交通运输有直接关系，一旦不正确履行自己的职责，都可能造成重大交通事故。

非交通运输人员违反规章制度，如非司机违章开车，在交通运输中发生重大事故，造成严重后果的，也构成本罪的主体。《最高人民法院、最高人民检察院关于办理盗窃案件具体应用法律的若干问题的解释》指出："在偷开汽车中因过失撞死、撞伤他人或者撞坏了车辆，又构成其他罪的，应按交通肇事罪与他罪并罚。"这一解释说明，非交通运输人员构成交通肇事罪，并不以肇事行为发生在交通运输过程中为要件。

需要注意的是，《最高人民法院关于审理交通肇事刑事案件具体应用法律若干问题的解释》第 7 条规定："单位主管人员、机动车辆所有人或者机动车辆承包人指使、强令他人违章驾驶造成重大交通事故，具有本解释第二条规定情形之一的，以交通肇事罪定罪处罚。"

（四）主观要件

本罪主观方面表现为过失，包括疏忽大意的过失和过于自信的过失。本罪的过失是对造成的严重后果而言。行为人在违反规章制度上是明知，如酒后驾车、强行超车、超速行驶等，但对自己的违章行为可能发生重大事故，造成严重后果，则是应当预见而因疏忽大意没有预见，或者虽已预见，但轻信能够避免的心态。

此外，如果行为人故意造成交通事故的发生则应按其他有关条款定罪量刑，不能适用本条。例如，行为人利用交通工具故意杀人、故意伤害他人的，则应当适用《刑法》有关故意杀人罪、故意伤害罪的规定定罪处罚。

二、案件审理热点、难点问题

（一）交通肇事罪的责任形式问题

本罪主观方面表现为过失，包括疏忽大意的过失和过于自信的过失。本罪的过失是对造成的严重后果而言。行为人在违反规章制度上是明知，如酒后驾车、强行超车、超速行驶等，但对自己的违章行为可能发生重大事故，造成严重后果，则是应当预见而因疏忽大意没有预见，或者虽已预见，但轻信能够避免的心态。

此外，如果行为人故意造成交通事故的发生则应按其他有关条款定罪量刑，不能适用本条。例如，行为人利用交通工具故意杀人、故意伤害他人的，则应当适用《刑法》有关故意杀人罪、故意伤害罪的规定定罪处罚。

（二）毒驾问题

据研究表明，吸食毒品后人的反应速度变慢，辨识能力和协调能力下降，感官能力扭曲，脱离现实场景，判断力低下，甚至完全丧失判断力。在吸食毒品后驾驶车辆发生交通事故、危害公共安全的危险性极大。吸食毒品后驾车也是法律所明确禁止的行为，《道路交通安全法》第 22 条第 2 款规定："饮酒、服用国家管制的精神药品或者麻醉药品，或者患有妨碍安全驾驶机动车的疾病，或者过度疲劳影响安全驾驶的，不得驾驶机动车。"根据《最高人民法院关于审理交通肇事刑事案件具体应用法律若干问题的解释》第 2 条的规定，吸食毒品后驾驶机动车辆的致 1 人以上重伤，负事故全部或者主要责任的，以交通肇事罪定罪处罚；如果行为人明知自己毒驾发生交通事故后，继续驾车冲撞，造成重大伤亡的，参照有关规定，以以危险方法危害公共安全罪定罪处罚。

实践中较难处理的问题是，要根据不同的案件情形，区分不同的行为人对吸食毒品后驾驶机动车的危害的认识。部分案件中，行为人初次吸食毒品驾车造成事故，对毒驾可能产生的后果无明确认识，应当认定属于过失犯罪；而有的毒驾人员，长期吸食毒品，明知毒驾可能产生的后果，明知自己处于毒品发作期仍驾驶机动车进而造成严重后果。在审判实践中，应将此两种情形予以区分探讨，分别认定为交通肇事罪和以危险方法危害公共安全罪或者其他犯罪。

（三）交通肇事罪造成特别重大的人员伤亡、财产损失的处理

随着互联网技术的日渐发达，信息传播的速度越来越快，一些案件发生后，相关案情在网络上被迅速传播，引起社会广泛关注，一些交通肇事的案件造成了特别重大的人员伤亡，一些案件迅速成为热点敏感案件，被害人及其家属反响强烈，社会舆论纷杂，有时还有极端舆论的出现，这些都给人民法院审理案件、平息社会矛盾造成极大的压力。在这些的压力下，人民法院应当保持理性，充分审查证据认定案件事实，严格依法办案，综合考虑案件造成的社会影响的恶劣程度，依法慎重稳妥地作出裁判，严格说理释法，使案件裁判获得法律效果和社会效果的有机统一。

三、案件审理指引

（一）正确界分一般交通事故与交通肇事罪

交通肇事罪与一般交通事故的界限在于事故后果。对于有违章行为但未造成重大事故的，不以本罪论处。最高人民法院 2000 年 11 月 10 日发布的《最高人民法院关于审理交通肇事刑事案件具体应用法律若干问题的解释》的规定，所谓"重大交通事故"是指死亡 1 人或者重伤 3 人以上，负事故全部或者主要责任的；死亡 3 人以上，负事故同等责任的；造成公共财产或者他人财产直接损失，负事故全部或者主要责任，无能力赔偿数额在 30 万元以上的。此外，还包括交通肇事致 1 人以上重伤，负事故全部或者主要责任，并具有下列情形之一的：酒后、吸食毒品后驾驶机动车辆的；无驾驶资格驾驶机动车辆

的；明知是安全装置不全或者安全机件失灵的机动车辆而驾驶的；明知是无牌证或者已报废的机动车辆而驾驶的；严重超载驾驶的。还需要提及的是，交通肇事罪同交通事故中意外事件的界限。二者区别的关键在于查明行为人对所造成的重大事故在主观上是否有过失，本罪在主观方面表现为过失，如果不是由于行为人的过失，而是由于不能预见的原因造成重大事故的，不构成本罪，而是属于意外事件。

（二）准确区分交通肇事罪与其他犯罪

在一些造成特别重大后果的交通事故中，如何区分交通肇事罪与其他罪名，一直是实务中的难点。如交通肇事罪造成的人身伤亡的结果，与以驾车撞人的危险方法构成的危害公共安全罪、故意杀人、故意伤害等犯罪，从结果上看是相同的，主要区别在于发生的场合及主观心理态度不同：交通肇事罪致人重伤与死亡发生在交通运输过程中，主观上是过失；而以驾车撞人的危险方法构成的危害公共安全罪等，并非发生在交通运输过程中，并且行为人主观上是希望或放任死伤结果的发生。如果行为人利用驾驶的交通工具，在公路或者其他公共场所冲撞人群，造成或可能造成众多人重伤、死亡或者使公私财产遭受重大损失的，应以以危险方法危害公共安全罪犯罪论处；如果行为人利用交通工具杀伤了特定的人，侵害的是他人的生命或健康权利，应以故意杀人罪或故意伤害罪论处。

（三）交通肇事罪量刑规定

《刑法》第133条对交通肇事罪规定了三档处刑，即致人重伤、死亡或者使公私财产遭受重大损失的，处三年以下有期徒刑或者拘役；交通肇事后逃逸或者有其他特别恶劣情节的，处三年以上七年以下有期徒刑；因逃逸致人死亡的，处七年以上有期徒刑。根据有关司法解释的规定，交通肇事具有下列情形之一的，构成犯罪，处三年以下有期徒刑或者拘役：（1）死亡1人或者重伤3人以上，负事故全部或者主要责任的；（2）死亡3人以上，负事故同等责任的；（3）造成公共财产或者他人财产直接损失，负事故全部或者主要责任，无能力赔偿数额在30万元以上的。交通肇事致1人以上重伤，负事故全部或者主要责任，并具有下列情形之一的，以交通肇事罪定罪处罚：（1）酒后、吸食毒品后驾驶机动车辆的；（2）无驾驶资格驾驶机动车辆的；（3）明知是安全装置不全或者安全机件失灵的机动车辆而驾驶的；（4）明知是无牌证或者已报废的机动车辆而驾驶的；（5）严重超载驾驶的；（6）为逃避法律追究逃离事故现场的。在审判中，要结合案件的具体情况判定行为人造成的后果，准确对应，进而在法律规定的量刑幅度内准确量刑。

（四）故意制造交通事故的"碰瓷"问题

近年来，"碰瓷"现象时有发生。所谓"碰瓷"，是指行为人通过故意制造或者编造其被害假象，采取诈骗、敲诈勒索等方式非法索取财物的行为。实践中，一些不法分子会故意制造交通事故，利用被害人违反道路通行规定或者酒后驾驶、无证驾驶、机动车手续不全等违法违规行为，通过被害人害怕被查处的心理来实施，甚至在"碰瓷"行为被识破后，直接对被害人实施抢劫、抢夺、故意伤害等违法犯罪活动等。2020年9月22日最高人民法院、最高人民检察院、公安部联合发布《关于依法办理"碰瓷"违法犯罪案件的指导意见》用于指导此类案件的办理和审理。

第二节　交通肇事罪审判依据

一、法律

1. **《中华人民共和国刑法》**（2020 年 12 月 26 日修正）

第一百三十三条　违反交通运输管理法规，因而发生重大事故，致人重伤、死亡或者使公私财产遭受重大损失的，处三年以下有期徒刑或者拘役；交通运输肇事后逃逸或者有其他特别恶劣情节的，处三年以上七年以下有期徒刑；因逃逸致人死亡的，处七年以上有期徒刑。

2. **《中华人民共和国道路交通安全法》**（2021 年 4 月 29 日修正）

第九十一条　饮酒后驾驶机动车的，处暂扣六个月机动车驾驶证，并处一千元以上二千元以下罚款。因饮酒后驾驶机动车被处罚，再次饮酒后驾驶机动车的，处十日以下拘留，并处一千元以上二千元以下罚款，吊销机动车驾驶证。

醉酒驾驶机动车的，由公安机关交通管理部门约束至酒醒，吊销机动车驾驶证，依法追究刑事责任；五年内不得重新取得机动车驾驶证。

饮酒后驾驶营运机动车的，处十五日拘留，并处五千元罚款，吊销机动车驾驶证，五年内不得重新取得机动车驾驶证。

醉酒驾驶营运机动车的，由公安机关交通管理部门约束至酒醒，吊销机动车驾驶证，依法追究刑事责任；十年内不得重新取得机动车驾驶证，重新取得机动车驾驶证后，不得驾驶营运机动车。

饮酒后或者醉酒驾驶机动车发生重大交通事故，构成犯罪的，依法追究刑事责任，并由公安机关交通管理部门吊销机动车驾驶证，终生不得重新取得机动车驾驶证。

二、司法解释

《最高人民法院关于审理交通肇事刑事案件具体应用法律若干问题的解释》（2000 年 11 月 15 日　法释〔2000〕33 号）

为依法惩处交通肇事犯罪活动，根据刑法有关规定，现将审理交通肇事刑事案件具体应用法律的若干问题解释如下：

第一条　从事交通运输人员或者非交通运输人员，违反交通运输管理法规发生重大交通事故，在分清事故责任的基础上，对于构成犯罪的，依照刑法第一百三十三条的规定定罪处罚。

第二条　交通肇事具有下列情形之一的，处三年以下有期徒刑或者拘役：

（一）死亡一人或者重伤三人以上，负事故全部或者主要责任的；

（二）死亡三人以上，负事故同等责任的；

（三）造成公共财产或者他人财产直接损失，负事故全部或者主要责任，无能力赔偿数额在三十万元以上的。

交通肇事致一人以上重伤，负事故全部或者主要责任，并具有下列情形之一的，以交通肇事罪定罪处罚：

（一）酒后、吸食毒品后驾驶机动车辆的；

（二）无驾驶资格驾驶机动车辆的；

（三）明知是安全装置不全或者安全机件失灵的机动车辆而驾驶的；

（四）明知是无牌证或者已报废的机动车辆而驾驶的；

（五）严重超载驾驶的；

（六）为逃避法律追究逃离事故现场的。

第三条 "交通运输肇事后逃逸"，是指行为人具有本解释第二条第一款规定和第二款第（一）至（五）项规定的情形之一，在发生交通事故后，为逃避法律追究而逃跑的行为。

第四条 交通肇事具有下列情形之一的，属于"有其他特别恶劣情节"，处三年以上七年以下有期徒刑：

（一）死亡二人以上或者重伤五人以上，负事故全部或者主要责任的；

（二）死亡六人以上，负事故同等责任的；

（三）造成公共财产或者他人财产直接损失，负事故全部或者主要责任，无能力赔偿数额在六十万元以上的。

第五条 "因逃逸致人死亡"，是指行为人在交通肇事后为逃避法律追究而逃跑，致使被害人因得不到救助而死亡的情形。

交通肇事后，单位主管人员、机动车辆所有人、承包人或者乘车人指使肇事人逃逸，致使被害人因得不到救助而死亡的，以交通肇事罪的共犯论处。

第六条 行为人在交通肇事后为逃避法律追究，将被害人带离事故现场后隐藏或者遗弃，致使被害人无法得到救助而死亡或者严重残疾的，应当分别依照刑法第二百三十二条、第二百三十四条第二款的规定，以故意杀人罪或者故意伤害罪定罪处罚。

第七条 单位主管人员、机动车辆所有人或者机动车辆承包人指使、强令他人违章驾驶造成重大交通事故，具有本解释第二条规定情形之一的，以交通肇事罪定罪处罚。

第八条 在实行公共交通管理的范围内发生重大交通事故的，依照刑法第一百三十三条和本解释的有关规定办理。

在公共交通管理的范围外，驾驶机动车辆或者使用其他交通工具致人伤亡或者致使公共财产或者他人财产遭受重大损失，构成犯罪的，分别依照刑法第一百三十四条、第一百三十五条、第二百三十三条等规定定罪处罚。

第九条 各省、自治区、直辖市高级人民法院可以根据本地实际情况，在三十万元至六十万元、六十万元至一百万元的幅度内，确定本地区执行本解释第二条第一款第（三）项、第四条第（三）项的起点数额标准，并报最高人民法院备案。

三、刑事政策文件

1. 《最高人民法院、最高人民检察院印发〈关于常见犯罪的量刑指导意见（试行）〉的通知》（2021 年 6 月 16 日　法发〔2021〕21 号）

（一）交通肇事罪

1. 构成交通肇事罪的，根据下列情形在相应的幅度内确定量刑起点：

（1）致人重伤、死亡或者使公私财产遭受重大损失的，在二年以下有期徒刑、拘役幅度内确定量刑起点。

（2）交通运输肇事后逃逸或者有其他特别恶劣情节的，在三年至五年有期徒刑幅度内确定量刑起点。

（3）因逃逸致一人死亡的，在七年至十年有期徒刑幅度内确定量刑起点。

2. 在量刑起点的基础上，根据事故责任、致人重伤、死亡的人数或者财产损失的数额以及逃逸等其他影响犯罪构成的犯罪事实增加刑罚量，确定基准刑。

3. 构成交通肇事罪的，综合考虑事故责任、危害后果、赔偿谅解等犯罪事实、量刑情节，以及被告人的主观恶性、人身危险性、认罪悔罪表现等因素，决定缓刑的适用。

2. 《最高人民法院、最高人民检察院、公安部印发〈关于办理醉酒驾驶机动车刑事案件适用法律若干问题的意见〉的通知》（2013 年 12 月 18 日　法发〔2013〕15 号）

为保障法律的正确、统一实施，依法惩处醉酒驾驶机动车犯罪，维护公共安全和人民群众生命财产安全，根据刑法、刑事诉讼法的有关规定，结合侦查、起诉、审判实践，制定本意见。

一、在道路上驾驶机动车，血液酒精含量达到 80 毫克/100 毫升以上的，属于醉酒驾驶机动车，依照刑法第一百三十三条之一第一款的规定，以危险驾驶罪定罪处罚。

前款规定的"道路""机动车"，适用道路交通安全法的有关规定。

二、醉酒驾驶机动车，具有下列情形之一的，依照刑法第一百三十三条之一第一款的规定，从重处罚：

（一）造成交通事故且负事故全部或者主要责任，或者造成交通事故后逃逸，尚未构成其他犯罪的；

（二）血液酒精含量达到 200 毫克/100 毫升以上的；

（三）在高速公路、城市快速路上驾驶的；

（四）驾驶载有乘客的营运机动车的；

（五）有严重超员、超载或者超速驾驶，无驾驶资格驾驶机动车，使用伪造或者变造的机动车牌证等严重违反道路交通安全法的行为的；

（六）逃避公安机关依法检查，或者拒绝、阻碍公安机关依法检查尚未构成其他犯罪的；

（七）曾因酒后驾驶机动车受过行政处罚或者刑事追究的；

（八）其他可以从重处罚的情形。

三、醉酒驾驶机动车，以暴力、威胁方法阻碍公安机关依法检查，又构成妨害公务罪等其他犯罪的，依照数罪并罚的规定处罚。

四、对醉酒驾驶机动车的被告人判处罚金，应当根据被告人的醉酒程度、是否造成实际损害、认罪悔罪态度等情况，确定与主刑相适应的罚金数额。

五、公安机关在查处醉酒驾驶机动车的犯罪嫌疑人时，对查获经过、呼气酒精含量检验和抽取血样过程应当制作记录；有条件的，应当拍照、录音或者录像；有证人的，应当收集证人证言。

六、血液酒精含量检验鉴定意见是认定犯罪嫌疑人是否醉酒的依据。犯罪嫌疑人经呼气酒精含量检验达到本意见第一条规定的醉酒标准，在抽取血样之前脱逃的，可以以呼气酒精含量检验结果作为认定其醉酒的依据。

犯罪嫌疑人在公安机关依法检查时，为逃避法律追究，在呼气酒精含量检验或者抽取血样前又饮酒，经检验其血液酒精含量达到本意见第一条规定的醉酒标准的，应当认定为醉酒。

七、办理醉酒驾驶机动车刑事案件，应当严格执行刑事诉讼法的有关规定，切实保障犯罪嫌疑人、被告人的诉讼权利，在法定诉讼期限内及时侦查、起诉、审判。

对醉酒驾驶机动车的犯罪嫌疑人、被告人，根据案件情况，可以拘留或者取保候审。对符合取保候审条件，但犯罪嫌疑人、被告人不能提出保证人，也不交纳保证金的，可以监视居住。对违反取保候审、监视居住规定的犯罪嫌疑人、被告人，情节严重的，可以予以逮捕。

3.《最高人民法院关于印发醉酒驾车犯罪法律适用问题指导意见及相关典型案例的通知》（2009 年 9 月 11 日　法发〔2009〕47 号）

为依法严肃处理醉酒驾车犯罪案件，统一法律适用标准，充分发挥刑罚惩治和预防犯罪的功能，有效遏制酒后和醉酒驾车犯罪的多发、高发态势，切实维护广大人民群众的生命健康安全，有必要对醉酒驾车犯罪法律适用问题作出统一规范。

一、准确适用法律，依法严惩醉酒驾车犯罪

刑法规定，醉酒的人犯罪，应当负刑事责任。行为人明知酒后驾车违法、醉酒驾车会危害公共安全，却无视法律醉酒驾车，特别是在肇事后继续驾车冲撞，造成重大伤亡，说明行为人主观上对持续发生的危害结果持放任态度，具有危害公共安全的故意。对此类醉酒驾车造成重大伤亡的，应依法以以危险方法危害公共安全罪定罪。

2009 年 9 月 8 日公布的两起醉酒驾车犯罪案件中，被告人黎景全和被告人孙伟铭都是在严重醉酒状态下驾车肇事，连续冲撞，造成重大伤亡。其中，黎景全驾车肇事后，不顾伤者及劝阻他的众多村民的安危，继续驾车行驶，致 2 人死亡，1 人轻伤；孙伟铭长期无证驾驶，多次违反交通法规，在醉酒驾车与其他车辆追尾后，为逃逸继续驾车超限速行驶，先后与 4 辆正常行驶的轿车相撞，造成 4 人死亡、1 人重伤。被告人黎景全和被告人孙伟铭在醉酒驾车发生交通事故后，继续驾车冲撞行驶，其主观上对他人伤亡的危害结果明显持放任态度，具有危害公共安全的故意。二被告人的行为均已构成以危险方法危害公共安全罪。

二、贯彻宽严相济刑事政策，适当裁量刑罚

根据刑法第一百一十五条第一款的规定，醉酒驾车，放任危害结果发生，造成重大伤亡事故，构成以危险方法危害公共安全罪的，应处以十年以上有期徒刑、无期徒刑或者死刑。具体决定对被告人的刑罚时，要综合考虑此类犯罪的性质、被告人的犯罪情节、危害后果及其主观恶性、人身危险性。一般情况下，醉酒驾车构成本罪的，行为人在主观上并不希望、也不追求危害结果的发生，属于间接故意犯罪，行为的主观恶性与以制造事端为目的而恶意驾车撞人并造成重大伤亡后果的直接故意犯罪有所不同，因此，在决定刑罚时，也应当有所区别。此外，醉酒状态下驾车，行为人的辨认和控制能力实际有所减弱，量刑时也应酌情考虑。

被告人黎景全和被告人孙伟铭醉酒驾车犯罪案件，依法没有适用死刑，而是分别判处无期徒刑，主要考虑到二被告人均系间接故意犯罪，与直接故意犯罪相比，主观恶性不是很深，人身危险性不是很大；犯罪时驾驶车辆的控制能力有所减弱；归案后认罪、悔罪态度较好，积极赔偿被害方的经济损失，一定程度上获得了被害方的谅解。广东省高级人民法院和四州省高级人民法院的终审裁判对二被告人的量刑是适当的。

三、统一法律适用，充分发挥司法审判职能作用

为依法严肃处理醉酒驾车犯罪案件，遏制酒后和醉酒驾车对公共安全造成的严重危害，警示、教育潜在违规驾驶人员，今后，对醉酒驾车，放任危害结果的发生，造成重大伤亡的，一律按照本意见规定，并参照附发的典型案例，依法以以危险方法危害公共安全罪定罪量刑。

为维护生效裁判的既判力，稳定社会关系，对于此前已经处理过的将特定情形的醉酒驾车认定为交通肇事罪的案件，应维持终审裁判，不再变动。

本意见执行中有何情况和问题，请及时层报最高人民法院。

4. 《最高人民法院印发〈关于处理自首和立功若干具体问题的意见〉的通知》（2010年12月22日　法发〔2010〕60号）

一、关于"自动投案"的具体认定

……

交通肇事后保护现场、抢救伤者，并向公安机关报告的，应认定为自动投案，构成自首的，因上述行为同时系犯罪嫌疑人的法定义务，对其是否从宽、从宽幅度要适当从严掌握。交通肇事逃逸后自动投案，如实供述自己罪行的，应认定为自首，但应依法以较重法定刑为基准，视情决定对其是否从宽处罚以及从宽处罚的幅度。

……

第三节　交通肇事罪审判实践中的疑难新型问题

问题 1. 物业具有管理权限的小区道路是否属于公共交通道路

【地方参考案例】王某某过失致人死亡案①

交通肇事罪，是指违反道路交通管理法规，发生重大交通事故，致人重伤、死亡或者使公私财产遭受重大损失，依法被追究刑事责任的犯罪行为。小区内道路是供小区住

---

① 参见黑龙江省鸡东县人民法院（2018）黑 0321 刑初 1 号刑事判决书。

户车辆进出使用，不排除物业对小区道路的管理权限，因此该小区内的道路不属于公共交通范围，发生肇事不构成交通肇事罪，可认定过失致人死亡罪。

一、基本案情

2017 年 10 月 10 日 15 时 05 分，被告人王某某驾驶普通货车，在某小区内行驶，与被害人曹某驾驶的二轮摩托车相撞，造成曹某受伤，后经医院抢救无效死亡。经法医鉴定：曹某符合生前运动中头部与钝性物体作用致颅脑损伤死亡。

鸡东县人民法院认为：被告人王某某应当预见到自己的行为可能发生危害社会的结果，因疏忽大意而造成危害后果，致一人死亡，情节较轻，其行为构成过失致人死亡罪。被告人王某某明知他人报案而在现场等待，抓捕时无拒捕行为，到案后如实供述自己的罪行，系自首，依法从轻处罚。被告人王某某能够积极赔偿被害人曹某的亲属经济损失并取得谅解，酌定从轻处罚。

鸡东县人民法院判决被告人王某某犯过失致人死亡罪，判处有期徒刑一年六个月，缓刑一年六个月。

二、主要问题

如何区分住宅小区是否属于公共交通道路的范围？

三、裁判理由

本案争议的焦点是物业具有完全管理权限的住宅小区内的路段是否属于公共交通。如属于公共交通则属于违反道路交通管理法规发生重大交通事故致人死亡的情形，应认定为交通肇事罪；如果认为不属于公共交通，则应定为过失致人死亡罪。

认定这类小区内物业具有管理权限的路段是否属于公共交通，在于如何理解道路的"公共性"，这也是实践中一个突出的问题。有意见认为，应以该单位范围内的路段是否作为公用路段穿行使用作为判断标准，如果该单位的路段连通社会公共道路，而不只是在单位管辖范围内，且社会车辆进出自由的，属于道路。也有意见认为，应以管理单位是否收费、登记作为判断标准，如果经交纳费用或者登记车牌号即可在该单位管辖路段、停车场自由进出的，则属于道路。还有些观点认为，这些相对封闭的单位的管理模式分为开放式、封闭式、半开放半封闭式三种，若属于开放式或者半开放式，就应当属于道路。

我们认为，确定"开放""半开放""封闭"小区的标准不同，因而认定"公共"的标准并不是"一刀切"的。认定的关键在于对道路"公共性"的理解，并结合不同小区、校园等单位的不同管理情形，还需要结合特定的时空条件，针对不同案件的不同情形而作出相应的评价，体现出法官在裁判案件时的判断与裁量。举例来说，若单位对其管辖范围内的路段、停车场允许不特定的社会车辆自由通行，就属于道路；如果仅允许与管辖单位、人员有业务往来、亲友关系等特定事由的来访者车辆通行，则不属于允许社会车辆通行，甚至在某一完全封闭的住宅区，在某一特定时间开放了，那么就当时的情形小区内属于公共道路，在其他时刻则不属于公共道路；而某一完全开放的小区，如在疫情期间实行完全封闭管理，在此种特定的时间、空间下发生事故，此时，此路段便不具有"公共性"，也不能认定为公共交通道路。因此，在裁判此类案件时，人民法院需要根据特定的情形，综合判断道路的"公共性"。

本案中，物业对小区内的路段具有完全管理权限，本案住宅小区内进出的车辆相对特定，受众范围特定，此种管理方式下的小区不具有公共性，因此该小区内的道路不属于公共交通范围，该案无法也认定为交通肇事，所以，应当以过失致人死亡追究行为人的刑事责任。

问题2. 校园道路是否属于《道路交通安全法》规定的"道路"以及如何在舆论压力和理性判断之间寻求最佳审判效果

【刑事审判参考案例】 李某某交通肇事案[①]

一、基本案情

被告人李某某，男，1988年生，无业。2010年10月24日因涉嫌犯交通肇事罪被逮捕。

河北省望都县人民检察院以被告人李某某犯交通肇事罪，向望都县人民法院提起公诉。

被告人李某某对公诉机关指控的犯罪事实供认不讳。其辩护人提出，李某某认罪态度好，其亲属积极赔偿被害方经济损失，取得了被害方的谅解，且其一贯表现良好，无前科劣迹，请求法庭对其从轻处罚，并适用缓刑。

望都县人民法院经公开审理查明：2010年10月16日晚，被告人李某某在河北省保定市富海酒楼宴请孟某某、盖某某等人时大量饮酒，后李某某驾驶车牌号为冀FWE××的黑色大众迈腾汽车前往河北大学新校区接人，并顺路将盖某某等人送回该校。李某某驾车驶入该校生活区南门后，停车让盖某某等人下车。因李某某酒后驾驶，随后驾车到达的孟某某提醒其慢速行驶，盖某某下车后又坐回到副驾驶位置，亦提醒其慢行。李某某称没事，继续驾车超速行驶（该校生活区内限速5公里/小时）。当日21时30分许，李某某驾车行至该校生活区易百超市门前时，将前面正在练习轮滑的陈某某撞到车前机盖上后落地，亦将辅助陈某某练习轮滑的张某某撞倒在地。肇事后，李某某继续驾车行至该校馨清楼宿舍，接上其朋友杜某某，并催促盖某某下车。李某某驾车返回，途经事发地点仍未停车，行至生活区南门时被校保安人员拦停，后被带至公安机关。陈某某因颅脑损伤，经抢救无效死亡；张某某受轻伤。经鉴定，李某某所驾汽车碰撞前的行驶速度为45~59公里/小时，李某某血液酒精含量为151毫克/100毫升，系醉酒超速驾驶。经交通管理部门认定，李某某负事故全部责任。

望都县人民法院认为，被告人李某某违反交通运输管理法规，在校园内醉酒驾车、超速行驶，发生重大交通事故，致一人死亡、一人轻伤，负事故全部责任，且在交通肇事后逃逸，其行为构成交通肇事罪，且犯罪情节恶劣，后果严重，依法应当惩处。案发后，李某某的近亲属积极代为赔偿被害方的经济损失，取得了被害方的谅解，且李某某当庭自愿认罪，悔罪态度较好，对其可酌情从轻处罚。对辩护人提出的对李某某从轻处罚的辩护意见，予以采纳。依照《刑法》第133条和《最高人民法院关于审理交通肇事刑事案件具体应用法律若干问题的解释》第2条第1款、第3条之规定，望都县人民法院以被告人李某某犯交通肇事罪，判处有期徒刑六年。

---

① 曾琳撰稿，马岩审编：《李某某交通肇事案——校园道路是否属于道路交通安全法规定的"道路"以及如何在舆论压力和理性判断罚之间寻求最佳审判效果（第892号）》，载中华人民共和国最高人民法院刑事审判第一、二、三、四、五庭主办：《刑事审判参考》（总第94集），法律出版社2014年版，第1~5页。

一审宣判后，被告人李某某在法定期限内没有上诉，检察机关亦未提起抗诉，判决已发生法律效力。

二、主要问题

1. 校园道路是否属于《道路交通安全法》规定的"道路"？

2. 如何在舆论压力和理性判罚之间寻求最佳审判效果？

三、裁判理由

（一）允许社会车辆通行的校园道路属于《道路交通安全法》规定的"道路"

本案在审理过程中，因对被告人李某某交通肇事路段河北大学新校区生活区道路是否属于《道路交通安全法》规定的"道路"存在认识分歧，故对李某某醉酒驾车肇事的行为定性形成以下两种意见：一种意见认为，本案的案发地点不属于《道路交通安全法》规定的"道路"，被告人李某某的行为构成过失致人死亡罪。理由如下：《道路交通安全法》第119条第1项规定："'道路'，是指公路、城市道路和虽在单位管辖范围但允许社会机动车通行的地方，包括广场、公共停车场等用于公众通行的场所。"而河北大学新校区生活区是一处有围墙、大门的封闭场所，平时外单位车辆可由生活区南门出入，但一般要登记车号，北门禁止车辆进出。如将社会机动车经登记就可进入的地方均理解为"允许社会机动车通行"的公共交通管理范围，《道路交通安全法》对"道路"的界定就失去了实际意义。因此，严格意义上，本案的案发地点不具有《道路交通安全法》规定的"道路"特征，不属于公共交通管理的范围。根据《最高人民法院关于审理交通肇事刑事案件具体应用法律若干问题的解释》第8条第2款的规定，"在公共交通管理的范围外，驾驶机动车辆或者使用其他交通工具致人伤亡或者致使公共财产或者他人财产遭受重大损失，构成犯罪的"，分别认定为重大责任事故罪、重大劳动安全事故罪或者过失致人死亡罪。本案属于发生在公共交通管理范围之外驾驶机动车辆过失致人伤亡的情况，应当以过失致人死亡罪定罪处罚。另一种意见认为，本案的案发地点属于《道路交通安全法》规定的"道路"，被告人李某某的行为构成交通肇事罪。理由如下：李某某肇事地点在河北大学新校区生活区，河北大学管理委员会安保部出具证明称，该校新校区生活区允许社会公共车辆通行。该证明可以代表肇事地点管理单位的意见，具有法律效力，说明河北大学新校区生活区的道路属于《道路交通安全法》规定的"虽在单位管辖范围但允许社会机动车通行的地方"。李某某醉酒后过于轻信自己的驾驶能力，在校园道路超速驾驶，发生交通事故致一人死亡、一人轻伤，负事故全部责任，其行为构成交通肇事罪。

我们同意后一种观点，被告人李某某驾车肇事地点河北大学新校区生活区路段属于《道路交通安全法》规定的"道路"，李某某醉驾肇事的行为构成交通肇事罪。

1. 从相关法律文件对"道路"规定的内容分析，"道路"的范围呈扩大趋势。1988年公布施行的《道路交通管理条例》（已废止，下同）第2条规定："本条例所称的道路，是指公路、城市街道和胡同（里巷），以及公共广场、公共停车场等供车辆、行人通行的地方。"据此，最高人民法院2000年制定的《最高人民法院关于审理交通肇事刑事案件具体应用法律若干问题的解释》将"道路"明确为实行公共交通管理的范围，将机关、企事业单位、校园、厂矿等单位内部管辖的路段排除在"道路"的范围之外。但实践中，不少企事业单位、校园、厂矿的厂区、园区不断扩大，且系开放式管理，社会车辆、行人经常借道通行，在该路段发生人车相撞的事故越来越多，当事人常报警要求交通管理部门出警认定事故责任，以便于事故的后续处理。但受《道路交通管理条例》限制，对在这些路段驾驶交通工具发生的事故不能认定为交通事故，相关保险公司也不愿意承担赔付责任，致使肇事者和受害者的权益均难以得到有效保障。因此，《道路交通管理条例》关于"道路"的规定越来越不符合实践中不断出现的新情况。有鉴于此，2004 年公布施行的《道路交通安全法》修改了"道路"的含义，扩大了公共交通管理的范围，将"道路"的范围明确为"公路、城市道路和虽在单位管辖范围但允许社会机动车通行的地方，包括广场、公共停车场等用于公众通行的场所"。这样，就把单位管辖范围内允许社会车辆通行的路段纳入"道路"范围，以更好地维护这些路段的交通秩序，保护肇事者和受害者的合法权益。

2. 本案肇事地点位于河北大学新校区生活区，属于典型的单位管辖范围。该生活区虽设有围墙、大门，相对封闭，但系开放式园区，具有比较完善的社会服务功能，社会车辆只需登记车号就可以进出生活区南门，门口也设有限速 5 公里的交通标志，说明河北大学对其新校区生活区的路段是按照"道路"进行管理的。公安机关收集的车辆监控录像和门卫的证言等证据显示，社会车辆实际上不经登记也可通行。故该生活区内的道路属于《道路交通安全法》规定的"虽在单位管辖范围但允许社会机动车通行的地方"。被告人李某某违反交通运输管理法规，在校园道路醉驾并发生重大交通事故，致一人死亡、一人轻伤，负事故全部责任，其行为构成交通肇事罪。

（二）对于社会高度关注的案件，应当在舆论压力和理性判罚之间寻求最佳审判效果

随着网络科技迅速发展，当今社会已进入"自媒体"时代，微博、微信、博客、论坛都成为信息发布的平台，传播速度也以几何速度递增。相对于传统媒体，网络媒体传播速度更快、范围更广，但信息的真实性更加不确定，网络上不真实、不完整的信息随处可见。刑事犯罪是社会矛盾的集中反映和极端表现，容易触动公众情感，引发社会情绪。一些人或为吸引公众眼球，或为煽动不满情绪，或为干预审判结果，恶意夸大事实，捏造虚假信息，并在网络上扩散、传播。这种所谓的"舆情"通常是一种舆论假象，不代表真正的民意，更经不起法律、事实和时间的检验。在这种形势下，人民法院必须保持司法理性，慎重看待舆情，尤其是对网络舆情要保持清醒的认识，洞悉不实信息对舆论的不当影响和错误引导，防止被舆论左右。

本案发生后，相关案情在网络上被迅速传播，引起社会广泛关注，成为当年的热点敏感案件，舆论出现"一边倒"地要求严惩的呼声。在此压力下，有观点提出应当以以危险方法危害公共安全罪判处被告人李某某死刑。我们认为，面对这种舆情，人民法院应当保持理性，充分考虑案件造成的社会影响的恶劣程度，在法定刑范围内慎重稳妥地作出裁判。根据相关证人证言和李某某的供述，李某某在他人善意提醒其慢速行驶时，过于相信自己的驾驶技术，轻信能够避免危害后果的发生；其在撞倒被害人后，未发生受阻拦而不停车以及继续驾车冲撞的情况，也未实施其他危害公共安全的行为，故应当认定其主观心态系过于自信的过失，不构成以危险方法危害公共安全罪。李某某在校园内醉酒驾车、超速行驶，且肇事后逃逸，犯罪情节恶劣，后果严重，应当依法从严惩处。但李某某亲属积极代为赔偿被害方经济损失，在一定程度上取得了被害方的谅解，且其当庭自愿认罪，悔罪态度较好，也应依法体现宽严相济刑事政策从宽处罚的精神。考虑到本案社会影响恶劣，如果对李某某从宽处罚的幅度较大，难以获得广大人民群众的理解和支持，故量刑时在把握从宽处罚整体方向的同时又有必要从严掌握对其从宽处罚的

幅度。一审法院综合考虑本案的具体情节，以交通肇事罪判处李某某有期徒刑六年，量刑适当，体现了案件裁判法律效果和社会效果的有机统一。

问题3. 交通肇事后，行为人因受伤在医院治疗，公安机关向其询问案情时，其拒不交代肇事经过，并虚构身份信息，后逃离医院的行为，是否应当认定为"交通肇事后逃逸"

【刑事审判参考案例】刘某某交通肇事案[①]

一、基本案情

被告人刘某某，男，1990年生，农民。2012年4月24日因涉嫌犯交通肇事罪被逮捕。

浙江省台州市黄岩区人民检察院以被告人刘某某犯交通肇事罪，向台州市黄岩区人民法院提起公诉。后又以被告人有逃逸情节向法院补充起诉。

被告人刘某某对公诉机关指控的犯罪事实及罪名没有异议。

黄岩区人民法院经审理查明：2012年4月8日6时40分许，被告人刘某某在未取得机动车驾驶证的情况下，驾驶浙CJE×××号越野轿车，行驶至G15W常台高速公路往江苏方向293km+222m处时，超速行驶，导致其驾驶的越野轿车与刘某1驾驶的豫HA8×××—豫HN×××挂车发生碰撞，造成越野车上的乘客郭某某受伤并经医院抢救无效而死亡。经鉴定，刘某某在此事故中负主要责任。另查明，2012年4月8日事故发生后，刘某某即被送往医院接受治疗，其在交警向其询问时，谎称自己姓名为刘某，并编造了虚假的家庭成员情况，且拒不交代肇事经过。当日中午12时许，刘某某离开医院。次日，刘某某主动联系公安交警部门，表示愿意到公安机关交代犯罪事实。同月10日，刘某某到公安机关投案，如实交代了自己的肇事经过。其亲属与被害方达成了赔偿和解协议，赔偿给被害方经济损失共计人民币（以下币种同）93 000元，并取得被害人方的谅解。

台州市黄岩区人民法院经审理认为，被告人刘某某违反道路交通运输管理法规，在未取得机动车驾驶证的情况下，驾驶机动车在高速公路上超速行驶，并有其他妨碍安全驾驶的行为，导致发生一人死亡的重大交通事故，负事故的主要责任。且在交通肇事后逃逸，其行为构成交通肇事罪，公诉机关指控的罪名成立。辩护人提出的刘某某有自首情节，认罪态度较好，且已与被害人亲属达成赔偿协议，取得谅解等辩护意见，予以采纳，依法可对刘某某减轻处罚。据此，依照《刑法》第133条、第67条第1款之规定，台州市黄岩区人民法院以交通肇事罪判处被告人有期徒刑二年。

一审宣判后，被告人刘某某在法定期限内未提起上诉，公诉机关亦未提起抗诉，一审判决已经发生法律效力。

二、主要问题

交通肇事后，行为人因受伤在医院治疗，公安机关向其询问案情时，拒不交代肇事

---

① 钟兴华撰稿：《刘某某交通肇事案——交通肇事后，行为人因受伤在医院治疗，公安机关向其询问案情时，拒不交代肇事经过，并虚构身份信息，后逃离医院的行为，是否应当认定为"交通肇事后逃逸"（第788号）》，载中华人民共和国最高人民法院刑事审判第一、二、三、四、五庭主办：《刑事审判参考》（总第87集），法律出版社2013年版，第1~5页。

经过，并虚构身份信息，后逃离医院的行为是否应当认定为"交通肇事后逃逸"？

三、裁判理由

本案被告人刘某某无证驾驶机动车在高速公路上超速行驶，导致发生交通事故，并致一人死亡，且承担事故主要责任，其行为构成交通肇事罪。检察机关在移送起诉时未指控刘某某交通肇事后具有逃逸情节，法院经审查后，建议检察机关对该部分犯罪事实补充起诉。

本案在审理过程中，对刘某某后逃离医院的行为是否属于"交通肇事后逃逸"，形成以下两种不同的意见：一种意见认为，刘某某的行为不构成交通肇事后逃逸。理由如下：首先，公安部 2008 年 8 月发布的《道路交通事故处理程序规定》明确规定，交通肇事后逃逸是逃离事故现场的行为。本案中，刘某某是从医院逃离的，不是从事故现场逃离的。其次，实践中交通肇事后逃逸的情形各异，对事故现场作扩大解释不利于统一司法标准。最后，刘某某逃离医院的行为不足以推定其具有为逃避法律追究而逃跑的主观心理。另一种意见认为，刘某某的行为构成交通肇事逃逸。理由如下：首先，2000 年 11 月出台的《最高人民法院关于审理交通肇事刑事案件具体应用法律若干问题的解释》未对逃逸行为的时间和空间作限制规定，如果事故现场仅限于事故直接发生地，实践中则有诸多事后逃离行为将会无法得到有效追究。其次，刘某某未从事故现场逃离是因为其本人受伤，且需要到医院救治，故其不具备逃离现场的条件。但刘某某在医院短暂治疗后，不向公安机关或者医院说明缘由就擅自离开，主观上具有逃避法律追究的故意。同时，刘某某在医院治疗期间，隐瞒真相、谎报身份，不向公安机关如实交代肇事经过，也体现出其具有逃避法律追究的主观目的。

我们赞同后一种意见，具体分析如下。

（一）"交通肇事后逃逸"的认定标准

"交通肇事后逃逸"的基本含义是发生交通事故后，肇事者不履行保护现场、积极抢救、迅速报案等义务，而逃跑的行为。根据《最高人民法院关于审理交通肇事刑事案件具体应用法律若干问题的解释》第 3 条的规定，要认定逃逸，行为人主观上必须具有"为了逃避法律追究"的目的，客观上实施了逃跑行为，且这里的逃跑不应限定为仅从事故现场逃跑。在司法实践中，有的肇事者因在事故中受伤而没有现场逃跑的条件，却在治疗中见机逃离，如本案被告人刘某某；有的肇事者将伤者送到医院抢救后发现伤势严重或者死亡，则留下假名、假电话后失踪。这些情况同样体现出行为人的主观恶性加深，加大了案件的侦破难度，增加了被害人生命财产损失的风险。基于上述分析，我们认为，只要是在交通肇事后为逃避法律追究而逃离的行为，都应当认定为"交通肇事后逃逸"。[1]

（二）认定"交通肇事后逃逸"的时空界限

将逃逸行为仅限定在事故现场的观点值得商榷。一是法律、法规及相关规范性文件均未对逃逸的时间和地点作限制规定。如果仅将逃逸行为限定在事故现场，那么性质同样恶劣的逃避法律追究的行为就得不到有效规制，如此势必会影响此类犯罪的惩处力度，也与相关立法精神不符。二是在司法实践中，肇事者往往在事故现场无法逃离，如肇事者自己受伤或者被卡在车内、遭被害人亲属围堵或者公安人员及时赶到现场等情形。但在调查取证或者医院治疗期间，肇事者往往借对其人身约束相对放松的机会而逃离。因

---

[1] 周道鸾、张军主编：《刑法罪名精释》，人民法院出版社 2007 年版，第 119 页。

此，对事后逃逸行为有必要与事故现场逃逸行为一样予以打击。将交通肇事逃逸场所限制理解为事故现场是机械套用公安部的《道路交通事故处理程序规定》，忽略了《刑法》第133条及《最高人民法院关于审理交通肇事刑事案件具体应用法律若干问题的解释》所体现的立法和政策精神。

当然，对于交通肇事后逃离行为，也不能一概认定为交通肇事逃逸。实践中，在交通事故发生后肇事者在事故现场遭到被害人亲属等围攻，被害人亲属等由于悲愤情绪对肇事者实施殴打报复的情形并不少见。① 这种在事故现场肇事者因害怕被殴打报复而暂时躲避，或者在将被害人送到医院抢救后，因害怕被殴打报复而暂时躲避，事后又主动归案的，不应认定为交通肇事逃逸。对于在事故现场，肇事者因害怕遭到被害人亲属等的殴打而逃离现场所涉及的主观认定，必须从严，必须是在被害人亲属等可能及时赶到事故现场的情形。在该情形下，肇事者逃离现场一般不会严重影响到对被害人的抢救治疗，更何况肇事者事后又主动归案，表明其并未有逃避相关法律责任的主观心理和客观表现。如果肇事者明知被害人亲属等不可能及时赶到现场，则表明肇事者并非因害怕遭到殴打而逃离现场，其对被害人的生死具有置之不理的心理，因此对其逃离事故现场行为应当认定为交通肇事逃逸。对于肇事者将被害人送到医院抢救的情形，肇事者因害怕家属殴打报复，暂时躲避，事后又主动归案的，表明肇事者已履行了抢救义务，客观上又未逃避法律责任，亦不能认定为交通肇事逃逸。

（三）被告人刘某某交通肇事后逃逸具有逃避法律追究的故意

本案中，被告人刘某某的行为构成交通肇事罪毋庸置疑，但其选择在交通肇事后逃逸的行为能否体现出其在主观上具有逃避法律追究的故意，需要结合具体案情以及有关附随情状综合认定。基于以下几个方面的分析，我们认为，刘某某在交通肇事后主观上具有逃避法律追究的故意：（1）刘某某不具备现场逃离的条件，其自己在事故中也受伤；（2）刘某某离开时未受到任何束缚，并非因害怕殴打、报复一类的原因而暂时躲避；（3）刘某某未承担任何救助、赔付义务，对被害人不闻不问即逃离；（4）刘某某在医院时未向询问其情况的公安人员如实交代事故经过，即逃离前已经暴露有逃避法律追究的客观行为表现。

综上，台州市黄岩区人民法院认定本案被告人刘某某在医院逃离的行为为逃逸情节是正确的，及时建议检察机关补充起诉也是适当的。

问题4. 交通肇事后行为人虽然报警并积极救治伤员，但在协助调查时却隐瞒事实真相安排他人顶包的行为构成交通肇事后逃逸

【人民法院案例选案例】黄某某交通肇事逃逸案②

一、基本案情

公诉机关江苏省宜兴市人民检察院诉称：被告人黄某某交通肇事致被害人徐某某死

---

① 汪鸿滨：《"交通肇事后逃逸和因逃逸致人死亡"析》，载《湖南省政法管理干部学院学报》1999年第6期。

② 李奇才、蒋璟撰稿，沈亮、周维明审编：《黄某某交通肇事逃逸案——交通肇事后逃逸的认定》，载最高人民法院中国应用法学研究所编：《人民法院案例选分类重排本（2016—2020）》，人民法院出版社2022年版，第208～213页。

亡。被告人黄某某虽在肇事后积极救助被害人，但仍指使随车驾驶员王某某顶包，不仅构成交通肇事罪，还具有肇事后逃逸的加重情节，提请依法判处。

法院经审理查明：2015年7月23日5时许，被告人黄某某持"C1"型机动车驾驶证驾驶与准驾车型不符且超载的豫G97×××（苏HM×××挂）重型半挂牵引车，沿S230线由南向北行驶至宜兴市周铁镇邾渎路口时，追尾撞到同向行驶的徐某某驾驶的苏B36×××正三轮载货摩托车，致徐某某受伤、车辆受损。后徐某某因颅脑损伤经医院抢救无效死亡。肇事后，被告人黄某某用手机报警并由他人陪同将徐某某送至医院抢救，但指使随车驾驶员王某某顶包留在事故现场等候处理，且黄某某和王某某接受调查时均交代王某某为肇事时车辆驾驶员。2015年8月19日，王某某因涉嫌犯交通肇事罪被刑事拘留，后其交代了为黄某某顶包的事实。同月29日，被告人黄某某经电话通知至公安机关接受调查时如实供述了相关犯罪事实。2015年9月3日，宜兴市交通巡逻警察大队作出道路交通事故认定：黄某某负事故的全部责任。

江苏省宜兴市人民法院经审理认为：根据《道路交通安全法》和《道路交通事故处理办法》规定，发生交通事故后肇事者必须立即停车，保护现场、抢救伤者和财产，并迅速报告公安机关和执勤的交通警察，听候处理；同时，应当如实向公安机关陈述交通事故发生的经过，不得隐瞒交通事故真实情况。因此，保护事故现场、抢救伤者、报警并如实陈述事实经过，接受公安机关处理，是肇事者必须履行的法定义务。本案中，被告人黄某某在肇事后，因害怕承担法律责任而不履行法定义务，指使王某某作假证，主观上具有逃避承担相应法律责任的故意，客观上实施了为隐瞒肇事者真实身份而指使他人顶包的行为，逃避公安机关的侦查，即便人当时未离开事故现场，也掩盖不了交通肇事后"逃跑"的本质。根据《最高人民法院关于审理交通肇事刑事案件具体应用法律若干问题的解释》第3条的规定，其行为属于交通肇事后逃逸情形。案发后，被告人黄某某接电话通知主动至公安机关接受调查，应视为主动投案，归案后如实供述了自己的犯罪事实，是自首，依法可从轻处罚。据此，依照《刑法》第133条、第67条第1款的规定，认定被告人黄某某犯交通肇事罪，判处有期徒刑四年。

宣判后，原审被告人黄某某不服，向江苏省无锡市中级人民法院提出上诉，上诉人及其辩护人提出的主要上诉理由和辩护意见如下：黄某某指使他人顶包的目的是获取肇事车辆的保险理赔而非逃避刑事责任，客观上也积极救治被害人并未逃离现场，故不属于肇事后逃逸的情形，原审判决适用法律错误，量刑不当，请求二审依法改判。

无锡市中级人民法院认为，上诉人黄某某违反道路交通管理法规驾驶机动车上路行驶，发生重大交通事故，致一人死亡，负事故的全部责任，其行为确已构成交通肇事罪，且系肇事后逃逸。上诉人黄某某案发后接电话通知至公安机关接受调查时如实供述了自己的犯罪事实，系自首。对于上诉人及其辩护人提出的主要上诉理由和意见，二审法院认定：上诉人黄某某不履行《道路交通安全法》等法规规定的法律义务，主观上具有逃避相应法律责任的意图，客观上实施了为隐瞒肇事者真实身份而指使他人顶包的行为从而逃避公安机关的侦查，应当认定系交通肇事后逃逸；原审法院在量刑时根据上诉人黄某某的犯罪事实、结合其自首等量刑情节，并考虑到本案所造成的后果及其人身危险性，已对其予以从轻处罚，所处量刑并无不当。故相关上诉理由和意见不能成立。江苏省无锡市中级人民法院作出终审裁定：驳回上诉，维持原判。

二、主要问题

本案的关键问题是车辆驾驶人在发生交通事故后报警并救治伤员但安排他人顶包的行为是否构成肇事逃逸的法定刑升格的量刑情节。

三、裁判理由

针对上述问题，存在两种意见：一种认为该种行为不构成交通肇事逃逸，其理由是交通肇事逃逸的情节规定具有行为性，即《刑法》对交通肇事逃逸的规定是行为规定，而非行为目的规定，所以应当从行为性出发来解释肇事"逃逸"内涵，从而将不具有逃跑行为性的虽留在现场但安排他人顶包的行为排除在了交通肇事逃逸的范畴之外。[①] 另一种意见认为这种行为构成交通肇事逃逸，其理由主要是从立法原意的角度出发，认为"逃逸"的内涵远大于逃跑，需要综合主客观多方面的因素考量，而逃跑或者逃离现场只是"逃逸"的一种较为常见和明显的表现方式，但绝不能在两者之间画等号，错误认为没有逃离现场就不属于"逃逸"。笔者赞成后一种意见，理由又不局限于此，而主要从以下三个角度考虑。

（一）法律条款字面文意与司法现实之间逻辑自洽的需要

《刑法》第 133 条规定了交通肇事罪，从法条结构上看，本条规定了三个法定刑档次，其中第二个档次是如果行为人交通肇事后逃逸或者有其他特别恶劣情节的，就应当突破第一档次的限制处三年以上七年以下有期徒刑。根据相关法律解释，"其他特别恶劣的情节"[②] 是指事故造成的人身和财产上的损害结果，并非针对当事人的行为方式。所以本案中的安排他人顶包的行为只能考虑适用前半部分的"逃逸"的规定。

从词源学上讲，"逃逸"一词就是指逃跑，并且正常人的对"逃逸"的理解是人在发生交通事故后为逃避法律责任而逃跑的行为，这也符合当前理论界和司法解释所主导的"逃避法律追究说"意见。[③] 但是从法条的用词来讲，对"逃跑"一词在穷尽文义解释后，仍然无法将肇事者留在肇事现场安排他人顶包的行为纳入"逃跑"的范围时，就说明对该条法律条文及个别用词存在进一步解释的空间。这也体现了法律解释方法对于处理法律适用中法律条文的不可周延性与案件事实不可预测性之矛盾的意义；交通肇事中的"逃逸"基于"逃避法律追究说"应该是指以任何作为和不作为的方式企图规避承担法律责任的行为。其立法原意上的外延显然比"逃跑"要更加广阔，因此将肇事后虽留在现场但安排他人顶包的行为界定为"逃逸"的类型之一或扩大解释进"逃跑"的范畴，契合社会生活事实，具有生活经验上的合理性。

相对于交通事故引发的民事保险赔偿纠纷中肇事逃逸的认定来说，基于刑事责任承担主体的特定性和不可转移性，一旦交通肇事者的行为进入到刑法规制的范畴，那么肇

---

① 参见黄伟明：《交通肇事后逃逸的行为性解释——以质疑规范目的解释为切入点》，载《法学》2015 年第 5 期。

② "有其他特别恶劣情节"，是指死亡二人以上或者重伤五人以上，负事故全部或者主要责任的；死亡六人以上，负事故同等责任的；造成公共财产或者他人财产直接损失，负事故全部或者主要责任，无能力赔偿数额在 60 万元以上的。

③ 参见姚诗：《交通肇事"逃逸"的规范目的与内涵》，载《中国法学》2010 年第 2 期。

事者"逃逸"行为的认定自然要明确且不可回避。① 那么基于刑事法律的严肃性，可以根据既往有关司法实践经验的积累将逃逸的构成要件解构成两个方面：一是主观方面，即具有逃避承担法律责任的意图。二是客观上具有逃跑、欺骗、编造隐瞒事实、安排他人顶包等多种表现形态的事实行为，可以是作为，也可以是不作为。其中主观方面最为主要，即只要具有了逃避承担法律责任的主观意图，其和任何形式印证这一主观意图的客观行为相结合都可以构成肇事逃逸。如此把握交通肇事"逃逸"的成立要件可以解决狭窄字面文义与丰富法律事实之间的矛盾，从而有利于法律推演时罪名的法律用词在语义层面上实现立法原意与司法现实之间的逻辑自洽。

（二）法律漏洞思维出发的填补性目的解释

《刑法》条文所规定的罪名具有高度的凝练性，即争取用最简单的用词以表达最为直观、丰富、准确的含义。这使得罪名的外延很广，但内涵较为狭窄。但将刑法罪名下的具体法律条文和相应的罪名进行比较时，就会发现，前者所具有的内涵更为丰富，同时个别用词在外延上却表现得较为狭窄。具体到本案，从法律方法论角度考虑，对"逃逸"的理解在正常情况下可以认定为积极地离开现场，然而，立法者基于法律事实的多样性，在立法时所赋予肇事后"逃逸"的含义显然远远广于"逃逸"这一直接字面定义。其实从法律本身的严谨性和法律语言的抽象性以及法律用词本身所涵盖的内容来讲，这算是一个隐藏的法律漏洞，② 即该法律规范本身存在的违反原计划的不圆满性。就本案而言，法律规定的"为逃避法律追究而逃跑"与肇事"逃逸"之间就存在外延范围大小不能完全对应的漏洞，该漏洞所包含的范围就包括隐藏自己真正肇事人员身份从而逃避责任的形式。

法律适用的过程同样是一个法律解释的过程，这不仅包括将案件事实格式化为法律事实，还包括对作为大前提加以适用的法律条文的理解适用以及特定情况下对条文存在的法律漏洞的填补性解释。具体到本案来看，不具有驾驶特种车辆资格的行为人的驾驶行为造成交通事故，这一先前行为就产生了行为人因此应当留在现场积极救助的义务和如实向有关管理机关汇报并主动承担相关民事和刑事责任的义务。这些义务反映出《刑法》之肇事逃逸之规定所试图保护的法益，即事故被害人受到及时救助以免因耽搁致伤致死的权益和有关机关对事故进行顺利调查和处理以划分落实责任、平复纠纷的正常工作秩序。所以，对该条文内容的理解应当以此法益保护为出发点，从而得到符合法律规范目的的合理解释。即只要侵害了该法益的行为都可以被纳入相关的罪名和量刑情节中，该种逃逸行为最常见的是作为性质的，同时其不作为性质也是毋庸置疑的。所以从目的解释等解释方法出发，对"逃逸"和"逃跑"理解应当与交通肇事后逃避法律责任的多种表现形态的现实对应起来，即对"逃逸"作扩大解释，扩大解释的范围应当以逃避法律责任为限，即除包含积极的、明显的逃离、撤离行为的逃跑行为之外，还包括积极或

① 在刘某交通事故保险赔偿案例中，刘某于2014年2月在锡澄高速发生交通事故，刘某投保的保险公司却因其在发生保险事故后离开现场而拒赔。江阴市人民法院在同年9月17日作出一审判决，判决保险公司承担保险责任；保险公司提出上诉，同年12月1日，无锡市中级人民法院作出终审判决，撤销一审判决，改判保险公司免除保险责任。法院在审理该案时，并未局限于对肇事者离开现场是否构成"逃逸"的判断；而是从培育社会诚信、倡导行为规范的角度，运用了《保险法》对肇事者离开现场未通知保险公司导致无法查明关键事实的，保险公司对无法查明部分免责的规定，判决保险公司免除保险责任。民事规则的适用具有多元性，只要能达到从利益衡平的角度解决纠纷的目的即可。

② 根据我国台湾地区学者杨仁寿的观点，隐藏的法律漏洞，是指法律对某一问题虽然有规定，但是缺少对该问题特殊情形的规范以致消极地呈现为一定欠缺的状态。

者消极表现为各种形态的逃避法律责任的行为，从而填补这一法律漏洞。

（三）案件判决针对现实情况的社会效果的需要

对一些事实问题的法律定性不应当完全局限于理论上的辩驳，因为定性的最终目的始终是更好服务于司法实践，所以，在碰到类似问题时可以从现实社会需要角度作出更为合理的考量。近年来交通事故一直呈现高发趋势，因交通事故而造成的死亡人数居高不下。在我国非正常死亡人数中高居榜首，形成了对公众的生命健康以及公共安全的巨大压力。鉴于此，《刑法修正案（八）》专门增加危险驾驶罪，将醉驾等尚未造成事故的行为纳入《刑法》惩罚的范畴，表明立法者针对驾驶机动车行为以及致伤致死结果在接受法律规制时从严适用的立法意思表示和意图，这也是为了实现遏制现今交通肇事致死的严峻形势的立法目的的必要举措。而肇事逃逸在现实中更是会对事故的进一步恶化起到推波助澜的作用，不仅会对他人的生命财产造成更多不可挽回的损失，也对所引发的矛盾纠纷的后续顺利调查处理增添巨大的麻烦和障碍，其法律惩罚的必要性尤为明显。

同时，肇事逃逸作为交通事故犯罪中独立的法定刑升格的考量情节，这不仅是要发挥《刑法》的惩戒功能，更重要的是要凸显《刑法》的警示、警戒意义，从而对尚未成立某种犯罪或法定刑升格情节但是又具有潜在可能的行为主体形成必要的威慑和预防。本案中的上诉人明知自己不具有驾驶特种车辆的资格，仍然强行逞能而为，在造成严重事故后安排他人顶包，表明行为人对自身行为企图免于适用《刑法》之交通肇事逃逸之规定的侥幸心理，为了避免类似侥幸心理酿成恶果，本案有必要对该条款予以严格适用以形成警示范例。

总之，解释法律不意味着抠法律的字眼，而是挖掘法律的意义和效果。本案上诉人基于人性中固有的趋利避害心理在交通事故发生后选择安排他人顶包而自己积极救治伤员的做法，这样的行为表明行为人内心尚存良知与温情，并非完全冷漠与具备危险性的主体，具有情理上的可理解性，可以在量刑时在法定刑幅度内从轻考虑。然而，从法理角度讲，《刑法》对案件事实的定性除开极端个案之外是没有情理考量成分的，本案中的行为人的救助行为虽然在一定程度上践行了立法者赋予法律条文本身的某种目的，但是其是在策划顶包试图隐藏自身责任的主客观状态下实施的，并非基于完整责任意识的行为，尚不足以符合《刑法》对行为人在主观上和客观上的全面期待。同时，其行为毕竟侵犯了交通肇事逃逸之法定刑升格情节所保护的相关国家机关对交通事故的正常调查秩序的法益。从目的解释出发，以该法条的法益保护为导向，将"逃逸"扩大解释以对该条法律进行严格适用，这不仅符合立法原意，同时，也可以促进社会诚信意识的形成和社会公众责任意识的培养与强化，从而实现该类案件在今后司法处理时的法律效果和社会效果的统一。

问题5. "交通肇事后逃逸"情节认定的三个条件及常见关联行为的认定

【刑事审判参考案例】龚某交通肇事案[①]

一、基本案情

被告人龚某，男，1986年生。2011年5月17日因涉嫌犯交通肇事罪被逮捕。

---

① 李冰撰稿，逄锦温审编：《龚某交通肇事案——"交通肇事后逃逸"情节的认定（第857号）》，载中华人民共和国最高人民法院刑事审判第一、二、三、四、五庭主办：《刑事审判参考》（总第92集），法律出版社2014年版，第7~11页。

佛山市顺德区人民检察院指控被告人龚某无视国家法律，违反交通运输管理法规，发生重大事故，造成被害人一死一轻伤，且肇事后逃逸，犯罪事实清楚，证据确实、充分，以被告人龚某犯交通肇事罪，向佛山市顺德区人民法院提起公诉。

被告人龚某及其辩护人对公诉机关指控的犯罪事实和据以证明犯罪的证据均无异议，但提出龚某不构成逃逸情节。辩护人还提出，龚某具有自首情节，已向被害人家属赔偿部分经济损失，提请法庭对龚某从轻处罚。

佛山市顺德区人民法院经审理查明：2011 年 1 月 11 日 14 时 30 分许，被告人龚某驾驶粤 XV6×××号轿车沿佛山市顺德区金沙大道由德胜路往金桔咀桥方向逆向行驶，行至顺德区大良街道金沙大道 105 国道旱底桥路段时，遇吴某 1 驾驶粤 XUM×××号轿车沿金沙大道由金桔咀桥往德胜路方向行进，双方发生碰撞，造成吴某 2、吴某 3 等人受伤，且两车均遭受不同程度损坏。吴某 3 在 40 日后死亡。事故发生后，龚某在交警部门出警勘查完毕并将被害人送至医院治疗期间逃逸，后于 2011 年 5 月 3 日到佛山市顺德区公安局交通警察大队投案自首。另经查明，2011 年 1 月 11 日 14 时 30 分许案发后，龚某留在事故现场，民警接到报案后立即赶赴现场进行勘查，对龚某抽血做酒精测试，乙醇含量为 169.85 毫克/100 毫升，认定龚某负事故主要以上责任。在被害人被送往佛山市顺德区中医院抢救过程中，龚某向被害人家属支付医疗费人民币（以下币种同）10 000 元，之后又分别于 1 月 13 日、1 月 17 日和 1 月 23 日共支付 11 800 元。被害人住院医疗期间，龚某因事到深圳，但在其得知被害人医治无效死亡后于 2011 年 5 月 3 日主动向公安机关投案。

经法医检查鉴定，被害人吴某 3 系因头部碰撞钝物致颅脑损伤死亡，吴某 2 左尺骨骨折，构成轻伤，吴某 1 驾驶的粤 XUM×××号车损失合计人民币 105 000 元。经公安机关交警部门调查取证证实，龚某驾驶机动车违反右侧通行规定，违反《道路交通安全法》第 22 条第 2 款、第 35 条规定，其过错行为是造成此事故的直接原因，且发生交通事故后逃逸。根据《道路交通事故处理程序规定》第 36 条第 1 款第 1 项和《道路交通安全法实施条例》第 92 条以及《广东省道路交通安全条例》第 46 条之规定，龚某承担此次事故的全部责任。

佛山市顺德区人民法院认为，被告人龚某违反交通管理法规，因而发生重大交通事故，造成被害人一死、一轻伤，同时致使被害人吴某驾驶的粤 XUM×××号车损失 105 000 元，且负事故的全部责任，其行为构成交通肇事罪。佛山市顺德区人民检察院指控龚某犯交通肇事罪的事实清楚，罪名成立。但公诉机关指控龚某"交通肇事后逃逸"，属于定性错误，法院不予支持。龚某案发后有自首情节，依法可以从轻处罚。龚某已部分赔偿被害人家属的经济损失，可以酌情从轻处罚。据此，依照《刑法》第 133 条、第 67 条第 1 款之规定，佛山市顺德区人民法院以被告人龚某犯交通肇事罪，判处有期徒刑一年零七个月。

宣判后被告人龚某未提出上诉，公诉机关亦未提出抗诉，现一审判决已生效。

二、主要问题

如何认定"交通肇事后逃逸"情节？

三、裁判理由

本案在审理过程中对被告人龚某的行为是否具备交通肇事逃逸的情节存在两种意见：一种意见认为具有逃逸情节；另一种意见认为不具有逃逸情节。我们赞同后一种意见，具体理由如下。

(一)"交通肇事后逃逸"情节认定的三个条件

《刑法》第 133 条规定"交通肇事后逃逸"的应当判处三年以上七年以下有期徒刑。根据《最高人民法院关于审理交通肇事刑事案件具体应用法律若干问题的解释》的规定,"交通肇事后逃逸",是指发生交通事故后,行为人具有该解释第 2 条第 1 款和第 2 款第 1~5 项规定的情形之一,为逃避法律追究而逃跑的行为。交通肇事后逃逸的行为往往造成被害人不能得到及时救治,经济损失无法得到赔偿,同时严重影响民警对案件的查处,因此具有很大的社会危害性。正因如此,1997 年《刑法》在修改时增加了对交通肇事后逃逸行为加重处罚的规定。这一立法目的主要体现在两点:一是为了及时抢救伤者,防止事故损失的扩大;二是查清事故责任,便于事故处理及法律责任的承担。

基于上述分析,构成"交通肇事后逃逸"应当同时具备以下三个条件:(1)行为必须齐备交通肇事罪的基本犯罪构成要件,这是认定"交通肇事后逃逸"情节的基础条件。(2)行为人主观上具有"逃避法律追究"的目的,这是认定"交通肇事后逃逸"的主观条件。逃避法律追究,包括逃避刑事责任、民事责任、行政责任追究。实践中,行为人如果没有正当的理由离开事故现场(包括但不限定于事故现场),应当认定行为人具有逃避法律追究之主观目的。(3)客观上有逃离的行为,且逃离行为可能影响到对被害人的救助、导致事故损失的扩大、妨害民警对事故的查处。如果行为人的"逃离"没有影响其对《道路交通安全法》规定之法定义务的履行,则不应认定其"逃离"行为构成"交通肇事后逃逸"情节,从而不应承担交通肇事罪加重之刑罚。

本案中,被告人龚某的行为不构成"交通肇事后逃逸"。《道路交通安全法》第 70 条规定:发生交通事故后,驾驶人必须立即停车,保护现场;造成人身伤亡的,应当立即抢救受伤人员,并迅速报告执勤交通警察或者公安机关交通管理部门。结合本案查明的事实,被告人龚某案发后留在现场,积极配合交通警察查处,且及时救助受伤人员,已经履行了《道路交通安全法》规定的肇事者必须履行的法定义务。龚某在被害人住院治疗期间离开佛山市顺德区去深圳市,是否构成"交通肇事后逃逸"情节,关键在于龚某主观上是否具有逃避法律追究的目的。我们认为,龚某离开案发地的行为客观上没有影响到案发时对被害人的及时救助,没有导致事故损失的扩大。龚某离开案发地的时间是在交通警察已经对事故现场勘查后,被害人在医院治疗期间。在此期间,事故的危害结果处于待定状态,龚某的法律责任也处于待定状态,公安机关也未对其采取任何强制措施。更为主要的是,龚某在得知被害人医治无效死亡后,主动向公安机关投案,接受处罚,由此可见,龚某的行为并没有妨害民警对事故的查处。

综上,被告人龚某的行为不符合"交通肇事后逃逸"情节的认定条件,不能认定为"交通肇事后逃逸"。

(二)实践中几种常见的逃逸关联行为的认定

肇事者有正当理由逃离事故现场,之后立即报警并接受公安机关处理的,可以不认定为逃逸。该情形中的理由正当与否,应当视肇事者的行为是否影响对伤者的抢救、防止事故损失的扩大、是否影响对事故的查处等为标准。如肇事者被殴打、有人身危险时逃离事故现场,并及时报案,接受公安机关处理,即使客观上影响到当时对被害人的救助、影响到交通民警当场对事故的查处,因其不具有逃避追究的主观目的,故不能认定肇事者具有"交通肇事后逃逸"情节。

肇事者在事故发生后，立即抢救受伤人员，且为了抢救受伤人员而离开事故现场的，这种情况下肇事者可能承担对其不利的责任后果，但不应认定其具有"交通肇事后逃逸"情节。如果肇事者在事故发生后，立即抢救受伤人员，之后不报警、不接受公安机关查处，为逃避法律追究而逃离的，应当认定为"交通肇事后逃逸"。

肇事者在事故发生后，用电话报警，之后逃离事故现场，或者在逃离现场后报警，逃避法律责任的，应当认定为"交通肇事后逃逸"。

综上，如果肇事者已经履行《道路交通安全法》规定的肇事者必须履行的法定义务，接受公安机关处理后，在侦查、起诉、审判阶段逃离，或者经传唤不到案，取保候审或者被监视居住期间逃跑，行为人只是违背《刑事诉讼法》规定的法定义务的，不能认定为"肇事后逃逸"。

问题6. 对致人重伤交通肇事案件中的逃逸行为如何评价

【刑事审判参考案例】马某某交通肇事案①

一、基本案情

被告人马某某，男，1981年生，农民。2011年12月23日因涉嫌犯交通肇事罪被取保候审。

北京市大兴区人民检察院以被告人马某某犯交通肇事罪，向大兴区人民法院提起公诉。

被告人马某某对指控的事实无异议。

北京市大兴区人民法院经公开审理查明：2011年11月16日0时10分，被告人马某某无证驾驶冀J37×××解放牌重型卡车至北京市经济技术开发区同济北路可口可乐公司，并将车临时停放于该公司东门处。被害人刘某某驾驶京BU1×××铃木牌摩托车由北向南正常行驶，因马某某的车辆尾部挤占道路，影响其他车辆通行，刘某某撞上该车右后部，造成重伤。事故发生后，马某某弃车逃逸，后于同月18日投案。经认定，马某某负本次事故全部责任，刘某某无责任。马某某已赔偿刘某某损失人民币（以下币种同）76 600元。

北京市大兴区人民法院认为，被告人马某某违反《道路交通安全法》的相关规定，无驾驶资格驾驶机动车，因而发生重大事故，致人重伤，并在肇事后逃逸，负事故的全部责任，其行为构成交通肇事罪。鉴于其案发后自动投案，如实供述自己的罪行，系自首，依法可以从轻处罚。马某某积极赔偿被害人的经济损失，且获取被害人的谅解，可以酌情从轻处罚。据此，依照《刑法》第133条、第67条第1款、第61条及《最高人民法院关于审理交通肇事刑事案件具体应用法律若干问题的解释》第2条第2款第2项、第6项之规定，北京市大兴区人民法院以被告人马某某犯交通肇事罪，判处拘役六个月。

一审宣判后，被告人马某某以原判量刑过重为由提出上诉，请求改判免予刑事处罚。

北京市大兴区人民检察院亦提出抗诉，主要理由是：第一，原审法院适用《最高人

---

① 温小洁撰稿，马岩审编：《马某某交通肇事案——对致人重伤交通肇事案件中的逃逸行为如何评价（第858号）》，载中华人民共和国最高人民法院刑事审判第一、二、三、四、五庭主办：《刑事审判参考》（总第92集），法律出版社2014年版，第12~17页。

民法院关于审理交通肇事刑事案件具体应用法律若干问题的解释》第2条第2款第2项、第6项之规定，而未依据该解释第3条的要求适用《刑法》第133条关于"交通肇事后逃逸"的规定，系适用法律错误。第二，依照《刑法》第133条之规定，马某某交通肇事后逃逸，应当在三年以上七年以下有期徒刑的法定刑幅度内量刑，而原审法院仅依据被告人具有自首和积极赔偿被害人损失等情节，从轻处罚判处拘役六个月，属量刑不当。北京市人民检察院第一分院支持上述抗诉意见，同时鉴于马某某案发后投案自首，积极赔偿被害人，且认罪悔罪，建议对其减轻处罚，在三年以下有期徒刑幅度内量刑，并适用缓刑。

北京市第一中级人民法院经审理认为，被告人马某某违反《道路交通安全法》的相关规定，无驾驶资格驾驶机动车，因而发生重大事故，致人重伤，并在肇事后逃逸，负事故的全部责任，其行为构成交通肇事罪。马某某案发后自动投案，并能如实供述自己的罪行，系自首，同时，其在犯罪后积极赔偿被害人的经济损失，依法可以减轻处罚。鉴于马某某本次犯罪情节相对较轻，且有悔罪表现，对其适用缓刑不致再危害社会，可依法对其适用缓刑。关于北京市人民检察院第一分院所提对马某某应当在三年以下有期徒刑幅度内量刑的意见，经查，依据《刑法》第133条之规定，三年以下有期徒刑、拘役属于同一法定刑幅度，减轻处罚时可以对被告人判处拘役，故对该项意见不予采纳。北京市人民检察院第一分院的其他支持抗诉意见及大兴区人民检察院的抗诉意见，经查成立，予以采纳。原审人民法院根据马某某犯罪的事实，犯罪的性质、情节和社会危害程度作出的判决，定罪正确，审判程序合法，但适用法律错误，且量刑不当，应予改判。据此，依照《刑事诉讼法》第189条第2项和《刑法》第133条、第67条第1款、第42条、第72条第1款、第73条第1款以及《最高人民法院关于审理交通肇事刑事案件具体应用法律若干问题的解释》第2条第2款第2项、第3条，《最高人民法院关于刑事附带民事诉讼范围问题的规定》第4条之规定，北京市第一中级人民法院以上诉人马某某犯交通肇事罪，判处拘役六个月，缓刑一年。

二、主要问题

对致人重伤交通肇事案件中的逃逸行为如何评价？

三、裁判理由

本案在审理过程中，对被告人马某某的行为构成交通肇事罪没有争议，但对马某某肇事后逃逸这一情节应当如何评价，形成两种意见：一种意见认为，马某某无证驾驶机动车，交通肇事致一人重伤，负事故全部责任，根据《最高人民法院关于审理交通肇事刑事案件具体应用法律若干问题的解释》，构成交通肇事罪。其肇事后逃逸系加重处罚情节，对马某某应当在三年以上七年以下有期徒刑范围内量刑。另一种意见认为，《最高人民法院关于审理交通肇事刑事案件具体应用法律若干问题的解释》将"为逃避法律追究逃离事故现场"与"无驾驶资格驾驶机动车辆"并列作为交通肇事致人重伤构成犯罪的条件，是入罪要件，根据禁止对同一事实重复评价的原则，逃逸不应再作为加重处罚情节，故应当对被告人在三年以下有期徒刑、拘役范围内量刑。我们认为第一种意见是正确的，且本案可以对马某某减轻处罚，并适用缓刑。

（一）肇事后逃逸可视情况评价为入罪条件或加重处罚情节，在本案中应认定为加重处罚情节

《道路交通安全法》第70条规定：在道路上发生交通事故，车辆驾驶人应当立即停

车，保护现场；造成人身伤亡的，车辆驾驶人应当立即抢救受伤人员，并迅速报告执勤的交通警察或者公安机关交通管理部门。据此，车辆驾驶人在肇事后负有保护现场、抢救伤员、等候处理的法定义务，这一义务源于其造成交通事故的先行行为。肇事后的逃逸行为违反了上述法定义务，是对他人生命与健康的漠视，使被害人得不到及时救助，生命健康受到威胁，经济损失无法弥补，同时还增加公安机关侦破案件的难度，增加司法资源的消耗，故法律对这种行为应当给予否定评价。具体分为两个层次：一是逃逸作为构成交通肇事罪的入罪条件。《最高人民法院关于审理交通肇事刑事案件具体应用法律若干问题的解释》第 2 条第 2 款规定，交通肇事致一人以上重伤，负事故全部或者主要责任，并具有下列情形之一的，以交通肇事罪定罪处罚，其中第六项情形是"为逃避法律追究逃离事故现场"。显然，在交通肇事致人重伤的情形下，如果不具备《最高人民法院关于审理交通肇事刑事案件具体应用法律若干问题的解释》第 2 条第 2 款前 5 项情形，则逃逸行为应当作为定罪情节使用。二是逃逸作为交通肇事罪的加重处罚情节。根据《刑法》第 133 条的规定，交通运输肇事后逃逸或者有其他特别恶劣情节的，处三年以上七年以下有期徒刑；因逃逸致人死亡的，处七年以上有期徒刑。该条为交通肇事罪设定了三个法定刑幅度，在已构成基本犯的前提下，如另有逃逸情节，则可依法升档量刑。

逃逸情节作为入罪条件，又可分为两种情形：第一，逃逸作为事故责任认定的依据。交通肇事罪的认定以分清事故责任为基础，要求行为人承担同等以上（包括同等、主要或者全部）责任，如仅承担次要责任或者无责任，就不构成交通肇事罪。而逃逸行为与责任认定密切相关。根据《道路交通安全法实施条例》第 92 条的规定，发生交通事故后当事人逃逸的，逃逸的当事人承担全部责任，但有证据证明对方当事人也有过错的，可以减轻责任。也就是说，在因行为人逃逸导致交通事故责任无法认定的情况下，逃逸行为就作为认定行为人承担主要或者全部责任的依据，继而作为交通肇事罪的入罪要件。根据《最高人民法院关于审理交通肇事刑事案件具体应用法律若干问题的解释》第 2 条第 1 款的规定，因逃逸被认定承担同等以上责任，造成的人员伤亡情况或财产损失情况达到该款规定标准的，可能构成交通肇事罪。第二，逃逸行为与其他条件结合作为入罪条件。《最高人民法院关于审理交通肇事刑事案件具体应用法律若干问题的解释》第 2 条第 2 款规定了交通肇事致人重伤构成犯罪的情形。在此情况下，逃逸与致一人以上重伤，负事故全部或者主要责任相结合作为入罪条件。值得注意的是，根据《最高人民法院关于审理交通肇事刑事案件具体应用法律若干问题的解释》第 2 条第 2 款认定犯罪时，如在责任认定环节已经考虑了逃逸情节，则只能根据该款规定的前五种情节判断行为人是否构成犯罪，不能依据该款第六项"为逃避法律追究逃离事故现场"认定行为人构成交通肇事罪，否则就是对逃逸行为的重复评价。同理，根据禁止重复评价原则，在上述两种情形下，逃逸行为都不能再作为加重处罚情节使用。根据《刑法》第 133 条的规定，逃逸行为作为加重处罚情节的条件是行为人逃逸之前肇事行为的损害后果和应负的责任，已构成交通肇事罪的基本犯。在此基础上，行为人又有逃逸行为，该逃逸行为才可作为加重处罚情节。《最高人民法院关于审理交通肇事刑事案件具体应用法律若干问题的解释》第 3 条对此种情形作了专门界定。

就本案而言，被告人马某某有多个违反交通运输管理法规的行为，如无证驾驶、违章停车、肇事后逃逸，但结合案情看，无证驾驶和逃逸本身并不直接导致交通事故的发生，责任认定的主要依据是马某某的车辆尾部挤占道路通行，致使被害人刘某某骑摩托车撞到该车辆右侧后部，造成刘某某重伤。因此，在认定马某某是否负有事故责任时，主要考虑的是其违章停车行为，逃逸行为并未作为认定依据。马某某无证驾驶机动车，且违章停车，致一人重伤，负事故的全部责任，根据《最高人民法院关于审理交通肇事刑事案件具体应用法律若干问题的解释》第2条第2款第2项，已构成交通肇事罪的基本犯。在此基础上，马某某又有逃逸情节，则应当将逃逸作为加重处罚情节对待，对马某某应当在三年以上七年以下有期徒刑范围内量刑。

（二）根据本案的具体情节，可以对被告人马某某减轻处罚，并适用缓刑

本案一审对被告人马某某判处拘役六个月，检察机关以量刑不当提出抗诉，二审法院未支持抗诉，最终改判适用缓刑。二审的处理是否妥当，关键在于马某某是否符合适用缓刑的条件。根据《刑法》第72条的规定，对于判处拘役、三年以下有期徒刑的犯罪分子，同时符合下列条件的，可以适用缓刑：（1）犯罪情节较轻；（2）有悔罪表现；（3）没有再犯罪的危险；（4）宣告缓刑对所居住社区没有重大不良影响。马某某交通肇事后有逃逸行为，依法应当在三年以上七年以下有期徒刑范围内量刑，但综合考虑本案的具体情节，特别是作案后自首、积极赔偿获得谅解等从宽处罚情节，可以减轻处罚，并适用缓刑。第一，本案的发生是因为马某某违章停车，被害人刘某某驾驶摩托车撞上马某某停放的车辆而受重伤。这与马某某驾车直接将被害人撞致重伤的情形有所区别，可以评价为犯罪情节较轻。第二，马某某肇事后虽然逃逸，但时隔一天后又自动投案，并如实供述自己的罪行，依法应当认定为自首。自首属于重要的法定从宽处罚情节，根据法律规定，通常应当从轻或者减轻处罚。第三，马某某犯罪后积极赔偿被害人损失，取得了被害人的谅解，其犯罪行为所破坏的社会关系得到较好修复。二审法院综合考虑上述情节，作出减轻处罚并适用缓刑的判决是正确的。

问题7. 交通肇事后逃逸，被害人当场死亡的不认定为逃逸致人死亡

【地方参考案例】唐某某交通肇事案①

交通肇事后逃逸，但有确切证据证明被害人当场死亡，在这种情况下，被害人死亡结果不是由于行为人的逃逸行为所造成，二者之间不存在因果关系，因而不按"因逃逸致人死亡"处理。

一、基本案情

2015年11月6日15时许，被告人唐某某驾驶重型半挂式牵引车，因未确保安全距离行驶，将同向被害人路某某电动三轮车撞倒，造成路某某当场死亡，电动三轮车乘车人被害人李某某受伤，后唐某某驾车逃逸。2015年11月9日，被告人唐某某主动向交警部门投案自首。经法医鉴定：被害人路某某符合交通事故中致胸腹部闭合性损伤死亡。经交警部门认定：被告人唐某某承担事故的全部责任，路某某、李某某无责任。

鹤岗市兴安区人民法院认为，被告人唐某某违反交通管理法规，违章驾驶机动车，造成严重后果，其行为已构成交通肇事罪，应予惩处。鉴于被告人唐某某案发后能够主动投案自首，能够积极赔偿被害方的经济损失，已取得被害方的谅解，可对其从轻处罚。鹤岗市兴安区人民法院判决被告人唐某某犯交通肇事罪，判处有期徒刑三年，缓刑四年。

---

① 参见黑龙江省鹤岗市兴安区人民法院（2016）黑0405刑初12号刑事判决书。

二、主要问题

交通肇事后逃逸，被害人当场死亡是否认定为逃逸致人死亡？

三、裁判理由

因逃逸致人死亡，是指行为人在交通肇事后，为逃避法律追究而逃跑，致使被害人因得不到救助而死亡的情形。因此，行为人交通肇事后逃逸有主观、客观两方面的要件。

（一）在主观上，要求行为人明知有肇事行为，为逃避法律追究而逃跑

交通肇事行为人在肇事后离开现场的行为具有不同的目的和动机：有的是为了逃避法律追究，有的是害怕被害人亲属和群众的报复殴打，有的可能是正在去投案和抢救伤者的途中。不同目的的主观恶性不同，必须在认定时加以区分，以保证准确适用法律。有的观点认为，逃离事故现场就是逃逸，不考虑行为人是否有逃避追究的意思，这是不正确的。例如，发生事故后没有保护现场，但立即离开现场直接到公安交警部门投案并等待处理的，行为人并无逃避追究的意思，则不是逃逸行为。

（二）在客观上，逃逸行为与死亡结果之间应当具有因果关系

"因逃逸致人死亡"要求被害人的死亡是由于肇事者逃逸、使其得不到救助所致。由此，被害人的死亡与肇事者的逃逸存在刑法意义上的因果关系，即被害人是因肇事者逃避自己的抢救义务，未得到及时救助而死亡，若得到及时救治，本可以避免死亡结果的发生。还需要注意的是，在时间上，死亡必然发生在逃逸行为过程中或者逃逸之后。如果先前的交通肇事行为发生时已经致被害人死亡的，即使肇事者实施逃逸行为，仍然属于"交通肇事后逃逸"，而不能认定为"因逃逸致人死亡"。

本案中，被告人唐某某确实具有为逃避法律追究而逃逸的行为，但是鉴定报告证实被害人在车祸发生时当场死亡，因此在客观上，唐某某的逃逸行为与被害人的死亡之间不存在因果关系，被告人唐某某的行为不属于"因逃逸致人死亡的"的情况。

问题8. 交通肇事撞伤他人后逃离现场，致被害人被后续车辆碾压致死的如何定性

【实务专论】

一、交通肇事尚未达到构成犯罪的程度，行为人为了逃避法律追究而逃逸，以致被害人因没有得到及时救助而死亡情形的处理

交通肇事尚未达到构成犯罪的程度，行为人为了逃避法律追究而逃逸，以致被害人因没有得到及时救助而死亡的情形构成犯罪应当没有疑问，但究竟是构成交通肇事罪还是构成其他犯罪，存在不同看法。有人认为这种情形符合交通肇事罪的构成要件，应当定交通肇事罪。例如，有人认为，"肇事后逃逸，不能排除肇事人对被害人的死亡结果持放任态度，但这是肇事后的结果行为，主观上是为了逃避法律责任，因此，应定交通肇事罪"。有人认为，《刑法》关于交通肇事罪的这方面规定存在缺陷，按现行《刑法》的规定应当将交通肇事罪的主观罪过形式解释为兼含间接故意，因而对这种情形仍然应当一概以交通肇事罪论处。还有人认为对这种情形不能再按交通肇事罪论处，而应当按故意杀人罪（间接故意）定罪处罚。例如，有论者认为，交通肇事者在明知受害人如果不得到及时抢救可能死亡的情况下，驾车逃逸，放任受害人死亡的结果发生，对这种情形定故意杀人罪，既符合我国犯罪构成理论和法律规定的文义，也符合立法原义，有利于

实现立法目的和罪刑相当原则。

从实际情况来看，对这种情形，应当根据行为人对被害人死亡结果心理态度的不同区别对待。行为人对被害人死亡结果的发生既可能是过失心态，也可能持间接故意心态。对这两种情形的处理应当有所不同。

（一）交通肇事尚未达到构成犯罪的程度，行为人为了逃避法律追究而逃逸，以致被害人因没有得到及时救助而死亡，行为人对被害人死亡结果的发生持过失心态的，应当以过失致人死亡罪论处

在交通肇事尚未达到构成犯罪的程度，行为人为了逃避法律追究而逃逸，以致被害人因没有得到及时救助而死亡的情况下，应当如何处理，取决于如何理解《刑法》第133条第3句有关"因逃逸致人死亡"的规定。如果该段包括交通肇事尚未构成犯罪而因逃逸致人死亡的情形，那么，这种情形同时符合《刑法》第133条关于交通肇事后因逃逸致人死亡的规定和第233条过失致人死亡罪的规定。由于第233条后半段明确规定，过失致人死亡而《刑法》另有规定的，依照有关规定处理，因此，应当按交通肇事罪论处。如果《刑法》第133条第3句有关"因逃逸致人死亡"的规定不包括交通肇事尚未构成犯罪而因逃逸致人死亡的情形，则这种情形只符合《刑法》第133条第1句关于交通肇事罪的规定和第233条过失致人死亡罪的规定。而《刑法》第133条第1句的规定显然不能全面评价交通肇事后因逃逸致人死亡的情形，因而以过失致人死亡罪论处更为合理。

那么，《刑法》第133条第3句有关"因逃逸致人死亡"的规定是否包括交通肇事尚未构成犯罪而因逃逸致人死亡的情形呢？根据有关司法解释以及语言学和逻辑学知识，应当不包括。理由是《刑法》第133条第3句的规定是建立在第2句的基础上，而根据《最高人民法院关于审理交通肇事刑事案件具体应用法律若干问题的解释》第3条的规定，第133条第2句中的交通肇事后逃逸，是指在交通肇事行为构成交通肇事罪以后逃逸，相应地，第3句中的因逃逸致人死亡，显然也应当是指在构成交通肇事罪以后逃逸致人死亡。这样的话，在交通肇事尚未构成犯罪的情况下，行为人为了逃避法律追究而逃逸，以致被害人因没有得到及时救助而死亡的，就不能适用第133条第3句的规定处理。因此，对于交通肇事尚未构成犯罪而因逃逸致人死亡的情形，在行为人对受害人死亡结果持过失心态的情况下，并不能直接按照《刑法》第133条第3句的规定定罪量刑，而应当以过失致人死亡罪论处才更为合法。

（二）交通肇事尚未达到构成犯罪的程度，行为人为了逃避法律追究而逃逸，以致被害人因没有得到及时救助而死亡，行为人对被害人死亡结果的发生持放任心态的，应当以间接故意杀人罪论处

由于《刑法》第133条第3句有关"因逃逸致人死亡"的规定不包括交通肇事尚未构成犯罪而因逃逸致人死亡的情形，因此，行为人对被害人死亡结果持放任心态的这类情形也不能按该段规定处理。同时，由于行为人对逃逸（本质上是不予救助）行为导致的危害结果，即受害人死亡的结果持放任心态，而不是过失，主观方面也不符合交通肇事罪主观方面只能表现为过失的通行观点，不宜对这种情形按交通肇事罪论处。这样，在交通肇事尚未构成犯罪而因逃逸致人死亡，行为人对被害人死亡持放任心态的情况下，就只具备以不作为形式实施的故意杀人罪（间接故意）的构成要件，只能以故意杀人罪论处。

值得注意的是，交通肇事后行为人是否负有积极抢救受害人的特定法律义务，是确

定交通肇事后的逃逸行为能否构成不作为形式的故意杀人罪的关键。对此，理论上存在不同看法。按照刑法理论界通行的观点，不作为犯所负实施某种行为的特定法律义务的来源有四种：一为法律明文规定的义务；二为职务或业务要求的义务；三为法律行为引起的义务；四为行为人先行行为引起的义务。有人认为，《刑法》关于交通肇事罪的规定表明，立法机关对行为人交通肇事后有无救助被害人的法律义务采纳了否定意见，因而对肇事后没有抢救伤者的行为不能以其他罪论处。另有论者则认为，交通肇事后行为人应当负有积极抢救受害人的特定法律义务，该义务属于由行为人的先行行为引起的特定法律义务，即被害人因行为人的肇事行为而处于生命危险之中，这种生命危险是由行为人的先前肇事行为引起的，因而行为人有义务消除这种危险状态。还有论者就交通肇事这一先行行为能够引起作为义务进行了论证，认为先行行为引起作为义务必须具备三方面的条件，一是先行行为具有使损害结果发生的现实危险性；二是先行行为必须是在客观上违反义务的，具有违法性；三是先行行为具有使结果发生的直接性。在交通肇事逃逸致人死亡的案件中，作为先行的交通肇事行为要引起作为义务，从而构成不作为故意杀人罪，也必须具备上述条件。换言之，只要在交通肇事逃逸致人死亡的案件中，作为先行的交通肇事行为具备了上述要件，就可以构成不作为故意杀人罪。

应当说，交通肇事后行为人负有积极抢救受害人的特定法律义务是显而易见的。另外，正如某些论者所指出，没有任何立法资料可以证明立法机关已经认可交通肇事者没有救助被害人的义务。现行《刑法》关于交通肇事罪的规定并不能说明立法机关对行为人交通肇事后有无救助被害人的法律义务采纳了否定意见。现行《刑法》虽然规定了交通肇事后因逃逸致人死亡的，直接处七年以上有期徒刑，但这一规定并不能说明立法机关已经认可交通肇事者没有救助被害人的义务，也不能说明对肇事后没有抢救伤者的行为不能以其他罪论，更不能说明对交通肇事后因逃逸致人死亡的情形一概只能按交通肇事罪论处，相反，有关规定正好证明了肇事者是有救助被害人义务的，否则就不会对其逃逸行为作出加重处罚的规定了。可见，《刑法》第133条关于交通肇事罪的规定只是表明，在交通肇事构成交通肇事罪以后，因逃逸致人死亡的，不再按其他罪处理，而是直接按交通肇事罪，对行为人处七年以上有期徒刑。如果交通肇事行为尚未构成犯罪，行为人因逃逸致人死亡的，由于不符合《刑法》第133条第3句的规定，当然不能直接根据该规定处理，而应当根据行为的具体表现，按照《刑法》的有关规定及刑法原理进行处理。这种情形具备以不作为形式实施的故意杀人罪（间接故意）的全部构成要件表现在：第一，行为人在交通肇事后，负有积极抢救受害人的特定法律义务。第二，行为人有能力抢救受害人。在交通肇事后因逃逸致人死亡的案件中，行为人显然具备抢救受害人的能力，因为行为人既然能够逃逸，就完全能够将受害人送往医院抢救或者设法采取其他抢救措施。第三，行为人没有履行特定法律义务。第四，行为人主观上具有放任受害人死亡结果发生的心理态度。可见，对这种情形下行为人的逃逸行为应当按故意杀人罪定罪处罚，而无须将交通肇事罪的罪过形式理解为兼含间接故意。

二、交通肇事后逃逸，致使受害人因外界因素的介入而死亡的处理

根据《最高人民法院关于审理交通肇事刑事案件具体应用法律若干问题的解释》第5条规定，"因逃逸致人死亡"，是指行为人在交通肇事后为逃避法律追究而逃跑，致使被害人因得不到救助而死亡的情形。由此产生了两个问题：其一，交通肇事行为对被害者造成的伤害本来不会导致被害人死亡结果的发生，但在行为人逃逸后，由于其他因素的

介入而导致了受害人死亡结果的发生，应当如何处理？例如，刘某驾车超速行驶，将王某撞至腿骨骨折，刘某不顾王某躺在地上不能动弹，驾车仓皇逃离现场。王某正在挣扎着爬起来准备上医院治疗，却遇上李某驾车疾驶而来，致其当场身亡。其二，交通肇事及其后的逃逸行为已经具有致受害人死亡的现实危险性，在向死亡发展的过程中，其他因素介入并导致了受害人死亡结果的发生，应当如何处理？例如，甲违章开车将乙撞致重伤倒地，流血不止，甲眼看乙性命难保，为逃避责任仓皇逃逸。乙躺在地上正在步入死亡，这时，丙驾车疾驶而来，见到乙时已经刹车不及，结果车再次从乙身上压过，致使乙当即死亡。

对第一种情形的定性，取决于如何看待逃逸行为对被害人死亡结果的作用。如果认为在这种情况下，逃逸行为仍然是受害人死亡结果发生的原因，则应当按因逃逸致人死亡处理；如果认为此种情况下逃逸行为不再是受害人死亡结果发生的原因，则不应当要求行为人对被害人死亡结果承担责任。我们认为，较为合理的解决办法应当是认定逃逸行为仍然是受害人死亡结果发生的原因之一，按因逃逸致人死亡处理，但行为人对受害人死亡的结果仅承担部分责任。理由是，在这种情况下，行为人主观上对被害人死亡的结果存在过失甚至有放任的故意，从客观方面来看，被害人死亡的结果的部分原因在于行为人的逃逸行为。详言之，在这种情况下，交通肇事后的逃逸行为虽然本来不会造成被害人死亡，可是，由于其他因素的介入，而导致了受害人死亡的危害结果的发生，使得行为人的逃逸行为也成为受害人死亡的一项重要条件，表现在如果行为人对受害人给予了及时的抢救，就不会有后来受害人因外界因素的介入而死亡结果的发生。从有限制的条件说的立场出发，行为人的逃逸行为就是受害人死亡的一个原因。有限制的条件说已经逐渐成为我国刑法理论通说，可以作为根据。从实际情况来看，行为人的逃逸行为对受害人后来的死亡确实是起到了作用的，没有其逃逸行为，通常就不会有其随后被车轧死的结果。这样，这种情况下的逃逸行为也已经具备过失致人死亡或者故意杀人罪（间接故意）的全部要件，如果先前的交通肇事行为尚未构成犯罪，因而不符合按《刑法》第133条第3句规定处理的条件，则应当以过失致人死亡或者故意杀人罪（间接故意）论处，如果先前的交通肇事行为已经构成犯罪，则应当按照第133条第3句的规定，以交通肇事罪论处。有学者认为，在这种情况下，不应让行为人对被害人死亡结果负刑事责任，而只能令其对先行的交通肇事行为负责。理由是交通肇事逃逸行为与被害人死亡的因果进程因其他因素的介入而中断，行为人的防止后果发生的责任已经转移到其他因素的责任范围之中。这种观点似有欠妥当，因为在这种情况下，交通肇事逃逸行为与被害人死亡的因果关系并不是因其他因素的介入而中断，相反，而是因其他因素的介入而产生。因此，"不能让行为人对该死亡结果负刑事责任"的观点难以成立。

对第二种情形，即交通肇事及其后的逃逸行为已经具有致受害人死亡的现实危险性，在向死亡发展的过程中，其他因素介入并导致了受害人死亡结果的发生，在处理上应当与第一种情形相同。因为在这种情况下，行为人负有抢救受害人的特定法律义务，主观上对被害人死亡结果存在过失或者放任的心态，客观上实施了逃逸行为，并且其逃逸行为属于被害人死亡的重要条件及原因。符合按因逃逸致人死亡处理的条件。需要注意的是，在这种情况下，受害人死亡的结果毕竟不是完全由行为人的逃逸行为所导致的，也不是由其逃逸行为所直接导致的，介入因素对受害人死亡结果的发生也起到了作用，因此，对行为人的刑事责任可以视具体情况作不同程度的减轻。①

【刑事审判参考案例】邵某某交通肇事案②

一、基本案情

被告人邵某某，男，1985年生。因涉嫌犯交通肇事罪于2014年9月11日被逮捕。

浙江省开化县人民检察院以被告人邵某某犯交通肇事罪，向开化县人民法院提起公诉。

被告人邵某某对起诉书指控的事实无异议，但不知道自己的行为是否构成交通肇事罪。其辩护人提出邵某某的行为不符合交通肇事罪中的"交通运输肇事后逃逸"和"因逃逸致人死亡"两种情形，且其具有自首情节，其家属代为积极赔偿被害人损失，取得被害人亲属的谅解，无前科，系初犯，可以从轻或者减轻处罚。

开化县人民法院经审理查明：2014年7月19日，被告人邵某某驾驶号牌为赣M38×××的轿车从江西省九江市驶往浙江省开化县。22时05分许，行至205国道1742km+900m开化县华埠镇新汽车站路段，碰撞到行走的被害人徐某某，致徐某某身体局部受伤倒地，轿车左后视镜掉落、前挡风玻璃左下角破裂，左前门撞凹，现场遗留左后视镜等碰撞痕迹。事发后，徐某某在原地呼叫路人帮忙，程某某、陈某某先后于22时06分00秒和06分10秒报警。邵某某驾车离开现场驶往开化县城方向，并电话告知其同学赵某某其发生事故，后到开化县山甸大桥附近接到赵某某后一同开车返回华埠镇（行驶轨迹图证实赣M38×××号牌轿车离开事故路段后行驶距离为23.937公里），途中电话报警，在205国道开化县华埠镇东岸大桥附近等候交警到来。22时07分许，开化县华埠镇永丰村张某某（2014年3月14日取得驾驶证，尚在实习期）驾驶浙H14×××临号牌轿车搭载朋友从开化县华埠镇永丰村驶往华埠镇彩虹桥方向，行至1742km+900m开化县华埠镇新汽车站路段，碰撞倒地躺在快车道上的徐某某，造成徐某某当场死亡。经鉴定，徐某某系因钝性外力作用致右侧多根肋骨骨折伴右侧血气胸死亡。经开化县公安局交通警察大队事故责任认定，该事故第一次碰撞中，邵某某负事故全部责任，徐某某无责任；第二次碰撞中，邵某某负事故同等责任，张某某负事故同等责任，徐某某无责任。邵某某于案发当晚22时25分报警，并在指定位置等候交警处理，到案后如实供述犯罪事实。

案发后被告人邵某某亲属与被害人徐某某亲属达成赔偿协议，支付给徐某某亲属人民币381 858.25元（不包括保险公司和张某某应承担的部分），得到徐某某亲属的谅解。

开化县人民法院认为，被告人邵某某逃逸产生了致使被害人徐某某因伤无法离开现场继而发生被其他车辆碾压致死的后果，邵某某的逃逸行为与徐某某的死亡结果之间存在法律上的因果关系，应认定为交通肇事后逃逸致人死亡。邵某某系自首，归案后认罪态度较好，积极赔偿被害人亲属的经济损失，得到被害人亲属的谅解，予以减轻处罚。据此，根据《刑法》第133条、第67条第1款，《最高人民法院关于审理交通肇事刑事案件具体应用法律若干问题的解释》第5条第1款之规定，以交通肇事罪判处被告人邵

① 万鄂湘、张军主编：《最新刑事法律文件解读》（第4辑），人民法院出版社2007年版，第236~237页。

② 殷一村、周永敏、毛曼谕撰稿，陆建红审编：《邵某某交通肇事案——交通肇事撞伤他人后逃离现场，致被害人被后续车辆碾压致死的如何定性（第1118号）》，载中华人民共和国最高人民法院刑事审判第一、二、三、四、五庭主办：《刑事审判参考》（总第105集），法律出版社2016年版，第15~24页。

某某有期徒刑四年。

一审宣判后，被告人邵某某不服，向浙江省衢州市中级人民法院提出上诉。

上诉人邵某某的上诉理由是：其有自首、积极赔偿并取得被害人家属谅解等情节，请求减轻处罚并适用缓刑。其辩护人提出了认定邵某某系交通肇事逃逸致人死亡的依据不足，请求依法改判的辩护意见。

浙江省衢州市中级人民法院经审理查明的事实同上。另查明，被害人亲属在二审期间再次出具谅解书，请求对上诉人邵某某减轻处罚并适用缓刑。

衢州市中级人民法院认为，上诉人邵某某交通肇事逃逸致人死亡，其行为已构成交通肇事罪。邵某某交通肇事后驾车逃离事故现场，致被害人因伤无法离开现场而被其他车辆再次碰撞，并最终死亡。邵某某的行为与危害结果之间具有刑法意义上的因果关系，应认定为交通肇事逃逸致人死亡。邵某某犯罪以后自动投案并如实供述罪行，系自首；案发后积极赔偿被害人亲属经济损失并取得被害人亲属谅解等，可依法减轻处罚。根据邵某某的犯罪事实、情节及悔罪表现等，可对其适用缓刑。据此，依照《刑法》第133条，第67条第1款，第72条第1款，第73条第2款、第3款，以及《刑事诉讼法》第225条第1款第2项之规定，以交通肇事罪改判邵某某有期徒刑三年，缓刑四年。

二、主要问题

1. "因逃逸致人死亡"的认定，是否以逃逸前行为构成一般交通肇事罪为前提？

2. 二次碰撞交通事故中，如何确定第一次肇事者的逃逸行为与被害人被二次碰撞死亡结果间的因果关系？

3. 二次碰撞交通事故中，如何区分第一次肇事者的逃逸行为构成因"逃逸致人死亡"还是不作为故意杀人？

三、裁判理由

（一）"因逃逸致人死亡"的认定，不以逃逸前的交通肇事行为构成犯罪为前提

《刑法》第133条规定了构成交通肇事罪的一般情形以及"交通运输肇事后逃逸或者有其他特别恶劣情节"和"因逃逸致人死亡"两种特殊情形。无论是一般情形还是两种特殊情形，《最高人民法院关于审理交通肇事刑事案件具体应用法律若干问题的解释》均作了相应的详细解释。《最高人民法院关于审理交通肇事刑事案件具体应用法律若干问题的解释》第2条规定了本罪一般情形的构成要件，第3条、第4条分别对"交通运输肇事后逃逸"和"有其他特别恶劣情节"作了详细规定，第5条则对"因逃逸致人死亡"作了解释。根据该解释，"交通运输肇事后逃逸"是指行为人具有该解释第2条第1款规定和第2款第1项至第5项规定的情形之一（均为构成交通肇事罪的一般情形），在发生交通事故后，为逃避法律追究而逃跑的行为；"因逃逸致人死亡"，是指行为人在交通肇事后为逃避法律追究而逃跑，致使被害人因得不到救助而死亡的情形。

本案在审理中有两种不同观点：第一种观点认为，"交通肇事逃逸"和"因逃逸致人死亡"，均应以逃逸前的交通肇事行为构成交通肇事罪的一般情形为前提。[1] 根据《最高人民法院关于审理交通肇事刑事案件具体应用法律若干问题的解释》第2条的规定，构

---

[1] 理论界也有此观点，参见张明楷：《刑法学》（第4版），法律出版社2011年版，第635页。张明楷教授认为，因逃逸致人死亡，以逃逸前的行为构成犯罪为前提，行为人超速驾驶致一人重伤后逃逸，进而导致其死亡的，不能适用"因逃逸致人死亡"的规定，而只能认定为一般的交通肇事罪。

成交通肇事罪的一般情形的客观表现是死亡一人以上或者重伤三人以上或者造成直接财产损失无能力赔偿数额在 30 万元以上。而本案中，邵某某的交通肇事行为并没有直接致人死亡，也不存在直接财产损失的问题，而由于后来介入因素致被害人死亡，因此，无法确定邵某某肇事致被害人重伤，也就不能认定其逃逸前的交通肇事行为构成交通肇事罪的一般情形，更无法认定其逃逸行为属于交通肇事逃逸致人死亡。第二种观点认为，刑法规定的"因逃逸致人死亡"不以逃逸前的交通肇事行为构成交通肇事罪为必要条件，邵某某的行为应认定为"因逃逸致人死亡"。

我们同意后一种观点，理由如下。

1. 符合《刑法》规定。《刑法》第 133 条先后列明了交通肇事罪的三种类型，且量刑逐步加重，但《刑法》并未明确规定三者系递进关系，认定后两者应以前者为前提。刑法理论认为，情节加重犯、结果加重犯均系对基本构成要件的修正，但情节加重犯系在基本构成要件基础上增加了加重情节，其构成要件完全覆盖了基本构成要件，从这个意义上，可以说是以基本构成要件为基础。例如，在公共交通工具上抢劫的，除"在公共交通工具上"这一加重情节外，其他要素完全符合基本构成要件。但结果加重犯却不同，其系对犯罪结果这一要素的变更或替代，就不能简单理解为以基本构成要件为基础了。例如，抢劫致人重伤，其构成要件中就没有"轻伤"这一要素的存在空间，《刑法》和相关司法解释也没有规定必须抢得财物才可成立。又如，非法拘禁致人死亡的，即使行为人的拘禁行为不构成基本犯（符合时间、方式等要求），但只要与死亡结果存在相当的因果关系，即可成立。而《刑法》所规定的"因逃逸致人死亡"类型中，逃逸为加重情节，"死亡"则为加重结果，因此，其同时存在对基本构成要件的变更和涵盖，就不能认为其应以交通肇事罪基本构成要件为基础了。从犯罪构成角度来看，一个犯罪行为只能有一种确定结果，因逃逸致人死亡的结果只能是逃逸行为导致的"死亡"，怎么能同时出现可以构成一般交通肇事的重伤结果和加重处罚的死亡结果呢？

2. 符合司法解释的精神。《最高人民法院关于审理交通肇事刑事案件具体应用法律若干问题的解释》对交通肇事中"逃离现场"这一客观行为，在三种场合有相应的不同表述，其含义和法律后果也是不一样的：（1）作为构罪要件。交通肇事致一人重伤，在一般情况下不构成犯罪，只有具备《最高人民法院关于审理交通肇事刑事案件具体应用法律若干问题的解释》第 2 条第 2 款规定的六种情形，才以交通肇事罪定罪处罚。如根据《最高人民法院关于审理交通肇事刑事案件具体应用法律若干问题的解释》第 2 条第 2 款第 6 项的规定，交通肇事致一人以上重伤，负事故全部或者主要责任，为逃避法律追究逃离事故现场的，应当以交通肇事罪定罪处罚。（2）作为法定加重情节。根据《最高人民法院关于审理交通肇事刑事案件具体应用法律若干问题的解释》第 3 条的规定，逃逸前的交通肇事行为已经达到了犯罪的程度，但行为人在发生交通事故后，为逃避法律追究而逃跑的，以"交通运输肇事后逃逸"论处。（3）作为重罪构成要件。《最高人民法院关于审理交通肇事刑事案件具体应用法律若干问题的解释》第 5 条规定，"因逃逸致人死亡"是指"行为人在交通肇事后为逃避法律追究而逃跑，致使被害人因得不到救助而死亡的情形"。通过对《最高人民法院关于审理交通肇事刑事案件具体应用法律若干问题的解释》条文的比较研究不难发现，第 3 条规定的法定加重情节，其前提是逃逸前的交通肇事行为已经构成交通肇事罪的一般情形，即具有《最高人民法院关于审理交通肇事刑事案件具体应用法律若干问题的解释》第 2 条第 1 款和第 2 款第 1 项至第 5 项规定的情形之一（均为构成交通肇事罪的一般情形），在发生交通事故后，为逃避法律追究而逃跑的行为。而第5条规定的重罪构成要件，不以逃逸前的交通肇事行为已经构成交通肇事罪的一般情形为前提条件。"因逃逸致人死亡"的构成要件有四个：一是行为人逃逸前的行为构成了交通肇事；二是肇事的结果不论是否有人死亡，但肯定有一名以上（含一名）被害人当时没有死亡；三是行为人为逃避法律追究而逃跑，这里的法律追究既包括刑事法律追究，亦包括行政法律追究，甚至包括承担民事赔偿责任，而不局限于刑事法律追究；四是被害人因行为人的逃逸得不到救助而死亡。四个要件中，《最高人民法院关于审理交通肇事刑事案件具体应用法律若干问题的解释》重点强调的是"被害人因得不到救助而死亡"。从《刑法》和《最高人民法院关于审理交通肇事刑事案件具体应用法律若干问题的解释》的意图来看，立足点在于鼓励行为人在发生交通事故后，采取积极措施对被害人进行抢救。如果没有逃逸，那么，被害人可能被救活，行为人甚至有不构成犯罪的可能性存在。而如果行为人在交通事故后逃逸，致被害人因得不到救助而死亡，则行为人构成交通肇事罪（特殊情形的重罪）。简言之，如果交通事故发生后，被害人已经死亡，行为人逃逸的，则只构成《最高人民法院关于审理交通肇事刑事案件具体应用法律若干问题的解释》第3条规定的法定加重情节，对行为人应当在三年以上七年以下有期徒刑的法定刑范围内处罚；如果被害人没有死亡，但由于行为人的逃逸而致使被害人因得不到救助而死亡的，则行为人的行为构成交通肇事罪的重罪情形，对行为人应当在七年以上有期徒刑的法定刑范围内处罚。

3. 符合司法实践的要求。按照前述第一种观点，能认定为"因逃逸致人死亡"的，只能限于行为人逃逸前的交通肇事行为已经构成交通肇事罪的情形。致一人重伤并逃逸的情况，无论如何也不能构成"因逃逸致人死亡"，因为其逃逸情节已为交通肇事罪的一般情形所考量，再予认定"因逃逸致人死亡"，存在重复评价。这显然超出了一般公众的理解范畴。特别是在实践中，往往发生行为人逃逸后，被害人被后来车辆二次或二次以上碰撞导致死亡的情形。在这种情况下，能够准确确定第一次碰撞构成重伤的微乎其微，因此，也就无法认定第一次碰撞并逃逸的行为是否构成交通肇事罪的一般情形。如此，在第二次碰撞人不负主要或全部责任的情况下，即使被害人无责任，其生命代价也无法得到法律的公正评判。

（二）"因逃逸致人死亡"的认定不以行为人在逃逸前的交通肇事行为中的责任大小为前提条件

如前所述，认定"因逃逸致人死亡"的关键在于确定逃逸行为与死亡结果的因果关系。在一般情况下，行为人逃逸后，被害人仅仅因为没有得到救助而死亡，认定行为人构成"因逃逸致人死亡"不成问题。但在实践中，行为人逃逸后，被害人又被第三人的交通行为碰撞，在这种情况下，因第一次肇事者的逃逸行为与死亡结果间介入了其他因素，因果关系的认定就变得复杂了。

1. 行为人在逃逸前的交通事故中的责任大小不影响"因逃逸致人死亡"的认定。如前所述，认定"因逃逸致人死亡"不以行为人逃逸前的交通肇事行为构成交通肇事罪为前提，故不需要考量肇事行为的责任认定。但在二次碰撞事故中，因存在第二次碰撞，如对第一次的事故责任不加区分即认定存在因果关系，是否有加重肇事者负担之嫌？我们认为，是否介入第二次碰撞事故，不影响行为人逃逸行为与被害人死亡结果之间是否具有因果关系的判断。因为"交通肇事后逃逸"和"因逃逸致人死亡"的加重处罚基础虽然均为未履行法定义务，但在实践层面，前者的基础侧重于未履行报警、保护现场等义务，以及对其后交通状况所造成的抽象危险等；而后者的救助义务更加突出，并非仅仅是抽象的危险，其作为要求要高于前者。如《道路交通安全法》第70条在规定保护现场、抢救伤员和报警义务时，就没有提及事故责任大小，《最高人民法院关于审理交通肇事刑事案件具体应用法律若干问题的解释》第5条亦未有对肇事者的责任要求，故在二次碰撞事故中，即使不考虑将逃逸推定为全责的情况，第一次肇事者的责任大小，也不能成为阻却"因逃逸致人死亡"认定的事由。

2. 介入因素一般不能阻断逃逸行为与被害人死亡的因果关系。二次碰撞交通事故的客观过程如下：第一次碰撞——行为人逃逸——被害人无法离开或停留在现场——第二次碰撞——被害人死亡。因此，逃逸行为与死亡结果间介入了两个因素，就需要分析其因果关系是否存在被切断或影响（原因力大小变更）的可能。

（1）被害人行为介入对因果关系的影响。一般而言，被害人的介入因素存在几种情形：①被害人不得不或者必然（通常）实施介入因素；②行为人导致被害人介入异常行为，但结合被害人的心理、精神因素，该介入可视为有通常性；③被害人的行为对结果作用轻微；④被害人的介入有异常性。理论上认为，只有第四种情形下被害人介入因素才阻断行为人的行为与结果间的因果关系。本案中，从邵某某车辆左后视镜掉落、前挡风玻璃左下角破裂，左前门撞凹，现场遗留左后视镜等碰撞痕迹，可知第一次碰撞显然非轻微碰撞，事发后，被害人在原地呼叫路人帮忙的行为，也不具有异常性，无法得出存在刻意停留的判断。另外，两次碰撞的间隔非常短，被害人的介入因素不能阻断邵某某逃逸行为与被害人死亡结果间的因果关系。

（2）第二次碰撞行为介入对因果关系的影响。第二次碰撞行为属第三人介入的问题，其是否阻断第一次行为的因果关系需考量以下因素：①逃逸行为导致结果发生的危险性大小；②介入因素异常性大小；③介入因素对结果发生的作用大小；④介入因素是否为逃逸行为的可控范围。本案地点为车流量大的国道，案发时间为足以影响视线的夜间，被害人被邵某某碰撞后仍停留在国道上，因此，邵某某的逃逸行为对后续碰撞具有较大的危险和原因力。经认定，两次碰撞对死亡负同等责任，故不能认为后续碰撞具有异常性。如果邵某某将被害人挪动到安全位置或采取安全措施，即有避免后续碰撞的可能，其却径行离开。综合考量，后续碰撞不能阻断或影响邵某某逃逸行为与被害人死亡结果间的因果关系。

（三）正确区分二次碰撞事故中的"因逃逸致人死亡"和不作为故意杀人

《最高人民法院关于审理交通肇事刑事案件具体应用法律若干问题的解释》第6条规定，行为人在交通肇事后为逃避法律追究，将被害人带离事故现场后隐藏或者遗弃，致使被害人无法得到救助而死亡或者严重残疾的，应当分别以故意杀人罪或者故意伤害罪定罪处罚。而交通肇事"因逃逸致人死亡"具有一定的不作为属性，且逃逸行为确在主观上具有某种程度的故意，实践中亦有案例认定二次碰撞事故中，逃逸致人死亡构成不作为故意杀人。[1] 我们认为，不作为故意杀人与因逃逸致人死亡之间存在一定的共性：

---

① 叶琦、蔡恩璇撰稿，王晓东审编：《李某某故意杀人案——如何认定交通肇事逃逸案件中的间接故意杀人犯罪》，载中华人民共和国最高人民法院刑事审判第一、二、三、四、五庭主办：《刑事审判参考》（总第95集），法律出版社2016年版，第40~45页。

（1）行为人主观目的都是逃避法律追究；（2）行为人都实施了逃跑的行为；（3）行为人逃逸前的交通肇事未必构成交通肇事罪；（4）被害人均未得到救助而死亡。但两者之间的区别也是明显的：（1）前者对被害人的死亡持放任态度，而后者主观上并不希望被害人死亡结果的发生；（2）前者对被害人实施了隐藏或者遗弃等主动作为行为，而后者仅仅是逃逸，未实施其他不利于被害人救助的行为；（3）前者不以出现被害人死亡的后果为必要条件，而后者则以出现被害人死亡的后果为必要条件；（4）前者被害人死亡的直接原因是因为无法得到救助，而后者是被害人得不到及时救助。

在二次碰撞事故中，认定行为人的逃逸行为构成不作为的故意杀人罪应当慎重。其一，从法律规定的层面来看，《刑法》针对"因逃逸致人死亡"已作出明确规定，《最高人民法院关于审理交通肇事刑事案件具体应用法律若干问题的解释》第6条也仅规定了"移置性逃逸"以故意杀人罪论处，如果一律认定"因逃逸致人死亡"为不作为故意杀人，则直接导致了"因逃逸致人死亡"规定的虚置。其二，"因逃逸致人死亡"的处理结果较故意杀人罪差距明显，从刑罚设置上看二者的基本模式应有不同。那么如何在二次碰撞事故中对逃逸行为进行准确认定呢？我们认为，不作为行为与结果之间的关系，至少应达到相当的程度。如对溺水者负有救助义务的人不作为，其行为与死亡结果之间就具有相当因果关系，即被害人死亡的概率非常高，生还具有异常性。而二次碰撞事故中，介入了第三人的行为（第二次碰撞），此因素发生的可能性却远不及溺水案中被害人死亡的概率高。如不对第三人的行为进行评价，仅从形式上认定是否构成不作为犯罪是不恰当的。

在"移置性逃逸"中，移置致被害人死亡的风险升高，相当于拿走溺水者唯一求生的木板，等价于故意杀人。同理，在二次碰撞事故中，也应重点考量被害人因何种原因处于危险状态、危险程度、被害人对逃逸者的依赖程度、逃逸者履行义务的难易程度、逃逸者不履行义务对结果的原因力、将结果仅归责于逃逸是否合适等因素，综合判断逃逸行为与故意杀人间是否具有等价性。一般而言，与作为等价的逃逸行为，第二次事故的发生应具有较大的必然性。实践中，事故责任认定具有一定的参考意义（当然，需分析认定理由）。如经认定，第二次碰撞肇事者不负责任，则第二次事故发生具有较大的必然性，逃逸行为对被害人死亡结果具有等价于作为的原因力；如第二次碰撞的第三人负有较大的过错，即其发生具有一定的偶然性，也很难将逃逸行为与再次碰撞致死被害人间的原因力同等考量，应认定为"因逃逸致人死亡"。本案中，经事故责任认定，第一次、第二次碰撞对被害人的死亡负同等责任，第二次碰撞存有较大过错，但也未达到阻断第一次行为与被害人死亡结果的因果关系的地步。因此，邵某某的行为应属犯罪，并应被认定为交通肇事"因逃逸致人死亡"。

综上，一审、二审法院认定被告人邵某某系交通肇事逃逸致人死亡，构成交通肇事罪，二审法院综合邵某某的自首情节、赔偿及征得被害人亲属谅解等情况，对其改判有期徒刑三年，缓刑四年，是适当的。

问题9. 肇事者交通事故后滞留现场不履行救助义务，在二次事故发生后，隐瞒身份并离开现场，可以构成因逃逸致人死亡

【刑事审判参考案例】汪某某交通肇事案①

一、基本案情

被告人汪某某，男，汉族，1973年生。2018年7月20日被逮捕。

浙江省三门县人民检察院指控被告人汪某某犯交通肇事罪，向浙江省三门县人民法院提起公诉。

被告人汪某某辩称，其是后车碾轧后才离开事故现场，并没有逃避责任。汪某某的辩护人提出，指控汪某某逃逸致人死亡理由不能成立。汪某某的逃逸行为与陈某某死亡之间没有因果关系，即使汪某某不逃逸，陈某某也会死亡；事故认定是按逃逸进行推定，已经作为入罪事实，而公诉机关又将逃逸作为加重情节进行指控，属于重复评价；如果汪某某构成犯罪，其具有如实供述、初犯、预缴赔偿款等从轻情节。

三门县人民法院经审理查明：2018年7月5日20时23分，被告人汪某某驾驶二轮电动车从高枧驶往海游方向，行驶至三门县214省道甬临线105km+740m珠岙镇下胡村路段时，与靠道路右侧路边持续、稳定同向行走的被害人陈某某发生碰撞，致使陈某某倒在车道中，汪某某也连人带车摔倒，二轮电动车右侧碰地。事故发生后，汪某某未报警和实施救助。汪某某起来后，发现倒在车道中间并发出"哎哟"一声的陈某某。20时24分00秒，汪某某站在路边白线外。20时24分50秒左右，汪某某开始捡东西，并扶二轮电动车。20时26分，许某某驾驶浙JC2×××号小型轿车行驶至事故发生地时，将倒地的陈某某碾轧。

二次碰撞后，许某某下车查看，并问被告人汪某某有什么东西，汪某某回答没有。许某某将车底下的麦秆袋拉出扔在路边，向驾驶室方向走去。在此过程中，即20时26分47秒，汪某某驾驶肇事车辆逃离现场。20时27分至20时29分，许某某上车，发现车子仍开不动，倒车后发现车前倒着陈某某，就再次下车，并与同车的周某一起报警、报医。此时，陈某某头部还会动。当警察和医生赶到现场时陈某某已经死亡。经三门县公安局交通警察大队认定，汪某某承担此事故的主要责任，许某某承担此事故的次要责任，陈某某无责任。

另查明，事故现场位于三门县214省道甬临线105km+740m珠岙镇下胡村路段，道路呈东西走向，沥青路面，道路中心漆画黄虚线，边白实线，机非混合道，照明条件为夜间无路灯照明，标志、标线齐全。另外，被告人汪某某已预缴赔偿款人民币61000元。

三门县人民法院经审理认为：被告人汪某某违反交通运输管理法规，发生重大事故，且因逃逸致一人死亡，并负事故主要责任，其行为已构成交通肇事罪。汪某某如实供述犯罪事实，予以从轻处罚；已预缴部分赔偿款，酌情从轻处罚。依照《刑法》第133条、第67条第3款之规定，判决如下：被告人汪某某犯交通肇事罪，判处有期徒刑七年。

一审宣判后，被告人汪某某上诉。其提出，陈某某是因后车碾轧致死，并非其逃逸

---

① 王永兴、黄江南撰稿，王晓东审编：《汪某某交通肇事案——肇事者交通事故后滞留现场不履行救助义务，在后车发生第二次事故后，隐瞒身份并离开现场，可以构成因逃逸致人死亡（第1364号）》，载《刑事审判参考》（总第124集），法律出版社2020年版，第1~8页。

造成，原判认定其行为系逃逸致人死亡错误，致量刑过重，请求依法改判。

二审出庭检察员认为，原判定罪正确，量刑适当，审判程序合法，被告人汪某某的上诉理由不能成立，建议驳回上诉，维持原判。

台州市中级人民法院经审理查明，原判所认定的事实清楚，证据确实、充分。上诉人汪某某违反交通运输管理法规，发生重大事故，且因逃逸致一人死亡，并负事故主要责任，其行为已构成交通肇事罪。原判综合考虑本案犯罪事实、犯罪情节、被告人认罪态度依法判处刑罚，汪某某称量刑过重的上诉理由不能成立，不予采纳。出庭检察员关于驳回上诉、维持原判的意见予以支持。原判定罪和适用法律正确，量刑适当。审判程序合法。依照《刑事诉讼法》第 236 条第 1 款第 1 项之规定，裁定：驳回上诉，维持原判。

二、主要问题

肇事者交通事故后滞留现场不履行救助义务，在后车发生第二次事故后，隐瞒身份并离开现场，能否构成"因逃逸致人死亡"？

三、裁判理由

本案的主要争议在于被告人的行为是否属于"因逃逸致人死亡"，主要有以下两种意见：第一种意见认为，被告人汪某某构成交通肇事罪中的因逃逸致人死亡。理由如下：（1）虽然汪某某在事故发生后没有立即逃跑，而是在后车发生事故后离开现场，但其在此期间没有暴露自己是肇事者，而是将自己隐匿在现场。（2）虽然有第三人的碾轧行为介入被告人肇事与被害人死亡之间，但从案发时间、地点、环境和被害人的情况来看，此介入因素的发生并未超出被告人合理预见的能力范围，并不能阻断被告人肇事与被害人死亡之间的因果关系，应认定为交通肇事逃逸致人死亡。第二种意见认为，被告人不构成交通肇事罪中的因逃逸致人死亡，属于一般交通肇事后逃逸。理由是认定交通肇事逃逸必须具备离开事故现场这一客观要件，而被告人汪某某在第一次事故后并没有离开事故现场，且被害人在第一次事故后并未死亡，而是第二次事故后死亡的，故不能认定为交通肇事逃逸致人死亡。

我们同意第一种意见。理由如下：根据《最高人民法院关于审理交通肇事刑事案件具体应用法律若干问题的解释》第 5 条规定，"因逃逸致人死亡"是指行为人在交通肇事后为逃避法律追究而逃跑，致使被害人得不到救助而死亡的情形。无论是"交通肇事后逃逸"还是"因逃逸致人死亡"的加重处罚基础均为未履行法定义务，前者侧重于未履行报警、保护现场等义务，以及对其后交通状况所造成的抽象危险等，后者则突出救助义务。上述规定明确了认定"因逃逸致人死亡"的主观和客观条件，一般来说，需要符合以下四个条件。

（一）被告人交通事故后有救助义务及救助能力

根据《道路交通安全法》第 70 条的规定，肇事者发生交通事故后必须立即停车，保护现场；造成人身伤亡的，应当立即抢救受伤人员，并迅速报告执勤的交通警察或者公安机关交通管理部门。由此可见，保护事故现场、抢救伤员、报警并接受公安机关的处理，是肇事者必须履行的法定义务。除了上述法律明文规定外，基于交通肇事这一先行行为，交通肇事者在肇事后也负有救助义务。肇事者是否具有救助能力，应依据肇事者所在现场的时空条件来认定。一是肇事者本人处于清醒状态并具有活动能力。二是肇事者明确知晓被害人受伤。三是当时现场有充分的条件允许肇事者进行救助。认定上述内容，不仅要看肇事者的供述，还应从事故的时间、地点、路况、行为人的知识、能力、经验等方面客观地评判肇事者是否具有救助能力。如果肇事者不具备救助的条件，"法律不能强人所难"，肇事者虽负有救助义务，但也不能过分要求肇事者在没有救助能力时履行救助义务。

从本案的相关证据来看，被告人驾驶二轮电动车与同向行走的被害人发生碰撞，致被害人倒在车道中，被告人连人带车摔倒后站在路边白线外，并开始捡东西、扶二轮电动车。此时来往车辆车速比较缓慢，行驶在被害人倒地一侧车道的车辆经过事故点时，都短暂停顿，接着借道对向车道行驶，被告人完全有机会将被害人搬离到安全的路边或阻拦呼叫车辆施救，但其未采取任何救助措施。上述事实足以说明被告人明知自己交通肇事，且在当时现场的时空条件下具有救助能力。

（二）被告人在交通事故发生后逃逸，未履行救助义务

《刑法》规定对逃逸加重处罚，一是为了及时抢救伤者，防止事故损失的扩大；二是便于尽快查清事故责任，处理事故善后。司法实践中，对以下几种情形应当区分处理：一是肇事者交通肇事后为逃避法律追究，不顾被害人的受伤结果，拒不履行救助义务而逃跑，致被害人因得不到及时救助而死亡，应构成"因逃逸致人死亡"；二是肇事者履行了救助行为，如将被害人送往医院，但肇事者履行救助义务后为逃避法律追究又逃跑，被害人因抢救无效而死亡，不能认定肇事人"因逃逸致人死亡"，只能认定肇事人"交通肇事逃逸"；三是肇事者将受害人带离事故现场后隐藏或者遗弃，致使被害人无法得到救助而死亡或者造成严重残疾的，则应当按照《最高人民法院关于审理交通肇事刑事案件具体应用法律若干问题的解释》第6条的规定，以故意杀人罪或者故意伤害罪定罪处罚。

本案的特殊性在于，被告人在交通事故发生后并未马上离开现场，而在后车发生第二次事故后，隐瞒身份并离开现场，该行为能否认定为逃逸，存在争议。我们认为，是否认定"因逃逸致人死亡"中的逃逸，不应仅限于交通事故后逃离事故现场，还需要根据肇事者的主观目的与社会危害性进行评判。

1. 逃离现场不是交通肇事逃逸的唯一要件。《道路交通事故处理程序规定》中规定，交通肇事逃逸，是指发生道路交通事故后，当事人为逃避法律责任，驾驶或者遗弃车辆逃离道路交通事故现场以及潜逃藏匿的行为。司法实践中，大多数情形下，逃逸表现为逃离现场，但现实的情况千差万别，有的没有逃离现场也可能构成逃逸，而有的离开现场却不构成逃逸。同样，《最高人民法院关于审理交通肇事刑事案件具体应用法律若干问题的解释》的原文使用的是抽象的"逃跑"，可见《最高人民法院关于审理交通肇事刑事案件具体应用法律若干问题的解释》并没有把是否在"现场"作为硬性要件，而"逃跑"的手段与形式也是多种多样，核心问题仍在于是否逃避法律的追究。司法实践中，在事故现场躲藏、在现场却谎称不是肇事者或者虽在现场但指使、同意他人冒名顶替等情形，其最终目的是隐瞒肇事者身份、逃避法律的追究，仍然可以构成"逃逸"。

《浙江省高级人民法院关于在审理交通肇事刑事案件中正确认定逃逸等问题的会议纪要》第3条规定，让人顶替的情形有多种，有的肇事者让同车人顶替或者打电话让人来现场顶替；有的肇事者逃离现场后叫顶替者到现场，应认定为交通肇事逃逸并从重处罚。处理这类案件，还要区分肇事者是否逃离了事故现场。对肇事者让人顶替但自己没有逃离现场的，可酌情从轻处罚。参考这一规定，在一定条件下即使没有离开事故现场也可以构成交通肇事逃逸。

2. 认定"因逃逸致人死亡"中"逃逸"的关键是有救助能力而不履行救助义务。交通肇事后逃逸行为的本质特征就是为了逃避法律追究不履行法定义务，因而正确认定"逃逸"也应当围绕肇事者在肇事后是否履行了法定义务去考察。"因逃逸致人死亡"中的逃逸，应着重于审查肇事者在有救助能力的情况下是否履行了救助义务。

首先，本案被告人的供述及其他在案证据证实，在后车肇事者问询时，被告人隐瞒了自己的肇事者身份，并马上驾驶电动车逃离现场，反映了被告人在肇事后有逃避法律追究的主观故意。其次，两次事故是一个整体的延续状态。视频监控显示，事故发生后，被告人下车开始捡东西、扶二轮电动车。在后车发生事故后，被告人驾驶二轮电动车离开。在这个三分钟的延续状态里，被告人神志清醒、行动自如、未受到任何威胁，其在有救助能力和条件的情形下，未采取任何救助措施，而是在短时间内实施了逃离事故现场的行为。最后，本案第二次碰撞后，后车肇事者下车查看，并问被告人有什么东西，被告人回答没有。虽然被告人第一次事故发生后没有立即逃跑，而是在第二次事故后才离开现场，但其在此期间没有表明自己是肇事者，而是将自己隐匿在现场。隐匿行为从本质上说仍是一种交通肇事后的逃逸行为，人在现场与不在现场没有本质区别，因为现场的人民群众和警察都无法发现其就是肇事者，其自身不受被害方、群众或者事故处理人员控制。因此，被告人在有救助能力的情况下未履行救助义务，可以认定其属于"因逃逸致人死亡"中的"逃逸"。

（三）被告人的逃逸行为与被害人死亡之间存在因果关系

在案件事实存在介入因素的场合，要判断后车的第二次碰撞行为是否阻断前车碰撞、逃逸行为与被害人死亡之间的因果关系需要考虑以下因素：（1）逃逸行为导致被害人死亡结果发生的危险性大小；（2）后车第二次碰撞行为的异常性大小；（3）后车第二次碰撞行为对结果的发生的作用大小；（4）后车第二次碰撞行为是否在逃逸行为的可控范围内。但最重要的是判断哪个行为对结果的发生起到了决定性作用，同时也要考虑后车行为的可能性。

就本案而言，被告人肇事后明知受害人受伤倒地不能自救，在晚上来往车辆较多的公路上，正常人都会合理预见被害人若得不到救助，随时有被后车碾轧的可能。被告人的先行肇事行为使受害人面临生命安全的紧迫危险，负有采取有效措施排除危险或防止结果发生的特定义务，如果被告人履行救助义务，或者即使没有救助但保护了现场，危害结果便不会发生，但此时被告人选择了逃逸、不作为。因此，后车事故行为的发生和介入在被告人合理预见的能力范围之内，被告人的逃逸行为导致被害人再次被碾轧甚至死亡发生的危险性增大。后车事故行为虽然介入被告人肇事、逃逸与被害人死亡之间的因果进程，但不属于异常介入因素，即使不是该第三人驾车驶过，也可能是其他司机驾车碾轧被害人，因而后车事故行为并不能阻断被告人、逃逸与被害人死亡之间的因果关系。

（四）被告人的逃逸行为与故意杀人行为不具有相当性

《最高人民法院关于审理交通肇事刑事案件具体应用法律若干问题的解释》第6条规定行为人将被害人带离事故现场后隐藏或者遗弃的，可以以故意杀人罪定罪。实施隐藏、抛弃或移动至危险地带等积极移置性行为，使被害人得不到救助而死亡或发生再次碾轧事故，致被害人死亡的风险增加，其与杀人行为具有相当性，因而不再认定为"逃逸致人死亡"。此外，在判断逃逸行为与故意杀人是否具有相当性时，还应考虑逃逸行为对结果的客观归责程度以及肇事者不履行义务对结果的原因力大小，而不是仅从形式上是否有积极移置行为来加以判断。如果第二次碰撞的肇事者被认定不负责任，则说明第二次事故发生具有较大可能性，那么逃逸行为与故意杀人行为仍然具有相当性，死亡结果完全归责于逃逸行为，则应根据案件的具体情况来判断先前逃逸的肇事人是否构成故意杀人罪；如果第二次碰撞肇事者被认定负有责任，则说明第二次事故发生存在偶然性，不能将被害人被第二次碰撞致死完全归责于逃逸行为，一般认定"因逃逸致人死亡"。本案中，被告人不存在上述积极移置性行为，不符合《最高人民法院关于审理交通肇事刑事案件具体应用法律若干问题的解释》第 6 条的规定，同时，经事故认定，第二次碰撞肇事者负次要责任，存在一定过错，被告人的逃逸行为与故意杀人行为不相当。

综上，被告人撞倒被害人后，在具备救助条件的情况下，置被害人生命处于高度危险状态而不顾，并故意隐瞒自己的肇事者身份，不履行作为肇事者应该履行的法定义务，意图逃避法律追究，致使被害人被后车碾轧致死，应当认定被告人的行为属交通肇事后逃逸致人死亡。一审、二审法院根据犯罪的事实、性质、情节和对社会的危害程度，以交通肇事罪判处被告人汪某某有期徒刑七年，是合适的。

问题 10. 交通肇事后将被害人隐藏致使被害人得不到及时救治而死亡，应当以故意杀人罪还是交通肇事罪论处

【实务专论】

《最高人民法院关于审理交通肇事刑事案件具体应用法律若干问题的解释》第 5 条规定，"因逃逸致人死亡"，是指行为人在交通肇事后为逃避法律追究而逃跑，致使被害人因得不到救助而死亡的情形。这一规定强调的是"被害人因得不到救助而死亡"，主要是指行为人主观上并不希望发生被害人死亡的后果，但是没有救助被害人或者未采取得力的救助措施，导致发生被害人死亡结果的情形。

此外，针对实践中较为多见的，司机在交通肇事后，单位主管人员、机动车辆所有人、承包人或者乘车人指使肇事人逃逸的行为，《最高人民法院关于审理交通肇事刑事案件具体应用法律若干问题的解释》第 5 条第 2 款规定："交通肇事后，单位主管人员、机动车辆所有人、承包人或者乘车人指使肇事人逃逸，致使被害人因得不到救助而死亡的，以交通肇事罪的共犯论处。"在论证过程中，有种意见认为，交通肇事罪是过失犯罪，以共犯来处理指使逃逸的人显然有违共犯理论。不可否认，司法肇事引发交通事故是过失的，对肇事行为不存在按照共犯处罚的问题。但是，鉴于《刑法》第 133 条将这种故意实施的行为规定为交通肇事罪加重处罚的情节，而且在肇事后逃逸的问题上，肇事人主观上是故意的，其他人指使其逃逸，具有共同的故意，而且逃逸行为与被害人死亡具有因果关系，符合共犯的构成条件。因此，《最高人民法院关于审理交通肇事刑事案件具体应用法律若干问题的解释》第 5 条的规定是符合立法本意的。

《最高人民法院关于审理交通肇事刑事案件具体应用法律若干问题的解释》第 6 条规定，行为人在交通肇事后为逃避法律追究，将被害人带离事故现场后隐藏或者遗弃，致使被害人无法得到救助而死亡或者严重残疾的，以故意杀人罪或者故意伤害罪定罪处罚。即行为人在肇事后，为了掩盖罪行、毁灭证据，逃避法律追究，将被害人带离事故现场后隐藏或者遗弃，如隐藏在杂草丛中，使被害人处于无法获得救助的境遇，主观上是希

望或者放任被害人死亡结果的发生。对这种情形，根据被害人伤亡的结果对行为人定罪处罚是适宜的。①

【刑事审判参考案例】赵某 1 故意杀人、赵某 2 交通肇事案②

一、基本案情

被告人赵某 1，男，1992 年生。因涉嫌犯故意杀人罪于 2013 年 11 月 14 日被逮捕。

被告人赵某 2，男，1995 年生。因涉嫌犯交通肇事罪于 2014 年 7 月 2 日被逮捕。

河北省保定市人民检察院以被告人赵某 1 犯故意杀人罪、被告人赵某 2 犯交通肇事罪，向保定市中级人民法院提起公诉。

被告人赵某 1 对公诉机关的指控予以供认，未提辩解意见。其辩护人提出，赵某 1 向公安机关提供赵某 2 的联络方式和地址，构成立功；赵某 1 积极赔偿被害方的经济损失，得到了被害方的谅解。

被告人赵某 2 对公诉机关的指控予以供认，未提辩解意见。

保定市中级人民法院经审理查明：2013 年 10 月 29 日 22 时 30 分许，被告人赵某 2 驾驶被告人赵某 1 所购二手摩托车（牌照号为冀 RMY×××）并搭载赵某 1 沿容贾公路由南向北行驶，车行驶到河北省贾光乡贾光网通营业厅门口处时，撞倒行人徐某某，摩托车倒地，赵某 2 亦当场昏迷。赵某 1 拨打 120 急救电话后，将徐某某拽入路边沟中，后驾驶该摩托车载着赵某 2 逃离现场。后抢救人员到达现场，因没发现被害人而拨打赵某 1 报警时所用手机号码，赵某 1 明知可能是医生所打电话而不接听。经鉴定，徐某某因交通事故所致颅脑损伤死亡。案发后，被告人赵某 1 亲属、赵某 2 亲属分别与被害人亲属达成调解协议，被害人亲属对二被告人的犯罪行为予以谅解。

保定市中级人民法院认为，被告人赵某 1 作为肇事车辆所有者，明知被撞倒在地的徐某某伤势严重，仍将徐某某拽入沟中，使徐某某得不到救治而死亡，其行为已构成故意杀人罪；被告人赵某 2 违反交通运输管理法规，发生重大交通事故造成徐某某死亡，且负事故全部责任，其行为构成交通肇事罪。公诉机关指控二被告人的罪名成立。赵某 2 被公安机关抓获前，能报警而未报警，其行为构成肇事后逃逸。事故发生后，赵某 1 曾拨打 120 急救电话，但因赵某 1 的行为，使急救人员到达现场后，未能找到被害人，从而无法对被害人进行救治。本案中，赵某 1 归案后如实供述赵某 2 的藏匿地点从而使公安机关及时抓获在医院治疗的赵某 2，属于如实供述同案被告人的基本情况，不构成立功。辩护人所提赵某 1 具有立功情节的意见，不予采纳。案发后，被告人赵某 1 亲属、赵某 2 亲属分别与被害人亲属达成调解协议，被害人亲属对二被告人的犯罪行为予以谅解。据此，依照《刑法》第 232 条、第 133 条、第 56 条第 1 款、第 55 条第 1 款之规定，判决如下：（1）被告人赵某 1 犯故意杀人罪，判处有期徒刑十年，剥夺政治权利一年。（2）被告人赵某 2 犯交通肇事罪，判处有期徒刑三年。

宣判后，赵某 1 提出上诉称，其具有立功情节，且犯罪情节较轻，应在三年至十年有

---

① 孙军工：《正确适用法律严惩交通肇事犯罪——〈关于审理交通肇事刑事案件具体应用法律若干问题的解释〉的理解与适用》，载《人民司法》2000 年第 12 期。

② 陆建红、郭宏伟、詹勇撰稿，周峰审编：《赵某 1 故意杀人、赵某 2 交通肇事案——车辆所有人在交通肇事后将被害人隐藏致使被害人无法得到救助而死亡的，如何定性（第 1169 号）》，载中华人民共和国最高人民法院刑事审判第一、二、三、四、五庭主办：《刑事审判参考》（总第 108 集），法律出版社 2017 年版，第 32~38 页。

期徒刑的幅度内量刑。赵某2提出上诉称，其不构成逃逸，其对被害人进行了民事赔偿，应适用缓刑。

河北省高级人民法院经审理查明的事实与一审相同。

河北省高级人民法院认为，上诉人赵某1作为肇事车辆的所有者，在明知被害人徐某某有呼吸的情况下，仍将徐某某拽入沟中，使徐某某得不到及时救治而死亡，其行为已构成故意杀人罪。上诉人赵某2违反交通运输管理法规，无证驾驶摩托车造成徐某某死亡，负事故全部责任，其行为构成交通肇事罪。赵某2被公安机关抓获前，能报警而未报警，其行为构成肇事后逃逸。本案中，公安机关根据赵某1供述将赵某2抓获，赵某2的藏匿地点属于赵某1在犯罪中掌握的同案犯藏匿地址，不能认定为协助司法机关抓捕同案犯，赵某1依法不构成立功。案发后，赵某1、赵某2有悔罪表现，被害人亲属对二上诉人的犯罪行为予以谅解，对此情节原判决在量刑时已予考虑。上诉人赵某1、赵某2上诉请求从轻处罚的理由，不予采纳。原判决认定事实清楚，证据确实、充分，定罪准确，量刑适当，审判程序合法。依照《刑事诉讼法》第225条第1款第1项、第233条之规定，于2015年6月15日裁定如下：驳回赵某1、赵某2的上诉，维持原判。

二、主要问题

1. 如何理解和适用"交通运输肇事后逃逸"中"为逃避法律追究而逃跑"的要件？

2. 车辆所有人在交通肇事后将被害人隐藏致使被害人无法得到救助而死亡的，如何定性？

三、裁判理由

（一）认定"交通运输肇事后逃逸"，应当定位于为"逃避法律追究而逃跑"，且"逃跑"并不限于"当即从现场逃跑"

"交通运输肇事后逃逸"是1997年《刑法》修订时增加规定的加重处罚情节。实践中，交通肇事后逃逸的行为具有较大的危害性，往往导致被害人无法得到救助、损失无法得到赔偿、案件查处难度增大等。

《刑法》第133条规定了构成交通肇事罪的一般情形、"交通运输肇事后逃逸或者有其他特别恶劣情节"和"因逃逸致人死亡"两种特殊情形。根据《最高人民法院关于审理交通肇事刑事案件具体应用法律若干问题的解释》第3条的规定，"交通运输肇事后逃逸"，是指行为人具有该解释第2条第1款规定和第2款第1～5项规定的情形之一，在发生交通事故后，为逃避法律追究而逃跑的行为。

据此，构成交通肇事后逃逸的条件包括以下几方面：一是有交通肇事行为的发生，且符合《最高人民法院关于审理交通肇事刑事案件具体应用法律若干问题的解释》第2条第1款规定和第2款第1～5项规定的情形之一。二是为逃避法律追究而逃逸。这里的法律追究包括刑事追究、民事追究、行政追究。实践中，肇事人逃跑的目的大多是逃避法律追究，但也有少数肇事人逃跑的目的是怕受害方或者其他围观群众因激愤而对其进行报复、殴打等。如果是后者，在逃离现场后，通常能够通过报告单位领导或者报警等方式，自愿接受法律处理。因此，不能推定所有逃离现场的行为都是为逃避法律追究。对逃跑行为作出上述必要的限制，是为了保证准确适用法律，不枉不纵。三是《最高人民法院关于审理交通肇事刑事案件具体应用法律若干问题的解释》规定的"逃跑"，并没有固定时间和场所的限定。有意见认为，交通肇事后逃逸，应当理解为"逃离事故现场"的行为，实践中大多也属于这种情况。但是，有的肇事人并未在肇事后立即逃离现场

（有的是不可能逃跑），而是在将伤者送到医院后或者在等待交通管理部门处理的时候逃跑，类似的情形有很多。如果仅将逃逸界定为当即逃离现场，那么性质同样恶劣的逃避法律追究的行为就得不到相应的追责，可能会影响对这类犯罪行为的惩处。因此，只要是在肇事后为逃避法律追究而逃跑的行为，都应视为"交通肇事后逃逸"。

从《刑法》和《最高人民法院关于审理交通肇事刑事案件具体应用法律若干问题的解释》的意图来看，立足点在于鼓励行为人在发生交通事故后，采取积极措施对被害人进行救助。如果没有逃逸，因被害人救治及时，行为人则存在不构成犯罪的可能性。但如果行为人在交通事故后逃逸，致被害人因得不到救助而死亡，则行为人构成交通肇事罪（特殊情形的重罪）。简言之，如果交通事故发生后，被害人已经死亡，行为人逃逸的，则只构成《最高人民法院关于审理交通肇事刑事案件具体应用法律若干问题的解释》第3条规定的法定加重情节，对行为人应当在三年以上七年以下有期徒刑的法定刑范围内处罚；如果被害人没有死亡，但由于行为人的逃逸而致使被害人因得不到救助而死亡的，则行为人的行为构成交通肇事罪的重罪情形，应在七年以上有期徒刑的法定刑范围内处罚。

就本案而言，被告人赵某2无证驾驶摩托车并载人，发生交通事故，致行人徐某某被撞倒而造成颅脑损伤死亡，应负事故的全部责任，其行为构成交通肇事罪。存在争议的问题是，赵某2在肇事后，是否属于为逃避法律责任而逃跑？按照赵某2自己的供述，其"在去西各庄村的公路上发生了交通事故，当时不知道撞的什么，在医院醒来才知道撞了人。当时撞了人之后，就没意识了"。也就是说，其离开现场不具有主动性，而是被动的。但是，同案被告人赵某1供述，事故发生后，"赵某2脸部受伤了，也流了很多血。我叫了几次才把赵某2叫醒，赵某2问怎么回事，我告诉赵某2撞了一个人""我提议把被撞的人弄到公路旁边，赵某2同意，由于赵某2受伤动不了，我把被撞的人拽到公路西侧坑边的坡上""我和赵某2商量后，就骑摩托车载着赵某2逃跑了"。如果按照赵某1的供述认定，那么赵某2的行为是典型的肇事后逃逸行为。但是由于赵某2不承认此情节，而现场又没有其他证人，因此，就证据的充分性层面而言，无法认定赵某2在肇事后与赵某1共同商量逃逸。但是，如前所述，"交通运输肇事后逃逸"中的"逃逸"没有严格的时间和场所的限制。即使如赵某2言，其肇事后在医院醒来才知道撞了人，也应当在知情后立即报警，但其醒来后有条件报警却未选择报警，而是选择继续在医院接受治疗，其治疗所在的医院系同案被告人赵某1供述后公安机关才掌握。因此，应当认定赵某2在肇事后实施了"为逃避法律追究而逃逸"的行为。

此外，被害人的死亡原因系"因交通事故致颅脑损伤死亡"。被害人的死亡是否系"因逃逸致人死亡"？按照《最高人民法院关于审理交通肇事刑事案件具体应用法律若干问题的解释》第5条第1款的规定，"因逃逸致人死亡"，是指行为人在交通肇事后为逃避法律追究而逃逸，致使被害人因得不到救助而死亡的情形。本案中，被害人徐某某即使得到及时救治，被救活的可能性也很小，其死亡原因主要是交通肇事所致。特别是就被告人赵某2而言，其逃逸行为在前期不具有主动性，而是被赵某1搭载离开现场。其在医院醒来后，即使报了警，也已经无法救活被害人。据此，我们认为，对赵某2而言，其逃逸行为与被害人的死亡结果之间没有因果关系，因而对赵某2不能认定"因逃逸致人死亡"，而只能就低认定为"交通运输肇事后逃逸"。也就是说，认定赵某2构成"交通肇事逃逸"是因为其在醒来后有条件报警而不报警，但其醒来后的报警对已经死亡的被害人徐某某而言没有"救助"的意义，不属于"因逃逸致人死亡"的情形。

（二）车辆所有人在交通肇事后将被害人隐藏致使被害人无法得到救助而死亡的，应当以故意杀人罪论处

本案在审理过程中，对被告人赵某1的行为如何定罪，有两种意见：

第一种意见认为，被害人徐某某的死亡原因是交通事故所致颅脑损伤，而不是赵某1将徐某某拖拽到沟里而使其得不到救治而死亡，因此，赵某1的行为不构成犯罪。理由如下：（1）赵某1将徐某某拖拽到沟里的行为与徐某某的死亡结果之间没有必然因果关系。（2）赵某1藏匿被害人的行为不属于交通肇事逃逸致人死亡而转化为故意杀人罪的情形。《最高人民法院关于审理交通肇事刑事案件具体应用法律若干问题的解释》第5条规定，"因逃逸致人死亡"，是指行为人在交通肇事后为逃避法律追究而逃逸，致使被害人因得不到救助而死亡的情形。交通肇事后，单位主管人员、机动车所有人、承包人或者乘车人指使肇事人逃逸，致使被害人因得不到救助而死亡的，以交通肇事罪的共犯论处。赵某1没有指使赵某2逃逸的行为，因而不构成交通肇事罪的共犯。既然赵某1不构成交通肇事罪，也就不能适用《最高人民法院关于审理交通肇事刑事案件具体应用法律若干问题的解释》第6条规定的交通肇事逃逸转化为故意杀人罪的规定。

第二种意见认为，赵某1的行为构成故意杀人罪。理由如下：（1）赵某1作为肇事车辆所有者，虽然没有指使肇事人逃逸，但其搭载交通肇事直接行为人赵某2逃逸，应当以交通肇事罪的共犯论处。（2）由于被害人徐某某的死亡主要是由于交通肇事所致，徐某某即使得到及时救助，也基本没有被救活的可能性，因此，赵某1藏匿被害人的行为并不必然造成被害人死亡结果的发生。赵某1只是实施了法律拟制的"故意杀人"行为，但依法仍应构成故意杀人罪。鉴于被害人死亡主要是交通事故所致，可对赵某1在量刑上酌予考虑。

我们同意第二种意见。

首先，赵某1的行为应当认定为交通肇事罪的共犯。《最高人民法院关于审理交通肇事刑事案件具体应用法律若干问题的解释》第5条对单位主管人员、机动车辆所有人、承包人或者乘车人（以下简称主管人员等）设置了一个特别义务，即不得指使肇事人逃逸，否则，致使被害人因得不到救助而死亡的，以交通肇事论。这里，对主管人员等构成交通肇事罪规定了两个前置条件：（1）指使肇事人逃逸。本案中，赵某1自己供述和赵某2商量过将被害人拖到公路边，但没有得到赵某2供述的印证。但是，赵某1实施了主动搭载赵某2逃离现场的行为。举轻以明重，既然指使逃逸的行为都可认定为共犯，那么，比指使逃逸性质更严重的搭载肇事人逃逸的行为，更应以交通肇事的共犯论处。（2）致使被害人因得不到救助而死亡。如前所述，虽然本案中，被害人死亡的原因主要是交通事故，被害人即使得到救助也可能死亡，但是被害人得不到救助是肯定存在的，而且，即使徐某某因得到救助而没有死亡的概率极低，也不等于绝对没有。赵某1与发生交通事故后已经昏迷的赵某2不同，其是在明知徐某某还有呼吸的情况下，将徐某某拖入沟中从而使其完全失去了被抢救的可能。因此，对赵某1而言，可以认定为"致使被害人因得不到救助而死亡"。

其次，对赵某1可以适用《最高人民法院关于审理交通肇事刑事案件具体应用法律若干问题的解释》第6条的规定，以"交通肇事"转化为"故意杀人"论，主要原因就是其在构成交通肇事罪的共犯后，必然随之产生行政法上对交通肇事行为人规定的一些

附随义务，主要是抢救的义务。《最高人民法院关于审理交通肇事刑事案件具体应用法律若干问题的解释》第 6 条也是针对这一附随义务而作出禁止性规定的，即行为人不得将被害人带离事故现场隐藏或者遗弃，否则，就要转化为故意杀人罪或者故意伤害罪（转化为何罪以结果论）。但赵某 1 正是实施了《最高人民法院关于审理交通肇事刑事案件具体应用法律若干问题的解释》第 6 条规定的禁止性行为，将徐某某拽入沟中，致救护人员到事故现场后找不到被害人。更为恶劣的是，在救护人员因找不到被害人而打赵某 1 电话时，赵某 1 明知可能是救护人员的电话，却不接听。

综上，法院认定赵某 2 的行为构成交通肇事逃逸，并考虑到其逃离肇事现场是被赵某 1 搭载离开，具有一定的被动性，其逃逸行为与被害人徐某某的死亡结果之间没有必然因果关系，因而不认定其具有"逃逸致人死亡"情节；认定赵某 1 的行为构成交通肇事共犯，并且因为其将被害人拽入路边沟中，致被害人得不到救助，因而依法转化为故意杀人罪，在定性上是正确的。在量刑上，考虑到被害人的死亡原因主要不是两被告人的逃逸行为所致，而是交通事故所致，且被害人亲属分别与赵某 1 亲属、赵某 2 亲属达成调解协议，被害人亲属对二被告人的犯罪行为予以谅解；赵某 1 在交通肇事后曾打过 120 急救电话，客观上有利于案件的侦破，因而均予以从轻处罚，是适当的。

问题 11. 吸毒后驾驶机动车致使发生交通事故的行为如何定性以及是否属于《刑法》第 133 条规定的"其他特别恶劣情节"

【刑事审判参考案例】张某某交通肇事案[①]

一、基本案情

被告人张某某，男，1990 年生，个体户。2007 年 10 月 25 日因犯抢劫罪被判处有期徒刑一年，2008 年 6 月 26 日刑满释放；2011 年 12 月 1 日因涉嫌犯以危险方法危害公共安全罪被逮捕。

广东省深圳市人民检察院以被告人张某某犯以危险方法危害公共安全罪，向深圳市中级人民法院提起公诉。

被告人张某某当庭认罪，辩称不知道吸毒后开车会有什么结果，未想到途中会发生事故。其辩护人提出，张某某吸毒后驾驶汽车并造成严重后果，其行为构成交通肇事罪而非构成以危险方法危害公共安全罪。

深圳市中级人民法院经公开审理查明：2011 年 11 月 21 日 20 时许，被告人张某某驾驶车牌号为粤 BH4×××的汽车外出。途中，张某某停车吸食毒品氯胺酮，随即驾车沿深圳市布沙路由北向南行驶。途经南湾街道玉岭花园路段时，张某某因吸毒失去意识，无法控制车辆，其驾驶的汽车先后与车牌号为粤 B11×××的出租车、自行车相撞，并冲至南岭村公交站台前，将黄某某、杨某某、张某某等 13 人撞倒，又撞上停在路边的车牌号为粤 B26×××的汽车，致该车与前方停放的车牌号为粤 B18×××的汽车相撞。事发

---

① 曾琳、周祖文、黄超荣撰稿，马岩审编：《张某某交通肇事案——吸毒后驾驶机动车致使发生交通事故的行为如何定性以及是否属于刑法第一百三十三条规定的"其他特别恶劣情节"（第 918 号）》，载中华人民共和国最高人民法院刑事审判第一、二、三、四、五庭主办：《刑事审判参考》（总第 94 集），法律出版社 2014 年版，第 133～140 页。

后，张某某留在车内，被前来处理事故的民警抓获。黄某某于次日死亡，杨某某等 5 人受轻伤，张某某等 7 人受轻微伤。粤 B26×××汽车与粤 B18×××汽车的维修费用共计人民币（以下币种同）13 079 元。

深圳市中级人民法院认为，被告人张某某吸毒后驾驶机动车发生重大事故，致 1 人死亡、5 人轻伤、7 人轻微伤，负事故全部责任，其行为构成交通肇事罪。张某某交通肇事后果特别严重，属于"其他特别恶劣情节"的情形，应当判处三年以上七年以下有期徒刑。据此，依照《刑法》第 133 条、第 65 条第 1 款、第 67 条第 3 款、第 61 条、第 26 条之规定，深圳市中级人民法院以被告人张某某犯交通肇事罪，判处有期徒刑七年。

一审宣判后，被告人张某某没有提出上诉，检察机关亦未抗诉，该判决已发生法律效力。

二、主要问题

1. 吸食毒品后驾驶机动车致使发生重大交通事故的行为如何定性？

2. 吸食毒品后驾驶机动车交通肇事造成严重后果，是否属于《刑法》第 133 条规定的"其他特别恶劣情节"？

三、裁判理由

本案审理过程中，对被告人张某某吸食毒品后驾驶机动车致使发生重大交通事故的行为的定性和处罚均存在较大争议，大致形成三种意见：第一种意见认为，张某某的行为构成以危险方法危害公共安全罪。理由如下：其一，张某某并非第一次吸毒，其对吸毒后会行为失控有一定认识，其明知驾车行经路段的行人和车辆流量较大，极易发生事故，仍然在吸毒后继续驾车行驶，主观上放任了危害结果的发生，具有危害公共安全的故意。张某某打算驾车去接怀孕的女友，之后到烧烤档做生意，只是其驾车之初、吸毒之前的想法，并不能据此认定其吸毒后继续驾车时对危害后果持过失心态。其二，张某某吸毒后在道路上驾驶机动车的行为具有与放火、决水、爆炸、投放危险物质等行为相当的危险性，客观上造成了 1 人死亡、5 人轻伤、7 人轻微伤，公私财产损失约合 1 万余元的严重危害结果。故张某某的行为符合以危险方法危害公共安全罪的构成要件，应当以以危险方法危害公共安全罪定罪处罚。第二种意见认为，现有证据不能证明张某某希望或者放任危害后果的发生，宜认定其构成交通肇事罪。张某某交通肇事致 1 人死亡、10 余人受伤，财产损失约合 1 万余元，且负事故全部责任，依照《最高人民法院关于审理交通肇事刑事案件具体应用法律若干问题的解释》第 2 条第 1 项的规定，应判处其三年以下有期徒刑或拘役。第三种意见认为，张某某的行为构成交通肇事罪。张某某交通肇事后果严重，虽然不在《最高人民法院关于审理交通肇事刑事案件具体应用法律若干问题的解释》第 4 条规定的"其他特别恶劣情节"的三种情形之列，但参照该条以及《最高人民法院关于审理交通肇事刑事案件具体应用法律若干问题的解释》第 2 条第 2 款的规定精神，可以认定张某某的行为属于《刑法》第 133 条规定的"其他特别恶劣情节"的情形，处三年以上七年以下有期徒刑。

（一）对于吸食毒品后驾驶机动车发生重大交通事故的行为，应当结合具体案情进行定性分析

交通肇事罪、过失以危险方法危害公共安全罪、以危险方法危害公共安全罪均被规定在《刑法》分则第二章，侵害的客体均是公共安全。一般违反交通法规的驾驶行为，如超速、闯红灯、逆向行驶等，虽具有一定的危险性，但与放火、决水、爆炸、投放危

险物质等危险方法相比，在侵害对象的范围、危害后果的严重程度上存在明显区别，此类违规驾驶行为往往具有一定的可控性，故发生交通事故的一般构成交通肇事罪。但吸毒后驾驶机动车（以下简称毒驾）、醉酒驾驶机动车（以下简称醉驾）的驾驶员处于高度兴奋或者疲惫的不清醒状态，有的甚至出现严重意识障碍、行为失控，其对车辆的操控能力大大减弱，交通事故发生的可能性、危及范围、后果的严重程度均处于不可控的状态，故容易成为与放火、决水、爆炸、投放危险物质等程度相当的危险方法。毒驾、醉驾发生重大事故的案件，对行为人的定性往往需要在交通肇事罪、过失以危险方法危害公共安全罪、以危险方法危害公共安全罪三者中作出辨析。既要从客观上进行审查分析，也要从主观上进行审查分析。如果行为人在意志状态上系反对、否定危害结果发生的态度，即罪过形式系过失，则同时符合过失以危险方法危害公共安全罪和交通肇事罪的构成特征，因二者系一般条款与特别条款的关系，故以交通肇事罪定罪更为妥当；如果行为人在意志状态上系放任态度，即罪过形式系间接故意，则构成以危险方法危害公共安全罪；如果行为人在意志状态上系希望态度，即罪过形式系直接故意，则需要判断行为对象是否特定以及是否危害公共安全，在故意杀人罪、故意伤害罪与以危险方法危害公共安全罪等罪中进行辨析。

本案争议的焦点在于，被告人张某某的行为是构成交通肇事罪还是以危险方法危害公共安全罪。我们认为，根据本案的事实和证据，并结合相关刑法理论和司法实践，张某某对交通事故的发生在意志状态上系反对、否定态度，即罪过形式为过失，其行为构成交通肇事罪。

第一，在认识因素方面，张某某仅认识到交通事故有发生的可能性而非高度盖然性。对危害结果发生可能性大小的认识程度，是区分间接故意与过于自信的过失的重要因素。间接故意是明知自己的行为会发生危害后果依然实施该行为，即已认识到危害后果发生的高度盖然性，该认识是现实的、具体的、确定的；过于自信的过失认识程度低于间接故意，仅是预见到发生危害后果的可能性，该认识是假定的、抽象的、不确定的，且轻信凭借一定的主客观条件，可以避免结果的发生。过于自信的过失有以下三种情况：一是过高估计自己的能力；二是不当地估计了现实存在的客观条件对避免危害结果的作用；三是误以为结果发生的可能性很小，因而可以避免发生。因个体对毒品的耐受力存在较大差异，分析毒驾者对发生交通事故可能性的认识程度时，既要考察一般人的认知和感受，又要具体考察行为人的认知和感受，即需要结合行为人的吸毒史、吸食毒品的种类、吸毒后的不良反应、驾驶经验以及当时的路况等因素进行综合判断。例如，长期吸食冰毒者通常知道吸毒兴奋之后会产生疲劳感，其仍驾驶车辆，与一般疲劳驾驶者的主观心态类似，轻信凭借自己的驾驶能力可以避免交通事故的发生，系过于自信的过失；但如果该吸毒者明知自己吸食冰毒后必然或者极有可能出现幻觉等意识障碍，仍在繁华路段驾驶车辆，则无论从一般人认知能力还是从行为人的认知能力考察，均应当认定行为人认识到交通事故发生的高度盖然性，其主观罪过系故意而非过失。

本案中，现有证据证实张某某只有两三次吸食氯胺酮的经历，其仅有一次供述称知道吸毒后会失去知觉和自我控制，其余供述均称"没想到会造成这么严重的后果"，说明其对自己吸毒后的不良反应认识尚浅，只是模糊、隐约认识到吸毒后驾驶可能会有危险，但过于相信自己的驾驶技术，误以为发生这种危险的可能性较小，即便发生事故，最多也只是车辆剐擦的小事故。且从常理分析，如果张某某明知其吸毒后会失去知觉，为何还会驾车去接怀孕的女友，使自己和女友陷入高度危险的境地，这种不符合情理的做法也反证其供述是可信的。因此，张某某对毒驾发生交通事故的认知程度符合过于自信的过失的认识情况。

第二，在意志因素方面，张某某对交通事故的发生持反对态度。间接故意与过于自信的过失对危害后果的发生在意志因素上存在质的差别。间接故意是放任危害后果的发生，即行为人虽不希望危害后果发生，但为了追求某种目的而容忍、听任结果发生；过于自信的过失排斥、否定危害结果的发生，但对行为危及的法益表现出消极、不重视的态度。就毒驾者而言，判断其对危害后果的发生持何种态度，需要综合分析其在何种状态下吸毒，吸毒距驾驶的间隔时间，是否采取避免措施，在驾驶途中是否具有超速、逆向行驶、闯红灯等其他违反《道路交通安全法》的驾驶行为，肇事后是积极救援还是逃匿等情节。例如，驾驶者明知其吸毒后会产生幻觉，严重威胁行车安全，但其毒瘾发作难以控制，为了吸毒而不管不顾这种危险转化为现实的高度盖然性，说明其对交通事故的发生持放任心态。又如，吸毒者在吸毒后彻夜未眠，其意识到吸毒产生的疲劳感会在一定程度上危及行车安全，但以为只要谨慎驾驶就可避免危险发生的，属于过于自信的过失。此外，《最高人民法院关于醉酒驾车犯罪法律适用问题的意见》提出的从客观行为入手分析醉驾者主观心态的认定方法对判断毒驾者的主观心态也有较强的参照意义。即毒驾者明知发生了第一次碰撞，仍继续驾车冲撞，造成重大伤亡的，说明毒驾者主观上对持续发生的危害结果持放任态度，具有危害公共安全的故意。

本案中，张某某系毒品初吸者，对毒品的依赖性一般，并非处于毒瘾发作期为了吸毒而不管不顾肇事危险的情况。张某某较短的吸毒经历让其误以为发生交通事故的可能性很小，故其未采取避免措施，其在驾驶途中发生严重意识障碍导致行为失控在其意料之外；同时也无证据显示其还实施了其他违反《道路交通安全法》的驾驶行为。张某某驾车冲撞行人和车辆的碰撞点有4处，但这些碰撞是一次性连续冲撞形成的，并非其意识到第一次冲撞之后为逃离现场而不管不顾继续冲撞的结果。此外，张某某在事故发生后也未逃离。综上，可认定张某某对危害结果的发生持否定态度。

第三，从处理效果看，认定张某某构成交通肇事罪能更好地实现法律效果和社会效果的统一。从实践需要分析，毒驾对道路交通安全造成的威胁甚于酒驾，特别是吸毒者产生幻觉或者意识障碍时，往往造成多人死伤的重大交通事故，对毒驾犯罪应当从严打击。但从刑法的附属性分析，刑事司法应当保持理性、谨慎和谦抑的精神，不能仅因毒驾后果严重就客观归罪，不加区分地一律以以危险方法危害公共安全罪定罪。

本案中，被告人张某某毒驾致1人死亡、5人轻伤、7人轻微伤、4车受损，后果特别严重，影响恶劣，依法应当从严惩处。但如上分析，张某某对交通事故的发生在意志上持反对、否定态度，其罪过形式系过失，依照交通肇事罪定罪处罚更能体现罪责刑平衡。此外，从当地政府和一审法院开展工作的情况看，伤者在事故发生后均得到及时救治，大部分医疗费用已由医院垫付，死者亲属及伤者的情绪比较稳定。在前期安抚稳控工作开展较好的基础上，本案以交通肇事罪定性能够取得较好的效果。

（二）吸毒后驾驶机动车交通肇事造成特别严重后果的，属于《刑法》第133条规定的"其他特别恶劣情节"

《刑法》第133条对交通肇事罪规定了三个不同的量刑幅度，其中交通运输肇事后逃逸或者有其他特别恶劣情节的，处三年以上七年以下有期徒刑。《最高人民法院关于审理交通肇事刑事案件具体应用法律若干问题的解释》第 4 条对"其他特别恶劣情节"列举了三种情形：一是死亡 2 人以上或者重伤 5 人以上，负事故全部或者主要责任的；二是死亡 6 人以上，负事故同等责任的；三是造成公共财产或者他人财产直接损失，负事故全部或者主要责任，无能力赔偿数额在 60 万元以上的。本案中，被告人张某某吸毒后在繁华路段驾车冲撞多车、多人，造成了 1 人死亡、5 人轻伤、7 人轻微伤的严重后果，社会影响恶劣，但并不在《最高人民法院关于审理交通肇事刑事案件具体应用法律若干问题的解释》规定的上述三种情形之列。在此情况下，能否认定张某某的行为属于"其他特别恶劣情节"，存在一定争议。有观点认为，《最高人民法院关于审理交通肇事刑事案件具体应用法律若干问题的解释》第四条没有设置兜底条款，故除了该条列举的上述三种情形外，均不属于交通肇事罪"其他特别恶劣情节"。我们认为，对"其他特别恶劣情节"的把握，要采取原则性与灵活性相统一的原则。

第一，从《最高人民法院关于审理交通肇事刑事案件具体应用法律若干问题的解释》第 4 条的规定看，并未绝对排除该条规定之外的其他情形属于"其他特别恶劣情节"。司法解释是对如何适用法律的进一步明确，既涉及对概念性术语的界定，又涉及对一些具体情节的细化，应当区分司法解释的对象，准确把握其内涵和精神。以《最高人民法院关于审理交通肇事刑事案件具体应用法律若干问题的解释》第 3 条规定为例："'交通运输肇事后逃逸'，是指行为人具有本解释第二条第一款规定和第二款第（一）至（五）项规定的情形之一，在发生交通事故后，为逃避法律追究而逃跑的行为。"该条对"交通运输肇事后逃逸"的解释，就属于概念界定，内容十分明确。而《最高人民法院关于审理交通肇事刑事案件具体应用法律若干问题的解释》第 4 条规定"交通肇事具有下列情形之一的，属于'有其他特别恶劣情节'"。这种列举式的表述方式则相对灵活，对于符合《最高人民法院关于审理交通肇事刑事案件具体应用法律若干问题的解释》列举的三种情形之一的，应当认定为"有其他特别恶劣情节"，而对其他情形是否属于"其他特别恶劣情节"，《最高人民法院关于审理交通肇事刑事案件具体应用法律若干问题的解释》则未作出排除性或者禁止性规定。故判断其他情形是否属于"其他特别恶劣情节"，可以依照刑法和《解释》规定的精神，结合具体案情作出判断。

第二，从《最高人民法院关于审理交通肇事刑事案件具体应用法律若干问题的解释》第 2 条规定的精神看，应当将吸毒后驾驶致多人死伤的行为认定为"其他特别恶劣情节"。《最高人民法院关于审理交通肇事刑事案件具体应用法律若干问题的解释》第 2 条第 1 款规定，致 1 人死亡或者 3 人以上重伤，负事故全部或者主要责任的，构成交通肇事罪。同时，该条第 2 款规定，交通肇事致 1 人以上重伤，负事故全部或者主要责任，并具有该款列举的六种情形之一的，亦构成交通肇事罪。其中，第一项即"酒后、吸食毒品后驾驶机动车辆的"，说明《最高人民法院关于审理交通肇事刑事案件具体应用法律若干问题的解释》在交通肇事罪的入罪标准上，区分了一般情形和毒驾等特殊情形。根据这一规定精神，在量刑上也应区分不同情形确定从严处罚的尺度。一般情况下"死亡二人以上或者重伤五人以上，负事故全部或者主要责任的"属于"其他特别恶劣情节"，那么，对于具有毒驾情节的，可比照该项规定适当降低致人伤亡的程度。如果毒驾肇事致一人以上死亡、多人受伤的，就可以考虑认定为"其他特别恶劣情节"。本案中，张某某交通肇事致 1 人死亡、5 人轻伤、7 人轻微伤，后果特别严重，结合其吸毒后驾车的情节，可以认定为"其他特别恶劣情节"，在三年以上七年以下有期徒刑幅度内判处刑罚。鉴于本案社会影响恶劣，一审法院顶格判处张某某有期徒刑七年，准确贯彻体现了宽严相济刑事政策依法从严的精神。

问题12. "拖带型"交通肇事的定性

【人民法院案例选案例】刘某某交通肇事、梁某某故意杀人案[①]

裁判要旨：交通事故发生后，行为人驾车拖带当事人继续行驶的，应当根据证据综合判定行为人对拖带是否明知。行为人明知拖带被害人而继续行驶的，成立故意杀人或故意伤害罪。在两个行为人分别先后拖带被害人，被害人死亡节点无法确定的，应当根据罪疑有利被告原则推定两个行为人的拖带行为与被害人的死亡均无因果关系。

一、基本案情

天津市红桥区人民检察院指控称：2012年12月21日20时许，被告人刘某某酒后驾驶牌照号为津LW52××号中华牌小型轿车沿西北半环快速路由北向南行驶至青云桥北侧时，其车辆前部与驾驶电动自行车由北向南行驶的被害人许某某发生碰撞，被告人刘某某驾车逃逸，将被害人许某某拖行1.5公里至青云桥下坡南侧时停车。被告人梁某某醉酒驾车与刘某某同行至停车地点后，发现刘某某驾驶的牌照号为津LW52××号中华牌小型轿车发生事故并且被害人腿部悬于车底后，被告人刘某某弃车逃逸。被告人梁某某在明知被害人尸体在车辆底部仍继续驾驶津LW52××号中华牌小型轿车逃离案发现场，拖带许某某大约75米至快速路出口时，被害人许某某从车底脱落，梁某某继续行驶后被执勤民警截获，经查被害人许某某已当场死亡。被告人刘某某于2012年12月22日至公安机关主动投案。天津市红桥区人民检察院指控被告人刘某某犯交通肇事罪；指控被告人梁某某犯帮助毁灭证据罪、危险驾驶罪。

被告人刘某某、梁某某对起诉书指控的事实和罪名供认不讳，请求法庭从轻处罚。

被告人刘某某的辩护人对公诉机关指控刘某某犯交通肇事罪不持异议，提出以下量刑意见：（1）被告人刘某某案发后主动投案自首，依法应从轻或减轻处罚。（2）被告人刘某某系初犯、偶犯，其亲属积极赔偿被害人损失，可酌情从轻处罚。

被告人刘某某的辩护人对被告人刘某某犯故意杀人罪或具有交通肇事"因逃逸致人死亡"加重情节提出以下辩护意见：（1）被告人刘某某在发生事故至主动停车期间，主观上并不明知车下有人，该部分事实有被告人刘某某供述及证人高某证言可以佐证，刘某某不具有故意杀人的主观犯罪因素。（2）因被害人的死亡节点无法确定，无法证明刘某某弃车离开现场时被害人已经死亡，因果关系上无法证明刘某某肇事行为与被害人死亡结果之间存在因果关系，依照疑罪有利于被告的原则，应推定刘某某不构成逃逸致人死亡。

被告人梁某某的辩护人对公诉机关指控梁某某犯帮助毁灭证据罪、危险驾驶罪不持异议，提出以下量刑意见：（1）被告人梁某某归案后能如实供述犯罪事实。（2）被告人梁某某的家人已竭尽全力对被害人进行了赔偿。（3）从整体案情考虑，被告人梁某某的涉

① 管纪尧撰稿，沈亮、周维明审编：《刘某某交通肇事案、梁某某故意杀人案——行为人驾车明知拖带被害人而继续行驶的，成立故意杀人罪或故意伤害罪，而非交通肇事罪》，载最高人民法院中国应用法学研究所编：《人民法院案例选2016年第10辑》（总第104辑），人民法院出版社2017年版，第57~68页。

案情节要轻于被告人刘某某，因此本案的量刑梁某某应轻于刘某某。

被告人梁某某的辩护人对被告人梁某某犯故意杀人罪提出以下辩护意见：（1）被告人梁某某的主观意图为隐匿肇事车辆，没有杀人的动机与故意。（2）案件基本事实反映被害人许某某是在被告人刘某某驾车高速撞击并拖带1500米后，又被梁某某拖带75米，车检报告证实肇事车辆前部因撞击受害人严重毁损，尸检报告证实许某某为颅脑损伤合并创伤性休克死亡，按照人的通常认知，有理由相信被害人许某某在梁某某启动肇事车辆之前已经死亡。（3）本案被害人死亡节点无法确定，依据疑罪从无和有利于被告人的原则，应推定被害人死亡于梁某某继续驾车之前。综上，被告人梁某某不构成故意杀人罪（未遂）。

法院经审理查明：2012年12月21日18时许，被告人刘某某、梁某某同他人聚餐时饮酒，后二人驾车外出，被告人刘某某驾驶牌照号为津LW52××的中华牌小型轿车在前，被告人梁某某驾驶夏利轿车跟随。当被告人刘某某沿本市西北半环快速路由北向南行驶至青云桥北侧时，遇被害人许某某驾驶电动自行车同向行驶，刘某某未注意观察道路情况，所驾车辆前部撞击许某某所驾电动自行车尾部，其在车辆前风挡玻璃破损的情况下，未停车查看情况，继续向前行驶约1.5公里至青云桥下坡南侧处停车。跟在其后的梁某某亦停车，二人发现有人体腿部悬于中华车车底，刘某某反而弃车离开现场。被告人梁某某明知车下有人，仍继续驾车行驶，行驶约75米时，被害人许某某从车底脱落，梁某某碾轧被害人后继续行驶，至快速路芥云桥出口时被在辅路执勤的交警截获。经查，被害人许某某已死亡。

2012年12月22日，被告人刘某某主动至公安机关投案。

经天津市天通司法鉴定中心检验：被害人许某某因颅脑损伤合并创伤性休克死亡。

经天津市天通司法鉴定中心鉴定：津LW52××号中华牌小型轿车对许某某的撞击和拖带是导致其死亡的直接原因，许某某的死亡与津LW52××号中华牌小型轿车存在直接因果关系。

经天津市公安交通管理局红桥支队西青道大队认定：刘某某驾驶机动车在道路上行驶，未注意观察道路情况，未保证安全，且在发生交通事故后逃离现场，其上述违法行为，是形成道路交通事故的主要原因，应当承担道路交通事故责任；许某某驾驶电动自行车未按照交通标志通行，驶入快速路，其行为也是导致该起道路交通事故的原因之一，亦应承担道路交通事故责任。综上所述，刘某某承担道路交通事故的主要责任，许某某承担道路交通事故的次要责任。

经天津市天通司法鉴定中心检验：被告人梁某某血液中酒精含量为90.58毫克/100毫升。

天津市红桥区人民法院认为：刘某某交通肇事致一人死亡且负事故主要责任，构成交通肇事罪。刘某某肇事前曾饮酒，其酒后驾驶机动车辆，肇事后为逃避法律追究而逃跑，依照《最高人民法院关于审理交通肇事刑事案件具体应用法律若干问题的解释》第2条、第3条的规定，其行为构成交通肇事后逃逸。同时，本案鉴定意见证实，肇事车辆对被害人的撞击和拖带是导致其死亡的直接原因，而被害人经历了被告人刘某某的撞击和拖带、被告人梁某某的继续拖带两个过程，现有鉴定意见无法确定被害人在哪个过程中死亡，不能证实刘某某的逃逸行为与被害人的死亡结果之间存在因果关系，故其不构成逃逸致人死亡。

本案相关证据证实，梁某某明知轿车下面有人，不知是否死亡，也没有进行查看，而是驾驶车辆继续拖带被害人行驶 75 米并碾轧了被害人。虽其本人供述"当时完全蒙了，只是想快跑"，但无论主观目的如何，其对剥夺被害人生命这一结果持听之任之的态度，即放任危害结果的发生，故其主观方面表现为间接故意，其拖带、碾轧被害人的行为构成故意杀人罪。同时，因被害人的死亡时间点无法确定，从罪疑有利被告的角度，推定被害人死亡于梁某某继续驾驶肇事车辆之前，故梁某某的故意杀人行为构成对象不能犯的未遂。检察机关指控的帮助毁灭证据罪，仅是对其行为妨害司法的属性进行了评价，对其行为侵犯公民人身权利的属性却未进行评价，而后者遭受犯罪行为侵害的法益显然要大于前者，应择一重罪处罚。

被告人刘某某虽有自首情节，依法可从轻处罚，但考虑其犯罪性质、情节和危害后果，应从严掌握从轻幅度。被告人梁某某所犯故意杀人罪属未遂，依法可比照既遂犯减轻处罚。其能如实供述犯罪事实，依法可从轻处罚。被告人刘某某、梁某某赔偿了被害人亲属部分经济损失，可酌情从轻处罚。

二、主要问题

"拖带型"交通肇事的定性问题。

三、裁判理由

所谓"拖带型"是指被害人因交通事故被肇事车辆拉拽拖行。在此类交通事故中，由于逃逸本身即损害后果的实行行为，并且被告人主观心态存在转化的过程，因而需要仔细区分交通肇事罪和故意杀人、故意伤害罪的区别。在造成被害人死亡时，还容易造成交通肇事逃逸致人死亡与故意杀人罪的混淆，并对间接故意犯罪的未遂形态的通说提出挑战。

（一）"拖带型"交通肇事技术层面的检讨

1. 证据层面：笼罩事实的迷雾。交通肇事首先遇到的问题是事实认定。准确认定事实是定罪量刑的基础。然而法官没有亲历事件本身，也不可能时空穿越，回到过去。而法官据以定案的事实依据就只有也只能是证据。在"拖带型"交通事故中，由于逃逸等因素的介入，往往现场被破坏，反映案件事实的证据难以取得，这也是法律加大对逃逸行为处罚的现实原因，恰恰也是造成交通肇事事实难以认定的根源。在本案例中，被害人被撞击时，是轻伤、重伤、死亡，对于认定交通肇事逃逸抑或交通肇事逃逸致人死亡具有决定意义，然而这一事实从某种意义上讲是无法查明的。

交通肇事案件在事实层面遇到的第二个问题是，法官所面对的证据是交管部门收集、固定的。作为第一时间到达现场，并且作为处理交通事故的专业部门，交管部门对事实的认定具有专业性、权威性。然而与一般刑事案件中，公安机关专门侦查行为不同，交管部门收集固定证据的过程，也是其处理交通事故，进行行政执法的过程。在行政执法中形成的证据，由于受到行政执法价值理念的影响，其可能更加注重行政效率。然而困难在于，如果连在第一时间到现场的专业人员都无法查明的事故，交给距离事故空间和时间均很遥远的法院审理，难度较大。

但是法院不得拒绝裁判，在事实无法查明的情况下，法院只能依据证据规则进行推理，从而认定案件的法律事实。与客观真实相比，法律事实是退而求其次的方案，但至少为纠纷解决提供一条可能的出路。但问题是通过罪疑有利于被告、生活经验等规则推定的法律事实，却可能与大众思维相悖，因为相比于专业性较强的法律适用问题，事实认定则是向公众开放的领域。每一个人都可能形成自己对事实的判断，进而质疑法院认定的法律事实，并因为司法专业思维和大众思维的鸿沟，形成对法院认定事实的舆论审判。

2. 介入因素考察：因果关系的认定。非典型交通肇事的复杂性还在于，交通事故往往是多因一果，因而对于交通肇事行为与危害结果之间的关系就要进行准确的界定和划分。首先，是被害人层面的原因对结果的影响。交通事故中被害人往往也存在违章行为，甚至有被害人特殊体质的原因介入，此时就应当准确界定被告人行为与结果的因果关系，如果其行为不是结果的主要原因，就不宜成立交通肇事罪。其次，是其他交通因素的介入。如某些案例中，由于其他车辆的碾压，出现被害人死亡的后果，此时被告人将被害人遗弃在现场，驾车逃逸的行为，对于被害人死亡应当承担多大和什么性质的因果关系，成为界定的难题。

3. 实行行为：过失犯的"软肋"。交通肇事罪属于过失犯，应无异议。过失犯关注的重心是主观方面的过失与损害后果，而在司法实践中常常被忽视的是过失犯的实行行为。无行为即无犯罪，刑法中行为的实质就是实行行为。[①] 过失犯也不例外。而在交通肇事案件中，由于对实行行为关注不足，将犯罪构成简化为"违章+后果"的考察，将违章与否作为认定过失的依据，将死伤人数、财产损失数额作为损害后果的判断标准，恰恰放弃对交通肇事实行行为的判断。产生以上问题的原因是理论上对过失犯实行行为界定不清所致，甚至有学者认为，过失犯没有独立的实行行为，过失行为是犯罪结果发生后，伴随结果发生对目的行为的一种评价。[②] 此种观点实质上就将行为要素从犯罪构成要件中分离出去，不当扩大过失犯罪的范围。

（二）回归交通肇事罪本质的分析

1. 以审判为中心的事实认定。尽管交通肇事逃逸造成现场被破坏，证据难以固定，而刑事审判又要求排除一切合理怀疑，因而对交通肇事案件的事实认定应当落实审判中心主义的要求。

首先，关于事实认定的态度。对于当事人交通肇事逃逸案件，能否简单地依据证据不足，按照疑罪从无，判定当事人无罪。能否依据罪疑有利被告原则，对被告人降档处理。例如，由于被害人死亡时间无法确定，因而推定被害人在第一次撞击时死亡，而不是因为没有得到救助而死亡，从而仅仅认定逃逸的加重情节，不认定逃逸致人死亡的加重情况。笔者认为一味强调司法人权保障，过分依赖疑罪从无原则，将之作为认证困难的挡箭牌，有矫枉过正之嫌。交通肇事逃逸行为造成被害人人身危险性和财产损失进一步扩大，加大行政执法和司法的成本，造成恶劣的社会影响，因而在事实认定上应当从严把握。对于事实的认定应穷尽一切证据手段，而不能简单地以疑罪从无为由，放纵犯罪。如通过最大范围搜集司法鉴定鉴材，细化司法鉴定项目，锁定某些要件事实。借助专家辅助人，对现有证据和鉴定意见进行进一步论证，明确案件要件事实。通过调取视频监控，将口供等主观证据与现场勘验等客观证据相互印证，形成证据链条，证明案件事实。

其次，发挥庭审的倒逼作用。造成交通肇事罪事实认定困难的根源是行政执法取得

---

① 参见［日］小野清一郎：《犯罪构成要件理论》，王泰译，中国人民公安大学出版社2004年版，第84页。

② 参见张飞飞：《过失犯实行行为之否定》，载《华章》2010年第34期。

的证据与刑事审判证据缺乏有效的链接。因而，在审判实践中，一方面，对于事故原因无法查明的，可以退回检察机关或者公安机关进行补充侦查；另一方面，对于因为侦查阶段取证不规范导致事故原因无法查明的，应当向交通管理部门发送司法建议，建议交通事故涉嫌犯罪时，由刑事侦查部门派员介入，从而规范取证行为和程序，发挥审判对侦查、公诉的反作用，促进取证行为的规范化。

2. 区分逃逸行为的双重性。在现代社会，交通工具的普及以及使用在为生活提供便利的同时也带来较高风险。此风险尽管在可以容许的范围内，但是机动车驾驶人作为危险的制造者和利益的享有者，其在交通事故发生后，就负有在现场滞留的义务，"经由其陈述或报告，使有调查或确认事故权责者（含事故参与人、行政机关或司法机关）有顺利厘清事故因果关系及确认法律责任归属之可能"①。此观点将逃逸的本质认定为对确认义务的违反。在我国现有刑法框架内，逃逸行为既可能是交通肇事的构成要件，如在交通肇事致一人重伤，肇事人承担全责或者主责时，逃逸被司法解释确定为构成要件，又可能是交通肇事的加重情节，如第二档三年至七年的刑罚，就是将逃逸作为加重情节；既可能是交通肇事的实行行为，如在本案中，被告人逃逸过程中，拖带被害人的行为，既可能是交通肇事的实行行为，也可能是事后行为。

把握逃逸行为的双重性，对于准确认定交通肇事罪具有重要意义。当逃逸行为是事后行为时，逃逸行为就不能作为实行行为进行评价，当逃避行为是实行行为时，则应进一步考虑逃逸行为与损害后果的关系，保证罪责刑相适应。

3. 坚持主客观相一致原则。行为是在主观方面指导下完成的，脱离主观方面，根据结果定罪属于客观归罪。因而对于非典型逃逸交通肇事罪，应当考察被告人的主观罪过，并依此作为区分交通肇事逃逸致人死亡、间接故意杀人的依据。就交通肇事逃逸致人死亡而言，被告人对逃逸行为本身是故意，但是对于"致人死亡"应当严格限定在过失的范围内。如前所述，交通肇事罪本质是过失犯，被告人主观心态上对死亡存在希望或者放任的故意时，就不是交通肇事罪所要解决的问题，而成立间接故意杀人或者直接故意杀人。如被告人在交通肇事逃逸过程中，在路人发出警告，并且明知车辆下方拖带被害人的情况下，仍然驾车逃逸，此时被告人对被害人死亡存在放任的故意，应当认定为间接故意杀人，而不是逃逸致人死亡。

问题的难点是被告人主观心态的认定。被告人的主观心态属于当事人内心的心理活动，无法直接被感知，只能通过现有证据推定当事人的主观方面。具体到交通肇事案件中，更大的难点在于，一方面交通事故是一个过程，当事人的主观心态可能发生变化，另一方面由于逃逸等行为造成证据被破坏，进一步加大认定主观方面的困难。对交通肇事案件过失的认定，既不能单纯根据损失结果客观归罪，也不能仅凭被告人自己的供述，应当在运用证据证明基础事实的基础上，运用逻辑和经验法则，推断行为人主观目的。

（三）"拖带型"交通肇事案的具体分析

1. 被告人主观方面是"拖带型"交通事故定性的关键。"拖带型"交通事故定性为交通肇事还是故意杀人、故意伤害的关键是交通肇事行为人对于拖带是否明知。如果不知车辆拖带被害人，其行为属于交通肇事的自然延伸，构成交通肇事逃逸。如果明知车

---

① 参见高金桂：《有义务遗弃罪与肇事逃逸罪之犯罪竞合问题》，载我国台湾地区《月旦法学杂志》2005 年第 8 期。

辆拖带被害人，而继续行驶，其对被害人损害后果持放任的间接故意，此时应当成立故意杀人或者故意伤害。

因而问题的关键转化为对被告人是否明知的认定。根据《刑法》第 14 条第 1 款的规定，明知自己的行为会发生危害社会的结果，并且希望或者放任这种结果发生，因而构成犯罪的，是故意犯罪。明知是犯罪主观方面中的认识要素，是判断故意犯罪存在与否的起点。同时由于明知与否属于主观方面的内容，具有抽象性和隐蔽性，因而其认定既不能根据结果判断是否明知，实行客观归罪，也不能仅凭当事人的供述判断是否明知，造成大量犯罪被放纵。

因而，在明知的认定上，存在直接认定和间接认定两种方法：一种是直接认定，对于被告人能够供述自认的，可以结合客观证据，认定明知的认识因素；一种是间接认定，即被告人否认明知，此时可以根据间接证据综合认定，或者通过证明基础事实，结合生活经验进行事实推定。需要指出的是，无论是直接认定还是间接认定，都应当以客观证据为主，被告人供述为辅，相互印证，综合认定，而不能过分依赖于被告人供述来认定。另外在间接认定中，也应当坚持间接证据认定为主，事实推定为辅。因为事实推定虽然是认定主观方面的有效方法，但并非唯一方法，不能一推了之，否则就降低了刑事诉讼的证明标准，混淆证明和推定的关系，导致刑罚适用的泛化。还应注意推定就意味着存在例外情况，因而应当赋予行为人异议权，并且该异议的证明标准无须达到排除合理怀疑，仅仅需要动摇法官的内心确信即可。

在证明标准上，是否明知亦存在不同学说。一种学说为客观说，即在某一具体环境下，通常人根据一般的经验或者常识都能认知的，就应认定为行为人明知。一种学说为主观说，即具体考察行为人的自身情况，根据其年龄、知识水平、社会阅历确定是否明知。一种学说为折中说，既要考虑行为人自身的状况，还要考量案件发生的具体情况。目前折中说为通说。我们认为，犯罪主观要件作为犯罪的本体构成要件，应当由控诉方排除合理怀疑地证明主观明知的存在，而不应当降低证明标准，采用高度盖然性标准，更不宜举证责任倒置，在推定的基础上，由行为人举证证明自己不具有明知的认识因素。

因而，结合到本案，在被告人刘某某不承认明知车下有人，无法进行直接认定的情况下，应当根据客观证据，排除合理怀疑地认定刘某某是否存在明知的认识因素。而综观本案的证据，尚无法得出其明知拖带而继续行驶的结论。

一是从本案发生的客观环境分析。本案案发地点在封闭的快速路上，根据交通法规，非机动车不允许进入快速路行驶。从而区别于在闹市区撞人后的认识因素。从案发时间看，案件发生于冬季的夜晚，行为人受快速路照明条件的制约，这一因素也进一步降低了行为人应当知道的可能性。并且结合刘某某当天饮酒的情节，其判断和控制能力均有所下降，尽管醉酒驾车具有违法性，但是也可以从事实上印证被告人的行为。

二是从证人证言所证明的事实分析。与刘某某同乘的证人证言均能证明发生交通事故时刘某某既没有踩刹车也没有其他避让行为。该事实可以印证刘某某并没有看见车辆撞人的供述。虽然证人证言提及车辆在继续行驶当中速度缓慢，存在异响等情况，并且车前挡风玻璃破损，但无法排除前车物品脱落以及车辆拖带的是物体的可能，并且刘某某当时并没有停车查看，因而现有证据不足以证明刘某某明知车底有人而拖带。

2."拖带型"交通肇事中，对是否明知撞人的认定可以区分此罪与彼罪。在认定因逃逸致人死亡时，主要有以下三种情形：一种是被告人为了逃避法律追究，明知发生交通事故而逃跑，导致被害人未得到及时救助而死亡。该种情形是司法解释所规定的典型的因逃逸致人死亡的情形。一种是发生交通事故后，交通肇事行为人将被害人带离现场隐藏或者遗弃，致使被害人无法得到救助而死亡或者重伤，对此司法解释亦明确规定按照故意杀人或者故意伤害定罪处罚。另外一种情形则是本案所涉及的，发生交通事故后，肇事者拖带被害人逃逸，此时被害人死亡，是否构成交通肇事逃逸致人死亡。我们认为仅仅知道发生交通事故，但不知撞人，此时拖带被害人逃逸导致死亡的，不能认定为逃逸致人死亡，理由如下：

第一，交通肇事逃逸致人死亡属于交通肇事的加重处罚情节，因而其主观方面仍然是过失。如果明知车辆拖带被害人而继续行驶，其主观方面为故意，以故意杀人或者故意伤害定罪处罚即可，并无评价为逃逸致人死亡的空间。如果不知车辆拖带被害人，此时行为人的主观方面和客观行为仅仅是原有交通行为的继续，不应在交通肇事逃逸范围内进行评价。

第二，根据司法解释的规定，因逃逸致人死亡，是指行为人在交通肇事后为逃避法律追究而逃跑，致使被害人因得不到救助而死亡。此种情形下，刑法将逃逸作为法定刑升格条件，其指向的是行为人负有救助义务，然而该救助义务产生的前提是行为人应当明知交通事故导致被害人生命处于危险状态而不救助。只有在此情形下逃逸，才具有刑事违法性和可罚性。而本案的特殊性在于行为人并不知道被害人的存在，因而也就不具有救助的义务。

但是如果排除本案的特殊性，即不知道是否撞到人，因而不具有救助义务的情形，在其他的"拖带型"的交通肇事中，则可能成立交通肇事逃逸致人死亡。如甲驾驶机动车发生交通事故，明知撞倒乙后逃逸，此时甲并不知道乙被拖带在车底，最终导致被害人死亡。根据司法解释，如果仅仅因为被告人消极不救助的行为就可以成立逃逸致人死亡，举轻以明重，此时甲拖带被害人的逃逸，更加使被害人丧失救助的机会，因而就可能成立因逃逸致人死亡。

第三，被害人死亡节点不明导致逃逸致人死亡的因果关系被切断。本案不成立因逃逸致人死亡的特殊性还在于，被害人被撞击和拖带后死亡，其死亡的节点无法确定。质言之，被害人是撞击死亡还是拖带死亡现有证据无法证实，因而定性为逃逸致人死亡缺乏依据。逃逸行为和死亡结果之间的因果关系无法证明，因而不成立因逃逸致人死亡。

问题 13. 驾驶特种设备车辆道路肇事行为的刑法定性

【人民法院案例选案例】孙某交通肇事案①

叉车、非公路用观光车、推顶车等均系特种设备中的场（厂）内专用机动车辆，不得上道路行驶，若此类特种设备车辆在交通道路上行驶或履行运输职能，即具有机动车的车辆属性，属于受《道路交通安全法》所规制的机动车，因违反交通运输管理法规发生重大交通事故的，应当在分清事故责任的基础上依法追究刑事责任。

---

① 黄擎、黄娄莹、劳玉华撰稿，李玉萍、周维明审编：《孙某交通肇事案——驾驶特种设备车辆道路肇事行为的刑法定性》，载最高人民法院中国应用法学研究所编：《人民法院案例选分类重排本（2016—2020）》，人民法院出版社 2022 年版，第 237～240 页。

一、基本案情

2017 年 7 月 28 日 23 时 12 分许，被告人孙某驾驶一辆无牌号的内燃平衡重式叉车沿上海市闵行区昆阳路由南向北行驶至陪昆路路口，在南向西信号灯为红色时向西左转，与驾驶电动自行车沿昆阳路西侧由北向南正常直行的被害人陈某相撞，致陈某倒地后被叉车碾压，造成颅脑损伤合并创伤性休克，经抢救无效死亡，构成事故。经上海市公安局闵行分局交通警察支队认定，被告人孙某在事故中承担全部责任。事故发生后被告人孙某即拨打 110 报警，并在现场等候民警处理，如实供述了上述事实。案发后被告人孙某的亲属代孙某向被害人陈某的家属赔偿经济损失共计人民币 53 万元，并取得被害人家属的谅解。

上海市闵行区人民检察院指控被告人孙某犯过失致人死亡罪，向上海市闵行区人民法院提起公诉。被告人孙某对公诉机关指控的事实和罪名没有异议。辩护人提出，对公诉机关指控的事实无异议，但本案应当定性为交通肇事罪。

上海市闵行区人民法院认为：被告人孙某违反交通运输管理法规，因而发生重大事故，致一人死亡，且承担事故全部责任，其行为构成交通肇事罪。公诉机关依据《公共安全行业标准》（GA 802—2014）及《机动车运行安全技术条件》（GB 7258—2012），认定叉车属特种设备，不属于《道路交通安全法》调整的车辆，故本案所涉事件不属于道路交通事故，不能以交通肇事罪定罪处罚。经查，上述文件之所以将叉车排除在外，是基于叉车的单一使用目的和封闭作业区域，为之设置了特定的技术参数及行业标准，以便在质检标准、登记管理权限等方面与其他准予在公共道路行驶的机动车相区别。但是，叉车本身的内在操控性（动力驱动、机械转向装置、刹车制动等）及外观特征（驾驶室、方向盘、车轮等）等，与广义的机动车并无二致，特别是在被告人孙某将其作为交通工具违规驶入公共道路、参与到交通活动之中时，使之兼具了交通运输的功能性，其违法上路行驶本身以及由此导致的相关事故均应当由《道路交通安全法》所规制。被告人孙某在违法实施的道路交通活动中过失致人死亡，既侵犯了他人的生命权，也损害了道路交通管理秩序，应当依法以交通肇事罪论处。被告人孙某具有自首情节，依法可以从轻处罚。被告人孙某的亲属已代为赔偿被害人家属经济损失并取得谅解，可酌情从轻处罚。辩护人以被告人孙某系初犯、具有自首情节等，请求对被告人孙某从宽处罚的辩护意见，予以采纳。

二、主要问题

如何认定驾驶特种设备车辆道路肇事行为：（1）涉案叉车是否属于《道路交通安全法》所规制的机动车？（2）本案应定性为过失致人死亡罪还是交通肇事罪？

三、裁判理由

近年来，因叉车等特种设备车辆违法上道路行驶而引发的事故屡见不鲜。司法实践中，对此类案件定性为过失致人死亡罪还是交通肇事罪存在争议，两罪在量刑上相差甚远，故对定性问题应谨慎把握。定罪应综合考虑车辆类型、运行区域、车辆肇事时履行的职能及侵害的法益等因素。本案对类案处理有一定的借鉴意义。

（一）涉案叉车属于《道路交通安全法》所规制的机动车

1. 符合《道路交通安全法》对于"机动车"的界定。《道路交通安全法》第 119 条第 3 项规定，机动车是指以动力装置驱动或者牵引，上道路行驶的供人员乘用或者用于运送物品以及进行工程专项作业的轮式车辆。依据原国家质检总局《特种设备目录》的规定，叉车、非公路用观光车、推顶车等均属于特种设备中的场（厂）内专用机动车辆。

场（厂）内专用机动车辆是指除道路交通、农用车辆以外仅在工厂厂区、旅游景区、游乐场所等特定区域使用的专用机动车辆。通过上述概念的比较，可发现叉车、非公路用观光车、推顶车等场（厂）内专用机动车虽属特种设备，但在动力驱动和外观特征等方面上与《道路交通安全法》中的"机动车"并无二致，两者区别在于《道路交通安全法》中所述机动车系"上道路行驶"的车辆，而特种设备车辆仅限于特定区域使用，不具有上道路行驶的资格。因此，判断违法上道路行驶的特种设备车辆是否属于《道路交通安全法》所规制的机动车，关键在于如何解释《道路交通安全法》第119条第3项规定中的"上道路行驶"。如将此处的"上道路行驶"解释为具有上道路行驶的资格，那势必将报废车、拼装车及非法改装车排除于《道路交通安全法》所规制的机动车之外，而《道路交通安全法》中第14条、第16条、第100条等多个法条均明确将报废车、拼装车及非法改装车作为机动车予以规制。如此解释显然破坏了《道路交通安全法》条文之间的协调统一，并不足取。此处的"上道路行驶"应理解为车辆的实然状态，而非应然状态，是指客观上已进入交通道路上按照道路交通法规进行行驶或履行运输职能。因此，当本案被告人孙某将涉案叉车驶入交通道路按照道路交通法规进行行驶时，此叉车即具有机动车的车辆属性，应当被评价为《道路交通安全法》中的机动车，其违法上路行驶本身以及由此导致的相关事故均应当为《道路交通安全法》所规制。

2. 予以排除的法律依据不足。公诉机关依据《机动车类型术语与定义》（GA 802—2014）及《机动车运行安全技术条件》（GB 7258—2012），认定涉案叉车不属于《道路交通安全法》调整的车辆的意见不能成立。适用于我国机动车运行安全管理的《机动车运行安全技术条件》（GB 7258—2012）以及适用于我国道路交通管理的《机动车类型术语与定义》（GA 802—2014）之所以将叉车等特种设备车辆排除在外，是基于特种设备车辆的单一使用目的和封闭作业区域，为之设置了特定的技术参数和行业标准，以便在质检标准、登记管理权限等方面与其他准予在公共道路行驶的机动车相区别，而并非对特种设备车辆的机动车属性予以否定。我国现行有效的《道路交通安全法》经2011年修正后于2011年5月1日施行，其中对于拼装车和非法改装车进行了规制，而同时期的《机动车运行安全技术条件》（GB 7258—2004）以及《机动车类型术语与定义》（GA 802—2008）中均未有涉及拼装车及非法改装车的术语与定义。直至2014年9月1日施行的《机动车类型术语与定义》（GA 802—2014）才增加了拼装车与非法改装车的术语与定义。由此可见，上述文件对于机动车进行分类与定义，是为国家行政管理部门进行机动车运行安全管理及道路交通管理提供技术依据，而并非对《道路交通安全法》所规制的机动车类型进行罗列。因此，并不能依据上述文件将涉案叉车排除在《道路交通安全法》所规制的机动车之外。

3. 符合一般人对于法条用语的理解。对于车辆及其类型的确定，一般人往往会从外观特征、动力驱动、操控性以及功能性等方面进行判断。叉车等特种设备车辆在外观特征（驾驶室、方向盘、车轮等）、动力驱动、操控性（机械转向装置、刹车制动等）及功能性（载人运货）等方面均符合一般人对于机动车的认知。将特种设备车辆界定为机动车是普通民众根据一般的语言习惯和生活常识都可以预料到的结论。反之，将在道路上行驶的特种设备车辆排除在机动车范围之外，却极有可能超出国民的预测可能性，与法律解释原理相悖。

4. 符合道路交通管理的实际需要。根据国家法律规定，叉车等特种设备车辆仅限于在特定区域内使用，不得上道路行驶。而现实状况却是此类车辆驶入公共道路的情况时有发生。在道路交通管理方面，虽驾驶特种设备车辆上道路行驶的行为本身不具有合法性，但若将特种设备车辆绝对排除在《道路交通安全法》规制的机动车范围之外，一则会使其道路行为愈加不受《道路交通安全法》约束，进一步损害道路交通的安全与秩序。二则会导致此类车辆发生的道路事故不按交通事故处理，交管部门也不出具交通事故认定书，极有可能造成监管上的漏洞，甚至是行政管理上的推诿。三则在事故纠纷后续处理上，在事故责任的划分以及赔偿数额的确定上，也均会遇到一定的障碍。因此，将违法上道路行驶的特种设备车辆纳入《道路交通安全法》所规制的机动车范围符合道路交通管理的实际需要。

（二）关于本案的定性

1. 须明确本案所涉事故的性质。涉案事故系由被告人孙某驾驶叉车在道路行驶过程中不按交通信号规定通行所引发。涉案事故发生于被告人将叉车作为交通工具在交通道路上进行行驶时，如上文所述，涉案叉车属于《道路交通安全法》所规制的机动车，因此，当违反交通运输法规在道路上发生事故并由交管部门出具相应事故责任认定书时，该事故符合《道路交通安全法》关于交通事故的界定，应认定为交通事故。

2. 本案更符合交通肇事罪的构成要件。从犯罪构成上看，被告人孙某作为道路交通活动的参与者，主观上对于被害人死亡结果的发生持有过失心态，但对其违法上道路行驶及不按交通信号规定通行系违反道路交通管理法规行为却是明知故犯，客观上也因其不按交通信号规定通行的行为直接导致了被害人死亡这一重大事故的发生，承担事故的全部责任。被告人的肇事行为发生在实行公共交通管理范围之内，不仅侵犯了他人的生命权，更是危害到了公共道路交通秩序和安全。因此，从行为主体、主观心态，客观表现及侵犯客体上看，相较于过失致人死亡罪，被告人孙某的行为更符合交通肇事罪的构成要件，应以交通肇事罪论处。

3. 本案定性为交通肇事罪符合罪责刑相适应的刑法基本原则。驾驶叉车道路肇事行为相较于驾驶一般机动车道路肇事行为，两者均是违反道路交通法规的行为，主观心态上都是过失，同样是造成重大事故的后果。两行为的主观恶性及社会危害性大致相当，所受刑罚也应大致相当，若区别适用量刑幅度相差悬殊的两种罪名，则极可能导致罪刑失衡，不利于保护当事人的合法权益以及实现刑法的公正性。

问题 14. 对酒后驾车造成重大伤亡的案件，如何区分交通肇事罪与以危险方法危害公共安全罪

【刑事审判参考案例 1】李某 1 交通肇事案[①]

一、基本案情

被告人李某 1，男，1992 年生。因涉嫌犯以危险方法危害公共安全罪于 2013 年 10 月 30 日被逮捕。

[①] 张鹏撰稿，方文军审编：《李某 1 交通肇事案——如何认定醉驾致人死亡案件中行为人的主观心态（第 1271 号）》，载中华人民共和国最高人民法院刑事审判第一、二、三、四、五庭主办：《刑事审判参考》（总第 115 集），法律出版社 2019 年版，第 32 ~ 36 页。

北京市延庆县（现北京市延庆区人民检察院）人民检察院以被告人李某1犯以危险方法危害公共安全罪，向延庆县人民法院（现北京市延庆区人民法院）提起公诉。

被告人李某1辩称其行为构成交通肇事罪。其辩护人提出：以危险方法危害公共安全罪中的危险方法应当与放火、决水、爆炸等行为危害程度相当；李某1没有这种主观目的和表现，属于过失犯罪，故应构成交通肇事罪；李某1有自首情节，且已全部赔偿到位；建议对其从轻处罚。

延庆县人民法院经公开审理查明：2013年9月23日晚，被告人李某1与李某2一起饮酒后，李某2驾驶李某1的速腾轿车送李某1回家。到家后李某1不听劝阻，又驾车接上他人向延庆县第七中学方向行驶。21时10分许，李某1超速行驶到该中学门口处时未避让行人，在人行横道处将步行通过路口的中学生张某撞飞。李某1发现自己肇事后，驾车从道路前方断口处返回，停车后拨打"120"，公安人员赶到现场后李某1承认系其酒后驾车撞人。张某因闭合性颅脑损伤经抢救无效于当日死亡。经鉴定，李某1案发时血液酒精含量为227.1毫克/100毫升，负此次交通事故的全部责任。

延庆县人民法院认为，被告人李某1违反交通管理法规，在道路上醉酒超速驾驶机动车，遇行人通过人行横道未采取措施避让，致一人死亡，负事故全部责任，其行为已构成交通肇事罪。公诉机关指控李某1醉酒驾驶并致人死亡的事实清楚，证据确实、充分，但指控其构成以危险方法危害公共安全罪的罪名不能成立。李某1肇事后掉头停车，拨打"120"呼叫急救车，后向到场的公安人员承认酒驾撞人，构成自首。据此，依照《刑法》第133条、第67条第1款、第61条之规定，以交通肇事罪判处被告人李某1有期徒刑二年十一个月。

一审宣判后，延庆县人民检察院以一审判决认定罪名有误，导致对被告人量刑畸轻为由提出抗诉。理由是：被告人李某1明知醉酒超速驾驶机动车会发生极其严重的危害后果，但主观上没有避让意识，也未采取任何措施避免事故发生，其行为构成以危险方法危害公共安全罪，不属于过失犯罪。

北京市第一中级人民法院经二审审理认为，从被告人李某1驾车撞人事前、事中及事后的行为表现来看，其对违反交通法规是故意的，但不能证明其具有危害公共安全的故意，故应按照过失犯罪处理。原审判决认定的事实清楚，证据确实、充分，适用法律正确，量刑适当，审判程序合法，应予维持。依照《刑事诉讼法》第225条第1款第1项之规定，于2015年9月18日裁定驳回抗诉，维持原判。

二、主要问题

醉酒驾车发生事故致人死亡的案件，如何认定行为人的主观心态是过失还是故意？

三、裁判理由

司法实践中，行为人酒后驾车发生致人死亡或多人重伤等重大交通事故的，一般认定为交通肇事罪。同时，根据《最高人民法院关于审理交通肇事刑事案件具体应用法律若干问题的解释》第2条第2款的规定，酒后驾车的情节在交通肇事致一人以上重伤并负事故全部责任或者主要责任的情况下还充当了入罪条件。但行为人大量饮酒后，在操控机动车的能力明显减弱的情况下驾车肇事，造成重大伤亡后果的，应认定为交通肇事罪还是以危险方法危害公共安全罪，则存在不同认识。本案就是一起比较典型的醉酒后驾车肇事致人死亡的案件。对于被告人李某1的行为构成何罪，有两种意见：一种意见认为，李某1明知醉酒超速驾驶机动车会发生危害后果，仍执意为之，放任危害结果的发生，属于故意犯罪，故应构成以危险方法危害公共安全罪。另一种意见认为，李某1醉酒后驾车，虽系故意违反交通法规，但并无实施危险行为以造成危害社会后果的意图，其肇事后的表现也反映其对危害后果不存在希望或放任的心态，属于过于自信的过失，应认定为交通肇事罪。我们同意第二种意见，具体分析如下。

从理论上来看，区分交通肇事罪和以危险方法危害公共安全罪，关键在于准确认定行为人的罪过形式，即属于间接故意还是过于自信的过失。审判实践中，考虑到行为人犯罪时的主观心态只存在于其意志中，要证明其主观心态只能通过其认知水平、行为时间、地点、对象、力度、使用的工具以及事发后表现等外在表象，根据主客观相一致的原则，运用经验与逻辑形成判断，以此来认定行为人的主观心态。间接故意与过于自信的过失的区别体现在认识因素和意志因素两方面。第一，间接故意的认识因素为"明知自己的行为会发生危害社会的结果"，而过于自信的过失则是"已经预见自己的行为可能发生危害社会的结果"。在间接故意的心态下，行为人清楚明确地知道发生危害结果的高度可能性；而在过于自信的过失心态下，行为人只是凭经验认识到危害结果发生的可能性，至于危害结果是否将会发生则存在很大的不确定性。第二，在意志因素方面，间接故意是放任危害结果发生，即行为人对于危害结果的发生不反对、不排斥；而过于自信的过失则是行为人轻信能够避免发生危害结果，其对危害结果的发生是反对、排斥的。因此，只要有证据证明行为人事前并没有明显的危害社会意图，事后有尽量避免危害结果发生的补救举动，一般就应当认为其主观心态属于过于自信的过失。从另一个角度分析，如果有充分的证据证明行为人为了实施某些偏离交通目的的高度危险行为而放任危害结果发生，可以认定其具有危害公共安全的间接故意，可能构成以危险方法危害公共安全罪。例如，出于竞技、斗气等动机酒后驾车追逐竞驶，肇事后为逃离现场或躲避执法连续冲撞行人、车辆，都是比较典型的以驾车肇事方式实施的以危险方法危害公共安全行为。至于醉酒，只是反映行为人违反交通法规严重程度的情节，可在量刑时予以考虑，一般不能作为认定行为人具有危害公共安全间接故意的关键因素。

2009年发布的《最高人民法院关于醉酒驾车犯罪法律适用问题的意见》指出，"行为人明知酒后驾车违法、醉酒驾车会危害公共安全，却无视法律醉酒驾车，特别是在肇事后继续驾车冲撞，造成重大伤亡，说明行为人主观上对持续发生的危害结果持放任态度，具有危害公共安全的故意。对此类醉酒驾车造成重大伤亡的，应依法以以危险方法危害公共安全罪定罪"。根据上述文件的精神，在司法实践中可大体遵循以下标准区分交通肇事罪和以危险方法危害公共安全罪：（1）仅有一次碰撞行为的，除非有充分的证据证明行为人对危害结果的发生持希望或放任态度，否则不能认定其具有危害公共安全的直接或间接故意，只能认定为过失，以交通肇事罪论处。其中，对造成特别重大伤亡后果的案件，不能仅因后果极其严重就认定行为人当时出于故意心态，即不能仅凭结果认定主观心态，还要综合案件的具体情节来认定。例如，对于醉酒后不顾他人劝阻强行开车，并在人群密集的场所高速甚至超速行驶，从而一次性撞击造成重大伤亡的，可以考虑认定为以危险方法危害公共安全罪。反之，如果在车流量、人流量不大的道路上醉酒驾车，因一时疏忽没有避让行人，一次性撞击造成重大伤亡的，则不宜认定为以危险方法危害公共安全罪。（2）有两次以上碰撞行为的，说明行为人出于逃逸等目的，将他人的生命置于高度危险之中，其本人已没有能力对这种危险进行有效控制，但依然不管不顾，为逃脱罪责放任危害结果的发生，一般可认定具有危害公共安全的间接故意，可以以危险方法危害公共安全罪论处。

本案中，被告人李某1案发前大量饮酒，处于醉酒状态，且驾车过程中超速行驶，但不能仅以其大量饮酒、有超速行为就认定其主观上具有危害公共安全的故意。综合其事前、事中、事后的表现来看，其主观上仍属于过于自信的过失，构成交通肇事罪。具体理由有三点：（1）醉酒超速驾车的情况下，既有可能发生本案这种撞击他人的事故，也有可能发生撞击其他车辆或翻车等伤及自身的事故，李某1在醉酒超速驾车时虽意识到有发生事故的可能性，但显然并不希望发生事故。（2）醉酒、超速驾车行为严重违反交通法规，但此种行为是否属于危害公共安全的高度危险行为，需要结合具体案情评估行为人操纵车辆、保证交通安全的能力。根据李某1的供述，其驾车通过事发路段时按了喇叭，并认为行人会避让所以没有减速，发现被害人时来不及躲闪因而发生相撞。上述情节反映其事发时具有一定避险能力和避险意识，并且也有相应的避险举动，其行为尚不属于危害公共安全的高度危险行为。（3）虽然不能单纯以事后行为判断行为人事发时的主观心态，但行为人事发后的即时表现对认定其主观心态也是重要的参考因素。李某1发现自己肇事后，及时返回现场拨打"120"，并主动承认自己醉酒驾车撞人，这些事后表现反映出其对危害后果的发生是持反对态度的，并无放任危害结果发生的心态。

综上，从被告人李某1驾车撞人事前、事中及事后的表现来看，其对违反交通法规本身持故意心态，但不能认定其具有危害公共安全的间接故意，而是属于过失犯罪，应以交通肇事罪论处。一审、二审法院认定李某1的行为构成交通肇事罪，理由是充分的。

【刑事审判参考案例2】杜某交通肇事案①

一、基本案情

被告人杜某，男，1968年生，个体户。2009年11月14日因涉嫌犯交通肇事罪被逮捕。

江苏省淮安市楚州区人民检察院以被告人杜某犯交通肇事罪，向淮安市楚州区人民法院提起公诉。

淮安市楚州区人民法院经公开审理查明：2009年10月31日中午，被告人杜某在淮安市楚州区淮城镇豪城大酒店宴请他人，酒后与他人同到浴室洗浴休息。同日17时许，杜某经休息，认为驾车已无碍，遂驾驶车牌号为苏HBU×××的小型普通客车回楚州区流均镇。约17时40分，杜某驾车沿306县道（楚流路）由西向东行驶到27km+550m处时，因对路面情况疏于观察，撞击到同向在路边靠右行走的被害人苏某泽（男，殁年15岁）、张某（男，殁年16岁）、徐某（男，殁年13岁,）、苏某（男，时年12岁），致苏某泽、张某、徐某当场死亡，苏某受伤。杜某随即停车，拨打110电话报警。经鉴定，杜某血液酒精含量为88毫克/100毫升。交通管理部门认定，杜某负事故的全部责任。

淮安市楚州区人民法院认为，被告人杜某具有14年驾龄，肇事时天色已晚，且是阴雨天气，能见度较低，且肇事后杜某立即采取刹车措施，并拨打报警电话，由此体现出

---

① 杨华撰稿，陆建红审编：《杜某交通肇事案——对酒后驾驶造成重大伤亡的案件，如何区分交通肇事罪与以危险方法危害公共安全罪（第909号）》，载中华人民共和国最高人民法院刑事审判第一、二、三、四、五庭主办：《刑事审判参考》（总第94集），法律出版社2014年版，第81～84页。

其未对危害后果持希望或者放任态度，不能认定其行为构成以危险方法危害公共安全罪。杜某违反交通运输管理法规，因而发生重大事故，致三人死亡、一人受伤，其行为构成交通肇事罪。虽然杜某具有当庭自愿认罪、赔偿被害人部分经济损失等酌情从轻处罚情节，但其醉酒驾车造成严重后果，社会影响恶劣，不足以从轻处罚。据此，依照《刑法》第 133 条以及《最高人民法院关于审理交通肇事刑事案件具体应用法律若干问题的解释》第 4 条第 1 项之规定，淮安市楚州区人民法院以被告人杜某犯交通肇事罪，判处有期徒刑七年。

一审宣判后，被告人杜某未提出上诉，检察机关亦未抗诉，该判决已发生法律效力。

二、主要问题

对酒后驾驶造成重大伤亡的案件，如何区分交通肇事罪与以危险方法危害公共安全罪？

三、裁判理由

本案是一起酒后驾车肇事造成三死一伤重大事故的刑事案件，在审理过程中对被告人杜某的行为定性有两种不同意见：一种意见认为，杜某明知酒后驾车违法、醉酒驾车会危害公共安全，无视法律醉酒驾车，造成三死一伤的重大伤亡结果，已危害不特定多数人的人身和财产安全，其行为构成以危险方法危害公共安全罪。另一种意见认为，杜某中午饮酒后并没有立即开车，而是休息到 17 时左右才开车，开车撞人后没有继续驾车冲撞，而是立即采取制动措施，表明其对可能发生的危害后果持轻信能够避免的过失心态，其行为构成交通肇事罪。

我们同意后一种意见，即杜某的行为构成交通肇事罪。具体理由如下。

（一）被告人杜某在主观上系过于自信的过失，而非间接故意

以危险方法危害公共安全罪和交通肇事罪在犯罪客体（公共安全）、部分犯罪客观方面（驾车行为引发事故）、犯罪主体（一般主体）这三个方面的特征基本相同，但在犯罪主观方面、部分犯罪客观方面又存在明显区别。就主观方面而言，前者的罪过形式是故意，醉酒驾驶案件中多表现为间接故意，即放任的意志状态；而后者的罪过形式是过失，多为过于自信的过失。根据刑法理论界和实务界的通说观点，对此类犯罪的罪过形式，应当根据"主观支配客观，客观反映主观"的原理，结合案件具体情况进行认定。具体而言，应当结合行为人是否具有驾驶资质、是否正常行驶、行驶速度、车况路况、能见度、案发地点车辆及行人多少、肇事后的表现以及行为人关于主观心态的供述、相关证人的证言等情况，进行综合认定。

本案中，认定被告人杜某在主观上没有放任危害结果发生的间接故意，其对三死一伤的后果系过于自信的过失，主要是基于以下三点理由：（1）杜某为避免危害后果发生采取了一定的措施。杜某饮酒后并未立即开车，而是休息数小时后才开车，表明其已经认识到酒后开车对公共安全有较大的危险，并为避免发生这种危险而采取了一定的措施。虽然这项措施客观上没有完全消除醉酒状态，但反映出行为人主观上既不希望也不放任危害后果发生的心态。（2）当杜某意识到其驾驶的汽车撞人后立即采取了制动措施，并下车查看情况，发现确实撞到人后立即报警，表明其并非不顾危害结果的发生，而是对危害后果的发生持反对、否定的态度。（3）杜某的行车速度比较正常，从现场刹车印迹分析，肇事时车速为 68～71 公里/小时，不属于超速行驶，表明杜某不具有因醉酒后过于兴奋而超速驾车放任危害后果发生的故意。

（二）被告人杜某在客观上仅实施了一次撞击的行为

2009年下发的《最高人民法院关于醉酒驾车犯罪法律适用问题的意见》第1条规定："行为人明知酒后驾车违法、醉酒驾车会危害公共安全，却无视法律醉酒驾车，特别是在肇事后继续驾车冲撞，造成重大伤亡，说明行为人主观上对持续发生的危害结果持放任态度，具有危害公共安全的故意。对此类醉酒驾车造成重大伤亡的，应依法以以危险方法危害公共安全罪定罪。"从《最高人民法院关于醉酒驾车犯罪法律适用问题的意见》规定的精神分析，行为人发生二次或者二次以上冲撞的，行为人对其行为造成的后果持放任态度的可能性大（在惊慌失措情形下为避免后果发生二次碰撞的除外），倾向认定为以危险方法危害公共安全罪。而行为人仅发生一次冲撞、造成严重后果的，行为人对其造成的后果持反对、否定的可能性大，故倾向认定为交通肇事罪。《最高人民法院关于醉酒驾车犯罪法律适用问题的意见》所配发的黎某某、孙某某醉酒驾车肇事案均是典型的醉酒驾车连续冲撞的案例。而本案被告人杜某仅发生一次冲撞。现场勘验、检查笔录证实，肇事车辆的制动痕迹从路边斜向路中，有一连续的长26.3米的刹车痕迹，之后肇事车辆停驶，没有再发动。四名被害人被车撞倒的位置分布在制动痕迹起点前后，止于停车位置，其中三名被害人倒地的位置均在制动起点之后。这充分说明杜某驾车撞击被害人系一个连续不间断的过程，且其发现撞人后立即踩刹车制动，只实施了一次撞击行为，而非发现撞人之后停车再开再撞。多名目击证人亦证实这一情节。故对杜某宜以交通肇事罪论处。

需要说明的是，仅发生一次冲撞行为还是有二次或者二次以上冲撞行为，只是体现行为人对危害后果所持意志状态的一个方面，不能将此作为划分交通肇事罪与以危险方法危害公共安全罪的唯一标准。对于仅发生一次冲撞行为的情形，并非绝对排除构成以危险方法危害公共安全罪的可能。对于具有以下情形之一，确有证据证实行为人明知酒后驾车可能发生交通事故，仍执意驾车，导致一次冲撞发生重大伤亡的，仍然可能依法构成以危险方法危害公共安全罪：（1）行为人曾有酒后驾车交通肇事经历的；（2）在车辆密集的繁华地段故意实施超速50%以上驾驶、违反交通信号灯驾驶、逆向行驶等严重威胁道路交通安全的行为；（3）驾车前遭到他人竭力劝阻，仍执意醉驾的；等等。这些情节一定程度上反映出行为人对危害后果可能持放任心态。

综上，淮安市楚州区人民法院认定被告人杜某的行为构成交通肇事罪正确。虽然杜某认罪态度较好，且积极赔偿了被害方经济损失，但其行为致三死一伤，后果特别严重，故淮安市楚州区人民法院对杜某在法定刑幅度内从重处罚亦是妥当的。

【人民法院案例选案例】温某某、李某某交通肇事案①

在醉驾造成重大伤亡案件中，判断行为人的主观罪过是故意还是过失，应重点考察事故是否属于一次性撞击、行为人是否采取紧急制动措施和行为人是否在繁华人多路段高速或高速逆向行驶等关键因素，还要结合行为人是否明知车辆状况特别是刹车情况、行为人的驾驶技能和经验、醉驾的程度、行驶的速度、违反交通规则的严重程度甚至驾

---

① 谭卫华、陈峰撰稿，沈亮、周维明审编：《温某某、李某某交通肇事案——交通肇事罪与以危险方法危害公共安全罪的区分》，载最高人民法院中国应用法学研究所编：《人民法院案例选分类重排本（2016—2020）》，人民法院出版社2022年版，第201～207页。

驶时的情绪等辅助性因素进行综合判定。

一、基本案情

重庆市人民检察院第二分院诉称：被告人温某某与李某某大量饮酒后，要求驾驶李某某的渝 F1T7××号车去开县玩耍，李某某明知温某某未取得驾驶证，但仍将车挪出后交给温某某并坐于副驾驶座位上。当车行至开县汉郭路 102 省道 306 公里 250 米处时，撞向公路右侧等候乘车的陈某某、李某某、李某 1、杨某某等人和停在路边的渝 F6B7××号车，致陈某某、李某某、李某 1、杨某某死亡，江某某、谢某 1、任某某、向某某、易某某、林某某、袁某某、邓某某、侯某某、谢某某受伤，渝 F6B7××号车受损。温某某、李某某未向公安机关报警和对被害人施救而逃离现场并商议由谁来承担责任。当日凌晨，李某某、温某某到公安机关投案，如实供述事故发生经过。重庆市人民检察院第二分院认为，被告人温某某、李某某犯以危险方法危害公共安全罪，向重庆市第二中级人民法院提起公诉。

被告人温某某、李某某及辩护人辩称：温某某具有一定的驾驶技术和基础，温某某在事故发生后采取制动措施并停住车辆，没有驾车逃逸或继续冲撞，因害怕而逃离事故现场，故温某某主观上没有以危险方法危害公共安全的故意，不构成以危险方法危害公共安全罪，温某某构成交通肇事罪；杨某某停靠渝 F6B7××号车时没有打开应急灯，对引发本案有一定责任；温某某、李某某均具有自首情节，并在本案审理过程中与被害方达成赔偿协议，取得被害方的谅解，建议法院从轻处罚。

法院经审理查明：被告人温某某于 2013 年、2014 年期间私下学习驾驶机动车，并于 2014 年 3 月 30 日到重庆市万州区青年人驾驶培训有限责任公司报名学习机动车驾驶，但尚未参加机动车驾驶资格考试。同年 6 月 11 日 23 时许，被告人李某某、温某某与胡某、周某等人在重庆市开县郭家镇"美滋特色烤鱼"店用餐，大量饮用啤酒。次日凌晨 2 时许，温某某、李某某、胡某、周某商定前往开县汉丰镇玩耍，随后离开"美滋特色烤鱼"店到郭家镇"爱你宝贝幼儿园"附近李某某停车处，李某某欲驾其渝 F1T7××号轻型普通货车搭载温某某、胡某、周某前往开县汉丰镇。温某某提出自己驾车，李某某问温某某能否驾车，温某某表示可以驾车，李某某在明知温某某当晚饮酒且无驾驶资格的情况下同意温某某驾车。温某某上车后挂不进倒车挡位而无法将渝 F1T7××号车倒出停放处，便让李某某将该车挪出，李某某将车挪出后交给温某某驾驶，温某某驾驶该车沿开县汉郭路 102 省道向开县汉丰镇行驶。当日凌晨 2 时左右，杨某某驾驶渝 F6B7××号轻型普通货车搭载易某某、林某某、袁某某、邓某某、侯某某、谢某某等菜农及蔬菜沿开县汉郭路前往开县汉丰镇，途中行至开县汉郭路 102 省道 306 公里 250 米路段时，因陈某某、李某某、李某 1、杨某某、江某某、谢某 1、任某某、向某某等 8 名菜农在公路右侧等候该车而停靠路边。此时，温某某驾驶渝 F1T7××号车超速行至该处（该处限速 70 公里/小时），并撞向陈某某、李某某、李某 1、杨某某等 8 名菜农和渝 F6B7××号车，温某某发现撞击后即采取制动措施，渝 F1T7××号车滑行 20 余米后停下，渝 F6B7××号车被撞击后滑行 30 余米后停下，该撞击致陈某某、李某某当场死亡，李某 1、杨某某经送医院抢救无效死亡，江某某、谢某 1、任某某、向某某、易某某、林某某、袁某某、邓某某、侯某某、谢某某受伤，渝 F6B7××号车受损。

被告人温某某、李某某等人在撞击发生后即下车逃离现场，并商定由李某某顶替温某某承担责任。公安民警于 2014 年 6 月 12 日凌晨 2 时许接警后到达现场，并打电话通知李某某接受调查，李某某随即返回现场向公安民警投案，并作如实供述。同日凌晨 4 时许，温某某到开县公安局郭家交巡警中队投案，并作如实供述。经鉴定，温某某驾驶渝 F1T7××号车在案发时速度约为 90 公里/小时；温某某到案后血液中的乙醇含量为 116.1 毫克/100 毫升，李某某到案后血液中的乙醇含量为 87.2 毫克/100 毫升；陈某某系创伤失血性休克合并颅脑损伤死亡，李某某系颅脑损伤死亡，李某 1 系创伤性失血性休克死亡，杨某某系颅脑损伤死亡，任某某属重伤二级，江某某属轻伤二级，向某某、易某某、林某某、袁某某均属轻微伤；渝 F6B7××号车损失价值为 2055 元。经开县公安局交通巡逻警察大队认定，温某某、李某某共同承担本次事故全部责任。

被告人温某某、李某某经法院主持与被害方达成赔偿协议，取得被害方的谅解。

法院生效裁判认为：被告人温某某、李某某违反道路交通管理法规，未依法取得机动车驾驶证，醉酒超速驾驶机动车，因而发生重大交通事故，致四人死亡、一人重伤，在事发后为逃避法律追究而逃离事故现场，共同承担本次事故全部责任，温某某、李某某的行为均已构成交通肇事罪，且情节特别恶劣。温某某、李某某主观上对本案危害后果并非放任发生的间接故意，而是已经预见但轻信能够避免的过失心态，故温某某、李某某不构成以危险方法危害公共安全罪。温某某、李某某作案以后自动投案，如实供述自己的罪行，系自首，且在本案审理过程中与被害方达成赔偿协议，取得被害方的谅解，故依法对温某某、李某某从轻处罚，并对李某某适用缓刑。

重庆市第二中级人民法院于 2015 年 10 月 29 日作出（2015）渝二中法刑初字第 00013 号刑事判决：被告人温某某犯交通肇事罪，判处有期徒刑五年；被告人李某某犯交通肇事罪，判处有期徒刑三年，缓刑四年。

此外，在一审审理过程中，承办法官协调本案 20 余名被害人及亲属与两名被告人达成赔偿经济损失 110 万元的协议，协调有关部门免除 4 名死者尸体的火化费、冷冻费等费用数十万元，有效化解社会矛盾。一审宣判后，被告人未提出上诉，检察机关未抗诉，本案取得良好的法律效果和社会效果。

本案是一起因醉驾造成四死一重伤特大交通事故的刑事案件，造成严重的社会影响，公众关注度极高。本案的关键点在于被告人温某某、李某某的定性问题，即在醉酒驾驶机动车造成重大人员伤亡的情况下，行为人是构成交通肇事罪还是构成以危险方法危害公共安全罪。

二、裁判理由

（一）交通肇事罪与以危险方法危害公共安全罪的关键界分在于主观方面

交通肇事罪，是指违反交通运输管理法规，因而发生重大交通事故，致人重伤、死亡或者使公私财产遭受重大损失的行为。[①] 醉驾类以危险方法危害公共安全罪是指故意使用与放火、决水、爆炸、投放危险物质行为等危险性相当的醉驾方法，危害公共安全的行为。从犯罪构成上看，二者在犯罪客体（公共安全）、犯罪客观方面（违反交通运输管理法规，包括醉驾引发交通事故）、犯罪主体（一般主体）方面基本一致。二者区分的关键在于主观方面：交通肇事罪的主观方面是过失，可以是疏忽大意的过失，也可以是过于自信的过失。这里的过失是指行为人对所造成的严重后果的心理态度，至于对违反交

---

① 参见张明楷：《刑法学》，法律出版社 2011 年版，第 630 页。

通运输管理法规本身，则可能是明知故犯。① 而以危险方法危害公共安全罪的主观方面是故意，既可以是直接故意（希望危害结果的发生），也可以是间接故意（放任危害结果的发生）。当然，也有学者认为，只要醉酒驾车行为造成严重后果的，就应认定为以危险方法危害公共安全罪。因为醉酒驾车的情况下，该行为本身就对公共安全造成了不特定的危险，是抽象危险犯，行为人在驾驶机动交通工具时，虽然具有自信不会发生危害结果的侥幸心理，但鉴于该自信没有任何可以凭借的根据，其主观状态是不可控制的，因此，行为人过于自信的过失就不能够成立。② 但这种唯结果论的逻辑模式经不起推敲。第一，行为人主观心理的判断不能根据危害结果进行反推，而应根据行为时行为人的客观表现进行推演。第二，现实生活中也存在醉驾造成重大人员伤亡但行为人对危害结果持过失心态的情况。例如，行为人醉酒后，为了避免发生交通事故，他找了经验丰富的老司机陪同，还专门选择偏僻、人少的路段并在规定时速内行驶，但仍将路中央的三人撞死，此时，行为人显然不希望危害结果的发生，是一种过失心态。第三，何为"严重后果"无法界定。死亡或重伤几人才能作为严重后果，假如定三人死亡为严重后果，那死亡人数不足三人，行为人的主观心态就是过失，死亡三人以上就是故意，这也存在逻辑上的矛盾。因此，以造成严重后果作为评价行为人主观罪过的标准既不合情理，亦不合法理。故在案件审理过程中，不能仅因造成特别重大伤亡就认定行为人当时出于故意的罪过，还要综合案件的具体案情来认定。

本案中，针对被告人温某某、李某某的定性主要有两种意见：一种意见认为，温某某明知无证、酒后驾驶机动车会危及公共安全，仍无视法律执意驾驶机动车，最终造成了四死一重伤的严重后果，其主观心态是一种放任危害结果发生的间接故意，已然危害了公共安全，构成以危险方法危害公共安全罪；另一种观点认为，温某某虽然是醉酒驾驶，并发生了严重交通事故，但是他仅实施了一次撞击行为并在撞击后立即采取了紧急制动措施，而且本案发生于凌晨2时左右，属于人流量稀少时间段，这些都表明他对危害结果持轻信能够避免的过失心态，其行为构成交通肇事罪。由此可见，本案的焦点是如何判断行为人主观罪过是间接故意还是过于自信的过失。按照"主观支配客观，客观反映主观"的原理，对行为人主观罪过的判定应结合被告人的供述和案件的客观事实情况进行综合评判。被告人供述是直接反映其主观罪过的证据，但是该证据是否可采还需要考察其与客观事实的印证度。下一部分将就醉酒驾驶造成重大人员伤亡的案件中，判断行为人主观罪过时需要考量的客观因素进行具体分析。

（二）判断行为人主观罪过的客观考量因素分析

行为人的客观行为是其主观意思的表现形式，因此，在刑事案件审判中，可以通过对行为人客观行为的分析来推定其行为时的主观心理态度。由于"世界上没有两片相同的树叶"，每个刑事案件也各有其特点，所以判断行为人主观心态需要结合案件事实具体问题具体分析。但是，醉酒驾驶造成重大人员伤亡案件也有其自身特点，理论上也可以进行类型化思考，分析在该类案件中，考察行为人是间接故意还是过于自信的过失时应考虑的客观因素。其中，最为关键性的因素包括事故是否属于一次性撞击、行为人是否采取紧急制动措施和行为人是否在繁华人多路段高速或高速逆向行驶。

① 参见高铭暄、马克昌：《刑法学》，北京大学出版社、高等教育出版社2013年版，第360页。
② 参见郭纹静：《醉驾入刑的理性规制》，载《法学杂志》2014年第9期。

1. 是否属于一次性撞击。《最高人民法院关于醉酒驾车犯罪法律适用问题的意见》规定："行为人明知酒后驾车违法、醉酒驾车会危害公共安全，却无视法律醉酒驾车，特别是在肇事后继续驾车冲撞，造成重大伤亡，说明行为人主观上对持续发生的危害结果持放任态度，具有危害公共安全的故意。对此类醉酒驾车造成重大伤亡的，应依法以以危险方法危害公共安全罪定罪。"一般认为，《最高人民法院关于醉酒驾车犯罪法律适用问题的意见》的上述规定提出了认定醉酒驾车肇事在何种情形下构成以危险方法危害公共安全罪的标准。即醉酒驾车肇事，仅发生一次性冲撞的，一般不构成以危险方法危害公共安全罪，肇事后继续冲撞造成重大伤亡的，可以认定为以危险方法危害公共安全罪。[①]这种意见有一定的合理性。因为行为人在发生第一次事故后，为了逃避法律制裁或者害怕而逃跑，虽然行为人可能不希望再次发生交通事故，但是为了逃跑已经管不了这么多了，表现的是一种放任的态度，构成间接故意。而在仅有一次性撞击的情况下，要慎重认定行为人构成以危险方法危害公共安全罪。在绝大多数交通肇事案件中，行为人对实害结果都是持排斥态度的，因为如果发生事故，行为人本身就是第一个受害人。[②]而且，醉酒驾驶机动车发生交通事故其实是一种概率性事件，并非必然发生，通常情况下，是因为行为人盲目相信自己的驾驶技术，轻信能够避免危害结果的发生，主观上表现为过于自信的过失，因此，在醉酒驾车一次性撞击造成重大人员伤亡的情况下，一般定交通肇事罪为宜。

2. 是否采取紧急制动措施。在发生交通事故后，正常人的反应应该是采取紧急制动措施，使车辆尽快停下。这一行为能够直观地反映行为人在事故发生时对该事故所持的态度：如果行为人采取了紧急制动措施，无论其出于本能还是意志控制，都表明其对该事故感到意外或排斥，是一种过失心态，构成交通肇事罪；如果行为人根本未采取紧急制动措施，除行为人醉酒程度已达到完全失去控制能力的情况外，表明行为人已克服本能反应，对危害结果是一种"管不了那么多了"的心态，意志因素表现为放任甚至是希望，属于间接故意或直接故意，构成以危险方法危害公共安全罪。

3. 是否在繁华人多等路段高速或高速逆向行驶。只有造成了与放火、爆炸等相当的具体的公共危险，才能成立以危险方法危害公共安全罪。[③]在繁华人多等路段高速或高速逆行，对公众的生命财产安全造成极大威胁，其产生的公共危险与放火、爆炸等行为产生的公共危险相当，即使没有造成危害结果，也应按照《刑法》第114条的规定以危险方法危害公共安全罪定罪处罚。根据"举轻以明重"的原理，在繁华人多等路段高速或高速逆向行驶，造成了重大人员伤亡，则应该按照《刑法》第115条第1款之规定以危险方法危害公共安全罪定罪处罚。

当然，在醉驾案件中，判断行为人对危害结果属于过于自信的过失还是间接故意，还可以参考的辅助性因素有：行为人是否明知车辆状况特别是刹车情况、行为人的驾驶技能和经验、醉驾的程度、行驶的速度、违反交通规则的严重程度甚至驾驶时的情绪等。可以预见的是，实践中新的因素还会不断出现，而法律规定本身又不可能明确全部的判

① 参见方文军：《危险驾驶肇事犯罪的定罪量刑问题》，载中华人民共和国最高人民法院刑事审判第一、二、三、四、五庭主办：《刑事审判参考》（总第94集），法律出版社2014年版，第355～369页。

② 参见丁胜明：《危险驾驶的行为样态与罪名选择——以危险驾驶罪、交通肇事罪、以危险方法危害公共安全罪的关系为视角》，载《刑法学评论》2013年第1期。

③ 参见张明楷：《危险驾驶的刑事责任》，载《吉林大学社会科学学报》2009年第6期。

断因素和标准，这就需要司法工作人员不断总结、分析与提炼，将合理因素纳入考量范畴之内。

本案中，被告人温某某醉酒驾驶机动车并造成四死一重伤的严重后果。我们认为，温某某、李某某在主观上没有希望或放任危害结果发生的故意，其二人对于危害结果的发生系出于过于自信的过失，公诉机关指控温某某、李某某构成以危险方法危害公共安全罪的罪名不成立，温某某、李某某构成交通肇事罪。理由如下：第一，开车前，李某某问温某某"得不得行"（方言，意思为"你行不行"），温某某说"得行"（方言，意思为"没问题"）。该对话反映了温某某对自己的驾驶技术比较自信。第二，四死一重伤的严重后果是一次性撞击造成的，温某某在事故发生后没有继续驾车冲撞，而是采取了紧急制动措施，并在滑行20米后停下。这表明温某某在危害结果持续蔓延的时候，积极采取防止危害结果继续扩大的措施，尽可能减轻损害的程度，不是积极追求或放任危害后果的发生，只是他过分相信自己的技术，轻信能够避免事故发生，属于过于自信的过失。第三，案发时为凌晨2点钟，正常来讲，路上行人和车辆较少，与繁华人多的路段相比，该路段发生重大交通事故的概率相对较少。只是本案特殊情况，8名菜农正巧在案发路段等候车辆，并最终发生交通事故。结合案发时的时间和环境状况，可以推断被告人温某某并没有希望或放任公共危险发生的意志表现。综合上述客观因素，我们认为，温某某主观上对无证、酒后驾车导致被害人死伤等危害后果的发生是轻信能够避免，且对危害后果持反对、否定态度，不是积极追求或放任发生。只是由于他过高地估计了这些主客观条件，才导致了本案危害后果的发生，其对危害后果的发生属于过于自信的过失，应以交通肇事罪定罪处罚。根据监督过失理论，车主将自己的机动车交给醉酒者、无驾驶资格者驾驶，没有防止伤亡结果发生的，驾驶者与车主均成立交通肇事罪。[①] 所以，李某某在明知温某某醉酒、无证的情况下，仍帮他倒车并将车交给温某某驾驶，最终导致严重交通事故的发生，其行为也构成交通肇事罪。

问题15. 在醉酒驾驶致人死亡的案件中如何区分交通肇事罪与（间接）故意杀人罪

【刑事审判参考案例】陆某故意杀人案[②]

一、基本案情

被告人陆某，男，1963年生，被捕前系江苏省如东县东信典当行有限责任公司董事长。2010年4月24日因涉嫌犯交通肇事罪被逮捕。

江苏省南通市人民检察院以被告人陆某犯故意杀人罪，向南通市中级人民法院提起公诉。

被告人陆某及其辩护人提出：陆某的行为不构成故意杀人罪，其主观上是过失而不是间接故意，应当定性为交通肇事罪；陆某具有自首情节，且积极赔偿被害人亲属损失，

---

① 参见张明楷：《刑法学》，法律出版社2011年版，第631页。

② 杨华撰稿，陆建红审编：《陆某故意杀人案——在醉酒驾驶致人死亡的案件中如何区分交通肇事罪与（间接）故意杀人罪（第910号）》，载中华人民共和国最高人民法院刑事审判第一、二、三、四、五庭主办：《刑事审判参考》（总第94集），法律出版社2014年版，第85~89页。

请求从轻或者减轻处罚。

南通市中级人民法院经公开审理查明：2010 年 4 月 17 日 20 时 40 分许，被告人陆某酒后驾驶车牌号为苏 F36××× 的别克汽车，由南向北行驶至南通市如东县掘港镇人民路南闸桥北尾时，撞击到同向骑自行车的被害人申某（女，殁年 45 岁），致申某跌坐于汽车前方。陆某停车后，因害怕酒后驾车被查处，不顾多名路人的呼叫和制止，又启动汽车前行，将跌坐于车前的申某及其所骑自行车拖拽于汽车车身之下。陆某在明显感觉到车下有阻力并伴有金属摩擦声，意识到车下可能有人的情况下仍未停车，将申某及其自行车拖行 150 余米，直至汽车右轮冲上路边隔离带时，才将申某及自行车甩离车体。后陆某继续驾车逃离现场。被害人申某因严重颅脑损伤合并创伤性休克，经抢救无效于次日死亡。经鉴定，陆某血液酒精含量为 163 毫克/100 毫升，属醉酒状态。案发后，陆某向公安机关投案，并赔偿被害方经济损失人民币 53 万元，被害方出具了谅解书。

南通市中级人民法院认为，被告人陆某在第一次撞击被害人后，已经制动刹车，但其为逃避醉酒驾车的处罚，强行驾车逃跑。陆某在逃跑时明知汽车有可能再次撞击被害人，且在汽车起步后感觉汽车遇有明显阻力，听到刺耳的金属摩擦声音，并有多名路人向其叫喊，此时其完全能够意识到被害人可能在其车下，却不计后果，驾车前行 100 余米，最终导致被害人被拖拽、挤压致死。陆某对被害人死亡后果的发生持放任的态度十分明显，应当认定其罪过形式为间接故意。据此，依照《刑法》第 232 条、第 57 条第 1 款之规定，南通市中级人民法院以被告人陆某犯故意杀人罪，判处无期徒刑，剥夺政治权利终身。

一审宣判后，被告人陆某不服，向江苏省高级人民法院提出上诉。

江苏省高级人民法院经审理认为，上诉人陆某醉酒驾车发生交通事故，为逃避处罚，强行驾车逃逸，将被害人轧入车底拖行致死，其非法剥夺他人生命的行为已构成故意杀人罪，依法应予严惩。案发后，陆某有投案行为，且积极赔偿被害方经济损失，依法可以酌情从轻处罚。原判对陆某定罪准确，量刑适当，审判程序合法。据此，江苏省高级人民法院裁定驳回上诉，维持原判。

二、主要问题

在醉酒驾驶致人死亡的案件中如何区分交通肇事罪和（间接）故意杀人罪？

三、裁判理由

司法实践中，行为人酒后驾驶发生交通事故的情形较为复杂，定性上涉及交通肇事罪、以危险方法危害公共安全罪、故意杀人罪等罪名。虽然在因果关系上都是因醉酒驾驶引发了被害人死亡的后果，但因具体案情不同而可能出现各个案件定罪量刑的不同。稍有不慎，可能引发人民群众的关注和社会舆论的争议，甚至导致人民法院相关审判工作陷入被动。本案就是此类案件，在审理过程中存在两种不同意见：一种意见认为，被告人陆某酒后驾驶，认知能力受到酒精影响，发生交通事故后，并不知道被害人被拖拽于车下，其对被害人的死亡结果具有过失而不是间接故意的主观罪过，其行为构成交通肇事罪。另一种意见认为，陆某虽系酒后驾驶，但根据现场情形，其能够认识到被害人被拖拽于车下，继续驾车可能导致被害人死亡的后果，其为逃避法律追究而放任该后果的发生，具有间接故意的主观罪过，其行为构成故意杀人罪。

行为人酒后驾驶致人死亡，其行为构成交通肇事罪还是故意杀人罪，从理论上较容易区分，总的原则是，行为人对被害人死亡结果在意志上持放任态度的构成故意杀人罪，在意志上持反对、否定态度的构成交通肇事罪。然而，由于在实践中对行为人主观意志上究竟是持放任态度还是持反对、否定态度比较难以区分，从而往往导致对酒后驾驶致人死亡的案件定性认识不一。本案之所以会产生上述不同意见，就在于对被告人陆某主观罪过的认定存在一定难度。对于行为人过失发生交通事故后，为逃避法律追究，将被害人带离事故现场后隐藏或者遗弃，致使被害人无法得到救助而死亡的，因其先后实施了交通肇事行为和将被害人带离事故现场隐藏或者遗弃的行为，明显反映出其主观罪过由过失发生交通事故转化到希望或者放任被害人死亡，因而构成故意杀人罪没有异议。但对于行为人将被害人撞倒后，为逃离现场，而驾车冲撞、碾轧、拖拽被害人，致被害人死亡的，因其行为具有连续性，是在继续驾车前进过程中发生的，加之行为人系酒后驾驶，辨认能力和控制能力在不同程度上受到酒精的影响，其是否能够认识到发生交通事故以及继续驾车时冲撞、碾压、拖拽了被害人，实践中认定起来比较难，进而影响到对其行为的定性。对于此种情形，需要结合发生交通事故的具体情形、行为人的醉酒程度、现场的环境等因素综合分析行为人的主观意志状态。就本案而言，我们同意后一种意见，即认定陆某在发生交通事故后，放任被害人死亡结果的发生，其行为构成故意杀人罪。

（一）被告人先后实施了两个行为，即交通肇事行为和肇事后驾车拖拽被害人致被害人死亡的行为

区分交通肇事罪和故意杀人罪的要点之一在于判断行为人实施了交通肇事一个行为还是交通肇事和故意杀人两个行为（将交通工具作为故意杀人的工具，实施了一个杀人行为的除外）。本案中，现场多名目击证人证实，陆某驾车冲撞到同向骑自行车的被害人后，被害人因戴着头盔，受伤不严重，倒地后便坐了起来。陆某停驶片刻后突然发动车辆，向被害人撞去，将被害人及其所骑的自行车拽在汽车下并拖行了150余米，直至汽车右轮冲上路边隔离带时，才将被害人及自行车甩离汽车。后陆某继续驾车逃离现场。尸体鉴定意见证实，被害人系严重颅脑损伤合并创伤性休克死亡，左侧头面部损伤系与路面摩擦过程中形成。上述情况说明，陆某醉酒后驾车撞倒被害人的行为，仅是一般的交通肇事，被害人并未严重受伤。发生交通肇事后，陆某踩刹车停止行驶，此时交通肇事这一行为已经完成。如果陆某就此停止驾驶，在被害人未受重伤的情况下，其行为性质仅是违反行政法的交通肇事行为，即使被害人受重伤，其行为也只构成交通肇事罪。但此后陆某又实施了启动汽车向前行驶，拖行被害人的行为，该后行为独立于前行为，且直接导致被害人死亡，应当从刑法上单独评价。

（二）被告人在主观意志上对被害人的死亡结果持放任态度而非反对、否定态度

区分交通肇事罪和故意杀人罪的另一要点是判断行为人能否认识到其行为的性质（即认识状态），并进而据此认定行为人的意志状态（是放任还是反对、否定态度）。对于酒后驾驶者，需要判断其辨认能力和控制能力受到酒精的影响程度，特别是行为人实施了交通肇事和杀人两个行为的，需要判断行为人对其杀人行为是否有认识。本案中，被告人陆某驾车时处于醉酒状态，经鉴定其血液酒精含量为163毫克/100毫升，但从其行为和供述看，其辨认能力和控制能力并未受到酒精的严重影响，能够认识到其行为的性质，且其后行为是在对前行为分析、判断的基础上作出的。具体体现在以下情节：
（1）陆某冲撞到被害人时，其采取了紧急刹车措施，并停留片刻，其自己亦供述听到车外有人说撞了人，因害怕酒后开车撞人处罚严重而想驾车逃逸，没有下车查看，亦没有

挂倒挡，就在原地向右打方向盘朝前开，说明其已经认识到自己醉酒驾驶行为已经发生肇事后果。如果陆某对发生的事故后果完全没有认识，踩刹车只是其撞到被害人的驾驶本能反应，即使其随后开车继续前行，也不能由此判断其对后行为会发生的杀人后果明知。（2）陆某在对醉酒驾驶发生肇事后果具有一定认识的基础上，对其继续驾车前行拖拽被害人可能导致被害人死亡的危害后果亦具有一定认识。陆某供称，车刚起步时就听到有人在叫，说撞人了，其加大油门往前开时，感觉到汽车遇有明显阻力，很吃重，要用力加油门才能走动，并听到怪声，像铁在地上拖。其向右打方向盘，想把撞到的东西甩掉，汽车上了路东的花圃隔离带后，没有了吃重感和怪声。该供述与现场多名目击证人证实汽车拖拽被害人及其自行车时发出刺耳的金属摩擦声，以及群众大喊"停车""车底下有人"的情节相印证，说明陆某根据汽车的行驶状态和群众的呼喊声，能够认识到被拖拽于汽车底下的"东西"极有可能就是被害人及其自行车，但其为尽快逃离现场而不去求证，放任危害后果的发生，甚至为将"东西"甩掉将车开上路边隔离带。这种不顾被害人死活的意志状态，符合间接故意的心理特征。

综上，被告人陆某在实施交通肇事行为后，为逃避法律追究，明知有异物被拖拽于汽车底下，继续驾车行驶可能会导致被害人死亡结果的发生，而继续驾车逃逸，放任这种危害结果的发生，并最终导致被害人死亡，其后行为属于间接故意杀人，其行为构成故意杀人罪。同时，根据后行为吸收先行为、重行为吸收轻行为的刑法原理，可以对陆某以一罪论处，南通市中级人民法院对其以故意杀人罪论处是正确的。

问题 16. 行人能否成为交通肇事罪的主体

【实务专论】

国务院于 2017 年修订的《道路交通安全法实施条例》第 2 条规定："中华人民共和国境内的车辆驾驶人、行人、乘车人以及与道路交通活动有关的单位和个人，应当遵守道路交通安全法和本条例。"交通肇事行为的主体范围十分宽泛。从实际发生的交通肇事案件看，使用各种机动、非机动交通工具肇事的情形较为普遍，因行人违章造成交通事故的情形也时有发生，给公民的生命、健康和公私财产安全造成了极大危害。鉴于修订后《刑法》第 133 条将交通肇事罪主体扩大为一般主体，因此，《最高人民法院关于审理交通肇事刑事案件具体应用法律若干问题的解释》第 1 条规定："从事交通运输人员或者非交通运输人员，违反交通运输管理法规发生重大交通事故，在分清事故责任的基础上，对于构成犯罪的，依照刑法第一百三十三条的规定定罪处罚。"①

【刑事审判参考案例】 胡某某交通肇事案②

一、基本案情

被告人胡某某，女，1968 年生。2018 年 5 月 17 日被取保候审。

① 孙军工：《正确适用法律严惩交通肇事犯罪——〈关于审理交通肇事刑事案件具体应用法律若干问题的解释〉的理解与适用》，载《人民司法》2000 年第 12 期。
② 陈雁琴、温文凯撰稿，韩维中审编：《胡某某交通肇事案——行人能否成为交通肇事罪的主体（第 1297 号）》，载中华人民共和国最高人民法院刑事审判第一、二、三、四、五庭主办：《刑事审判参考》（总第 120 集），法律出版社 2020 年版，第 1~6 页。

广东省中山市第一市区人民检察院于2018年8月24日以被告人胡某某犯交通肇事罪，向中山市第一人民法院提起公诉。

经中山市第一人民法院审理查明：2017年5月27日20时许，被告人胡某某步行至中山市火炬开发区中山六路上坡头对开路段，未按交通信号灯指示而穿越马路，并在穿越马路时使用手机；其间与机动车道内正常行驶的由缪某某驾驶的普通二轮摩托车发生碰撞，致乘坐摩托车的被害人张某某受伤，后经送医院抢救无效死亡。经法医鉴定，张某某系钝性暴力作用于头面部致重型颅脑损伤而死亡。胡某某也受伤并被送医救治。经公安交警部门现场勘查和调查取证认定，胡某某通过有交通信号灯的人行道，未按交通信号灯指示通行，违反《道路交通安全法》第62条的规定，是导致此事故的主要过错方；根据《道路交通事故处理程序规定》（2008年，现已失效）第46条第1款第2项的规定，胡某某承担此事故的主要责任。

2018年5月17日，被告人胡某某经公安交警人员电话通知后，到公安机关接受处理。案发后，胡某某于2018年9月18日与被害人张某某的家属达成执行和解协议，支付部分赔偿款，取得了被害人家属的谅解。

中山市第一人民法院认为，被告人胡某某违反交通运输管理法规，因而发生重大事故，致一人死亡，负事故的主要责任，其行为已构成交通肇事罪。被害人胡某某有自首情节，且已向被害人家属进行了赔偿并取得谅解，依法可以从轻处罚。依照《刑法》第133条，第67条第1款，第72条第1款，第73条第2款、第3款，以及《最高人民法院关于审理交通肇事刑事案件具体应用法律若干问题的解释》第2条第1款第1项、《最高人民法院关于处理自首和立功具体应用法律若干问题的解释》第1条之规定，于2018年11月19日作出一审判决：被告人胡某某犯交通肇事罪，判处有期徒刑十个月，缓刑一年。

一审宣判后，被告人胡某某及其辩护人提出：（1）交警部门出具的道路交通事故认定书及道路交通事故认定复核结论不能作为本案的证据；（2）被告人在事故中的过错只是因疏忽大意而未触发交通信号灯按钮，且《工伤认定决定书》已认定胡某某属于工伤，其不应对此事故承担主要责任；（3）缪某某、张某某在此事故中存在多个过错，应承担此事故的主要责任。因此认为被告人胡某某的行为不构成交通肇事罪，请求二审改判其无罪。

中山市中级人民法院经审理认为，被告人胡某某的行为已构成交通肇事罪。对其上诉意见评判如下：（1）胡某某并非一时疏忽大意未触发交通信号灯，而是完全无视交通法规关于行人穿越马路所应当遵守的规范而乱穿马路，原判认定其行为是引发此次交通事故的直接原因并无不当。（2）交警部门出具的《道路交通事故认定书》是公安交警部门经过对事故现场的勘查、技术分析，依照法定程序作出的对于交通事故的基本事实、成因及当事人责任划分的认定意见，且交警部门在收到被告人胡某某的复核申请后，已依照法定程序作出复核结论，该两份意见均经一审庭审质证，依法可以作为本案的证据使用；而被告人胡某某所持《工伤认定决定书》并非对此次交通事故的事实、成因及当事人责任划分的认定意见，原判采信交警部门出具的《道路交通事故认定书》及道路交通事故认定复核结论作为本案定案的证据并无不当。（3）《道路交通事故认定书》基于摩托车司机缪某某存在诸多违反交通安全法规的行政违法行为，已客观认定其行为对本次事故应承担次要责任，且无证据证实缪某某在事故发生时超速行驶，故胡某某及其辩护人提出缪某某应承担事故的主要责任的意见理据不足。综上，一审法院根据公安交警部门出具的《道路交通事故认定书》的意见，结合本案现有证据，认定胡某某的行为构成交通肇事罪并无不当。一审判决认定事实清楚，证据确实充分，定罪和量刑适当，适用法律正确，审判程序合法；依照《刑事诉讼法》第 236 条第 1 款第 1 项之规定，裁定驳回上诉，维持原判。

二、主要问题

1. 行人是否可以成为交通肇事罪的主体？

2. 本案事故的责任如何评价与认定？

三、裁判理由

（一）行人可以成为交通肇事罪的主体

本案在审理过程中，对被告人胡某某在穿越马路时使用手机，未按交通信号灯指示通行行为的定性，存在以下两种意见：

第一种意见认为，在道路通行过程中，行人属于弱势群体，处于弱势地位，因行人的行为引发交通事故的，可以相应减轻机动车驾驶人的责任，没有必要也不应该将行人作为交通肇事罪的主体予以处理。

第二种意见认为，行人可以成为交通肇事罪的主体。理由是，依据我国《刑法》和相关司法解释的规定，行人可以成为交通肇事罪的主体。

我们同意第二种意见：依据《道路交通安全法》第 119 条，"道路"，是指公路、城市道路和虽在单位管辖范围但允许社会机动车通行的地方，包括广场、公共停车场等用于公众通行的场所；"车辆"，是指机动车和非机动车；"机动车"，是指以动力装置驱动或者牵引，上道路行驶的供人员乘用或者用于运送物品以及进行工程专项作业的轮式车辆；"非机动车"，是指以人力或者畜力驱动，上道路行驶的交通工具，以及虽有动力装置驱动但设计最高时速、空车质量、外形尺寸符合有关国家标准的残疾人机动轮椅车、电动自行车等交通工具；"交通事故"，是指车辆在道路上因过错或者意外造成的人身伤亡或者财产损失的事件。构成交通事故，应当具备以下要素：一是由车辆（包括机动车辆和非机动车辆）造成的；二是在道路上发生；三是在运动中发生；四是有事态（如碰撞、剐蹭等）发生；五是造成事态的原因是人为的；六是有损害后果发生；七是当事人心理状态是过失或者其他意外因素。其中，根据事故双方是否驾驶车辆，交通事故可以分成车辆与车辆的事故、车辆与行人的事故，而行人与行人之间的事故，不能认定为交通事故。

虽然车辆是交通事故中不可缺少的要素，但我们不能就此得出结论，认为交通肇事刑事案件（交通肇事罪）只追究机动车及其驾驶人的责任。《刑法》第 133 条规定，违反交通运输管理法规，因而发生重大事故，致人重伤、死亡或者公私财产遭受重大损失的，处三年以下有期徒刑或者拘役。可以看出，自 1997 年《刑法》修订之后，交通肇事罪的主体扩大为一般主体。而《最高人民法院关于审理交通肇事刑事案件具体应用法律若干问题的解释》第 1 条规定："从事交通运输人员或者非交通运输人员，违反交通运输管理法规发生重大交通事故，在分清事故责任的基础上，对于构成犯罪的，依照刑法第一百三十三条的规定定罪处罚。"《最高人民法院关于审理交通肇事刑事案件具体应用法律若干问题的解释》进一步明确了交通肇事罪的主体包括非交通运输人员，即包括行人及非机动车的驾驶人。从实际发生的交通肇事案件来看，因行人和非机动车驾驶人违章造成交通事故的情形也时有发生，给公民的生命、健康和公私财产安全造成了危害。因此，虽然行人和非机动车驾驶人在道路交通中属于相对的弱者，应给予特别的关照，但其违反交通管理法规发生交通事故，也危及了交通安全，理应依法按照交通肇事罪处罚。

（二）本案事故责任的司法认定

本案争论的另一个焦点在于对事故责任的认定，即被告人胡某某是否应当承担该起事故的主要责任，这也是胡某某是否构成交通肇事罪的另一个关键问题。

有观点认为，交通事故双方各有违反交通管理法规的行为，《道路交通事故认定书》不是绝对的定案依据，由行人胡某某承担刑事责任有失公平。1979 年《刑法》规定，交通肇事罪的主体为"从事交通运输的人员"。根据《道路交通安全法》第 73 条的规定，《道路交通事故认定书》可以作为诉讼证据使用是毋庸置疑的，但必须按照《刑事诉讼法》第 50 条第 3 款的规定，即需要经过查证属实，才能作为定案的根据。《道路交通事故认定书》依据行政法规推定交通事故责任的内容，不具有刑事诉讼的证明力。首先，刑事诉讼中的证据必须是经过查证属实的，在事实真相不明又无其他证据予以佐证的情况下，推定责任只能作为承担行政责任和民事责任的重要依据，而不能成为刑事案件的定案证据；其次，在刑事诉讼中，承担举证责任的主体是公诉机关，除法律有特别规定的外，被告人无证明自己无罪的举证义务，也就是说，被告人对推定的责任划分不负有举证责任。对于交通事故责任划分，应当由公安机关提供充分的证据来确定，而不能通过推定来确定。故本案中不应依据《道路交通事故认定书》判定由胡某某承担交通肇事罪的责任。

我们认为，本案可以依据《道路交通事故认定书》，结合其他证据，分清事故责任，判定被告人胡某某承担刑事责任。

1. 胡某某有违反交通管理法规的行为。《道路交通安全法》第 62 条规定："行人通过路口或者横过道路，应当走人行横道或者过街设施；通过有交通信号灯的人行横道，应当按照交通信号灯指示通行；通过没有交通信号灯、人行横道的路口，或者在没有过街设施的路段横过道路，应当在确认安全后通过。"本案案发时间是夜晚，被告人胡某某未按交通信号灯指示而穿越马路，并在穿越马路时一直低头使用手机，未尽到注意义务。胡某某的以上行为，符合交通肇事罪的客观要件。

2. 本案有一人死亡后果的发生。《刑法》规定，过失犯罪，法律有规定的才负刑事责任。一般在行为人的过失行为造成严重后果的情况下才对其定罪处罚。本案中，乘坐摩托车的被害人张某某因交通事故受伤，后经送医抢救无效死亡。经法医鉴定，张某某系钝性暴力作用于头面部致重型颅脑损伤而死亡。此次交通事故是造成被害人张某某死亡的直接原因，符合交通肇事罪的危害性要件。

3. 胡某某的行为与损害后果之间存在因果关系。《最高人民法院关于审理交通肇事刑事案件具体应用法律若干问题的解释》明确规定，认定交通肇事罪要"在分清事故责任的基础上"，即要求行为人的行为与损害后果之间应当存在因果关系。分清事故责任，尤其是造成事故的原因、过错、行为与损害后果之间的因果关系，是判断是否构成交通肇事罪的关键，这也是刑法罪责自负原则、禁止推定原则的体现。也就是说，分析事故责任，是司法实践中认定交通肇事犯罪的重要内容。

本案经法院审理查明，被告人胡某某未按交通信号灯指示沿有交通信号灯的人行道横过机动车道，在夜晚一直低头使用手机，没有观察路况和信号灯而径直向前走，并在感知对方车辆灯光的时候突然加速向前跑。沿机动车道行驶的被害人乘坐的摩托车驾驶人遇到这种情况时来不及刹车，虽然向左打方向，但仍未避免撞击的后果，造成胡某某、摩托车驾驶人和乘客同时倒地。由此可见，胡某某的前述行为，是导致此事故的直接原因。尽管存在缪某某穿轮滑鞋驾驶普通二轮摩托车、缪某某驾驶和被害人乘坐摩托车未按规定戴安全头盔等违反交通安全法规的行政违法行为，但这均不是导致本次事故的直接原因。《道路交通事故认定书》认定胡某某是导致此事故的主要过错方，承担此事故的主要责任；同时也客观认定了摩托车驾驶员存在诸多已经查实的违反交通安全法规的行政违法行为，承担此事故的次要责任。上述经法院查明的事实和情节，与公安交通管理部门通过对交通事故现场勘查、技术分析和有关经验、鉴定、分析查明交通事故的基本事实、成因和当事人责任所出具的《道路交通事故认定书》的认定意见是一致的，并经过法庭的当庭质证认定，可以作为本案的定案证据使用。本案的事故责任清楚。

综上，人民法院在审理本案件的过程中，根据证据规则依法采纳了公安交警部门的《道路交通事故认定书》，结合其他证据，准确认定案件事实，分清交通事故责任，并在此基础上作出裁判。一审判决、二审裁定正确，量刑适当。

问题 17. 交通肇事后逃逸，商业三者险是否应予免责

【地方参考案例】汪某某交通肇事案①

商业三者险，即机动车第三者责任险，在驾驶保险车辆时发生意外事故时致使第三人遭受人身伤亡或者财产损毁时予以理赔。交通肇事后，保险公司提出：驾驶人逃离事故现场，造成第三者损害的，保险人不负责赔偿的意见属于加重投保人的负担，违反公平原则，不予支持。

一、基本案情

被告人汪某某驾驶重型货车，因瞭望不够，追尾撞击了被害人单某某在同方向停放的拖拉机组尾部，拖拉机组又将站在路边的被害人王某某撞倒，致拖拉机组内驾驶员单某某受伤，致王某某多处受伤后经医院抢救无效于同月死亡。汪某某承担事故主要责任，单某某承担事故次要责任，王某某无事故责任。被告人汪某某驾驶的重型货车所有人为R公司，该货车投保了交强险及商业三者险，保险限额为50万元，不计免赔。一审宣判后，保险公司以汪某某存在交通肇事逃逸的行为，其商业三者险应予免责为由提出上诉。

哈尔滨市中级人民法院认为，在商业三者险中，交通事故的发生意味着合同约定的赔偿条件成就，保险人即应履行赔偿义务。肇事逃逸的影响只及于事故发生之后，不溯及以前，投保人只应对逃逸行为扩大损害的部分担责，保险公司不能以此为由免除赔偿责任。哈尔滨市中级人民法院驳回上诉，维持原判。

二、主要问题

交通肇事后逃逸商业三者险是否免责？

三、裁判理由

商业三者险，即机动车第三者责任险，在驾驶保险车辆发生意外事故致第三人遭受人身伤亡或财产损毁，予以理赔。商业三者险区别于交强险，投保人可以自主选择是否

---

① 参见黑龙江省哈尔滨市中级人民法院（2019）黑01刑终904号刑事裁定书。

投保，保费越贵，保险的金额越大，旨在发生交通肇事后最大程度减轻自己的赔偿责任，由保险公司承担更多对被害人的赔付。在交通事故发生后，保险合同生效，那么行为人在交通肇事之后的逃逸等行为，保险公司主张免责是否应予支持呢？

（一）商业三者险是否免赔，首先应尊重当事人之间的契约

在确定商业第三者责任保险公司的赔偿责任时，应重视《保险法》等法律规范，遵循意思自治原则，重视当事人之间的合同约定。作为被告的商业第三者责任保险公司以保险合同的约定提出抗辩。也就是说，如果保险公司在与投保人订立保险合同之时，便约定了发生肇事后逃逸等违法行为，保险公司免赔，应当尊重契约。由于保险合同大多属于格式条款，因此对于免责条款，在审判中需要注意《保险法》第 17 条规定的保险公司的提示和明确说明义务：对保险合同中免除保险人责任的条款，保险人在订立合同时应当在投保单、保险单或者其他保险凭证上作出足以引起投保人注意的提示，并对该条款的内容以书面或者口头形式向投保人作出明确说明；未作提示或者明确说明的，该条款不产生效力。

（二）在保险合同中未明确约定时，投保人与保险公司需要进行责任划分

购买商业第三者责任险的目的，就是在车辆发生交通事故后，将赔偿责任转移给保险公司，从而减少自己的损失，确保第三者得到切实有益赔偿。然而在实践中，行为人在交通肇事后的行为可能会扩大损害结果，如肇事后逃逸致被害人死亡，保险公司如何赔付？这也是审判中的难题，若一概判决保险公司赔付，那么将给行为人以"肇事后无论是否有逃逸行为，保险公司均需赔付"的错误导向；若一概认定肇事逃逸判决保险公司免赔，那么被害方又得不到充分有益的赔偿，违背商业三者险的初衷。

对于上述情况，我们认为应当视案件的具体情形，对保险公司和投保人进行进一步的赔偿责任划分。若投保人在发生交通肇事后，没有逃逸行为，保险公司依照保险合同的约定履行赔偿责任；若投保人在交通肇事后逃逸，还需要进一步区分不同情况：当逃逸行为没有过分扩大损害时，保险公司依照约定履行赔偿责任；当逃逸行为致被害人死亡的，则属于交通肇事后产生的扩大损失，此部分应当由行为人自己负责，此时保险公司只需要对交通肇事本身的后果承担赔偿责任。

本案中，投保人或其允许的驾驶人肇事后逃逸的行为，并不改变在此之前已经发生交通事故的事实，也没有扩大损害结果，保险人提出免除自己的责任，属于一种违背诚实信用的行为，不应予以支持。

问题 18. 交通肇事致被害人受伤继而引发其他疾病致被害人死亡的如何认定因果关系

【地方参考案例】曲某某交通肇事案[①]

交通肇事致被害人受伤继而引发其他疾病致被害人死亡，被害人因病死亡不阻断交通肇事行为与被害人死亡的因果关系，仍构成交通肇事罪。

一、基本案情

2018 年 9 月 28 日 10 时许，被告人曲某某驾驶轻型厢式货车倒车时将被害人宋某某

---

① 参见黑龙江省双鸭山市中级人民法院（2020）黑 05 刑终 9 号刑事判决书。

撞倒，造成宋某某受伤入医院治疗，住院治疗五天后死亡。经公安交通警察大队认定，被告人曲某某负此起事故的全部责任，被害人宋某某无责任。经司法鉴定中心鉴定，被害人宋某某的交通事故损伤与其死亡存在因果关系。被告人及其辩护人认为被告人交通肇事没有造成被害人重伤或者死亡的结果，故被告人曲某某不构成交通肇事罪。

一审法院认为，被告人曲某某驾驶机动车辆违反交通运输管理法规因而发生重大交通事故，致一人死亡，并负事故的全部责任，其行为已构成交通肇事罪。

二审法院认为，上诉人曲某某违反交通运输管理法规，驾驶机动车发生交通事故，致一人死亡，负事故全部责任，其行为构成交通肇事罪。上诉人曲某某经电话传唤后，主动到交警部门接受讯问，如实供述自己的罪行，系自首，可从轻处罚。二审期间曲某某能积极赔偿并取得谅解，可依法从轻处罚。根据曲某某的犯罪情节和悔罪表现，适用缓刑确实不致再危害社会，对曲某某可宣告缓刑。双鸭山市中级人民法院经审理作出二审判决：维持黑龙江省宝清县人民法院（2019）黑0523刑初152号刑事附带民事判决的第二项、第三项、第四项。撤销黑龙江省宝清县人民法院（2019）黑0523刑事附带民事判决的第一项。即被告人曲某某犯交通肇事罪，判处有期徒刑一年四个月。上诉人（原审被告人）曲某某犯交通肇事罪，判处有期徒刑一年四个月，缓刑二年。

二、主要问题

交通肇事致被害人受伤继而引发其他疾病致被害人死亡的如何认定因果关系？

三、裁判理由

交通肇事后，可能直接导致被害人死亡，也可能存在其他因素介入，共同造成被害人死亡的后果，还存在介入因素异常直接切断交通肇事、肇事逃逸与死亡结果之间因果关系的情形。审判实践中，介入因素的出现多存在于以下几种情形：一是交通肇事行为对被害人造成的伤害本身不会导致被害人死亡结果的发生，但在行为人逃逸后，由于其他因素的介入而导致被害人死亡结果的发生；二是交通肇事已经具有致被害人死亡的现实危险性，其他因素介入并加速了被害人死亡的结果；三是介入了被害人的特殊体质或继发疾病，引发了被害人死亡的后果。那么，这三种情形下如何认定交通肇事与被害人死亡的因果关系呢？

第一种情形下，介入因素是否切断交通肇事及肇事逃逸行为与死亡结果之间的因果关系需要进一步分析。实践中有学者认为行为人对被害人死亡结果不需要负刑事责任，只对先行的交通肇事行为负责，理由是交通肇事或肇事逃逸行为与被害人死亡的因果进程因其他因素的介入而中断。我们认为，此种情形不能简单判断介入因素是否切断因果关系，而应进一步判断该介入因素是否"异常"。而判断介入因素是否"异常"的标准之一则是判断介入因素是否具有"可预见性"，介入因素依附于先前的危害行为，和先前危害行为是一个松散的主体，则此处介入因素不"异常"，不能切断因果联系。如果先前行为和介入因素之间是独立的关系，介入因素的产生与先前行为无关，那么介入因素的出现就是异常的，此时介入因素就有中断因果关系的可能性。例如，交通肇事致人昏迷后逃逸，被害人被后车碰撞碾压死亡，因第二次碰撞是可以预见的，此处不能切断因果联系。又如交通肇事致人昏迷后逃逸，被害人恰巧被山上滚落的巨石砸中死亡，那么滚落的巨石是行为人不能预见的，此处滚落的巨石构成"异常"的介入因素，切断了肇事逃逸行为与死亡结果之间的因果关系。

第二种情形下，肇事行为已经具有致被害人死亡的现实危险性，在向死亡发展的过程中，其他因素介入并加速了被害人死亡结果的发生，此时我们应该考虑"作用力"的大小来判断是否切断因果联系。我们认为，此种情形下先行为与危害结果之间存在因果关系不因任何介入因素切断。例如，交通肇事致人昏迷后逃逸，被害人恰巧被山上滚落的巨石砸中死亡，后经鉴定即便及时抢救被害人也无法存活，此时，介入的因素在"作用力"上明显小于先行为，则不能切断因果关系。又如肇事致人重伤大量失血昏迷，后车因瞭望不够对被害人进行二次碾压致被害人当场死亡，后经鉴定即便被害人在第一次受到撞击后及时送往医院治疗仍然无法存活，那么后车的二次碾压不切断先行为的因果关系，后行为同样也与死亡结果之间存在因果关系。

第三种在介入被害人特殊体质或疾病的情形下如何判断交通肇事、肇事逃逸与死亡结果之间的因果关系。因果关系的认定主要存在条件说、原因说、相当因果关系说等，在被害人特殊体质案件的因果关系判断中，国内通说为相当因果关系说，判断的重心在于行为人的危害行为与危害结果之间是否具备相当性，"相当性"的判断要将客观情况全面考虑进来。因此，应站在客观的角度考虑行为人行为时被害人的特殊体质和疾病，即无论行为人在行为时是否知道被害人的特殊体质、患有特殊疾病，行为人的危害行为与被害人受伤甚至致死的结果之间都存在因果关系。因此在交通肇事或逃逸致人死亡的案件中，被害人特殊体质和疾病这一介入因素不能阻断其与死亡结果之间的因果关系。

回归到本案，宋某某因被曲某某撞伤继发疾病死亡，此处曲某某的碰撞行为与宋某某的死亡结果之间介入了"继发疾病"这一因素。经鉴定，被害人宋某某因本次交通事故致身体多处骨折、肺挫伤，虽非致命伤，但由于骨折及肺挫伤，继发肺感染、肺突变，导致多脏器功能衰竭而死亡。按照上述分析，宋某某"继发疾病"是先前肇事行为引发，该因素依附于肇事行为，不属于"异常"介入因素，同时曲某某驾车碰撞宋某某的行为与宋某某继发疾病导致死亡的结果之间具有"相当性"。因此，认定宋某某死亡与交通事故的损伤存在因果关系。

问题19. 交通肇事中二次碰撞情形下因果关系的认定

【人民法院案例选案例】杨某交通肇事案[①]

行为人造成第一起交通事故后逃逸，将被害人置于危险境地，并且被害人因第二起交通事故死亡的，前行为人应对被害人的死亡结果负刑事责任，但不构成逃逸致人死亡；第一起交通事故的救援者在救援时因第二起交通事故而死亡的，行为人的肇事与逃逸行为和死亡结果之间不存在因果关系。

一、基本案情

2014年10月21日5时许，被告人杨某驾驶白色桑塔纳小型轿车（无号牌）由东向西行驶至北京市大兴区庞安路魏石路交叉路口时，与同方向行驶的宁某某驾驶的农用三轮车（无号牌，旁边坐着其妻张某某）后部相撞，致使张某某被甩出车下倒地，事故发生后杨某驾车逃逸，宁某某即下车救助张某某，适有一辆机动车由东向西驶来，将宁某

---

① 包李、王伟喆撰稿，李玉萍、周维明审编：《杨某交通肇事案——交通肇事中二次碰撞情形下因果关系的认定》，载最高人民法院中国应用法学研究所编：《人民法院案例选分类重排本（2016—2020）》，人民法院出版社2022年版，第226~231页。

某及倒地的张某某撞出、碾压，该肇事车辆逃逸。后被害人宁某某、张某某经抢救无效死亡。经鉴定，被害人宁某某的死亡原因符合颅脑损伤合并创伤性休克死亡；被害人张某某的死亡原因符合创伤性休克死亡。经北京市公安局大兴分局交通支队认定，杨某对第一起事故负全部责任，在逃的犯罪嫌疑人对第二起事故负全部责任。被告人杨某于 2014 年 10 月 24 日投案并如实供述了主要犯罪事实。

北京市大兴区人民法院于 2016 年 6 月 24 日作出（2015）大刑初字第 1301 号刑事附带民事判决：（1）被告人杨某犯交通肇事罪，判处有期徒刑四年。（2）被告人杨某赔偿附带民事诉讼原告人杜某某、宁某 1、宁某 2 因被害人张某某死亡造成的经济损失包括医疗费、丧葬费、死亡赔偿金（含被抚养人生活费）、交通费共计人民币 483 633.19 元。（3）被告人杨某赔偿附带民事诉讼原告人殷某某、宁某 1、宁某 2 因被害人宁某某死亡造成的经济损失包括医疗费、丧葬费、死亡赔偿金（含被抚养人生活费）、交通费的 35%，共计人民币 165 808.59 元。（4）驳回附带民事诉讼原告人杜某某、殷某某、宁某 1、宁某 2 的其他诉讼请求。宣判后，被告人杨某提出上诉，北京市第二中级人民法院于 2016 年 9 月 26 日作出（2016）京 02 刑终 555 号刑事附带民事裁定：驳回上诉，维持原判。

法院生效裁判认为：被告人杨某违反交通运输管理法规，驾驶无号牌的机动车上路行驶且与三轮车发生追撞事故，致使张某某从三轮车上被甩出倒地，杨某随即驾车逃逸，张某某及救助张某某的宁某某被另一辆机动车撞击、碾压，均经抢救无效死亡。根据案发时间、地点，结合普通人的认知水平，倒在机动车道上的张某某被另外一辆机动车碾压，并不能中断杨某的交通肇事行为与被害人张某某死亡的因果关系，杨某应当对张某某的死亡承担刑事责任，其行为符合交通肇事罪的构成要件，且杨某肇事后逃逸，依法应当予以惩处。被害人宁某某因救助张某某被另一辆机动车撞击致死，杨某的肇事行为与宁某某的死亡结果无刑法意义上的因果关系，因此，对被告人杨某的犯罪行为致宁某某死亡的指控证据不足，不予认定。

由于杨某的犯罪行为给四原审附带民事诉讼原告人造成的经济损失，依法应予赔偿。杨某的犯罪行为致张某某死亡，其应对张某某的死亡承担全部赔偿责任，被害人宁某某因救助张某某被另一辆机动车撞击致死，判决杨某对宁某某的死亡承担次要赔偿责任。

二、主要问题

交通肇事中二次碰撞情形下因果关系的认定。

三、裁判理由

交通肇事罪，是指违反交通运输管理法规，因而发生重大交通事故，致人重伤、死亡或者使公共财产遭受重大损失的行为。《刑法》第 133 条虽然规定了交通肇事罪的概念，但是现实中，交通肇事的情形复杂多样，尤其此类案件中的介入因素极其复杂，使得交通肇事罪中的因果关系认定成为司法实务中的难点问题。本案例通过对交通肇事中二次碰撞情形进行分析，梳理因果关系认定及法律适用相关问题，为此类案件提供借鉴和参考。

（一）交通肇事罪构成要件

根据我国刑事理论和实践，一般犯罪构成主要包括主体要件、客体要件、主观要件以及客观要件四个方面。其中，主观要件主要是指行为人对自己行为将给社会造成的危害后果所持的犯罪心理，从宏观上看有犯罪故意和过失两种形式。交通肇事罪从主观方面讲属于过失犯罪，主要表现为应当预料到危险发生的可能性，但因疏忽大意没有预见到，或者已经预见到危险发生的可能性，但是轻信可以避免。客观要件通常包含危害行为、危害结果、因果关系三个方面。交通肇事罪的客观要件应当包括以下方面：肇事行为违反《刑法》规定、客观上造成严重的危害结果、肇事行为与危害结果之间存在因果关系。对于因果关系认定，从理论层面分析并不困难，但是由于现实生活复杂多变，司法实践中认定行为与结果之间的关系相对复杂，尤其存在介入因素的情形下，因果关系认定就更加复杂和困难了。但因果关系认定是定罪的关键点，有必要梳理交通肇事罪中因果关系的认定。

（二）关于因果关系的认定

我国传统刑法理论讨论的因果关系，是指危害行为与危害结果之间的一种引起与被引起的关系。[1] 我国传统刑法理论采用哲学化的因果关系理论，形成了必然因果关系和偶然因果关系两种理论。必然因果关系说认为，当危害行为中包含着危害结果产生的根据，并合乎规律地产生了危害结果时，危害行为与危害结果之间就是必然因果关系，只有这种必然因果关系才是刑法上的因果关系。偶然因果关系说的基本观点是，当危害行为本身并不包含产生危害结果的根据，但在其发展过程中偶然介入其他因素，由介入因素合乎规律地引起危害结果时，危害行为与危害结果之间就是偶然因果关系，介入因素与危害结果之间是必然因果关系，必然因果关系与偶然因果关系都是刑法上的因果关系。[2]

由于刑法理论上关于因果关系的争论一直存在，在司法实践领域，关于因果关系的认定也在一定程度上存在混乱之处。在相当长的时间中，我国刑法采用必然因果关系与偶然因果关系的理论，司法实践中一些复杂的案件往往采用偶然因果关系说。近年来，随着大陆法系因果关系理论的引入，条件说、相当因果关系理论和客观归责理论在司法中都有所采用。[3]

在正常状态下，当某一特定的危害结果只由某一特定行为引起且二者引起与被引起的关系符合自然法则时，认定因果关系较为清晰容易。但是，实践中往往存在符合自然法则的因果关系中有其他因素介入的情况，最终使得危害结果发生，在这种多因一果的情形下，行为人实施的危害行为与危害结果之间的关系很难直接判断出来。尽管刑法上不同因果关系学说之间的争论长期存在，但是回归司法实践，这些理论对于解决实践中复杂情形下因果关系认定的问题提供了有益参考，具体来说包含以下两个逻辑步骤：第一步是判断危害行为与危害结果之间是否存在没有前者就没有后者的事实上的因果关系。在进行这一判断的过程中需要注意是否有介入因素导致因果关系的中断。在第一步确认危害行为与危害结果存在事实上的因果关系后，需要进行第二步判断，即危害行为与危害结果之间的事实因果关系是否具有法律上的可归责性，即是否存在法律上的因果关系。在进行这一判断的过程中可以结合社会经验法则即一般人的认识进行判断，或者判断行为人是否创造了法律所不允许的风险且危害结果实际发生。

（三）关于因果关系中断的认定

在多因一果的情形下，通常存在多个介入因素，哪些介入因素可以构成因果关系的中断同样是司法实务中的难点问题。根据因果关系中断理论，在刑法因果关系的进程中，

① 张明楷：《刑法学》（第5版），法律出版社2016年版，第174页。
② 张明楷：《刑法学》（第5版），法律出版社2016年版，第175页。
③ 陈兴良：《刑法总论精释》，人民法院出版社2016年版，第227页。

如果介入了其他因素，当介入因素对因果关系起支配作用时，介入因素就切断了原有的因果关系，前行为人的行为与危害结果之间的因果关系中断，后行为人的行为与结果之间继而发生因果关系。① 在认定何种介入因素可以中断行为与结果之间的关系时，通常需要综合考虑四个方面的因素：一是行为人的实行行为导致结果发生的危险性大小；二是介入因素异常性大小；三是介入因素对结果发生的危险性大小；四是介入因素是否属于行为人的管辖范围。②

在交通肇事中存在二次碰撞的情形下，关键在于认定第二次碰撞是否可以独立发挥作用导致危害结果发生，如果可以，则认定因果关系中断，反之则不认定因果关系中断。在此，可以采用结果避免可能性理论进行验证，如果前行为人实施了合义务的行为，结果还会发生，那么行为人是否实施合义务行为对于结果发生没有关联，后行为人的行为中断了前行为与危害结果之间的因果关系。反之，则不构成前行为与危害结果之间因果关系的中断。

（四）针对本案的分析

1. 杨某的肇事及逃逸行为与张某某的死亡结果之间存在因果关系。首先，杨某肇事并逃逸，导致张某某甩出车外倒地，处于车辆正常行驶的马路上，杨某的行为造成了张某某的危险状态，再加上第二次交通事故，引起了张某某死亡的结果。因此，杨某的肇事及逃逸行为与张某某的死亡结果之间具有事实上的因果关系。其次，杨某的肇事行为与张某某的死亡结果之间具有法律上的可归责性：（1）杨某的行为违反了交通法规规定的注意义务。根据《道路交通安全法》相关规定，被告人杨某作为驾驶人员具有遵守交通法规谨慎驾驶的义务，发生事故后，有保护现场、抢救受伤人员的义务。但是，从被告人杨某的行为来看，其在驾驶车辆过程中未尽到注意义务，导致第一起交通事故的发生，并造成张某某被甩出车倒地的结果；在交通肇事后，杨某又未采取必要的措施救助张某某、保护现场、设置警示标志，且为逃避法律追究逃离现场，其行为违反了交通法规规定的注意义务。（2）杨某违反注意义务创设了法律所不允许的风险。从事故发生后的情形来看，张某某被甩出车倒地，其所处位置为车辆正常通行的马路上，该道路不停有车辆通过，且事故发生的时间为凌晨5点左右，光线较为昏暗，增加了所处环境的危险性，在这样的情形下，杨某未尽到义务采取必要的设置警示、救助伤者、保护现场等措施，将受害人张某某置于危险的境地，创设了法律所不允许的风险。（3）在客观上，危害结果实际发生。杨某违反相关义务，将被害人张某某置于危险的境地，导致了张某某在二次碰撞后死亡的危害结果。因此，杨某的肇事行为与张某某的死亡结果之间具有法律上的可归责性。

2. 二次碰撞并未导致杨某肇事行为与张某某死亡结果之间因果关系的中断。从本案的情况看，如果杨某没有造成第一起交通事故，或者在交通事故发生后及时设立警示标志，并积极参与救助，转移伤者，就不会有第二起交通事故的发生。正是因为杨某造成的第一起交通事故使得张某某突然出现在车流正常通行的马路上，事后又未采取任何警示救助措施，将张某某置于危险的境地，最终导致第二起交通事故的发生。本案不符合即使杨某尽到合理义务也无法避免危害结果发生的情形，大货车在马路上正常通行并不

① 侯国云：《刑法因果关系新论》，中国人民公安大学出版社2012年版，第269页。
② 张明楷：《刑法学》（第5版），法律出版社2016年版，第190页。

能独立引起张某某死亡结果的发生，二次碰撞并未导致因果关系的中断。杨某应该对张某某的死亡承担刑事责任。

3. 杨某不构成逃逸致人死亡。根据《最高人民法院关于审理交通肇事刑事案件具体应用法律若干问题的解释》第5条第1款规定："'因逃逸致人死亡'，是指行为人在交通肇事后为逃避法律追究而逃跑，致使被害人因得不到救助而死亡的情形。"这一规定强调的重点是被害人因得不到救助而死亡。[1] 本案中的客观事实为被告人杨某在发生事故后为逃避法律追究而逃跑，被害人张某某在现场正在被宁某某及路人贾某某救助。从因果关系看，解释中规定的被害人死亡的原因系得不到救助，而本案中被害人张某某的死亡原因为第二起交通事故中大货车的撞击、碾压，并非得不到救助，故被告人杨某的行为构成交通肇事后逃逸，但不构成因逃逸致人死亡的情节。

4. 杨某的肇事及逃逸行为与宁某某的死亡结果之间不存在因果关系。杨某造成第一起交通事故，导致张某某被甩出车外倒地的结果，且未采取救助和警示措施而使其处于危险境地，并因第二起交通事故使得危险结果最终发生。但是，杨某在第一起交通事故中并未导致宁某某倒地或者其他伤害结果，也并未对宁某某创设法律所不允许的风险。宁某某的死亡是在救助张某某时在第二起交通事故中被撞击造成的。宁某某是出于对张某某的救助而处于危险境地，宁某某与被害人张某某为夫妻关系，夫妻间有相互扶助的义务，但是这种义务为婚姻关系缔结时产生，而非因杨某的肇事行为而产生，因此，不能认定杨某的交通肇事行为与宁某某的死亡结果之间存在刑法意义上的因果关系，杨某对宁某某的死亡不承担刑事责任。

问题20. 先后两起交通肇事致同一被害人死亡的责任认定

【人民法院案例选案例】王某某、周某某交通肇事案[2]

在交通肇事犯罪中，先后两起交通肇事致同一被害人死亡，人民法院需要就每一起的交通肇事损害结果的发生情况进行评价。交管部门认定责任不当的，人民法院应根据事故发生的介入、参与程度等加以纠正，对每起肇事行为进行内部责任划分。

一、基本案情

安徽省濉溪县人民检察院指控：2018年4月14日22时许，被告人王某某喝酒后驾驶皖FM8×××号小型轿车，沿濉溪县X022线由南向北行驶至30km+430m韩村镇马店村路段时，与被害人魏某某驾驶的无号牌二轮摩托车追尾相撞，造成魏某某受伤后倒在路面和双方车辆受损的交通事故，王某某未停车施救也未报警，即驾车逃离现场。事故发生约2分钟后，被告人周某某驾驶皖0606×××号变型拖拉机由北向南超速行驶至事故路段，发现路边停放一辆大货车，遂准备从货车左侧超车。超车时周某某发现倒在路面的魏某某，在避让过程中，其驾驶的变型拖拉机左后轮碾压过魏某某身体后发生侧翻，后经医生现场确认魏某某死亡。经鉴定，魏某某生前因交通事故致颅脑损伤，是致死的

---

[1] 胡云腾：《最高人民法院司法解释理解与适用全书》，法律出版社2016年版，第130页。

[2] 周瑜撰稿，包献荣、李玉萍审编：《王某某、周某某交通肇事案——先后两起交通肇事致同一被害人死亡的责任认定》，载最高人民法院中国应用法学研究所编：《人民法院案例选2020年第2辑》（总第144辑），人民法院出版社2020年版，第51~57页。

主要原因，躯体严重的毁损性碾轧伤，是致其死亡的辅助作用。经濉溪县公安局交通管理大队认定，王某某负第一次事故全部责任，周某某负第二次事故全部责任，魏某某无责任。被告人王某某违反交通运输管理法规，驾驶机动车发生重大事故后逃逸致一人死亡；被告人周某某违反交通运输管理法规，驾驶机动车发生重大事故致一人死亡，其二人的行为均已触犯《刑法》第133条的规定，应当以交通肇事罪追究其刑事责任，提请法院依法判处。

被告人王某某及其辩护人辩护提出王某某的行为不属于逃逸致人死亡，且王某某系坦白。

被告人周某某对起诉书指控的犯罪事实和罪名均无异议，并自愿认罪。其辩护人提出：周某某的行为只是加速被害人死亡，作用较小；周某某系自首；已经得到被害人亲属的谅解。

法院经审理查明：2018年4月14日22时许，被告人王某某酒后驾驶皖FM8×××号小型轿车，沿濉溪县X022线由南向北行驶至30km+430m韩村镇马店村路段处，与被害人魏某某驾驶的无号牌二轮摩托车追尾相撞，造成魏某某受伤后倒在路面和双方车辆受损的交通事故，王某某未停车施救也未报警，即驾车逃离现场。事故发生约2分钟后，被告人周某某驾驶皖0606×××号变型拖拉机由北向南超速行驶至事故路段，发现路边停放一辆大货车，遂从货车左侧超车。周某某在超车过程中发现倒在路面的魏某某，即转向避让，在避让过程中致其驾驶的变型拖拉机左后轮碾轧过魏某某身体后发生侧翻。后经医生现场确认魏某某死亡。经鉴定，魏某某生前因交通事故致颅脑损伤，是致死的主要原因，躯体严重的毁损性碾轧伤，是致其死亡的辅助作用。经濉溪县公安局交通管理大队认定，王某某负第一次事故全部责任，魏某某无责任。经法院核查认定，周某某负第二次事故主要责任，王某某负次要责任，魏某某无责任。经鉴定，周某某驾驶的皖0606×××号变型拖拉机在制动拖痕起点处速度约为54~58km/h。案发路段限速30km/h。另查明：2018年5月11日，周某某经濉溪县公安局民警电话通知后到案，并如实供述了上述事实。2018年7月18日，经濉溪县轻微刑事案件诉前调解人民调解委员会调解，周某某亲属代其与被害人近亲属达成民事调解，并取得谅解。

安徽省濉溪县人民法院认为，被告人王某某违反交通运输管理法规，发生交通事故后逃逸，并因逃逸致被害人被后续车辆碾轧死亡，负事故全部责任，其行为已构成交通肇事罪。被告人周某某违反交通运输管理法规，因而发生重大事故，致一人死亡，且负事故主要责任，其行为亦构成交通肇事罪。公诉机关指控的罪名成立。辩护人关于王某某不构成逃逸致人死亡的辩护意见不能成立，不予采纳。濉溪县公安局交通管理大队关于第一次事故的责任认定意见，符合事实和法律规定，法院予以确认。濉溪县公安局交通管理大队关于第二次事故的责任认定意见，经查，周某某超速驾车行经事故路段，疏于观察、操作失误等交通违法行为，直接导致被害人被其驾驶的车辆碾轧，其行为是发生第二次事故的主要、直接原因，应当认定其负第二次事故的主要责任。王某某在发生交通事故后，将被害人遗留事故现场未予救助，且案发时间为夜间，有足以影响其他车辆驾驶人视线的客观环境，故其逃逸行为也是引起后续被害人被车辆碾轧的原因，应当承担第二次事故的次要责任。被害人魏某某没有过错，在第二次事故中无责任。故公安交管部门关于第二次事故的责任认定，遗漏王某某肇事逃逸及未妥善救助被害人等行为也是第二次事故发生原因的重要事实，划分当事人的责任确属不当，法院依法予以纠正。

王某某到案后能够如实供述所犯罪行，系坦白，依法从轻处罚。周某某自动投案，并如实供述所犯罪行，系自首，依法从轻处罚。辩护人关于王某某系坦白及周某某系自首的辩护意见成立，予以采纳。周某某已与被害人近亲属达成民事调解，并取得谅解，酌情从轻处罚。根据周某某的犯罪情节和悔罪表现，没有再犯罪的危险，适用缓刑对所居住的社区没有重大不良影响，可宣告缓刑。

二、主要问题

如何认定先后两起交通肇事致同一被害人死亡的责任？

三、裁判理由

两起交通肇事致使被害人死亡，每一起交通肇事与被害者死亡之间的因果关系及责任大小，对于每一个肇事者定罪量刑至关重要。通常情况下，公安交管部门的事故责任认定书是审判中确定各方责任大小的重要参考依据，但当责任认定与客观事实有偏差时，人民法院依然要根据每一起交通肇事的介入和参与度，按照刑法上的因果关系的标准对相关责任方进行责任认定和划分，从总体上对案情进行把握，确保案件罪责一致、罪责均衡。

（一）前起交通肇事对被害人造成最终损害结果的评价问题

刑法上的因果关系是犯罪客观危害中的一个主要内容，它反映了危害行为与危害结果之间的内在联系，正确解决刑法上的因果关系，对于正确解决危害行为应当承担的刑事责任有着重要的意义。[1] 前起肇事者在发生事故后，未停车救助伤者，将伤者遗留在路面上，此时，伤者应当推定尚未死亡（鉴定意见载明的第一次事故虽是死亡的主要原因，但并未说明已经死亡，而第二次事故仍在加速伤者的死亡进程），导致被超速行经此处的后一肇事者驾驶的变形拖拉机碾轧，最终导致死亡。前起肇事者在事故后，未保护现场、报警，且将伤者遗留在路面上，未加以救助，也未将伤者转移至安全地带，驾车逃离现场的肇事逃逸行为，与伤者被后者碾轧后死亡之间存在因果关系，即如果前起肇事后及时救助伤者，伤者未被后续车辆碾轧，具有抢救的可能性，故前起肇事者应当对该逃逸致人死亡的后果承担责任，其行为构成逃逸致人死亡。某危害行为造成某危害结果，这一结果在发展中又与另外的危害行为或事件相结合，合乎规律地产生了另一危害结果，先前的危害行为不是最后的结果的决定性原因，不能决定该结果出现的必然性，最后的结果对于先前的危害行为来说，可能出现，也可能不出现，可能这样出现，也可能那样出现，它们之间是偶然因果关系。[2]

（二）前起肇事者是否需要对后续事故承担责任的内部责任划分问题（特别是公安交管部门认定不当时）

交通事故责任认定书所确定的"责任"，与刑事案件中犯罪嫌疑人应当承担的"责任"并不完全等同。交通事故责任认定书是交通管理部门对各方道路交通责任的划分，

---

[1] 参见杨兴培、陆全平：《也谈正确认识和认定刑法上的因果关系》，载《政法论坛》2000 年第 5 期。要使行为人对某一结果承担刑事责任，要求在行为人的行为与结果之间成立因果关系，这确属刑法上的问题，也有立法明文规定以因果关系作为刑事责任成立的条件，但因果关系本身不是法律问题，而是事实问题，行为人的行为和结果之间是否成立因果关系，取决于事情自身的联系，而与法律无关。参见宋振武：《刑法上关涉的因果关系的必然性与偶然性问题之消解》，载《法学论坛》2016 年 11 月第 6 期。

[2] 参见李光灿、张文、龚明礼：《刑法因果关系论》，北京大学出版社 1986 年版，第 114 页。偶然因果关系是可以预见的，因而可以作为刑事责任的基础。

依据的是交通运输管理法规，而该法规将行车系安全带、机动车性能、逃逸、破坏现场等作为责任大小的重要依据，而在《刑法》对交通肇事罪的规定中，要求行为人的这种行为与危害后果具有因果关系，进而这些行政法否定的行为与刑事案件中后果的形成或并无关系或关系不大。因此，交通事故责任认定书确认的"责任"与刑事意义上的"责任"往往不等同。如前所述，前起肇事者应当对逃逸致人死亡的后果承担责任，应对后起事故承担部分责任。但公安交管部门事故认定书认定后肇事者承担全部责任，前起肇事者不再对死亡结果承担责任，显然与认定前起肇事者逃逸致人死亡的结论相悖。在确定好肇事者导致被害人死亡的责任后，在后续事故中对被害人死亡负次要责任内部，应对前后肇事者应负的责任大小进行界定，具体责任大小可根据肇事者在后续事故中的违法行为程度，即对事故发生的介入、参与程度确定。公安交管部门未对后续事故在前后肇事者之间划分责任，属于事故责任认定不当，人民法院应当根据事实和法律对交管部门的事故认定书予以纠正。后者超速驾车行经事故现场，疏于观察，未减速并强行超车等交通违法行为，是导致伤者被碾轧的直接、主要原因，认定其负事故主要责任。前者在夜间将被害人遗留事故现场未予救助的违法行为，是导致伤者被碾轧的次要原因，认定其负事故次要责任。这一认定结果，既能说明前者逃逸行为对被害人的死亡具有因果关系，应当承担交通肇事逃逸致人死亡的刑事责任，又能说明后者的交通违法行为与被害人的死亡具有因果关系，应当承担交通肇事的刑事责任。因此，基于交通事故责任认定书的性质，人民法院在定罪量刑时必须对责任认定书进行审查，依据刑法上的因果关系确定法律责任。针对在有介入因素作用的场合，先前行为对最终结果产生了贡献，先前行为是最终结果产生的条件，而结果也是先前行为人可以预见的，可以认定先前行为与最终结果之间存在因果关系，应承担刑法上的责任。

（三）加害行为对被害人的死亡起辅助作用，能否构成交通肇事罪的认定问题

多个加害行为最终导致一个侵害结果，每一个加害行为对导致最终侵害结果不可或缺，并对侵害结果产生了"贡献"，但加害行为对最终侵害结果的产生具有刑法上独立的评价价值至关重要。且如果多个加害行为之间存在主次作用之分，一个加害行为对最终侵害结果起加速、促进等辅助作用，最终达到了具有刑法上独立评价的标准，便产生了刑法上的意义，具有了刑罚评判价值。具有独立评价性的辅助作用的行为与最终侵害结果之间，形成了刑法上确定的因果关系，当所有的加害行为构成犯罪时，具有辅助作用的加害行为符合犯罪构成要件，也就产生了相应的刑事责任，故而在整个犯罪中应予以综合评价，构成相应犯罪。当然，行为人加害行为在整个犯罪中的作用地位，也决定了其应受到的刑罚轻重。本案中，根据现有证据不能认定被害人在被后一次碾轧时已经死亡，且鉴定意见载明，后一肇事者的碾轧行为加速被害人的死亡进程，在死亡中起辅助作用。故参照鉴定意见，后一肇事者驾车碾轧的行为与被害人死亡结果之间存在一定的因果关系。且根据上述第二项的分析，后一肇事者对事故发生承担主要责任，致被害人死亡，符合交通肇事罪的犯罪构成，应当以交通肇事罪定罪处罚，但其碾轧行为并非导致被害人死亡的主要原因，可酌情对其从轻处罚。

问题21. 交通肇事案件中，已作为入罪要件的逃逸行为，不能再作为对被告人加重处罚的量刑情节而予以重复评价

【实务专论】

"交通肇事后逃逸"，是修订后的《刑法》关于交通肇事罪增加规定的加重处罚的情节。实践中，交通肇事后的逃逸行为具有较大的危害性，往往导致被害人无法得到救助、损失无法得到赔偿、案件查处难度增大等，必须依法予以惩处。《最高人民法院关于审理交通肇事刑事案件具体应用法律若干问题的解释》第3条规定："'交通运输肇事后逃逸'，是指行为人具有本解释第二条第一款规定和第二款第（一）至（五）项规定的情形之一，在发生交通事故后，为逃避法律追究而逃跑的行为。"

《最高人民法院关于审理交通肇事刑事案件具体应用法律若干问题的解释》将认定交通肇事后逃逸的前提条件界定为"逃避法律追究"。实践中，肇事人逃跑的目的是逃避法律追究，也有是逃避受害方或者其他围观群众殴打等。有行为人基于上述原因，在离开肇事现场后，通过报告单位领导或者报警等方式，接受法律的处理。在审判实践中需要对上述不同情况进行区分，不枉不纵。

《最高人民法院关于审理交通肇事刑事案件具体应用法律若干问题的解释》规定的"逃跑"并没有时间和场所的限定。在审判实践中，有意见认为交通肇事后逃逸，应当理解为"逃离事故现场"的行为。据交管部门提供的情况，有的肇事人并未在肇事后立即逃离现场（有的是不可能逃跑），而是在将伤者送至医院后或者等待交管部门处理的时候逃跑，类似的情形也有很多。如果简单将逃逸界定为逃离现场，那么性质同样恶劣的逃避法律追究的行为就得不到严惩，可能会影响对这类犯罪行为的打击力度。因此，《最高人民法院关于审理交通肇事刑事案件具体应用法律若干问题的解释》规定在肇事后为逃避法律追究而逃跑的行为，才应视为"交通肇事后逃逸"。也就是说在认定逃逸行为上，采取主客观一致原则。[①]

【人民法院案例选案例1】杨某交通肇事案[②]

一、基本案情

福建省厦门市翔安区人民检察院指控：被告人杨某违反交通安全管理法规，无证驾驶机动车交通肇事致一人重伤二级，且负事故的主要责任，并在肇事后逃逸，其行为应以交通肇事罪追究刑事责任，应在有期徒刑三年以上七年以下的幅度内量刑。被告人犯罪以后能自动投案，并如实供述自己的罪行，具有自首情节，依法可以从轻或者减轻处罚。

被告人杨某对无证驾驶机动车发生事故及事后逃逸的事实供认不讳。

辩护人对公诉机关指控被告人杨某构成交通肇事罪没有异议，但提出司法解释规定交通肇事致一人重伤需同时具备负事故全部或主要责任，才考察行为人是否具备其他法

---

① 孙军工：《正确适用法律严惩交通肇事犯罪——〈关于审理交通肇事刑事案件具体应用法律若干问题的解释〉的理解与适用》，载《人民司法》2000年第12期。

② 吴南回撰稿，李玉萍、周维明审编：《杨某交通肇事案——禁止重复评价原则载交通肇事逃逸中的适用》，载最高人民法院中国应用法学研究所编：《人民法院案例选分类重排本（2016—2020）》，人民法院出版社2022年版，第241~244页。

定情节并入刑，本案中交警部门根据"杨某无证驾驶机动车行驶至事故路口占道停车发生交通事故，事故发生后驾车逃逸"认定其承担事故主要责任，其逃逸行为是其构成交通肇事罪的入罪条件，不应再作为加重处罚的量刑情节重复评价，对被告人杨某应在有期徒刑三年以下量刑的辩护意见。

法院经审理查明：2017年12月28日凌晨1时06分许，被告人杨某无证驾驶闽D66×××号小型越野车沿厦门市翔安区舫山南路由北往南方向行驶至翔海路交叉路口临时停车下客。被害人郑某某超速驾驶闽DBX×××号二轮摩托车行经该处时，追尾碰撞闽D66×××号小型越野车，造成被害人郑某某受伤及两车不同程度损坏的损害后果。事故发生后，被告人杨某驾车逃离现场。经事故认定，被告人杨某无证驾车行驶至事故路口占道停车发生交通事故，事故发生后驾车逃逸，承担本起事故主要责任；被害人郑某某驾车超速行驶至事故路口时，遇情况采取措施不力，致发生碰撞，承担本起事故次要责任。经法医评定，被害人郑某某因交通事故致空肠破裂穿孔等损伤，经医院行剖腹探查术＋空肠破裂修补术等治疗，损伤程度评定为重伤二级。2018年1月3日，被告人杨某主动到公安机关投案，归案后对上述犯罪行为供认不讳。另查明，闽D66×××号小型越野车的登记车主为吴某某，实际保管人为曾某某，案发时未投保交强险及商业险。

福建省厦门市翔安区人民法院认为：被告人杨某违反交通安全管理法规，无证驾驶机动车交通肇事致一人重伤并在肇事后逃逸，承担事故主要责任，其行为已构成交通肇事罪。公诉机关指控的罪名成立。被告人案发后自动投案，归案后能如实供述罪行，具有自首情节，依法可以从轻处罚。

二、主要问题

已作为入罪要件的逃逸行为，可否再作为对被告人加重处罚的量刑情节？

三、裁判理由

本案系一起无证驾驶机动车发生事故致人重伤后逃逸的案件，被告人杨某对交警部门认定其事故后逃逸、承担事故主要责任及无证驾驶等情节均无异议。争议的焦点在于其逃逸行为是属于其构成交通肇事罪的入罪条件，应对其在三年以下有期徒刑或拘役的幅度内处刑，还是属于交通肇事后逃逸的加重处罚情节，应对其在有期徒刑三年以上七年以下的幅度内处刑。

（一）《刑法》语境下"逃逸"：仅限于为逃避法律追究而逃跑的行为

通常认为，行为人在事故发生后离开案发现场就应认定为"逃逸"，但在实践中，离开现场的原因和目的是多种多样的，或为逃避法律追究，或因害怕遭被害人亲属殴打报复而临时躲避，或正在去投案的路上，或正在抢救伤者的途中等。这些情形虽然在客观上都表现为离开现场，但是在本质上是有区别的。《最高人民法院关于审理交通肇事刑事案件具体应用法律若干问题的解释》第3条规定，只有在交通肇事后为逃避法律追究而逃跑的行为才能认定为逃逸。本案被告人杨某到案后供述，事故发生后因惧于无证驾驶机动车被追究而驾车逃离现场，该行为便属于《刑法》上的"逃逸"。

（二）"逃逸"的刑法后果：既可作为定罪情节，也可作为量刑情节

交通肇事罪是一种过失犯罪，人身危险性相对较小，其社会危害性的大小也因行为人过错程度的大小、行为所造成的危害后果的大小以及是否具有逃逸情节而不同。根据《刑法》第133条规定，构成交通肇事罪的处三年以下有期徒刑或拘役，具有肇事后逃逸或其他特别恶劣情节的，处三年以上七年以下有期徒刑。再结合《解释》的规定，逃逸

行为既可单独适用，成为定罪情节，也可与其他情节结合适用，成为加重处罚情节。

1. 逃逸行为作为定罪情节。一是直接作为定罪情节。即根据《最高人民法院关于审理交通肇事刑事案件具体应用法律若干问题的解释》第 2 条第 2 款第 6 项的规定，当行为人交通肇事致一人以上重伤，负事故全部责任或者主要责任的情况下，为逃避法律追究逃离事故现场的，在没有《最高人民法院关于审理交通肇事刑事案件具体应用法律若干问题的解释》第 2 条第 2 款规定的酒驾、毒驾、无证驾驶、严重超载等其他情节的情况下，此时的逃逸行为属于定罪情节。二是间接作为定罪情节。即根据视频监控等客观证据足以查实完整的事故发生过程，足以证实行为人本不应承担事故主要以上的责任，系因事故后逃逸而被认定承担事故主要或全部责任，即该逃逸行为已经在行政法上对事故进行责任认定时被评价过，同时行为人又具有根据《最高人民法院关于审理交通肇事刑事案件具体应用法律若干问题的解释》第 2 条第 2 款规定的酒驾、毒驾、无证驾驶、严重超载等情节，进而认定构成交通肇事罪。

2. 逃逸行为作为加重处罚情节。当行为人在摒除逃逸情节的情况下，根据法律和司法解释规定已经构成交通肇事罪，又具有逃逸行为的，此时逃逸行为应作为加重处罚情节，在三年以上七年以下有期徒刑的量刑幅度内处刑。

（三）本案事故责任的认定："逃逸"情节已在认定承担事故主要责任时被评价

本案案发地点为十字路口，监控视频和交通事故车辆勘查笔录可以相互印证本起事故系被告人杨某无证驾驶小型越野车在路口违章停车下客时，被害人郑某某超速驾驶二轮摩托车遇情况采取措施不力"追尾"碰撞越野车而发生，事后被告人杨某驾车逃逸。因事故路段无交通标线，从监控视频中无法分辨被告人杨某进入监控路段减速停车期间有无变更车道。为进一步查清案件事实，侦查人员到庭说明情况，证实因监控设备为球形监控，有一定弧度，会造成视觉偏差，故无法从监控视频分辨杨某在停车前是否有变更行驶车道；同时证实杨某的逃逸行为导致现场遭破坏，造成无法查清杨某当时是否酒驾、停车前行驶轨迹是否变化等事实，郑某某因在事故中存在超速行驶及遇情况采取措施不力致发生碰撞等过错，故依据《道路交通安全法实施条例》第 92 条第 1 款"发生交通事故后当事人逃逸的，逃逸的当事人承担全部责任。但是，有证据证明对方当事人也有过错的，可以减轻责任"的规定，认定杨某承担事故主要责任，郑某某承担事故次要责任。根据其个人经验，结合本案事故发生的具体经过，若摒除逃逸情节，仅凭杨某的无证驾驶、违章停车、未打转向灯等违章情节，杨某承担的事故责任在同等责任以下。

（四）禁止重复评价原则

综合案发过程和侦查人员出庭作证的证言，可知本案系被告人杨某为下客而临时违章停车时，被害人郑某某驾车追尾碰撞而发生的，正常情况下应由追尾一方承担事故全部责任。但在本案中，由于被告人杨某在事故后逃逸，交警部门根据《道路交通安全法实施条例》的规定结合被害人过错程度，认定其承担事故主要责任。此时，逃逸情节已在认定事故责任时被评价。根据《最高人民法院关于审理交通肇事刑事案件具体应用法律若干问题的解释》第 2 条第 2 款第 2 项的规定，行为人交通肇事致一人重伤，负事故主要或全部责任，且无证驾驶机动车的，构成交通肇事罪。具体到本案中，被告人杨某交通肇事致一人重伤，因事故后逃逸而承担事故主要责任，且具有无证驾驶的情节，故依法已构成交通肇事罪，但不属于《刑法》第 133 条规定的"交通运输肇事后逃逸"的加重情形，对其应在"三年以下有期徒刑或者拘役"法定刑幅度内量刑，即已作为入罪条件的逃逸情节不得作为加重情节重复评价。

（五）"逃逸"情节不能当然地作为入罪情节考量

实践中，由于行为人在事故后逃逸致使事故事实无法查清的情况下，交警部门通常会依据《道路交通安全法实施条例》第 92 条第 1 款的规定直接推定逃逸人承担事故全部责任，再根据被害人的事故中的过错程度最终对事故责任作出认定。但这并不意味着交警部门依据此条款作出事故责任认定的，逃逸情节当然地作为交通肇事罪的入罪情节评价，前提是在案有监控视频等客观证据可以查明事故事实、厘清事故责任。基于不能让行为人从违法行为中获益的原则，倘若行为人的逃逸行为直接导致交警部门无法查清事故事实和认定责任，行为人根据《道路交通安全法实施条例》等行政法规规定本应承担事故全部责任，此时不能认为逃逸情节已在认定事故责任时被评价过，否则会变成变相鼓励逃逸。

此外，如果行为人具有《最高人民法院关于审理交通肇事刑事案件具体应用法律若干问题的解释》第 2 条第 2 款 1~5 项规定的两个以上的情形，即在摒除逃逸情节的情况下，行为人仍然构成交通肇事罪的，则此时逃逸情节仍应作为加重处罚情节，对行为人在"三年以上七年以下有期徒刑"法定刑幅度内量刑。

【人民法院案例选案例 2】龚某某交通肇事案①

一、基本案情

2014 年 6 月 10 日 15 时许，被告人龚某某超速驾驶皖 K5×××号白色江淮牌货车沿 X041 线由西向东行驶至颍上县赛涧乡张楼村唐庄十字路口时，与被害人张某某无证驾驶的由南向北行驶的皖 KG×××号铃木牌两轮摩托车发生碰撞，该事故致两车受损，张某某当场死亡，经法医鉴定被害人张某某因车祸致严重颅脑损伤死亡。经颍上县交警大队交通事故责任认定书认定，龚某某负事故主要责任。经调解，龚某某与张某某近亲属达成调解协议，龚某某赔偿张某某近亲属各项经济损失共计人民币 326 000 元，取得张某某近亲属谅解。另查明，龚某某肇事后拨打电话报警，后逃离事故现场，并于当晚到公安机关投案，如实供述了犯罪事实。一审法院判处被告人龚某某犯交通肇事罪，判处有期徒刑三年，缓刑四年。

龚某某不服上述称：（1）其在案发后已经主动报警及拨打 120 急救电话，后因害怕遭被害人亲属殴打离开现场，不是逃逸。（2）其具有投案自首情节，并积极赔偿被害人亲属经济损失，取得被害人亲属谅解。综上，原判对其量刑过重，请求二审依法对其从轻判处。二审法院经审理对一审认定的事实和证据予以确认，适用法律有错误，依法予以改判。判决撤销安徽省颍上县人民法院（2014）颍刑初字第 00473 号刑事判决，即被告人龚某某犯交通肇事罪，判处有期徒刑三年，缓刑四年。改判上诉人（原审被告人）龚某某犯交通肇事罪，判处有期徒刑一年，缓刑二年。

二、主要问题

本案行为人的行为是否属于逃逸？交通肇事案件中逃逸行为已作为入罪要件的，是

---

① 杨奕审编：《龚某某交通肇事案——交通肇事案件中，已作为入罪要件的逃逸行为，不能再次重复评价》，载最高人民法院中国应用法学研究所编：《人民法院案例选分类重排本（2016—2020）》，人民法院出版社 2022 年版，第 223~225 页。

否还作为加重处罚情节？

三、裁判理由

二审法院认为，足以认定其在肇事后为逃避法律追究，离开现场，虽然之后又向公安机关投案，但其事后终止逃逸并不影响对其逃逸行为的认定。

对于交通肇事案件中逃逸行为已作为入罪要件的，是否还作为加重处罚情节，二审法院认为，根据《刑法》第133条、《最高人民法院关于审理交通肇事刑事案件具体应用法律若干问题的解释》第2条第1款的规定，交通肇事致一人死亡的，行为人需同时负事故全责或者主要责任，才能构成交通肇事罪。就本案而言，交警部门就是根据龚某某驾驶机动车超速行驶并且在事故发生后弃车离开现场认定其对事故负主要责任。即龚某某弃车离开现场的行为是其行为构成交通肇事罪的构成要件。因此，原判适用《最高人民法院关于审理交通肇事刑事案件具体应用法律若干问题的解释》第3条的规定，认定龚某某行为构成交通肇事罪，且系交通肇事后逃逸。显然是对其逃逸行为重复评价，属于适用法律错误，依法应予纠正。

问题22. 交通肇事后逃逸又自动投案的构成自首，应在逃逸情节的法定刑幅度内视情况决定是否从轻处罚

【刑事审判参考案例】 王某某交通肇事案[①]

一、基本案情

被告人王某某，男，1975年生。因涉嫌犯交通肇事罪于2009年4月17日被逮捕。

福建省厦门市集美区人民检察院以被告人王某某犯交通肇事罪，且肇事后逃逸，向集美区人民法院提起公诉。

被告人王某某对指控其犯交通肇事罪无异议，但否认肇事后逃逸，其辩称：肇事后离开医院是为了到海边散心。其辩护人提出：被告人不构成交通肇事后逃逸，且具有自首情节。

集美区人民法院经公开审理查明：2009年3月13日21时25分许，被告人王某某驾驶闽DBV×××轿车附载王某1、王某2沿厦门市集美区403县道由西往东行驶至5km+800m集美区后溪镇港头路段时，碰撞因故障停在同向南侧慢车道上由陈某某驾驶的闽D20×××重型半挂牵引车牵引的闽D0×××挂重型集装箱半挂车左后部，后撞到403县道北侧隔离带上的214号路灯杆，造成附载人员王某1当场死亡、王某2轻伤的重大交通事故。事故发生后，被告人王某某因昏迷被送往厦门市中山医院治疗。同月14日10时许，王某某擅自离开医院，后经交警部门多方工作及多次电话通知，于当日21时许到集美区交警大队接受调查，如实供述了其交通肇事的犯罪事实。经现场勘查、调查取证、技术鉴定，交警部门认定王某某对本起事故负主要责任，闽D20×××重型半挂牵引车驾驶员陈某某负次要责任。另经调解，王某1的亲属与王某某达成调解协议，对王某某表示谅解。

---

① 张显春、何东青撰稿，薛淑兰审编：《王某某交通肇事案——交通肇事后逃逸又自动投案的构成自首，应在逃逸情节的法定刑幅度内视情决定是否从轻处罚（第697号）》，载中华人民共和国最高人民法院刑事审判第一、二、三、四、五庭主办：《刑事审判参考》（总第80集），法律出版社2011年版，第16~24页。

集美区人民法院认为，被告人王某某违反交通管理法规，造成一人死亡、一人轻伤的重大交通事故，负事故主要责任，其行为已构成交通肇事罪，且肇事后逃逸，应依法惩处。王某某在犯罪后能自动投案，如实供述自己的罪行，构成自首，依法可予减轻处罚。鉴于王某某对被害人亲属积极进行赔偿，已取得被害人亲属的谅解，可酌情予以从轻处罚，且其已认罪、悔罪，适用缓刑不致再危害社会，依法可适用缓刑。关于辩护人所提王某某不构成交通肇事后逃逸的辩护意见，经查与事实不符，不予采纳；所提王某某有自首情节的辩护意见，理由充分，予以采纳。据此，依照《刑法》第133条、第67条、第72条、第73条的规定，判决被告人王某某犯交通肇事罪，判处有期徒刑二年，缓刑三年。

宣判后，被告人王某某没有上诉，公诉机关也未提出抗诉。

二、主要问题

1. 被告人王某某的行为是否构成"交通肇事后逃逸"？

2. 交通肇事逃逸后，又自动投案，如实供述罪行的，是否构成自首，如何量刑？

三、裁判理由

被告人王某某在交通肇事后擅自离开就诊医院，十余小时后才到交警部门接受调查处理，其行为是否构成"交通肇事后逃逸"？对此，审理过程中存在不同意见。第一种意见认为，王某某在交通事故发生后擅自离开就诊医院，属于逃离事故现场，已构成逃逸，无论逃逸多久、多远，也无论其事后有何举动，均不影响认定逃逸；第二种意见认为，王某某虽然擅自离开就诊医院，但数小时后即到交警部门接受调查处理，并未逃避法律追究，不构成逃逸；第三种意见认为，王某某只是离开就诊医院，不属于逃离事故现场，不构成逃逸。

我们同意第一种意见，被告人王某某构成"交通肇事后逃逸"。在此，有必要对"交通肇事后逃逸"的时间、地点进行界定，以明晰其成立要件。

（一）对交通肇事后逃逸的时空界定

《刑法》第133条规定："违反交通运输管理法规，因而发生重大事故，致人重伤、死亡或者使公私财产遭受重大损失的，处三年以下有期徒刑或者拘役；交通运输肇事后逃逸或者有其他特别恶劣情节的，处三年以上七年以下有期徒刑；因逃逸致人死亡的，处七年以上有期徒刑。"该规定将"交通肇事后逃逸""因逃逸致人死亡"作为交通肇事罪的法定加重情节，并设定了不同的法定刑幅度。

《最高人民法院关于审理交通肇事刑事案件具体应用法律若干问题的解释》第3条规定："'交通运输肇事后逃逸'，是指行为人具有本解释第二条第一款规定和第二款第（一）至（五）项规定的情形之一，在发生交通事故后，为逃避法律追究而逃跑的行为。"据此，判断行为人是否构成"交通肇事后逃逸"，应从以下几方面来进行分析：

第一，考察行为人的交通肇事行为是否已构成交通肇事罪的基本犯。根据《最高人民法院关于审理交通肇事刑事案件具体应用法律若干问题的解释》第2条第1款和第2款第1~5项的规定，行为人只有具备以下八种情形，才可能构成交通肇事罪基本犯：（1）死亡一人或者重伤三人以上，负事故全部或者主要责任的；（2）死亡三人以上，负事故同等责任的；（3）造成公共财产或者他人财产直接损失，负事故全部或者主要责任，无能力赔偿数额在30万元以上的；（4）酒后、吸食毒品后驾驶机动车辆的，交通肇事致一人以上重伤，负事故全部或者主要责任；（5）无驾驶资格驾驶机动车辆的，交通肇事致一人以上重伤，负事故全部或者主要责任；（6）明知是安全装置不全或者安全机件失灵的机动车辆而驾驶的，交通肇事致一人以上重伤，负事故全部或者主要责任；（7）明知是无牌证或者已报废的机动车辆而驾驶的，交通肇事致一人以上重伤，负事故全部或者主要责任；（8）严重超载驾驶的，交通肇事致一人以上重伤，负事故全部或者主要责任。因此，如果行为人肇事情节轻微，负事故次要或同等责任，未造成人员伤亡或重大财产损失的，由于其行为不构成交通肇事罪的基本犯，即使其在交通事故发生后逃逸，也不构成"交通肇事后逃逸"。

第二，考察行为人是否明知自己造成了交通事故。这里所说的"明知"，是指行为人"知道"或者"应当知道"。如果行为人"应当知道"自己造成了交通事故而装作不知道，逃离事故现场的，仍应认定为"交通肇事后逃逸"。判断行为人是否明知，应坚持主客观相统一的原则，不仅要看行为人的供述，还应从肇事当时的时间、地点、路况、行为人具备的知识、经验等方面客观地评判其是否明知，从而确定其是否构成逃逸。

第三，考察行为人是否具有逃避法律追究的主观目的。这里的"逃避法律追究"，既包括逃避刑事法律追究，也包括逃避民事法律追究、行政法律追究。具体而言，就是不履行相关法定义务，如保护现场、抢救伤者、迅速报案、听候处理等义务，逃避承担相应的法律责任，如民事赔偿、行政处罚、刑事定罪处刑等责任。行为人在发生交通事故后，只要逃避上述任何一种法律责任追究，即为"逃避法律追究"。

第四，考察行为人客观上是否实施了逃离现场的行为。具体而言，是指行为人交通肇事后，在接受事故处理机关首次处理前，故意逃离事故现场或相关场所，使自身不受被害方、群众或事故处理人员控制的行为。这里就涉及对"交通肇事后逃逸"的时空界定问题，只有对"逃逸"的时间、地点予以明确，才能准确判断行为人是否实施了逃离现场的行为。

在审理具体案件时，首先应对行为人"逃逸"的时间予以界定。《最高人民法院关于审理交通肇事刑事案件具体应用法律若干问题的解释》将"逃逸"的时间界定为"在发生交通事故后"。并且只有发生在交通事故发生后、行为人接受事故处理机关首次处理前这一段时间内的逃跑行为方能成立本规定中的"逃逸"。所谓首次处理，是指事故处理机关将行为人列为肇事嫌疑人采取的首次处理措施，如接受审讯、酒精含量检测、行政拘留、刑事拘留等。如行为人交通肇事后留在现场接受调查，但未如实供述，且让他人顶罪，事故处理机关对其询问时并未将其列为肇事嫌疑人，其事后逃跑的，也应认定为交通肇事后逃逸。但如果行为人接受首次处理后逃跑，由于被害人一般都已经得到救治，事故行为人也已确定，行为人的逃跑不会再扩大或加重对被害人的危害后果，实为脱离事故处理机关控制、监管的脱逃行为，故不应再将其认定为交通肇事后的逃逸行为，对此，依法追究其脱逃行为的责任即可。如果行为人在事故发生后已被公安机关采取刑事拘留或者取保候审等强制措施的，又实施逃离现场行为的，可依法追究其脱逃行为的责任，而不应再将其脱逃行为认定为交通肇事后的逃逸行为。

需要注意的是，行为人为逃避法律追究，在事故发生后、被作为肇事嫌疑人接受事故处理机关首次处理前，实施逃离现场行为的，一经实施即告成立，无论其逃离现场多远或逃逸的时间有多久，无论其逃逸后有何举动，均不影响对其逃逸行为性质的认定。因此，行为人为逃避法律追究，逃离事故现场，后基于个人良心发现而返回现场、接受处理，或者逃离现场不远即被拦截、抓获，均不影响"交通肇事后逃逸"情节的成立。

其次，须对行为人"逃逸"的空间予以界定。《最高人民法院关于审理交通肇事刑事案件具体应用法律若干问题的解释》未对逃跑的场所作出限定，但从其条文意旨看，应不局限于"事故发生现场"。所谓现场，是指犯罪分子作案的地点和遗留与犯罪有关的痕迹、物品的一切场所。交通肇事逃逸的现场不仅包括事故发生现场，而且包括与事故发生现场具有紧密联系的场所，如抢救事故伤亡者的医院、调查事故责任的交警部门等。因为逃离事故发生现场固然会使事故责任认定等陷于困境，但逃离医院、交警部门等场所也会妨碍事故处理，逃避法律追究。例如，行为人交通肇事后未逃离事故现场，主动将伤者送往医院抢救，后恐承担医疗费用或者为了逃避刑事责任而擅自离开医院的，属逃离现场，应认定为逃逸。又如，行为人交通肇事后主动前往交警部门办公楼，欲投案自首，后畏罪潜逃，其离开事故发生现场时虽未产生逃避法律追究目的，但离开事故处理现场的目的是逃避法律追究，亦属逃离现场，应认定为逃逸。

本案中，被告人王某某在事故发生后擅自离开医院的行为符合"交通肇事后逃逸"的成立要件。第一，王某某构成交通肇事罪，具备逃逸的前提条件。其交通肇事致一人死亡、一人轻伤，负事故主要责任，具有《最高人民法院关于审理交通肇事刑事案件具体应用法律若干问题的解释》第2条第1款第1项规定的情形，已达到交通肇事罪的入罪标准。第二，王某某明知已发生交通事故，且为逃避法律追究而逃跑，具备逃逸的主观要件。王某某被送往医院后与他人有过多次通话联系，说明其神志清楚，已知发生交通事故，且其擅自离开医院后经交警部门多次通知未及时到案，相隔十余小时到案后亦未给出合理解释，可推定其基于逃避法律追究的目的而离开医院。第三，王某某客观上实施了逃离现场的行为，符合逃逸的时空条件。王某某在接受交警部门首次处理前，为逃避法律追究擅自离开与其肇事行为具有紧密联系的抢救医院，构成交通肇事后的逃逸行为，且一经实施即告成立。因此，尽管其逃离抢救场所后又主动到交警部门接受处理，仍不影响认定其成立"交通肇事后逃逸"。

（二）行为人交通肇事后逃逸，后又自动投案、如实供述罪行的，构成自首，但应以"交通肇事后逃逸"的法定刑为基准，视情决定对其自首是否从轻处罚

被告人王某某交通肇事后逃逸，十余小时后到交警部门接受调查，如实供述了其交通肇事的犯罪事实，是否构成自首？对此，审理过程中存在较大分歧。第一种意见认为，王某某符合自首的法定条件，应认定为自首；第二种意见认为，王某某主动投案后，否认肇事后逃逸，未如实供述罪行，不能认定为自首；第三种意见认为，交通肇事后逃逸不存在自首问题，如认定为自首，说明行为人没有逃避法律追究的主观目的，则不能认定为逃逸。

我们同意第一种意见，行为人交通肇事逃逸后主动投案，如实供述自己罪行，仍可成立自首情节，理由如下：第一，刑法总则规定的自首制度，应对《刑法》分则各罪符合自首成立要件的情形普遍适用。按照《刑法》总则指导分则的原理，无论行为人交通肇事后是否逃逸，只要符合《刑法》总则第67条规定的自首成立要件，即自动投案、如实供述自己罪行两个要件，均可成立自首情节。第二，"交通肇事后逃逸"和"投案自首"是在两种主观故意支配下实施的两个独立行为，应分别进行法律评价。逃逸是行为人为逃避法律追究而实施的逃跑行为，自首是行为人出于本人意愿自动投案、如实供述罪行的行为，两者相互独立，互不影响。不能因为行为人肇事后逃逸而否定其事后投案自首，也不能因为其事后自首而推翻对其先前逃逸行为的认定。第三，对自动投案、如实供述罪行的交通肇事逃逸者适用自首，有利于鼓励肇事者主动投案，悔过自新；同时，

有利于在最短时间内查清事实、分清责任，及时赔偿被害方，使案件得以及时侦破、审结，节约司法资源，符合《刑法》立法本意。基于此，2010 年最高人民法院《关于处理自首和立功若干具体问题的意见》第 1 条第 3 款明确规定："……交通肇事逃逸后自动投案，如实供述自己罪行的，应认定为自首，但应依法以较重法定刑为基准，视情决定对其是否从宽处罚以及从宽处罚的幅度。"

本案中，被告人王某某交通肇事后逃逸，后又主动到交警部门接受调查处理，如实供述其交通肇事罪行，应认定为自首。需要指出的是，王某某否认肇事后逃逸，不影响成立自首。根据 2004 年《最高人民法院关于被告人对行为性质的辩解是否影响自首成立问题的批复》的规定，行为人对行为性质的辩解不影响自首的成立。王某某归案后对于自己交通肇事始终供认，只是对离开医院的目的、性质进行辩解，仍属如实供述罪行，不影响成立自首。

本案的量刑方面，根据《关于处理自首和立功若干具体问题的意见》第 1 条第 3 款的规定，被告人王某某具有"交通肇事后逃逸"的法定加重情节，对其量刑时，应依法以较重法定刑为基准，在综合考察其犯罪情节、危害后果、主观恶性、人身危险性等因素的基础上，决定是否对其予以从宽处罚及从宽幅度。王某某既有自首的法定情节，又有积极赔偿、取得被害人亲属谅解的酌定情节。根据 2010 年《最高人民法院关于贯彻宽严相济刑事政策的若干意见》第 17 条、第 23 条的规定，对于自首的被告人，除了罪行极其严重、主观恶性极深、人身危险性极大，或者恶意利用自首规避法律制裁者以外，一般均应依法从宽处罚；对于积极赔偿被害人且取得谅解的，亦应作为酌定量刑情节予以考虑。因此，原审法院以较重法定刑为基准，决定对王某某从宽处罚，既符合《关于处理自首和立功若干具体问题的意见》的有关规定，也符合宽严相济刑事政策的精神。

需要指出的是，王某某逃离抢救场所的行为，并未致使被害人得不到救助而死亡，不符合《最高人民法院关于审理交通肇事刑事案件具体应用法律若干问题的解释》第 5 条规定的情形，不属"因逃逸致人死亡"，应适用三年以上七年以下有期徒刑作为基准刑。原审法院在此基础上对其减轻处罚是适当的。

问题 23. 如何运用间接证据认定交通肇事者将被害人带离事故现场后遗弃并致使被害人死亡的事实以及如何结合在案证据审查被告人提出的新辩解是否成立

【刑事审判参考案例】张某某故意杀人案[①]

一、基本案情

被告人张某某，男，1972 年生，无业。2002 年 8 月 16 日因犯盗窃罪被判处有期徒刑一年六个月，并处罚金人民币 2000 元；2009 年 7 月 2 日因涉嫌犯交通肇事罪被逮捕。

北京市房山区人民检察院以被告人张某某犯交通肇事罪向北京市房山区人民法院提起公诉。

---

① 刘静坤、王宏昭撰稿，罗国良审编：《张某某故意杀人案——如何运用间接证据认定交通肇事者将被害人带离事故现场后遗弃并致使被害人死亡的事实以及如何结合在案证据审查被告人提出的新辩解是否成立（第 914 号）》，载中华人民共和国最高人民法院刑事审判第一、二、三、四、五庭主办：《刑事审判参考》（总第 94 集），法律出版社 2014 年版，第 109～116 页。

被告人张某某对起诉书指控其犯交通肇事罪的犯罪事实及罪名不持异议，但辩解其在交通肇事后与被害人协商，赔偿被害人人民币 600 元并留下联系方式，被害人同意让其先修车，之后再来接被害人，但其夜里回来发现被害人已不在现场。其辩护人提出，张某某是经被害人同意后才离开现场，不属于交通肇事逃逸。

北京市房山区人民法院经公开审理查明：2009 年 5 月 29 日 11 时 40 分许，被告人张某某驾驶车牌号为京 GM2××× 的松花江牌小型客车在北京市房山区周张路娄子水村西公路路段行驶，当其欲从右侧超越被害人黄某某驾驶的电动三轮车时，撞到该三轮车后部，致黄某某摔伤。后张某某将黄某某驾驶的三轮车推至距事故现场东 60 米的一废品收购站内，同路人一起将受伤后不能讲话和行走的黄某某抬到其驾驶的小型客车上。因该车无法启动，张某某遂将黄某某从车内搬至路边。当日 13 时许，张某某将黄某某带离事故现场并遗弃，后雇车将肇事客车牵引至一修理站进行维修。次日 10 时许，黄某某的尸体在事故现场路边以东 2 米、以南 22.1 米的墙根下被发现。经鉴定，黄某某系被钝性物体（如机动车）作用致创伤失血性休克死亡。经交管部门认定，张某某负事故全部责任。同年 6 月 4 日，张某某向公安机关投案。

北京市房山区人民法院认为，被告人张某某驾驶未按规定定期检验的机动车，从右侧超车发生交通事故致被害人黄某某受伤后，将被害人遗弃，致使被害人未得到及时救助而死亡，其行为构成故意杀人罪，依法应当惩处。公诉机关指控被告人张某某犯罪的事实清楚，证据确实、充分，但罪名有误，予以更正。张某某在前罪主刑执行完毕以后，罚金刑执行完毕以前又犯新罪，依照《刑法》第 71 条的规定，应当将前罪没有执行的罚金刑与后罪所判处的刑罚并罚。依照《刑法》第 232 条、第 55 条第 1 款、第 56 条第 1 款、第 71 条、第 36 条第 1 款以及《最高人民法院关于审理交通肇事刑事案件具体应用法律若干问题的解释》第 6 条之规定，北京市房山区人民法院判决被告人张某某犯故意杀人罪，判处有期徒刑十四年，剥夺政治权利三年；与前罪所判处的罚金人民币 2000 元并罚，决定执行有期徒刑十四年，剥夺政治权利三年，并处罚金人民币 2000 元。

一审宣判后，被告人张某某向北京市第一中级人民法院提出上诉，理由是一审认定事实有误，发生交通事故后被害人能够讲话，二人进行了协商，其给被害人留下联系方式后去修车，其没有杀人的故意和行为，原判量刑过重。其辩护人提出，张某某的行为构成交通肇事罪，原判认定其犯故意杀人罪的事实不清，证据不足，且张某某有自首情节，可以从轻处罚。

北京市第一中级人民法院经审理认为，被告人张某某驾驶未按规定定期检验的机动车，从右侧超车发生交通事故致被害人黄某某受伤，后张某某将被害人遗弃，致使被害人因未得到及时救助而死亡，其行为构成故意杀人罪，依法应当惩处。张某某所提"一审认定事实有误"的上诉理由缺乏证据支持，且与在案证据存在矛盾。张某某将身受重伤的被害人遗弃，导致被害人因无法得到及时救助而死亡，主观上对其造成的危害结果持放任态度，其行为符合故意杀人罪的构成特征。张某某虽然在案发后能主动到公安机关投案，但其不如实供述犯罪事实，不能认定为自首。相关上诉理由和辩护意见均不能成立，不予采纳。原判认定事实清楚，定罪准确，量刑适当，审判程序合法。据此，依照《刑事诉讼法》（1996 年修正）第 189 条第 1 项①之规定，北京市第一中级人民法院裁

---

① 对应《刑事诉讼法》（2018 年修正）第 236 条第 1 项。

定驳回上诉，维持原判。

二、主要问题

1. 如何运用间接证据认定交通肇事者将被害人带离事故现场后遗弃并致使被害人因无法得到救助而死亡的事实？

2. 如何结合在案证据审查被告人提出的新辩解是否成立？

三、裁判理由

本案争议的焦点在于，现有证据能否证实被告人张某某在交通肇事后为逃避法律追究实施了将被害人带离事故现场后遗弃，致使被害人因无法得到救助而死亡的行为。对此，案件审理中存在以下两种意见：一种意见认为，由于交通事故发生地没有监控录像，也没有目击证人证言等直接证据能够证明张某某在交通事故发生后有移动、遗弃被害人的行为，且张某某辩称其与被害人达成口头的赔偿协议，并当场支付赔偿金后离开现场，故应当以交通肇事罪定罪处罚。另一种意见认为，尽管本案没有相应的直接证据，但基于在案的间接证据，能够证明张某某在交通肇事后确有移动、遗弃被害人的行为。在这种情况下，不应完全依照被告人的辩解进行定罪量刑，应当以故意杀人罪定罪处罚。

我们赞同后一种意见。对于被告人始终拒不认罪且无其他直接证据的案件，应当重视利用间接证据认定案件事实，同时要认真审查被告人提出的辩解，结合在案证据判断其辩解是否成立。

（一）运用间接证据证明案件事实应当重视证据分析和推理

2010 年，最高人民法院会同最高人民检察院、公安部、国家安全部、司法部制定的《关于办理死刑案件审查判断证据若干问题的规定》第 33 条确立了间接证据定案的规则。2013 年，《最高人民法院关于适用〈中华人民共和国刑事诉讼法〉的解释》第 105 条吸收了这一规定。因此，司法实践中，对于没有直接证据证明犯罪行为系被告人实施的案件，应当适用《最高人民法院关于适用〈中华人民共和国刑事诉讼法〉的解释》第 105 条确立的定案规则。具体而言，对于没有直接证据证明犯罪行为系被告人实施，但间接证据同时符合下列条件的，可以认定被告人有罪：（1）间接证据已经查证属实；（2）间接证据之间相互印证，不存在无法排除的矛盾和无法解释的疑问；（3）全案证据已经形成完整的证明体系；（4）根据证据认定的案件事实足以排除合理怀疑，结论具有唯一性；（5）运用间接证据进行的推理符合逻辑和经验判断。基于上述规定，运用间接证据证明案件事实，应当重视证据分析和推理；在证据分析和推理过程中，需要遵循逻辑规律和经验法则的要求。

本案中，被告人张某某对其交通肇事后为逃避法律追究而将被害人带离事故现场后遗弃，致被害人因无法得到救助而死亡的犯罪事实始终拒不供认，但在案的间接证据足以认定上述事实。具体分析如下：

第一，本案侦破经过自然、顺利，结合相关证人证言和交通事故认定结论，可以证实张某某实施了交通肇事犯罪行为。（1）被害人亲属黄某证实，被害人于 2009 年 5 月 29 日去房山区周张路黄山店附近卖小鸡一直未归，其家人驾车沿途寻找，后在路边一墙根下发现已死亡的被害人。（2）公安人员于 5 月 30 日接到报案后赶到现场，经勘查，案发现场有刹车印和碎玻璃片，结合被害人在现场附近已经死亡的情况以及被害人的身体损伤，可以认定本案系一起交通肇事刑事案件。（3）公安人员沿途调查走访，一汽车修理店老板向警方提供了涉案车辆的车型和车号。经电话询问该车车主张某，张某称张某某于 5 月 29 日驾驶该车发生交通事故，该车已经修好。公安人员通知张某某将肇事车辆开到交通队进行勘验，张某某的妻子于 6 月 1 日将该车开到交通队。6 月 4 日，张某某迫于压力来到交通队投案。（4）证人张某（房山交通支队民警）证实，张某某带来的车前保险杠能够形成被害人三轮车上的撞击痕迹，张某某驾驶的车辆是肇事车辆。（5）交通事故认定书证实，张某某驾驶未按规定定期检验的机动车从电动三轮车右侧超车发生交通事故后逃逸，负事故全部责任。上述证据证实，公安人员根据线索锁定张某某，基于痕迹比对结论认定张某某所驾驶的车辆系肇事车辆，并基于现场勘查情况认定张某某对事故负全部责任，进而证实张某某实施了交通肇事犯罪行为，张某某对交通肇事行为本身亦供认不讳。

第二，诸多证人证言证实，张某某案发当日驾车撞倒被害人后，肇事车辆发生故障无法启动，张某某未送被害人去医院救治，而是离开现场去修理肇事车辆。（1）目击证人石某证实，案发当日 11 时许，张某某驾驶面包车将骑电动三轮车的被害人撞倒在地，时隔一个半小时之后，张某某的车辆还打不着火，张某某不听劝告拒绝送被害人去医院。石某在案发后能够分别辨认出被告人和被害人。证人白某的证言与证人石某的证言相印证。（2）证人刘某证实，案发当日 13 时许，刘某应张某某的请求将肇事车辆拖到周口店一汽车修理部。刘某在帮助张某某将肇事车辆拖到修理部时仅看见张某某及肇事车辆，并未看见其他人和车辆。刘某辨认出了张某某及拖车地点。（3）证人张某证实，案发当日 13 时许，张某某将肇事车辆送到张某经营的汽车修理部，该车保险杠、雾灯、电脑盘等被撞坏，打不着火，张某无法修理。张某某随后电话联系一名叫"霞子"的女子驾驶夏利车将肇事的面包车拖向周口店方向。证人田某的证言与张某的证言相印证。（4）证人郭某证实，案发当日 14 时 30 分许，一女子驾驶夏利车拉着张某某的肇事面包车到郭某的汽车修理部修车，该车于当日 15 时左右开走。郭某辨认出了张某某。上述证人证言能够证实张某某在交通肇事后，置被害人的安危于不顾，径直离开现场修理肇事车辆，且上述证言所证实的时间链条亦能相互吻合。

第三，现场勘查情况、尸体检验结论及法医意见和证人证言证实，被害人被撞倒后伤情严重不能行动、言语，结合案件具体情况，可以认定张某某在交通肇事后将被害人带离事故现场后遗弃，致使被害人因未能得到及时救治而死亡。（1）目击证人石某证实，当时被害人脸部受伤流血，闭着眼一句话都没有讲，只是疼得哼哼。（2）证人白某（房山交通支队民警）证实，现场勘查过程中发现被害人脸朝里躺在一个墙根底下，头枕着一块砖头。被害人被发现的地方距离交通事故中心现场的斜线距离大概有十几米。在中心现场和被害人被发现的地方之间是一块绿地，种了很多灌木，中间有种树时垒起的土埂，还有一段破损的墙基，墙基有 10 厘米高。（3）尸体检验意见证实，被害人黄某某系被钝性物体（如机动车）作用于胸、腹部及左下肢致左侧肋骨多发骨折，胸骨柄骨折，胸、腹腔积血，腹膜后血肿，左侧股骨骨折致创伤失血性休克死亡。（4）证人王某某（北京市公安局法医鉴定中心法医师）证实，被害人符合创伤失血性休克死亡，当时不会立刻死亡。尸检时未发现被害人患有疾病。（5）证人张某 1（北京市公安局法医鉴定中心主任法医师）证实，被害人腹膜后血肿属于渐进性出血，出血量会增大，但出血速度变慢；被害人腹腔积血 500 毫升，腹腔血肿体积为 20cm×10cm×30cm，并非急性大出血，及时送医有极大的救治可能性。被害人不会立刻死亡，存活时间应当不少于 2 个小时。被害人左侧股骨骨折，应当很疼，没有走动的可能，不能站立。上述证据证实，被害人遭遇车祸后严重受伤但并未立即死亡，因疼痛而不住呻吟，丧失了行动、语言能力。

对于被告人张某某是否在交通肇事后将被害人拖至尸体所处的地点，即移动、遗弃被害人这一关键环节，尽管没有目击证人，且张某某亦始终否认其实施了该行为，但结合上述证据证实被害人当时重伤不能站立和移动的身体情况，事故现场与发现被害人尸体现场之间距离较远和地面不平坦的情况，能够排除被害人自己行走至尸体所处地点的可能性，进而可以认定是其他人将被害人移至尸体所处地点。同时，前述证人刘某证实，其帮助张某某拖走肇事车辆时，并未看见其他车和人，当时正值中午13时，在张某某及肇事车辆一直停留在交通事故现场的情况下，可以排除其他人移动被害人的可能性。因此，现有证据足以认定张某某在交通肇事后将受伤的被害人带离事故现场，转移至尸体所处地点。

综上，虽然张某某对本案关键事实始终拒不供认，但经查证属实的上述间接证据能够相互印证，不存在无法排除的矛盾和无法解释的疑问，能够形成完整的证明体系，得出唯一的结论，即张某某驾车撞倒被害人后，为逃避法律追究将被害人带离事故现场遗弃，致被害人因未能得到及时救治而死亡。

（二）对于被告人提出的新辩解应当结合在案证据审查是否成立

被告人在诉讼过程中提出新的辩解是司法实践中非常普遍的一种现象。为了避免简单地肯定或者否定被告人提出的新辩解，《关于办理死刑案件审查判断证据若干问题的规定》第22条确立了对被告人新辩解的审查判断和采信规则。《最高人民法院关于适用〈中华人民共和国刑事诉讼法〉的解释》第83条延续了这一规定。具体而言，对被告人供述和辩解的审查，应当结合控辩双方提供的所有证据以及被告人本人的全部供述和辩解进行。被告人庭前供述一致，庭审中翻供，但不能合理说明翻供理由或者其辩解与全案证据相矛盾，而其庭前供述与其他证据能够相互印证的，可以采信被告人的庭前供述。本案中，被告人张某某在归案后曾对自己驾车撞倒被害人，之后离开犯罪现场修理肇事车辆的犯罪事实作出供述，但其随后提出新辩解称，自己在出事后曾与被害人协商，赔偿被害人人民币600元，并在取得被害人同意后把自己的联系方式写在一张纸上交给被害人，被害人同意让其先修车，等修好车再来接被害人，其夜里回来时发现被害人已经不见了。结合在案证据，可以认定张某某的辩解不成立。具体分析如下：

第一，证人石某、白某的证言，尸体检验意见及法医证言证实，被害人被撞倒后伤势严重，不能行动、言语。被害人当时随身携带手机，其家属证实曾多次拨打该手机，手机可以打通但始终处于无人接听状态。因此，上述证据证实被害人被撞后根本没有行为能力与张某某协商赔偿事宜。同时，张某某对是否与被害人协商赔偿事宜以及具体的赔偿金额等情节的辩解前后不一。因此，张某某所称其与被害人协商赔偿的辩解不能成立。

第二，公安人员在现场勘查过程中对被害人尸体所穿衣服进行了查找，并未发现张某某所称其交给被害人的带有其电话号码的纸条。因此，张某某所称其将自己的联系方式写在纸上交给被害人的辩解无证据印证。

第三，证人郭某证实，张某某的肇事车辆在案发当日15时左右就已修好，但此时张某某并未返回现场救治被害人，否则不会未能发现被害人。同时，被害人被撞倒后伤势严重，张某某如欲救治被害人，理应先行拦车将被害人送往医院救治，而不是送修肇事车辆。该情节反映张某某在案发后并无救治被害人的意图。

综上，尽管被告人张某某归案后拒不供认其在交通肇事后将被害人带离事故现场遗弃的关键事实，但一审、二审法院根据在案的间接证据可以认定该犯罪事实，并且能够基于在案证据否定张某某提出的新辩解，进而认定张某某犯故意杀人罪，并结合案件具体情况进行相应的定罪处罚。

第二章

危险驾驶罪

第一节　危险驾驶罪概述

危险驾驶罪，是指在道路上驾驶机动车追逐竞驶，情节恶劣的行为，或者在道路上醉酒驾驶机动车的行为，或者从事校车业务或者旅客运输，严重超过额定乘员载客，或者严重超过规定时速行驶的行为，或者违反危险化学品安全管理规定运输危险化学品，危及公共安全的行为。

危险驾驶行为入罪是《刑法修正案（八）》加强对民生保护的具体体现。自《刑法修正案（八）》实施以来，有效地减少了危险驾驶行为的发生，引领和推动良好社会风气的形成，取得了良好的社会效果。《刑法修正案（九）》对危险驾驶罪的修改主要体现在以下两个方面：一是将从事校车业务或者旅客运输，严重超过额定乘员载客，或者严重超过规定时速行驶以及违反危险化学品安全管理规定运输危险化学品，危及公共安全的行为增加规定为犯罪，扩大危险驾驶罪的适用范围；二是进一步明确机动车所有人、管理人对校车、客运严重超载超速或者违规运输危险化学品的行为负有直接责任的，依照危险驾驶罪追究刑事责任。

一、概念及构成要件

危险驾驶罪，是指在道路上驾驶机动车追逐竞驶，情节恶劣的行为，或者在道路上醉酒驾驶机动车的行为，或者从事校车业务或者旅客运输，严重超过额定乘员载客，或者严重超过规定时速行驶的行为，或者违反危险化学品安全管理规定运输危险化学品，危及公共安全的行为。

（一）客体要件

本罪所侵犯的客体是社会公共安全和国家交通管理秩序。本罪由于其本身行为的不特定性，由此所造成的危险也具有不特定性，但是总体来说，本罪所主要侵害的是社会公共安全，即不特定多数人的生命健康和财产安全。这是由危险驾驶行为的特性所决定的，当行为人实施危险驾驶行为时，是不能预料和不能控制其所驾驶机动车的去向和所可能造成的危害，因为驾驶环境的改变使得行为人所造成的危险的对象为不特定多数人。国家作为统治阶级统治的工具，有权制定各种管理体制和机制，这些体制和机制涉及社会生活的方方面面，包括交通运输方面。我国对于规制交通运输方面活动有着相关的规定，如《道路交通安全法》《道路交通安全法实施条例》等。这些是所有的机动车驾驶人员在驾驶过程中所必须遵守的规则，也只有当这些规则能够被很好地遵守和执行的时候，我们才能有一个安全有序的公共交通环境。危险驾驶罪中的危险驾驶行为，是对国家这种交通管理体制的违反。危险驾驶罪中的危险行为如酒后驾车、疲劳驾驶等均违反了我国《道路交通安全法》等相关的交通管理法律法规。这些行为在给社会公众的安全带来危险的同时也侵犯了我国交通管理体制，是对国家维持正常交通秩序的破坏。

（二）客观要件

危险驾驶罪的客观方面表现为在道路上驾驶机动车追逐竞驶，情节恶劣，或者在道路上醉酒驾驶机动车，或者从事校车业务或者旅客运输，严重超过额定乘员载客，或者严重超过规定时速行驶，或者违反危险化学品安全管理规定运输危险化学品，危及公共安全的行为。

1. 在道路上驾驶机动车追逐竞驶，情节恶劣的行为。"道路"，是指公路、城市道路和虽在单位管辖范围但允许社会机动车通行的地方，包括广场、公共停车场等用于公众通行的场所。"机动车"，是指以动力装置驱动或者牵引，上道路行驶的供人员乘用或者用于运送物品以及进行工程专项作业的轮式车辆。"追逐竞驶"，是指在道路上，以在较短的时间内通过某条道路为目标或者以同行的其他车辆为竞争目标，追逐行驶。具体情形包括在道路上进行汽车驾驶"计时赛"，或者若干车辆在同时行进中互相追赶等，既包括超过限定时速的追逐竞驶，也包括未超过限定时速的追逐竞驶。根据"最高人民法院指导案例32号：张某某、金某危险驾驶案"，机动车驾驶人员出于竞技、追求刺激、斗气或者其他动机，在道路上曲折穿行、快速追赶行驶的，属于"追逐竞驶"。根据本项规定，在道路上追逐竞驶，只有情节恶劣的才构成犯罪，一般的追逐竞驶行为，尚不能认定为犯罪。"追逐竞驶，情节恶劣"是指饮酒后在道路上驾驶机动车追逐竞驶；无驾驶资格在道路上驾驶机动车追逐竞驶；在道路上驾驶非法改装的机动车追逐竞驶；以超过规定时速50%的速度驾驶机动车追逐竞驶；在车流量大、行人多的道路上追逐竞驶；多人或者多次追逐竞驶；追逐竞驶引起交通严重堵塞或者公众恐慌；使用伪造、变造或者其他机动车号牌，或者故意遮挡、污损、不按规定安装机动车号牌；因追逐驾驶或者飙车受过行政处罚，又在道路上追逐竞驶；其他应当认定为情节恶劣的情形。根据"最高人民法院指导案例32号：张某某、金某危险驾驶案"，综合考虑超过限速、闯红灯、强行超车、抗拒交通执法等严重违反《道路交通安全法》的行为，足以威胁他人生命、财产安全的，属于"情节恶劣"的情形。

2. 在道路上醉酒驾驶机动车的行为。《道路交通安全法》的相关规定区分了饮酒和醉酒两种情形。根据原国家质量监督检验检疫总局2004年5月31日发布的《车辆驾驶人员血液、呼气酒精含量阈值与检验》的规定，饮酒驾车是指车辆驾驶人员血液中的酒精含量大于或者等于20毫克/100毫升，小于80毫克/100毫升时的驾驶行为；醉酒驾车，是指车辆驾驶人员血液中的酒精含量大于或者等于80毫克/100毫升的驾驶行为。根据最高人民法院、最高人民检察院、公安部《关于办理醉酒驾驶机动车刑事案件适用法律若干问题的意见》的规定，在道路上驾驶机动车，血液酒精含量达到 80 毫克/100 毫升以上的，属于醉酒驾驶机动车。

应当注意的是，血液酒精含量检验鉴定意见是认定犯罪嫌疑人是否醉酒的依据。对饮酒后驾驶机动车的嫌疑人员可以采取呼气酒精含量检验和血液酒精含量检验两种方法。呼气酒精含量检验结果虽然可以折算成血液酒精含量，但由于涉及刑事责任问题，认定醉酒驾驶构成危险驾驶罪应当以血液酒精含量检验结果为依据。公安机关在查处醉酒驾驶机动车的犯罪嫌疑人时，对查获经过、呼气酒精含量检验和抽取血样过程应当制作记录；有条件的，应当拍照、录音或者录像；有证人的，应当收集证人证言。犯罪嫌疑人经呼气酒精含量检验达到规定的醉酒标准，在抽取血样之前脱逃的，可以以呼气酒精含量检验结果作为认定其醉酒的依据。犯罪嫌疑人在公安机关依法检查时，为逃避法律追究，在呼气酒精含量检验或者抽取血样前又饮酒，经检验其血液酒精含量达到规定的醉酒标准的，应当认定为醉酒。

3. 从事校车业务或者旅客运输，严重超过额定乘员载客，或者严重超过规定时速行驶的行为。从事校车业务或者旅客运输，关系较多人的生命财产安全，也是近年来交通事故频发多发的重灾区，一旦发生事故，后果不堪设想。这里的"校车"，是指依照国家规定取得使用许可，用于接送接受义务教育的学生上下学的 7 座以上的载客汽车。根据《校车安全管理条例》的有关规定，从事校车业务应当取得许可。学校或者校车服务提供者申请取得校车使用许可，应当向县级或者设区的市级人民政府教育行政部门提交书面申请和证明其符合规定条件的材料。教育行政部门应当自收到申请材料后，分别送同级公安机关交通管理部门、交通运输部门征求意见，收到回复意见后提出审查意见，报本级人民政府。本级人民政府决定批准的，由公安机关交通管理部门发给校车标牌，并在机动车行驶证上签注校车类型和核载人数，不予批准的，书面说明理由。校车标牌应当载明本车的号牌号码、车辆的所有人、驾驶人、行驶线路、开行时间、停靠站点以及校车标牌发牌单位、有效期等事项。禁止未取得校车标牌的车辆提供校车服务。从事"旅客运输"的车辆，包括需要具备营运资格的公路客运、公交客运、出租客运、旅游客运以及其他从事旅客运输的微型面包车等非营运客车。从事旅客运输的驾驶人员需要具备一定的资质，由有关部门颁发准驾证明。

从事校车业务的机动车和旅客运输车辆严重超员、超速的危害性很大。《道路交通安全法》第 92 条第 1 款规定："公路客运车辆载客超过额定乘员的，处二百元以上五百元以下罚款；超过额定乘员百分之二十或者违反规定载货的，处五百元以上二千元以下罚款。"《道路交通安全法》第 99 条规定："有下列行为之一的，由公安机关交通管理部门处二百元以上二千元以下罚款……（四）机动车行驶超过规定时速百分之五十的……行为人有前款第二项、第四项情形之一的，可以并处吊销机动车驾驶证……"考虑到行政处罚与刑事处罚之间的衔接，宜将"严重超过额定乘客载客"限制为超过额定乘员 20% 以上的适当标准，将"严重超过规定时速行驶"设定为超过规定时速 50% 以上的适当标准。"严重"超员、超速的具体界限，还需有关部门通过制定《刑法修正案（九）》的衔接性规定加以明确。只要从事校车业务的机动车和旅客运输车辆严重超员、超速的，无论是否造成严重后果，都应当追究危险驾驶罪的刑事责任。

4. 违反危险化学品安全管理规定运输危险化学品，危及公共安全的行为。"危险化学品"，是指具有毒害、腐蚀、爆炸、燃烧、助燃等性质，对人体、设施、环境具有危害的剧毒化学品和其他化学品。"违反危险化学品安全管理规定"，是指违反与运输危险化学品有关的安全管理规定，而非生产、储存、使用、经营等其他方面的安全管理规定。根据有关规定，从事危险化学品道路运输的，应当取得危险货物道路运输许可，并向工商行政管理部门办理登记手续。危险化学品道路运输企业应当配备专职安全管理人员。驾驶人员、装卸管理人员、押运人员应当经交通运输主管部门考核合格，取得从业资格。运输危险化学品，应当根据危险化学品的危险特性采取相应的安全防护措施，并配备必要的防护用品和应急救援器材。用于运输危险化学品的槽罐以及其他容器应当封口严密，能够防止危险化学品在运输过程中因温度、湿度或者压力的变化发生渗漏、洒漏；槽罐以及其他容器的溢流和泄压装置应当设置准确、启闭灵活。运输危险化学品的驾驶人员、装卸管理人员、押运人员应当了解所运输的危险化学品的危险特性及其包装物、容器的使用要求和出现危险情况时的应急处置方法。通过道路运输危险化学品的，托运人应当委托依法取得危险货物道路运输许可的企业承运，应当按照运输车辆的核定载量装载危险化学品，不得超载。危险化学品运输车辆应当符合国家标准要求的安全技术条件，并按照国家有关规定定期进行安全技术检验，应当悬挂或者喷涂符合国家标准要求的警示标志。通过道路运输危险化学品的，应当配备押运人员，并保证所运输的危险化学品处于押运人员的监控之下。运输危险化学品途中因住宿或者发生影响正常运输的情况，而要较长时间停车的，驾驶人员、押运人员应当采取相应的安全防范措施；运输剧毒化学品或者易制爆危险化学品的，还应当向当地公安机关报告。未经公安机关批准，运输危险化学品的车辆不得进入危险化学品运输车辆限制通行的区域。危险化学品运输车辆限制通行的区域由县级人民政府公安机关划定，并设置明显的标志。

根据本项规定，违反上述规定，危及公共安全的，应当依法追究刑事责任，尚未危及公共安全的，也应当依法予以行政处罚。一般而言，下列违反危险化学品运输安全管理规定的情形，如果情节严重的，可以认为"危及公共安全"：（1）未取得道路危险货物运输许可，擅自从事道路危险货物运输的；（2）使用失效、伪造、变造、被注销等无效道路危险货物运输许可证件从事道路危险货物运输的；（3）超越许可事项，从事道路危险货物运输的；（4）非经营性道路危险货物运输单位从事道路危险货物运输经营的。

本罪不以造成严重后果为构成要素，只要行为人的行为符合危险驾驶的行为要件即构成犯罪。也即危险驾驶行为是否造成后果，不是构成危险驾驶罪的必要条件。危险驾驶罪设置的目的是使得有危险性、有造成危害后果可能的行为得到相应的规制，从而避免相应危害后果的出现。这也是由危险驾驶罪的立法目的所决定的，设立危险驾驶罪的初衷就是出于保护社会公众生命财产安全的考虑，要起到防患于未然的作用。在危险驾驶行为给社会公众造成人身、财产损害后果之前先对其进行管制，从而预防危害后果的发生。

（三）主体要件

本罪的主体为一般主体，即在公共交通领域驾驶机动车的具有完全刑事责任能力的人员，实践中，本罪主体主要是机动车驾驶人员。根据规定，机动车所有人、管理人对从事校车业务或者旅客运输严重超载超速、违反规定运输危险化学品危及公共安全的行为负有直接责任的，也可以成立本罪。

（四）主观要件

本罪以故意为构成要件。危险驾驶罪的主观方面要求行为人对于危险驾驶行为出于故意的心理。此处的故意所指的是行为人对于危险驾驶行为所持的态度，并非对危险驾驶行为有可能造成危害结果所持态度。由于危险驾驶罪本身所主要调整的，也是危险驾驶行为，通过对于危险驾驶行为的严格控制，从而试图避免危害结果的发生。因此，在认定危险驾驶罪时所主要考虑的，是行为人在实施危险驾驶行为时所具有的主观心态。例如，行为人在饮酒后驾驶机动车辆，饮酒后驾车这一行为是行为人自己所追求的结果。

二、案件审理热点、难点问题

一是"超限超载"型危险驾驶的认定。"超限超载"，即严重超过规定时速行驶和严重超过额定乘员载客的行为。根据《刑法修正案（九）》的规定，将"超限超载型"危险驾驶犯罪行为主体明确为从事校车业务或者旅客运输这两类。构成"超限超载型"危险驾驶罪的前提有两个：一是行为人必须从事旅客运输或者校车业务；二是必须严重超员或者严重超速。"超载型"危险驾驶行为的入罪关键因素是"严重超过额定成员载客"，而《刑法》在"严重"的界限标准上并没有明确，仅有《道路交通安全法》中"超过20%"的规定。暂不论20%的界限是否合理，可以肯定的是，界限的明确无疑给行政执法和司法审判扫除了法律障碍。

二是与以危险方法危害公共安全罪的区别。追逐竞驶型危险驾驶罪与以危险方法危害公共安全罪在主观要件上都是故意，客观上都具有危害公共安全的危险，但构成以危险方法危害公共安全罪的危险应当与放火、决水、爆炸、投放危险物质四种行为相当。因此，判断追逐竞驶行为是否构成以危险方法危害公共安全罪，关键是看行为本身的危险程度。以危险方法危害公共安全罪包括尚未造成严重后果与致人重伤、死亡或者使公私财产遭受重大损失两种类型，故可以以是否发生严重后果来进一步讨论追逐竞驶行为是否构成以危险方法危害公共安全罪。

第二节　危险驾驶罪审判依据

一、法律

《中华人民共和国刑法》（2020 年 12 月 26 日修正）

第一百三十三条之一　在道路上驾驶机动车，有下列情形之一的，处拘役，并处罚金：

（一）追逐竞驶，情节恶劣的；

（二）醉酒驾驶机动车的；

（三）从事校车业务或者旅客运输，严重超过额定乘员载客，或者严重超过规定时速行驶的；

（四）违反危险化学品安全管理规定运输危险化学品，危及公共安全的。

机动车所有人、管理人对前款第三项、第四项行为负有直接责任的，依照前款的规定处罚。

有前两款行为，同时构成其他犯罪的，依照处罚较重的规定定罪处罚。

二、刑事政策文件

1. 《最高人民法院、最高人民检察院、公安部印发〈关于办理醉酒驾驶机动车刑事案件适用法律若干问题的意见〉的通知》（2013 年 12 月 18 日　法发〔2013〕15 号）

为保障法律的正确、统一实施，依法惩处醉酒驾驶机动车犯罪，维护公共安全和人民群众生命财产安全，根据刑法、刑事诉讼法的有关规定，结合侦查、起诉、审判实践，制定本意见。

一、在道路上驾驶机动车，血液酒精含量达到 80 毫克/100 毫升以上的，属于醉酒驾驶机动车，依照刑法第一百三十三条之一第一款的规定，以危险驾驶罪定罪处罚。

前款规定的"道路""机动车"，适用道路交通安全法的有关规定。

二、醉酒驾驶机动车，具有下列情形之一的，依照刑法第一百三十三条之一第一款的规定，从重处罚：

（一）造成交通事故且负事故全部或者主要责任，或者造成交通事故后逃逸，尚未构成其他犯罪的；

（二）血液酒精含量达到 200 毫克/100 毫升以上的；

（三）在高速公路、城市快速路上驾驶的；

（四）驾驶载有乘客的营运机动车的；

（五）有严重超员、超载或者超速驾驶，无驾驶资格驾驶机动车，使用伪造或者变造的机动车牌证等严重违反道路交通安全法的行为的；

（六）逃避公安机关依法检查，或者拒绝、阻碍公安机关依法检查尚未构成其他犯罪的；

（七）曾因酒后驾驶机动车受过行政处罚或者刑事追究的；

（八）其他可以从重处罚的情形。

三、醉酒驾驶机动车，以暴力、威胁方法阻碍公安机关依法检查，又构成妨害公务罪等其他犯罪的，依照数罪并罚的规定处罚。

四、对醉酒驾驶机动车的被告人判处罚金，应当根据被告人的醉酒程度、是否造成实际损害、认罪悔罪态度等情况，确定与主刑相适应的罚金数额。

五、公安机关在查处醉酒驾驶机动车的犯罪嫌疑人时，对查获经过、呼气酒精含量检验和抽取血样过程应当制作记录；有条件的，应当拍照、录音或者录像；有证人的，应当收集证人证言。

六、血液酒精含量检验鉴定意见是认定犯罪嫌疑人是否醉酒的依据。犯罪嫌疑人经呼气酒精含量检验达到本意见第一条规定的醉酒标准，在抽取血样之前脱逃的，可以以呼气酒精含量检验结果作为认定其醉酒的依据。

犯罪嫌疑人在公安机关依法检查时，为逃避法律追究，在呼气酒精含量检验或者抽取血样前又饮酒，经检验其血液酒精含量达到本意见第一条规定的醉酒标准的，应当认定为醉酒。

七、办理醉酒驾驶机动车刑事案件，应当严格执行刑事诉讼法的有关规定，切实保障犯罪嫌疑人、被告人的诉讼权利，在法定诉讼期限内及时侦查、起诉、审判。

对醉酒驾驶机动车的犯罪嫌疑人、被告人，根据案件情况，可以拘留或者取保候审。对符合取保候审条件，但犯罪嫌疑人、被告人不能提出保证人，也不交纳保证金的，可以监视居住。对违反取保候审、监视居住规定的犯罪嫌疑人、被告人，情节严重的，可以予以逮捕。

2.《最高人民法院、最高人民检察院、公安部、司法部印发〈关于在部分地区开展刑事案件速裁程序试点工作的办法〉的通知》（2014 年 8 月 22 日　法〔2014〕220 号）

第一条　对危险驾驶、交通肇事、盗窃、诈骗、抢夺、伤害、寻衅滋事、非法拘禁、毒品犯罪、行贿犯罪、在公共场所实施的扰乱公共秩序犯罪情节较轻、依法可能判处一年以下有期徒刑、拘役、管制的案件，或者依法单处罚金的案件，符合下列条件的，可以适用速裁程序：

（一）案件事实清楚、证据充分的；

（二）犯罪嫌疑人、被告人承认自己所犯罪行，对指控的犯罪事实没有异议的；

（三）当事人对适用法律没有争议，犯罪嫌疑人、被告人同意人民检察院提出的量刑建议的；

（四）犯罪嫌疑人、被告人同意适用速裁程序的。

3.《最高人民法院、最高人民检察院印发〈关于常见犯罪的量刑指导意见（试行）〉的通知》（2021 年 6 月 16 日　法发〔2021〕21 号）

（二）危险驾驶罪

1. 构成危险驾驶罪的，依法在一个月至六个月拘役幅度内确定宣告刑。

2. 构成危险驾驶罪的，根据危险驾驶行为、实际损害后果等犯罪情节，综合考虑被告人缴纳罚金的能力，决定罚金数额。

3. 构成危险驾驶罪的，综合考虑危险驾驶行为、危害后果等犯罪事实、量刑情节，以及被告人主观恶性、人身危险性、认罪悔罪表现等因素，决定缓刑的适用。

4.《最高人民法院、最高人民检察院、公安部、工业和信息化部、住房和城乡建设部、交通运输部、应急管理部、国家铁路局、中国民用航空局、国家邮政局关于依法惩治涉枪支、弹药、爆炸物、易燃易爆危险物品犯罪的意见》（2021 年 12 月 28 日　法发〔2021〕35 号）

5. 违反危险化学品安全管理规定，未经依法批准或者许可擅自从事易燃易爆危险物品道路运输活动，或者实施其他违反危险化学品安全管理规定通过道路运输易燃易爆危险物品的行为，危及公共安全的，依照刑法第一百三十三条之一第一款第四项的规定，以危险驾驶罪定罪处罚。

在易燃易爆危险物品生产、经营、储存等高度危险的生产作业活动中违反有关安全管理的规定，有下列情形之一，具有发生重大伤亡事故或者其他严重后果的现实危险的，依照刑法第一百三十四条之一第三项的规定，以危险作业罪定罪处罚：

（1）委托无资质企业或者个人储存易燃易爆危险物品的；

（2）在储存的普通货物中夹带易燃易爆危险物品的；

（3）将易燃易爆危险物品谎报或者匿报为普通货物申报、储存的；

（4）其他涉及安全生产的事项未经依法批准或者许可，擅自从事易燃易爆危险物品生产、经营、储存等活动的情形。

实施前两款行为，同时构成刑法第一百三十条规定之罪等其他犯罪的，依照处罚较重的规定定罪处罚；导致发生重大伤亡事故或者其他严重后果，符合刑法第一百三十四条、第一百三十五条、第一百三十六条等规定的，依照各该条的规定定罪从重处罚。

5.《关于依法惩治妨害公共交通工具安全驾驶违法犯罪行为的指导意见》（2019 年 1月 8 日　公通字〔2019〕1 号）

一、准确认定行为性质，依法从严惩处妨害安全驾驶犯罪

（二）乘客在公共交通工具行驶过程中，随意殴打其他乘客，追逐、辱骂他人，或者起哄闹事，妨害公共交通工具运营秩序，符合刑法第二百九十三条规定的，以寻衅滋事罪定罪处罚；妨害公共交通工具安全行驶，危害公共安全的，依照刑法第一百一十四条、第一百一十五条第一款的规定，以以危险方法危害公共安全罪定罪处罚。

……

（七）本意见所称公共交通工具，是指公共汽车、公路客运车，大、中型出租车等车辆。

第三节　危险驾驶罪审判实践中的疑难新型问题

问题 1. 醉酒驾驶超标电动自行车的，是否构成危险驾驶罪

【实务专论】

危险驾驶罪是《刑法修正案（八）》新增的罪名。目前，各地司法机关对本罪的理解和适用还不统一，其中一个比较有争议的问题是，超出国家标准的电动自行车（以下简称超标电动自行车）是否属于机动车，醉驾超标电动自行车的行为是否构成危险驾驶罪。下文就此问题展开分析。

根据《道路交通安全法》第119条的规定，机动车，是指以动力装置驱动或者牵引，上道路行驶的供人员乘用或者用于运送物品以及进行工程专项作业的轮式车辆。常见的机动车有汽车、摩托车、拖拉机等。非机动车，是指以人力或者畜力驱动，上道路行驶的交通工具，以及虽有动力装置驱动但设计最高时速、空车质量、外形尺寸符合有关国家标准的残疾人机动轮椅车、电动自行车等交通工具。但是，对于设计最高时速、空车质量、外形尺寸超过有关国家标准的残疾人机动轮椅车、电动自行车等交通工具是否属于非机动车，《道路交通安全法》没有作出明确规定。《电动自行车通用技术条件》（国家标准 GB 17761—1999）规定，电动自行车的最高车速不得大于 20km/h，整车质量不得大于 40kg。但据调查，为满足消费者快捷出行的需求，大部分电动自行车生产厂商制造的电动自行车的最高车速都大于 20km/h，整车质量也基本超过 40kg。这些超标电动自行车速度较快，安全性能较低，加之一些驾驶员无视道路交通安全法规，导致交通事故频

发，超标电动自行车已成为继摩托车之后事故多发的车型。对这些安全隐患较大的超标电动自行车是否应当认定为机动车，从而以危险驾驶罪予以规制是时下亟须研究的问题。

一种意见认为，超标电动自行车属于机动车，醉驾超标电动自行车的，构成危险驾驶罪。主要理由是：第一，《道路交通安全法》对机动车、非机动车的分类在逻辑上是非此即彼的排斥关系，既然未超标的电动自行车是非机动车，则超标的电动自行车当然属于机动车。第二，超标电动自行车符合机动车类别中摩托车的技术条件。2012年9月1日施行的《机动车运行安全技术条件》（国家标准 GB 7258—2012）将摩托车界定为由动力装置驱动，具有两个或者三个车轮的道路车辆，其中最大设计车速不大于50km/h 的属于轻便摩托车，最大设计车速大于50km/h 的属于普通摩托车。根据该规定，超标电动自行车已达到两轮轻便摩托车甚至两轮普通摩托车的技术条件，故属于摩托车。另一种意见认为，不宜将超标电动自行车认定为机动车，醉驾超标电动自行车的行为，不构成危险驾驶罪。主流意见为后一种意见。[1]

《道路交通安全法》第119条规定，机动车是指以动力装置驱动或者牵引，上道路行驶的供人员乘用或者用于运送物品以及进行工程专项作业的轮式车辆。《关于办理醉酒驾驶机动车刑事案件适用法律若干问题的意见》第1条第2款规定危险驾驶罪中的机动车适用这一规定。需要说明的是，实践中对有动力装置驱动且设计最高时速、空车质量、外形尺寸接近或等同于机动车的电动自行车等交通工具（以下简称超标车）是否属于机动车存在争议，各地司法机关对醉酒驾驶超标车的行为是否以危险驾驶罪入罪处理也不尽一致。经研究，相关法规并未明确规定超标车属于机动车，有关部门也未将超标车作为机动车进行管理，在此情况下，公众普遍认为超标车不属于机动车，醉酒驾驶超标车的行为人不具有危险驾驶机动车的违法性认识。因此，尽管醉酒驾驶超标车存在较大安全隐患，但在相关法规未明确规定超标车属于机动车的情况下，不宜对醉酒驾驶超标车的行为以危险驾驶罪定罪处罚。[2]

【刑事审判参考案例】林某危险驾驶案[3]

一、基本案情

被告人林某，男，1966年生。2012年10月4日因涉嫌犯危险驾驶罪被刑事拘留。

某省某市人民检察院以被告人林某犯危险驾驶罪，向某市人民法院提起公诉。

某市人民法院经公开审理查明：2012年10月3日19时许，被告人林某醉酒驾驶一辆"台铃"牌电动自行车，行至某村路口时被当场查获。经鉴定，林某血液酒精含量为179.04毫克/100毫升。

某市人民法院认为，被告人林某在道路上醉酒驾驶机动车，其行为构成危险驾驶罪。公诉机关指控的罪名成立。林某归案后如实供述自己的罪行，认罪态度较好，可以从轻

[1] 曾琳：《醉驾超标电动自行车不构成危险驾驶罪》，载中华人民共和国最高人民法院刑事审判第一、二、三、四、五庭主办：《刑事审判参考》（总第89集），法律出版社2013年版，第295~299页。

[2] 高贵君、马岩、方文军、曾琳：《〈关于办理醉酒驾驶机动车刑事案件适用法律若干问题的意见〉的理解与适用》载《人民司法（应用）》2014年第3期。

[3] 曾琳撰稿，马岩编审：《林某危险驾驶案——醉酒驾驶超标电动自行车的，是否构成危险驾驶罪（第894号）》，载中华人民共和国最高人民法院刑事审判第一、二、三、四、五庭主办：《刑事审判参考》（总第94集），法律出版社2014年版，第10~15页。

处罚。据此，依照《刑法》第 133 条之一第 1 款、第 67 条第 3 款之规定，某市人民法院以被告人林某犯危险驾驶罪，判处拘役二个月，并处罚金人民币 2000 元。

一审宣判后，被告人林某未提出上诉，公诉机关亦未抗诉，该判决已发生法律效力。

二、主要问题

醉酒驾驶超标电动自行车的，是否构成危险驾驶罪？

三、裁判理由

实践中，对于汽车、货车等常见车型认定为机动车没有异议，但对于以动力装置驱动且设计最高时速、空车质量、外形尺寸超出有关国家标准，达到或者接近机动车标准的电动自行车等交通工具是否属于机动车，争议较大。各地司法机关对醉酒驾驶超标电动自行车的行为是否构成危险驾驶罪，存在不同认识。

一种观点认为超标电动自行车属于机动车。主要理由如下：（1）不符合国家标准的电动自行车不属于非机动车。《道路交通安全法》第 119 条第 3 项、第 4 项规定："'机动车'，是指以动力装置驱动或者牵引，上道路行驶的供人员乘用或者用于运送物品以及进行工程专项作业的轮式车辆。'非机动车'，是指以人力或者畜力驱动，上道路行驶的交通工具，以及虽有动力装置驱动但设计最高时速、空车质量、外形尺寸符合有关国家标准的残疾人机动轮椅车、电动自行车等交通工具。"根据《道路交通安全法》的规定，机动车、非机动车在逻辑上是非此即彼的排斥关系。既然符合国家标准的残疾人机动轮椅车、电动自行车等交通工具是非机动车，超标电动自行车则不属于非机动车。（2）超标电动自行车符合机动车类别中摩托车的技术条件。2012 年 9 月 1 日施行的《机动车运行安全技术条件》（强制性国家标准 GB 7258—2012，以下简称《机动车国标》）将摩托车界定为由动力装置驱动，具有两个或者三个车轮的道路车辆，并将电驱动、最大设计车速不大于 20 公里/小时、具有人力骑行功能，且整车整备质量、外廓尺寸、电动机额定功率等指标符合国家标准规定的两轮车辆等四类车排除在外。其中，最大设计车速不大于 50 公里/小时的属于轻便摩托车，最大设计车速大于 50 公里/小时的属于普通摩托车。根据该规定，超标电动自行车已达到轻便摩托车甚至普通摩托车的技术条件，故属于机动车。（3）出于安全保障需要有必要将超标电动自行车认定为机动车。实践中，为满足消费者快捷出行的需求，大部分电动自行车生产厂商制造的电动自行车的最高车速大于 20 公里/小时，整车质量也超过 40 千克。这些超标电动自行车速度较快，安全性能较低，加之一些驾驶员无视道路交通安全法律法规，导致交通事故频发，超标电动自行车已成为继摩托车之后事故最多发的车型之一。为有力保障道路交通安全和人民群众人身财产安全，对醉酒驾驶超标电动自行车的行为应当作为犯罪处理。

本案中，被告人林某醉酒后驾驶的电动自行车设计最高车速大于 20 公里/小时，整车质量超过 40 千克，已达到轻便摩托车的技术标准，属于机动车，据此应当认定林某醉酒驾驶电动自行车的行为构成危险驾驶罪。

另一种观点认为不宜将超标电动自行车认定为"机动车"，在道路上醉酒驾驶超标电动自行车的，不构成危险驾驶罪。

我们赞同后一种意见。具体分析如下。

（一）危险驾驶罪属于行政犯，对"机动车"等概念性法律术语的理解应当与其所对应的行政法规保持一致，不能随意扩大解释

目前，对于超标电动自行车是否属于机动车，相关行政法规并未作出明确规定。虽

然根据《机动车国标》对摩托车的规定，部分超标电动自行车符合摩托车的技术条件，似属机动车，但《机动车国标》并未明确规定超标电动自行车属于机动车，只是规定符合国家标准的残疾人机动轮椅车、电动自行车不属于摩托车。退而言之，即使《机动车国标》明确规定超标电动自行车属于机动车，其法律性质与效力也存在疑问。《标准化法》规定，保障人体健康、人身、财产安全的标准和法律、行政法规规定强制执行的标准是强制标准，必须执行。据此，《机动车国标》属于强制性国家标准，但强制性国家标准是否属于行政法规、部门规章，法律并无明确规定。虽然从其设置的权利义务和效力等实质要件判断，强制性国家标准与部门规章并无实质差异，但从其制定与发布的程序、体系结构、名称内容等形式要件判断，其不属于部门规章，只是接近于行政规范性文件。因此，国家标准对人民法院审理案件有一定的参考价值，但不具有法律规范意义上的约束力。只有行政法规或者部门规章明确规定超标电动自行车属于机动车之后，人民法院才能据此认定超标电动自行车属于法律意义上的机动车。在此之前，不应片面地以超标电动自行车符合《机动车国标》的规定，或者以《道路交通安全法》未排除超标电动自行车属于机动车为由，认定醉酒驾驶超标电动自行车或者驾驶超标电动自行车追逐竞驶情节恶劣的行为构成危险驾驶罪。这种认定，属于不合理的扩大解释，违反了罪刑法定原则，在实践层面还会造成行政执法的困境。《道路交通安全法》规定，无证驾驶机动车应当受行政处罚，但公安机关交通管理部门从未颁发过超标电动自行车驾驶证，故无权对无证驾驶超标电动自行车的行为进行处罚，对醉驾超标电动自行车者吊销机动车驾驶证的行政处罚更是无从谈起。

（二）将超标电动自行车作为机动车进行规定和管理存在较多困难

一是当前尚不具备将超标电动自行车规定为机动车的现实条件。2009年6月25日制定的《电动摩托车和轻便摩托车通用技术条件》（强制性国家标准GB 24157—2009，以下简称《摩托车国标》）本拟于2010年1月1日施行，但其关于最大设计车速为20～50公里/小时的属于轻便摩托车的规定，遭到电动自行车生产厂商和消费者的抵制。因目前生产和销售的大部分电动自行车的最大设计车速已超过20公里/小时，如果将这部分电动自行车作为轻便摩托车进行管理，会导致大量生产厂商被迫停业停产整顿甚至转产，也会增加消费者的出行成本，导致购买力大幅下降。2009年12月15日，国家标准化管理委员会不得不专门就电动摩托车相关标准实施事项下发通知（国标委工一〔2009〕98号），决定暂缓实施《摩托车国标》等4项国家标准中涉及电动轻便摩托车的内容，并表示将加快电动自行车国家标准的修订工作。2012年5月11日，《机动车国标》发布后，再次引发关于超标电动自行车是否属于机动车的争议。同年8月14日，国家标准化管理委员会在与公安部、工业和信息化部、交通运输部、中国轻工业联合会、中国自行车协会等部门代表和有关专家参加的座谈会上达成一致意见，国家标准《电动自行车通用技术条件》的修订要适应产业发展的新形势，其不受限于《机动车国标》等现有国家标准相关条款的规定。在《电动自行车通用技术条件》新标准出台后，国家标准化管理委员会将及时梳理和调整相关国家标准，保持国家标准之间的一致性。因此，超标车的性质仍需留待电动自行车国标修订完善时予以明确。二是将超标电动自行车作为机动车进行管理难度较大，且超标电动自行车在机动车道上行驶存在较大安全隐患。根据机动车管理的相关规定，机动车在上路行驶前，应当通过公安机关交通管理部门的登记审查，获得机动车登记证书、号牌和行驶证，投保机动车交通事故责任强制保险，机动车驾驶人还应当考取机动车驾驶证。这些工作需要投入大量的人力、物力和时间。超标电动自行车一旦证照齐全，就可以在机动车道上行驶。但如果有大量超标电动自行车与汽车、摩托车在有限的机动车道上抢行，无疑会造成一种无序状态，大大增加交通事故发生的概率。

（三）公众普遍认为超标电动自行车不属于机动车，此类醉酒驾驶或者追逐竞驶的行为人往往不具有相关违法性认识

与故意杀人、抢劫、强奸等自然犯不同，危险驾驶罪是行政犯，对行为人违法性认识的要求更高。不仅要求行为人认识到自己是在驾驶的事实，还要求行为人认识到驾驶的车辆属于法律意义上的机动车。从该罪防范社会危险的罪质特征考虑，判断行为人是否认识到其驾驶的车辆属于法律意义上的机动车，需要根据一般人的生活经验、认识水平和理解能力进行综合评价。如前所述，国家既未对超标电动自行车的法律属性作出明确规定，又未对其按照机动车进行管理，在此情况下要求普通公众认识到超标电动自行车属于机动车，既不现实，也不妥当，甚至有些强人所难。因此，目前醉酒驾驶超标电动自行车或者驾驶超标电动自行车追逐竞驶的行为人普遍不具有构成危险驾驶罪所需的违法性认识。如对这种行为追究刑事责任，则违背了主客观统一的定罪原则。实践中，有的地方为了解决行为人的主观故意的认识因素问题，由交通管理部门出具情况说明或者鉴定意见，称涉案的超标电动自行车属于机动车。然而，这种做法既不能证明行为人认识到自己驾驶的电动自行车属于超标电动自行车，更不能证明行为人认识到超标电动自行车属于机动车。况且，在相关行政法规未明确规定超标电动自行车属于机动车的情况下，地方交通管理部门或者鉴定机构认定超标电动自行车属于机动车，超出了其权限范围。本案被告人林某到案后认罪，且未提出上诉，并非因为其认为自己驾驶的电动自行车属于机动车，而是基于"醉酒驾车一律要受刑事处罚"的错误认识。故不能因为林某认罪，就简单认为其具有危险驾驶的违法性认识。

（四）将醉驾超标车等行为以危险驾驶罪定罪处罚，打击面过大，社会效果不好

电动自行车因其方便快捷，已成为人们常用的重要交通工具之一。据统计，我国电动自行车保有量目前已超过1.6亿辆，且逐年快速递增。由于大部分电动自行车都存在超标现象，如果将醉酒驾驶超标电动自行车等行为一律作为犯罪处理，将会大大扩大刑法的打击面。这样的效果并不好，甚至会出现影响社会稳定的不和谐因素。从这个角度考虑，对醉酒驾驶超标电动自行车等行为也不宜作为犯罪处理。行为人驾驶超标电动自行车超速行驶的（超过15公里/小时），可以对其处以警告、罚款或者扣留车辆的行政处罚。如果发生轻微交通事故，可以通过民事赔偿予以补救。如果发生重大交通事故，符合交通肇事罪构成要件的，可以依法处理。

当然，一些地方醉酒驾驶超标电动自行车的现象较为严重，发生多起交通事故，也确实需要高度重视超标电动自行车存在的安全隐患。这需要相关主管部门采取有力措施，规范电动自行车的生产和消费市场，修改完善电动自行车运行安全技术条件，适当提高电动自行车的最大设计车速。必要时，可以考虑将其中一部分符合摩托车技术条件的超标电动自行车作为机动车进行管理。但在有关部门明确将超标电动自行车纳入机动车产品目录进行规范之前，公安、司法机关不宜因醉酒驾驶超标电动自行车的行为对道路交通安全构成较大威胁，就将其认定为犯罪。综上考虑，类似本案情形，作无罪处理更为妥当。

问题2. 醉酒后在道路上挪动车位的行为是否构成危险驾驶罪

【刑事审判参考案例】 唐某某危险驾驶案①

一、基本案情

被告人唐某某，男，1987 年生，公司员工。2012 年 11 月 8 日因涉嫌犯危险驾驶罪被取保候审。

重庆市南岸区人民检察院以被告人唐某某犯危险驾驶罪，向重庆市南岸区人民法院提起公诉。

被告人唐某某及其辩护人提出，唐某某归案后如实交代自己的犯罪事实，且在发生碰撞事故后积极主动赔偿，请求法庭对其从轻处罚且适用缓刑。

重庆市南岸区人民法院经公开审理查明：2012 年 10 月 28 日晚，被告人唐某某和朋友赵某等人在重庆市南岸区福利社大河口鱼庄吃饭时饮酒。当日 21 时许，唐某某的女友郑某驾驶车牌号为渝 A68×××的双环牌越野车载唐某某、赵某等人回家，行驶至南坪东路现代女子医院附近时，与车牌号为渝 A1T×××的出租车发生剐擦。郑某将车开至福红路交巡警平台接受处理。郑某停车时挡住了阳光华庭小区的后门车库，民警催促其挪车。唐某某因郑某驾驶技术不好，便亲自驾车挪动位置（车上另有一人）。在此过程中，其驾驶车辆撞上停靠在路边的车牌号为渝 AYY×××的起亚汽车。民警立即将唐某某抓获。经鉴定，唐某某血液酒精含量为 206.7 毫克/100 毫升。案发后，唐某某赔偿起亚汽车车主车辆维修费人民币 2600 余元。

重庆市南岸区人民法院认为，被告人唐某某违反道路交通安全法规，醉酒后驾驶机动车辆在道路上行驶，其行为构成危险驾驶罪。唐某某血液酒精含量为 206.7 毫克/100毫升，醉酒程度特别严重，且具有发生事故、搭载他人的酌定从重处罚情节。案发后，唐某某如实交代犯罪事实，且积极主动赔偿，可从轻处罚。综合考虑本案具体情节，唐某某不具备适用缓刑的相关条件，不宜适用缓刑。据此，依照《刑法》第 133 条之一第 1款、第 52 条、第 53 条、第 67 条第 3 款之规定，重庆市南岸区人民法院以被告人唐某某犯危险驾驶罪，判处拘役四个月，并处罚金人民币二万元。

一审宣判后，被告人唐某某提出上诉，基于以下理由请求二审改判缓刑并降低罚金数额：（1）其撞车后没有逃跑，配合民警查处，如实供述了犯罪事实，应当认定为自首；（2）其挪车行为情节轻微，社会危害不大，且已积极赔偿被害人经济损失，取得谅解；（3）原判量刑过重，罚金数额过高。其辩护人提出相同辩护意见。

重庆市第五中级人民法院经审理认为，原判认定事实不清，证据不足，遂依照《刑事诉讼法》第 225 条第 1 款第 3 项之规定，裁定撤销重庆市南岸区人民法院 (2012) 南法刑初字第 1316 号刑事判决，发回重新审判。后重庆市南岸区人民检察院撤回起诉。

二、主要问题

醉酒后在道路上挪动车位的行为是否构成危险驾驶罪？

---

① 刘贵华撰稿：《唐某某危险驾驶案——醉酒后在道路上挪动车位的行为是否构成危险驾驶罪（第 895 号）》，载中华人民共和国最高人民法院刑事审判第一、二、三、四、五庭主办：《刑事审判参考》（总第 94 集），法律出版社 2014 年版，第 16 ~ 20 页。

三、裁判理由

本案在二审审理过程中，对被告人唐某某的行为是否构成犯罪存在较大争议。第一种意见认为，唐某某违反道路交通安全法规，醉酒后在城市道路上移动车辆，其血液酒精含量为206.7毫克/100毫升，醉酒程度特别严重，并有发生碰撞事故、搭载他人等情节，应当以危险驾驶罪从重处罚，判处实刑。第二种意见认为，唐某某的行为不符合危险驾驶罪的构成要件，其行为不构成犯罪。首先，综合唐某某的驾驶目的和驾驶距离很短、驾驶速度较慢等情节，其行为不具备危害公共安全的抽象危险。其次，唐某某不具有危险驾驶的故意，其饮酒后将汽车交由女朋友驾驶，后因女朋友驾驶技术不好发生剐擦事故且在交巡警平台接受调查，故决定自己挪车。唐某某在倒车时已控制车速，其难以认识到慢速短距离的挪车行为会发生危险，故不具有该罪的主观故意。第三种意见认为，唐某某的行为构成危险驾驶罪，但属情节轻微，可以不起诉或者免予刑事处罚。

我们赞同第三种意见，具体分析如下。

（一）行为人只要在道路上醉酒驾驶机动车，即具有法律拟制的危险性，符合危险驾驶罪的客观要件

《刑法》第133条之一第1款规定，在道路上醉酒驾驶机动车的，处拘役，并处罚金。根据该规定，危险驾驶罪不以发生具体危害后果为构成要件，理论上属于抽象危险犯，即立法上根据一般人的社会生活经验，将在道路上醉酒驾驶机动车的行为类型化为具有发生危害结果的紧迫（高度）危险。该危险不需要司法上的具体判断，只要行为人实施了在道路上醉酒驾驶机动车的行为，就推定其具有该类型化的紧迫危险，符合危险驾驶罪的客观要件。除非根据一般人的社会生活经验，认为具体案件中的特别情况导致该醉驾行为根本不存在任何危险时，司法上才需要进行判断，但这种例外情形在生活中极其罕见。即便是未醉酒情形下的简单倒车行为，因控制不好车速、车距而与其他车辆发生碰撞，甚至将油门当作刹车猛踩，造成他人重伤、死亡的个案也非常普遍，更不用说醉酒状态下的倒车行为。故以驾驶距离较短、速度较慢为由主张醉酒驾驶没有危险，理由上难以成立。本案中，虽然唐某某的驾驶目的是将车挪动到几米外的路对面停放，并慢速倒车，但从其行为最终发生与其他车辆碰撞的结果分析，其驾驶能力已受到酒精的严重影响，其醉酒后挪动车位的行为不仅具有发生危害结果的高度危险，而且已发生了实害结果，符合危险驾驶罪的客观要件。

（二）行为人明知自己饮酒仍在道路上驾驶机动车，具有危险驾驶罪的主观故意

危险驾驶罪属于抽象危险犯和行政犯，判断行为人是否具有醉酒驾驶机动车的主观故意，应当充分考虑其罪质特点。犯罪故意是认识因素和意志因素的统一。在认识因素方面，行为人应当对该罪的构成要件要素"道路""醉酒""驾驶""机动车"的社会意义有一定认识。该认识不要求达到确切的程度，行为人只要认识到其是在饮酒后驾驶机动车即可，至于其饮酒后血液酒精含量是否达到80毫克/100毫升、驾驶的路段是否属于法律意义上的道路等内容，均不属于认定行为人犯罪故意的主观要素范围。同时，行为人还应对在道路上醉酒驾驶机动车具有危险性有一定的认识，但该认识以一般人的社会生活经验为根据，而不是以行为人自己的判断为标准，更不要求行为人对危险性程度及是否会发生危害结果有确切具体的认识。在意志因素方面，要求行为人对其在道路上醉酒驾驶机动车可能发生的危险持放任态度。本案中，唐某某饮酒后将车交给其女朋友驾驶，表明其已认识到在道路上醉酒驾驶机动车具有高度危险性，且明知这是一种违法行

为，故采取了避免措施。但唐某某在其女朋友驾车发生事故，民警要求挪动车位时，误认为其饮酒后的驾驶技术仍好于其女朋友而主动上车驾驶，反映出其虽然认识到醉驾行为具有危险性，但为挪动车位而置这种危险状态于不顾，故应当认定其具有危险驾驶的主观故意。

（三）对于为挪动车位而在道路上醉酒驾驶机动车，且行驶距离较短、速度较慢、未发生严重后果的，可以不作为犯罪处理

对于行为人出于符合情理的驾驶目的，在道路上醉酒驾驶机动车的，在定罪处罚时应当深入贯彻宽严相济刑事政策，该从宽的，一定要体现从宽政策。就为挪车而短距离醉驾的案件而言，如果没有发生实际危害结果或者仅发生轻微碰擦后果的，可以根据具体情节，认定犯罪情节显著轻微，适用"但书"条款，不作为犯罪处理或者作免予刑事处罚处理。如果仅发生轻微的交通事故，致使车辆刮擦、致人轻微伤等，且行为人认罪、悔罪，积极赔偿被害人损失并取得谅解的，也可以不作为犯罪处理或者作免予刑事处罚处理。如果发生致人轻伤以上的交通事故，一般不宜认为犯罪情节显著轻微，但结合具体案情，行为人的认罪、悔罪表现和赔偿情况，为体现从宽处罚精神，可以对被告人适用缓刑。

本案中，唐某某一开始并无醉酒驾驶机动车的主观故意，而是在其女朋友驾车发生事故，妨碍其他车辆通行，民警要求挪车的特殊情况下，才产生醉驾犯意，故其主观恶性明显小于其他主动醉酒驾驶机动车的行为人。从唐某某实施的行为看，其发动汽车后并未快速行驶，而是控制车速缓慢倒车，准备将车停放在几米外的道路对面，该行为的危险性明显小于醉酒驾驶机动车高速行驶、长距离行驶的情形。虽然唐某某的醉驾行为发生了实际危害结果，但只是轻微的车辆碰撞，且其积极赔偿车主修车费用，具有认罪、悔罪表现。故综合考虑上述情节，对唐某某的行为不作为犯罪处理或者作不起诉处理或者定罪免刑处理均符合法律规定。

问题 3. 醉酒驾驶机动车致本人受伤的如何处理

【实务专论】

对于发生交通事故仅致本人受伤或者财产损失的，系被告人为自己的犯罪行为付出的代价，不应因此对其从重处罚。只有造成他人受伤或者公私财产损失的，才对量刑产生影响。[1]

【刑事审判参考案例1】 郑某某危险驾驶案[2]

一、基本案情

被告人郑某某，男，1994年生，农民。2012年10月11因涉嫌犯危险驾驶罪被取保候审。

---

[1] 高贵君、马岩、方文军、曾琳：《〈关于办理醉酒驾驶机动车刑事案件适用法律若干问题的意见〉的理解与适用》载《人民司法（应用）》2014年第3期。

[2] 夏伟、李鹏撰稿，马岩审编：《郑某某危险驾驶案——醉酒驾驶机动车致使本人重伤的是否构成交通肇事罪（第900号）》，载中华人民共和国最高人民法院刑事审判第一、二、三、四、五庭主办：《刑事审判参考》（总第94集），法律出版社2014年版，第39~42页。

重庆市长寿区人民检察院以被告人郑某某犯交通肇事罪，向重庆市长寿区人民法院提起公诉。

重庆市长寿区人民法院经公开审理查明：2012年8月17日0时30分许，被告人郑某某饮酒后驾驶无牌照的二轮摩托车搭载朱某由重庆市长寿区葛兰镇往城区方向行驶。当行至长大路清风桥路段时，由于郑某某操作不当，其驾驶的摩托车撞到树上，致郑某某、朱某受伤，车辆受损。后郑某某、朱某被送往医院治疗。同日4时6分，公安人员在医院为郑某某提取血液样本。经鉴定，郑某某的损伤程度为重伤，朱某的损伤程度为轻伤，郑某某血液酒精含量为105.5毫克/100毫升。郑某某未取得机动车驾驶证，其到案后如实供述了犯罪事实。

重庆市长寿区人民法院认为，被告人郑某某酒后驾驶机动车致本人重伤，不符合交通肇事罪的构成要件，不构成交通肇事罪。

重庆市长寿区人民检察院随即变更起诉，指控郑某某犯危险驾驶罪。重庆市长寿区人民法院认为，郑某某未取得机动车驾驶证，醉酒后驾驶无牌照机动车并发生交通事故，其行为构成危险驾驶罪。郑某某到案后如实供述自己的罪行，且其血液酒精含量较低，情节轻微，可以免予刑事处罚。据此，依照《刑法》第133条之一第1款、第67条第3款、第37条之规定，重庆市长寿区人民法院以被告人郑某某犯危险驾驶罪，判处免予刑事处罚。

一审宣判后，被告人郑某某未提出上诉，检察机关亦未抗诉，该判决已发生法律效力。

二、主要问题

醉酒驾驶机动车致使本人重伤的，是否构成交通肇事罪？

三、裁判理由

本案审理过程中，对被告人郑某某的行为定性存在两种意见。一种意见认为，郑某某的行为构成交通肇事罪。理由是，《最高人民法院关于审理交通肇事刑事案件具体应用法律若干问题的解释》第2条第2款规定："交通肇事致一人以上重伤，负事故全部或者主要责任，并具有下列情形之一的，以交通肇事罪定罪处罚：（一）酒后、吸食毒品后驾驶机动车辆的……"该条并未明确排除致本人受伤的情况。郑某某酒后驾驶的行为危害了不特定多数人的生命、身体或财产安全，既致本人重伤，也致他人轻伤，故其行为构成交通肇事罪。另一种意见认为，郑某某的行为不构成交通肇事罪，而构成危险驾驶罪。理由是，犯罪是对他人法益的侵害，一般情况下自损行为不构成犯罪（对生命权的处分除外），除非这种自损行为危及国家和公共安全。因此，《最高人民法院关于审理交通肇事刑事案件具体应用法律若干问题的解释》规定的"致一人以上重伤"中的"人"不应当包括本人，且对致本人重伤的行为定罪有违社会一般人的观念。郑某某酒后驾驶机动车，致车上乘客受轻伤，其行为后果尚未达到《最高人民法院关于审理交通肇事刑事案件具体应用法律若干问题的解释》规定的严重程度，其行为不构成交通肇事罪，但郑某某在道路上醉酒驾驶机动车的行为符合危险驾驶罪的构成要件，故应当以危险驾驶罪定罪处罚。

我们赞同后一种意见。具体分析如下。

（一）犯罪一般是对他人法益的侵害，单纯的自损行为不构成犯罪

自损行为，是指行为人侵害自己法益的行为，这种行为原则上没有违法性，因为在不危及国家、公共安全的前提下，自然人有权在不侵害他人权益的前提下处分自己的权

益（对生命权的处分亦除外）。我国《刑法》及司法解释中以人的伤亡作为定罪量刑条件的，一般不包含对本人造成的伤亡。如《刑法》第233条规定的"过失致人死亡的"，此处的人显然不包括本人。再如故意伤害罪、过失致人重伤罪，《刑法》更是直接明确规定为"故意伤害他人身体""过失伤害他人致人重伤"。例外的情形是，如果这种自损行为同时侵害他人的权益，危及国家和公共安全，则应当依法定罪处罚。如军人战时自伤、在自己身上绑上炸弹并在公共场所实施爆炸等。

（二）对《最高人民法院关于审理交通肇事刑事案件具体应用法律若干问题的解释》中"致一人以上重伤"中的"人"应当作不包括本人的限缩解释

限缩解释，是指缩小法律条文之文义，使之局限于核心意义，以正确阐释法律条文真实合理含义的解释方法。《最高人民法院关于审理交通肇事刑事案件具体应用法律若干问题的解释》中规定的致"人"死亡、致"人"重伤等，如果按照文字本身之义，"人"包括本人和他人，但如此理解就会带来逻辑上的混乱。例如，《最高人民法院关于审理交通肇事刑事案件具体应用法律若干问题的解释》第2条第1款第1项规定交通肇事罪的定罪条件之一为"死亡一人或者重伤三人以上，负事故全部或者主要责任的"。很显然，此处的"死亡一人"不包括本人，因为如果本人已死亡，再规定其行为构成犯罪既无法律上的必要，也没有实际意义。从《刑法》的体系解释来看，同一法条或者关联法条中相同文字的内涵与外延应当是一致的。既然"死亡一人"的"人"不包括本人，那么"重伤三人"的"人"也不应包括本人。同理，该法条第2款中的酒后驾驶"致一人以上重伤"中的"人"也不应当包括本人。

（三）对过失致本人重伤的行为定罪量刑有违社会一般人的认识

犯罪的本质特征是达到应受刑罚处罚程度的社会危害性，即社会危害性达到一定严重程度的行为才构成犯罪，酒后驾车致本人重伤的人，由于其并未对他人造成实际损失，而本人又是事故的实际受害人，往往成为同情对象，如将此种行为定罪处罚，有违常识、常情、常理。从纵向比较，故意伤害自己的行为不构成犯罪，举重以明轻，过失致本人重伤的亦不应构成犯罪。从横向比较，过失致人重伤罪要求致他人重伤才构成犯罪，同为过失犯罪，若在交通肇事案件中过失致本人重伤就构成犯罪，则将破坏罪刑阶梯构建的平衡。

综上，本案被告人郑某某醉驾致本人重伤的结果，不应作为交通肇事罪的构成要件进行评价，但其在道路上醉酒驾驶机动车的行为本身已具备危险驾驶罪的构成要件，依法应当予以惩处。根据最高人民法院、最高人民检察院、公安部2013年12月18日印发的《关于办理醉酒驾驶机动车刑事案件适用法律若干问题的意见》第2条第1项的规定，对造成交通事故且负事故全部或者主要责任的醉驾行为，应从重处罚。郑某某醉酒驾驶无牌照的二轮摩托车，搭载他人并发生交通事故致他人轻伤，本应适用从重处罚原则，但鉴于郑某某刚刚成年不久，又因其醉驾行为受了重伤，给其家庭已添加重大负担，如果再施以严厉的刑罚，有违刑罚人道、谦抑之精神，故可对其酌情从宽处罚，判处缓刑更为妥当。

【刑事审判参考案例2】杨某危险驾驶案①

一、基本案情

被告人杨某，男，1971年生，工人。

H省S市某区人民检察院以被告人杨某犯危险驾驶罪，向S市某区人民法院提起公诉。

被告人杨某对指控的事实及罪名无异议。

S市某区人民法院经公开审理查明：2011年10月14日22时许，被告人杨某酒后驾驶车牌号为豫MD9×××的二轮摩托车沿S市某路自南向北行驶至交叉口北约100米处时摔倒。路人报警后，交通警察将杨某送往医院救治，随后对其抽血送检。经鉴定，杨某血液酒精含量为224.06毫克/100毫升，属于醉酒驾驶机动车。

S市某区人民法院认为，被告人杨某在道路上醉酒驾驶机动车，其行为构成危险驾驶罪。杨某归案后能如实供述犯罪事实，认罪态度较好，且系初犯，对其可以酌情从宽处罚。据此，依照《刑法》第133条之一第1款、第52条、第53条之规定，S市某区人民法院以被告人杨某犯危险驾驶罪，判处拘役一个月十五日，并处罚金人民币1500元。

宣判后，被告人杨某不服，基于以下理由向S市中级人民法院提起上诉：其系酒后推摩托车行走，推行时摔倒才导致自己锁骨骨折，且摩托车未损坏，其行为不构成犯罪。

S市中级人民法院认为，上诉人杨某醉酒驾驶摩托车，其行为构成危险驾驶罪。杨某提出的其系酒后推摩托车行走的上诉理由与查明的事实不符，不予采纳。虽然杨某血液酒精含量偏高，醉酒状态严重，但鉴于杨某系初犯，除自身摔伤外，未造成其他后果，犯罪情节轻微，可对其免予刑事处罚。据此，依照《刑事诉讼法》（1996年）第189条第1款第3项②和《刑法》第133条之一第1款、第37条之规定，S市中级人民法院判决如下：（1）撤销某区人民法院（2012）湖刑初字第57号刑事判决。（2）被告人杨某犯危险驾驶罪，免予刑事处罚。

二、主要问题

醉酒驾驶仅致本人受伤的如何处理？

三、裁判理由

对于在道路上醉酒驾驶机动车，发生事故仅致本人受伤的，对行为人的行为如何评价，司法实践中存在不同意见。本案在审理过程中，对杨某的行为定性及理由大致形成三种意见：第一种意见认为，行为人醉酒驾驶机动车发生交通事故，说明其醉酒程度较高，驾驶行为的危险性也较大，无论是致本人受伤，还是致他人受伤，都属于危险驾驶行为发生的危害结果。危险驾驶罪属于抽象危险犯，对于发生实际危害结果的，应当从重处罚。第二种意见认为，行为人醉酒驾驶仅致本人受伤的，不属于危险驾驶罪的危害结果，且考虑到其已因自己的犯罪行为受到较大损害，可免予刑事处罚。第三种意见认为，危险驾驶仅致本人受伤的，不属于危险驾驶罪构成要件中必须具备的危害结果，是

① 蔡智玉撰稿：《杨某危险驾驶案——醉酒驾驶仅致本人受伤的如何处理（第917号）》，载中华人民共和国最高人民法院刑事审判第一、二、三、四、五庭主办：《刑事审判参考》（总第94集），法律出版社2014年版，第129～132页。

② 对应《刑事诉讼法》（2018年修正）第236条第1款第3项。

否酌情从宽处罚以及从宽处罚的幅度，需要结合具体案情作出判断。

这三种意见均认为杨某的行为构成危险驾驶罪，但处罚意见和理由不尽相同。我们同意第三种意见，具体分析如下。

（一）危险驾驶罪不以发生危害结果为入罪要件，醉酒后驾驶机动车即可构成本罪

危险驾驶罪系抽象危险犯，刑法并未以发生实际危害后果作为该罪构成要件。对于抽象危险犯，只要实施了刑法所类型化的危险行为，即该行为只要具有发生危害结果的高度危险，就达到了纳入刑法评价的严重程度。故通常情况下，只要行为人在道路上醉酒驾驶机动车，就可认定其对道路交通安全和他人人身财产安全构成一种紧迫危险的状态，即符合醉驾型危险驾驶罪的构成特征。

（二）危险驾驶案件中发生的交通事故后果是否作为从重处罚情节，需要结合具体情形而定

一般情况下，危险驾驶发生交通事故，说明该行为具有了现实危险性，但是否作为从重处罚情节，仍需区分具体情形。在醉驾型危险驾驶案件中，交通事故这一后果往往只是作为衡量醉酒程度的指标之一。一般而言，发生交通事故比未发生交通事故体现的醉酒程度要更为严重，从而可以在法定刑幅度内从重处罚。当然，血液酒精含量高的，因个体差异也未必发生交通事故，故还应当结合具体案情对交通事故这一后果所带来的量刑影响进行综合评定。危险驾驶行为入刑主要因其侵害了公共安全，即侵害了不特定多数人的人身、财产安全。危险驾驶仅造成本人死亡的，失去了刑法评价的意义；危险驾驶仅造成本人伤害或者财产损失的，也宜将这一后果视为行为人为自己犯罪行为付出的代价，而不宜作为从重处罚情节。这样的理解，也符合相关司法解释的精神。《最高人民法院关于审理交通肇事刑事案件具体应用法律若干问题的解释》第 2 条关于交通肇事罪的入罪标准和第 4 条关于交通肇事罪"有其他特别恶劣情节"的规定，将交通肇事的财产损失范围限制在"造成公共财产或者他人财产直接损失"，将肇事者的个人财产损失排除在外。因此，对危险驾驶发生交通事故从重处罚的情形，一般不应包括导致本人伤亡或者财产损失的情况。

（三）对于危险驾驶仅致本人受伤且不具有从重处罚情节的，从刑罚的谦抑精神出发，可以酌情从宽处罚

实践中，因驾驶摩托车属于"肉包铁"，常发生行为人醉酒驾驶摩托车撞到树上、掉进沟里、跌倒在地等致本人伤残的后果。这种情况下，行为人的身体和精神已经因其犯罪行为付出了一定程度的代价，如果再对其施以严厉的刑罚，有违刑罚谦抑精神。特别是在有的案件中，行为人是家庭主要经济支柱，因本人遭受伤残而支出的医疗费用已是一笔沉重的负担，加上失去主要经济来源，容易转化为社会负担和不稳定因素。这种情形下，对仅导致自伤的醉酒驾驶行为人科以刑罚或者重罚，社会效果并不好。当然，在具体把握处罚幅度时，应当主要考虑行为人在道路上醉酒驾驶机动车有无法定从重处罚情节，是否属于犯罪情节较轻、情节轻微或者显著轻微，避免单纯将行为人本人受伤作为判断其醉驾情节轻微与否的主要因素。以本案为例，被告人杨某在城市道路上醉酒驾驶摩托车，其血液酒精含量已高达 224.06 毫克/100 毫升，醉酒程度严重，其倒地自伤的结果也说明其驾驶能力受到酒精的严重影响，其驾驶行为具有高度的危险性。考虑到本案没有发生致他人受伤、公私财产损失的交通事故，犯罪情节较轻，故可以对其从轻处罚。这样处理，既以本案具体情节为基础，又适当考虑了被告人自伤的情况，对宽严相

济程度的把握更为妥当。

问题 4. 道路上驾驶机动车从事校车业务，严重超过额定乘员载客，其行为构成危险驾驶罪

【地方参考案例】吕某某危险驾驶案①

一、基本案情

2019 年 10 月 18 日 7 时许，被告人吕某某无驾驶资格驾驶黑 EG0×××号中型普通客车接送学生及幼儿行驶至泰来六三农场场部原卫生院西侧公路时，被公安机关当场查获。该车核定载人数 11 人，实际载人数 24 人，超员 13 人，超员达 118%。经侦查，被告人吕某某于案发当日被公安机关在案发现场抓获。

被告人吕某某无驾驶资格驾驶机动车从事校车业务，严重超过额定乘员载客，其行为已构成危险驾驶罪。吕某某犯危险驾驶罪，依法应处拘役，并处罚金。吕某某无驾驶资格驾驶机动车，可作为从重处罚情节予以考虑。吕某某到案后，能够如实供述主要犯罪事实，且认罪认罚，依法可从轻处罚。

综上，黑龙江省泰来县人民法院判决被告人吕某某犯危险驾驶罪，判处拘役二个月，并处罚金人民币 5000 元。

二、主要问题

道路上驾驶机动车从事校车业务严重超过额定乘客载客，如何定罪处罚？

三、裁判理由

根据修改后的《刑法》第 133 条之一的规定，构成危险驾驶罪的行为共有四种，其中新增"从事校车业务或者旅客运输，严重超过额定乘员载客，或者严重超过规定时速行驶的"行为。这里所规定的"校车"，是指依照国家规定取得使用许可，用于接送接受义务教育的学生上下学的 7 座以上的载客汽车。依照国务院颁布的《校车安全管理条例》的有关规定，从事校车业务应当取得许可。禁止使用未取得校车标牌的车辆提供校车服务。这里规定的从事旅客运输的车辆，包括需要具备营运资格的公路客运、公交客运、出租客运、旅游客运，以及其他从事旅客运输的微型面包车等非营运客车。从事旅客运输的驾驶人员需要具备一定的资质，由有关部门颁发准驾证明。

实践中需要注意的是，有的从事校车业务的车辆并未取得许可，有的从业人员并不具备相关资质，有的客运车辆驾驶员并不具备相应的驾驶资格。但是，未取得许可或者不具备相关资质，不影响本罪刑事责任的认定，只要是从事了校车业务或者旅客运输，严重超过额定乘员载客，或者严重超过规定时速行驶的，都应当依照本条规定追究刑事责任。

本案中，被告人吕某某无驾驶资格驾驶机动车从事校车业务，严重超过额定乘员载客，其行为已构成危险驾驶罪。吕某某无驾驶资格驾驶机动车，可作为从重处罚情节予以考虑。从事校车业务和旅客运输的车辆严重超员、超速易造成不良影响和严重的社会危害，因此，只要从事校车业务的机动车和旅客运输车辆严重超员、超速的，无论是否造成严重后果，都应当以危险驾驶罪追究刑事责任。

---

① 参见黑龙江省泰来县人民法院（2020）黑 0224 刑初 122 号刑事判决书。

问题 5. 追逐竞驶造成交通事故尚不构成交通肇事罪的，是构成危险驾驶罪还是以危险方法危害公共安全罪

【实务专论】

危险驾驶罪包括追逐竞驶与醉酒驾车两种类型，但刑法对二者设置了不同的犯罪构成条件，追逐竞驶要求情节恶劣才构成危险驾驶罪，而醉酒驾车不需要这项条件。也就是说，并不是所有的追逐竞驶行为都构成犯罪，根据其危害程度，追逐竞驶的行为性质也不同。追逐竞驶情节一般的，仅属于行政违法行为；追逐竞驶情节恶劣的，才构成危险驾驶罪。如果追逐竞驶符合以危险方法危害公共安全罪的构成条件的，可以依法认定为该罪。由于危险驾驶罪的法定刑远远低于以危险方法危害公共安全罪，故追逐竞驶行为要附加比"情节恶劣"更高的条件，才可能构成以危险方法危害公共安全罪。另外，当追逐竞驶造成人员伤亡或者重大财产损失，不构成以危险方法危害公共安全罪，但符合交通肇事罪构成条件时，应认定为交通肇事罪。追逐竞驶型危险驾驶罪与以危险方法危害公共安全罪在主观要件上都是故意，客观上都具有危害公共安全的危险，但构成以危险方法危害公共安全罪的危险应当与放火、决水等四种行为相当。因此，判断追逐竞驶行为是否构成以危险方法危害公共安全罪，关键是看行为本身的危险程度。以危险方法危害公共安全罪包括尚未造成严重后果与致人重伤、死亡或者使公私财产遭受重大损失两种类型，故可以区分是否发生严重后果来进一步讨论追逐竞驶行为是否构成以危险方法危害公共安全罪。

1. 追逐竞驶情节恶劣，但没有发生交通事故或者发生较轻交通事故的，通常只构成危险驾驶罪，极少数情况下可能构成以危险方法危害公共安全罪。在《刑法修正案（八）》实施前，由于没有危险驾驶罪这一罪名，对于极少数造成较轻交通事故的追逐竞驶行为，为体现从严惩处，不排除有按照以危险方法危害公共安全罪处理的情况。《刑法》增设危险驾驶罪后，追逐竞驶情节恶劣的才构成危险驾驶罪，故准确界定"情节恶劣"对于厘清相关罪名之间的界限具有重要意义。一般认为，在道路上驾驶机动车有下列情形之一的，属于追逐竞驶情节恶劣，可以认定为危险驾驶罪：酒后、吸毒后追逐竞驶的；无驾驶资格驾驶机动车追逐竞驶的；驾驶非法改装的机动车追逐竞驶的；以超过规定时速50%的速度追逐竞驶的；在车流量大、行人多的道路上追逐竞驶的；多人或者多次追逐竞驶的；追逐竞驶引起交通严重堵塞或者公共恐慌的；使用伪造、变造或者其他机动车号牌，或者故意遮挡、污损、不按规定安装机动车号牌的；因追逐竞驶或者飙车受过行政处罚，又追逐竞驶的；其他应当认定为"情节恶劣"的情形，如把追逐竞驶作为赌博手段，追逐竞驶发生交通事故但尚未构成交通肇事罪的。[①] 应当说，上述从追逐竞驶的危险程度、行为人的主观恶性等角度对追逐竞驶"情节恶劣"所作的界定，总体上是适当的。实践中也基本是这样把握的。例如，在北京市首例追逐竞驶犯罪案件中，被告人蒋某认为自己的车被一辆本田车剐蹭，遂驾车追赶本田车并强行并线，致本田车侧翻，蒋某的汽车撞上路边骑车的母女俩和路边停放的两辆汽车。法院以危险驾驶罪判

处蒋某拘役五个月，并处罚金5000元。①

也就是说，在没有发生交通事故或者仅发生较轻交通事故的情况下，追逐竞驶行为如果构成犯罪，一般就是危险驾驶罪，但如果具有与放火、决水等四种行为相当的危险性、破坏性，也可认定构成以危险方法危害公共安全罪。因而，对追逐竞驶情节恶劣的界定存在"度"的问题，极少数追逐竞驶行为因危险程度高，可以认定为以危险方法危害公共安全罪的，就不能再"降格"认定为追逐竞驶情节恶劣。在具体判断上，可以从车辆安全状况（特别是刹车装置）、有无驾驶能力（是否取得驾照，是否醉酒、吸毒）、驾驶方式（是否闯红灯、逆行）、行车速度（是否超速以及超速程度）、交通状况（是否车辆、行人较多，能见度低）等多个角度分析，看该追逐竞驶行为是否足以产生与放火、决水等四种行为相当的危险性和破坏性。但对这种情形认定为以危险方法危害公共安全罪，须十分慎重。

2. 追逐竞驶造成严重后果，致人重伤、死亡或者使公私财产遭受重大损失的。在这种情况下，所发生的严重后果对于认定追逐竞驶行为的高度危险性具有很强作用，也为认定构成以危险方法危害公共安全罪提供了正当性。但是，由于实践中追逐竞驶的具体情形较为复杂，尚不能仅以发生严重后果作为认定追逐竞驶行为构成以危险方法危害公共安全罪的根据，还要结合行为人的驾驶能力、驾驶方式、追逐竞驶的原因、当时的交通状况等情况综合分析判断。对于追逐竞驶具有与放火、决水等四种行为相当的危险性和破坏性，根据人们的通常认识当然会造成严重危害后果的，可以认定为以危险方法危害公共安全罪。不过，即使造成了严重后果，如果追逐竞驶行为不具有与放火、决水等四种行为相当的危险性和破坏性的，也不能认定为以危险方法危害公共安全罪。该行为符合交通肇事罪的构成条件的，应当认定为交通肇事罪，如不符合交通肇事罪的构成条件，则只能认定为危险驾驶罪。对这一原则的把握，将是审判工作的难点和争议点。特别是对于具有一定社会影响的案件，受舆论炒作的压力，可能会有人主张为了体现从严惩处而将本可认定为交通肇事罪的案件认定为以危险方法危害公共安全罪。司法工作中要避免出现这种现象。②

【刑事审判参考案例】彭某某危险驾驶案③

一、基本案情

被告人彭某某，男，1979年生。1995年12月因犯盗窃罪被判处有期徒刑八年，2011

① 该案的详细案情如下：2011年5月15日14时50分许，被告人蒋某驾驶宝马牌汽车在北京市门头沟区新桥大街上由北向南行驶，蒋某认为同向行驶的王某驾驶的本田汽车剐蹭了她的车，双方停车发生了口角。蒋某称王某不承认刷了她的车并驾车离开，其一气之下驾车从左侧车道猛追，追出50米左右要超过王某的汽车时，突然向右猛打方向盘并线，致使两车相撞并冲出隔离带，撞飞了路边骑车的一对母女，并撞损路边停放的两辆轿车，本田车也当场侧翻。当时本田车中坐有4人，宝马车内坐有2人，庆幸的是车内人员均无大碍。被撞的骑车的母女俩均受轻伤。法院认为蒋某在道路上驾驶机动车竞驶强行并线，挤别本田车造成交通事故，致3辆车损坏、2人轻伤、1人轻微伤，情节恶劣，其行为已构成危险驾驶罪。鉴于蒋某如实供述犯罪事实，事故发生后积极赔偿被害人损失，取得被害人谅解，判处拘役五个月，并处罚金5000元。《宝马女追逐飙车被判拘役 系北京竞驶获刑第一人》，载搜狐新闻，ht-tp：//news.sohu.com/20111204/n327840525.shtml，最后访问时间：2022年10月13日。

② 高贵君、马岩、方文军、曾琳：《〈关于办理醉酒驾驶机动车刑事案件适用法律若干问题的意见〉的理解与适用》载《人民司法（应用）》2014年第3期。

③ 陈琼、肖江峰、张春喜撰稿，马岩审编：《彭某某危险驾驶案——追逐竞驶造成交通事故尚不构成交通肇事罪的，是构成危险驾驶罪还是以危险方法危害公共安全罪（第907号）》，载中华人民共和国最高人民法院刑事审判第一、二、三、四、五庭主办：《刑事审判参考》（总第94集），法律出版社2014年版，第70~73页。

年 8 月 12 日因涉嫌犯危险驾驶罪被取保候审。

北京市密云县人民检察院（现北京市密云区人民检察院）以被告人彭某某犯危险驾驶罪，向密云县人民法院（现北京市密云区人民法院）提起公诉。

被告人彭某某对指控的犯罪事实无异议，但以其已积极赔偿被害人的经济损失为由，提请法庭对其从轻处罚。

密云县人民法院经公开审理查明：2011 年 5 月 11 日 12 时许，被告人彭某某驾驶车牌号为京 PH1×××的桑塔纳汽车行驶至北京市密云县（现北京市密云区）密溪路阳光大桥红绿灯处时，被侯某某（另案处理）驾驶的车牌号为京 N91×××的宝来汽车别挡。后二人驾车在密溪路上高速追逐、相互别挡，驶入该县溪翁庄镇溪翁庄村后仍然相互追逐。二人在别挡过程中，同时撞上溪翁庄镇中学路边停放的车牌号为京 GPV×××的帕萨特汽车，致使三车均遭到不同程度的损坏。彭某某下车后持砖头砸坏侯某某驾驶的宝来汽车的前挡风玻璃。经鉴定，帕萨特、桑塔纳、宝来汽车损坏修复价格分别为人民币 28 000 元、4800 元、6300 元。

密云县人民法院认为，被告人彭某某在道路上驾驶机动车追逐竞驶，情节恶劣，危害公共安全，其行为构成危险驾驶罪。鉴于彭某某认罪态度较好，对其依法可以从轻处罚。据此，依据《刑法》第 133 条之一第 1 款、第 42 条、第 44 条、第 52 条、第 53 条、第 67 条第 3 款、第 61 条之规定，密云县人民法院以被告人彭某某犯危险驾驶罪，判处拘役四个月，并处罚金人民币 2000 元。

一审宣判后，被告人彭某某未提出上诉，检察机关亦未抗诉，判决已发生法律效力。

二、主要问题

追逐竞驶造成交通事故尚不构成交通肇事罪的，是构成危险驾驶罪还是以危险方法危害公共安全罪？

三、裁判理由

危险驾驶罪与以危险方法危害公共安全罪都规定在《刑法》第二章"危害公共安全罪"中，犯罪性质上有一定的相似性。在道路上驾驶机动车追逐竞驶情节恶劣的行为，如果同时符合以危险方法危害公共安全罪构成特征的，根据《刑法》第 133 条之一第 2 款的规定，依照以危险方法危害公共安全罪定罪处罚。本案被告人彭某某在道路上追逐竞驶，不仅致被追逐对象的车辆受损，且导致停放在学校路边的车辆受损，对于该行为是否属于《刑法》第 114 条规定的"危害公共安全，尚未造成严重后果"的行为，在审理过程中存在不同意见。一种意见认为，彭某某为报复他人，恶意追逐竞驶放任危害结果的发生，并造成多车相撞的交通事故，其行为构成以危险方法危害公共安全罪。另一种意见认为，彭某某虽实施了危险驾驶行为，并造成一定的财产损失，但该行为尚未达到与放火、决水、爆炸、投放危险物质等行为相当的危害程度，应当认定其行为构成危险驾驶罪。

我们同意后一种意见。关于危险驾驶罪与以危险方法危害公共安全罪的辨析，主要注意把握以下两个方面。

（一）要看行为人对追逐竞驶造成的交通事故后果是持过于自信的过失意志还是持希望或者放任的意志

危险驾驶罪是抽象危险犯，只要行为人实施了《刑法》规定的危险驾驶行为，即认为其行为对交通安全造成了社会一般人均能认识到的危险。因此，行为人在实施危险驾驶行为时一般都明知存在潜在的危险（但不明知必然发生），正因为如此，就危险驾驶行为本身而言，行为人都是持故意的意志。然而，值得注意的是，行为人对危险驾驶行为持希望或者放任的意志，并不意味着行为人对危险驾驶行为造成的危害结果也持希望或者放任的意志。汽车本身是一种危险性较大的交通工具，违反道路交通安全通行规定的驾驶行为，不仅会对他人生命财产安全造成危险，也会对驾驶人本人的生命财产安全造成危险。作为一个理性的人，通常不会拿自己的生命安全去冒险，除非有值得其去冒险的动机或者理由。故行为人虽然明知其追逐竞驶行为存在潜在的危险，但轻信自己的驾驶能力，认为该危险不会转化为现实危害。从这个意义上说，危险驾驶罪的行为人对发生交通事故的意志与交通肇事罪一样。而以危险方法危害公共安全罪要求行为人不但明知其实施的危险行为存在潜在的危险，而且希望或者放任这种潜在的危险向现实损害转化。实践中，按照以危险方法危害公共安全罪定罪处罚的追逐竞驶行为人在多数情况下也不希望潜在的危险向现实危害转化，只不过为达到某种目的、出于某种动机而最终放任危害后果的发生。例如，行为人出于泄愤目的在道路上追逐竞驶特定车辆，即便在追逐过程中碰撞上其他正常行驶的车辆，但为实现追赶特定车辆的目的，不顾其对道路交通安全造成的现实危害而继续追逐竞驶，从而导致更为严重的交通事故发生。这种是典型的构成以危险方法危害公共安全罪的情形。反观本案，被告人彭某某在驾驶途中因与侯某某驾驶的宝来汽车发生别挡，出于争强好胜的斗气心理，临时起意追逐对方车辆，其碰撞上停放在路边的其他车辆后即停止驾驶行为，并下车持砖头砸坏宝来汽车的前挡风玻璃，由此体现出其主观上并不希望或者放任其危险驾驶行为对他人人身财产造成损害，因此，不符合以危险方法危害公共安全罪的主观构成特征。

（二）要看追逐竞驶的行为是否达到与放火、决水、爆炸、投放危险物质等行为相当的危险程度

追逐竞驶行为构成以危险方法危害公共安全罪的，要求该行为具有与放火、决水、爆炸、投放危险物质等行为相当的危险程度。所谓相当的危险程度，既可以体现在该行为对不特定多数人的人身财产安全所带来的潜在危险相当，也可以体现在所造成的现实危害后果相当。作为以危险方法危害公共安全罪构成要件的行为本身具有相当的不可控性，即一旦发生危险，侵害的对象、范围、严重程度具有不可控性。例如，在闹市区繁华路段严重超速追逐竞驶，连续多次撞击多车，致多人重伤、死亡或者使公私财产遭受重大损失的，或者虽然致人受伤程度、财产损失数额尚未达到严重的程度，但侵害对象多、涉及范围广，已对公共安全造成现实侵害的，均符合以危险方法危害公共安全罪的客观要件。而行为人实施追逐竞驶行为，仅发生轻微交通事故（尚未达到构成交通肇事罪的严重事故），侵害对象、范围有限的，说明该行为尚未达到严重危害公共安全的程度，行为人对其驾驶的车辆仍有一定的控制性，故认定为危险驾驶罪更为妥当。本案中，彭某某在车流量相对不大的城镇道路上与他人追逐竞驶，导致双方车辆共同撞上路边停放的其他车辆，仅是一般的交通事故，其危险驾驶行为尚不具有与放火、决水、爆炸及投放危险物质相当的危险程度，因此不符合以危险方法危害公共安全罪的客观特征。

此外，交通肇事罪轻于以危险方法危害公共安全罪，如果对追逐竞驶造成交通事故的行为认定不构成交通肇事罪，但认定构成以危险方法危害公共安全罪，从举轻以明重的角度分析，在定罪逻辑上难以自圆其说。

综上，密云县人民法院综合考察被告人彭某某实施追逐竞驶行为的主观意志和客观危险程度，认定其行为构成危险驾驶罪是正确的。

问题6. 如何认定《刑法》第133条之一规定的追逐竞驶情节恶劣

【刑事审判参考案例】 张某某、金某危险驾驶案①

一、基本案情

被告人张某某，男，1989年生。2012年2月6日因涉嫌犯危险驾驶罪被取保候审。

被告人金某，男，1983年生。2012年2月7日因涉嫌犯危险驾驶罪被取保候审。

上海市浦东新区人民检察院以被告人张某某、金某犯危险驾驶罪，向上海市浦东新区人民法院提起公诉。

被告人张某某、金某及其辩护人对起诉书指控的犯罪事实及罪名无异议。

上海市浦东新区人民法院经公开审理查明：2012年2月3日20时20分许，被告人张某某、金某相约到上海市浦东新区乐园路99号铭心赛车服务部会合。张某某驾驶无牌本田摩托车，金某驾驶套用粤NL8×××号车牌的雅马哈摩托车，一同自该服务部出发，行至杨高路、巨峰路路口掉头后，沿杨高路由北向南行驶，经南浦大桥至陆家浜路接人。二人约定出发后谁先到谁就在目的地等待。行驶途中，二人为寻求刺激，在多处路段超速行驶，部分路段甚至超速逾50%，且在多个路口闯红灯，曲折变道超越其他车辆，并相互超越，以显示其驾车技能。二人行驶至陆家浜路、河南南路路口时，见有执勤民警检查，遂驾车沿河南南路经复兴东路隧道、张杨路逃离。民警接群众举报后，于同月5日将张某某抓获。张某某如实交代其与金某追逐竞驶的事实，并提供了金某的手机号。同月6日，金某接公安机关电话后投案自首，如实供述上述事实。

上海浦东新区人民法院认为，被告人张某某、金某在道路上驾驶机动车追逐竞驶，情节恶劣，其行为均构成危险驾驶罪。公诉机关指控的罪名成立。张某某到案后如实供述其所犯罪行，依法可以从轻处罚。金某接公安机关电话后主动投案，应当认定具有自首情节，依法可以从轻处罚。二被告人在审理过程中已认识到自己行为的违法性、社会危害性，均承诺不再实施危险驾驶行为，并多次表示认罪、悔罪。综合上述情节，考虑到二被告人的行为未造成实际危害后果，符合缓刑适用条件，故依法可以对二被告人适用缓刑。据此，依照《刑法》第133条之一、第25条、第53条、第67条、第72条、第73条之规定，判决如下：被告人张某某犯危险驾驶罪，判处拘役四个月，缓刑四个月，并处罚金人民币4000元。被告人金某犯危险驾驶罪，判处拘役三个月，缓刑三个月，并处罚金人民币3000元。

一审宣判后，二被告人未提出上诉，公诉机关亦未抗诉，该判决已发生法律效力。

二、主要问题

如何认定《刑法》第133条之一规定的追逐竞驶情节恶劣？

三、裁判理由

（一）对"追逐竞驶"的认定应当坚持主客观相统一原则

《刑法》第133条第1款将在道路上驾驶机动车追逐竞驶情节恶劣的行为与醉酒驾驶

---

① 曹克睿、丁晓青、张鹏飞撰稿，马岩审编：《张某某、金某危险驾驶案——如何认定刑法第一百三十三条之一规定的追逐竞驶情节恶劣（第906号）》，载中华人民共和国最高人民法院刑事审判第一、二、三、四、五庭主办：《刑事审判参考》（总第94集），法律出版社2014年版，第66~69页。

机动车的行为一并"入刑"，规定此类行为构成危险驾驶罪。对于追逐竞驶型危险驾驶罪的认定，关键在于对"追逐竞驶"与"情节恶劣"的理解和把握。目前，尚无有关"追逐竞驶"的立法解释和司法解释，对其认定需要在司法实践中不断探索、总结经验。我们认为，对"追逐竞驶"的认定，应当坚持主客观相统一原则，结合行为人的主观心态和客观行为综合判断。就主观方面而言，虽然《刑法》未将行为人的动机和目的作为该罪的构成要件，但"追逐竞驶"的行为特征决定了实践中行为人多出于竞技、寻求刺激、挑衅泄愤等动机，或者基于赌博牟利等目的，而在道路上驾驶机动车追逐竞驶，故对行为人动机和目的的考察有助于对其行为性质的判断。就客观行为而言，通常表现为以一辆或者多辆机动车为追逐目标，伴有超速行驶、连续违反交通信号灯、曲折变道超车等违章驾驶行为。

本案中，被告人张某某、金某为寻求刺激，相约在城市道路上比拼车技，并实施了超速行驶、违反交通信号灯、曲折变道超车等行为，符合《刑法》第133条之一规定的"追逐竞驶"的主客观特征。具体理由如下：一是张某某、金某到案后，均交代其为寻求刺激而开快车比拼车技的作案动机。二被告人均供称，驾驶这种世界顶级摩托车心里感到舒服、刺激，通过穿插并线、超车，能够得到心理满足。由此反映出二被告人抱有比拼车技、以先到为荣的竞技心态。二是道路监控视频、测速鉴定意见等证据证实，张某某、金某均驾驶依法不具有上牌资格的大功率摩托车，在城市主干道严重超速行驶，且相互超越、反复并线、"逢车必超"，并伴有多次闯红灯等违章行为，具有"你追我赶"、竞相行驶的行为特征，符合"追逐竞驶"的客观要件。

（二）对本罪"情节恶劣"的认定应当重点考察追逐竞驶行为对道路交通安全造成的危险程度

既然危险驾驶罪保护的法益是道路交通安全，那么对追逐竞驶型危险驾驶行为"情节恶劣"的认定，就应当重点考察追逐竞驶行为对交通安全造成的危险程度。我们认为，追逐竞驶的"情节恶劣"具体表现为以下情形：（1）追逐竞驶行为造成交通事故，尚不构成交通肇事罪等其他犯罪的。虽然追逐竞驶属于情节犯，不以发生人员伤亡、财产损失等具体后果为要件，但交通事故的发生说明该追逐竞驶行为已经从刑法拟制的抽象危险转化为现实危害结果，自然应当认定为情节恶劣。（2）伴有多项违反《道路交通安全法》的行为。追逐竞驶行为本身具有高度危险性，如果还实施了其他违反《道路交通安全法》的驾驶行为，会进一步提升该行为的危险程度。常见的情形包括驾驶改装、拼装的机动车，违规超车，严重超速行驶，违反交通信号以及实施其他违反道路安全通行规定的行为。（3）追逐竞驶主观恶性较大的。如曾因追逐竞驶受过行政处罚或者刑事追究的，多人多次追逐竞驶的，酒后、吸食毒品后追逐竞驶的，无驾驶资格驾驶机动车的。（4）在特殊时段、路段追逐竞驶，或者驾驶特殊车型追逐竞驶的，如交通高峰期在城市繁华路段追逐竞驶，造成交通堵塞或者引起公共恐慌的。（5）驾驶载有乘客的营运机动车追逐竞驶的等。

本案中，被告人张某某、金某在道路上驾驶机动车追逐竞驶，具有以下情节：一是驾驶的机动车系无牌、套牌的大功率改装摩托车；二是高速驾驶，在多处路段超速50%以上；三是具有多次闯红灯、曲折变道穿插前车的违章驾驶行为；四是驾驶路段为市区主干道，沿途有多处学校、公交地铁站点、居民小区等人员密集区域，且事发于周五晚上，车流、人流密集；五是在民警设卡拦截盘查时驾车高速逃离。综合上述情节，可以认定二被告人追逐竞驶行为对道路交通安全造成了紧迫的危险，属于《刑法》第 133 条之一规定的"情节恶劣"。

综上，上海浦东新区人民法院根据主客观相统一原则，以被告人张某某、金某在道路上驾驶机动车的行为属于追逐竞驶情节恶劣，认定二人均构成危险驾驶罪，同时，综合考虑二被告人的犯罪情节和认罪、悔罪表现，依法适用缓刑，定罪准确、量刑适当。

问题 7. 醉酒驾驶并抗拒检查的是应当从一重处还是数罪并罚

【实务专论】

在《关于办理醉酒驾驶机动车刑事案件适用法律若干问题的意见》起草过程中，有的部门反映，实践中存在暴力抗拒公安机关依法检查的情况，建议《关于办理醉酒驾驶机动车刑事案件适用法律若干问题的意见》明确规定如何处理。经研究，被告人在道路上醉酒驾驶机动车，其行为已构成危险驾驶罪；其后又以暴力、威胁方法阻碍公安机关依法检查的，是为逃避法律追究而实施的符合其他犯罪构成的行为。故《关于办理醉酒驾驶机动车刑事案件适用法律若干问题的意见》第 3 条规定，此种情形下应依照数罪并罚的规定处罚。理解该条规定，主要注意两点：第一，该条规定中"以暴力、威胁方法阻碍公安机关依法检查"不包括采取驾驶机动车冲撞执法人员的方法。被告人醉酒驾驶机动车冲撞执法人员的，其行为既符合危险驾驶罪的构成要件，也符合妨害公务罪的构成要件，依照《刑法》第 133 条之一第 2 款的规定，应以处罚较重的妨害公务罪定罪处罚。若该冲撞行为严重危害公共安全，或者致人重伤、死亡、使公私财产遭受重大损失，符合以危险方法危害公共安全罪、交通肇事罪、故意杀人罪、故意伤害罪、故意毁坏财物罪等其他犯罪构成要件的，依照处罚较重的规定定罪处罚。第二，被告人采取驾驶机动车冲撞之外的其他暴力、威胁方法阻碍公安机关依法检查的，以妨害公务罪和危险驾驶罪数罪并罚；若该阻碍检查的行为致人重伤、死亡或者造成数额较大的财产损失，符合故意杀人罪、故意伤害罪、故意毁坏财物罪等其他犯罪构成要件的，以处罚较重的规定定罪，并与危险驾驶罪数罪并罚。[①]

【刑事审判参考案例】于某妨害公务、危险驾驶案[②]

一、基本案情

被告人于某，男，1972 年生，无业。

江苏省无锡市北塘区人民检察院（现无锡市梁溪区人民检察院）以被告人于某犯妨害公务罪、危险驾驶罪，向无锡市北塘区人民法院（现无锡市梁溪区人民法院）提起公诉。

被告人于某及其辩护人对起诉书指控的犯罪事实及罪名均无异议。

无锡市北塘区人民法院经公开审理查明：2012 年 12 月 8 日 23 时许，被告人于某酒

---

① 高贵君、马岩、方文军、曾琳：《〈关于办理醉酒驾驶机动车刑事案件适用法律若干问题的意见〉的理解与适用》，载《人民司法（应用）》2014 年第 3 期。

② 范莉、王星光、杨柳撰稿，马岩审编：《于某危险驾驶、妨害公务案——醉酒驾驶并抗拒检查的是应当从一重处还是数罪并罚（第 901 号）》，载中华人民共和国最高人民法院刑事审判第一、二、三、四、五庭主办：《刑事审判参考》（总第 94 集），法律出版社 2014 年版，第 43～45 页。

后驾驶车牌号为苏 BG6×××的汽车行驶至无锡市江海西路会岸路口的公安局交通治安分局山北治安查报站（以下简称山北查报站）时遇民警检查。于某拒不配合检查，欲弃车逃离，被民警带至山北查报站内进行检查。在山北查报站内，于某推搡、拉扯民警，阻碍民警对其检查，将民警俞某某警服撕破，致俞某某受轻微伤。经鉴定，于某血液酒精含量为 206 毫克/100 毫升。案发后于某赔偿俞某某人民币 2900 元。

无锡市北塘区人民法院认为，被告人于某以暴力方法阻碍国家机关工作人员依法执行职务，其行为构成妨害公务罪。于某醉酒驾驶机动车，其行为又构成危险驾驶罪。对其所犯数罪依法应当并罚。于某到案后如实供述罪行，且赔偿被害人经济损失，可以酌情从轻处罚。据此，依照《刑法》第 277 条第 1 款、第 133 条之一第 1 款、第 69 条、第 67 条第 3 款之规定，无锡市北塘区人民法院以被告人于某犯妨害公务罪，判处拘役五个月；以犯危险驾驶罪，判处拘役二个月，并处罚金人民币二千元；决定执行拘役六个月，并处罚金人民币二千元。

一审宣判后，被告人于某未提出上诉，公诉机关未抗诉，该判决已发生法律效力。

二、主要问题

醉酒驾驶并抗拒执法检查的，是应当从一重处还是数罪并罚？

三、裁判理由

本案在审理过程中，对被告人于某的行为分别构成危险驾驶罪和妨害公务罪没有异议，但就对于某是从一重处还是数罪并罚存在不同认识。一种意见认为，于某的行为符合《刑法》第 133 条之一第 3 款的规定，应当从一重罪处罚。另一种意见认为，于某先后实施了两个相互关联但各自独立的行为，应当数罪并罚。

我们赞同后一种意见，具体分析如下。

（一）在道路上醉酒驾驶机动车的行为不适用危险驾驶罪从一重罪处罚的规定

《刑法》第 133 条之一第 1 款规定，在道路上驾驶机动车追逐竞驶，情节恶劣的，或者在道路上醉酒驾驶机动车的，处拘役，并处罚金。该条第 2 款规定，有前述行为，同时构成其他犯罪的，依照处罚较重的规定定罪处罚。我们认为，只有当被告人实施的危险驾驶行为符合危险驾驶罪构成要件的同时，又符合"其他犯罪"构成要件的，才属于第 2 款规定的"同时构成其他犯罪"的情形。例如，因危险驾驶发生重大事故，致人重伤、死亡或者使公私财产遭受重大损失的，既构成危险驾驶罪，同时也构成交通肇事罪或者以危险方法危害公共安全罪等其他犯罪，这种情况下应以处罚较重的罪名定罪处罚。又如，将危险驾驶行为作为故意杀人、故意伤害、故意毁坏公私财物等其他犯罪的手段，或者出于赌博、寻衅滋事等不法动机追逐竞驶的，该行为构成危险驾驶罪，同时也构成故意杀人罪、故意伤害罪、故意毁坏财物罪、寻衅滋事罪等其他犯罪，此种情形下应当以处罚较重的罪名定罪处罚。本案中，于某在醉酒后仅出于驾驶机动车的目的在道路上驾驶汽车，没有发生重大事故，该行为仅符合危险驾驶罪的构成要件，不符合其他犯罪的构成要件，故不能适用《刑法》第 133 条之一第 2 款的规定。

（二）醉酒驾驶并抗拒检查的行为在刑法上应当评价为两个独立的行为，而非一个行为

通常情况下，行为人实施的行为是单一行为还是数个行为，是决定从一重处还是数罪并罚的根据。我们认为，判断某行为是否属于单一行为，主要考察该行为的客观事实情状是否具有一致性特征，同时兼顾对行为动机的考察，而行为动机只能作为参考因素

而非决定因素。通常认为，符合构成要件的各个自然行为至少在其主要部分互相重合时才能认定是一个行为。本案中，于某的行为不具有单一行为的一致性特征。如果于某采取驾驶汽车冲撞的方式抗拒检查，则驾驶行为与抗拒检查行为互相重合，具有一致性特征。然而事实是，于某的醉酒驾驶行为和抗拒检查行为相继发生，其下车后抗拒检查时醉酒驾驶行为已经终结，相互间不存在任何的重合。同时，于某醉酒驾驶和抗拒检查的行为系出于不同的犯罪动机。于某在道路上醉酒驾驶汽车只是为了实现其从甲地到乙地的交通运输目的；而其抗拒公安机关执法人员检查，则是因为害怕醉驾行为受到处罚，而采取积极对抗的方式逃避法律追究。两者的动机明显不同。可见，于某醉酒驾驶行为和抗拒检查行为虽然有一定关联，但在性质上是相互独立的两个行为，并非单一行为。

（三）醉酒驾驶并抗拒检查，符合数罪构成要件的，应当数罪并罚

本案中，于某明知在道路上醉酒驾驶机动车具有危险性，仍在醉酒状态下驾驶汽车在城市高速路上行驶，置公共安全于不顾，其行为构成危险驾驶罪。该行为造成的危险状态一直持续到于某被执勤民警拦下为止。此时，于某的危险驾驶行为已经构成犯罪既遂。此后于某弃车逃跑，被民警抓获并带至检查站依法检查时，其推搡、拉扯民警，阻碍检查，并将民警打成轻微伤，这一系列举动已经超出危险驾驶罪的行为范畴，属于妨害公务罪中阻碍国家机关工作人员依法执行职务的行为，扰乱了国家管理秩序。综上，于某在不同故意的支配下，先后实施了两个不同行为，分别符合危险驾驶罪和妨害公务罪的构成特征，应当按照数罪并罚的原则予以处罚。

问题8. 对未当场查获被告人醉酒驾驶机动车且系"零口供"的案件，如何通过证据审查定案

【刑事审判参考案例】王某某危险驾驶案①

一、基本案情

被告人王某某，男，1958年生，出租车驾驶员。2011年5月4日因涉嫌犯危险驾驶罪被刑事拘留。

江苏省南京市下关区人民检察院以被告人王某某犯危险驾驶罪，向南京市下关区人民法院提起公诉。

被告人王某某辩称，其在停车之后才到附近摊点喝酒，酒后也未驾驶机动车，其行为不构成犯罪。王某某的辩护人提出，现有证据不能充分证明王某某在道路上醉酒驾驶机动车，不应以危险驾驶罪追究王某某的刑事责任。

南京市下关区人民法院经公开审理查明：2011年5月1日4时43分，被告人王某某酒后驾驶车牌号为苏A91×××的桑塔纳出租汽车，从南京市下关区小市街靠近和燕路一端出发，经和燕路至黄家圩路32号一洗车店，并将车停在附近的马路上。王某某停车后辱骂并殴打洗车店人员，引发纠纷。接群众报警后，公安人员赶至现场将王某某抓获。经鉴定，王某某血液酒精含量为140.5毫克/100毫升。

---

① 王燕撰稿，马岩审编：《王某某危险驾驶案——对未当场查获被告人醉酒驾驶机动车且系"零口供"的案件，如何通过证据审查定案（第903号）》，载中华人民共和国最高人民法院刑事审判第一、二、三、四、五庭主办：《刑事审判参考》（总第94集），法律出版社2014年版，第50~54页。

南京市下关区人民法院认为，被告人王某某醉酒后驾驶机动车在道路上行驶，其行为构成危险驾驶罪。公诉机关指控王某某犯危险驾驶罪的事实清楚，证据确实、充分，指控的罪名和适用法律正确。关于王某某提出的其驾驶车辆前未喝酒的无罪辩解，与审理查明的事实不符，无事实根据，不予采纳。据此，依照《刑法》第 133 条之一、第 52 条、第 53 条之规定，以被告人王某某犯危险驾驶罪，判处拘役二个月，罚金人民币 2000 元。

一审宣判后，在法定期限内被告人王某某未提出上诉，公诉机关亦未抗诉，该判决已发生法律效力。

二、主要问题

对未当场查获被告人醉酒驾驶机动车，且系"零口供"的案件，如何通过证据审查定案？

三、裁判理由

醉酒驾驶机动车刑事案件多因公安机关交通管理部门在道路上设卡检查、临时抽查，或者被告人醉酒驾车发生交通事故后紧急报警而案发。由于此类案件多系当场查获，被告人一般对醉酒驾车犯罪事实予以供认。但对于未当场查获的醉酒驾车案件，可能存在被告人拒不供认犯罪事实的"零口供"情形。本案被告人王某某系在停车之后与他人发生纠纷，醉驾案件因群众报警而案发。王某某到案后，始终作无罪辩解，称其系在饮酒之前驾车到现场。王某某的妻子随车同行，目睹整个案发经过，亦作出相同内容的证言。对于此类"零口供"案件，如何根据其他证据认定被告人醉酒驾驶机动车的犯罪事实，我们认为，可以从以下三个方面入手进行审查。

（一）审查有无证明案件犯罪事实的直接证据

直接证据是能够单独、直接证明案件主要事实的证据。由于直接证据不需要经过中间环节，也无须借助其他证据进行逻辑推理即可直观证明案件的主要事实，故有较强的证明力。醉酒驾驶机动车刑事案件常见的直接证据有如下几种：被告人承认其在道路上醉酒驾驶机动车的有罪供述，目睹被告人醉酒驾车经过的证人证言，因被告人醉酒驾车而遭受损害的被害人陈述，证实被告人醉酒驾车经过或者当场查获经过的录音、录像资料等。本案中，王某某虽然拒不供认醉酒驾车，但有目击证人证言及对王某某的辨认笔录等直接证据证实其属于醉酒状态驾车行驶。（1）在案发现场洗车店排队洗车的证人顾某、陈某、张某的证言和洗车店老板曹某的证言均证实，王某某驾驶车牌号为苏 A91××× 的出租车从黄家圩路由北向南行驶，掉头停到洗车店对面马路，随后王某某下车辱骂并殴打曹某。当时王某某满嘴酒气，口齿不清，还打拉架的人。顾某、陈某立即打电话报警，随后赶到洗车店的民警将王某某当场抓获。（2）证人陈某、张某和被害人曹某均混合辨认出王某某系驾驶出租车的司机。虽然这些都是言词证据，难免受人的主观因素影响，但上述证人所述细节均能相互印证，一致证实王某某驾驶出租车在道路上行驶，以及停车、下车、发生纠纷直至被抓获的全过程，证明力较强。（3）上述证人均还证实，王某某开车、停车、下车的行为具有连续性，其间并未穿插王某某辩称的停车之后饮酒的行为，且王某某下车时已是满嘴酒气、口齿不清，呈现醉酒状态。综合上述直接证据，足以认定王某某醉酒驾驶的犯罪事实。

（二）审查有无证明案件主要事实、情节的间接证据

间接证据虽然不能直接、单独证明案件的主要事实，但能够证明案件事实的某种情

况或者与主要事实有关联的一些情节，因此，有必要予以重点审查。经审查，本案收集到的间接证据比较充分：（1）调取的苏 A91××× 号出租车运行 GPS 定位系统记录和报警平台记录证实，该车于案发当日 4 时 43 分开始从南京市下关区和燕路小市街路口出发，4 时 47 分行驶至下关区黄家圩 32 号洗车店的对面停车，此后该车停靠在路边再未行驶，4 时 52 分群众拨打报警电话。GPS 定位系统记录和报警平台记录属于书证，证明力较强，如实反映了出租车在道路上行驶的路线、时间以及发生纠纷、群众报警的时间等基本事实。该间接证据证实，王某某在洗车店对面停车与其在洗车店发生纠纷后群众报警的时间仅相距 5 分钟，在如此短的时间内基本上不可能完成大量饮酒、呈现醉酒状态、与他人发生纠纷并殴斗等一系列行为。因此，该组证据从时间上排除了王某某停车后饮酒并达到醉酒状态的可能，也印证了上述证人关于王某某停车后即下车并呈现醉酒状态的证言。（2）抓获经过和血液酒精含量鉴定意见证实，民警将王某某抓获后，将其带至医院进行血液抽样检验。经鉴定，其血液酒精含量为 140.5 毫克/100 毫升，属醉酒状态。（3）虽然王某某及其妻否认王某某系酒后驾驶，但均承认系王某某本人驾驶出租车，排除了他人将车开至现场停放的可能性。故现有证据足以认定驾驶出租车到现场的人就是王某某。综上，即使本案没有目击证人等直接证据，GPS 定位系统记录、报警平台记录、抓获经过、血液酒精含量鉴定意见、王某某的供述及其妻子的证言等证据也能形成完整的证据体系，足以证实王某某在道路上醉酒驾车的事实。

（三）审查判断被告人供述的真实性

被告人作为刑事诉讼中被追究的对象，案件的处理结果与其有切身的利害关系，被告人否认犯罪事实或者供述时避重就轻均符合人趋利避害的本性。因此，需要通过收集其他证据去分析、判断被告人供述的真实性。被告人拒不供认犯罪事实的，只要其不保持沉默，总能从其无罪、罪轻的辩解中找到查明事实真相的线索。本案中，被告人王某某归案后虽然始终否认醉酒驾车，但其所作无罪辩解存在自相矛盾、不合常理之处，反证了其辩解的虚假性。王某某在侦查阶段初次讯问时辩称，案发当日其与洗车店老板发生纠葛，为此产生不满，遂电话联系其妻子，让妻子携带半瓶白酒与其一同前往洗车店找老板算账。二人驾车至洗车店对面停车以后，其与妻子到附近的小吃摊点了两个菜，其喝了半斤左右白酒，其妻子喝了一瓶啤酒。吃了约一小时后二人返回车上。其与妻子闲聊约 15 分钟，而后下车与他人发生纠纷。在侦查人员明示 GPS 定位系统记录显示的时间与其供述不符后，王某某以记不清为由辩解。在第二次讯问中，王某某改称，其与妻子前往现场之前在他处吃饭一小时左右，没有喝酒，到现场后停车喝酒，时间记不清了，与其第一次供述所称停车之后吃夜宵时喝酒的情节相矛盾。在一审庭审中，王某某又辩称，其开车到达现场停车后，与妻子一同到三五百米远的烧烤摊买了羊肉串，其在摊旁用大约 4 分钟时间喝下约半斤白酒，随后与妻子回到车上闲聊了两句，大约 10 秒钟后与他人发生了纠纷。王某某在短短的 5 分钟内完成上述行为明显不合常理，亦与证人证言证实的其停车后直接下车发生纠纷的情节相矛盾。对于其供述前后不一致的原因，王某某解释称酒后记不清楚。讯问笔录显示，王某某第一次接受讯问是从案发当日 16 时 11 分开始，此时距其归案已有 11 个小时，其应处于比较清醒的状态，从其归案时血液酒精含量为 140.5 毫克/100 毫升，并非深度醉酒的情况分析，其记忆力也未受到酒精的严重影响，故其对喝酒的时间和场合应有大致清晰的记忆。退一步而言，假设其第一次接受讯问时已记不清饮酒情节，其为何在案发 30 日之后开庭时（5 月 31 日）反而能清楚记得案发前吃夜宵饮酒之事，这些都难以自圆其说，亦不符合常人的记忆规律。可见，王某某的无罪辩解前后不一，不合常理，且与在案的其他证据相矛盾，不足采信。

综上，对于未被当场查获的被告人"零口供"的危险驾驶案件，除了通过审查判断直接证据、间接证据外，还应结合现有证据对被告人的无罪辩解进行综合分析判断，从而进一步加强内心确信。本案正是运用这一综合审查判断证据的方法，查明被告人王某某危险驾驶的犯罪事实。

问题9. 醉驾逃逸后找人顶包，并指使他人提供虚假证言，导致无法及时检验血液酒精含量的案件，如何处理

【刑事审判参考案例】孔某危险驾驶案①

一、基本案情

被告人孔某，男，1972年生。2011年5月18日因涉嫌犯危险驾驶罪被刑事拘留。

某区人民检察院以被告人孔某犯危险驾驶罪，向某区人民法院提起公诉。

某区人民检察院指控：2011年5月13日21时许，被告人孔某醉酒后驾驶车牌号为粤B6D×××的小型汽车，在某区学府路粤桂社康中心路段倒车时，该车尾部与被害人匡某驾驶的电动自行车发生碰撞，致匡某及其搭载的被害人资某受轻伤，两车损坏。孔某肇事后弃车逃逸。

某区人民法院经审理查明：2011年5月13日晚，被告人孔某与张某、田某、李某等人在某区学府路一饭店吃饭。其间，孔某等人共喝了2瓶500毫升装52度白酒和2瓶750毫升装13.5度红酒。当晚21时许，众人离开饭店，相约到附近的百姓渔村继续打牌。孔某欲将张某的车牌号为粤B6D×××的小型汽车开至百姓渔村停车场，但在学府路粤桂社康中心路段倒车时，该车尾部与被害人匡某驾驶的电动自行车发生碰撞，致匡某及其搭载的被害人资某受轻伤，两车均遭到轻微程度的损坏。肇事后，孔某弃车逃至百姓渔村。因害怕自己可能会因此被开除教师职位，孔某即打电话给其老乡王某1，让王某1到现场冒充肇事司机。之后，又与张某、田某、李某等人商量由王某1冒充肇事司机。公安机关侦查本案期间，孔某多次请求、嘱托王某1继续向警方冒充肇事司机，同时多次与张某等人商议统一口径，向警方提供虚假证言，导致公安机关未能及时对孔某抽取血样送检酒精含量。张某、王某1、田某等6人因向公安机关提供虚假证言，均被公安机关处以行政拘留10日。

某区人民法院认为，被告人孔某饮酒后驾驶机动车，发生致2人轻伤的交通事故后，不但不及时报案、抢救，反而弃车逃逸；同时，孔某指使他人顶替、作伪证，干扰公安机关对事故处理的正常工作，造成极坏的社会影响，情节恶劣。虽然孔某肇事后逃逸，未能对其及时进行酒精含量检验，但在案间接证据（如饭店提供的饮酒数量、发生事故的过程、一同喝酒的张某血液酒精含量检验结果等）可充分证明孔某驾车时处于醉酒状态，其行为已构成危险驾驶罪。综合考虑孔某已积极赔偿被害人经济损失的情节，可以

① 赖武、黄超荣、高明黎撰稿，周峰审编：《孔某危险驾驶案——醉驾逃逸后找人顶包，并指使他人提供虚假证言，导致无法及时检验血液酒精含量的案件，如何处理（第904号）》，载中华人民共和国最高人民法院刑事审判第一、二、三、四、五庭主办：《刑事审判参考》（总第94集），法律出版社2014年版，第55~60页。

酌情从轻处罚。据此，依照《刑法》第 133 条之一第 1 款等规定，某区人民法院以被告人孔某犯危险驾驶罪，判处拘役三个月，并处罚金人民币 4000 元。

一审宣判后，被告人孔某提出上诉。孔某及其辩护人提出，原审判决完全依靠无法查证属实的间接证据对孔某定罪量刑，违反了证据规则。一是在案言词证据无法证实孔某在案发当晚喝酒的确切数量。二是因个体差异和受外部条件影响，同一时间段喝进同样数量酒的人，经过同样长的时间后，各自的血液酒精含量并不相同，未必均达到 80 毫克/100 毫升的醉酒状态。因此，原审判决以张某的血液酒精含量鉴定意见作为认定孔某醉酒的依据，不合逻辑，不能得出孔某系醉酒驾驶机动车的唯一结论。请求撤销原判，宣告孔某无罪。

某市中级人民法院经审理认为，被告人孔某酒后驾驶机动车发生交通事故后逃逸，并为逃避法律追究指使他人作伪证，导致公安机关无法及时对其进行血液酒精含量检验；孔某还指使多名证人提供虚假证言，影响了司法机关正常的诉讼活动，其行为构成妨害作证罪。原审判决在未能准确查明孔某血液酒精含量的情况下，认定其驾车时处于醉酒状态，判决其构成危险驾驶罪，依据不足，定性不当，适用法律错误，依法应予纠正。与危险驾驶罪相比，妨害作证罪是更为严重的犯罪，但根据上诉不加刑的法律规定，并鉴于孔某归案后对其指使他人作伪证的基本事实能够供认，且已赔偿被害人的经济损失，可以酌情从轻处罚。据此，依照《刑法》第 307 条第 1 款、《刑事诉讼法》第 225 条第 1 款第 3 项之规定，判决如下：（1）撤销某区人民法院（2012）某法刑初字第 717 号刑事判决；（2）上诉人孔某犯妨害作证罪，判处拘役三个月。

二、主要问题

醉驾逃逸后找人顶包，并指使他人提供虚假证言，导致无法及时检验血液酒精含量的案件，如何处理？

三、裁判理由

本案中，公诉机关指控被告人孔某犯危险驾驶罪，但孔某在发生事故后逃逸，找人顶包，并指使他人作伪证，导致公安机关无法及时检验其案发时的血液酒精含量。在审理过程中，对本案的定性有三种意见：第一种意见认为，虽然因孔某逃逸未能及时检验其案发时血液酒精含量，但根据饭店提供的饮酒数量、事发过程、一同喝酒的张某血液酒精含量鉴定意见等间接证据，足以认定孔某醉酒驾驶机动车，其行为构成危险驾驶罪。第二种意见认为，血液酒精含量鉴定意见是认定醉酒的唯一直接证据，在无法对孔某血液酒精含量进行检验的情况下，不能认定其构成危险驾驶罪。第三种意见认为，本案根据间接证据可以认定孔某构成危险驾驶罪，且对其在肇事后实施的妨害作证行为可以单独评价为妨害作证罪，应当以危险驾驶罪、妨害作证罪数罪并罚。

我们同意第三种意见中对孔某全部行为性质的分析意见，但同时认为，在公诉机关未指控妨害作证犯罪事实及罪名的情况下，二审法院不宜径行改判孔某的行为构成妨害作证罪。

（一）行为人酒后在道路上驾驶机动车，因逃逸而无法及时检验其驾驶时的血液酒精含量，但根据其他间接证据能够认定其驾车时已处于醉酒状态的，可以认定其行为构成危险驾驶罪

由于人体内的酒精会因挥发、分解、消化、排泄而逐步减少直至消失，所以对于行为人逃逸以致未能及时进行血液酒精含量鉴定的情形如何处理，实践中做法不一。

有观点认为，危险驾驶罪的构成要件中明确要求行为人有醉酒驾驶之行为。缺失血液酒精含量鉴定意见这一关键证据，不能推定行为人达到醉酒程度，如果将其入罪，就违反了罪刑法定这一最重要的刑法基本原则。

我们认为，上述意见值得商榷。醉驾入刑后，酒后驾驶抗拒、逃避检查，交通肇事后逃逸的现象逐渐增多。一些醉酒驾驶行为人心存侥幸，误以为只要及时逃脱，待酒精挥发、分解、消化、排泄后，血液酒精含量大幅度下降甚至消失，就能够逃避刑法处罚。因此，虽然在绝大多数情况下，应当要求公诉机关提供有关血液酒精含量的鉴定意见，但同时应当保留一定的例外。如果在任何情况下都要求将血液酒精含量鉴定意见作为认定醉酒的唯一依据，则不利于预防和遏制醉驾犯罪，甚至还会纵容醉驾肇事逃逸的行为。司法实践中，根据间接证据定案的情况不在少数，只要间接证据达到确实、充分的证明程度，能够排除合理怀疑的，仍可据此认定为醉酒驾驶。只是在这种情形下，对取证要求更高，要穷尽一切手段收集能够证明行为人在驾驶时处于醉酒状态的各类证据。具体包括以下几类：一是证实行为人在驾驶前曾经饮酒或者肇事时呈现醉态的证人证言、被害人陈述。如与行为人一同饮酒的人和饭店工作人员关于行为人喝酒的时间、品种、数量、度数以及驾车时的状态等情节的证言，目击证人或者被害人描述行为人肇事后步态、神态等状况的证言。二是证实行为人饮酒、驾车离开时的饭店监控录像、道路监控录像等视听资料。三是专业人员的鉴定意见。对于行为人逃逸不久即被抓获，体内还能检出血液酒精含量值，但低于 80 毫克/100 毫升的，可以委托专业人员按照业内通行的 10 毫克/（100 毫升·小时）的血液清除率推算行为人驾驶时的血液酒精含量。四是侦查实验。根据有关证人证言、监控录像等证据证实的行为人饮酒的时间、品种、数量、度数以及驾驶间隔的时间等情节进行侦查实验，"还原"行为人驾驶时的状态后，提取其血样送检。如果血液酒精含量达到 80 毫克/100 毫升，结合上述证据，可以认定行为人驾驶时呈醉酒状态。需要强调的是，鉴于血液酒精含量检验鉴定意见的重要性以及缺失后的不可弥补性，根据间接证据定案，是迫不得已的做法，应当极为慎重。

本案中，被告人孔某在发生交通事故后逃逸，待其归案时早已无法对其驾驶时的血液酒精含量进行检验。但综合分析下述证据，仍可认定其系醉酒驾驶：一是与孔某同桌吃饭的证人张某、田某、李某等人的证言均证实，孔某在吃饭时饮酒，随后驾车离开饭店。孔某亦始终承认自己是酒后驾驶，只是否认其处于醉酒状态。被害人匡某及现场证人证实，司机（孔某）身上有很大的酒味。二是现有证据可以推定孔某驾驶时的血液酒精含量超过 80 毫克/100 毫升。与孔某同桌吃饭的多名证人证实，孔某等 5 人案发前共喝了 2 瓶 500 毫升装 52 度白酒和 2 瓶 750 毫升装 13.5 度红酒，孔某饮酒后即去驾车。其中，证人李某证实孔某喝得最多，可能喝了半斤白酒，还喝了些红酒；证人钟某证实白酒基本上是孔某等 4 人平分。根据该二人证言，孔某至少喝了 200 毫升白酒和数百毫升红酒。孔某供述其"喝了 3 两（150 毫升）白酒和 2 小杯红酒"，与上述证言不符。根据有关专家的检验和分析，一般情况下，饮 150 毫升低度白酒或者 2 瓶（约 1200 毫升）啤酒后血液酒精含量即可达到 80 毫克/100 毫升。即便按孔某的供述就低认定其喝了 150 毫升高度白酒及数百毫升红酒，其驾驶时血液酒精含量也应超过 80 毫克/100 毫升。经检验，一同喝酒的证人张某的血液酒精含量为 128.7 毫克/100 毫升，在场证人证实，孔某的饮酒数量不低于张某。即便存在个体差异，孔某的血液酒精含量也不会明显低于张某。综上，虽然本案缺少对孔某的血液酒精含量鉴定意见这一关键性证据，但上述证据也可以形成完整的证据链，足以认定孔某危险驾驶的犯罪事实。当然，如果公安机关能够通过侦查实验"还原"孔某驾车肇事时的血液酒精含量，本案证据的充足度将会更高。

（二）公诉机关仅指控危险驾驶罪而未指控妨害作证罪的事实，人民法院不宜径行改判为妨害作证罪

本案中，被告人孔某醉酒驾驶机动车发生交通事故后逃逸，为逃避法律追究，找人顶包，并指使他人作伪证，导致公安机关无法及时进行血液酒精含量检验，妨碍了对其醉酒驾驶机动车追究法律责任的正常办案程序，也导致多名证人因提供虚假证言被行政处罚，侵害了司法机关正常的诉讼活动和公民依法作证的权利，其行为构成妨害作证罪，应当与其所犯危险驾驶罪数罪并罚。

需要探讨的问题是，在本案公诉机关未指控被告人孔某妨害作证的犯罪事实的情况下，人民法院特别是二审法院能否根据审理查明的事实，认定孔某的行为构成妨害作证罪？《最高人民法院关于适用〈中华人民共和国刑事诉讼法〉的解释》第295条第1款第2项规定，起诉指控的事实清楚，证据确实、充分，但指控的罪名不当的，应当依据法律和审理认定的事实作出有罪判决。据此，人民法院判决认定的罪名可以不受起诉指控罪名的限制，人民法院有权改变起诉指控的罪名。但适用该条规定的前提在于公诉机关已经起诉指控了相关事实，只是公诉机关和人民法院对该事实的定性问题存在不同认识。而对未指控的事实，即使与已指控的事实有关联，人民法院也不能超出指控范围对被告人进行定罪处罚，否则便违背了刑事诉讼中诉审同一的原则，不利于维护被告人的合法权益。本案中，从应然角度看，被告人孔某找人顶包的行为构成妨害作证罪，但公诉机关仅指控其危险驾驶的犯罪事实及罪名，并未指控其实施的妨害作证犯罪事实，只是在相关证据中体现了其实施的妨害作证行为。在此情况下，我们认为正确的做法是，二审法院发回重审，由原审法院向公诉机关建议追加起诉被告人妨害作证的犯罪事实，再由人民法院对被告人妨害作证的犯罪事实作出判决，与危险驾驶罪实行并罚。

问题10. 行为人拒绝配合交警进行酒精检测导致酒精检验证据瑕疵情形下的司法认定

【实务专论】

《车辆驾驶人员血液、呼气酒精含量阈值与检验》（GB 19522—2010）规定了4种检测驾驶人员是否酒后驾驶的方法，即呼气酒精含量检验、血液酒精含量检验、唾液酒精检测、人体平衡试验。其中，呼气酒精含量按1∶2200的比例换算成血液酒精含量；对不具备呼气或者血液酒精含量检验条件的，应进行唾液酒精定性检测或者人体平衡试验评价驾驶能力。上述4种方法是否均适用于办理醉酒驾驶机动车刑事案件，是《关于办理醉酒驾驶机动车刑事案件适用法律若干问题的意见》需要明确的问题。

经研究，唾液酒精检测一般作定性检测；人体平衡试验虽考虑了驾驶人员对酒精耐受力的个体差异，但可能受试验人员主观判断的影响，易产生争议，均不适合作为认定醉酒驾驶犯罪的检验方法。呼气酒精含量检验相较唾液酒精定性检测和人体平衡试验，检验方法和结果更为科学、客观。但实践表明，呼气酒精含量检测结果会受到口腔酒精、吹气技术、呼出气体温度、周围环境温度湿度等主客观因素的影响，且呼出气体酒精含量检测仪在不同地域使用时稳定性不同，一些检测仪精确度不够高，特别是测出的数值

处于临界点时易受到质疑，故多在酒驾初查时使用。相较而言，血液酒精含量检验被证明是4种检测方法中最精准的方法。《公安部关于公安机关办理醉酒驾驶机动车犯罪案件的指导意见》规定，交通民警在检查中发现机动车驾驶人有酒后驾驶机动车嫌疑的，应当立即进行呼气酒精测试，对涉嫌醉酒驾驶机动车的应当立即提取血样，送交县级以上公安机关检验鉴定机构或者其他具备资格的检验鉴定机构检验。据此，《关于办理醉酒驾驶机动车刑事案件适用法律若干问题的意见》第6条第1款规定血液酒精含量检验鉴定意见是认定犯罪嫌疑人是否醉酒的依据。同时规定，犯罪嫌疑人在抽取血样前脱逃的可以作为例外，以呼气酒精含量检验结果作为认定其醉酒的依据。主要考虑是，呼气酒精含量检验存在一定的误差，一般不宜作为认定犯罪嫌疑人、被告人醉酒的依据，但犯罪嫌疑人脱逃的，其应当承担脱逃行为带来的不利后果。此外，对于犯罪嫌疑人系特殊体质不适合抽取血样作血液酒精含量检验的，也可以以呼气酒精含量检验结果作为认定其醉酒的依据。因这种情况较为少见，故《关于办理醉酒驾驶机动车刑事案件适用法律若干问题的意见》未专门作出规定。

在《关于办理醉酒驾驶机动车刑事案件适用法律若干问题的意见》起草过程中，有的部门建议，实践中有的犯罪嫌疑人为逃避法律追究，在检查时当场饮酒，《关于办理醉酒驾驶机动车刑事案件适用法律若干问题的意见》可明确规定以其饮酒后的血液酒精含量检验结果作为认定其醉酒的依据。但也有部门提出，虽然从常情分析，如果犯罪嫌疑人没有醉酒驾驶，其没有必要在检查时饮酒，但若以此为依据，无法证明犯罪嫌疑人驾车时血液酒精含量已经达到80毫克/100毫升以上的醉酒状态，有推定犯罪之嫌。经研究，《关于办理醉酒驾驶机动车刑事案件适用法律若干问题的意见》采纳了第一种意见。主要理由有两点：第一，醉驾入刑的目的是加大对醉酒驾驶机动车行为的惩罚力度，有效防范风险，如果犯罪嫌疑人醉酒驾驶后可以此方法逃避法律追究，将会产生不良示范效应，不利于对社会安全和公众利益的保护。第二，犯罪嫌疑人停车接受公安机关执法检查时，属于被迫、非正常停驶，法律上可以拟制为仍处于驾驶状态，其在此期间饮酒的，仍可视为在驾驶时饮酒，其饮酒后血液酒精含量达到80毫克/100毫升以上的，可以认定为醉酒驾驶机动车。因此，即便犯罪嫌疑人在检查前的实际血液酒精含量未达到80毫克/100毫升，其也应当承担在检查时饮酒带来的不利后果。

需要说明的是，在极个别情况下，即使没有血液酒精含量鉴定意见、呼气酒精含量检验结果，也可认定犯罪嫌疑人醉酒驾车。例如，犯罪嫌疑人在发生交通事故后逃跑，导致血液中无法检出酒精含量值，或者检出的酒精含量值未达80毫克/100毫升的，如果确有其他确实、充分的证据证明犯罪嫌疑人在驾车前大量饮酒，通过侦查实验等方式能证明犯罪嫌疑人驾驶时的血液酒精含量足以达到80毫克/100毫升以上的，也可以依法认定醉酒驾驶。但这种做法属于例外情况，不是常态，更不能据此认为办案中可以不进行血液酒精含量检验。[1]

---

[1] 高贵君、马岩、方文军、曾琳：《〈关于办理醉酒驾驶机动车刑事案件适用法律若干问题的意见〉的理解与适用》，载《人民司法（应用）》2014年第3期。

【刑事审判指导案例】 孙某某危险驾驶案[①]

一、基本案情

被告人孙某某，男，1979年生，被捕前在江苏某律师事务所工作。2013年10月16日因涉嫌犯危险驾驶罪被逮捕。

江苏省无锡市惠山区人民检察院以被告人孙某某犯危险驾驶罪，向无锡市惠山区人民法院提起公诉。

无锡市惠山区人民法院经公开审理查明：2012年12月27日17时许，被告人孙某某至无锡市惠山区前洲街道新城苑20号501室章某某家中吃晚饭。当晚20时许，孙某某驾驶牌号为苏BV2×××的小型汽车从前洲街道娱乐城沿堰玉路由西向东行驶至前石路口西侧路段时，与道路中心隔离护栏碰擦后冲入对向车道，与对向车道内程某某驾驶的牌号为苏JCH×××的小型普通客车相撞，造成苏JCH×××小型普通客车及道路中心隔离护栏损坏。20时23分许，无锡市公安局110指挥中心接到程某某报警后，民警到达现场，发现孙某某有醉酒驾车嫌疑。21时40分许，民警将孙某某带回交警中队，对其作酒精含量呼气测试。经测试，其血液酒精含量为224.9毫克/100毫升。21时54分许，孙某某未经许可擅自离开交警中队，并于22时许被民警抓获，后带回交警中队抽血取样。

2012年12月28日，被告人孙某某血样被送至无锡市中西医结合医院司法鉴定所进行检验。经检验，其血液中检出乙醇成分，含量为1.61毫克/毫升。2013年1月7日经无锡市公安局刑事科学技术研究所重新鉴定，孙某某血液中检出乙醇成分，含量为1.57毫克/毫升。

无锡市惠山区人民法院认为，被告人孙某某在道路上醉酒驾驶机动车，其行为构成危险驾驶罪，遂依照《刑法》第133条之一第1款之规定，以危险驾驶罪，判处被告人孙某某拘役二个月，并处罚金人民币3000元。

一审宣判后，被告人孙某某不服，提出上诉。孙某某及其二审辩护人认为，原审判决书确认的多名证人关于其饮酒的证言相互矛盾，且与相关书证相矛盾；侦查机关没有及时对其进行酒精含量呼气测试和血液酒精含量检验，事后所作酒精含量呼气测试的时间与实际时间不符，两次血液酒精含量检验报告中的检材与实际提取过程有矛盾，因此认定其构成危险驾驶罪的证据不足，请求二审宣告孙某某无罪。

无锡市中级人民法院经公开审理查明：（1）认定孙某某构成危险驾驶罪的证据有多名证人的证言、公安机关的酒精含量呼气测试、理化检验意见、无锡市中西医结合医院司法鉴定所的血液酒精含量检验意见，上述证据取证程序合法，内容真实客观，并能相互印证。（2）公安机关接到报警后及时赶到现场出警，在发现孙某某有醉酒驾驶的嫌疑后，即要求其到交巡警中队进行酒精含量呼气测试，但孙某某拒绝配合，并阻挠公安机关的事故处理程序，因此，未及时对孙某某进行酒精含量呼气测试系其本人的阻挠行为所致。（3）原审法院业经审查酒精含量呼气测试记录、血液酒精含量检材记录上存在的瑕疵，并对该组证据进行核实及补充调查，侦查机关、鉴定人员及相关证人已经作出合

---

① 徐振华、朱苾、黄辛撰稿，陆建红审编：《孙某某危险驾驶案——行为人拒绝配合交警进行酒精检测情形下的司法认定（第958号）》，载中华人民共和国最高人民法院刑事审判第一、二、三、四、五庭主办：《刑事审判参考》（总第97集），法律出版社2014年版，第6～13页。

理解释，该瑕疵并不影响其证明效力。无锡市中级人民法院认为，原判认定的事实清楚，证据确实充分，定罪正确，量刑适当，审判程序合法，应予维持。上诉人孙某某及其辩护人提出的相关上诉、辩护理由均不能成立，不予采纳。依照《刑事诉讼法》第225条第1款第1项之规定，无锡市中级人民法院裁定驳回上诉，维持原判。

二、主要问题

1. 如何认定行为人属于醉酒状态？

2. 行为人拒绝配合执法所导致的不利后果由谁承担？

3. 瑕疵证据应当如何采信？

三、裁判理由

本案作为一起典型的醉酒驾驶争议案件，所涉问题主要包括以下几方面：第一，行为人醉酒状态的认定依据；第二，行为人拒绝配合交警进行酒精检测情形下的司法认定；第三，瑕疵证据的可采性问题。关于前两个问题，最高人民法院、最高人民检察院、公安部于2013年12月18日联合出台的《关于办理醉酒驾驶机动车刑事案件适用法律若干问题的意见》均有规定。本案二审虽于2013年12月9日宣判，当时《关于办理醉酒驾驶机动车刑事案件适用法律若干问题的意见》并未出台，但处理结果及裁判理由与《关于办理醉酒驾驶机动车刑事案件适用法律若干问题的意见》的规定却完全契合，即认为血液酒精含量检验鉴定意见属于认定行为人是否处于醉酒状态的关键证据；对于行为人拒绝配合交警进行酒精检测的情形，司法认定时应当通过简化、降低对侦查人员的证明要求，从而将因行为人原因导致的不利后果归由其本人承担。关于第三个问题即瑕疵证据的处理，应当通过责令办案人员进行补正或者作出合理解释说明，实现瑕疵证据向合法证据的转换。通过对这些问题的探讨，有利于促进司法部门统一对醉驾问题的认定标准，从而真正实现醉驾入刑的预期功能。

（一）血液酒精含量检验鉴定意见是认定行为人是否处于醉酒状态的关键依据

醉酒驾驶，是指在醉酒状态下在道路上驾驶机动车的行为。根据《车辆驾驶人员血液、呼吸酒精含量阈值与检验》的规定，车辆驾驶人员血液中的酒精含量大于或者等于80毫克/100毫升的，属于醉酒驾驶。《关于办理醉酒驾驶机动车刑事案件适用法律若干问题的意见》第1条沿用了这一数值标准。从《刑法》规定来看，醉酒驾驶是否构成犯罪不需要司法人员判断醉酒行为是否具有现实的公共危险，只要行为人处于醉酒状态即可构成犯罪。因此，在司法实务中，如何确定行为人的血液酒精含量系认定醉驾最关键的问题。本案中，被告人孙某某申请了多名事发当晚与其一同吃饭的人出庭作证，用以证明其当晚未曾饮酒。由于这些证人均系当晚与孙某某一同吃饭的人，部分证人与孙某某系朋友关系，部分证人当庭证言与侦查阶段证言存在矛盾，使证人证言的证明效力大打折扣。值得强调的是，认定行为是否构成危险驾驶罪无须证明行为人在何时、何地饮酒，以及具体每次饮酒的数量，而只要借助科学的检验、鉴定来证明行为人驾驶时血液中的酒精含量是否达到80毫克/100毫升，并以此认定行为人是否处于醉酒状态。

实践中，交警部门采取的酒精检验主要包括两种方式：呼气酒精含量检验与血液酒精含量检验。在处理醉驾问题时，通常会对驾驶人员先进行呼气酒精含量检验，如果呼气检验结果达到或者接近醉酒标准，再对驾驶人员进行血液酒精含量检验。《关于办理醉酒驾驶机动车刑事案件适用法律若干问题的意见》第6条第1款规定，血液酒精含量检验鉴定意见是认定犯罪嫌疑人是否醉酒的依据。该条规定包含三点含义。

1. 认定行为人构成醉驾的基础为血液酒精含量检验鉴定意见。在通常情形下，未经血液酒精含量检验鉴定的，不能定罪。《关于办理醉酒驾驶机动车刑事案件适用法律若干问题的意见》将血液酒精含量检验鉴定意见明确为行为人是否醉酒的依据，表明实践中只有经过该鉴定，并且鉴定的数值达到醉驾的标准，方可认定行为人构成犯罪，不能仅仅以呼气酒精含量检验结果作为定罪的依据。实践中，交警部门通常会对行为人抽取两管血样标本用作检材，当行为人对鉴定意见不服时，可以申请重新鉴定。本案中，孙某某即对第一次鉴定意见不服，提出了重新鉴定的申请。相关鉴定部门经重新鉴定，检出孙某某血液中含有乙醇成分，含量为 1.57 毫克/毫升，已经达到入罪标准。

2. 血液酒精含量检验鉴定的实体、程序均应合法有效。若血液酒精含量检验鉴定因存在非法内容而被法院排除，不能定罪。实践中，鉴定意见被认定为非法的情形主要有如下几种：（1）鉴定人资格或者条件的缺失。根据《全国人民代表大会常务委员会关于司法鉴定管理问题的决定》的要求，鉴定机构需要有明确的业务范围，所接收的鉴定业务不能超越该业务范围。鉴定人也必须具备与鉴定能力相适的相关资格和条件。（2）鉴定程序违法或者鉴定方法错误。司法鉴定具有较强的专业性和技术性，若违背了法律、法规和司法解释确定的程序，或者使用了错误的方法，则可能导致鉴定意见被视为非法证据。（3）送检材料真实性存疑。检材来源不明或者受到污染，会导致鉴定意见的非法。存在问题的血液酒精含量检验鉴定意见如被认定为非法证据而予以排除，则不能退而求其次，再以呼气酒精含量检验结果作为定罪依据，而应直接认定行为人无罪。

3. 呼气酒精含量检验结果与血液酒精含量检验鉴定意见存在冲突时，应当以后者为准。由于两种检验形式在方法上、时间上的差别，因此实践中会出现呼气酒精检验与血液酒精检验鉴定意见相冲突的情况。具体来看，主要包括以下三种情形：（1）两种检验结果均达到了醉驾的程度，但呼气酒精检验结果与血液酒精检验鉴定意见存在较大差异；（2）呼气酒精检验结果达到了醉酒的程度，但血液酒精检验鉴定意见没有达到醉酒的程度；（3）呼气酒精检验结果未达到醉酒的程度，但血液酒精检验鉴定意见达到了醉酒的程度。根据《关于办理醉酒驾驶机动车刑事案件适用法律若干问题的意见》的规定，对以上三种情形，均应当以血液酒精含量检验鉴定意见为准。之所以确立这一原则，主要是因为血液酒精检验鉴定是直接检验驾驶人员血液中的酒精含量，而呼气酒精含量检验是检验驾驶人员呼气中的酒精含量，再按照 1:2200 的比例换算成血液酒精含量，且血液酒精检验鉴定的程序要求更严格，具有可复查性，故证据效力更高。相比而言，呼气酒精含量检验仅是一种侦查手段，测定的结果更多具有参考和辅助作用，通常无法仅凭其认定行为人构成犯罪。

本案中，交警部门依法对孙某某先后进行了呼气酒精含量检验和血液酒精含量检验鉴定，也应孙某某的申请而重新进行了血液酒精含量鉴定。因此，只要该鉴定意见合法，就应当将其作为定案的依据。

（二）行为人拒绝配合执法，实施不利于自身的行为而产生的法律后果应当自行承担

醉驾入刑以来，执法、司法机关对醉驾行为"零容忍"的打击力度极大地增加了刑法的威慑力，即使是心存侥幸而酒后驾车之人对于被查的后果也往往心知肚明。因此，实践中为逃避处罚，常常会出现五花八门的拒绝配合甚至阻挠交警正常执法的行为。具体来看，主要包括以下几类：一是逃避酒精含量检测，如将自己锁在车内、弃车逃跑等；二是在进行呼气酒精含量检验时不配合，拒绝进行呼气酒精含量检验；三是在进行呼气

酒精含量检验之后通过逃跑等方式逃避血液酒精含量检验；四是在进行相应酒精含量检测时通过故意饮酒等方式破坏检测结果。本案中，被告人孙某某也多次阻挠交警对其进行酒精含量检验：在交通事故现场不配合交警进行呼气酒精含量检验；当被带至交警中队之后，仍然采取多种手段拒绝进行呼气酒精含量检验，又在呼气酒精含量检验完毕之后逃离；在被抓获之后，当血液酒精含量检验鉴定意见明确其已经达到醉驾标准时，一方面要求重新鉴定，另一方面还辩称曾在逃离交警中队的途中喝酒御寒，提出该血液酒精含量检验鉴定不能作为证据使用。

我们认为，对于行为人拒绝配合执法，实施不利于其自身的行为，从而产生的法律后果应当由行为人承担：（1）从证据认定的角度分析，当侦查机关掌握了证明行为人构成犯罪的初步证据后，行为人即具有配合侦查机关完成侦查取证的义务，若此时行为人故意通过使自己陷于更不利地位的方式来污染证据，则应当相应降低对控方的证明要求，从而将该不利后果归于行为人本人承担。（2）从社会导向的角度分析，规避法律责任往往是当事人趋利避害的反应，若对呼气酒精含量超标的行为人免除了配合侦查的义务，则可能诱导当事人采取各种方式规避法律责任，如此将不利于保障公共交通安全和人身安全，也不利于维护司法的公正性。因此，只有将行为人故意导致的不利后果归于其本人承担，方能有效避免其通过规避法律的方式获得非法利益。在本案中，呼气酒精含量检验结果证明孙某某具有醉酒驾驶的嫌疑，此时孙某某即具有配合交警完成相关侦查工作的义务，但其却私自逃跑，并辩称逃跑过程中又喝酒御寒，即使该辩解客观真实，再次饮酒后的不利后果也应由行为人本人承担，故随后进行的血液酒精含量检验仍然可以作为证据，用以证明行为人构成危险驾驶罪。

本案的处理虽然在《关于办理醉酒驾驶机动车刑事案件适用法律若干问题的意见》公布实施之前，但处理方法和结果完全符合《关于办理醉酒驾驶机动车刑事案件适用法律若干问题的意见》的规定。《关于办理醉酒驾驶机动车刑事案件适用法律若干问题的意见》第6条第1款规定，犯罪嫌疑人经呼气酒精含量检验达到本意见第1条规定的醉酒标准，在抽取血样之前脱逃的，可以以呼气酒精含量检验结果作为认定其醉酒的依据。该条第2款规定，犯罪嫌疑人在公安机关依法检查时，为逃避法律追究，在呼气酒精含量检验或者抽取血样前又饮酒，经检验其血液酒精含量达到本意见第一条规定的醉酒标准的，应当认定为醉酒。"可见，针对行为人存在的不配合情形，《关于办理醉酒驾驶机动车刑事案件适用法律若干问题的意见》的规定与本案中无锡市两级法院的处理原则基本一致，将因行为人恶意阻碍酒精含量检验行为导致的不利后果归由其本人承担。与此同时，为补强相关证据，《关于办理醉酒驾驶机动车刑事案件适用法律若干问题的意见》第5条还明确规定，公安机关在查处醉酒驾驶机动车的犯罪嫌疑人时，有条件的，应当拍照、录音或者录像；有证人的，应当收集证人证言。该规定旨在提醒办案人员应当通过采集证人证言、拍照、录音或者录像等方式，有效固定现场证据。如此，既能保障被告人的人权，也能证明侦查人员办案过程的合法性。

（三）瑕疵证据经补正或者合理解释的可以作为证据使用

本案中，被告人孙某某还提出，侦查机关没有及时进行酒精含量呼气测试和血液酒精含量检验，事后所作酒精含量呼气测试的时间与实际时间不符，即呼气测试记录的时间为22时03分，而监控录像显示其于21时54分离开交警中队，两次血液酒精含量检验报告中记录的检材数量与实际提取数量存在矛盾，即送检登记中两次抽血量均为2.8毫升，而第一次检测报告记录送检血量为 2 毫升，第二次检测报告记录送检血量为 4 毫升。我们认为，对此，一方面应当区分证据问题的存在系因被告人本人的原因抑或侦查人员的原因导致，若系行为人本人的原因导致，则相应的后果应当由其本人承担。另一方面，应当判断证据存在的问题是否实质上侵犯被告人的重大权益或者违反相关重要程序性规定，是否会影响到证据的真实性，以此判定该证据是非法证据还是瑕疵证据。实践中，瑕疵证据主要是侦查人员在制作相关证据的过程中，因存在轻微技术性缺陷或者程序性违规而产生的证据。较为典型的证据瑕疵主要表现为如下情形：（1）证据记录存在错误，如证据取证的时间、地点、人员等存在记录错误；（2）证据记录遗漏部分内容，如扣押清单遗漏了相关扣押物品的名称、数量、特征等，相关证据笔录遗漏了部分人员的签名或者盖章等；（3）侦查活动存在轻微技术性违规，如相关勘验、检查缺少见证人到场，主持辨认的侦查人员少于两人等。在实际办案过程中，瑕疵证据因侦查人员的疏忽或者是对相关法律规定的轻视而大量存在。较之非法证据，瑕疵证据的违法程度通常是轻微的，并未从实质上侵犯被告人的重大权益，也未违反相关重要程序性规定，且通常不会影响到证据的真实性。2012 年修改后的《刑事诉讼法》在明确了"非法证据排除规则"的同时，对此类瑕疵证据则明确了"可补正的不予排除规则"，即法院对于瑕疵证据的处理原则主要是责令有关办案人员进行补正或者作出合理解释。通常而言，办案人员进行了补正或者作出合理解释后，法院可以忽略此类证据的瑕疵，将其视为合法证据。

本案中，首先，针对被告人提出的未及时进行相关酒精含量检验的辩解意见，多名到庭证人的证言均可证实，公安机关接到报警后及时赶到现场，在发现孙某某有醉酒驾驶的嫌疑后，即要求其进行酒精含量呼气测试，但其拒绝配合，并阻挠公安机关的事故处理程序，因此，侦查机关在交通事故现场未及时进行酒精含量呼气测试主要是孙某某的阻挠行为所致，由此可能带来的不利后果亦应由其本人承担。其次，孙某某提出呼气酒精含量检验的时间与实际时间不符，经查，侦查机关使用的呼气测试仪记录时间确与北京时间存在一定误差，该记录存在瑕疵。对此，侦查机关出具了关于呼气测试仪时间误差的情况说明，证明呼气测试仪上显示时间晚于北京时间 10 分钟。该情况说明，补正了证据原本存在的瑕疵。最后，孙某某提出两次血液酒精含量检验报告中的检材与实际提取过程有矛盾，而相关证人的证言，抽血、送检视频等证据，均能证明对孙某某抽血取样、送检全过程的合法性，且相关鉴定人也到庭证明收到的血样检材密封完整，鉴定过程合法，结果真实有效，并对检测报告中载明的血液数量（2 毫升、4 毫升）与提取检材时记录的数量（2.8 毫升）存在的误差予以了说明，即因在鉴定过程中对检材数量通常采用估算的方式，可能会存在偏差而导致记录的误差。在鉴定人对该瑕疵给出合理解释的前提下，检测报告中载明的鉴定意见可以作为定案证据。

综上，全案的证据均合法、有效，证据之间具有关联性，并已形成完整的证据锁链，故以危险驾驶罪追究被告人孙某某的刑事责任是正确的。

问题 11. 如何认定醉驾型危险驾驶案件中的犯罪情节轻微

【刑事审判参考案例】吴某某危险驾驶案①

一、基本案情

被告人吴某某，男，1972 年生。2011 年 7 月 29 日因涉嫌犯危险驾驶罪被取保候审。

广东省深圳市龙岗区人民检察院以被告人吴某某犯危险驾驶罪，向深圳市龙岗区人民法院提起公诉。

被告人吴某某及其辩护人对指控的犯罪事实和罪名无异议，但基于以下理由请求法庭对其免予刑事处罚：吴某某醉驾的原因特殊，情有可原。案发当晚聚会结束后，吴某某安排专职司机驾车送参加聚会的同学回家，后接到家人电话，得知其未满周岁的女儿发烧，情急之下才自行驾车回家；吴某某血液中的酒精含量不高；吴某某驾车时段为行人稀少的凌晨，驾车距离和时间较短；未发生交通事故；犯罪情节轻微，且吴某某归案后认罪态度好。

深圳市龙岗区人民法院经公开审理查明：2011 年 7 月 27 日 1 时 35 分许，被告人吴某某驾驶车牌号为粤 BM3×××的汽车途经深圳市龙岗区龙园路龙园大门路段时，被交通警察当场查获。经鉴定，吴某某血液中的酒精含量为 89.4 毫克/100 毫升。另查明，吴某某的女儿吴某1 于 2010 年 12 月 1 日出生，病历材料显示 2011 年 7 月 27 日至 28 日其因发热在龙岗区中心医院就诊。

深圳市龙岗区人民法院认为，被告人吴某某在道路上醉酒驾驶机动车，其行为构成危险驾驶罪。吴某某血液中的酒精含量不高，其醉驾的距离和时间较短，且未造成实际危害后果。经查，案发当晚吴某某系因听到未满周岁的女儿生病，心里着急而自行驾车回家，故其体现的主观恶性不深。吴某某归案后积极配合司法机关办案，庭审中对自己的错误亦有深刻认识。综合此情节，吴某某的犯罪情节轻微，不需要判处刑罚，故相关辩解和辩护意见予以采纳。据此，依照《刑法》第 133 条之一第 1 款、第 37 条之规定，深圳市龙岗区人民法院以被告人吴某某犯危险驾驶罪，免予刑事处罚。

一审宣判后，被告人吴某某未上诉，公诉机关亦未抗诉，该判决已发生法律效力。

二、主要问题

如何认定醉驾型危险驾驶案件中的犯罪情节轻微？

三、裁判理由

本案被告人吴某某在道路上醉酒驾驶机动车的事实清楚、证据确实充分，以危险驾驶罪定罪不存在争议。但在量刑上，吴某某具有多个法定、酌定从轻处罚情节，对其能否适用《刑法》第 37 条规定的"犯罪情节轻微不需要判处刑罚的，可以免予刑事处罚"存在认识分歧：一种意见认为，吴某某血液酒精含量较低，未发生交通事故，社会危害性较小，且其归案后如实供述罪行，认罪态度好，属于犯罪情节较轻，对其可以适用缓刑。另一种意见认为，吴某某不仅具有上述法定或者酌定从轻处罚情节，且本案案发事由特殊，其系因未满周岁的女儿突发疾病，情急之下才醉酒驾车，应当认定其犯罪情节

---

① 施东辉撰稿，马岩审编：《吴某某危险驾驶案——如何认定醉驾型危险驾驶案件中的犯罪情节轻微（第 896 号）》，载中华人民共和国最高人民法院刑事审判第一、二、三、四、五庭主办：《刑事审判参考》（总第 94 集），法律出版社 2014 年版，第 21～25 页。

轻微，对其可以免予刑事处罚。

我们认为后一种意见更能体现罪责刑相适应原则，具体分析如下：

在醉驾型危险驾驶案件中，以行为和行为人为视角，可将量刑情节分为两类：

在行为方面，主要有以下几种情节：（1）醉驾的时空环境，即时间、路段、距离等。具体分为如下几种情形：醉驾的时间是深夜车辆较少时还是白天车流高峰期，醉驾持续的时间有多长，饮酒与驾驶之间间隔的时间长短；醉驾的路段是繁华闹市还是人迹稀少的区域，是普通道路还是城市快速路、高速公路；被查获时醉驾的距离，离目的地的剩余距离。（2）醉驾的机动车车况。具体分为如下几种情形：是"铁包肉"的汽车还是"肉包铁"的普通摩托车；是私家车还是正在营运的客车；是符合安全技术条件的机动车还是改装车、报废车；是独自醉驾还是载有亲友醉驾。（3）是否还有其他违反《道路交通安全法》的行为。具体情形如下：无证驾驶或者准驾车型不符；严重超速、超载、超员；违反交通信号；吸毒后驾驶；伪造、变造、遮挡号牌；等等。（4）醉驾的后果，即是否发生交通事故以及造成后果的严重程度。

在行为人方面，主要有以下几种情节：（1）醉酒程度，即行为人的血液酒精含量是刚超过认定醉酒驾驶的标准80毫克/100毫升，还是超出很高。（2）犯罪态度。具体情形如下：是否有主动停止醉驾、自首、坦白、立功或者积极赔偿等法定或者酌定从宽处罚情节；是否有拒不配合检查、弃车逃匿，甚至殴打、驾车冲撞执法人员、冲卡等恶劣行为。（3）犯罪动机或者对醉驾行为本身的认识。具体情形如下：是否有违法性认识，是否误以为休息数小时或者隔夜之后会醒酒而醉驾；是忽视醉驾对公共安全造成的危险而执意醉驾，还是出于救助他人而不得已醉驾；是否采取避免措施；等等。（4）行为人的一贯表现。如是否有醉驾、酒驾以及其他前科劣迹。

上述情形，基本能够准确反映出醉驾行为的社会危害程度以及行为人的人身危险大小，这是决定对行为人从重或者从轻处罚的重要参考因素。就从宽处罚而言，由于危险驾驶罪是《刑法》分则中唯一一个主刑设置为拘役的罪名，其轻罪的罪质特点决定了对行为人从宽处罚时，往往需要在缓刑、免予刑事处罚、不作为犯罪处理三者中权衡，为此就有必要准确区分何种情形属于犯罪情节较轻、犯罪情节轻微、犯罪情节显著轻微。仅从上述列举的几类情形中，可以看出醉驾犯罪情况比较复杂，对何种情形属于情节较轻、轻微或者显著轻微，需要在司法实践中不断探索。这也是最高人民法院、最高人民检察院、公安部未在其联合制定的《关于办理醉酒驾驶机动车刑事案件适用法律若干问题的意见》中明确相关认定标准的一个重要原因。

我们认为，审判实践中，可以尝试从醉驾行为的社会危害程度和行为人的人身危险性大小入手，以"定性＋定量"的方式明确以下区分原则：

一是对于没有发生交通事故，行为人认罪、悔罪，且无其他法定或者酌定从轻、从重处罚情节的，一般可以认定为醉驾情节较轻；对于虽然发生交通事故，但只造成轻微人身伤害或者财产损失，且被告人积极赔偿取得谅解，无其他从重处罚情节的，也可以认定为醉驾情节较轻；对于既有从轻处罚情节又有从重处罚情节的，是否整体上认定为醉驾情节较轻，应当从严掌握。根据《刑法》第72条的规定，对醉驾情节较轻的，依法可以适用缓刑。

二是犯罪情节轻微可以免予刑事处罚的，除不低于缓刑的适用条件外，还应当同时具备以下条件：（1）被告人无从重处罚情节，原则上没有发生交通事故，即便发生交通事故，也仅造成轻微财产损失或者轻微人身伤害，且被告人积极赔偿，取得被害人谅解；（2）至少具备一项法定或者酌定从宽处罚情节，如自首、坦白、立功、自动停止醉驾等；（3）醉酒程度一般，血液酒精含量在160毫克/100毫升以下；（4）有符合情理的醉驾理由，如为救治病人而醉驾、在休息较长时间后误以为醒酒而醉驾、为挪动车位而短距离醉驾等。

三是犯罪情节显著轻微可以不认为是犯罪的，除不低于免予刑事处罚的适用条件外，在"量"上应当更加严格把握，要求同时具备：（1）没有发生交通事故或者仅造成特别轻微财产损失或者人身伤害；（2）血液酒精含量在100毫克/100毫升以下；（3）醉驾的时间和距离极短，根据一般人的经验判断，几乎没有发生交通事故的可能性。

本案中，被告人吴某某具备多个法定或者酌定从轻处罚的量刑情节：一是未发生实害后果，社会危害性较小。吴某某血液酒精含量为89.4毫克/100毫升，刚达到醉驾标准，且其醉驾时间在凌晨1时许，行驶路线非城市主干道，路上车辆行人稀少，相比于醉酒程度高或者在交通繁忙时段和路段的醉驾行为，发生交通事故的风险较低，对道路公共安全造成的威胁很小。二是主观恶性较小。案发当晚，吴某某由其司机驾车送至酒店参加同学聚会，说明其对酒后驾车的危险性已有一定认知，并作了相应防范。聚会结束后，吴某某派司机去送同学回家，在此期间突然得知未满周岁的女儿发高烧，情急之下没有选择打车或者乘坐其他交通工具回家，而是选择自己醉驾，其救女心切可以得到社会公众广泛理解和宽容，亦是人之常情，故其主观恶性与其他持侥幸心理的醉驾行为人相比要小。三是行为人的人身危险性较小。吴某某具有正当职业，以往表现较好，无犯罪前科，是初犯，且到案后如实供述罪行，庭审中具有认罪、悔罪表现。四是本案不存在从重处罚量刑情节。鉴于吴某某并非主动停止醉驾，而系被查获而停止醉驾，被查获时已行驶约1.8公里，综合考虑，可以认定吴某某的醉驾行为属于"犯罪情节轻微"而非"显著轻微"情形。故依照《刑法》第37条的规定，依法对吴某某宣告有罪，但免予刑事处罚，既深入贯彻了宽严相济刑事政策依法从宽精神，也体现了罪责刑相适应原则。

问题12. 在醉驾型危险驾驶案件中如何把握缓刑适用标准

【实务专论】

在《关于办理醉酒驾驶机动车刑事案件适用法律若干问题的意见》起草过程中，各部门一致认为，宽严相济刑事政策作为一项基本刑事政策，也应当适用于醉酒驾驶机动车刑事案件，但对在此类案件中如何具体贯彻落实宽严相济刑事政策，特别是如何体现从宽处罚，始终存在争议。这是《关于办理醉酒驾驶机动车刑事案件适用法律若干问题的意见》对此问题暂不作出规定的主要原因。我们认为，危险驾驶罪是《刑法》中唯一仅将拘役规定为主刑的轻罪，该罪的法定刑虽轻，但其刑罚适用也应当坚持罪刑相适应的基本原则，体现轻罪轻刑，而不能一味强调严惩，甚至应当从宽处理的而不依法从宽。对于醉酒驾驶机动车情节较轻、情节轻微或者显著轻微的情形，可以适用《刑法》总则的规定，依法宣告缓刑、免予刑事处罚或者不作为犯罪处理。例如，对被告人不具有《关于办理醉酒驾驶机动车刑事案件适用法律若干问题的意见》第2条规定的从重处罚情形的，根据《刑法》第72条的规定，可以依法宣告缓刑。对虽具有《关于办理醉酒驾驶机动车刑事案件适用法律若干问题的意见》第2条规定的从重处罚情节的被告人，亦非完全不能适用缓刑，只是适用时要依法从严掌握。再如，对不具有《关于办理醉酒驾驶机动车刑事案件适用法律若干问题的意见》第 2 条规定的从重处罚情形，且血液酒精含量刚超过 80 毫克/100 毫升，具有自首、立功等法定从宽处罚情节，或者具有自动停止驾驶、短距离驾驶等酌定从宽处罚情节，或者具有为救治病人而醉酒驾驶等符合情理的事由的（紧急避险除外），可以认定为醉酒驾驶机动车情节轻微或者显著轻微，依照《刑法》第 37 条、第 13 条的规定，免予刑事处罚或者不作为犯罪处理。当然，免予刑事处罚和不作为犯罪处理的应当是极少数案件，这与醉驾犯罪的整体状况是一致的。①

【刑事审判参考案例】魏某某危险驾驶案②

一、基本案情

被告人魏某某，男，1976 年 9 月 6 日出生，个体工商户。2011 年 7 月 4 日因涉嫌犯危险驾驶罪被取保候审。

河北省秦皇岛市北戴河区人民检察院以被告人魏某某犯危险驾驶罪，向秦皇岛市北戴河区人民法院提起公诉。

被告人魏某某及其辩护人对指控的犯罪事实和罪名无异议，但基于以下理由请求法庭对魏某某从轻处罚：其是在案发前夜喝酒，次日早晨出车；由于雾大其将车停在路边，未意识到自己系醉驾。

秦皇岛市北戴河区人民法院经公开审理查明：2011 年 6 月 18 日夜间，被告人魏某某与同事喝酒至次日 1 时许。19 日 5 时 20 分许，魏某某驾驶车牌号为冀 CD1××的汽车行至秦皇岛市北戴河区滨海大道万腾路段，后停在公交车道内（未靠边），被从后面驶来的车牌号为冀 C15××的 34 路公交车追尾。交警部门认定双方负事故同等责任。经鉴定，魏某某血液酒精含量为 96.06 毫克/100 毫升，处于醉酒状态。案发后，魏某某积极赔偿对方人民币 3253.5 元，并取得对方谅解。

秦皇岛市北戴河区人民法院认为，被告人魏某某在道路上醉酒驾驶机动车，其行为构成危险驾驶罪。魏某某驾驶的机动车与其他机动车发生交通事故，并负事故同等责任。案发时，魏某某血液酒精含量为 96.06 毫克/100 毫升，醉酒程度不高，犯罪情节较轻；魏某某能够如实供述罪行，且已积极赔偿对方经济损失并取得谅解，依法可以从轻处罚。据此，依照《刑法》第 133 条之一、第 67 条第 3 款、第 42 条、第 44 条、第 52 条、第 53 条之规定，秦皇岛市北戴河区人民法院以被告人魏某某犯危险驾驶罪，判处拘役一个月，并处罚金人民币 1000 元。

一审宣判后，被告人魏某某提出上诉，认为其血液酒精含量不高，危险驾驶社会危害性小，没有造成严重后果，且其主动认罪并积极赔偿另一肇事方经济损失，主观恶性不大，请求二审对其从轻处罚。

秦皇岛市中级人民法院审理查明的事实与一审认定的事实一致。另查明，秦皇岛市公安交通警察支队五大队交通事故认定书反映，事发当天天气状况为"雾"。

---

① 高贵君、马岩、方文军、曾琳：《〈关于办理醉酒驾驶机动车刑事案件适用法律若干问题的意见〉的理解与适用》，载《人民司法（应用）》2014 年第 3 期。

② 王瑛、王冬霞撰稿，马岩审编：《魏某某危险驾驶案——在醉驾型危险驾驶案件中如何把握缓刑适用标准（第 897 号）》，载中华人民共和国最高人民法院刑事审判第一、二、三、四、五庭主办：《刑事审判参考》（总第 94 集），法律出版社 2014 年版，第 26~29 页。

秦皇岛市中级人民法院认为，上诉人魏某某犯危险驾驶罪的事实清楚，证据充分。魏某某饮酒后经过约 4 小时才驾车，在有雾看不清道路的情况下将车停在公交车道内，体现出其具有防止发生交通事故的主观意愿；客观上，发生追尾事故时其驾驶的汽车处于停止状态，且案发于清晨，路上行人车辆较少。事故对双方均未造成较大经济损失和重大人身伤害，社会危害性较小。案发后，魏某某能够如实供述罪行，认罪态度好，且积极赔偿另一肇事方经济损失并取得谅解。综合上述情节，对魏某某依法可以从轻处罚。据此，依照《刑事诉讼法》（1996 年）第 188 条第 2 项①、《刑法》第 133 条之一，第 67 条第 3 款，第 42 条，第 44 条，第 52 条，第 53 条，第 72 条第 1 款、第 3 款、第 72 条第 1 款、第 3 款之规定，秦皇岛市中级人民法院判决如下：（1）撤销北戴河区人民法院（2011）北刑初字第 18 号刑事判决；（2）上诉人魏某某犯危险驾驶罪，判处拘役一个月，缓刑二个月，并处罚金人民币 1000 元。

二、主要问题

在醉驾型危险驾驶案件中如何把握缓刑适用标准？

三、裁判理由

自 2011 年醉驾入刑后，如何在危险驾驶案件中把握缓刑的适用标准一直备受关注，各地的认识和做法也不尽统一。本案发生在醉驾入刑之初，对被告人魏某某醉酒后在道路上驾驶机动车的行为构成危险驾驶罪并无争议，争议的焦点在于，魏某某是否符合《刑法》第 72 条规定的缓刑适用条件。

一种意见认为，虽然危险驾驶罪是《刑法》分则中唯一一个主刑为拘役的轻罪，但并不意味着轻罪就当然属于"犯罪情节较轻"，是否属于情节较轻，需要在具体案件中根据犯罪情节进行考量。本案中，魏某某在道路上醉酒驾驶机动车，因遇大雾才决定停驶，但未停到安全区域，而是将车停在公交车道内，致使出站的公交车发生追尾事故，负事故同等责任，故不属于"犯罪情节较轻"。特别是本案发生于醉驾入刑之初，对缓刑的适用应当侧重体现宽严相济刑事政策中从严惩处的一面，否则会使社会公众产生打击不力的误解，甚至认为对醉酒驾驶的处罚还不如入刑之前的行政拘留严厉。至于魏某某具有的醉酒程度不高、到案后如实供述罪行、积极赔偿并取得谅解等情节，可以在裁量实刑时体现从宽。

另一种意见认为，危险驾驶罪的犯罪情节较轻，不以是否发生交通事故为划分标准。对于虽然发生交通事故，但事故后果并不严重，且被告人积极赔偿、认罪、悔罪的，综合考虑全案情节，仍可以认定为犯罪情节较轻，对被告人依法可以宣告缓刑。本案中虽然发生了交通事故，但魏某某的汽车被公交车追尾时处于停止状态，且案发时间是在凌晨 5 时，路上车少人稀，事故双方均未受到较大财产损失和人身伤害，也未殃及他人，社会危害性较小。魏某某在驾车之前已休息约 4 小时，属于"隔夜醉驾"，尽管该情节不能成为其"出罪"的理由，但反映出其醉酒驾驶的意愿并不强烈，其之所以醉驾与其对自己体内酒精尚未完全代谢、仍处于醉酒状态的认识不够存在重大关系。同时，魏某某在发现雾大能见度较低时，为防止发生交通事故而主动停车，体现出其具有防范交通事故危险的主观意愿；魏某某案发后如实供述自己的罪行，积极赔偿另一肇事方经济损失并取得谅解。综合上述情节，魏某某犯罪情节较轻，主观恶性较小，有悔罪表现，没有再犯危险，对

---

① 对应《刑事诉讼法》（2018 年修正）第 236 条第 2 项。

其宣告缓刑对所居住社区没有重大不良影响，依法可以适用《刑法》第72条第1款的规定，对其宣告缓刑。

我们赞同后一种意见。除上述理由外，对本案的量刑还可以考虑以下因素。醉驾入刑后，每年全国有数万人因醉酒驾驶机动车而成为犯罪分子。这些人绝大部分是遵纪守法、没有前科劣迹的普通公民，年龄主要集中在20岁至45岁，高中以下文化程度者居多，大部分有稳定工作，是家庭主要收入来源。对这部分人动用刑罚虽然能够获得一定的威慑效果，但同时也会对社会产生一定的负面影响。这部分人不仅在羁押服刑期间容易被"交叉感染"，刑满释放后可能成为无业人员，增加家庭和社会负担，还有可能变成社会不稳定、不和谐因素，甚至走向社会的对立面。因此，在危险驾驶案件中，一定要贯彻落实好宽严相济刑事政策，不能把醉驾的社会危害过于放大而片面强调从严惩处。缓刑是我国从宽处理法律制度的关键组成部分，是贯彻宽严相济刑事政策的重要体现。缓刑的适用对象是被判处拘役、三年以下有期徒刑的犯罪分子，这表明被判处缓刑的犯罪分子所犯罪行并不十分严重，情节也不恶劣，故人民法院在考虑对犯罪分子是否适用缓刑时，要特别注重考虑其有无再犯罪的可能性，重点分析通过缓刑能否实现对其教育改造的刑罚目的。具体到醉驾型危险驾驶案件，只要被告人系初犯、偶犯，没有曾因酒后驾驶受过行政处罚或者刑事追究，且符合法律规定其他条件时，就有适用缓刑的余地。不过，为达到有效遏制、预防醉驾犯罪的目的，对缓刑的适用也不能失之于宽。对具有发生交通事故、肇事后逃逸、严重超速超载、无证驾驶、逃避或者阻碍公安机关依法检查等从重处罚情节的被告人，适用缓刑时应当从严掌握，一般不适用缓刑。

问题13. 如何把握醉驾型危险驾驶犯罪案件中的量刑情节

【实务专论】

《关于办理醉酒驾驶机动车刑事案件适用法律若干问题的意见》第2条第1项规定，醉酒驾驶机动车造成交通事故且负事故全部或者主要责任，或者造成交通事故后逃逸，尚未构成其他犯罪的，从重处罚。理解该项规定，主要注意四点：第一，该项规定的发生交通事故从重处罚，是以尚未构成其他犯罪为前提。第二，实践中，醉驾者并不一定对交通事故的发生负主要责任，可能对方的过错更为严重，故该项规定对醉驾造成交通事故且负事故全部或者主要责任的从重处罚，但被告人造成交通事故后逃逸的，因其性质恶劣，即使只负次要责任，也应从重处罚。第三，该项并未明确规定发生交通事故致人损伤的程度和人数，以及造成财产损失的具体数额。主要考虑是，危险驾驶罪属于抽象危险犯，对于醉驾发生实际危害后果的，一般情况下均应从重处罚。如以人员受伤程度或者财产损失数额作为是否从重处罚的标准，难以保证标准的科学性，且规定过细会导致缺乏灵活性，难以应对实践中的复杂情况。例如，发生交通事故致多人轻微伤的并不一定小于致一人轻伤的严重程度；又如，发生相同程度的车辆碰撞，因对方车辆价值不同，产生的维修费用可能相差悬殊。故该项规定未以交通事故的具体后果作为划分是否从重处罚的标准。但实践中，可以根据交通事故的具体危害程度，确定从重处罚的幅度。

《关于办理醉酒驾驶机动车刑事案件适用法律若干问题的意见》第2条第2~5项规定了4种危险性较高的醉酒驾驶机动车行为。

关于"血液酒精含量达到 200 毫克/100 毫升以上"。主要考虑是，被告人醉酒程度越高，对其驾驶能力的影响越大，发生交通事故的风险越高，故对醉酒程度较高的被告人应从重处罚。关于从重处罚的血液酒精含量值的确定，经抽样调查，行为人血液酒精含量在 160 毫克/100 毫升以上的约占查处者的 40%，若以该含量值作为从重处罚的标准，加上其他从重处罚的情形，约有一半以上的被告人可能会被从重处罚，整体量刑偏重。而被告人血液酒精含量在 200 毫克/100 毫升以上的约占查处者的 20%，以此作为从重处罚的标准较为适中，不会导致从重处罚面过宽。

关于"在高速公路、城市快速路上驾驶"。主要考虑是，这种类型的道路车流量一般较大、车速较快，一旦发生交通事故，多为连环撞车，后果较普通道路严重，故对在此类道路上醉酒驾驶机动车的被告人应从重处罚。在《关于办理醉酒驾驶机动车刑事案件适用法律若干问题的意见》起草过程中，有的部门建议对在闹市区、繁华路段醉酒驾驶机动车的被告人也应从重处罚。该建议具有一定合理性，但鉴于闹市区、繁华路段在实践中难以界定，容易引发争议，故该项未予明确规定。如在人流量、车流量明显大的路段醉酒驾驶的，也可作为其他从重处罚的情形予以处理。

《关于办理醉酒驾驶机动车刑事案件适用法律若干问题的意见》第 2 条第 6 项、第 7 项规定了两种反映醉酒驾驶机动车的行为人主观恶性较大的情形。

关于"曾因酒后驾驶机动车受过行政处罚或者刑事追究的"。在《关于办理醉酒驾驶机动车刑事案件适用法律若干问题的意见》起草过程中，有的部门建议对酒后驾驶机动车受过行政处罚或者刑事追究的年限作出规定。经研究，行为人曾因酒后驾驶机动车被处罚后再次醉酒驾车的，反映其不思悔改和对公共安全、他人生命财产安全的漠视态度，应从严惩处，不宜对年限作出明确规定。不过，对于前次因酒后驾车受处罚的时间久远的（如 10 年前），与时间短暂的（如 1 年前），行为人在主观恶性上有所不同，量刑上可适当体现区别对待。

考虑到实践中醉酒驾驶机动车的情形比较复杂，《关于办理醉酒驾驶机动车刑事案件适用法律若干问题的意见》第 2 条设置了一项兜底规定，以应对实践中可能出现的其他情节恶劣、应予从重处罚的情形。为避免不当扩大从重处罚的范围，执法工作中应当严格适用该项规定。只有符合其他 7 项的规定精神，体现出驾驶行为危险性程度较高、行为人主观恶性较大的其他情形，才可以酌情从重处罚。

需要特别说明的是，《关于办理醉酒驾驶机动车刑事案件适用法律若干问题的意见》第 2 条对具有上述从重处罚情节的行为人并未明确规定"应当"从重处罚。主要考虑是，实践中醉酒驾驶机动车的情形比较复杂，一般情况下行为人具有上述情节的应当从重处罚，但也存在例外情形。例如，对于仅造成他人轻微擦伤或者致车辆轻微剐蹭，且行为人积极赔偿被害人损失取得谅解的，可以考虑不从重处罚；又如，在一些地区无证驾驶摩托车的现象比较普遍，如果一律从重处罚会造成打击过严，效果未必好，故对于无证驾驶摩托车但未发生交通事故的行为人也可考虑不予从重处罚。[①]

---

① 高贵君、马岩、方文军、曾琳：《〈关于办理醉酒驾驶机动车刑事案件适用法律若干问题的意见〉的理解与适用》，载《人民司法（应用）》2014 年第 3 期。

【刑事审判参考案例】　罗某某危险驾驶案[①]

一、基本案情

被告人罗某某，男，1965 年生，原系广西壮族自治区北海市森林公安局办公室副主任。2011 年 5 月 17 日因涉嫌犯危险驾驶罪被刑事拘留。

广西壮族自治区北海市海城区人民检察院以被告人罗某某犯危险驾驶罪，向北海市海城区人民法院提起公诉。

北海市海城区人民法院经公开审理查明：2011 年 5 月 15 日晚，被告人罗某某进餐时饮酒。当日 20 时 50 分许，罗某某酒后驾驶车牌号为桂 05 × × × 警的警车，沿北海市长青路由西向东行驶，至广东路路口右转弯向南继续行驶时，与前方驾驶电动车同向行驶的苏某某（被害人，女）发生碰撞，致苏某某倒地受轻微伤。罗某某下车查看后，驾车逃离现场。谢某某（苏某某丈夫）即用手机打电话报警。交通警察根据群众提供的线索，在北海市林业局内找到上述肇事车辆，并将罗某某抓获。经鉴定，罗某某血液酒精含量为 193.2 毫克/100 毫升，属于醉酒状态。交通管理部门认定，罗某某负事故全部责任。

北海市海城区人民法院认为，被告人罗某某在道路上醉酒驾驶机动车，其行为构成危险驾驶罪。罗某某血液酒精含量为 193.2 毫克/100 毫升，远远超过 80 毫克/100 毫升的醉酒标准，其于交通晚高峰时间在市区相对热闹的路段醉酒驾驶，并发生交通事故。罗某某身为人民警察知法犯法，醉酒驾驶警车，肇事后逃逸，社会影响恶劣。罗某某到案后如实供述自己的罪行，可以依法从轻处罚。据此，依照《刑法》第 133 条之一、第 42 条、第 44 条、第 67 条第 3 款、第 52 条之规定，北海市海城区人民法院以被告人罗某某犯危险驾驶罪，判处拘役五个月，并处罚金人民币五千元。

一审宣判后，被告人罗某某未提出上诉，公诉机关亦未抗诉，该判决已发生法律效力。

二、主要问题

如何把握醉驾型危险驾驶犯罪案件中的量刑情节？

三、裁判理由

在道路上醉酒驾驶机动车的情况较为复杂，不同情形的醉驾，对公共安全的危险程度以及所反映出的行为人的主观恶性、人身危险性有较大差别。在处理醉驾型危险驾驶案件时，应当全面审查醉驾的具体情节，做到区别对待，宽严相济，罚当其罪。我们认为，可着重考虑以下两个方面。

（一）考察醉酒驾驶的危险程度

从《刑法》关于危险驾驶罪的规定分析，只要行为符合醉酒驾驶的行为特征，即被认为具有危险性。这种危险是法律拟制的危险，而非现实的、具体的危险，理论上称之为抽象危险。醉酒驾驶对他人人身财产和公共安全造成的危险程度是本罪处罚的依据。考察危险程度的主要参考要素如下：（1）行为人是否造成现实的危害，即是否发生交通事故及事故的严重程度，具体包括财产损失和人员受伤情况。（2）行为人案发时的驾驶

[①]　江媞、陈军撰稿，马岩审编：《罗某某危险驾驶案——如何把握醉驾型危险驾驶犯罪案件中的量刑情节（第898 号）》，载中华人民共和国最高人民法院刑事审判第一、二、三、四、五庭主办：《刑事审判参考》（总第 94 集），法律出版社 2014 年版，第 30～33 页。

能力如何，主要以血液酒精含量为判断标准。《车辆驾驶人员血液、呼气酒精含量阈值与检验》（强制性国家标准 GB 19522—2010）根据一般人体质，规定驾驶人血液酒精含量大于或者等于 80 毫克/100 毫升的，属于醉酒后驾驶。如果行为人血液酒精含量远远超过该标准，就应当认定其醉酒程度较高，驾驶能力受到较大影响，危险程度也较大，应当从重处罚。如果行为人血液酒精含量刚超过醉驾标准，且未发生交通事故，说明酒精对其驾驶能力的影响不大，现实危险性相对较小，可以酌情从轻处罚。判断驾驶能力的另一个参考因素是行为人有无驾驶资格，即是否属于无证驾驶或者与准驾车型不符。由于驾驶汽车具有高风险性，驾驶人员需要经过培训掌握驾驶技能和道路安全知识，通过考试并取得驾驶证后才有资格在道路上驾车。因此，如果行为人系无证驾驶，即认定其不具备驾驶能力，即使其实际掌握一定的驾驶技能，从严控风险的角度，原则上也应视为其不具备驾驶能力。特别是汽车、货车、客车等对驾驶技术要求较高的机动车，如系无证驾驶，一般可以考虑从重处罚。对于驾驶的车型系对驾驶技术要求相对较低的摩托车，没有发生交通事故的，可以根据案情适当考虑不予从重处罚。（3）行为人是否实施了严重违反《道路交通安全法》的其他行为。一般情况下，《道路交通安全法》禁止的行为都涉及安全驾驶，但有的行为如违章停车与安全驾驶关系不大，故判断是否严重违反《道路交通安全法》行为的标准，是看该违章行为是否对道路交通安全构成现实的严重威胁。如行为人超过规定时速 50% 以上驾驶，违反交通信号灯，逆向行驶或者违规超车。又如，行为人驾驶车辆的安全性能难以保证的，包括明知是安全装置不全或者安全机件失灵的机动车而驾驶，明知是拼装、改装或者报废的机动车而驾驶，超载驾驶或者违法载人，等等。（4）醉驾行为严重威胁到不特定多数人的生命安全，一旦发生交通事故，后果会特别严重。如驾驶营运载客机动车，驾驶载有爆炸物品、易燃易爆化学物品以及剧毒、放射性等危险物品的机动车，在高速公路、城市快速路、闹市区、繁华路段醉驾等。

（二）考察行为人的主观恶性和人身危险大小

可以从行为人在以下三个阶段的表现来判断：（1）实施醉驾行为前的表现。如是否曾因酒后驾驶受过行政处罚或者刑事处罚，是否有多次严重违反《道路交通安全法》的行为，是否不顾他人劝阻坚持醉驾，是否故意遮挡、污损或者不按照规定安装号牌，或者明知是伪造、变造或者其他机动车号牌而使用的，等等。（2）被查获时的表现，是配合公安机关依法执行检查，还是实施了当场饮酒、锁车门不下车、抵制呼气酒精含量检测或者抗拒抽血检验等不配合检查，甚至冲卡逃避检查、暴力抗拒检查的行为；发生交通事故的，是否积极救援伤者，主动打电话报警，或者明知他人报警而在现场等候警方处理；等等。（3）归案后的认罪悔罪态度。如是否如实供述罪行，当庭表示认罪；是否积极赔偿被害人的经济损失，取得被害人的谅解；等等。

本案中，被告人罗某某具有多项从重处罚情节。一是发生了实际的危害后果。罗某某驾驶的汽车与被害人苏某某的电动车发生碰撞，致苏某某倒地受轻微伤。二是醉酒程度较高。其血液酒精含量为 193.2 毫克/100 毫升，远远超过 80 毫克/100 毫升的醉驾标准。三是在肇事后试图逃避法律追究。交通事故发生后，罗某某下车稍作查看，随即驾车逃逸，而未对被害人进行救助。四是案发后罗某某试图让下属顶罪，在公安机关对其第一次讯问时拒不承认酒后驾车及肇事的事实，企图逃避处罚。五是本案社会影响恶劣。罗某某身为警察知法犯法，醉酒驾驶警车，在市区繁华路段发生交通事故后驾车逃逸，现场多名群众围观，社会影响恶劣。同时，罗某某也有可以酌情从轻处罚的情节。罗某某在庭审中如实供述犯罪事实，悔罪态度较好，且在一审法院主持下与被害人达成民事赔偿调解协议，支付苏某某赔偿款人民币 3500 元，取得苏某某的谅解，对其可以酌情从轻处罚。综合考虑以上从重、从轻处罚情节，一审法院对被告人罗某某判处拘役五个月，并处罚金人民币 5000 元，量刑适当，体现了宽严相济刑事政策的精神。

问题 14. 如何认定醉驾型危险驾驶犯罪案件中的自首以及如何根据具体的自首情形决定对被告人的从宽处罚程度

【刑事审判参考案例】黄某某危险驾驶案①

一、基本案情

被告人黄某某，男，汉族，1972 年生，私营企业老板。

江苏省苏州市相城区人民检察院以被告人黄某某犯危险驾驶罪，向苏州市相城区人民法院提起公诉。

被告人黄某某及其辩护人对公诉机关指控的事实及罪名无异议。

苏州市相城区人民法院经公开审理查明：2011 年 5 月 1 日晚，被告人黄某某酒后驾驶未经检验合格的苏 ERS××× 二轮摩托车，行驶至苏州市相城区黄桥街道旺盛路与兴旺路交叉路口由北向西右转弯时，与由西向北左转弯骑电动自行车的王某某相撞。经鉴定，黄某某血液酒精含量为 143 毫克/100 毫升。交通管理部门认定，黄某某负事故主要责任。案发后，黄某某在明知对方当事人报警的情况下，留在现场等候处理，归案后如实供述犯罪事实。

苏州市相城区人民法院认为，被告人黄某某违反交通运输管理法规，在道路上醉酒驾驶机动车，其行为构成危险驾驶罪。公诉机关指控的罪名成立。黄某某在明知他人报警后，留在现场等候处理，归案后如实供述犯罪事实，系自首，依法可以从轻处罚。黄某某在发生轻微交通事故后积极主动赔偿被害人的经济损失，可以酌情从轻处罚。据此，依照《刑法》第 133 条之一第 1 款、第 67 条第 1 款、第 64 条之规定，苏州市相城区人民法院以被告人黄某某犯危险驾驶罪，判处拘役一个月，并处罚金人民币 1000 元。

一审宣判后，被告人黄某某未提出上诉，公诉机关未抗诉，该判决已发生法律效力。

二、主要问题

1. 如何认定醉驾型危险驾驶犯罪案件中的自首？

2. 如何根据具体的自首情形决定对被告人的从宽处罚程度？

三、裁判理由

（一）醉驾型危险驾驶犯罪案件中自首的认定

根据《刑法》第 67 条第 1 款的规定，犯罪以后自动投案，如实供述自己的罪行的，是自首。因此，判断被告人是否具有自首情节，需要考察"自动投案"和"如实供述自己的罪行"两个因素。

1. 关于"自动投案"的认定。实践中，醉酒驾驶案件中自动投案的情形与其他刑事

---

① 刘福龙、李万勇撰稿，马岩审编：《黄某某危险驾驶案——如何认定醉驾型危险驾驶犯罪案件中的自首以及如何根据具体的自首情形决定对被告人的从宽处罚程度（第 899 号）》，载中华人民共和国最高人民法院刑事审判第一、二、三、四、五庭主办：《刑事审判参考》（总第 94 集），法律出版社 2014 年版，第 34 ~ 38 页。

案件中的常见情形有一定区别。通常情况下，"自动投案"是被告人在其犯罪事实或者其本人未被司法机关发觉，或者虽被发觉但尚未受到讯问、未被采取强制措施时，主动、直接向司法机关或者所在单位等投案，或者经亲友规劝陪同投案、送其投案。由于醉驾案件一般在公安机关交通管理部门例行检查时案发，或者在发生交通事故后因当事人、群众报警而案发，故被告人主动、直接到司法机关投案自首的情形极少。对于公安机关例行检查的，即使犯罪嫌疑人在被公安人员询问、呼气酒精检查之前主动交代醉酒驾驶的，也不构成自首。因为在此种情形下，虽然犯罪嫌疑人交代具有一定的主动性，但其归案具有被动性，即使其不主动交代，公安人员通过检查也能发现其醉驾的犯罪事实，故应当认定为坦白。对于报警后案发的，具体区分为两种情况：一种情况是发生交通事故后，犯罪嫌疑人主动报警，这属于典型的自动投案。另一种情况是他人报警。对于他人报警的，犯罪嫌疑人在明知他人报警的情况下，仍自愿留在现场等候警方处理，即"能逃而不逃"，且无拒捕行为的，才能视为自动投案。如果犯罪嫌疑人根本不知道他人已经报警而留在现场，或者在得知他人报警后欲逃离现场，但因对方当事人控制或者群众围堵而被动留在现场的，则不能认定为自动投案。犯罪嫌疑人得知他人报警后逃离现场，事后迫于压力又主动到公安机关交代犯罪事实的，可以认定为自动投案。本案中，被告人黄某某在得知对方当事人报警后，在人身未受到控制情况下选择了未逃离现场，自愿留在现场等候警方处理，属于典型的"能逃而不逃"情形，应当认定为"自动投案"。

2. 关于"如实供述自己的罪行"的认定。《最高人民法院关于处理自首和立功具体应用法律若干问题的解释》第1条第2项规定，如实供述自己的罪行，是指犯罪嫌疑人自动投案后，如实交代自己的主要犯罪事实。我们认为，所谓主要犯罪事实，是指对认定犯罪嫌疑人的行为性质有决定意义的事实、情节（即基本犯罪构成事实）以及对量刑有重大影响的事实、情节（即重大量刑事实）。对于基本犯罪构成事实，犯罪嫌疑人应当全部供述，而无"主""次"之分；对于重大量刑事实，则可区分已如实供述与未如实供述部分的严重程度，决定是否认定为"如实供述自己的主要犯罪事实"。如果如实交代的犯罪情节重于未交代的犯罪情节，一般应当认定为如实供述自己的主要犯罪事实；无法区分已交代的与未交代的犯罪情节的严重程度，一般不认定为如实供述自己的主要犯罪事实。对于醉驾型危险驾驶案件，基本构成要件事实如下：在驾车之前是否饮酒；是否驾车上路行驶；驾驶何种车型。其中，是否饮酒是最基本的构成事实，不管犯罪嫌疑人是在见到公安人员后主动交代饮酒事实，还是在公安人员根据其精神状态怀疑其饮酒并对其进行讯问时承认饮酒事实，均属于如实供述自己的罪行。如果犯罪嫌疑人虽然承认饮酒的事实，但不配合甚至采取暴力手段抗拒对其进行呼气酒精含量测试或者血样收集的，不能成立"如实供述自己的罪行"。还有的犯罪嫌疑人在交通肇事后逃逸，待血液中酒精含量极低或者检不出酒精含量后才投案，并否认醉酒驾驶，只承认自己是肇事者，亦不属于"如实供述自己的罪行"。影响犯罪嫌疑人量刑的重要犯罪事实可参考最高人民法院、最高人民检察院、公安部联合制定的《关于办理醉酒驾驶机动车刑事案件适用法律若干问题的意见》第2条对于从重处罚情节的规定，包括是否及如何发生交通事故，饮酒的量、品种、驾驶间隔的时间，是否在高速公路、城市快速路上驾驶，是否有超员、超载、超速驾驶、无证驾驶、使用伪造或者变造的机动车牌证等严重违反《道路交通安全法》的行为，等等。需要说明的是，《关于处理自首和立功若干具体问题的意见》对"如实供述主要犯罪事实"和"如实供述身份"的认定采用了不同的标准。如实供述的犯罪事实对量刑的影响大于所隐瞒的事实,可以认定为"如实供述主要犯罪事实";而对于隐瞒身份的行为作了零容忍规定,只要隐瞒的身份情况对量刑有影响,就不能认定为"如实供述自己的罪行"。因此,对于醉驾型危险驾驶案件,如犯罪嫌疑人隐瞒自己曾因酒后驾驶受过行政处罚或者刑事追究的,不能认定为"如实供述自己的罪行"。本案中,被告人黄某某在公安人员到来后,主动交代其在驾车前饮酒的事实,并配合公安人员对其进行呼气酒精含量测试和抽取血样,应当认定其如实供述自己的罪行。

(二)根据具体的自首情形决定对被告人的从宽处罚程度。醉驾型危险驾驶案件中,对具有自首情节的被告人是否从宽处罚以及从宽处罚的程度,应当区分不同情形区别对待

根据《刑法》第67条的规定,对于自首的犯罪分子,可以从轻或者减轻处罚。其中,犯罪较轻的,可以免除处罚。危险驾驶罪本身属于轻罪,故被告人具有自首情节的,一般可以从轻处罚。但如前所述,醉酒驾驶案件中被告人自动投案的情形有所不同,有主动报警的,也有他人报警的,故在从轻处罚的程度上应当有所区别。被告人主动报警的,一般应当从轻处罚,其中没有发生交通事故的,或者只造成轻微财产损失,没有人员伤亡的,可以不作为犯罪处理或者免除处罚。在他人报警的情况下,如果被告人未逃离现场是因为精神上受到一定程度的强制而不敢逃逸,则对其从轻处罚的幅度可以小于其主动报警的情况;如果造成较为严重的交通事故(尚不构成交通肇事罪),亦可以考虑不予从轻处罚。对于被告人交通肇事逃逸后自动投案,如实供述自己罪行,构成自首的,可视具体情形决定是否对其从轻处罚以及从轻处罚的幅度,一般不能免除处罚。本案中,被告人黄某某醉酒驾驶二轮摩托车,与被害人驾驶的电动自行车发生碰擦,致二车受损,本应适当从重处罚,在拘役三个月以上判处刑罚。但经查:黄某某在他人报警后能够留在现场等候,积极配合警方处理事故,具有自首情节;黄某某造成的交通事故不是很严重,仅造成轻微财产损害,且仅负事故的主要责任,而非全部责任;案发后黄某某积极赔偿被害人的经济损失,并取得被害人的谅解。综合考虑上述情节,一审法院对黄某某从轻判处拘役一个月,并处罚金人民币一千元,量刑适当,比较准确地把握了自首情节在危险驾驶案件中的具体运用。

问题15. 对涉嫌危险驾驶罪的被告人在判决前未被羁押的,判决书中如何表达刑期起止日期

【刑事审判参考案例】孟某某危险驾驶案[①]

一、基本案情

被告人孟某某,男,1970年生。2011年12月13日因涉嫌犯危险驾驶罪被取保候审。天津市河北区人民检察院以被告人孟某某犯危险驾驶罪,向河北区人民法院提起公诉。

被告人孟某某对公诉机关指控的犯罪事实及罪名未提出异议。

---

① 李红伟、宫兆军撰稿,周峰审编:《孟某某危险驾驶案——对涉嫌犯危险驾驶罪的犯罪嫌疑人、被告人能否直接采取逮捕强制措施以及判决文书如何表述刑期起止日期(第905号)》,载中华人民共和国最高人民法院刑事审判第一、二、三、四、五庭主办:《刑事审判参考》(总第94集),法律出版社2014年版,第61~65页。

天津市河北区人民法院经公开审理查明：2011 年 12 月 11 日 21 时许，被告人孟某某酒后驾驶未按规定期限进行安全技术检验的车牌号为津 FW3×××的轻骑普通货车，在天津市河北区金钟河东街真诚里小区内道路由北向南行驶，与同方向在其右侧停放的车牌号为津 E16×××的夏利汽车后部左侧相撞，造成双方车辆不同程度受损。经鉴定，孟某某血液酒精含量为 295.50 毫克/100 毫升。经交管部门认定，孟某某负事故全部责任。

天津市河北区人民法院认为，被告人孟某某违反道路交通安全法规，酒后驾驶未按规定期限进行安全技术检验的机动车辆。经鉴定，其血液酒精含量为 295.50 毫克/100 毫升，属于醉酒状态驾驶，其行为构成危险驾驶罪。公诉机关指控的罪名成立。孟某某犯罪后积极赔偿被害人的经济损失，并取得被害人的谅解，可以酌情从轻处罚。据此，依照《刑法》第 133 条之一第 1 款、第 502 条之规定，天津市河北区人民法院以被告人孟某某犯危险驾驶罪，判处拘役二个月，并处罚金人民币 1000 元（刑期从判决执行之日起计算，罚金自判决生效后付清）。

一审宣判后，被告人孟某某没有提出上诉，公诉机关亦未抗诉，该判决已发生法律效力。

二、主要问题

1. 对涉嫌犯危险驾驶罪中的犯罪嫌疑人、被告人能否直接采取逮捕强制措施？

2. 被告人在判决前未被羁押的，判决文书中的刑期起止日期如何表述？

三、裁判理由

本案作出判决时，被告人孟某某未被羁押。审理过程中，对法院能否决定对孟某某采取逮捕措施，判决文书如何表述孟某某刑期的起止日期，存在争议。一种意见认为，法院于 2012 年 3 月 9 日作出一审判决时，应当决定对孟某某采取逮捕措施，并将当日作为羁押之日，亦即折抵后的刑期起算日，判决书主文刑期起止日期应当表述为"自 2012 年 3 月 9 日起至 2012 年 5 月 8 日止"。这样既在判决文书中明确了刑期起止日期，也可以防止宣判后被告人逃跑。另一种意见认为，依照《刑事诉讼法》的规定，只有对可能判处徒刑以上刑罚的犯罪嫌疑人、被告人才能适用逮捕，危险驾驶罪的最高刑期为拘役，故对孟某某不能决定采取逮捕强制措施。判决前孟某某未被羁押，判决执行之日不能确定，判决书中刑期起止日期只能略去，待判决发生法律效力，其交付执行之日为刑期起始日期，以此计算刑期终止日期，填写在执行通知书中。

我们同意后一种意见，具体分析如下。

（一）对于涉嫌犯危险驾驶罪的犯罪嫌疑人、被告人不能直接采取逮捕强制措施，除非在取保候审、监视居住期间严重违反相关规定

1. 根据相关法律规定，对涉嫌犯最高法定刑为拘役的犯罪嫌疑人、被告人不能直接采取强制措施。1996 年《刑事诉讼法》（已废止，下同）第 60 条第 1 款①规定："对有证据证明有犯罪事实，可能判处徒刑以上刑罚的犯罪嫌疑人、被告人，采取取保候审、监视居住等方法，尚不足以防止发生社会危险性，而有逮捕必要的，应即依法逮捕。"2018 年修正后《刑事诉讼法》第 81 条第 1 款规定："对有证据证明有犯罪事实，可能判处徒刑以上刑罚的犯罪嫌疑人、被告人，采取取保候审尚不足以防止发生下列社会危险性的，应当予以逮捕……"比较分析《刑事诉讼法》关于逮捕条件的规定，其在修正前后没有

---

① 对应《刑事诉讼法》（2018 年修正）第 81 条第 1 款。

大的变化（修正后不含监视居住）。根据上述规定，采取逮捕强制措施必须同时具备"有证据证明有犯罪事实""可能判处徒刑以上刑罚""采取取保候审尚不足以防止发生社会危险性"这三个条件，缺一不可。而根据《刑法》第133条之一的规定，危险驾驶罪的最高法定刑是拘役，是《刑法》中唯一不包含有期徒刑以上刑罚的罪名，也就成为唯一不能对犯罪嫌疑人、被告人直接采取逮捕强制措施的罪名。就本案而言，虽然审理时适用的是1996年《刑事诉讼法》，但关于采取逮捕强制措施的条件没有实质的变化，故对本案被告人不能直接采取逮捕强制措施。

2. 在取保候审、监视居住期间严重违反相关规定的，可以采取逮捕强制措施。1996年《刑事诉讼法》第56条第2款①规定，"被取保候审的犯罪嫌疑人、被告人违反前款规定，已交纳保证金的，没收保证金，并且区别情形，责令犯罪嫌疑人、被告人具结悔过、重新交纳保证金、提出保证人或者监视居住、予以逮捕"；第57条第2款②规定，"被监视居住的犯罪嫌疑人、被告人违反前款规定，情节严重的，予以逮捕"。该两款规定是否受1996年《刑事诉讼法》第60条规定的逮捕条件的限制，即只有可能判处徒刑以上刑罚的犯罪嫌疑人、被告人，违反取保候审或者监视居住规定的才可以逮捕，实践中存在不同意见。肯定意见认为，《刑事诉讼法》关于逮捕措施规定中的"可能判处徒刑以上刑罚"是适用逮捕必需的前提条件，危险驾驶罪不符合逮捕对刑罚的要求，应当绝对排除适用逮捕措施。否定意见认为，尽管《刑事诉讼法》关于逮捕措施的规定中明确了"可能判处徒刑以上刑罚"的条件，但《刑事诉讼法》在规定适用逮捕措施的条件之前，已在取保候审和监视居住的规定中明确了违反该两种强制措施的，可以予以逮捕，故对危险驾驶罪可以有条件地适用逮捕措施，即涉嫌犯危险驾驶罪的犯罪嫌疑人、被告人违反取保候审规定，或者违反监视居住规定情节严重的，均可对其予以逮捕。我们同意否定意见的观点。1996年《刑事诉讼法》及配套司法解释中均未限定只有可能判处有期徒刑以上刑罚的犯罪嫌疑人、被告人违反取保候审、监视居住规定的，才可以予以逮捕。另外，从修改后《刑事诉讼法》的有关规定分析，第81条第5款明确规定"被取保候审、监视居住的犯罪嫌疑人、被告人违反取保候审、监视居住规定，情节严重的，可以予以逮捕"。因此，不管是适用1996年《刑事诉讼法》，还是适用修改后的《刑事诉讼法》，对涉嫌犯危险驾驶罪的犯罪嫌疑人、被告人违反取保候审、监视居住规定，情节严重的，均可予以逮捕。值得注意的是，对涉嫌犯危险驾驶罪的犯罪嫌疑人、被告人原则上不能采取监视居住，但是对被取保候审者既不能提出保证人，也不交纳保证金的，可以采取监视居住。因此，在危险驾驶案件中也可能存在犯罪嫌疑人、被告人违反监视居住规定的情况。

（二）危险驾驶罪判决书的起止日期表述

《刑法》第44条规定："拘役的刑期，从判决执行之日起计算；判决执行以前先行羁押的，羁押一日折抵刑期一日。"2000年颁布的《最高人民法院关于刑事裁判文书中刑期起止日期如何表述问题的批复》规定："……判决执行以前先行羁押的，羁押一日折抵刑期一日（判处管制刑的，羁押一日折抵刑期二日），即自×××年××月××日（羁押之日）起至×××年××月××日止。羁押期间取保候审的，刑期的终止日顺延。"据

此，虽然作出一审判决时，判决执行之日不能确定，但对于被羁押的被告人，无论其是否提出上诉，判决执行以前羁押的日期都应予折抵，折抵后的刑期起止日期是确定的，羁押之日为刑期起始日期，以该日期计算出刑期终止日期。

由于刑期起止日期与判决执行前被告人是否被羁押密切相关，在危险驾驶案件的判决书中表述刑期起止日期时，应当区分羁押和未被羁押两种情形：

作出判决时，被告人被取保候审或者监视居住的，判决执行之日不能确定，刑期的起止日期也不能确定，判决结果的刑期部分可表述为，"刑期从判决执行之日起计算，判决执行前先行羁押的，羁押一日折抵刑期一日"，并将"即自×××年××月××日起至×××年××月××日止"略去。待判决生效后，将罪犯交付执行机关执行之日即为刑期开始日期，再根据先行羁押日期计算折抵后的刑期终止日期，填写在执行通知书中。本案因未对被告人孟某某采取逮捕措施，法院在判决书中略去刑期起止日期的做法是正确的。

作出判决时，被告人因违反取保候审、监视居住的规定被逮捕的，根据前述批复的规定，虽然不能确定判决执行之日，但经折抵先行羁押日期，刑期的起止日期是确定的，判决结果的刑期部分应当写明"刑期从判决执行之日起计算，判决执行前先行羁押的，羁押一日折抵刑期一日，即自×××年××月××日（羁押之日）起至×××年××月××日止"。

问题16. 已将无证驾驶机动车和使用伪造的机动车号牌等违法行为作为危险驾驶罪的量刑情节予以考虑，基于前述违法行为所处行政拘留的期间，能否折抵刑期

【刑事审判参考案例】徐某某危险驾驶案①

一、基本案情

被告人徐某某，男，1980年生。2013年8月31日因无证驾驶机动车、使用伪造的机动车号牌被行政拘留20日，同年9月19日因涉嫌犯危险驾驶罪被刑事拘留。

北京市朝阳区人民检察院以被告人徐某某犯危险驾驶罪，向北京市朝阳区人民法院提起公诉。

北京市朝阳区人民法院经审理查明：被告人徐某某在未取得机动车驾驶证的情况下，于2013年8月31日0时许，酒后驾驶二轮摩托车（摩托车号牌系伪造）行驶至北京市朝阳区安立路与科荟路交叉口处，与孙某驾驶的别克牌小型汽车发生碰撞。经鉴定，徐某某血液酒精含量为138毫克/100毫升。

北京市朝阳区人民法院认为，被告人徐某某在道路上醉酒驾驶机动车，发生交通事故，其行为构成危险驾驶罪。鉴于被告人徐某某能够如实供述犯罪事实，当庭自愿认罪，且已赔偿事故相对方的部分经济损失，对其依法可以从轻处罚。据此，依照《刑法》第

---

① 贾浩天、李轶凡撰稿，罗国良审编：《徐某某危险驾驶案——已将无证驾驶机动车和使用伪造的机动车号牌等违法行为作为危险驾驶罪的量刑情节予以考虑，基于前述违法行为所处行政拘留的期间，能否折抵刑期（第916号）》，载中华人民共和国最高人民法院刑事审判第一、二、三、四、五庭主办：《刑事审判参考》（总第94集），法律出版社2014年版，第124~128页。

133 条之一第 1 款、第 67 条第 3 款、第 52 条、第 53 条之规定，北京市朝阳区人民法院以被告人徐某某犯危险驾驶罪判处拘役三个月并处罚金人民币 2000 元（刑期从判决执行之日起计算，判决执行以前先行羁押的，羁押一日折抵刑期一日，即自 2013 年 8 月 31 日起至 2013 年 11 月 30 日止，罚金于本判决生效后三个月内缴纳）。

一审宣判后，被告人徐某某未提起上诉，北京市朝阳区人民检察院向北京市第三中级人民法院提起抗诉。抗诉理由是，被告人徐某某受行政处罚的违法行为与受刑事处罚的犯罪行为不属于同一行为，且其受行政处罚的违法行为未构成犯罪，不应折抵刑期。北京市人民检察院第三分院出庭意见如下：原判认定徐某某"在道路上醉酒驾驶机动车"，并未将无证驾驶和使用伪造的机动车号码两项违法行为作为犯罪事实的一部分予以认定，不符合《行政处罚法》的相关规定，建议二审法院依法改判。

北京市第三中级人民法院经公开审理认为，被告人徐某某在未取得机动车驾驶证的情况下，在道路上醉酒驾驶悬挂伪造号牌的机动车，致使发生交通事故，其行为构成危险驾驶罪。关于抗诉意见，经查，原审对徐某某量刑时，已将其无证驾驶机动车和使用伪造的机动车号牌行为作为危险驾驶罪的量刑情节予以考虑，将基于上述行为所处的行政拘留期限折抵危险驾驶罪的刑期并无不当，故上述抗诉意见不予采纳。原审认定的事实清楚，证据确实、充分，定罪准确，量刑适当，审判程序合法。据此，依照《刑事诉讼法》第 225 条第 1 款第 1 项之规定，北京市第三中级人民法院裁定驳回抗诉，维持原判。

二、主要问题

已将无证驾驶机动车和使用伪造的机动车号牌等违法行为作为危险驾驶罪的量刑情节予以考虑，基于前述违法行为所处行政拘留的期间，能否折抵刑期？

三、裁判理由

危险驾驶罪属于行政犯，是违反《道路交通安全法》，且被《刑法》规定为犯罪的行为。行为人在实施醉酒驾驶、追逐竞驶等犯罪行为的同时，常常伴随着其他违反《道路交通安全法》应受行政处罚的行为，如严重超速驾驶、违反交通信号灯、无证驾驶等。故在实践中往往需要处理危险驾驶罪刑罚与行政处罚之间的关系，即行为人因其他违反《道路交通安全法》的行为受到拘留、罚款等行政处罚的，能否折抵其因危险驾驶行为被判处的拘役、罚金等刑罚。《行政处罚法》第 35 条明确规定："违法行为构成犯罪，人民法院判处拘役或者有期徒刑时，行政机关已经给予当事人行政拘留的，应当依法折抵相应刑期。违法行为构成犯罪，人民法院判处罚金时，行政机关已经给予当事人罚款的，应当折抵相应罚金。"该规定体现了"一事不二罚"的原则。结合上述内容，这一原则的基础在于"同一行为"，即被告人被行政拘留的行为与其被判处刑罚的行为是同一行为，或者说是该犯罪行为的全部或者一部分。但对何为"同一行为"，实践中存在不同认识。

具体到醉驾型危险驾驶案件，如何判断醉驾犯罪行为与其他违反《道路交通安全法》的行政违法行为是否属于"同一行为"，存在不同认识。有观点认为，醉驾型危险驾驶与追逐竞驶型危险驾驶不同，行为人在道路上醉酒驾驶机动车的行为相对独立，无证驾驶等违反《道路交通安全法》的其他违法行为对追逐竞驶而言是"情节恶劣"的定罪事实，但对醉驾行为只是伴随情节，若无这些情节，醉驾行为本身就构成危险驾驶罪。故在醉驾案件中，对无证驾驶等情节应当单独评价，要么作为行政违法行为予以行政处罚，要么作为危险驾驶罪从重处罚情节予以刑事追究。如果案件移送起诉前，公安机关交通管理部门已对被告人的无证驾驶等违法行为作出行政处罚的，法院在量刑时不能再考虑这一情节从重处罚，否则便违反了"一事不二罚"的原则。本案被告人徐某某因无证驾驶、使用伪造的机动车号牌已被行政拘留20日，故不能再因此对其从重处罚。我们认为，徐某某无证驾驶、使用伪造的机动车号牌等行为与醉驾行为均以驾驶行为为基础，系"同一行为"，可以作为危险驾驶罪的量刑情节，其被行政拘留的20日应当折抵危险驾驶罪的刑期。具体分析如下：

第一，行为人在道路上醉酒驾驶机动车的行为与其他违反《道路交通安全法》的行政违法行为均基于同一个驾驶行为的，在客观上属于"同一行为"，是醉酒驾驶犯罪事实的一部分。《道路交通安全法》规定了多种行政违法行为，有的行为是以驾驶为基础的，离开驾驶行为，这些行为就不存在违反《道路交通安全法》的前提，如无证驾驶，超员、超速、超载驾驶，驾驶拼装的机动车或者已达到报废标准的机动车，服用国家管制的精神药品或者麻醉药品后驾驶等。有的行为则具有相对独立性，与是否实施驾驶行为无关，如故意损毁、移动、涂改交通设施，出售已达到报废标准的机动车等。对于依附于驾驶行为的行政违法行为，行为人在实施这些行为的同时也在实施醉驾行为，故行政违法行为在物理状态上与醉驾犯罪行为是"同一行为"，不宜区分为两种性质的行为分别作出法律评价。

第二，在法律评价上，其他违反《道路交通安全法》的行为加大了醉驾行为的危险性，不宜单独评价为行政违法行为，而应当作为危险驾驶罪的从重处罚情节一并进行刑事责任上的评价。行为人因这些行为被先行行政拘留、罚款的，可以折抵其犯危险驾驶罪被判处的拘役刑期和罚金。最高人民法院、最高人民检察院、公安部2013年12月18日印发的《关于办理醉酒驾驶机动车刑事案件适用法律若干问题的意见》第2条规定的从重处罚情节中，就包括"有严重超员、超载或者超速驾驶，无驾驶资格驾驶机动车，使用伪造或者变造的机动车牌证等严重违反道路交通安全法的行为"。从《关于办理醉酒驾驶机动车刑事案件适用法律若干问题的意见》的规定分析，违反《道路交通安全法》的行为可以作为从重处罚情节。

本案审理在《关于办理醉酒驾驶机动车刑事案件适用法律若干问题的意见》出台之前。一审判决书对被告人徐某某无证驾驶、使用伪造的机动车号牌的行为是否作为量刑情节予以考虑，写得不够明确，只是在事实认定部分表述了这一情节，在判决主文部分直接表述为"判决执行以前先行羁押的，羁押一日折抵刑期一日"，但在"本院认为"说理部分并未专门对此进行评价。检察机关抗诉后，二审法院经审查，一审法院对徐某某量刑时已将其无证驾驶和使用伪造的机动车号牌的行为作为危险驾驶罪的量刑情节予以考虑，故认为一审法院将公安机关对徐某某所处的行政拘留期限折抵危险驾驶罪的刑期并无不当，对抗诉意见不予采纳。我们认为，处理此类案件妥当的做法是，在裁判文书事实部分认定被告人实施的其他违反《道路交通安全法》的行为，同时在"本院认为"说理部分对这些行为作出相应说明，如被告人某某醉酒驾驶情节恶劣，可以酌情从重处罚，因行政机关已对被告人予以行政拘留或者罚款，依法应当折抵相应刑期或者罚金等，之后再在判决主文部分具体表述如何折抵刑期。

第三章

以危险方法危害公共安全罪

第一节　以危险方法危害公共安全罪概述

一、概念及构成要件

以危险方法危害公共安全，是指故意使用放火、决水、爆炸、投放危险物质以外的并与之相当的危险方法危害公共安全的行为。

以危险方法危害公共安全的犯罪是一个独立的罪名，是指以放火、决水、爆炸、投放危险物质以外的各种不常见的危险方法实施的危害公共安全的犯罪。此类犯罪是一种复杂的社会现象，实践中犯罪形式多种多样，随着社会政治、经济、文化的不断发展，犯罪分子还会变换新手法，出现新的犯罪形式，因此《刑法》不可能、也没有必要把所有危害公共安全罪的危险方法罗列出来。本条在明确列举放火等四种常见的危险方法的同时，对其他不常见的危险方法作一概括性的规定，有利于运用刑法武器同各种形式的危害公共安全的犯罪作斗争，保卫社会公共安全。

（一）客体要件

本罪侵犯的客体是社会公共安全，即不特定多数人的生命、健康或者重大公私财产的安全。如果行为人用危险方法侵害了特定的对象，不危及公共安全，对不特定多数人的生命、健康或大量公私财产的安全并无威胁，就不构成本罪。

（二）客观要件

本罪在客观方面表现为以其他危险方法危害公共安全的行为。所谓其他危险方法包括两层含义：（1）其他危险方法，是指放火、决水、爆炸、投放危险物质以外的危险方法；（2）其他危险方法应理解为与放火、决水、爆炸、投放危险物质的危险性相当的、足以危害公共安全的方法，即这种危害方法一经实施就可能造成或造成不特定多数人的伤亡或者重大公私财产的毁损。因此，司法实践中，对以"其他危险方法"危害公共安全罪的认定，既不能作无限制的扩大解释，也不能任意扩大其适用的范围。也就是说，《刑法》规定的"其他危险方法"是有限制的，而不是无所不包的。只有行为人实施危害公共安全的行为所采用的危险方法与放火、决水、爆炸、投放危险物质的危险性相当，且行为的社会危害性达到相当严重的程度，才能按以危险方法危害公共安全罪论处。如某甲为报复社会，故意驾车冲撞行人，危害不特定多数人的生命、健康安全，其故意驾车撞人的危险程度与放火、决水、爆炸、投放危险物质危害公共安全的程度相当，因此，行为人驾车撞人的危险方法在客观上就构成了以危险方法危害公共安全罪。但是如果行为人所实施的危险方法的危险程度较小，尚不足以造成不特定多数人伤亡等严重后果的，就不能与放火、决水、爆炸、投放危险物质的危险方法相当或者相类似，所以不能视为以危险方法危害公共安全罪。

从司法实践来看，以危险方法危害公共安全的犯罪突出表现在四个方面。

1. 以私设电网的危险方法危害公共安全。私设电网，是一种危害社会的行为，有关法律、法规明令禁止单位、个人未经有关部门批准擅自架设电网，否则，造成严重后果的，要依法追究行为人的法律责任。同时，私设电网也是一种危险方法，其侵犯的对象是不特定多数人的生命、健康的安全。特别是在公共场所私设电网，直接威胁不特定多数人的人身安全，其侵犯的客体是公共安全。这种行为，无论是从主观方面还是从客观方面，都符合以危险方法危害公共安全罪的构成特征。

2. 以驾车撞人的危险方法危害公共安全。这种犯罪的行为人往往是出于对现实不满、报复社会的犯罪动机。如因对领导、工作不满，驾驶出租车在大街上冲撞行人，致多人伤亡。这种危险方法与放火、决水、爆炸、投放危险物质的危害性并无差别，其危害的是不特定多数人的生命、健康的安全，完全符合以危险方法危害公共安全罪的构成特征。

3. 以制、输坏血、病毒血的危险方法危害公共安全罪。近年来，个别不法医务人员，为了牟取非法暴利，置病人的生命、健康权利于不顾，采取以制、输坏血、病毒血的危险方法危害公共安全的案件不断发生。这种犯罪，行为人在主观上是故意，出于牟利或报复社会的目的和动机，实施以制、输坏血、病毒血的危险方法，危害或直接威胁不特定多数人的生命、健康安全，符合以危险方法危害公共安全罪的特征。

4. 以向人群开枪的危险方法危害公共安全。这种犯罪行为人往往是出于报复社会或寻求新奇刺激的目的和动机，向人群开枪射击。

（三）主体要件

本罪的主体为一般主体，必须是达到法定刑事责任年龄、具有刑事责任能力的自然人。

（四）主观要件

本罪在主观方面表现为犯罪的故意，即行为人明知其实施的危险方法会危害公共安全，会发生危及不特定多数人的生命、健康或公私财产安全的严重后果，并且希望或者放任这种结果发生。实践中这种案件的行为人除少数对危害公共安全的后果持希望态度，具有直接故意外，大多数行为人持放任态度，属于间接故意。

实施这种犯罪的目的和动机多种多样，如为报复泄愤而驾驶汽车向人群冲撞，为防盗而私架电网，等等。无论行为人出于直接故意或间接故意，基于何种个人目的和动机，都不影响本罪的成立。

二、案件审理热点、难点问题

以危险方法危害公共安全罪长期以来成为难以准确把握的罪名，司法实践中出现了扩大本罪适用范围的趋势，其中主要原因总结为以下三点：

一是对"公共安全"的理解。一直以来，理论和实践对"公共安全"概念的界定都存在争议，这使得在判断行为是否具有危害公共安全的性质方面经常出现不同的意见。按照通说观点，"公共安全"，是指不特定多数人的生命、健康或者重大公私财产的安全。需要注意的是，对行为是否危害公共安全的判断，不是从事后来看实际上侵害了哪些人，而是要从行为当时进行判断。另一方面，"公共安全"仅指物质性结果，那些造成特定人精神上的高度紧张，同时引起周围人们恐慌的行为，不能认定为危害公共安全；另外，"公共安全"概念的核心是"不特定的多数"，如果行为只能导致少数人伤亡，且侵害范围不可能随时扩大或增加的，即使事前不能确定被害者是谁，也不能认定为危害公共安全。

二是对"其他危险方法"的界定。虽然《刑法》条文没有明确规定其他危险方法的行为结构与方式，但是根据同类解释规则，它必须是与放火、决水、爆炸、投放危险物质相当的方法，而不是泛指任何具有危害公共安全性质的方法。也就是说，对那些与前面所列举的行为不相当的行为，即使危害公共安全，也不宜认定为本罪。"其他危险方法"与危害公共安全是两个互为独立的构成要件，切不可将其他危险方法的认定等同于对危害公共安全的判断，以为具备后一要件，自然也就满足了"其他危险方法"的要件。

三是此罪与彼罪的区分。司法实践中，酒后驾车造成多人重大伤亡的行为，以及为了报复、泄私愤而驾车向人群冲撞的行为在定性上常常存在很大的争议。分析其中原因，主要是以危险方法危害公共安全罪与交通肇事罪、故意杀人罪在危害结果和行为方式上存在很多相同之处。在此罪与彼罪的区分上，应重点抓住两罪之间的界限，如交通肇事罪与本罪的界限在于前者是过失犯罪，而后者是故意犯罪；故意杀人罪与本罪的界限在于前者侵害的是特定人的生命权，而后者侵害的是公共安全。然而，认定行为人的主观罪过是一个复杂的问题，对过于自信的过失和放任的间接故意作出区分更加困难，另外，判断行为是否危害"公共安全"的标准也具有抽象性和模糊性，对此需要更加深入的探究。

三、案件审理思路及原则

一是深入理解"公共安全"概念的核心是"不特定的多数"。"不特定"，是指行为可能侵犯的对象和可能造成的结果事先无法确定，行为人对此既无法具体预料也难以实际控制，行为造成的危险或者侵害结果可能随时扩大或增加。关于不特定的解释，需要注意两点。第一，是说不仅要满足"多数人"的条件，即行为发生时有可能威胁到的人数要到达 3 人以上，而且最终结果到底会侵害多少人，这一点是不特定的。第二，不是说行为人的整个犯罪计划或整个犯罪事件预计能侵害多少人，也不是说客观结果上总共侵害了多少人，而是说行为人所实施的一次行为，这个行为的性质在客观上能够侵害多少人，这一点是不特定的。如果一次行为所危及的人数，在行为实施当时，客观上难以准确控制，主观上也不可能精确预料，虽然最终结果可能只侵害 1 个人，也可能是几十人，但至少行为当时有可能威胁到 3 人以上，符合这种特征的，便是属于严格意义上危害公共安全的行为。需要注意的是，不特定并不意味着行为人没有特定的侵害对象或目标，在有些案件中，行为人主观上有特定的侵害目标，但是对于行为同时可能波及其他人存在放任的态度，而这种侵害行为本身也具有难以控制损害范围的特点，在这种情况下，也应被认定为"不特定"。①

二是准确判断"其他危险方法"与放火、爆炸等方法的相当性。对相当性的判断，即看这些危险方法，是否同放火、决水、爆炸、投放危险物质一样，具有广泛的杀伤力和破坏力。具体而言，从性质上来说，"其他危险方法"的行为本身，必须在客观上具有导致多数人重伤或死亡的内在危险。放火罪、爆炸罪均是引发国民重大恐慌与不安的犯罪，作为与之处于同一等级的以危险方法危害公共安全罪，"其他危险方法"的成立也必须如此。除非行为本身具有在客观上导致多数人死亡或重伤的现实可能性，否则，难以认为行为具有与放火罪、爆炸罪等犯罪相同的惊恐性。从程度上来说，"其他危险方法"的行为本身，必须同时具备导致多数人重伤或死亡的直接性、迅速蔓延性与高度盖然性。行为人所实施的危险方法直接导致危害结果的发生，且危险现实化的进程非常短暂与迅捷，行为所包含的危险一旦现实化便会迅速蔓延和不可控制，而这种危险的现实化是合乎规律的，具有高度盖然的现实可能。满足上述两个条件，我们便可以认为该方法是与放火、决水、爆炸、投放危险物质危险性相当的、足以危害公共安全的方法，即可以认定为"其他危险方法"。一般说来，在有多数人出入的场所私拉电网，在高速公路上逆向高速行驶，或者驾驶人员与人打闹而放任机动车处于失控状态等行为，均属于与放火、爆炸等相当的危险方法。②

第二节　以危险方法危害公共安全罪审判依据

一、法律

《中华人民共和国刑法》（2020 年 12 月 26 日修正）

第一百一十四条　放火、决水、爆炸以及投放毒害性、放射性、传染病病原体等物质或者以其他危险方法危害公共安全，尚未造成严重后果的，处三年以上十年以下有期徒刑。

第一百一十五条第一款　放火、决水、爆炸以及投放毒害性、放射性、传染病病原体等物质或者以其他危险方法致人重伤、死亡或者使公私财产遭受重大损失的，处十年以上有期徒刑、无期徒刑或者死刑。

---

① 车浩：《车浩的刑法题》，北京大学出版社 2016 年版，第 16 页。

② 劳东燕：《以危险方法危害公共安全罪的解释学研究》，载《政治与法律》2013 年第 3 期。

二、司法解释

1. **《最高人民法院、最高人民检察院关于办理妨害预防、控制突发传染病疫情等灾害的刑事案件具体应用法律若干问题的解释》**（2003 年 5 月 14 日　法释〔2003〕8 号）

第一条　故意传播突发传染病病原体，危害公共安全的，依照刑法第一百一十四条、第一百一十五条第一款的规定，按照以危险方法危害公共安全罪定罪处罚。

患有突发传染病或者疑似突发传染病而拒绝接受检疫、强制隔离或者治疗，过失造成传染病传播，情节严重，危害公共安全的，依照刑法第一百一十五条第二款的规定，按照过失以危险方法危害公共安全罪定罪处罚。

第十七条　人民法院、人民检察院办理有关妨害预防、控制突发传染病疫情等灾害的刑事案件，对于有自首、立功等悔罪表现的，依法从轻、减轻、免除处罚或者依法作出不起诉决定。

第十八条　本解释所称"突发传染病疫情等灾害"，是指突然发生，造成或者可能造成社会公众健康严重损害的重大传染病疫情、群体性不明原因疾病以及其他严重影响公众健康的灾害。

2. **《最高人民法院、最高人民检察院关于办理危害药品安全刑事案件适用法律若干问题的解释》**（2022 年 3 月 3 日　高检发释字〔2022〕1 号）

第十一条　以提供给他人生产、销售、提供药品为目的，违反国家规定，生产、销售不符合药用要求的原料、辅料，符合刑法第一百四十条规定的，以生产、销售伪劣产品罪从重处罚；同时构成其他犯罪的，依照处罚较重的规定定罪处罚。

3. **《最高人民法院、最高人民检察院关于办理组织、利用邪教组织破坏法律实施等刑事案件适用法律若干问题的解释》**（2017 年 1 月 25 日　法释〔2017〕3 号）

第十二条　邪教组织人员以自焚、自爆或者其他危险方法危害公共安全的，依照刑法第一百一十四条、第一百一十五条的规定，以放火罪、爆炸罪、以危险方法危害公共安全罪等定罪处罚。

三、刑事政策文件

1. **《最高人民法院关于印发醉酒驾车犯罪法律适用问题指导意见及相关典型案例的通知》**（2009 年 9 月 11 日　法发〔2009〕47 号）

为依法严肃处理醉酒驾车犯罪案件，统一法律适用标准，充分发挥刑罚惩治和预防犯罪的功能，有效遏制酒后和醉酒驾车犯罪的多发、高发态势，切实维护广大人民群众的生命健康安全，有必要对醉酒驾车犯罪法律适用问题作出统一规范。

一、准确适用法律，依法严惩醉酒驾车犯罪

刑法规定，醉酒的人犯罪，应当负刑事责任。行为人明知酒后驾车违法、醉酒驾车会危害公共安全，却无视法律醉酒驾车，特别是在肇事后继续驾车冲撞，造成重大伤亡，说明行为人主观上对持续发生的危害结果持放任态度，具有危害公共安全的故意。对此类醉酒驾车造成重大伤亡的，应依法以以危险方法危害公共安全罪定罪。

2009 年 9 月 8 日公布的两起醉酒驾车犯罪案件中，被告人黎景全和被告人孙伟铭都是在严重醉酒状态下驾车肇事，连续冲撞，造成重大伤亡。其中，黎景全驾车肇事后，不顾伤者及劝阻他的众多村民的安危，继续驾车行驶，致2人死亡、1人轻伤；孙伟铭长期无证驾驶，多次违反交通法规，在醉酒驾车与其他车辆追尾后，为逃逸继续驾车超限速行驶，先后与4辆正常行驶的轿车相撞，造成4人死亡、1人重伤。被告人黎景全和被告人孙伟铭在醉酒驾车发生交通事故后，继续驾车冲撞行驶，其主观上对他人伤亡的危害结果明显持放任态度，具有危害公共安全的故意。二被告人的行为均已构成以危险方法危害公共安全罪。

二、贯彻宽严相济刑事政策，适当裁量刑罚

根据刑法第一百一十五条第一款的规定，醉酒驾车，放任危害结果发生，造成重大伤亡事故，构成以危险方法危害公共安全罪的，应处以十年以上有期徒刑、无期徒刑或者死刑。具体决定对被告人的刑罚时，要综合考虑此类犯罪的性质、被告人的犯罪情节、危害后果及其主观恶性、人身危险性。一般情况下，醉酒驾车构成本罪的，行为人在主观上并不希望、也不追求危害结果的发生，属于间接故意犯罪，行为的主观恶性与以制造事端为目的而恶意驾车撞人并造成重大伤亡后果的直接故意犯罪有所不同，因此，在决定刑罚时，也应当有所区别。此外，醉酒状态下驾车，行为人的辨认和控制能力实际有所减弱，量刑时也应酌情考虑。

被告人黎景全和被告人孙伟铭醉酒驾车犯罪案件，依法没有适用死刑，而是分别判处无期徒刑，主要考虑到二被告人均系间接故意犯罪，与直接故意犯罪相比，主观恶性不是很深，人身危险性不是很大；犯罪时驾驶车辆的控制能力有所减弱；归案后认罪、悔罪态度较好，积极赔偿被害方的经济损失，一定程度上获得了被害方的谅解。广东省高级人民法院和四川省高级人民法院的终审裁判对二被告人的量刑是适当的。

三、统一法律适用，充分发挥司法审判职能作用

为依法严肃处理醉酒驾车犯罪案件，遏制酒后和醉酒驾车对公共安全造成的严重危害，警示、教育潜在违规驾驶人员，今后，对醉酒驾车，放任危害结果的发生，造成重大伤亡的，一律按照本意见规定，并参照附发的典型案例，依法以以危险方法危害公共安全罪定罪量刑。

为维护生效裁判的既判力，稳定社会关系，对于此前已经处理过的将特定情形的醉酒驾车认定为交通肇事罪的案件，应维持终审裁判，不再变动。

本意见执行中有何情况和问题，请及时层报最高人民法院。

2.《关于依法惩治妨害公共交通工具安全驾驶违法犯罪行为的指导意见》（2019年1月8日　公通字〔2019〕1号）

近期，一些地方接连发生在公共交通工具上妨害安全驾驶的行为。有的乘客仅因琐事纷争，对正在驾驶公共交通工具的驾驶人员实施暴力干扰行为，造成重大人员伤亡、财产损失，严重危害公共安全，社会反响强烈。为依法惩治妨害公共交通工具安全驾驶违法犯罪行为，维护公共交通安全秩序，保护人民群众生命财产安全，根据有关法律规定，制定本意见。

一、准确认定行为性质，依法从严惩处妨害安全驾驶犯罪

（一）乘客在公共交通工具行驶过程中，抢夺方向盘、变速杆等操纵装置，殴打、拉拽驾驶人员，或者有其他妨害安全驾驶行为，危害公共安全，尚未造成严重后果的，依

照刑法第一百一十四条的规定，以以危险方法危害公共安全罪定罪处罚；致人重伤、死亡或者使公私财产遭受重大损失的，依照刑法第一百一十五条第一款的规定，以以危险方法危害公共安全罪定罪处罚。

实施前款规定的行为，具有以下情形之一的，从重处罚：

1. 在夜间行驶或者恶劣天气条件下行驶的公共交通工具上实施的；

2. 在临水、临崖、急弯、陡坡、高速公路、高架道路、桥隧路段及其他易发生危险的路段实施的；

3. 在人员、车辆密集路段实施的；

4. 在实际载客 10 人以上或者时速 60 公里以上的公共交通工具上实施的；

5. 经他人劝告、阻拦后仍然继续实施的；

6. 持械袭击驾驶人员的；

7. 其他严重妨害安全驾驶的行为。

实施上述行为，即使尚未造成严重后果，一般也不得适用缓刑。

（二）乘客在公共交通工具行驶过程中，随意殴打其他乘客，追逐、辱骂他人，或者起哄闹事，妨害公共交通工具运营秩序，符合刑法第二百九十三条规定的，以寻衅滋事罪定罪处罚；妨害公共交通工具安全行驶，危害公共安全的，依照刑法第一百一十四条、第一百一十五条第一款的规定，以以危险方法危害公共安全罪定罪处罚。

（三）驾驶人员在公共交通工具行驶过程中，与乘客发生纷争后违规操作或者擅离职守，与乘客厮打、互殴，危害公共安全，尚未造成严重后果的，依照刑法第一百一十四条的规定，以以危险方法危害公共安全罪定罪处罚；致人重伤、死亡或者使公私财产遭受重大损失的，依照刑法第一百一十五条第一款的规定，以以危险方法危害公共安全罪定罪处罚。

（四）对正在进行的妨害安全驾驶的违法犯罪行为，乘客等人员有权采取措施予以制止。制止行为造成违法犯罪行为人损害，符合法定条件的，应当认定为正当防卫。

（五）正在驾驶公共交通工具的驾驶人员遭到妨害安全驾驶行为侵害时，为避免公共交通工具倾覆或者人员伤亡等危害后果发生，采取紧急制动或者躲避措施，造成公共交通工具、交通设施损坏或者人身损害，符合法定条件的，应当认定为紧急避险。

（六）以暴力、威胁方法阻碍国家机关工作人员依法处置妨害安全驾驶违法犯罪行为、维护公共交通秩序的，依照刑法第二百七十七条的规定，以妨害公务罪定罪处罚；暴力袭击正在依法执行职务的人民警察的，从重处罚。

（七）本意见所称公共交通工具，是指公共汽车、公路客运车，大、中型出租车等车辆。

二、加强协作配合，有效维护公共交通安全秩序

妨害公共交通工具安全驾驶行为具有高度危险性，极易诱发重大交通事故，造成重大人身伤亡、财产损失，严重威胁公共安全。各级人民法院、人民检察院和公安机关要高度重视妨害安全驾驶行为的现实危害，深刻认识维护公共交通秩序对于保障人民群众生命财产安全与社会和谐稳定的重大意义，准确认定行为性质，依法从严惩处，充分发挥刑罚的震慑、教育作用，预防、减少妨害安全驾驶不法行为发生。

公安机关接到妨害安全驾驶相关警情后要及时处警，采取果断措施予以处置；要妥善保护事发现场，全面收集、提取证据，特别是注意收集行车记录仪、道路监控等视听

资料。人民检察院应当对公安机关的立案、侦查活动进行监督；对于公安机关提请批准逮捕、移送审查起诉的案件，符合逮捕、起诉条件的，应当依法予以批捕、起诉。人民法院应当及时公开、公正审判。对于妨害安全驾驶行为构成犯罪的，严格依法追究刑事责任；尚不构成犯罪但构成违反治安管理行为的，依法给予治安管理处罚。

在办理案件过程中，人民法院、人民检察院和公安机关要综合考虑公共交通工具行驶速度、通行路段情况、载客情况、妨害安全驾驶行为的严重程度及对公共交通安全的危害大小、行为人认罪悔罪表现等因素，全面准确评判，充分彰显强化保障公共交通安全的价值导向。

三、强化宣传警示教育，提升公众交通安全意识

人民法院、人民检察院、公安机关要积极回应人民群众关切，对于社会影响大、舆论关注度高的重大案件，在依法办案的同时要视情向社会公众发布案件进展情况。要广泛拓展传播渠道，尤其是充分运用微信公众号、微博等网络新媒体，及时通报案件信息、澄清事实真相，借助焦点案事件向全社会传递公安和司法机关坚决惩治妨害安全驾驶违法犯罪的坚定决心，提升公众的安全意识、规则意识和法治意识。

办案单位要切实贯彻"谁执法、谁普法"的普法责任制，以各种有效形式开展以案释法，选择妨害安全驾驶犯罪的典型案例进行庭审直播，或者邀请专家学者、办案人员进行解读，阐明妨害安全驾驶行为的违法性、危害性。要坚持弘扬社会正气，选择及时制止妨害安全驾驶行为的见义勇为事例进行褒扬，向全社会广泛宣传制止妨害安全驾驶行为的正当性、必要性。

各地各相关部门要认真贯彻执行。执行中遇有问题，请及时上报。

3. 《最高人民法院、最高人民检察院、公安部关于印发〈关于办理涉窨井盖相关刑事案件的指导意见〉的通知》（2020 年 3 月 16 日　高检发〔2020〕3 号）

二、盗窃、破坏人员密集往来的非机动车道、人行道以及车站、码头、公园、广场、学校、商业中心、厂区、社区、院落等生产生活、人员聚集场所的窨井盖，足以危害公共安全，尚未造成严重后果的，依照刑法第一百一十四条的规定，以以危险方法危害公共安全罪定罪处罚；致人重伤、死亡或者使公私财产遭受重大损失的，依照刑法第一百一十五条第一款的规定处罚。

过失致人重伤、死亡或者使公私财产遭受重大损失的，依照刑法第一百一十五条第二款的规定，以过失以危险方法危害公共安全罪定罪处罚。

4. 《最高人民法院、最高人民检察院、公安部、司法部印发〈关于依法惩治妨害新型冠状病毒感染肺炎疫情防控违法犯罪的意见〉的通知》（2020 年 2 月 6 日　法发〔2020〕7 号）

故意传播新型冠状病毒感染肺炎病原体，具有下列情形之一，危害公共安全的，依照刑法第一百一十四条、第一百一十五条第一款的规定，以以危险方法危害公共安全罪定罪处罚：

1. 已经确诊的新型冠状病毒感染肺炎病人、病原携带者，拒绝隔离治疗或者隔离期未满擅自脱离隔离治疗，并进入公共场所或者公共交通工具的；

2. 新型冠状病毒感染肺炎疑似病人拒绝隔离治疗或者隔离期未满擅自脱离隔离治疗，

并进入公共场所或者公共交通工具，造成新型冠状病毒传播的。

其他拒绝执行卫生防疫机构依照传染病防治法提出的防控措施，引起新型冠状病毒传播或者有传播严重危险的，依照刑法第三百三十条的规定，以妨害传染病防治罪定罪处罚。

5.《公安部关于印发新修订〈关于公安机关处置信访活动中违法犯罪行为适用法律的指导意见〉的通知》（2013 年 7 月 19 日 公通字〔2013〕25 号）

二、对危害公共安全违法犯罪行为的处理

1. 为制造社会影响、发泄不满情绪、实现个人诉求，驾驶机动车在公共场所任意冲闯，危害公共安全，符合《刑法》第一百一十四条、第一百一十五条第一款规定的，以以危险方法危害公共安全罪追究刑事责任。

......

4. 采取放火、爆炸或者以其他危险方法自伤、自残、自杀，危害公共安全，符合《刑法》第一百一十四条和第一百一十五条第一款规定的，以放火罪、爆炸罪、以危险方法危害公共安全罪追究刑事责任。

第三节 以危险方法危害公共安全罪
审判实践中的疑难新型问题

问题 1. 如何理解以危险方法危害公共安全罪中的"不特定多数人"

【刑事审判参考案例 1】 黄某某以危险方法危害公共安全案①

一、基本案情

被告人黄某某，男，1966 年生。2000 年 6 月 27 日因犯故意杀人罪被判处有期徒刑七年，2005 年 7 月 1 日刑满释放；2012 年 2 月 24 日因涉嫌犯以危险方法危害公共安全罪被逮捕。

上海市人民检察院第一分院以被告人黄某某犯以危险方法危害公共安全罪，向上海市第一中级人民法院提起公诉。

被告人黄某某对指控的事实及罪名无异议。其辩护人提出，黄某某的行为应当定性为过失以危险方法危害公共安全罪，且黄某某认罪态度好，请求法庭对其从轻处罚。

上海市第一中级人民法院经公开审理查明：2012 年 2 月 11 日，被告人黄某某与朋友刘某某等人到黄某某的妹夫王某某位于上海市浦东新区孙桥镇前塘村的家中吃午饭。其间，黄某某大量饮酒。当日 15 时许，刘某某驾驶黄某某的车牌号为豫 SD8×××的比亚

---

① 陈攀撰稿，罗国良审编：《黄某某以危险方法危害公共安全案——如何理解危害公共安全犯罪中的"不特定多数人"以及如何把握醉驾案件中以危险方法危害公共安全罪的死刑适用标准（第 912 号）》，载中华人民共和国最高人民法院刑事审判第一、二、三、四、五庭主办：《刑事审判参考》（总第 94 集），法律出版社 2014 年版，第 96 ~ 102 页。

迪汽车送黄某某等人回家。途中，黄某某认为刘某某开车不熟练，强行要求刘某某停车换由自己驾驶。当黄某某驾车行驶至浦东新区川展路附近时，与被害人沈某某（男，殁年43岁）驾驶的车牌号为沪 FV9××× 的桑塔纳出租车发生追尾。黄某某担心醉酒驾车行为被查处，即驾车逃逸，沈某某遂驾车追赶。黄某某驾车行驶至浦东新区南六公路、周祝公路路口时，因遇红色信号灯且前方有车辆阻挡而停车，追至此处的沈某某下车后拦在黄某某汽车前方欲与其理论，刘某某见状下车查看。当信号灯转为绿色时，黄某某强行启动汽车，将沈某某顶于汽车引擎盖上沿南六公路加速行驶。当其驾车行驶约1公里至南六公路、鹿达路路口时，撞上前方的车牌号为苏 K7A××× 的奇瑞汽车尾部，致使该车的油箱破裂并连环撞击其前方待转的车牌号为浙 A26××× 的悦达起亚汽车。奇瑞汽车当场起火，车内的被害人闵某某（男，殁年50岁）、谈某某（女，殁年42岁）被烧身亡，沈某某因被机动车撞击挤压致创伤性休克死亡，悦达起亚汽车内的被害人郭某某、张某某、严某某三人受伤，另造成财产损失约合人民币5万余元。经鉴定，黄某某血液酒精含量为212毫克/100毫升。

上海市第一中级人民法院认为，被告人黄某某醉酒驾驶机动车肇事后，继续驾车随意冲撞他人及车辆，造成数人伤亡和公私财产损失等严重后果，其行为构成以危险方法危害公共安全罪，依法应当惩处。依照《刑法》第115条第1款、第48条第1款、第54条、第57条第1款之规定，上海市第一中级人民法院以被告人黄某某犯以危险方法危害公共安全罪，判处死刑，剥夺政治权利终身。被告人黄某某上诉提出，当时是刘某某驾车与出租车发生碰擦，之后其驾车时突然发现引擎盖上有人，误将油门当刹车踩，导致伤亡事故发生，其主观上没有放任危害后果发生的故意，原判量刑过重。其辩护人提出同车的刘某某、被害人沈某某对引发本案有过错，且黄某某具有自首情节，请求法庭对其从轻处罚。上海市高级人民法院经审理认为，上诉人黄某某醉酒驾车肇事后逃逸，冲撞他人及车辆，致三人死亡、三人受伤，并造成约合人民币五万余元的财产损失，其行为构成以危险方法危害公共安全罪。根据已查明的事实和证据，黄某某关于其未醉驾肇事，且并非为逃逸而冲撞他人及车辆，其主观上没有放任危害公共安全后果发生的上诉理由，其辩护人提出的刘某某、沈某某的行为对引发本案有过错，黄某某具有自首情节的辩护意见与事实不符，不予采纳。黄某某犯罪情节特别恶劣、犯罪后果特别严重，依法应当严惩。原判认定的事实清楚，证据确实、充分，适用法律正确，量刑适当，审判程序合法。据此，依照《刑事诉讼法》第225条第1款第1项之规定，裁定驳回上诉，维持原判，并依法报请最高人民法院核准。最高人民法院复核认为，被告人黄某某醉酒驾驶机动车肇事后，为逃避处罚而驾车随意冲撞他人及其他车辆，造成多人伤亡及财产损失等严重后果，其行为构成以危险方法危害公共安全罪。黄某某在明知被害人沈某某在其车前的情况下，将沈某某顶在其车引擎盖上加速行驶，并冲撞其他车辆，致沈某某被撞身亡、被撞车辆内的二人被烧死、三人受伤，犯罪情节特别恶劣，犯罪后果特别严重，罪行极其严重，且其有持枪故意杀人的犯罪前科，依法应当严惩。第一审判决、第二审裁定认定的事实清楚，证据确实、充分，定罪准确，量刑适当，审判程序合法。据此，依照《刑事诉讼法》第235条、第239条和《最高人民法院关于适用〈中华人民共和国刑事诉讼法〉的解释》第350条第1项的规定，最高人民法院裁定核准上海市高级人民法院（2012）沪高刑终字第196号维持第一审以以危险方法危害公共安全罪判处被告人黄某某死刑，剥夺政治权利终身的刑事裁定。

二、主要问题

1. 如何理解危害公共安全犯罪中的"不特定多数人"？

2. 如何把握醉驾案件中以危险方法危害公共安全罪的死刑适用标准？

三、裁判理由

（一）危害公共安全犯罪中的"不特定人"

本案在审理过程中，对被告人黄某某醉酒驾车肇事后为逃避处罚而驾车冲撞其他车辆，致人员伤亡及财物损失的行为构成以危险方法危害公共安全罪没有异议，但对其致被害人沈某某死亡这一节事实如何定性，即能否被危害公共安全犯罪所涵盖，则存在两种不同意见：一种意见认为，沈某某在被黄某某追尾后，拦在黄某某的汽车前欲与其理论，此时沈某某对于黄某某而言是"特定的人"，在此情形下，黄某某不顾沈某某的人身安危，驾车将沈某某顶在汽车引擎盖上逃逸，致沈某某死亡的行为应当定性为故意杀人罪，与其后驾车冲撞其他车辆，致多人死伤行为所构成的以危险方法危害公共安全罪，应当并罚。另一种意见认为，黄某某当时处于一种不顾一切执意驾车逃离现场的状态，其行为并非针对某一特定的人或者车，纵观案发过程，应当将其驾车将沈某某顶在汽车引擎盖上逃逸的行为与其后驾车冲撞其他车辆，致多人死伤的行为作为一个整体行为来评价，其行为构成以危险方法危害公共安全罪一罪。上述争议的焦点在于对危害公共安全罪中"不特定人"的理解和认定问题。刑法理论通说一般认为，危害公共安全犯罪中的"危害公共安全"是指故意或者过失危害"不特定多数人"的生命、健康或者重大公私财产安全。[①] 据此，危害公共安全不仅是指对多数人的生命、健康或者重大财产造成损害，而且要求这种损害所针对的对象是不特定的，这也是危害公共安全犯罪和侵犯公民人身权利犯罪、侵犯财产犯罪的主要区别之一。然而，要对此作出准确的区分，必须对"不特定多数人"的含义有一个准确的理解。"不特定多数人"是指不特定并且多数的人，它排斥"特定的多数人""特定的少数人""不特定的少数人"等情形。"不特定"是一种客观的判断，它包含两个方面的内容：一是犯罪对象的不确定性，二是危害后果的不确定性。司法实践中，被认定为危害公共安全犯罪的通常有两种情形：一种情形是行为针对的对象是不特定的，并且行为人事先也没预料到危害后果，危害后果也是不特定的；另一种情形是行为针对的对象是特定的，但实际造成的后果却是行为人没有预料，也不能控制的。从危害公共安全犯罪的这两种情形分析，"不特定多数人"中的"不特定"，是相对于其他犯罪对象的"特定"而言的，而"多数"则是相对于其他犯罪只能危害到个别少数对象而言的。侵害不特定多数人，并不是说行为人没有特定的侵犯对象或者目标。实施危害公共安全犯罪的行为人，有些在主观上有将要侵犯的特定对象，同时也会对损害的可能范围有一定预判，虽然其在某一特定阶段可能指向特定的目标，但行为最终造成或者可能造成的危害后果是行为人难以控制的，从而危害到之前特定人之外的人身或者财产安全。因此，不能将危害公共安全犯罪中的"不特定多数人"理解为没有特定的侵犯对象或者目标。在行为人具有特定侵犯对象或者目标的犯罪中，如何确定行为构成危害公共安全犯罪还是其他犯罪？我们认为，不能仅以行为人的主观认识为标准，而应当采取客观主义的立场，即犯罪行为一经实施，无论行为人主观上是否针对特定的对象，只要在一定条件下造成了众多人员伤亡或者公私财产的广泛损失，或者形成对公

[①] 王作富主编：《刑法分则实务研究》，中国方正出版社2007年版，第55页。

众人身、财产安全的重大威胁，就应当认定其构成危害公共安全犯罪。本案中，被告人黄某某醉酒驾车追尾被害人沈某某的出租车后，为逃避处罚而驾车逃逸，在路口遇红灯停车后，沈某某赶上并拦在黄某某的汽车前与其理论，但黄某某不顾沈某某的人身安危，强行启动汽车，将沈某某顶在引擎盖上高速行驶，此时，沈某某对于黄某某来说是特定的行为对象，黄某某将特定对象顶在引擎盖上高速行驶，至少有放任被害人伤亡的故意，因此，此节行为符合故意伤害罪或者故意杀人罪的构成特征。但结合案发的时空环境，黄某某系白天在车流人流密集的城市主干道醉酒驾车，将沈某某顶在车辆引擎盖上高速行驶，其主观目的虽然是想摆脱被害人，但客观上对该路段不特定多数人的生命、健康及财产安全构成重大威胁，且其行为的后果不仅导致了沈某某被撞身亡，还造成被撞车辆内多人死伤和重大财产损失。黄某某虽然看似针对沈某某这一特定的对象实施犯罪行为，但其在实施针对特定对象的犯罪过程中，无视不特定多数人的生命、健康和财产安全，并实际造成了不特定多数人的伤亡和重大财产损失。故其之前针对特定对象和之后造成不特定对象伤亡的行为应当从整体上评价为一个法律行为，以以危险方法危害公共安全罪一罪论处。

（二）醉驾案件中以危险方法危害公共安全罪的死刑适用标准

本案审理过程中，对被告人黄某某是否适用死刑也存在不同认识。一种意见认为，黄某某因醉酒而对自己行为的辨认和控制能力减弱，其主观上不希望、不追求危害后果的发生，属于间接故意犯罪，根据2009年发布的《最高人民法院关于醉酒驾车犯罪法律适用问题的意见》配发的两起醉驾典型案例的处理精神依法可判处其死缓。另一种意见认为，本案犯罪后果特别严重，黄某某犯罪情节特别恶劣，且认罪态度差，又有犯罪前科，对被害方未作任何赔偿，依法应当判处其死刑。该争议反映的问题是，对于醉驾造成严重后果，构成以危险方法危害公共安全罪的，如何把握死刑适用的标准。一般而言，行为人醉酒驾车构成以危险方法危害公共安全罪的，犯罪情节往往比较恶劣，犯罪后果严重，社会危害性大，但因此类犯罪一般系间接故意犯罪，行为人主观上不希望也不追求危害结果发生，与以制造事端为目的而恶意驾车撞人并造成重大伤亡后果的直接故意犯罪相比，行为人的主观恶性和人身危险性相对较小，因此，综合考察醉酒驾车犯罪行为人的主观恶性、人身危险性及犯罪行为的社会危害性，其一般不属于"罪行极其严重的犯罪分子"，从严格控制和慎重适用死刑出发，一般不适用死刑。这也是《最高人民法院关于醉酒驾车犯罪法律适用问题的意见》针对此类案件提出的量刑指导意见，对四川孙某某案、广东黎某某案的处理，都体现了这一原则。但是，这一原则的适用在实践中必须保留例外。在具体案件中，深入贯彻宽严相济刑事政策要求必须结合犯罪的具体情况，实行区别对待，做到罚当其罪，实现刑罚的个别化。对醉酒驾车构成以危险方法危害公共安全罪的案件，如果造成的后果特别严重，行为人的主观恶性很深，人身危险性极大的，也可以依法适用死刑。本案中，被告人黄某某醉酒驾车造成三人死亡、三人受伤的严重后果，与《最高人民法院关于醉酒驾车犯罪法律适用问题的意见》公布的孙某某、黎某某案造成的后果严重程度大致相当，基于孙某某、黎某某最终被改判无期徒刑的结果，故有意见认为不宜判处黄某某死刑。但综合比较，本案犯罪性质更为恶劣，社会危害性更大。黄某某醉酒驾车追尾沈某某驾驶的出租车后，为逃避处罚，不顾同车人的劝阻，在城市主干道驾车高速逃逸，且在明知沈某某在其车前阻拦的情况下，将沈某某顶在其车引擎盖上高速行驶约1公里并冲撞其他车辆，造成沈某某被撞身亡，被撞车辆内的二人被烧死、三人受伤的严重结果。即便不考虑黄某某醉酒驾车对公共安全造成的危害结果，其将沈某某顶在车引擎盖上高速行驶，放任被害人死亡的行为本身也属于性质恶劣的故意杀人行为。而在孙某某、黎某某两案中，孙某某、黎某某在造成多人死伤后果之前追尾其他车辆或者撞倒他人属于交通肇事行为。本案与孙某某、黎某某两案的前行为在性质上明显不同，足以说明本案犯罪性质更为恶劣，社会危害性更大。而且，黄某某有持枪杀人的暴力犯罪前科，其归案后对其犯罪事实避重就轻，认罪态度差，而孙某某、黎某某无前科劣迹，归案后认罪、悔罪，故黄某某的主观恶性更深、人身危险性更大。黄某某也没有赔偿被害方，不能取得被害方的谅解，未能通过积极赔偿来缓和其犯罪行为所带来的社会矛盾，不具有酌定从宽处罚情节。故对黄某某的量刑不能机械参照孙某某、黎某某两案的判决结果。综合上述情节，本案以以危险方法危害公共安全罪判处黄某某死刑是妥当的。值得注意的是，本案的裁判结果并不是对《最高人民法院关于醉酒驾车犯罪法律适用问题的意见》的突破，而恰恰是根据《最高人民法院关于醉酒驾车犯罪法律适用问题的意见》精神，结合本案具体情况作出的裁判。实践中，对于醉酒驾车构成以危险方法危害公共安全罪的案件判处死刑应当限制在极少数情形。

【刑事审判参考案例2】 郑某某以危险方法危害公共安全案①

一、基本案情

被告人郑某某，男，1980年生。2013年1月29日因涉嫌犯以危险方法危害公共安全罪被逮捕。

浙江省江山市人民检察院以被告人郑某某犯故意杀人罪，向江山市人民法院提起公诉。

被告人郑某某及其辩护人辩称：郑某某并无杀人故意，只想阻止工作人员拆房子，其行为应构成以危险方法危害公共安全罪。

江山市人民法院经审理查明：2011年12月，被告人郑某某在未获得相关部门批准的情况下，违法占用江山市中部开发办公室管理的位于江山市莲华山工业园区内的国有土地建房。2012年2月24日，江山市国土资源局作出江土资停字〔2012〕000088号《责令停止国土资源违法行为通知书》并送达郑某某，责令其立即停止违法行为，听候处理。同年4月11日，市国土资源管理局作出江土资改〔2012〕11号《责令改正违法行为通知书》并送达郑某某，责令其自接到通知书后6个月内自行拆除已浇筑的地梁，逾期不改正的，依法追究法律责任。同年10月15日，市国土资源管理局国土资源执法监察人员在巡查中发现，郑某某不仅没有自行拆除违章建筑，反而继续违法建房，遂当场依法予以制止，但郑某某事后并未停止其违法建房行为。2013年1月16日，贺村镇人民政府、市中部开发办公室、市国土资源局共同商定，以市国土资源局为执法主体，贺村镇人民政府、市中部开发办公室协助，于1月18日上午共同对郑某某的违章建筑实施强制拆除，并于当天下午电话通知郑某某自行拆除违章建筑。2013年1月18日上午，郑某某会同家

---

① 熊娟撰稿，陆建红审编：《郑某某以危险方法危害公共安全案——如何理解以危险方法危害公共安全罪中的"不特定多数人"（第1072号）》，载中华人民共和国最高人民法院刑事审判第一、二、三、四、五庭主办：《刑事审判参考》（总第103集），法律出版社2016年版，第1～5页。

人和同事，先行拆除部分违章建筑，欲以此达到阻止执法人员拆除其违章建筑目的。当日上午 10 时许，市国土资源管理局执法大队工作人员会同贺村镇人民政府、市中部开发办公室工作人员共 50 余人来到郑某某违章建筑所在地。在工作人员的劝说下，郑某某将原停放在违章建筑前阻挡了铲车行进道路的浙 HP7×××私家小轿车倒驶至该道路的坡顶，工作人员遂开始拆除郑某某的违章建筑，郑某某则坐在驾驶室内远观。当看到房子被拆的场面后，郑某某越想越气，产生了驾车去撞工作人员与其拼命的念头。随后，郑某某加速驾驶小轿车沿着带有一定坡度的道路直冲下去，撞到了站在道路上维持外围秩序的多名工作人员，其中李某某被车头撞飞滚在引擎盖上后又被甩在地上。郑某某在撞到人后，仍然驾驶汽车继续右转向行驶，并朝工作人员密集的地方冲撞而去，直至撞上其父亲房屋南侧小门，在此过程中，又撞到多名工作人员和其母亲，房屋的小门及门边墙体被撞破损。后在郑某某驾车加速后退撞上砖堆时才被工作人员制服。郑某某在驾车撞人过程中致 11 名工作人员受伤，经鉴定，其中吴某某等 5 人的损伤程度为轻伤，夏某某等 2 人为轻微伤，刘某某等 4 人未达到轻微伤程度。江山市人民法院认为，被告人郑某某为泄愤，采用驾驶车辆连续冲撞的方式，故意剥夺他人生命的行为已构成故意杀人罪。被告人郑某某已经着手实行犯罪，由于意志以外的原因而未得逞，系犯罪未遂，依法可以比照既遂犯从轻处罚。被告人犯罪系临时起意，主观恶性较小，可酌情从轻处罚。辩护人的相关辩护意见予以采纳。综合被告人的犯罪性质、情节以及对社会的危害程度，依照《刑法》第 232 条、第 23 条之规定，以故意杀人罪判处被告人郑某某有期徒刑十年。

一审宣判后，被告人郑某某以主观上没有杀人故意，其行为应构成故意伤害罪为由提出上诉。

衢州市中级人民法院经审理认为，案发时现场共有拆违工作人员、郑某某家人及邻居等 50 余人，郑某某采用驾车撞人的危险方法冲向不特定多数人，对危害不特定多数人的生命、健康安全持放任态度，主客观上符合以危险方法危害公共安全罪的犯罪构成，而故意杀人罪或故意伤害罪所侵害的客体均为普通公民个人的人身权利，不能涵盖本案侵害客体所具有的社会性。故对构成故意伤害罪的上诉意见不予采纳。原判定性错误，致量刑不当，据此，判决如下：（1）撤销浙江省江山市人民法院（2013）衢江刑初字第 78 号刑事判决；（2）上诉人（原审被告人）郑某某犯以危险方法危害公共安全罪，判处有期徒刑七年。

二、主要问题

1. 危害公共安全罪中的"不特定多数人"在案件中应如何具体认定？
2. 危害公共安全罪中的"公共安全"应如何理解？

三、裁判理由

本案在审理过程中，对于被告人郑某某犯罪行为的定性存在争议：一种意见认为，案发现场道路是郑某某家庭使用的相对封闭的场所，郑某某在特定的拆违现场有针对性地冲撞特定的工作人员，不具有危害公共安全的特性，其行为构成故意杀人罪。另一种意见则认为，本案的案发场所道路并非郑某某家庭所有或单独使用，郑某某在人群聚集地采用汽车撞人的方式同时危及多数人人身权利，是以危险方法危害公共安全罪的典型行为方式，其行为构成以危险方法危害公共安全罪。我们同意后一种意见。以危险方法危害公共安全罪和故意杀人罪由于在客观上都包含造成人员伤亡的结果，在行为方式上也有相似之处，例如，以驾车的方式可以实施故意杀人行为，也可以实施以危险方法危害公共安全的行为，因此两罪在很多情况下难以区分。但是，两罪最核心的区别在于侵犯的客体（法益）不一样：故意杀人罪侵犯的客体是公民个人的生命权；而以危险方法危害公共安全罪侵犯的客体是公共安全，即保护的是不特定多数人的生命、健康及公私财产的安全。本案定性问题存在的分歧，本质上是对以危险方法危害公共安全罪的犯罪对象及犯罪客体的理解分歧，即对该罪的犯罪对象"不特定多数人"的含义，以及该罪侵犯的客体"公共安全"含义的理解分歧。

（一）本案犯罪对象属于"不特定多数人"

一审法院认为，郑某某在特定的拆违现场有针对性地冲撞特定的工作人员，不具有危害公共安全的特性，应定性为故意杀人罪。我们认为，故意杀人罪所要保护的是普通公民个人的人身权利；而危害公共安全罪设立的目的在于将生命、健康等个人法益抽象为社会利益作为保护对象，故危害公共安全罪最突出的特点是其"社会性"。对于以危险方法危害公共安全罪的犯罪对象"不特定多数人"的含义，应当从其"社会性"的特点出发进行理解。以危险方法危害公共安全罪保护的是公众的生命、健康，而"公众"与"社会性"均要求重视量的"多数"。换言之，"多数"是"公共"概念的核心。"不特定"也意味着随时有向"多数"发展的现实可能性，会使社会多数成员遭受危害和侵害。司法实践中，一般有两种情况会认定为"不特定多数人"，从而构成危害公共安全犯罪：第一种情形是行为针对的对象是不特定的，且行为人事先也没有预料到具体的危害后果；第二种情形是行为人针对的对象是相对特定的，但实际造成的后果是行为人没有预料的，不能控制的。侵害"不特定多数人"，并不是说行为人没有特定的侵犯对象或目标，而是行为人主观上有一定的侵害对象，对损害的可能范围也有一定的预判，但对最终造成或者可能造成的危害后果难以控制，从而危害特定人之外的人身或者财产安全。

本案中，被告人郑某某意图驾驶小汽车撞向拆迁人员，虽然现场的拆迁人员是相对特定的，但是一方面现场拆迁人员本身就人数众多；另一方面除了拆迁人员外，现场还有郑某某的邻居和亲属，用小汽车撞人时是很难控制具体的侵害对象以及所造成的侵害后果的。事实证明，本案就因郑某某的行为导致多名拆迁人员及郑某某母亲受伤的后果，因此郑某某的行为虽然针对的是相对特定的对象，但是对于最终侵害的对象及造成的后果均无法控制和预料，应当认定其侵犯的对象是"不特定多数人"。一审法院以本案是"在特定的拆违现场有针对性地冲撞特定的工作人员，不具有危害公共安全的特性"为由否定"不特定性"是不当的。

此外，本案即使现场只有拆迁人员，也应当认定为以危险方法危害公共安全罪。如前所述，危害公共安全中侵害客体的"不特定多数人"核心在于"多数"和"社会性"，即使侵害对象相对特定是拆迁人员，但鉴于本案拆迁人员多达数十人，符合一般意义上的多数要求，且郑某某的行为方式也无法控制最终的危害后果，故而其侵害的对象仍属于"不特定多数人"。

（二）"公共安全"不等同于"公共场所的安全"

一审法院认为，案发现场道路是被告人家庭使用的相对封闭的场所，故不宜认定为侵犯公共安全，从而不宜认定为以危险方法危害公共安全罪。我们认为，首先，"公共安全"的词义应解释为多数人的生命、健康和公私财产的安全。公共安全包括信息安全、食品安全、公共卫生安全等，是一个抽象的概念。虽然在公共场所更容易发生侵犯公共安全的案件，但是公共安全不等同于公共场所的安全。其次，公共安全的核心在于"多数"，而无论是封闭的场所还是开放的公共场所，即使是在相对封闭的场所发生了多数人的损害后果，也有可能属于侵犯公共安全的行为。本案中，首先，案发现场道路并非被告人家庭所有或单独使用，而只是由于特殊的地理位置，被告人家庭使用的频率较高，但这并不能排斥他人行走或使用，故案发现场并不属于封闭的场所；其次，即使案发现场属于封闭的场所，但由于郑某某驾车冲撞的行为危害到"不特定多数人"的健康、生命安全，其行为就具有了危害公共安全的性质。综上，本案中被告人郑某某为泄愤，驾驶车辆在公共场所连续冲撞他人致多人轻伤、轻微伤的行为，是以危险方法危害公共安全罪的典型犯罪手段。当然，我们在处理类似案件时，也应当综合考虑案件的起因、当事人的主观故意及相关的犯罪情节等，合理把握案件的定罪与量刑，做到罚当其罪。二审法院改判郑某某犯以危险方法危害公共安全罪，判处有期徒刑七年是适当的。

问题2. 向药品生产企业销售假冒的药用辅料致人重伤、死亡的认定

【公报案例】王某某以危险方法危害公共安全、销售伪劣产品、虚报注册资本案①

裁判摘要：行为人明知会发生危害他人身体健康的后果，但基于非法牟利的目的，放任这种结果的发生，向药品生产企业销售假冒的药用辅料用于生产药品，致使药品投入市场后发生致人重伤、死亡的严重后果，其行为构成以危险方法危害公共安全罪。

公诉机关：江苏省泰州市人民检察院。

被告人：王某某，42岁，男，汉族，原江苏美奇精细化工有限公司法定代表人，住江苏省泰兴市。2006年6月6日被逮捕。

江苏省泰州市人民检察院以被告人王某某犯以危险方法危害公共安全罪、销售伪劣产品罪、虚报注册资本罪，向江苏省泰州市中级人民法院提起公诉。

起诉书指控：

1. 被告人王某某犯以危险方法危害公共安全罪。2005年1月，被告人王某某以伪造的"中国地质矿业总公司泰兴化工总厂"营业执照、药品生产许可证、药品注册证，取得齐齐哈尔第二制药有限公司的信任。2005年9月，该公司采购人员钮某某（已因犯重大责任事故罪被另案处理）向王某某订购1吨药用丙二醇，每吨价格14 500元。王某某明知二甘醇不能作为药用，仍以每吨7200元的价格，从张家港保税区华邦国际贸易有限公司购买二甘醇1吨，冒充药用丙二醇，以"江苏美奇精细化工有限公司"名义，于9月22日通过常州雨天物流有限公司发货给齐齐哈尔第二制药有限公司，并将伪造的批号为050919的5张产品合格证，邮寄给钮某某贴在货桶上。

2006年3月，齐齐哈尔第二制药有限公司用被告人王某某出售的批号为050919的假冒药用丙二醇，生产出规格为10ml：5mg，批号为06030501的亮菌甲素注射液，同月28日及4月21日分两次销售给广州金蘅源医药贸易有限公司，该公司全部销售给广东医药保健品有限公司，广东医药保健品有限公司分别于4月7日、17日、25日，分三次销售3600支给广东省中山大学附属第三医院，该院于2006年4月19日开始临床使用，一共给60余名患者使用了该药，导致15名患者出现急性肾衰竭或病情加重，其中吴某某等

① 载《中华人民共和国最高人民法院公报》2009年第1期。

14 名患者死亡。

2. 被告人王某某犯销售伪劣产品罪。2005 年 1 月至 2006 年 4 月间，被告人王某某以工业用丙二醇冒充药用丙二醇，以二甘醇冒充乙二醇、二聚丙二醇分别销售给齐齐哈尔第二制药有限公司、重庆市双桥应用化工有限公司、宁波千千秀日用品有限公司，销售金额计 297 310 元。具体情况如下：（1）2005 年 1 月，被告人王某某以 1 吨工业丙二醇冒充药用丙二醇销售给齐齐哈尔第二制药有限公司，销售额为 14 500 元；（2）2005 年 12 月，被告人王某某以 12.65 吨二甘醇冒充乙二醇销售给重庆市双桥应用化工有限公司，销售额为 107 525 元；（3）2006 年 4 月，被告人王某某以 18.4 吨二甘醇冒充乙二醇销售给重庆市双桥应用化工有限公司，销售额为 145 360 元；（4）2006 年 4 月，被告人王某某以 2.25 吨二甘醇冒充二聚丙二醇销售给宁波千千秀日用品有限公司，销售额为 29 925 元。

3. 被告人王某某犯虚报注册资本罪。2005 年 10 月，被告人王某某在没有实际缴纳注册资本的情况下，通过他人向南京正一联合会计事务所张某某提供其伪造的总额为 500 万元的现金缴款单、银行对账单、银行询证函等手续，取得验资报告，后至泰兴市工商行政管理局领取了注册资金为 500 万元的江苏美奇精细化工有限公司的营业执照。

综上，被告人王某某以用二甘醇冒充药用丙二醇销售给制药企业的危险方法致多人死亡，情节特别恶劣，后果特别严重；在销售产品过程中以假充真；在申请公司登记过程中，使用虚假证明文件，欺骗公司登记主管部门，取得公司登记，虚报注册资本数额巨大，其行为触犯了《刑法》第 115 条第 1 款、第 140 条、第 158 条第 1 款的规定，应以危险方法危害公共安全罪、销售伪劣产品罪、虚报注册资本罪追究刑事责任。提请法院依法审判。

被告人王某某辩称：本人对公诉机关指控本人犯销售伪劣产品罪、虚报注册资本罪的定性和事实均无异议，但公诉机关指控本人犯以危险方法危害公共安全罪没有事实根据。本人事先并不清楚销售给齐齐哈尔第二制药有限公司的二甘醇会作为药用，也不清楚二甘醇冒充药用丙二醇制为药品后会危及多人生命安全。本人也知道二甘醇一般只用于化工产品，不能作为药用，为了避免出事，在销售前，本人专门喝了一点二甘醇，感觉胃里有点灼痛，其他没有什么强烈反应，认为以二甘醇冒充药用丙二醇不会有什么问题才进行销售，否则本人绝不会以二甘醇冒充药用丙二醇出售。故本人的行为不构成以危险方法危害公共安全罪，只构成销售伪劣产品罪、虚报注册资本罪。本人还有检举、揭发他人犯罪线索的表现，请求法院依法从轻处罚。

泰州市中级人民法院一审查明：

1. 关于被告人王某某涉嫌以危险方法危害公共安全罪的事实。2005 年 1 月，被告人王某某以伪造的"中国地质矿业总公司泰兴化工总厂"营业执照、药品生产许可证、药品注册证，取得齐齐哈尔第二制药有限公司的信任，双方发生购销业务往来。2005 年 9 月，齐齐哈尔第二制药有限公司采购人员钮某某（已因犯重大责任事故罪被另案处理）以每吨 14 500 元的价格向被告人订购 1 吨药用丙二醇。被告人为牟取利益，在明知二甘醇不能作为药用的情况下，以每吨 7200 元的价格，从张家港保税区华邦国际贸易有限公司购买 1 吨二甘醇，冒充药用丙二醇，以"江苏美奇精细化工有限公司"名义，于 9 月 22 日通过常州雨天物流有限公司发货给齐齐哈尔第二制药有限公司，后又将伪造的批号为 050919 的 5 张产品合格证，邮寄给钮某某。

2006 年 3 月，齐齐哈尔第二制药有限公司对被告人王某某出售的批号为 050919 的假冒药用丙二醇进行检验，发现相对密度高于正常值，但为赶生产进度，仍违规开出了合格检验报告，并将该批丙二醇投入生产，生产出规格为 10ml：5mg，批号为 06030501 的亮菌甲素注射液，并于 2006 年 3 月 28 日及 4 月 21 日将该批注射液分两次销售给广州金蘅源医药贸易有限公司，该公司又将该批药品全部销售给广东医药保健品有限公司。广东医药保健品有限公司分别于同年 4 月 7 日、17 日、25 日分三次将上述药品销售给广东省中山大学附属第三医院共计 3600 支，该院于 2006 年 4 月 18 日开始临床使用，一共给 60 余名患者使用了该药品，导致 15 名患者出现急性肾衰竭或病情加重，其中吴某某等 14 名患者死亡。南方医科大学司法鉴定中心 2006 年 6 月 8 日对患者吴某某的尸体进行鉴定，结论如下：（1）吴某某因多器官功能衰竭死亡；（2）吴某某的中毒性肾病以及肾衰竭与二甘醇中毒有因果关系；（3）二甘醇中毒可以对吴某某的肝坏死及肝衰竭起加重和促进作用；（4）不排除二甘醇对脑、脾、睾丸等器官有毒性损伤作用。

2. 关于被告人王某某涉嫌销售伪劣产品罪的事实。2005 年 1 月至 2006 年 4 月，被告人王某某以工业用丙二醇冒充药用丙二醇，以二甘醇冒充乙二醇、二聚丙二醇分别销售给齐齐哈尔第二制药有限公司、重庆市双桥应用化工有限公司、宁波千千秀日用品有限公司，销售金额共计 297 310 元。具体情况如下：（1）2005 年 1 月，被告人王某某以 1 吨工业丙二醇冒充药用丙二醇销售给齐齐哈尔第二制药有限公司，销售额为 14 500 元；（2）2005 年 12 月，被告人王某某以 12.65 吨二甘醇冒充乙二醇销售给重庆市双桥应用化工有限公司，销售额为 107 525 元；（3）2006 年 4 月，被告人王某某以 18.4 吨二甘醇冒充乙二醇销售给重庆市双桥应用化工有限公司，销售额为 145 360 元；（4）2006 年 4 月，被告人王某某以 2.25 吨二甘醇冒充二聚丙二醇销售给宁波千千秀日用品有限公司，销售额为 29 925 元。

3. 关于被告人王某某涉嫌虚报注册资本罪的事实。2005 年 10 月，被告人王某某在没有实际缴纳注册资本的情况下，通过他人向南京正一联合会计事务所张某某提供其伪造的总额为 500 万元的现金缴款单、银行对账单、银行询证函等手续，骗取了验资报告，后至泰兴市工商行政管理局领取了注册资金为 500 万元的江苏美奇精细化工有限公司的营业执照。

上述事实，有被告人王某某的供述，证人周某某、王某某、洪某某等 70 余人的证言，江苏省食品药品监督管理局出具的关于对中国地质矿业总公司泰兴化工总厂有关问题的说明、齐齐哈尔第二制药有限公司出具的合格证、请验单、取样单、检验记录、辅料检验报告书，王某某伪造的"中国地质矿业总公司泰兴化工总厂"的营业执照以及药品生产许可证和药品注册证等资质证明文件，涉案增值税专用发票，广东医药保健品有限公司提供的购销合同、业务入仓单、送货单、购进药品验收单，广东省中山大学附属第三医院提供的使用亮菌甲素注射液患者统计表、亮菌甲素事件中死亡患者情况，中国药品生物制品检定所检验报告，广东省食品药品监督管理局出具的药品抽样记录及凭证，广东省药品检验所出具的检验报告、亮菌甲素注射液样品的鉴定报告，黑龙江省药品检验所检验报告，南方医科大学司法鉴定中心出具的鉴定结论，货物查询表及江都区东北托运运输公司回执，王某某伪造的丙二醇检验报告单，齐齐哈尔市食品药品监督管理稽查支队出具的情况说明，江苏省药品检验所出具的编号为 2006C0208 检验报告，王某某伪造的现金缴款单、对账单、银行询证函等在案为证，足以认定。

泰州市中级人民法院一审认为：被告人王某某用二甘醇冒充药用丙二醇销售给制药企业，致使制药企业生产出来的药品投入市场后致多人死亡，情节恶劣，后果严重，其行为已构成以危险方法危害公共安全罪。王某某虽辩称其不清楚二甘醇是否用于药品生产，也不清楚制成药品后是否会对人体造成伤害，但是，根据王某某的工作性质、生活经验及其认知能力和水平，在制药企业订购药用丙二醇的情况下，王某某应当明知其销售给制药企业的二甘醇是用于生产药品，最终将用于临床治疗。且根据本案查明的事实，王某某在实际销售前，自己喝了一点二甘醇，自述感觉胃里有点灼痛，其他没有什么强烈反应，即将二甘醇冒充药用丙二醇销售。可见，王某某事先已经知道二甘醇不能用于药品生产，其主观上已经认识到其行为有可能造成危害社会的后果，但却放任该结果的发生，致使齐齐哈尔第二制药有限公司使用假冒的药用丙二醇生产出不合格的亮菌甲素注射液。由于该注射液的使用对象是不特定的患者，而二甘醇中毒给人体造成的危害巨大，王某某将二甘醇冒充药用丙二醇销售给制药公司的行为，构成以危险方法危害公共安全罪，应依法追究其刑事责任。

被告人王某某在销售产品过程中，以工业用丙二醇冒充药用丙二醇，以二甘醇冒充乙二醇、二聚丙二醇，属于以假充真，销售金额达 20 余万元，其行为已构成销售伪劣产品罪；王某某在申请公司登记过程中，使用虚假证明文件，欺骗公司登记主管部门，取得公司登记，虚报注册资本数额巨大，其行为已构成虚报注册资本罪。王某某犯有数罪，依法应当实行数罪并罚。

被告人王某某提出其归案后检举、揭发了他人犯罪的线索，但根据本案查明的事实，王某某检举、揭发的他人犯罪线索经查不实。

综上，公诉机关指控的事实清楚，证据确实、充分，定性准确，依法应予支持。

据此，泰州市中级人民法院依照《刑法》第 115 条第 1 款、第 140 条、第 158 条第 1 款、第 56 条第 1 款、第 57 条第 1 款、第 69 条、第 64 条之规定，于 2008 年 5 月 23 日判决：（1）被告人王某某犯以危险方法危害公共安全罪，判处无期徒刑，剥夺政治权利终身；犯销售伪劣产品罪，判处有期徒刑三年，并处罚金 30 万元；犯虚报注册资本罪，判处有期徒刑二年，并处罚金 10 万元；决定执行无期徒刑，剥夺政治权利终身，并处罚金 40 万元；（2）被告人王某某违法所得 297 310 元予以没收。

王某某不服一审判决，向江苏省高级人民法院提起上诉，主要理由如下：

1. 一审判决认定上诉人王某某构成以危险方法危害公共安全罪不当，其行为属于销售伪劣产品性质，或者构成过失以危险方法危害公共安全罪。因为上诉人并不明知二甘醇会对人体造成严重伤害，所以不存在以危险方法危害公共安全的犯罪故意，且上诉人的行为与最终产生的严重后果之间没有刑法上的因果关系，因其中介入了齐齐哈尔第二制药有限公司生产销售假药的因素，正是介入因素对结果的发生起到了决定性作用。

2. 一审判决量刑过重。一审判决认定的以危险方法危害公共安全的犯罪事实，上诉人在未被采取强制措施前，已在行政机关调查取证过程中如实供述，应视为自首；此外，一审判决认定的销售伪劣产品和虚报注册资本的犯罪事实系上诉人被采取强制措施后主动交代的，属于如实供述非同种罪行，也应以自首论。上诉人归案后，认罪态度较好，能够积极配合司法机关查清案件事实，应当从轻或减轻处罚。

江苏省高级人民法院经审理，确认了一审法院查明的事实。

江苏省高级人民法院二审认为：对于上诉人王某某提出的上诉人的行为与最终产生的严重后果之间没有刑法上的因果关系，一审判决以危险方法危害公共安全罪定性不当的上诉理由，根据本案查明的事实，上诉人不仅知道制药企业购买药用丙二醇的目的是用于药品生产，而且知道二甘醇不能用于加工药品，否则会危害他人身体健康，但为了牟取非法利益，放任危害结果的发生，具有以危险方法危害公共安全的间接犯罪故意。本案中，齐齐哈尔第二制药有限公司用上诉人以二甘醇假冒的药用丙二醇生产药品，该公司在生产中虽然未按照规定进行检验，其生产行为虽然具有一定的独立性，但并不能因此否定上诉人的行为与本案危害后果之间存在的因果关系，上诉人应当依法承担刑事责任。上诉人的该项上诉理由不能成立，不予采纳。

对于上诉人王某某提出的上诉人具有自首情节、认罪态度较好、一审量刑过重的上诉理由，根据本案查明的事实，侦查机关在对上诉人第一次讯问之前，已经基本掌握其故意以二甘醇冒充药用丙二醇销售给齐齐哈尔第二制药有限公司的犯罪事实，且在第一次讯问过程中，上诉人并未如实供述，隐瞒了以二甘醇冒充药用丙二醇销售给齐齐哈尔第二制药有限公司的犯罪事实。一审法院认定的销售伪劣产品罪和虚报注册资本罪的犯罪事实，亦是侦查机关主动侦查的结果，上诉人系在侦查机关掌握一定证据和事实的基础上被迫交代犯罪事实。此外，泰州市食品药品监督管理局于 2005 年 5 月 12 日对上诉人的调查笔录表明，上诉人在行政机关调查过程中同样隐瞒了其以二甘醇冒充药用丙二醇进行销售的主要事实。因此，上诉人称其具有自首情节的上诉理由不能成立。此外，上诉人归案后虽认罪态度较好，能够积极配合司法机关查清案件事实，但其犯罪行为造成的后果严重，故一审法院对其量刑并无不当。

综上，上诉人王某某采用以二甘醇冒充药用丙二醇销售给制药企业的危险方法，致使制药企业生产出来的药品投入市场后，导致 15 名患者出现急性肾衰竭或病情加重，其中 14 名患者死亡的严重后果，其行为已构成以危险方法危害公共安全罪；上诉人以假充真，销售伪劣产品金额达 29 万余元，其行为已构成销售伪劣产品罪；上诉人在申请公司登记过程中，使用虚假证明文件，欺骗公司登记主管部门，取得公司登记，虚报注册资本 500 万元，数额巨大，其行为已构成虚报注册资本罪。上诉人犯有数罪，依法应当实行数罪并罚。一审判决认定事实清楚，证据确实、充分，定罪准确，量刑适当，适用法律正确，审判程序合法，应予维持。据此，江苏省高级人民法院依照《刑事诉讼法》第 189 条第 1 项之规定，于 2008 年 8 月 28 日裁定：驳回上诉，维持原判。本裁定为终审裁定。

问题 3. 生产、销售添加到食品中的有毒有害非食品原料，构成以危险方法危害公共安全罪

【刑事审判参考案例】张某某以危险方法危害公共安全案[①]

一、基本案情

被告人张某某，男，汉族，1968 年出生于河北省曲周县，初中文化，农民，住河北省曲周县河南疃镇北张庄村。2008 年 10 月 25 日被逮捕。

2007 年 7 月，被告人张某某明知三聚氰胺是化工产品、不能供人食用，人一旦食用会对身体健康、生命安全造成严重损害的情况下，以三聚氰胺和麦芽糊精为原料，在河北省曲周县河南疃镇第二疃村，配制出专供在原奶中添加、以提高原奶蛋白检测含量的

---

① 《张某某以危险方法危害公共安全案——中华人民共和国最高人民法院刑事裁定书》，载中华人民共和国最高人民法院刑事审判第一、二、三、四、五庭主办：《刑事审判参考》（总第 72 集），法律出版社 2010 年版，第 201 ~ 203 页。

含有三聚氰胺的混合物（俗称"蛋白粉"）。后张某某将生产场所转移至山东省济南市市中区党家庄村，购买了搅拌机、封口机等生产工具，购买了编织袋，定制了不干胶胶条，陆续购进三聚氰胺 192.6 吨、麦芽糊精 583 吨，雇用工人大批量生产"蛋白粉"。至 2008 年 8 月，张某某累计生产"蛋白粉"770 余吨，并以每吨 8000 元至 12 000 余元不等的价格销售给张某 1（同案被告人，已判刑）及黄某某、张某 2、刘某某、周某某（均另案处理）等人，累计销售 600 余吨，销售金额 6 832 120 元。在此期间，张某某生产、销售，张某某销售的"蛋白粉"又经赵某某、黄某某等人分销到石家庄、唐山、邢台、张家口等地的奶厅（站），被某些奶厅（站）经营者添加到原奶中，销售给石家庄三鹿集团股份有限公司（以下简称三鹿集团）等奶制品生产企业。三鹿集团等奶制品生产企业使用含有三聚氰胺的原奶生产的婴幼儿奶粉等奶制品流入全国市场后，对广大消费者特别是婴幼儿的身体健康、生命安全造成了严重损害，导致全国众多婴幼儿因食用含三聚氰胺的婴幼儿奶粉引发泌尿系统疾患，多名婴幼儿死亡。国家投入巨额资金用于患病婴幼儿的检查和治疗，众多奶制品企业和奶农的正常生产、经营受到重大影响，经济损失巨大。

二、主要问题

如何把握生产、销售过程中在食品中添加有毒有害非食品原料案件中，认定以危险方法危害公共安全罪的标准？

三、裁判理由

被告人张某某为谋求非法利益，置广大人民群众的身体健康、生命和财产安全于不顾，大量生产、销售专供往原奶中添加的含三聚氰胺的混合物即"蛋白粉"，经逐级分销后被添加到原奶中，奶制品生产企业使用被添加三聚氰胺混合物的原奶生产的婴幼儿奶粉等奶制品流入市场后，对广大消费者特别是婴幼儿的身体健康造成严重损害，导致众多婴幼儿因食用遭受三聚氰胺严重污染的婴幼儿配方奶粉患上泌尿系统疾病，造成多名婴幼儿致病死亡，并致使公私财产遭受了重大损失，其行为构成以危险方法危害公共安全罪。张某某犯罪情节极为严重，犯罪手段极其恶劣，社会危害性极大，应依法惩处。第一审判决、第二审裁定认定的事实清楚，证据确实、充分，定罪准确，量刑适当，审判程序合法。依照《刑事诉讼法》第 199 条和《最高人民法院关于复核死刑案件若干问题的规定》第 2 条第 1 款的规定，裁定核准河北省高级人民法院（2009）冀刑一终字第 57 号维持第一审以以危险方法危害公共安全罪判处被告人张某某死刑，剥夺政治权利终身的刑事裁定。

问题 4. 对为逃避酒驾检查而驾车冲撞警察和他人车辆的行为如何定性

【实务专论】

就飙车与醉酒驾驶等危险驾驶行为而言，其行为是否构成以危险方法危害公共安全罪中的"其他危险方法"，也需要综合多个因素进行认真考量。

一般来说，判断危险驾驶行为是否具有具体的公共危险的重要因素包含以下几方面：车辆的状况（特别是刹车状况）、行为人的驾驶能力（有无驾驶能力，是普通的酒后驾驶，还是醉酒驾驶，驾驶前或驾驶时是否吸食过毒品）、驾驶方式（如是否闯红灯、逆向行驶、任意变换车道）、行车速度（是否超速以及超速的程度）、交通状况（天气情况、能见度、是高速路还是人车混行的普通路、路上行人与车辆的多少）、违章驾驶的时间与路程长短、驾驶时的情绪等。其中，最危险的行为有以下三类：一是原本没有驾驶能力或者因醉酒、吸食毒品而基本丧失驾驶能力后驾驶车辆；二是以危险的高速度驾驶车辆；三是完全无视交通信号驾驶车辆（如闯红灯、逆向行驶）。可以认为，下列行为完全符合以危险方法危害公共安全罪的性质与客观构成要件：（1）驾驶刹车不灵的车辆，在车辆、行人较多的路段高速行驶的；（2）原本无驾驶能力或者因醉酒、吸食毒品等而基本丧失驾驶能力后在车辆、行人较多的路段高速行驶的；（3）原本无驾驶能力或者因醉酒、吸食毒品等而基本丧失驾驶能力后在有车辆、行人的道路上长时间高速行驶的；（4）在车辆、行人较多的路段逆向高速行驶，或者长时间在车辆、行人较多的路段逆向行驶的；（5）在大雾天、暴雨时或者车辆、行人较多的路段严重超速驾驶的；（6）原本无驾驶能力或者因醉酒、吸食毒品等而基本丧失驾驶能力后在大雾天、暴雨时高速行驶的；（7）在车辆、行人较多的路口闯红灯高速行驶的；等等。① 从司法实务对危险驾驶行为案件的判决来看，也没有做一刀切的处理，而认为应当根据案件具体情况来认定是否构成以危险方法危害公共安全罪。《最高人民法院关于醉酒驾车犯罪法律适用问题的意见》指出，行为人明知酒后驾车违法、醉酒驾车会危害公共安全，却无视法律醉酒驾车，特别是在肇事后继续驾车冲撞，造成重大伤亡，说明行为人主观上对持续发生的危害结果持放任态度，具有危害公共安全的故意。对此类醉酒驾车造成重大伤亡的，应依法以危险方法危害公共安全罪定罪。该意见所附的两个案例，即黎某某以危险方法危害公共安全案与孙某某以危险方法危害公共安全案，被告人黎某某与被告人孙某某都是在严重醉酒状态下驾车肇事，连续冲撞，造成重大伤亡。其中，黎某某驾车肇事后，不顾伤者及劝阻他的众多村民的安危，继续驾车行驶，致 2 人死亡，1 人轻伤；孙某某长期无证驾驶，多次违反交通法规，在醉酒驾车与其他车辆追尾后，为逃逸继续驾车超限速行驶，先后与 4 辆正常行驶的轿车相撞，造成 4 人死亡、1 人重伤。综合两案的具体情况，被告人黎某某与被告人孙某某的行为不仅在客观上具有导致多数人重伤或者死亡的危险，而且危险的实现完全是其行为合乎逻辑的结果。故而，应当认为二被告人的行为在危险性上与放火、爆炸等行为相当。需要注意的是，黎某某案与孙某某案被认定构成以危险方法危害公共安全罪，不是由结果的严重性逆向推理所得出的结论，而是综合评价其行为本身的危险性所获得的判断。对危险驾驶行为是否构成"其他危险方法"的判断，不能持唯结果论的立场。此外，也不能动辄将危险驾驶行为按以危险方法危害公共安全罪进行处罚。在对《最高人民法院关于醉酒驾车犯罪法律适用问题的意见》的解读中，最高人民法院相关业务庭人员明确指出：《刑法》第 114 条、第 115 条规定的以其他危险方法危害公共安全行为是对该两条中的放火、决水、爆炸以及投放毒害性、放射性、传染病病原体等物质等行为的兜底，而不是对整个《刑法》第二章所有条款的兜底。② 故从立法目的来看，难以得出《刑法》第 114 条和第 115 条完全适用于醉酒驾车犯罪的结论。因此，司法实践中，不能将这两个条款无限制地扩大适用于所有醉酒驾车犯罪，否则，有违罪刑法定原则。此外，就《刑法》第 114 条和第 115 条规定本身而言，构成以危险方法危害公共安全罪的行为是指那些与这两条规定的放火、决水、爆炸以及投放毒害性、放射

---

① 张明楷：《危险驾驶的刑事责任》，载《吉林大学学报》2009 年第 6 期。

② 高贵君、韩维中、王飞：《〈关于醉酒驾车犯罪法律适用问题的意见〉的理解与适用》，载《人民司法》2010 年第 1 期。

性、传染病病原体等物质等行为具有同等严重破坏性的危害公共安全的行为（即两者在性质上要相当），而不是泛指所有危害公共安全的行为。在一般情况下，醉酒驾车行为和采用放火、决水、爆炸等危险方法危害公共安全的行为在性质上有差异，前者毕竟是一种交通行为，而后者本身就是犯罪行为。因此，不能把醉酒驾车行为简单地归结在以危险方法危害公共安全罪里面，一律以危险方法危害公共安全罪论处。醉酒驾车行为在何种情况下与放火、决水、爆炸等危害公共安全行为在性质上相当，要在具体的案件中，根据行为的时间、地点、方式、环境等具体情况来判断，不能单纯以危害后果来判断醉酒驾车行为是否构成以危险方法危害公共安全罪。①

【刑事审判参考案例】 任某某以危险方法危害公共安全案②

一、基本案情

被告人任某某，男，1966 年生，上海涵青策划有限公司法定代表人。2010 年 9 月 14 日因涉嫌犯故意杀人罪被逮捕。

上海市静安区人民检察院以被告人任某某犯故意杀人罪，向上海市静安区人民法院提起公诉。

被告人任某某及其辩护人提出，根据任某某所实施的一系列行为，不足以推定任某某具有杀人的直接故意，其不构成故意杀人罪。任某某采用暴力方法阻碍人民警察依法执行公务，应当以妨害公务罪对其定罪处罚。上海市静安区人民法院经公开审理查明：2010 年 9 月 6 日 23 时 20 分许，被告人任某某酒后驾驶车牌号为沪 KG6×××的凯迪拉克汽车，行驶至上海市延安路高架茂名北路下匝道北侧时，上海市公安局静安分局交警大队正在开展执法整治行动。任某某见状，向斜后方倒车企图逃避检查，交警张某某示意任某某停车接受检查。任某某不顾交警的指令继续倒车，车尾撞上车牌号为沪 HA9×××的本田汽车后，突然加速向前，将正前方相向走来的张某某撞倒在凯迪拉克汽车引擎盖上。之后，任某某不顾张某某一直在引擎盖上要求停车的呼喊，仍然紧急倒车并再次撞击上道路隔离栏，后又沿延安中路由东向西逆向行驶，至陕西南路口驶入顺向车道。途中，任某某驾车速度达 108.63 公里/每小时，在华山路口违反红色信号灯行驶，致华山路南北向多辆汽车紧急刹车，任某某还驾车呈"S"形行驶，影响了其他车辆的正常行驶。当行驶至延安西路 358 号附近时，任某某突然紧急刹车，将张某某从引擎盖上甩下后逃逸，致张某某轻伤。法院审理期间，任某某与张某某和沪 HA9×××车主李某某达成民事赔偿和解，一次性赔偿张某某经济损失人民币 40 万元，一次性赔偿李某某经济损失人民币 1.8 万元。上海市静安区人民法院认为，被告人任某某为逃避酒驾检查，采取暴力手段阻碍人民警察依法执行职务，触犯了妨害公务罪、故意伤害罪和以危险方法危害公共安全罪等数个罪名，依法应当惩处。鉴于任某某系初犯，犯罪后果尚不严重，案发后能坦白交代罪行，积极赔偿被害人张某某、李某某的全部经济损失，且具有认罪、悔罪表现，可以酌情从轻处罚。据此，依照《刑法》第 114 条之规定，上海市静安区人民法

---

① 陈兴良、周光权、车浩：《刑法各论精释》，人民法院出版社 2015 年版，第 683 页。

② 孙玮撰稿，马岩审编：《任某某以危险方法危害公共安全案——对为逃避酒驾检查而驾车冲撞警察和他人车辆的行为如何定性（第 911 号）》，载中华人民共和国最高人民法院刑事审判第一、二、三、四、五庭主办：《刑事审判参考》（总第 94 集），法律出版社 2014 年版，第 90～95 页。

院以被告人任某某犯以危险方法危害公共安全罪，判处有期徒刑五年。

一审宣判后，被告人任某某提出上诉，称其停车将被害人张某某放下后再逃离现场，其行为对公共安全未造成危害，请求减轻处罚。其辩护人提出应当以妨害公务罪对任某某进行定罪处罚。上海市第二中级人民法院经公开审理认为，被害人张某某的陈述和目击证人证言及监控录像相印证，能够证实任某某突然紧急刹车，将张某某从车引擎盖上甩至机动车道上后逃逸的事实，故任某某所提其停车将张某某放下的辩解不能成立。任某某酒后驾车，为逃避公安机关执法检查，倒车冲撞他人车辆，并连续实施逆向行驶、"S"形行驶、违反交通信号灯行驶、违反限速规定高速在市区道路行驶等高度危险行为，后为将被其撞击后扒在车头的执勤警察甩下而突然紧急刹车，最终造成他人车辆和隔离栏被撞坏，警察受轻伤的后果，而且对行驶沿途经过的不特定的行人、车辆和财产安全构成严重威胁，故任某某的行为构成以危险方法危害公共安全罪。任某某上诉提出的辩解及其辩护人提出的辩护意见与事实不符，不予采纳。据此，依照《刑事诉讼法》第189条第1项之规定，上海市第二中级人民法院裁定驳回上诉，维持原判。

二、主要问题

对为逃避酒驾检查而驾车冲撞警察和他人车辆的行为如何定性？

三、裁判理由

本案是一起为逃避酒驾检查，冲撞依法执行公务的警察和他人车辆，冲撞后又严重违章危险驾驶，致道路设施损坏的刑事案件。因被告人实施了多个行为，在审理过程中对被告人的行为定性存在三种不同意见：第一种意见认为，被告人任某某为逃避酒驾检查，将被害人张某某撞倒在汽车引擎盖上，撞人后时速曾达每小时108.63公里，途中闯红灯、呈"S"形行驶，后紧急刹车，将张某某从车引擎盖上甩下后逃逸。根据这些行为，足以推定任某某主观上具有杀人的直接故意，其行为构成故意杀人罪（未遂）。第二种意见认为，任某某所实施的一系列行为，是为了逃避酒驾检查，据此不足以推定其具有杀人的直接故意，也未危害到不特定多数人的人身、财产安全，故其行为不构成故意杀人罪和以危险方法危害公共安全罪。任某某采用暴力方法阻碍人民警察依法执行公务，其行为构成妨害公务罪。第三种意见认为，任某某所实施的一系列行为，不但侵害了特定对象张某某等的人身、财产安全，同时还对其他不特定多数人的人身、财产安全构成严重威胁，且其冲撞警察执法的行为，符合妨害公务罪、故意伤害罪和以危险方法危害公共安全罪等数个罪名的构成特征，应当以以危险方法危害公共安全罪定罪处罚。我们同意第三种意见，即被告人任某某的行为构成以危险方法危害公共安全罪。具体分析如下。

（一）现有证据不能证实任某某具有剥夺被害人张某某生命的直接故意

行为人的主观罪过是否符合故意杀人罪犯罪构成主观方面的特征，通常是根据行为人在实施行为时有无非法剥夺他人生命的意思表示，或者案发后供述其实施行为时有无非法剥夺他人生命的故意，或者根据行为人实施的行为与危害结果的因果关系，结合其他具体犯罪事实情节，综合认定。在被告人始终否认犯罪故意的案件中，对行为人主观罪过的认定非常复杂，往往重点依赖于实施行为与危害结果是否存在相当因果关系，特别是是否存在必然因果关系。对存在相当因果关系的，一般认定行为人应当承担刑事责任；对存在必然因果关系的，一般可以认定行为人具有直接故意。如行为人将被害人从高空推下；明知被害人不识水性，仍将被害人推入深水中；将氰化钾拌入被害人食物中；持利器猛刺被害人心脏、猛砍被害人颈动脉、股动脉等要害部位；等等。本案中，被告人任某某在驾车冲撞时，并没有非法剥夺执勤警察生命的言语表示。任某某到案后供称，其看见有警察盘查就掉转车头，听到后面有人喊停下来，其猛踩油门拼命向前开，逆行并闯了好几个红灯。途中，其突然看见有个警察趴在引擎盖上，不知道警察怎么上去的，就一脚急刹车，警察摔下车后，其没有下车，直接开车逃走了。根据任某某的上述供述，其在行驶过程中并无杀害张某某的直接故意。任某某虽然实施了用车辆撞击张某某的行为，且明知张某某趴在引擎盖上仍继续行驶 1.9 公里，途中车速曾高达 108.63 公里/小时，最后突然紧急刹车，将张某某甩至车道上，但这些行为尚不足以造成张某某必然死亡的结果。因此，现有证据难以证实任某某主观上具有杀人的直接故意。

（二）以危险方法危害公共安全罪可以完整评价任某某实施的全部行为

任某某在执勤交警张某某示意其停车接受检查时，将张某某撞击到引擎盖上，后不顾张某某要求停车的呼喊，高速行驶 1.9 公里，最后紧急刹车将张某某甩下车的行为，符合《刑法》关于妨害公务罪的规定，即"以暴力、威胁方法阻碍国家机关工作人员依法执行职务"。因任某某的行为致张某某轻伤，又符合《刑法》关于故意伤害罪的规定。妨害公务罪的法定刑为三年以下有期徒刑、拘役、管制或者罚金，故意伤害罪（轻伤）的法定刑为三年以下有期徒刑、拘役或者管制，后者最低刑的设置高于前者。参照《上海市高级人民法院、上海市人民检察院、上海市公安局、上海市司法局关于本市办理妨害人民警察依法执行职务违法犯罪案件的意见》第 3 条第 2 款的规定，此种情况下可以故意伤害罪定罪处罚。然而，本案无论认定任某某的行为构成故意伤害罪还是妨害公务罪，均不能涵盖其实施的全部犯罪事实。很显然，上述罪名仅是针对任某某伤害张某某的行为在法律上进行了评价，而未对任某某在此过程中驾车冲撞被害人李某某车辆、撞毁隔离栏以及超速行驶、逆向行驶、闯红灯、呈"S"形行驶、影响其他车辆正常行驶等一系列行为作出法律评价。基于这一考虑，我们认为，应当认定任某某构成以危险方法危害公共安全罪。以危险方法危害公共安全罪的构成特征，可以完整评价任某某实施的全部行为。为避免重复评价，对妨害公务罪、故意伤害罪不宜另行认定。

1. 任某某实施的行为危及不特定多数人的人身、财产安全，而非特定对象的人身、财产安全。本案发生在上海市商业中心城区静安区的延安中路、延安西路等繁华路段。虽然案发时间为深夜 23 时，但现场监控录像显示，上述路段的车流量仍较大，道路上既有正在执法的数名交警，也有正在行驶或者等待红灯、等候交警检查的数辆汽车，还有在人行道上行走的数名群众。虽然从实际发生的危害结果看，任某某驾车冲撞的对象是具体的人和物，但这些对象的选择具有随机性，而非其刻意针对。当时在案发路段执行检查任务的除了张某某外，还有交警牟某、严某以及潘某等三名交通协管员，只不过任某某试图倒车逃避检查时，其车离张某某最近。如果其倒车时离其他交警或者协警更近，受到伤害的可能就是其他人。同样，无论是谁行驶在任某某车后，均可能在其倒车时被撞损车头。此外，任某某驾车闯红灯的行为致华山路南北向行驶的多辆汽车紧急刹车，严重威胁到这些车辆及车上驾驶员、乘客的安全。因此，任某某酒后驾车超速、逆向行驶等行为，对其途经路段的不特定对象，包括车辆、行人、交警和公私财产安全均构成了现实的威胁。

2. 任某某实施的行为具有与放火、决水、爆炸、投放危险物质等行为相当的危险性。汽车是危险性较大的交通工具，为降低这种危险性，驾驶者必须严格遵守交通运输管理法规的规定，做到谨慎驾驶，在道路上违章驾驶无疑会增加这种危险转化为现实危害结果的可能性。一般的违反道路交通安全法规的驾驶行为虽然对公共安全造成一定威胁，但其危险程度小于放火、决水、爆炸、投放危险物质等行为，因此不构成以危险方法危害公共安全罪。只有当驾驶行为具有与放火、决水、爆炸、投放危险物质相当的危险，且行为人明知其行为可能会导致该类危险的发生时，才构成以危险方法危害公共安全罪。本案中，任某某酒后驾车，驾驶能力受到酒精影响，本身就是高度危险的驾驶行为，不仅如此，其还实施了超速行驶、逆向行驶、闯红灯等多个严重违章行为，其行为的危险性已达到与放火、决水、爆炸、投放危险物质相当的程度。同时，任某某驾车冲撞交警、车辆、隔离栏，属于故意伤害、故意毁损公私财物行为，在性质上可作一次法律评价，涵括在以危险方法危害公共安全罪这一罪名之中

3. 任某某实施的一系列行为所造成的后果未超出公共安全的范围。《刑法》规定的以危险方法危害公共安全罪的严重后果包括致人重伤、死亡或者公私财产遭受重大损失。本案中，任某某的违规驾驶行为致被害人张某某健康受损，致被害人李某某的汽车及道路隔离栏受损，这些危害结果均在公共安全范围之内。同时，任某某违规驾驶行为导致多辆正常行驶的车辆紧急刹车，其行为已经危及这些车辆驾驶人员以及乘客的人身、财产安全，而这亦属于公共安全的范围，因此其应当对此承担相应的刑事责任。

4. 任某某对危害后果的发生持放任心态。行为人为了追求某种目的而实施一定行为时，明知该行为可能会发生某种危害后果，但为实现其意图而放任危害后果的发生，是一种典型的间接故意。本案中，任某某明确供述，其因驾驶前饮酒，在看到有交警检查过往车辆时，为逃避检查而掉转车头，倒车时感觉撞到什么东西，可能是别人车辆、路墩或者隔离栏，并听到后面有人在喊停车，但其只知道要逃跑，故猛踩油门拼命往前开，发现有警察趴在引擎盖上后，便急刹车将警察甩下，直接开车逃走。该供述反映出任某某明知其驾驶的车辆发生了碰撞，但为了逃避处罚，仍不管不顾继续违章行驶，并在明知趴在其汽车引擎盖上的警察面临高度危险的情况下，不顾该警察生命安全，急刹车将警察甩下车后逃逸。这些情节足以表明其对其驾驶行为所可能导致的危害后果在意志上持放任态度，属于间接故意罪过形式。综上，被告人任某某在道路上高度危险驾驶，对公共安全造成严重危害，致一人轻伤、公私财物受损，其行为构成以危险方法危害公共安全罪。上海市静安区人民法院对被告人任某某的判罚是正确的。

问题 5. 故意驾车冲撞疫情防控站的行为定性

【刑事审判参考案例】 支某某以危险方法危害公共安全案[①]

一、基本案情

被告人支某某，男，汉族，1987 年生。2020 年 2 月 21 日被逮捕。

北京市昌平区人民检察院指控被告人支某某犯以危险方法危害公共安全罪，向北京市昌平区人民法院提起公诉。

被告人支某某对公诉机关指控的事实和罪名不持异议，当庭自愿认罪。其辩护人提出：本案系小纠纷引发的刑事犯罪案件，事情起因在于双方的不理智行为；支某某到案

① 周维平、王莹撰稿，韩维中审编：《支某某以危险方法危害公共安全案——故意驾车冲撞疫情防控站的行为定性（第 1314 号）》，载中华人民共和国最高人民法院刑事审判第一、二、三、四、五庭主办：《刑事审判参考》（总第 121 集），法律出版社 2020 年版，第 1~8 页。

后能够如实交代自己的犯罪行为，系初犯，有悔过之意，委托家人交纳赔偿款；建议法庭对其从轻处罚。法院经公开审理查明：2020 年 2 月，北京市昌平区北七家镇人民政府按照上级统一部署，落实新冠疫情防控措施，在该镇柏林在线小区西门设立防疫帐篷作为疫情防控工作站，严格核实登记小区出入人员、车辆。被害人刘某某、邢某某均系疫情防控工作人员。2020 年 2 月 17 日上午 8 时 30 分许，被告人支某某在该工作站办理进入小区手续时，认为登记时间过长，与刘某某发生言语冲突。为发泄不满情绪，支某某驾驶白色雷诺汽车加速冲撞疫情防控工作人员、办证群众所在人群及防疫帐篷，致刘某某、邢某某被车辆撞入帐篷，车辆被坍塌的帐篷覆盖。支某某在视线被遮挡的情况下，倒车后再次加速冲撞。两次冲撞致使刘某某、邢某某受伤，防疫帐篷、办公电脑、执法仪、体温计等防疫物资损坏。经鉴定，邢某某伤情为面部擦伤、右侧鼻骨骨折以及体表擦、挫伤，上述三处损伤均为轻微伤；刘某某手部、左膝部及左膝下方均有擦、挫伤，损伤程度为轻微伤；被损坏的防疫物资价值人民币 6580 元。作案后，被告人支某某被工作人员当场控制，后被民警查获。2020 年 3 月 4 日，被告人支某某的家属主动向法院预交纳赔偿款人民币 4 万元。北京市昌平区人民法院认为，被告人支某某在新冠疫情防控期间，因办理小区出入手续，与工作人员发生口角，为发泄不满情绪，在疫情防控工作站连续两次驾车冲撞疫情防控工作人员及周边人群，致使两名工作人员轻微伤和防疫物资受损，危害公共安全，尚未造成严重后果，其行为已经构成以危险方法危害公共安全罪，依法应予惩处。支某某的犯罪行为给疫情防控工作带来消极影响，社会影响恶劣，酌情予以从重处罚。支某某到案后如实供述主要犯罪事实，当庭自愿认罪，依法予以从轻处罚。依照《刑法》第 114 条、第 67 条第 3 款、第 61 条及第 64 条之规定，判决：被告人支某某犯以危险方法危害公共安全罪，判处有期徒刑五年六个月；随案移送小型普通客车一辆（车牌号京 N1W×××），退回扣押机关。宣判后，被告人未上诉，检察机关未抗诉。判决已发生法律效力。

二、主要问题

疫情防控期间因对人员、车辆进入小区需要核实、登记并办理证件不满而驾车冲撞不特定多人的行为如何定性？

三、裁判理由

为严把外防输入、内防扩散两大疫情防控环节，北京市新型冠状病毒肺炎（以下简称新冠肺炎）疫情防控工作领导小组办公室在 2020 年 2 月 9 日发布通告，明确居住小区封闭式管理，严格核实登记小区来往人员及车辆。本案发生在 2020 年 2 月 17 日，正处于北京市防控新冠肺炎疫情最吃紧的时期，一时间引发社会广泛关注。本案发生时，现场不仅有多名疫情防控人员和等待进出小区的居民，而且案发全程为小区门口监控录像所拍摄，被告人支某某本人对事实本身并无异议，因而本案的核心在于如何评价支某某行为的性质及最终如何处罚。在案件办理过程中，曾有妨害公务罪、寻衅滋事罪、故意杀人罪及以危险方法危害公共安全罪等不同观点的争议。

（一）被告人支某某的行为不应被评价为妨害公务罪、寻衅滋事罪及故意杀人罪

1. 被告人的行为不应被评价为妨害公务罪。一种观点认为，被告人支某某的行为构成妨害公务罪，理由是根据《刑法》第 277 条第 1 款的规定，妨害公务罪要求手段为暴力或者威胁行为，行为对象是正在依法执行职务的国家机关工作人员。就本案而言，一是支某某驾车冲撞被害人，行为手段无疑属于暴力行为。二是虽然二被害人分别系柏林

在线小区的物业工作人员和保安队长，并非国家机关工作人员，但根据2002年《全国人民代表大会常务委员会关于〈中华人民共和国刑法〉第九章渎职罪主体适用问题的解释》及北京市昌平区北七家镇人民政府在本案中出具《情况说明》可以认定，二被害人及在场其他村党支部、居委会、物业和保安等工作人员均系北七家镇人民政府按照北京市《关于进一步加强社区（村）疫情防控工作的通告》《关于进一步明确疫情防控期间返京人员有关要求的通告》等相关文件要求，统筹安排的疫情防控一线人员，因而二被害人可被认定为国家机关工作人员。三是二被害人的行为可被认定为公务行为。案发当时，二被害人按照北七家镇人民政府有关疫情防控的统一安排，正在柏林在线小区从事与防疫有关的核实、登记、办理证件等工作，因而其行为属于公务行为。但综合全案证据尤其是被告人支某某的客观行为表现看，妨害公务罪不能准确评价支某某的行为，而且与社会公众的通常认知存在一定差距。第一，从法益侵害角度看，妨害公务罪规定在《刑法》第六章妨害社会管理秩序罪中，该罪所保护的法益是公务行为的正常执行。本案中，支某某并未阻止或者不配合防疫检查，或者强行闯卡进入小区，而是在核实、登记、备案等防疫公务行为即将结束后因对防控措施不满而针对防控人员实施的泄愤报复行为，因而其行为侵犯的法益不仅仅是疫情防控这一公务行为的正常执行，更重要的是侵犯了疫情防控人员的生命健康安全。第二，从行为目的角度看，妨害公务罪的行为人实施暴力的目的在于逃避成为公务执行的对象，拒不配合服从管理。而本案中支某某驾车冲撞并非为了达到不经检查登记顺利进入小区的目的，而是因不满疫情防控登记检查措施而泄愤、报复防疫人员。第三，从罪责刑相一致角度看，妨害公务罪的法定刑为三年以下有期徒刑、拘役、管制或者罚金，该法定刑幅度决定了构成妨害公务罪的行为暴力程度、社会危害后果等应与故意伤害致人轻伤的犯罪行为保持基本平衡，相对来说比较轻微。本案中，虽然最终未出现轻伤以上犯罪结果，但支某某在现场面对帐篷之外有众多防疫人员及进出小区群众、帐篷之内并不确定有多少人员及财物的情况下，驾驶车辆这种高度危险工具两次故意冲撞，该行为的社会危害性、行为人的主观恶性均非妨害公务罪所能评价，认定为妨害公务罪将会导致罪责刑严重不相适应。

2. 被告人的行为不应被评价为寻衅滋事罪。一种观点认为，被告人支某某的行为可以被评价为《刑法》第293条第1款第1项所规定的寻衅滋事罪。理由在于，支某某本次犯罪虽然看似行为手段暴力程度很高，但最终也只是造成二被害人轻微伤的后果，财产损失亦有限，评价为"随意殴打他人，情节恶劣"，认定其犯寻衅滋事罪，在五年以下有期徒刑、拘役或者管制的法定刑幅度内从重处罚，符合《最高人民法院、最高人民检察院关于办理寻衅滋事刑事案件适用法律若干问题的解释》的规定。我们认为，将被告人支某某的行为评价为寻衅滋事罪，亦无法全面评价支某某行为的客观表现及社会危害，因而也难以实现罪责刑相适应原则。一是从行为客观表现看，寻衅滋事罪罪状中的"随意殴打他人"一般指的是行为人无事生非或者借故生非，在殴打对象的选择上具有不特定性和随意性，而本案中支某某行为目标明确，直接针对防疫工作人员；而行为人驾车冲撞这一高度危险的行为也很难评价为"殴打"，因而其行为不属于"随意殴打他人"。二是从行为社会危害性看，寻衅滋事罪对被害人人身的危害性有限，因而更多体现的是对社会管理秩序的妨害。而本案中支某某在众人阻止的情况下两次驾车冲撞二被害人，同时在冲撞过程中丝毫不顾及在场其他多人的人身健康及公私财产安全，该行为的社会危害已远超对疫情防控秩序的破坏，更多的是对不特定多人人身安全及重大公私财产的威胁，因而社会危害性明显严重于寻衅滋事罪。用寻衅滋事罪来评价支某某的行为，将导致遗漏评价其行为对周围不特定多数人所造成的具体危险。同样，寻衅滋事罪五年以下有期徒刑的法定刑幅度也决定了殴打的暴力程度一般具有轻微性。适用寻衅滋事罪的法定刑也难以与支某某的犯罪行为相匹配，不符合罪责刑相适应原则。

3. 被告人的行为不应被评价为故意杀人罪。一种观点认为，被告人支某某的行为应被评价为故意杀人罪，系未遂，理由是支某某为发泄对防疫工作人员的不满，驾车冲撞二被害人，过程中车头顶着被害人冲进帐篷并在倒车后进行二次撞击，该行为可以被认定为故意杀人行为。从手段的残忍性、工具的高危险性及目标的特定性角度看，将该行为定性为故意杀人罪，也符合社会公众的一般认知。我们认为，综合全案证据来看，本案认定被告人支某某犯故意杀人罪并不妥当。首先，现有证据不能证明支某某主观上存在剥夺他人生命的直接故意。支某某与被害人发生矛盾的起因在于认为防疫人员登记检查速度太慢而有意刁难，但该矛盾起因尚不足以让支某某产生剥夺对方生命的故意。有意见认为，支某某驾车冲撞系对被害人存在间接故意，但本案最终犯罪结果为二被害人轻微伤，认定故意杀人未遂与间接故意的主观罪过相矛盾。其次，故意杀人罪无法全面评价支某某行为方式社会危害性。在本案中，支某某驾车冲撞虽然指向被害人刘某某及邢某某，但其在发动汽车第一次冲撞之时，帐篷外有十多名防疫工作人员及小区群众，帐篷内有多少人并不知道；其在驾驶汽车冲进帐篷内后倒车进行第二次冲撞之时，支某某虽在帐篷之内，但因帐篷已被撞坍塌，其对于帐篷之内有多少人并不可知，在此情况下倒车再次冲撞直到车轮被卡住而停止。因而从其两次冲撞现场行为看，其事实上无视不特定多名防疫人员、现场群众生命健康及公共财物的安全，冲撞行为不仅直接导致二被害人受伤，更重要的是对上述人员生命健康及公私财物的安全造成了现实直接危险，而这些危险却是故意杀人罪的罪状所无法涵盖的。

（二）被告人支某某的行为构成以危险方法危害公共安全罪

1. 被告人的行为在客观上危害了不特定多数人的生命、健康和重大公私财产的安全。本案中，被告人支某某虽然驾车冲撞的对象是直接对其人员及车辆执行核实、检测及登记防控措施且与其发生争执的刘某某、邢某某，且驾车冲撞的结果也是导致该二人轻微伤，但其两次驾车冲撞之时，帐篷外除二人外还聚集有 10 多人，帐篷内有多少人及公私财物其并不可知。支某某在此情况下为泄愤报复而驾车冲撞，因而导致现场 10 多人的生命健康及帐篷、帐篷内电脑等公私财物处于高度危险状态。综合支某某的两次驾车冲撞的速度、距离及方向，现场人员数量及分布，现场财物数量及分布，支某某驾车冲撞前及过程中的言语行为，该行为给二被害人造成的身体损伤及给公共财产造成的实际损失等，可以判断支某某的驾车冲撞行为在暴力程度、危险程度等方面与爆炸、放火等危害公共安全的犯罪行为具有相当性，对周围十多名防疫工作人员、群众的生命健康及重大公私财物造成了具体的现实危险，已经严重危害到公共安全。

2. 被告人主观上明知并放任其行为对公共安全造成危险。从表面上看，被告人支某某驾车冲撞的直接行为对象是刘某某和邢某某这两名疫情防控工作人员，被告人对于造成刘某某、邢某某二人伤害的结果是持积极追求的态度，但同时，被告人作为机动车驾驶人员，对于行驶中的汽车具有高度危险性是明知的，对于现场还有其他防疫工作人员及等待办理出入登记的小区居民等 10 多人在场亦是明知的，对于帐篷内是否还有其他人员及财物是不明确的，但其因一己之愤，不管不顾执意驾车两次冲撞，其对于自身行为可能置现场不特定多数人的生命健康和财产安全于危险状态这一点是明知并且放任的。无论最终出现何种后果，都未超出其心理预期，因而其主观上完全符合以危险方法危害公共安全罪的主观罪过形式。综上，被告人支某某主观上有以危险方法危害公共安全的故意，客观上实施了驾车冲撞人群和帐篷的行为，对不特定多数人的生命健康和公私财物造成了具体危险，但尚未造成人员重伤、死亡或者公私财产重大损失的严重后果。比较《刑法》第 114 条与第 115 条的犯罪构成要件可以看出，第 114 条规定的犯罪为具体危险犯，而第 115 条规定的则为结果犯。因而，对被告人应当以《刑法》第 114 条规定的以危险方法危害公共安全罪进行定罪处罚。

（三）疫情防控期间针对疫情防控措施实施犯罪的应予从重处罚

新冠肺炎疫情出现后，北京市在 2020 年 1 月 24 日启动突发公共卫生事件一级响应机制，把全力做好疫情防控工作作为重要任务。同年 2 月 9 日，北京市新冠肺炎疫情防控工作领导小组办公室发布《关于进一步加强社区（村）疫情防控工作的通告》，明确要求开始对小区实行封闭式管理，在小区的出入口设置检查点，居住人员和车辆凭证出入，进入人员必须佩戴口罩并进行体温检测。同时要求严格核实登记小区来往人员及车辆，外来人员和车辆原则上不得进入小区，情况特殊确需进入的，由管理人员做好登记备案。疫情防控措施能否得到严格执行，不仅关系到本次疫情能否及时得以控制，还关系到社会正常生活秩序能否得以恢复，更关系到广大社会公众的生命健康能否得到保障。虽然疫情防控措施的执行，限制了公民的部分权利自由，但却保障了人民群众的生命安全和身体健康。正因如此，最高人民法院、最高人民检察院、公安部和司法部在《关于依法惩治妨害新型冠状病毒感染肺炎疫情防控违法犯罪的意见》中明确要求，对于在疫情防控期间实施有关违法犯罪的，要作为从重情节予以考量，依法体现从严的政策要求，有力惩治震慑违法犯罪，维护法律权威，维护社会秩序，维护人民群众生命安全和身体健康。本案发生在 2020 年 2 月 17 日，案发地点为城乡接合部小区，疫情防控任务极为沉重，防控压力非常之大。被告人支某某的母亲长期居住在该小区，支某某在疫情发生后也曾居住在该小区，其对该小区采取上述疫情防控措施及目的是明知的。在此情况下，在小区防疫人员工作并无不当的情况下，其针对防疫人员实施如此严重的刑事犯罪，给疫情防控工作带来消极影响，且社会影响恶劣，应当在量刑上体现从重。综上，一审法院根据犯罪的事实、性质、情节和对社会的危害程度，对被告人支某某以以危险方法危害公共安全罪判处支某某有期徒刑五年六个月，是合适的。

问题 6. 食品销售人员对亚硝酸盐未尽妥善保管义务导致亚硝酸盐混入食品中出售，致人伤亡的行为如何定性

【刑事审判参考案例】许某某过失以危险方法危害公共安全罪案①

一、基本案情

被告人许某某，男，1969 年生，个体经营户。2013 年 9 月 18 日因涉嫌犯过失以危险

---

① 袁震、郭奎撰稿，陆建红审编：《许某某过失以危险方法危害公共安全案——食品销售人员对亚硝酸盐未尽妥善保管义务导致亚硝酸盐混入食品中出售，致人伤亡的行为如何定性（第 1041 号）》，载中华人民共和国最高人民法院刑事审判第一、二、三、四、五庭主办：《刑事审判参考》（总第 101 集），法律出版社 2015 年版，第 57～61 页。

方法危害公共安全罪被逮捕。

江苏省宿迁市宿豫区人民检察院以被告人许某某犯过失以危险方法危害公共安全罪，向宿豫区人民法院提起公诉。

被告人许某某对指控的犯罪事实无异议，但辩称自己并非故意，属于意外事件，请求从轻处罚。

宿迁市宿豫区人民法院经公开审理查明：被告人许某某在江苏省宿迁市湖滨新区某农贸市场从事预包装、散装食品销售。2012年12月30日上午，许某某在店内准备用亚硝酸盐（俗称硝卤精）调配硝卤水，因忙于其他事务而将亚硝酸盐遗留在经营区域。店内其他销售人员误将亚硝酸盐混入白糖销售箱，销售给张某某、蔡某某等人。当日下午，被害人唐某某在食用张某某所购买的混有亚硝酸盐的白糖后，发生亚硝酸盐中毒，经抢救无效死亡。2013年1月8日，被害人蔡某某食用先前购买的混有亚硝酸盐的白糖后，发生亚硝酸盐中毒。经鉴定，被害人唐某某系亚硝酸盐中毒死亡；被害人蔡某某的损伤构成轻微伤。案发后，许某某主动到公安机关投案，并如实供述了上述事实，并赔偿被害人唐某某亲属人民币（以下币种同）16.6万元，赔偿被害人蔡某某14万元，且获得了唐某某亲属及蔡某某的谅解。宿迁市宿豫区人民法院认为，被告人许某某作为食品经销商，对其购进的亚硝酸盐未尽到妥善保管义务，以至于其店内员工误作白糖向多人销售，致一人死亡、一人轻微伤，其行为构成过失以危险方法危害公共安全罪。公诉机关指控其犯过失以危险方法危害公共安全罪的罪名成立。许某某主动向公安机关投案，并如实供述自己的罪行，系自首，可以从轻或者减轻处罚。许某某积极向被害人或者被害人亲属赔偿经济损失，并获得了谅解，酌情可以从轻处罚。根据被告人许某某的犯罪情节、悔罪表现，结合所在社区意见，依照《刑法》第115条第2款，第67条第1款，第72条第1款，第73条第2款、第3款之规定，宿豫区人民法院以被告人许某某犯过失以危险方法危害公共安全罪，判处有期徒刑二年，缓刑三年。宣判后，被告人许某某未提出上诉，检察机关亦未抗诉，该判决已发生法律效力。

二、主要问题

食品销售人员对亚硝酸盐未尽妥善保管义务导致亚硝酸盐混入食品中出售，致人伤亡的行为如何定性？

三、裁判理由

本案在审理过程中，对被告人许某某的行为，主要形成四种不同观点：第一种观点认为，许某某主观上没有故意或者过失，其行为虽然造成了危害后果，但系不能预见的原因引起的，属于意外事件，不负刑事责任。第二种观点认为，亚硝酸盐属于毒害性物质，许某某的行为构成过失投放危险物质罪。第三种观点认为，许某某的行为致一人死亡，构成过失致人死亡罪。第四种观点认为，许某某的行为构成过失以危险方法危害公共安全罪。

我们同意第四种观点，许某某的行为构成过失以危险方法危害公共安全罪。具体理由如下。

（一）被告人的行为不属于意外事件

根据《刑法》第16条的规定，行为在客观上虽然造成了损害结果，但不是出于故意或者过失，而是由于不能预见的原因所引起的，是意外事件。意外事件虽然在客观上造成了损害结果，但其损害结果是由于不能预见的原因引起的，行为人主观上既无犯罪故意，也无犯罪过失，因而缺乏构成犯罪和负刑事责任的主观依据，不认定为犯罪。本案中，被告人许某某所保管的亚硝酸盐属于剧毒物质，食入0.2~0.5克即可引起中毒甚至死亡，许某某作为一名长期从事预包装、散装食品销售的人员，特别是经常从事用亚硝酸盐调配硝卤水的工作，对亚硝酸盐的危害性应当是明知的。根据相关法律、法规的规定，妥善保管是许某某应尽的法定义务。同时，亚硝酸盐在外观上与食盐、白糖相似，容易造成混淆，而许某某销售的食品中恰恰有散装白糖，根据许某某的认知能力和经营情况，特别是基于其对危险物品的保管和监督店内人员所产生的义务，其应当预见到将亚硝酸盐放在食品销售区，可能造成亚硝酸盐与白糖混淆的危险后果，却没有预见到，最终导致亚硝酸盐被当作白糖对外销售，产生了危害后果。因此，许某某对自己行为的危害性是应当能够预见的，不属于意外事件。

（二）被告人的罪过形式是犯罪过失

罪过，是指行为人在实施犯罪时对自己行为将引起的社会危害结果所持有的心理态度。它是犯罪主观方面的主要内容，反映了行为人的主观恶性。罪过分为犯罪故意与犯罪过失。犯罪故意，是指明知自己的行为会发生危害社会的结果，并且希望或者放任这种危害结果的发生。本案中，被告人许某某并不明确知道自己的行为会发生危害社会的结果，对这种结果既未呈现出积极追求的心理状态，也未呈现出容忍或者放任的不积极追求状态，故被告人的罪过形式不是犯罪故意。犯罪过失，是指应当预见自己的行为可能发生危害社会的结果，因疏忽大意而没有预见，或者已经预见而轻信能够避免，以致发生这种结果。犯罪过失，主要有疏忽大意的过失和过于自信的过失两种。本案中，被告人的行为属于疏忽大意的过失。疏忽大意的过失是一种无认识的过失，即行为人应当预见到自己的行为可能发生危害社会的结果，因疏忽大意而没有预见，以致发生了危害结果的心理态度。疏忽大意的过失包含了两个构成要素：一是行为人有预见的义务，该义务不仅包括法律、条令、职业与业务方面的规章制度所确定的义务，还包括日常生活准则所提出的义务。本案中，被告人作为食品销售的业主，其本身就有义务预见有毒物质出现在食品销售区域的危害。二是行为人因疏忽大意没有预见，没有预见，是指行为人在实施行为的当时没有想到自己的行为可能发生危害社会的结果。本案中，如果被告人想到亚硝酸盐会被业务员当作白糖出售就绝对不会将亚硝酸盐放在食品销售区。

（三）被告人的行为不构成过失投放危险物质罪、过失致人死亡罪

过失以危险方法危害公共安全罪、过失投放危险物质罪、过失致人死亡罪，罪过形式均是过失且都有可能发生了致人死亡的结果，但被告人许某某的行为不构成过失投放危险物质罪和过失致人死亡罪。过失投放危险物质罪，要求被告人有过失投放的行为，即行为人主动实施了一定的行为，导致危险物质混入食物中，他人进食后中毒，产生危害后果，如在日常生活中将农药与饮用水放在一起，做饭时误将农药当作水，造成多人中毒伤亡的后果等。本案被告人只是在调配硝卤水的过程中拿出亚硝酸盐后，没有及时将这种危险物质放回、保管好，客观上并没有实施投放的行为，是其他店员在不知情的情况下将亚硝酸盐混入白糖中出售的，投放的行为并非许某某所实施，故不能构成过失投放危险物质罪。过失致人死亡罪侵犯的客体是公民个人生命健康，危害的对象具有特定性，本案被告人的未妥善保管行为发生在食品销售流通领域，其食品向不特定的公众进行销售，一旦将危险物质混入食品中，会对社会公共安全造成威胁，这种威胁针对不特定多数人，而非特定的个人，故不能构成过失致人死亡罪。

（四）被告人的行为构成过失以危险方法危害公共安全罪

过失以危险方法危害公共安全罪，是指过失以放火、决水、爆炸、投放危险物质以外的其他危险方法，致人重伤、死亡或者使公私财产遭受重大损失的行为。本罪侵犯的客体是公共安全；客观方面表现为行为人过失以放火、决水、爆炸、投放危险物质以外的其他危险方法，致人重伤、死亡或者使公私财产遭受重大损失；主体为一般主体；主观方面为过失。本罪中的"其他危险方法"是指与放火、决水、爆炸、投放危险物质等方法危害性相当的方法，而不是泛指一切对公共安全具有危害性的方法，即该方法应当具有"大规模"和"杀伤性"。"大规模"是指该方法一经实施就可能危害到多数人或者不特定的人，"杀伤性"是指行为后果严重，该方法能够造成致人重伤、死亡或者使公私财产遭受重大损失的后果。本案中，如前所述，被告人许某某对危害结果的发生在主观上具有过失，客观上实施了对亚硝酸盐未尽到妥善保管义务，将其遗留在食品销售区域的行为。许某某的未妥善保管行为发生在食品销售流通领域，对社会公共安全造成了潜在的和现实的威胁，该行为构成刑法上的"其他危险方法"。该行为危害到不特定多数人的生命健康，并最终导致一死一轻微伤的严重后果，符合过失以危险方法危害公共安全罪的构成要件。原审法院综合考虑许某某的自首情节、积极赔偿、认罪悔罪态度，对许某某以过失以危险方法危害公共安全罪判处有期徒刑二年，缓刑三年的判决是适当的。

问题7. 私拉电网非法狩猎并危及公共安全的，应当如何处理

【刑事审判参考案例】曾某某、陈某某非法狩猎案①

一、基本案情

被告人曾某某，男，1964年生，农民。因涉嫌犯非法狩猎罪、过失以危险方法危害公共安全罪于2004年4月7日被逮捕。

被告人陈某某，女，1974年生，农民。因涉嫌犯非法狩猎罪、过失以危险方法危害公共安全罪于2004年3月24日被逮捕。

福建省永泰县人民检察院以曾某某、陈某某犯非法狩猎罪、过失以危险方法危害公共安全罪，向永泰县人民法院提起公诉。

永泰县人民法院经公开审理查明：

1998年至2003年，被告人曾某某、陈某某未经批准私自从家中的高压变电器上拉出一条导线至本村洋头隔门山场设置电网，接通电源捕猎野生动物，每年都有野猪等数种野生动物被电击死亡。2003年3月1日22时许，陈某某在家中接通电源，致使路过的村民陈某1被电击致轻微伤。

永泰县人民法院认为，被告人曾某某、陈某某违反狩猎法规，使用禁用的工具、方法狩猎，属于非法狩猎情节严重，其行为已构成非法狩猎罪。公诉机关对该罪的指控成立，应予采纳。公诉机关指控曾某某、陈某某犯过失以危险方法危害公共安全罪，其证据只有证人陈某1、黄某某的证言及现场勘验、检查笔录证实，但这些证据不能证明失火

---

① 肖凤撰稿，颜茂昆审编：《曾某某、陈某某非法狩猎案——私拉电网非法狩猎并危及公共安全的，应当如何处理（第603号）》，载中华人民共和国最高人民法院刑事审判第一、二、三、四、五庭主办：《刑事审判参考》（总第72集），法律出版社2010年版，第47~52页。

行为系被告人所为。起诉书指控"导线短路引燃"缺乏依据，因此，该指控事实不清，证据不足，指控不成立。此外，被告人曾某某、陈某某设置电网虽致他人轻微伤行为，但没有致他人重伤、死亡的后果，不符合过失以危险方法危害公共安全罪的构成要件。根据《刑法》第341条第2款、第25条第1款之规定，判决如下：（1）被告人曾某某犯非法狩猎罪，判处有期徒刑六个月。（2）被告人陈某某犯非法狩猎罪，判处拘役五个月。

一审宣判后，被告人曾某某、陈某某在法定期限内均未上诉，检察机关亦未抗诉，判决发生法律效力。

二、主要问题

对被告人曾某某、陈某某的行为，是否应以非法狩猎罪和过失以危险方法危害公共安全罪数罪并罚？

三、裁判理由

（一）被告人曾某某、陈某某的行为不构成过失以危险方法危害公共安全罪

过失以危险方法危害公共安全罪，是指以失火、过失决水、爆炸、投放危险物质以外的其他危险方法，过失危害公共安全，致人重伤、死亡或者使公私财产遭受重大损失的行为。本罪是结果犯，因此，构成过失以危险方法危害公共安全罪客观上必须以发生危害公共安全的严重后果为前提，即必须发生致人重伤、死亡或者使公私财产遭受重大损失的严重后果，且该危害公共安全的严重后果与行为人的过失危险行为有因果关系。本案中，被告人曾某某、陈某某在林场私设电网捕猎野生动物的行为虽已危及公共安全，但仅造成一人轻微伤，未达到过失以危险方法危害公共安全罪所要求的致人重伤、死亡的入罪标准；而发生在2003年12月24日的山场森林火灾认定系二被告人私设电网所引发的证据不足，不能证明该危害公共安全的严重后果与行为人的过失危险行为具有因果关系。因此，公诉机关指控二被告人犯过失以危险方法危害公共安全罪不能成立。

（二）被告人曾某某、陈某某的行为构成非法狩猎罪

非法狩猎罪，是指违反狩猎法规，在禁猎区、禁猎期或者使用禁用的工具、方法进行狩猎，破坏野生动物资源，情节严重的行为。本案二被告人私设电网非法猎捕野生动物的行为，符合非法狩猎罪的构成要件，理由如下：（1）二被告人对自己私拉电网狩猎行为的违法性是明知的。二被告人狩猎的区域是林区，不得非法狩猎的观念在当地村民间已经普及，二被告人在庭审中也承认知道国家禁止在当地狩猎的规定。因此，二被告人具备非法狩猎罪的主观要件。（2）二被告人私设电网捕杀野生动物符合非法狩猎罪的犯罪对象特征。非法狩猎罪侵害的客体是国家对野生动物资源的保护及管理秩序，犯罪对象是处于禁猎区或者禁猎期的珍禽、珍兽或者其他野生动物。根据野生动物资源的珍贵程度，有关动物保护法规将野生动物分为三类，并分别规定了批准捕猎的权限。第一类包括金丝猴、大熊猫、虎、亚洲象、野牛、梅花鹿等38种和亚种，严禁猎捕，如需猎捕，必须经国家林业主管部门的批准；第二类包括蜂猴、百合、大小天鹅、鸳鸯等65种和亚种，禁止猎捕，如需猎捕，必须经省、自治区、直辖市林业主管部门的批准，并报国家林业主管部门备案。第三类包括金鸡、穿山甲等47种和亚种，由省、自治区、直辖市根据资源情况，确定禁猎或者严格控制猎捕量。在把握本罪的犯罪对象时要注意以下三点：一是本罪的犯罪对象不包括国家重点保护的珍贵、濒危野生动物，即《国家重点保护野生动物名录》中列明的国家一级、二级保护野生动物和《濒危野生动植物种国际贸易公约》附录一、附录二中的野生动物以及驯养繁殖的上述物种。如果行为人捕猎的

是上述动物，则属于非法猎捕珍贵、濒危野生动物罪的犯罪对象。二是如果狩猎者猎捕的动物不是野生动物，并且不属于《濒危野生动植物种国际贸易公约》附录一、附录二中野生动物的驯养繁殖物种的，不属于非法狩猎罪的犯罪对象。三是如果狩猎者取得狩猎证，在非禁猎区、非禁猎期，采用法律规定的捕猎手段捕获的不属于珍贵、濒危野生动物的，也不属于非法狩猎罪的犯罪对象。本案二被告人狩猎捕获的野猪等野生动物既不属于《国家重点保护野生动物名录》中列明的国家一级、二级保护野生动物，也不属于《濒危野生动植物种国际贸易公约》附录一、附录二的野生动物的驯养繁殖物种，因此，其猎捕的对象符合非法狩猎罪的犯罪对象特征。（3）二被告人的行为符合非法狩猎罪的客观要件。本罪的客观特征具体表现在三个方面：一是必须以违反狩猎法规的禁止性规定为前提。《野生动物保护法》第 18 条①规定，猎捕非国家重点保护野生动物的，必须取得狩猎证，并且服从猎捕量限额管理。二是行为人在禁猎区、禁猎期，或者以禁用的工具、方法进行狩猎。所谓"禁用的工具、方法"，根据《陆生野生动物保护实施条例》第 18 条的规定，是指使用军用武器、气枪、毒药、炸药、地枪、排铳、非人为直接操作并危害人畜安全的狩猎装置、夜间照明行猎、歼灭性围猎、火攻、烟熏以及县级以上各级人民政府或者其野生动物行政主管部门规定禁止使用的其他狩猎工具和方法狩猎。三是非法狩猎行为必须达到情节严重。根据《最高人民法院关于审理破坏野生动物资源刑事案件具体应用法律若干问题的解释》第 6 条的规定，"情节严重"包括以下情形：非法狩猎野生动物 20 只以上的；违反狩猎法规，在禁猎区或者禁猎期使用禁用的工具、方法狩猎的；具有其他严重情节的。本案二被告人违反狩猎法规的禁止性规定，未取得狩猎证，在禁猎区进行捕猎，其从 1998 年至 2003 年在林区私设电网非法狩猎，属于在禁猎区使用以"非人为直接操作并危害人畜安全的狩猎装置"的方式进行狩猎，已达到《最高人民法院关于审理破坏野生动物资源刑事案件具体应用法律若干问题的解释》第 6 条所规定的第二种"情节严重"的标准。因此，法院以非法狩猎罪追究二被告人的刑事责任是正确的。

（三）以私设电网的方法猎捕野生动物，并致人重伤、死亡或者使公私财产遭受重大损失的，同时触犯了非法狩猎罪和过失以危险方法危害公共安全罪的，应当按照想象竞合犯的处理原则，择一重罪处理。

本案中，如果二被告人私设电网非法狩猎时，造成了他人重伤、死亡或者公私财产遭受重大损失的严重后果，便会产生非法狩猎罪和过失以危险方法危害公共安全罪的想象竞合问题。刑法理论上的想象竞合犯，是指行为人基于一个犯罪意图，实施一个危害行为，而触犯两个以上不同罪名的犯罪形态。由于其行为的单数性，实质上属于一罪，因此想象竞合犯的处断原则是"择一重罪处罚"，而不实行数罪并罚。《最高人民法院关于审理破坏野生动物资源刑事案件具体应用法律若干问题的解释》第 7 条对非法狩猎罪和过失以危险方法危害公共安全罪的竞合问题的处理作出了明确规定，即"使用爆炸、投毒、设置电网等危险方法破坏野生动物资源，构成非法猎捕、杀害珍贵、濒危野生动物罪或者非法狩猎罪，同时构成刑法第一百一十四条或者第一百一十五条规定之罪的，依照处罚较重的规定定罪处罚"。根据《刑法》第 115 条第 2 款和第 341 条第 2 款的规定，犯过失以危险方法危害公共安全罪，处三年以上七年以下有期徒刑；情节较轻的，

---

① 对应《野生动物保护法》（2022 年修订）第 22 条。

处三年以下有期徒刑或者拘役。犯非法狩猎罪，处三年以下有期徒刑、拘役、管制或者罚金。比较两罪的法定刑，显然过失以危险方法危害公共安全罪要重于非法狩猎罪。因此，当行为人同时触犯过失以危险方法危害公共安全罪和非法狩猎罪两个罪名时，应以过失以危险方法危害公共安全罪追究其刑事责任。同时，可将非法狩猎行为作为量刑情节予以考虑。

问题8. 在高速公路上用砖头砸击、追逐挤撞高速行驶的货车的，应当认定为"其他危险方法"

【地方参考案例】杨某以危险方法危害公共安全案①

"其他危险方法"是指与放火、决水、爆炸、投放危险物质相当的方法，而不是泛指任何具有危害公共安全性质的方法。也就是说，对那些与放火、爆炸等危险方法不相当的行为，即使危害公共安全，也不宜认定为以危险方法危害公共安全罪。"其他危险方法"是独立于危害公共安全的要件，这不仅要求行为本身在客观上具有导致不特定多数人重伤、死亡或者使公私财产遭受重大损失的内在危险性，而且要求行为与危害结果之间转化的进程是必然的、不可控的。

一、基本案情

2014 年 6 月 4 日，被告人杨某与朋友韩某等一行 6 人驾驶一辆白色吉普车去内蒙古游玩。6 月 5 日傍晚，6 人驾车返程，并于当晚把车停在扎龙服务区休息。凌晨 2 时许，杨某醒来想启动车辆继续行驶，发现电瓶没电了。当时，丰某驾驶的大货车停靠在杨某吉普车的左前方，丰某与同乘的王某、姜某正在车内休息。韩某下车找大货车司机丰某借电瓶给吉普车充电被拒绝了，于是便对丰某进行辱骂。事后，韩某再次和同行的三人找丰某借电瓶，丰某因害怕便启动车离开服务区。韩某启动车辆后，带着在服务区找到半块砖头开车沿 G10 国道追了大约一小时，行驶至林甸县五星村附近时，追上了丰某驾驶的大货车。当时，被告人杨某坐在副驾驶的位置，其他同行的 4 人坐在吉普车后排睡觉。韩某驾驶吉普车刚超过丰某的大货车就猛向右打方向盘，用吉普车的尾部挤撞大货车。杨某从副驾驶的车窗探出身子，将砖头砸在了大货车的车头部位。随后，韩某再次猛向右打方向盘，丰某驾驶的大货车侧翻到 G10 国道下面的河沟里，韩某驾车直接加速离开。此次事故导致被害人王某重伤二级、七级伤残，被害人姜某轻伤二级，丰某驾驶的货车、拉运的货物以及公路路政设施共计损失人民币 87 865 元。案后，被告人杨某被抓捕到案，韩某在逃。法院认为：被告人杨某与韩某（在逃）出于报复心理，明知在高速公路上用砖头砸击、追逐挤撞高速行驶的车辆可能会导致车毁人亡以及财产损失，而故意实施该行为，结果造成一人重伤、一人轻伤以及较大的财产损失。虽然被告人杨某针对的是特定的对象，但因高速路段交通繁忙，来往车辆多，且行进速度快，行为已经危害到不特定多数人的生命、健康和公私财产安全。因此，被告人杨某的行为已经构成以危险方法危害公共安全罪。综上，黑龙江省林甸县人民法院判决被告人杨某犯以危险方法危害公共安全罪，判处有期徒刑十年九个月。一审判决后，被告人提出上诉，二审法院维持原判，判决发生法律效力。

---

① 参见黑龙江省大庆市人民法院（2015）庆刑一终字第 159 号刑事裁定书。

二、主要问题

在高速公路上用砖头砸击、追逐挤撞高速行驶的货车的，是否能够认定为"其他危险方法"？

三、裁判理由

《刑法》条文没有明确规定"其他危险方法"的具体行为方式，但根据同类解释规则，它必须是与法条前文所列举的放火、决水、爆炸、投放危险物质相当的方法，而不仅是泛指任何具有危害公共安全性质的方法。本案中，被告人杨某与韩某在高速公路上用砖头砸击、追逐挤撞高速行驶货车的行为足以造成不特定多数人伤亡和公私财产重大损失的严重后果，但其能否被认定为"其他危险方法"，还需要从以下两方面独立判断：一是"其他危险方法"的行为本身必须在客观上具有导致不特定多数人伤亡或者公私财产重大损失的内在危险性。以危险方法危害公共安全罪与放火罪、爆炸罪规定在同一法条，且适用相同的法定刑，则从逻辑上可以推断，二者应同样具有广泛的杀伤力。这里应当重点注意两点：第一点是行为的危险程度必须足以导致他人重伤、死亡或者公私财产遭受重大损失，那些仅造成他人轻伤及以下或者仅引起公众心理恐慌的行为，不能认定为"其他危险方法"；第二点是行为对象是"不特定的多数人"，如果行为对象虽是不特定的，但仅足以导致少数人伤亡，且侵害范围不可能随时扩大或者增加的，也不能认定为"其他危险方法"。例如，从人行天桥往下扔砖头的行为，或者向人群中扔鞭炮的行为均不能认为是"其他危险方法"。因此，除非行为本身具有在客观上导致不特定多数人伤亡或者公私财产重大损失的内在危险，否则，难以认为行为与放火、爆炸等在危险性上相当。本案中，考虑到高速路段车速快，不特定多数的车辆在行驶中遇到险情不能及时控制，极易发生撞车、翻车等事故，从而导致人员伤亡和财产重大损失，因此可以认定被告人杨某与韩某在高速公路上用砖头砸击、追逐挤撞高速行驶货车的行为在客观上具有导致不特定多数人伤亡或者公私财产重大损失的内在危险。虽然本案中除大货车以外的其他车辆和人员最终并没有发生危害结果，但这并不能否认该行为本身在客观上具有危害公共安全的内在危险性和现实可能性。二是"其他危险方法"的行为本身与危害结果之间转化的进程是必然的、不可控的。这是与放火、决水、爆炸、投放危险物质行为进行同类解释所得出的结论，正如放火行为一旦使对象物处于在时间上或者空间上失去控制的燃烧状态，便必然会导致危害公共安全结果的发生，并且行为人对危害的范围事先无法预料也难以实际控制。因此，"其他危险方法"也应当在行为的危险性质上与放火、决水、爆炸等同类，一旦发生就无法立即控制结果。这里需要注意的是，以危险方法危害公共安全罪是具体危险犯，是指对不特定多数人的生命、健康等造成侵害的紧迫危险，没有发生侵害结果实属偶然，但产生具体危险是必然。本案中，在高速公路上用砖头砸击、追逐挤撞高速行驶货车的行为，极大地制造了使公共安全陷入具体危险的风险，按照事物发展的客观规律，行为与危害结果之间转化的进程是不需要其他介入因素的，一旦转化便会不可控制，车毁人亡。综上，被告人杨某与韩某在高速公路上用砖头砸击、追逐挤撞高速行驶货车的行为应当认定为《刑法》规定的"其他危险方法"，又因该行为危害公共安全，因此构成以危险方法危害公共安全罪。

问题 9. 行为人在明知自己患有艾滋病的情况下献血，其行为构成以危险方法危害公共安全罪

【刑事审判参考案例】 金某以危险方法危害公共安全案①

艾滋病是一种严重危害人体健康的传染性疾病。艾滋病人明知自身感染状况和艾滋病病毒的传播风险，却基于自己报复、仇恨社会的心理到献血中心献血，故意向不特定多数人传播艾滋病，这种行为与放火、决水、爆炸、投放危险物质相当，具有足以造成不特定多数人的伤亡的内在危险性，应当认定为"其他危险方法"。同时，该行为严重危害了公共安全，构成以危险方法危害公共安全罪。本案被告人金某不履行告知义务，故意隐瞒感染事实，在公共献血站献血，该行为的危险程度足以造成不特定多数人伤亡的严重后果，与放火、决水、爆炸、投放危险物质的危险性相当，属于"其他危险方法"。同时，该行为严重危害了"公共安全"，构成以危险方法危害公共安全罪。根据《刑法》第114条的规定，成立以危险方法危害公共安全罪。

一、基本案情

2016年5月20日，被告人金某被牡丹江市西安区疾病预防控制中心确诊为艾滋病病毒携带者。2019年8月11日，金某在明知自己是艾滋病病毒携带者的情况下，到牡丹江市西安区文化广场献血车内献血300ml。后牡丹江市中心血站到市疾病预防控制中心对金某的血样进行艾滋病阳性抗体复检，确认金某是既往感染者。

被告人金某明知自己是艾滋病病毒携带者仍去献血，其行为危害公共安全，构成以危险方法危害公共安全罪，应予依法惩处。被告人金某到案后能如实供述自己的罪行，自愿认罪认罚，依法对其从轻处罚。综上，黑龙江省牡丹江市西安区人民法院判决如下：被告人金某犯以危险方法危害公共安全罪，判处有期徒刑三年。一审判决后，被告人未提出上诉，检察机关亦未提出抗诉，判决发生法律效力。

二、主要问题

行为人在明知自己患有艾滋病的情况下献血，其行为是否构成以危险方法危害公共安全罪？

三、裁判理由

本案是一起利用献血传播艾滋病病毒危害公共安全的典型案件。案件审理中，在对被告人金某故意传播艾滋病病毒行为的定性问题上存在不同的意见。一种意见认为，被告人金某的行为构成传播性病罪。另一种意见则认为，被告人金某的行为构成以危险方法危害公共安全罪。我们同意后一种意见，主要从以下三个方面进行把握。

（一）传播性病罪和以危险方法危害公共安全罪

传播性病罪与以危险方法危害公共安全罪客观上都包含危害人身安全的结果，但是两罪之间在行为方式和侵犯的客体上有明显的不同。根据我国《刑法》第360条的规定，行为人明知自己患有梅毒、淋病等严重性病而实施卖淫、嫖娼行为的，构成传播性病罪。传播性病罪侵犯的客体是特定人的身体健康权和社会管理秩序，行为方式是"卖淫、嫖娼"。而以危险方法危害公共安全罪侵犯的客体是"公共安全"，即不特定多数人的生命、健康或者重大公私财产的安全，行为方式是"其他危险方法"。首先，本案中金某是利用

---

①　参见黑龙江省牡丹江市西安区人民法院（2020）黑1005刑初23号刑事判决书。

感染艾滋病病毒的血液传播疾病，而非通过"卖淫、嫖娼"的方式进行。其次，牡丹江市中心血站面向的输血者是社会公众中"不特定的多数"，而非某一特定人。因此，金某的行为不构成传播性病罪。

（二）传播艾滋病病毒是否属于"其他危险方法"

《刑法》条文没有明确规定"其他危险方法"的具体行为方式，但根据同类解释规则，它必须是与法条前文所列举的放火、决水、爆炸、投放危险物质相当的方法，而不仅是泛指任何具有危害公共安全性质的方法。根据同类解释规则，"其他危险方法"的行为本身必须在客观上具有导致不特定多数人伤亡或者公私财产重大损失的内在危险。众所周知，艾滋病是一种危害性极大的传染病，是由感染艾滋病病毒（HIV）引起的获利性免疫缺陷综合征，极大威胁人类的健康生命，至今尚无有效治疗手段。使不特定多数人感染艾滋病的危险程度应当等同于导致人身重伤或死亡，主要理由有两点。一是基于艾滋病病毒对人体免疫系统的侵害及其不可治愈性。人们一旦感染了艾滋病病毒，其免疫系统将不可避免地受到严重破坏，有的人可能因此丧失抵御其他疾病的能力而很快毙命，也有的人虽因自身身体素质较好而具有一定的抵御能力，但也必须终生服药。二是我国相关司法解释对导致他人感染艾滋病病毒的行为采取了类似严厉的处理方法。按照《最高人民法院、最高人民检察院关于办理非法采供血液等刑事案件具体应用法律若干问题的解释》第4条的规定，对非法采集、供应血液或者制作、供应血液制品，具有因血液传播疾病导致人员死亡或者感染艾滋病病毒情形的，应认定为《刑法》第334条第1款规定的"造成特别严重后果"，处十年以上有期徒刑或者无期徒刑，并处罚金或者没收财产。可见，上述司法解释认为致人员死亡和致人员感染艾滋病的严重程度是一致的。

（三）艾滋病病人隐瞒感染事实献血是否危害"公共安全"

"公共安全"，是指不特定多数人的生命、健康或者重大公私财产的安全。所谓"不特定"，是指行为可能侵犯的对象和可能造成的结果事先无法确定，行为人对此既无法具体预料也难以实际控制，行为造成的危险或者侵害结果可能随时扩大或增加。艾滋病人隐瞒感染事实到公共献血站献血，意图向不特定多数人传播，而血站收集的血液是供社会公众使用的，且血液在保存、输送过程中交叉感染的风险极高，使得最终可能造成的结果无法预料也难以控制，而不特定多数的输血者一旦感染就将处于长期的恐惧和痛苦之中，且极易造成死亡。因此，应当认定该行为足以危害"公共安全"。值得注意的是，以危险方法危害公共安全是具体危险犯，要求对"公共安全"造成侵害的紧迫危险，不以发生侵害结果为必要条件，且行为是否危害"公共安全"不是从事后来看实际侵害了多少人，而是从行为进行的当时来判断。因此，只要行为当时足以对不特定多数人生命、健康或者重大公私财产安全造成紧迫危险，即使最终结果只侵害1个人，甚至没有发生侵害结果，也不影响对行为危害"公共安全"的认定。本案中，牡丹江市中心血站的工作人员对被告人金某的血样进行艾滋病阳性抗体复检，确认金某是既往感染者，及时发现金某的血液携带艾滋病病毒，实际上并未造成危害公共安全的侵害结果。但是，金某的行为已然使不特定多数人的生命、健康安全陷入了具体危险之中，应当认定其行为危害"公共安全"。

问题 10. 因吸毒长期处于精神障碍状态，在病情缓解期再次吸毒并驾驶机动车，致使发生交通事故的，如何认定行为人的刑事责任能力以及主观罪过

【刑事审判参考案例】叶某以危险方法危害公共安全案①

一、基本案情

被告人叶某，男，1974 年生，个体经营者。2011 年 1 月 21 日因涉嫌犯以危险方法危害公共安全罪被逮捕。

湖北省武汉市蔡甸区人民检察院以被告人叶某犯以危险方法危害公共安全罪，向武汉市蔡甸区人民法院提起公诉。

被告人叶某对指控的事实及罪名无异议。

武汉市蔡甸区人民法院经公开审理查明：2010 年 12 月 28 日 20 时许，被告人叶某在武汉市蔡甸区蔡甸街呈祥旅社内吸食毒品甲基苯丙胺片剂（俗称"麻果"）后，独自驾驶无牌奔驰汽车离开。叶某在驾车途中产生幻觉，怀疑有车跟踪并谋害自己，遂将汽车停放在该区文正街与蔡张二路的交叉路口，不让过往车辆通行。民警接警后赶到现场处理，叶某拒不听从民警的劝阻和指挥，突然发动车辆，驾车至蔡甸村村委会附近，并先后与一辆正常行驶的公交车（车牌号鄂 AZU×××）、两辆东风雪铁龙汽车（车牌号分别为鄂 A29×××、鄂 AR3×××）、一辆五菱汽车（车牌号鄂 AP9×××）发生碰撞。随后，叶某继续驾车行驶至蔡甸街益康面粉厂附近，又先后与正常行驶的两辆吉利汽车（车牌号分别为鄂 A9J×××、鄂 AL3×××）、一辆东风雪铁龙汽车（车牌号鄂 AR6×××）发生碰撞，并将拦截的凯美瑞警车（车牌号鄂 0A2×××）、依维柯警车（车牌号鄂 A2×××警）撞损。叶某撞开警车后，行驶至蔡江路又先后与正常行驶的雪佛兰汽车（车牌号鄂 AM2×××）、尼桑货车（车牌号鄂 A9M×××）发生碰撞。叶某驾车行至蔡甸街江滩公园 1 号门附近，撞上一辆助动自行车后，被警车截停。民警将叶某当场抓获。经鉴定，被撞车辆损失共计人民币（以下币种同）38 367 元。案发后，叶某的亲属已代为全部赔付。武汉市蔡甸区人民法院认为，被告人叶某因吸食毒品产生幻觉后，驾车在城区道路上任意冲撞正常行驶的车辆，危害公共安全，并造成财产损失约合 38 367 元，其行为构成以危险方法危害公共安全罪。公诉机关指控的事实及罪名成立。鉴于叶某已赔偿受害车主全部经济损失，且当庭认罪，可以酌情从轻处罚。据此，依照《刑法》第 114 条之规定，武汉市蔡甸区人民法院以被告人叶某犯以危险方法危害公共安全罪，判处有期徒刑四年零六个月。一审宣判后，被告人叶某未提出上诉，公诉机关亦未抗诉，该判决已发生法律效力。

二、主要问题

1. 因吸毒长期处于精神障碍状态，在病情缓解期再次吸毒并驾驶机动车，致使发生交通事故的，如何认定行为人的刑事责任能力？

2. 行为人吸毒后陷于精神障碍状态过程中驾驶机动车致使发生交通事故的，如何认

---

① 曾琳、张晓洪撰稿，马岩审编：《叶某以危险方法危害公共安全案——因吸毒长期处于精神障碍状态，在病情缓解期再次吸毒并驾驶机动车，致使发生交通事故的，如何认定行为人的刑事责任能力以及主观罪过（第 919 号）》，载中华人民共和国最高人民法院刑事审判第一、二、三、四、五庭主办：《刑事审判参考》（总第 94 集），法律出版社 2014 年版，第 141～147 页。

定其主观罪过?

三、裁判理由

本案被告人叶某因长期吸毒,精神异常,多次在精神病院接受治疗,案发时又因吸食甲基苯丙胺产生幻听、幻视、被害妄想,在市区道路上驾车先后冲撞 11 辆机动车(其中 2 辆系警车)、1 辆非机动车,造成公私财产损失约合 38 367 元。本案审理过程中,对叶某是否应当承担刑事责任,以及其罪过系故意还是过失,存在较大争议。第一种意见认为,参照《刑法》第 18 条第 4 款关于"醉酒的人犯罪,应当负刑事责任"的规定,吸毒的人犯罪也应负刑事责任,但叶某并非一般吸毒人员,而是因吸食毒品长期处于精神障碍状态,多次被送往精神病院治疗的精神病人。案发时,叶某因无法自控再次吸毒,陷入精神障碍,辨认能力受损,应当认定其为无刑事责任能力,不负刑事责任。第二种意见认为,叶某作案时处于精神障碍状态,辨认能力受损,但吸毒行为属于自陷行为,故相关精神病鉴定意见认定其具有完全刑事责任能力的结论是科学的,应予采信。虽然叶某对自己吸毒后陷于精神障碍的状态是故意的,但并无犯罪意图,也不希望或者放任危害社会的结果发生,其对吸毒后驾驶与多车发生碰撞的交通事故后果不负故意的罪责,仅负过失责任。叶某交通肇事行为仅造成财产损失 3 万余元,且已全额赔偿,根据《最高人民法院关于审理交通肇事刑事案件具体应用法律若干问题的解释》,造成公共财产或者他人财产直接损失,负事故全部或者主要责任,且无能力赔偿数额在 30 万元以上的才构成交通肇事罪。故叶某的行为仅是违反《道路交通安全法》的行政违法行为,不构成犯罪。第三种意见认为,叶某因吸毒出现精神障碍,多次被强制戒毒并送往精神病院治疗,但其对毒品已产生强烈的依赖性,难以戒断,导致病情时好时坏。案发前数月,叶某在精神病院住院治疗,出院后病情已有所好转,具有辨认和控制能力,但因案发前十日及案发当日难以自控又自愿吸毒,导致自己陷入精神障碍,辨认能力受损,宜认定为限定责任能力,应当负刑事责任。叶某明知自己吸毒后会陷于精神障碍,可能实施危害社会的行为,而不顾可能发生的危险吸毒,造成多车相撞的交通事故,其对该危害结果持间接故意心态。本案虽未造成严重后果,但叶某的行为已对公共安全造成具体的危险,其行为构成以危险方法危害公共安全罪。我们赞同第三种意见。具体分析如下。

(一)因吸毒长期处于精神障碍状态,在病情缓解期再次吸毒陷于精神障碍过程中驾驶机动车的,宜认定行为人具有限定责任能力

目前,供临床、科研和鉴定使用的诊断标准《中国精神障碍分类与诊断标准第三版》(以下简称 CCMO—3)将精神障碍(精神病)分为十大类,其中,第二类是精神活性物质或者非成瘾物质所致精神障碍。常见的精神活性物质有酒类、阿片类、大麻、催眠药、抗焦虑药、麻醉药、兴奋剂、致幻剂和烟草等。反复使用精神活性物质,会引起以精神病性症状为主的精神障碍,如幻觉、妄想、严重的情感障碍,或者明显精神运动性兴奋或者抑制。从医学角度看,上述精神活性物质所致的精神障碍均属于精神病,但在司法精神病鉴定实践中,基于社会利益原则,将之作为特殊精神障碍者区别对待,适用不同的认定标准。因《刑法》第 18 条第 4 款明确规定,醉酒的人犯罪应当负刑事责任,故实践中认定醉酒者刑事责任能力的标准比较统一。按照酒中毒种类,对普通(急性)醉酒者评定为完全刑事责任能力,对复杂性醉酒者、病理性醉酒者区分情形认定为限定刑事责任能力或者无刑事责任能力。但对于毒品所致精神障碍者的责任认定问题,因《刑法》未作特别规定,加之理论界对此存在较大争议,实践中评定意见并不统一,同一

案件在不同的鉴定机构可能被评定为完全、限定及无责任能力三种等级。司法部司法鉴定技术研究所于 2008 年起草的《精神障碍者刑事责任能力评定标准（草案）》根据毒品摄入是否出于主观自愿对毒品所致精神障碍者的刑事责任能力状态进行了区分。《精神障碍者刑事责任能力评定标准（草案）》规定：非自愿摄入者按一般精神障碍者评定其责任能力；对自愿摄入者，仅在实施危害行为时辨认和控制能力丧失者才评定为限定责任能力，其余情况下均评定为完全责任能力。为统一刑事责任能力鉴定标准，在《精神障碍者刑事责任能力评定标准（草案）》基础上，司法部司法鉴定技术研究所起草了司法鉴定技术规范《精神障碍者刑事责任能力评定指南》，并由司法部司法鉴定管理局于 2011 年 3 月 17 日发布。《精神障碍者刑事责任能力评定指南》规定，对毒品所致精神障碍者，非自愿摄入者按照一般精神障碍者评定其刑事责任能力；对自愿摄入者，暂不宜评定其刑事责任能力，可进行医学诊断并说明其案发时精神状态。从上述文件对自愿摄入毒品者刑事责任能力评定的变化可以看出，对毒品所致精神障碍者刑事责任能力的评定比较复杂，难以划定一个简单的认定标准。特别是在《精神障碍者刑事责任能力评定指南》建议对自愿摄入毒品者暂不宜评定其刑事责任能力，只进行医学诊断的情况下，对行为人刑事责任能力的评定更应当特别慎重。我们认为，在评定毒品所致精神障碍者的刑事责任能力时，应当注意以下两个方面：一是毒品对人体生理和心理的危害性远远大于酒精，因吸毒导致的杀人、抢劫、强奸等恶性犯罪案件屡见不鲜，虽然《刑法》未明确规定吸毒的人应当负刑事责任，但基于社会利益原则，吸毒的人也应负刑事责任。二是尽管毒品所致精神障碍者属于特殊情形，对吸毒者刑事责任能力的评定也必须坚持医学标准（医学诊断）与法学标准（辨认能力和控制能力）两个要件缺一不可的原则。在这两个评定要件中，医学标准是评定责任能力的基础，不能因为吸毒行为是违法行为，吸毒行为引发的危害后果严重就脱离医学诊断，为求从严惩处而将吸毒者一律评定为完全刑事责任能力。综上，对自愿摄入毒品者进行刑事责任能力评定时，应当以社会利益原则为主要导向，参考相关精神病鉴定意见，在此基础上判断该精神障碍是否影响其实施危害行为时的辨认和控制能力以及影响程度，最终评定其责任能力等级。本案被告人叶某从 2004 年开始吸食毒品，以"麻果"为主，2005 年开始逐渐出现精神异常，时而胡言乱语，称家中有鬼，时而无目的地驾车出行，且脾气愈发暴躁、冲动，曾两次在家中纵火，持刀在家中乱砍家具，无端怀疑家人并殴打其妻，还曾裸体外出。2007 年至 2008 年间，叶某先后被强制戒毒 3 个月、6 个月，2007 年两次到武汉市精神病院治疗，2008 年多次到湖北省人民医院治疗，均诊断为"精神活性物质所致精神障碍"。叶某每次出院时精神症状均有缓解，但因未坚持服药，且有复吸"麻果"行为，导致病情反复。2008 年 9 月至 2009 年 12 月，叶某被第三次送往劳教所强制戒毒。2010 年 1 月，叶某离开劳教所后，不愿在家住，经常住在宾馆，且将宾馆用品损坏，并两次出现随意抛撒巨额现金的异常行为。同年 3 月至 7 月，叶某家人将其送往蔡甸区柏林精神病院住院治疗，其出院后病情有所缓解，但又复吸"麻果"，案发前十天及案发当日均有吸食"麻果"行为，只是剂量较小。在司法鉴定机构对叶某进行精神检查时，其对案发经过有部分回忆，对撞车细节记忆不全，存在幻听、幻视、被害妄想，称案发时有很多人开车追他，要害他，他一心想逃，便撞了几辆车。相关司法精神病鉴定意见认为，叶某的表现符合 CCMD—3 中"精神活性物质所致精神障碍"的诊断标准，作案时由于存在吸食"麻果"所致幻觉妄想影响，辨认能力受损，但是考虑吸毒属自陷行为，宜从严处理，故评定为完全责任能力。

目前其仍处于疾病期，宜积极治疗。我们认为，上述鉴定意见的结论有待商榷。行为人因饮酒、吸毒等行为使自己一时陷入丧失或者尚未完全丧失责任能力的状态，并在该状态下实施了符合犯罪构成要件特征的行为的，根据《刑法》规定和原因自由行为理论，应当负刑事责任。然而，这一认定原则并未解决行为人实施自陷行为时已经处于辨认或者控制能力减弱甚至完全丧失情形下刑事责任的认定问题。本案的特殊之处在于被告人叶某吸毒时恰恰属于此种情形。在案证据显示，叶某有长达 5 年的精神病史，经多次强制戒毒和治疗均无效，即便在病情缓解期，辨认和控制能力也较正常人有所削弱，其对毒品的依赖性也高于一般吸毒人员。质言之，其在最后一次吸食毒品之时，其辨认能力和控制能力就异于正常人，即处于限制能力状态。根据原因自由行为理论分析，即使对自陷行为人按照吸食毒品时的责任能力认定其刑事责任能力，叶某也应被认定为限制责任能力人。

（二）对于自陷于精神障碍的行为人，应当根据其自陷时对危害结果的认识和意志状态认定其对结果所持的主观罪过

我们认为，对行为人实施自陷行为时已经处于辨认或者控制能力减弱甚至完全丧失情形的，既然刑事责任能力应当从自陷行为时的状态进行评定，那么其对自陷后实施的犯罪行为后果所持的意志也应当从自陷行为时的状态进行分析评定，即根据行为人实施原因行为时对危害结果的意识和意志状态进行判断。如果行为人已经认识到一旦自己陷于精神障碍状态，可能会引起危害结果发生的紧迫危险，仍然希望或者放任自己陷于精神障碍状态的，其主观罪过为故意；如果行为人对自己陷入精神障碍状态后引发危害结果发生的危险没有预见，或者虽有预见但轻信可以避免的，那么其主观罪过为过失。当原因行为是吸毒行为时，判断行为人对危害结果是持希望、放任还是反对、否定态度，有必要对行为人是否存在吸毒史进行重点考察。吸毒史较长的人，其对吸毒后会出现兴奋、自控力下降、行为鲁莽、易激惹、幻觉（快乐情绪体验）等精神障碍症状（暂称一般症状）一般具有较深的认识，故行为人知道或者应当知道其自陷行为会导致精神障碍状态具有高度盖然性，在这种情形下实施自陷行为并实施符合构成要件特征行为的，一般宜认为行为人对危害结果持希望或者放任态度。吸毒史较短的人，对于吸毒后会出现病理性错觉或者被害妄想（恐怖情绪体验）、失去意识等精神障碍症状（暂称特别症状）的认识一般比较模糊或者较浅，虽然可能略有所闻但因未亲身经历而可能存在侥幸心理。因此，这类人员对其自陷行为导致精神障碍状态的可能性程度认识较低，在这种情形下实施自陷行为并实施符合构成要件特征行为的，一般宜认为行为人对危害结果持反对、否定态度。

本案中，被告人叶某多次进入精神病院治疗，其对自己吸食"麻果"后会陷入精神障碍的状态是有充分认识的，对自己在精神障碍状态下行为失控，可能实施放火、持刀乱砍、打人等危害行为亦有一定认识，但因毒瘾难以戒断而多次复吸，而全然不顾可能出现的危害结果。因此，叶某对其自愿吸食毒品，陷入精神障碍状态下实施的行为应当负故意责任。本案发生在市区繁华路段、交通高峰期，叶某吸毒后受被害妄想影响行为失控，在道路上高速驾车横冲直撞，连续冲撞 12 辆车，直至被警车逼停，其行为已具有与放火、决水、爆炸、投放危险物质等危险方法相当的危险性。但鉴于本案未造成人员伤亡的严重后果，仅致使公私财产损失 3 万余元，故一审法院按照《刑法》第 114 条的规定，对叶某以以危险方法危害公共安全罪定罪，并酌情从轻处罚，判处四年零六个月有期徒刑，是适当的。

问题11. 不同犯意支配下实施的连续行为定性及现场待捕型自首的认定

【刑事审判参考案例】 金某某以危险方法危害公共安全、故意杀人案①

一、基本案情

被告人金某某，男，1954年生。因涉嫌犯以危险方法危害公共安全罪、故意杀人罪于2015年1月7日被逮捕。

北京市人民检察院第三分院以被告人金某某犯以危险方法危害公共安全罪、故意杀人罪（未遂），向北京市第三中级人民法院提起公诉。

被告人金某某的辩解及其辩护人的主要辩护意见如下：金某某驾车撞击被害人康某致轻微伤，属于犯罪未遂；金某某在驾车加速逃跑过程中出于过失撞到被害人吴某致轻伤，属于一般交通肇事行为；金某某撞人结束后，明知必然有人报警，能够逃跑而未逃跑，在车内等待民警抓捕，到案后如实供述犯罪事实，应视为自首；金某某在被羁押期间制止他人自杀，有立功表现；另外，本案的发生事出有因，请求对金某某从轻判处。

北京市第三中级人民法院经审理查明：被告人金某某与北京市朝阳区三里屯社区经济管理中心（以下简称三里屯经济管理中心）因民事纠纷产生矛盾，遂意图通过驾驶机动车撞死三里屯经济管理中心工作人员的方式泄愤。2014年12月26日10时许，金某某为实施报复行为，驾驶别克牌轿车在北京市朝阳区工体东路5号楼东侧辅路，故意撞击三里屯经济管理中心司机康某，并将康某撞倒后逃跑，造成被害人康某头部受伤，经鉴定为轻微伤。

被告人金某某驾车逃跑行驶至北京市朝阳区朝阳门外大街中国工商银行朝阳支行南侧主路时，故意高速撞击在人行横道内正常行走的行人，致被害人吴某轻伤（二级）。后金某某驾车由北京工人体育场南门进入体育场院内，又连续撞击了10名行人：在24号看台附近驾车撞击了被害人王某；在11号看台附近驾车撞击了被害人朱某；在14号看台附近驾车撞击了被害人刘某（女，殁年75岁）、陈某（男，殁年57岁）、智某；在20号看台附近驾车撞击了被害人靳某（男，殁年23岁）、文某、韩某、杨某、于某。被害人刘某被机动车撞击后，造成多处脑挫伤、硬膜下出血合并全身多处骨折，致颅脑损伤合并创伤性休克死亡；被害人陈某被机动车撞击后，致颅脑损伤死亡；被害人靳某被机动车撞击后，导致颅脑损伤合并创伤失血性休克死亡。同时，金某某的行为致被害人于某重伤（一级）；致韩某重伤（二级）；致被害人朱某、智某、文某轻伤（一级）、王某、杨某轻伤（二级）。金某某在20号看台附近撞击被害人靳某等人后，因所驾车辆与停放在该处的一辆金杯牌汽车发生碰撞而停下，导致该金杯牌汽车和相邻停放的现代途胜牌汽车、雪佛兰乐风牌汽车损坏，经鉴定上述3辆汽车经济损失价值共计人民币43 517元。经现场群众报案后，民警赶赴现场，在金某某所驾车辆驾驶室内将其抓获。另查明，被告人金某某被羁押在北京市第二看守所期间发现同监室在押人员高某企图自杀后及时制止。

北京市第三中级人民法院认为，被告人金某某驾驶汽车在城市繁华地段故意撞击行人，

---

① 余净、刘鹏玮撰稿，方文军审编：《金某某以危险方法危害公共安全、故意杀人案——不同犯意支配下实施的连续行为定性及现场待捕自首的认定（第1236号）》，载中华人民共和国最高人民法院刑事审判第一、二、三、四、五庭主办：《刑事审判参考》（总第113集），法律出版社2019年版，第1~9页。

致 3 人死亡、2 人重伤、6 人轻伤，其行为已构成以危险方法危害公共安全罪；金某某因对与其产生民事纠纷的三里屯经济管理中心不满，驾车故意撞击该中心员工康某，其行为又构成故意杀人罪（未遂）。金某某到案后虽能够如实供述自己的犯罪事实，且在被羁押期间有立功表现，但因其所犯以危险方法危害公共安全罪性质极为恶劣，情节、后果特别严重，不足以对其从轻处罚。鉴于金某某所犯故意杀人罪系未遂；其因涉嫌犯以危险方法危害公共安全罪被羁押后如实供述司法机关尚不掌握的故意杀人犯罪事实，系自首，且在被羁押期间有立功表现，故依法对金某某所犯故意杀人罪减轻处罚。依照《刑法》第 115 条第 1 款，第 232 条，第 45 条，第 57 条第 1 款，第 69 条第 1 款、第 3 款，第 23 条，第 67 条第 2 款、第 3 款，第 68 条，第 61 条，《最高人民法院关于处理自首和立功具体应用法律若干问题的解释》第 2 条、第 3 条、第 5 条之规定，判决如下：被告人金某某犯以危险方法危害公共安全罪，判处死刑，剥夺政治权利终身；犯故意杀人罪，判处有期徒刑六年；决定执行死刑，剥夺政治权利终身。一审宣判后，被告人金某某提出上诉。北京市高级人民法院经二审审理，于 2016 年 9 月 25 日裁定驳回金某某的上诉，维持原判，并依法报请最高人民法院核准。最高人民法院经复核，裁定核准北京市高级人民法院维持第一审对被告人金某某以以危险方法危害公共安全罪判处死刑，剥夺政治权利终身；以故意杀人罪判处有期徒刑六年，决定执行死刑，剥夺政治权利终身的刑事裁定。

二、主要问题

1. 对被告人在不同犯意支配下实施的连续行为如何评价？

2. 本案被告人是否成立现场待捕型自首？

三、裁判理由

（一）对不同犯意支配下实施的连续行为，应综合考量行为发生、发展至结束的全过程，按照主客观相一致原则予以准确评价

本案即 2014 年 12 月 26 日发生在北京繁华地段的"工体连环撞人案"。该案的一个显著特点是被告人金某某在不同犯意支配下实施了连续危害社会的行为，对这些行为如何进行准确评价是本案审理中的突出问题。我们认为，对不同犯意支配下实施的连续行为应从犯罪构成要件入手，结合具体案情作出综合评价。我国刑法理论中的犯罪构成要件具有犯罪个别化机能，使一罪与其他犯罪相区别。根据刑法理论通说，犯罪主观方面是犯罪主体对其所实施的危害行为及危害后果所持的心理态度，包括故意、过失、动机、目的等。一般来说，即使行为方式相同或类似，如果主观方面不同，所构成的犯罪也不尽相同。换言之，犯罪主体在不同主观故意支配下的行为构成不同的犯罪。例如，同样是持刀故意伤人的行为，甲多次扎刺被害人的头部、胸腹部等致命部位，而乙仅轻微划割被害人的四肢、臀部等非致命部位，显示出二人的主观故意不同，构成的犯罪亦不相同。因此，对不同犯意支配下行为人实施的具体行为应结合全案证据综合考量才能予以正确评价。

综观本案，被告人金某某的行为可分为三个现场，分别是朝阳区工体东路 5 号楼东侧辅路（三里屯经济管理中心附近），朝阳区朝阳门外大街中国工商银行朝阳支行南侧主路（以下简称朝外大街），以及北京工人体育场院内（以下简称工体院内）。虽然案发在不同的地点且金某某针对不同对象实施了驾车撞击行为，但从在案证据来看，金某某的相关行为不宜截然分开，而应从其行为发生、发展的全过程分析其行为的性质。

首先，金某某撞击第一被害人康某的行为构成故意杀人罪（未遂）。从客观行为来

看，2014 年 12 月 26 日 10 时许金某某驾车在朝阳区工体东路 5 号楼东侧辅路故意撞击三里屯经济管理中心司机康某，造成康某头部受轻微伤。公安机关出具的现场勘验笔录及现场照片证明，现场东侧为南北走向的工人体育场东路，西侧为工体东路小区，周边路人较多。金某某的作案目标具有针对性，表明其犯罪行为侵害的客体是康某的人身权利，并非公共安全。从犯罪主观方面来看，据金某某的供述，他与三里屯经济管理中心因民事纠纷产生矛盾，遂意图驾驶机动车撞死该中心的人员以泄愤。其供称："我与三里屯经济管理中心因北京市朝阳区三里屯幸福一村十巷 23 号房产权一事打官司，因该中心有关领导的行为导致我在官司中败诉，就想开车撞死他们，自己也不活了。该中心的人都知道我是受冤枉的，因此我决定只要是这单位的人就开车撞。"可见，金某某最初是计划以开车撞人的方式实施报复，其明知开车撞人可能会致受害人死亡，却为发泄个人私怨而决意实施，足见其至少是持放任的主观心态。至于犯罪对象，金某某确定的目标是三里屯经济管理中心的领导或其他人员，即犯罪对象是特定的。其供称："我见赵某（三里屯经济管理中心的现任领导）的司机送赵某到单位。赵某先下车，我和司机仅隔一个小路口，我挂上最大动力挡，以二三十公里的时速撞向司机。我通过后视镜见对方倒地便加速离开。"可见，金某某在本案第一现场驾车撞人是有预谋实施的故意杀人行为，该行为也是其当初谋划的自认为可控的行为。该行为没有达到其犯罪目的，即"开车撞死他们"的危害结果并没有发生，而仅造成被害人康某轻微伤，故属于犯罪未遂。

其次，被告人金某某撞击吴某等 11 人的行为应综合评价为以危险方法危害公共安全罪。除上述第一现场的行为外，如何评价金某某在第二现场（朝外大街）和第三现场（工体院内）的行为性质，存在一定争议。争议点包括以下两方面：其一，金某某在第二现场的行为是故意还是过失？其二，金某某在第二现场和第三现场的行为是连续的行为还是各自独立的行为？金某某的辩护人认为，金某某实施第一现场的行为后，在驾车加速逃跑过程中扭回头看是否有人追赶，出于过失撞到吴某，致吴某轻伤，属于一般的交通肇事行为，故金某某在第二现场的行为不构成犯罪。我们认为，对金某某在离开第一现场之后实施的行为应结合具体案情综合认定。根据第二现场受害人吴某的陈述及现场监控录像，可以清楚地看到，吴某等行人当时正沿人行横道由南向北穿行马路且即将到达马路对面，金某某所驾驶的车辆从东向西直接朝吴某等行人冲来，且在接近行人时车辆有明显加速。金某某也供称："撞完司机后我慌忙逃跑……我的车速约每小时六七十公里，我也没踩刹车就撞了对方（吴某）。撞人后我继续驾车逃跑……从南门进入工人体育场。我从北门开往东门，在路上见人就撞，印象中撞了六七个人，具体数字不记得了……我撞的人与我打官司的事没有关系。我这么做的目的就是想多撞人，制造影响。"可见，金某某在第一现场的行为结束后先是为逃跑而在繁华地段高速行驶以致撞人，后为制造影响在工体院内连续对不特定的无辜行人进行冲撞，其故意或放任危害结果发生的主观心态是贯穿始终的。金某某作为有多年驾驶经验的老司机，明知驾车在有行人穿行的繁华路段高速行驶有可能撞到行人，但其先放任撞人结果的发生，再追求撞人结果的发生，故对其后续行为可以进行整体评价，即金某某在本案第二现场和第三现场的行为是连续的整体行为，构成以危险方法危害公共安全罪。

（二）对本案涉及的自首、立功等量刑情节应根据在案证据准确认定

本案涉及自首、立功、如实供述三种法定情节的认定问题。

首先，金某某在本案中的具体表现不能成立现场待捕型自首。金某某的辩护人认为，

金某某连续撞人结束后，明知必然有人报警，能够逃跑而未逃跑，在车内等待民警前来抓捕，到案后如实供述犯罪事实，符合最高人民法院《关于处理自首和立功若干具体问题的意见》中"明知他人报案而在现场等待，抓捕时无拒捕行为，供认犯罪事实"的自动投案情形，构成现场待捕型自首。我们认为，作为"视为自动投案"的一种情形，现场待捕型自首的基础是行为人投案的主动性和自愿性，这种主动性和自愿性是通过明知司法机关必然到案发现场而在现场等待的形式表现出来的，包括相互依托的两个方面：一是明知他人报案；二是留在现场等待归案。两者的结合体现出行为人主动将自己置于司法机关控制之下的主观愿望和客观行为，在一定意义上等同于行为人自动投案，故可视为自动投案。实践中"他人报案"这一事实一般应是有具体的报案人和明确的报案内容，但在人员比较繁杂的案发现场，即使行为人不能确定具体的报案人员和报案的事实，但能够概括或笼统地知道有人报案，也可认定"明知"的成立。另外，从"明知他人报案"的结果来看，多数情况下"他人报案"应是有效或成功的报案，即司法机关通过本次报案掌握了案发的相关信息，并基于此信息而予以相应处理。如果行为人所明知的并不是一次有效或成功的报案，但行为人误以为他人报案成功而主动留在案发现场等待，最终被查获归案的，考虑到其归案的主动性和自愿性，一般也可认定为"明知他人报案"。

本案中，被告人金某某撞人后的归案不能成立现场待捕型自首。主要理由如下：其一，根据在案证据，不能得出金某某"明知他人报案"的结论。公安机关出具的"110"接处警记录及受案登记表、立案决定书等证据证明，朝阳公安分局接到群众报警后即将本案立为刑事案件侦查。金某某一直供称不知有人报警，现有证据既无法确定金某某明知具体的报案人员和报案的事实，也无法确定金某某概括或笼统地知道有人报案的情况。其二，根据在案证据，也不能得出金某某在现场等待归案的结论。在案证据显示，金某某是因为其所驾车辆撞到了停在路边的白色金杯车而无法继续行驶，金某某也供称："中间有人开我的车门往车里踹了一脚，我就把车门锁上了。"这表明金某某系因缺乏逃离现场的客观条件而滞留现场，并非"等待归案"。况且，金某某在被抓捕时并未完全予以配合。张某某、韩某某等证人的证言均证明案发后金某某始终没下车，是在警察到达现场后被"拉下车"的。出警的两位民警的证言也证明：金某某当时"已撞蒙，坐在车内，没有投案迹象"，"拉开车门嫌疑人不下车，我们从车内将嫌疑人拽下车控制"。这表明金某某并未完全配合公安机关的抓捕行为。综上，不能认定金某某成立现场待捕型自首。

其次，金某某在押期间制止他人自杀的行为可认定为立功表现。《最高人民法院关于处理自首和立功具体应用法律若干问题的解释》第5条规定："……犯罪分子到案后有检举、揭发他人犯罪行为，包括共同犯罪案件中的犯罪分子揭发同案犯共同犯罪以外的其他犯罪，经查证属实……具有其他有利于国家和社会的突出表现的，应当认定为有立功表现。"对此处的"其他有利于国家和社会的突出表现"，相关司法解释并无具体规定，实践中一般由人民法院根据案件的实际情况并参照立法精神、社会评价等因素进行认定。本案中，根据证人高某的证言以及北京市公安局监区医疗管理处出具的核查复函能够证实：2015年1月25日凌晨，金某某起夜时发现同监室在押人员高某在监室内用病号服裤子的弹性松紧带拴在床位护栏上，坐在地面。金某某迅速报告并与同监室人员一起将高某扶起。因金某某及时报告，民警对高某企图自缢情况进行了有效处置。故金某某救人的行为属于"有利于国家和社会的突出表现"的情形，可以认定为有立功表现。

最后，金某某主动交代了司法机关还未掌握的本人其他两起犯罪，应分别认定为特殊自首与坦白。公安机关出具的到案经过、工作说明证明：金某某因涉嫌在北京市朝阳区工人体育场院内以危险方法危害公共安全被民警当场抓获，其到案后除交代驾车在工人体育场撞人的事实外，还供述了其之前在第一现场驾车撞击康某，在第二现场驾车撞击吴某的事实。在金某某交代前，公安机关尚未掌握金某某驾车撞击康某、吴某的事实。康某、吴某的陈述也与上述证据相印证。根据前文的分析，虽然金某某驾车撞人的行为在时间上具有连续性，但其撞击康某的行为具有针对性，是意图杀害三里屯经济管理中心的人员，构成故意杀人罪，与之后所犯的以危险方法危害公共安全罪无论是在行为方式、后果，还是在主观故意、侵犯的客体上都有着明显不同，触犯的也是不同罪名，在犯罪事实上也不具有因果关系，属于如实供述司法机关尚未掌握的本人其他罪行的，以自首论。但金某某主动供述的司法机关尚未掌握的撞击吴某的事实则与其供述的撞击康某的事实性质不同，应认定为坦白。根据前文分析，金某某在第二现场撞击吴某的行为和在第三现场的行为是连续的整体行为，构成以危险方法危害公共安全罪，在犯罪事实上也有着密切联系，与司法机关掌握的罪行属于同种罪行，故对金某某主动交代该起犯罪事实的行为应认定为坦白。

（三）对本案的量刑应综合考虑全部量刑情节，依法确定刑罚

综合前文所述，对本案量刑应综合考虑以下量刑情节：一是金某某故意驾车在公共场所连续撞击行人，导致3人死亡、2人重伤、6人轻伤、3辆汽车受损的危害后果，已构成以危险方法危害公共安全罪，犯罪性质极为恶劣，情节、后果特别严重。金某某以不特定人为侵害对象，所犯罪行严重危害了公共安全与社会治安，严重影响了人民群众的安全感。二是金某某杀害康某的犯罪行为因意志以外的原因未得逞，系犯罪未遂，且该起犯罪系金某某主动交代的司法机关尚未掌握的不同种罪行，成立自首，故可以对其所犯故意杀人罪减轻处罚。三是金某某在案发后对于他人报警的事实并不明知，投案缺乏主动性，不能成立自首，对其所犯以危险方法危害公共安全罪不能从轻或减轻处罚。四是金某某到案后虽如实供述犯罪事实，且在被羁押期间有制止他人自杀的立功表现，该立功表现应分别适用于故意杀人罪和以危险方法危害公共安全罪。就故意杀人罪而言，因有立功表现，可以对其从轻处罚；但因其所犯以危险方法危害公共安全罪性质极为恶劣，情节、后果特别严重，人身危险性极大，不足以对其所犯以危险方法危害公共安全罪从轻处罚。五是对本案案发起因的评判问题。金某某的辩护人提出，金某某犯罪事出有因，造成本案的严重后果并非金某某一个人的责任，请求对金某某予以轻判。我们认为，金某某与他人产生民事纠纷后，因对处理结果不满，竟采用驾车在公共场所连续撞人的方式引起社会关注，造成重大人员伤亡，危害后果极大，以开车撞人作为发泄或引起关注的手段的辩解不能成立。法治社会应当通过合法、合理的方式解决问题，不能将自己认为的不公转移到无辜群众身上，而这也正表明了金某某犯罪动机的恶劣与人身危险性之大。因此，对于辩护人的此项辩护意见不予采纳。综合上述量刑情节，我们认为，被告人金某某到案后虽能如实供述自己的犯罪事实，且在被羁押期间有立功表现，但因其所犯以危险方法危害公共安全罪性质极为恶劣，情节、后果特别严重，不足以对其从轻处罚。鉴于金某某所犯故意杀人罪系未遂，其因涉嫌犯以危险方法危害公共安全罪被羁押后如实供述司法机关尚未掌握的故意杀人的犯罪事实，系自首，且在被羁押期间有立功表现，故依法对金某某所犯故意杀人罪予以减轻处罚。最终对金某某以以危险方法

危害公共安全罪判处死刑，剥夺政治权利终身；以故意杀人罪判处有期徒刑六年；决定执行死刑，剥夺政治权利终身。

问题 12. 在家中释放天然气用以自杀，但引发室内、室外数次爆炸的，如何认定因果关系

【刑事审判参考案例】阎某以危险方法危害公共安全案①

一、基本案情

被告人阎某，男，1970 年生。2013 年 10 月 10 日因涉嫌犯以危险方法危害公共安全罪被逮捕。

天津市人民检察院第二分院以被告人阎某犯以危险方法危害公共安全罪，向天津市第二中级人民法院提起公诉。

被告人阎某对指控的事实无异议。其辩护人提出，阎某认罪态度好，且系初犯，请求对其从轻处罚。

天津市第二中级人民法院经公开审理查明：2012 年 2 月 15 日 9 时许，被告人阎某在天津市河西区某小区 403 室家中，为自杀而持刀割断厨房内天然气软管，致使天然气长时间泄漏。当日 11 时 20 分许，该楼 503 室居民做饭时引发爆炸。11 时 35 分许，阎某触动厨房电灯开关，再次引发爆炸，致楼内居民詹某某当场死亡，3 人受轻微伤，多名居民家中财产遭受不同程度的损毁，该栋楼房构成局部危房。爆炸的坠落物造成附近停放的众多车辆损坏，损失共计 94 393 元。

天津市第二中级人民法院认为，被告人阎某为求自杀在家中释放天然气，致使天然气发生爆炸，给周围邻里的生命、健康及财产造成重大损失，严重危害公共安全，其行为已构成以危险方法危害公共安全罪。据此，依照《刑法》第 115 条、第 57 条第 1 款之规定，以危险方法危害公共安全罪判处被告人阎某死刑，剥夺政治权利终身。

一审宣判后，被告人阎某以原审量刑过重为由提出上诉。其辩护人提出，阎某属间接故意犯罪，平时表现良好，如实供述罪行，愿意积极赔偿，建议对阎某从宽处罚。天津市高级人民法院经二审审理认为，被告人阎某为求自杀而置公共安全于不顾，释放天然气引发连续爆炸，造成无辜群众死伤及重大财产损失，其行为构成以危险方法危害公共安全罪。综合现场勘查及物证提取等情况，参考二审期间鉴定机构出具的关于爆炸原因的鉴定意见，能够认定系天然气爆炸，且在案证据能形成完整的证据锁链，足以认定阎某割断软管释放天然气的行为与最终引发爆炸之间存在因果关系。据此，依照《刑事诉讼法》第 225 条第 1 款第 1 项、第 235 条之规定，于 2013 年 12 月 4 日裁定驳回上诉，维持原判，并依法报请最高人民法院核准。最高人民法院经复核确认的事实与一审、二审相同。最高人民法院认为，被告人阎某明知天然气是易燃易爆气体，为求自杀而故意释放家中天然气进而引发爆炸，危害公共安全，其行为已构成以危险方法危害公共安全罪。阎某的犯罪行为致 1 人死亡、数人受轻微伤，并使公私财产遭受重大损失，罪行严

---

① 张春喜撰稿，马岩审编：《阎某以危险方法危害公共安全案——在家中释放天然气用以自杀，但引发室内、室外数次爆炸的，如何认定因果关系（第 1198 号）》，载中华人民共和国最高人民法院刑事审判第一、二、三、四、五庭主办：《刑事审判参考》（总第 110 集），法律出版社 2018 年版，第 34～38 页。

重，应依法惩处。鉴于阎某系为自杀而实施犯罪行为，主观上属间接故意，根据本案的具体情况，对阎某可不判处死刑立即执行。第二审裁定认定的事实清楚，证据确实、充分，定罪准确，审判程序合法。据此，依照《刑事诉讼法》第235条、第239条和《最高人民法院关于适用〈中华人民共和国刑事诉讼法〉的解释》第350条第5项、第353条第1款之规定，裁定不核准并撤销天津市高级人民法院维持第一审以以危险方法危害公共安全罪判处被告人阎某死刑，剥夺政治权利终身的刑事裁定，发回天津市高级人民法院重新审判。

天津市高级人民法院经重新审理，以以危险方法危害公共安全罪判处被告人阎某死刑，缓期二年执行，剥夺政治权利终身。

二、主要问题

行为人在家中释放天然气引发室外、室内数次爆炸的，如何认定数次爆炸均由行为人释放的天然气引发？

三、裁判理由

在司法实践中，因故意释放天然气引发爆炸而构成犯罪的案件并不多见。从实施释放天然气的行为到他人人身财产遭受损害，一般要经历较为复杂的过程，包括长时间释放天然气、空气中天然气达到一定浓度、天然气被引燃、燃烧过程中引发爆炸、爆炸造成人身财产损失等一系列环节。同时，天然气系日常使用的易燃易爆气体，在发生爆炸的场所可能有多个用户在爆炸前使用天然气，确定引发爆炸的天然气来源于行为人故意释放的天然气，需要排除其他用户泄漏天然气引发爆炸的可能性，故认定过程有一定复杂性。本案是比较典型的在居民区故意释放天然气引发爆炸，致居民楼及其他住户遭受损害的案件。被告人阎某为求自杀而在家中割断天然气软管，致使天然气大量泄漏的事实，有充分的证据证实，认定上并无疑义。而对于先后发生在阎某楼上住户的小规模爆炸和阎某家中的大规模爆炸，是否均由阎某家中泄漏的天然气引发，在案件审理过程中存在不同意见：一种意见认为，根据在案证据尚无法认定阎某持刀割断天然气软管释放天然气与两次爆炸有因果关系，存在阎某楼上住户或其他住户天然气泄漏的可能性；同时，亦无法认定两次爆炸系天然气爆炸，不排除其他易燃易爆物质爆炸后引发天然气燃烧的可能性。另一种意见认为，根据在案证据足以认定两次爆炸均由阎某家中泄漏的天然气引发，其持刀割断天然气软管释放天然气行为与两次爆炸有因果关系。我们同意第二种意见，具体分析如下。

（一）在案证据足以证实第一次爆炸由403室释放的天然气引发

从在案证据来看，发生在503室的第一次爆炸由被告人阎某居住的403室释放的天然气引发。理由如下：第一，阎某供称，当日9时许其在家中割断天然气软管，至11时20分许其楼上发生爆炸时天然气已大量泄漏。经鉴定机构鉴定，两层楼房的水管与楼板之间有较大的缝隙，403室释放的天然气可由缝隙扩散到503室。第二，503室居民张某某的证言证实家中天然气使用正常，爆炸发生时其正在做饭，点火两三分钟后发生爆炸，未发现异常情况。公安机关技术人员在现场勘查时对503室厨房进行了检查，天然气相关设备均正常。综合这两方面理由，可排除503室厨房发生天然气泄漏的可能性，弥漫在503室厨房并导致爆炸的天然气只能来自楼下403室。至于503室厨房灶具点火两三分钟后才发生爆炸的现象，也符合天然气燃烧、爆炸的特点。据相关专家介绍，点火后燃气灶周围天然气浓度不高，故未发生爆炸，随着楼下泄漏气体的渗入，火焰附近空气中的天然气浓度达到临界点后即会发生爆炸。

（二）在案证据足以证实第二次爆炸发生在 403 室，且由被告人阎某开灯引发

综合分析证据，可以认定第二次爆炸发生在 403 室，且由被告人阎某开灯点燃厨房泄漏的天然气引发。理由如下：第一，现场勘验、检查笔录证实，403 室厨房内的天然气软管被切断且断口新鲜，燃气公司出具的说明材料证实案发当月该户燃气使用量陡增，说明该户天然气软管被人为割断，导致天然气大量泄漏。上述情况与阎某所供为求自杀而用刀割断天然气软管的情节能够相互印证。第二，该室防盗门及门锁均由内向外弯曲，卧室的上下楼板均被炸穿，鉴定意见亦证实自该室提取的镜子碎片上检出天然气爆炸燃烧残留成分，说明该室发生过剧烈的天然气爆炸，爆炸形成强烈的冲击波向周围扩散。死亡被害人詹某某居住的 401 室防盗门由外向内弯曲，室内有多处气体冲击波造成的物品位移、破损痕迹，但无燃烧痕迹，说明该室受到来自室外的爆炸冲击波破坏，室内并未发生爆炸。第三，理化检验报告证实从阎某身上检出与厨房遗留的橙黄色附着物同类的物质，鉴定意见证实此次爆炸的引火源是厨房电灯开关火花，上述情节与阎某所供躺在厨房内吸天然气，后起身开灯时发生爆炸的情节相互印证。发生在 403 室的第二次爆炸比第一次更为剧烈，且直接造成被害人詹某某死亡，在通过在案证据认定被告人阎某开灯引发天然气爆炸事实的同时，从排除合理怀疑的角度出发，还应对以下两个问题进行合理解释：一是 403 室内空气中的天然气浓度在爆炸前是否达到爆炸临界点？是否有其他易燃易爆物质引发爆炸？二是为什么爆炸发生在 403 室厨房，但卧室受损更为严重，爆炸产生的冲击波还造成邻居詹某某死亡，而身处厨房的阎某本人仅受轻伤？关于第一个问题。据相关专家介绍，空气中天然气含量达到一定比例（一般为 5% ~ 15%）后会引发爆炸，但割断胶管后释放出的天然气总量无法准确计算，根据以往办案经验，天然气释放两三个小时后足以达到发生爆炸的浓度。403 室建筑面积为 36 平方米（实际使用面积不详），按此类房屋通常层高 2.7 米计算，则室内总体积为 97.2 立方米，若按实际使用面积计算，总体积应不超过 90 立方米，考虑到室内设施、用品还占有一定体积，故实际可容纳气体的体积明显小于 90 立方米。该室燃气表显示每小时最大释放量为 4 立方米，按阎某所供至第二次爆炸时已放气约两小时，可释放天然气约 8 立方米，天然气如无外泄，则室内浓度为 8.9%（室内总体积以 90 立方米计算）。即使有部分天然气泄漏至楼上，考虑到该室容纳气体的实际体积不足 90 立方米，厨房处天然气浓度可能相对较高等情况，认定该室发生爆炸时天然气浓度（至少是局部浓度）已达到爆炸临界点与科学常理并无明显矛盾。也就是说，在没有其他易燃易爆物质参与的情况下，该室内的天然气遇到电火花后足以发生燃烧、爆炸。上述测算虽然并不精确，但对解释爆炸发生的原因，增强内心确信有较大帮助。此外，现场勘查情况及相关技术鉴定显示，现场并未发现天然气以外的其他易燃易爆物质爆炸的痕迹。关于第二个问题。据相关专家介绍，天然气爆炸确有距离爆炸点较远的位置受损反而更严重的特点，引发爆炸的起火点处往往爆炸并不剧烈，冲击波经过传导可在较远处形成更剧烈的爆炸，大量的实际案例中存在这种现象，但形成此现象的具体原理尚待研究。本案第二次爆炸发生在厨房，但在卧室及室外造成更严重的损害，符合天然气爆炸的特点。综上，根据在案证据及相关论证可认定先后发生的两次爆炸均由被告人阎某释放的天然气引发。因天然气泄漏引发爆炸的案件比较罕见，证实此类犯罪的证据体系也与抢劫、故意杀人等常见犯罪明显不同，审理时既要全面审查、判断证实行为人实施故意释放天然气行为的相关证据是否确实、充分，也要综合运用在

案证据排除由其他因素引发爆炸的可能性，同时还要对有关疑问作出科学、合理的解释，最终得出唯一的结论。

问题 13. 如何区别对待犯罪后为逃避法律制裁引发与醉驾引发的以危险方法危害公共安全案件的量刑

【刑事审判参考案例】田某某等以危险方法危害公共安全、妨害公务案①

一、基本案情

被告人田某某，男，汉族，1984 年生，农民。2009 年 9 月 21 日因涉嫌犯妨害公务罪、以危险方法危害公共安全罪被逮捕。

被告人周某，男，汉族，1983 年生，农民。2009 年 9 月 21 日因涉嫌犯妨害公务罪、以危险方法危害公共安全罪被逮捕。

被告人祝某某，男，汉族，1986 年生，农民。2009 年 9 月 21 日因涉嫌犯妨害公务罪、以危险方法危害公共安全罪被逮捕。

山东省临沂市人民检察院以被告人田某某、周某、祝某某犯妨害公务罪、以危险方法危害公共安全罪，向临沂市中级人民法院提起公诉。

被告人田某某辩称，其不是故意驾车与小客车相撞。其辩护人提出，田某某的行为不构成妨害公务罪、以危险方法危害公共安全罪。

2009 年 4 月，被告人田某某、周某、祝某某合资购得东风陆霸牌大型自卸工程车一辆（无手续），田某某、周某在无相关驾驶资质的情况下驾驶该车非法营运。同年 9 月 1 日 19 时许，田某某、周某驾驶该车行至临沂市兰山区沂蒙路半程段与汶泗路交会处时，被临沂市交通局兰山分局工作人员查获，田某某弃车逃离，周某按照指令将该车停放于临沂市交通局兰山分局在半程镇 12 路公交车总站设立的临时停车点。当日 20 时许，田某某、周某、祝某某伙同蒋某某等 10 余人（均另案处理）赶到临时停车点，手持铁锤、铁锨，采用语言威胁等手段，由田某某将被查扣的自卸工程车强行开走，祝某某、周某驾驶车牌号鲁 QU8×××的奥拓汽车紧随其后。临沂市公安局兰山分局半程派出所民警接警后驾车出警，并在汶泗公路与金锣二路交会处附近追上田某某驾驶的自卸工程车。当民警向田某某示意停车接受检查并试图用警车堵截自卸工程车时，周某向田某某大声呼喊，督促田某某加速逃跑。田某某即驾车多次撞击警车，致警车受损（损失价值人民币 3380 元）。民警为防止出现意外情况，遂放慢警车速度，拉大与自卸工程车的距离。为逃避查处，田某某驾驶载有 60 余吨黄沙的自卸工程车在公路上高速逃逸，当行驶至山东省费县汪沟镇驻地十字路口西侧时，因强行占道超车，与对向行驶的一辆小型普通客车（车牌号鲁 QX5×××）相撞，致小客车上的被害人公某某（殁年 40 岁）、孙某某（殁年 23 岁）、孔某某（殁年 21 岁）死亡、刘某某重伤（时年 21 岁）、王某（时年 26 岁）轻伤，并致骑车路经此处的被害人李某某（时年 47 岁）、王某某（女，时年 47 岁）轻伤。之后，田某某、周某、祝某某三人逃离现场。

---

① 周川撰稿，陈学勇审编：《田某某等以危险方法危害公共安全、妨害公务案——如何区别对待犯罪后为逃避法律制裁引发与醉驾引发的以危险方法危害公共安全案件的量刑（第 856 号）》，载中华人民共和国最高人民法院刑事审判第一、二、三、四、五庭主办：《刑事审判参考》（总第 92 集），法律出版社 2014 年版，第 1~6 页。

临沂市中级人民法院审理认为，被告人田某某、周某、祝某某以暴力、威胁方法阻碍国家机关工作人员依法执行职务，其行为均构成妨害公务罪；田某某明知自己无驾驶工程车的资质，还驾驶工程车在车辆、人流密集的公路上高速逃逸。当公安人员向田某某示意停车接受检查之后，田某某置他人的人身、财产安全于不顾，先是驾驶工程车连续撞击警车，后又强行占道超车并与对向行驶的小型客车相撞，最终造成三人死亡、一人重伤、三人轻伤以及财物损毁的严重后果，其行为构成以危险方法危害公共安全罪。周某、祝某某与田某某构成以危险方法危害公共安全罪的共同犯罪，在以危险方法危害公共安全罪的共同犯罪中，周某、祝某某系从犯，可依法从轻处罚。据此，依照《刑法》第277条第1款、第115条第1款、第25条第1款、第26条第1款、第27条、第48条第1款、第57条第1款、第69条之规定，临沂市中级人民法院判决如下：（1）被告人田某某犯以危险方法危害公共安全罪，判处死刑，剥夺政治权利终身；犯妨害公务罪，判处有期徒刑三年；决定执行死刑，剥夺政治权利终身。（2）被告人周某犯以危险方法危害公共安全罪，判处无期徒刑，剥夺政治权利终身；犯妨害公务罪，判处有期徒刑三年；决定执行无期徒刑，剥夺政治权利终身。（3）被告人祝某某犯以危险方法危害公共安全罪，判处有期徒刑十三年；犯妨害公务罪，判处有期徒刑三年；决定执行有期徒刑十五年。

一审宣判后，被告人田某某以其"不构成妨害公务罪和以危险方法危害公共安全罪"为由向山东省高级人民法院提出上诉。被告人周某、祝某某亦提起上诉。

山东省高级人民法院经审理认为，原判认定的犯罪事实清楚，证据确实、充分，定罪准确，审判程序合法。因二审查明周某、祝某某有重大立功情节，且在以危险方法危害公共安全罪的共同犯罪中均系从犯，二上诉人的亲属在二审期间代为缴纳部分赔偿金，故依法可对上诉人周某、祝某某减轻处罚。据此，依照《刑事诉讼法》（1996年）第189条第1项、第2项①和《刑法》第277条第1款、第115条第1款、第25条第1款、第26条第1款、第27条、第57条第1款、第58条、第69条之规定，山东省高级人民法院判决如下：依法驳回上诉人田某某的上诉，维持原判，并依法报请最高人民法院核准。上诉人周某犯以危险方法危害公共安全罪，判处有期徒刑九年；犯妨害公务罪，判处有期徒刑三年；决定执行有期徒刑十一年。上诉人祝某某犯以危险方法危害公共安全罪，判处有期徒刑七年；犯妨害公务罪，判处有期徒刑三年；决定执行有期徒刑九年。最高人民法院经复核认为，被告人田某某伙同他人采用持械威胁的手段将被依法扣押的车辆强行开走，严重妨害了交通运输管理机关查扣、处置违章车辆的公务活动，其行为构成妨害公务罪；田某某为逃避查处，明知驾驶严重超限的大型车辆高速行驶难以控制，极有可能发生危害公共安全的后果，仍无证驾驶大型车辆连续撞击警车，并在车辆、人流相对密集的城镇路段高速行驶、强行占道超车，放任危害后果的发生，最终造成三人死亡、一人重伤、三人轻伤以及财物损毁的严重后果，其行为构成以危险方法危害公共安全罪，依法应当实行数罪并罚。田某某所犯以危险方法危害公共安全罪的性质、情节和后果特别严重，罪行极其严重，应当依法严惩。一审、二审判决认定的事实清楚，证据确实、充分，定罪准确，量刑适当，审判程序合法。据此，依照《刑事诉讼法》（1996年）第199

---

① 对应《刑事诉讼法》（2018年修正）第236条第1项、第2项。

条①、《最高人民法院关于复核死刑案件若干问题的规定》第 2 条第 1 款之规定，裁定如下：核准山东省高级人民法院（2010）鲁刑一终字第 174 号维持第一审对被告人田某某以以危险方法危害公共安全罪判处死刑，剥夺政治权利终身；以妨害公务罪判处有期徒刑三年；决定执行死刑，剥夺政治权利终身的刑事附带民事判决。

二、主要问题

对犯罪后为逃避法律制裁引发与醉驾引发的以危险方法危害公共安全案件量刑时应如何区别？

三、裁判理由

本案被告人田某某在无驾驶资质和运营资格的情况下，驾驶大型工程车辆严重超载运营，被交通运输管理机关依法查扣车辆后本应停止违法运营行为，但其伙同他人采用暴力威胁手段将被查扣的工程车强行开走，为逃避稽查又置公共安全于不顾，不仅驾车连续撞击警车，而且在车流、人流较为密集的城镇路段强行占道超车，与对向正常行驶的小客车相撞，致三死四伤，其行为构成妨害公务罪和以危险方法危害公共安全罪，对此并无争议。然而，在本案审理过程中，对田某某所犯以危险方法危害公共安全罪应当如何量刑，存在不同意见。一种意见认为，田某某所犯以危险方法危害公共安全罪的后果特别严重，情节特别恶劣，且其主观恶性深、人身危险性大，依法应当判处死刑立即执行。另一种意见认为，最高人民法院公布的黎某某醉驾案、孙某某醉驾案、张某某醉驾案与本案的定罪相同，但上述被告人均只被判处无期徒刑，且孙某某案、张某某案造成的死伤后果更为严重（孙某某案致四死一伤，张某某案致五死四伤），与前述案件相比，如果判处田某某死刑立即执行，则会造成量刑失衡。

我们同意前一种意见。若仅从案件定性和犯罪后果分析，本案与黎某某、孙某某、张某某等人醉驾案确实有一定相似之处。然而，随着刑法理论与实践的发展，确定罪刑关系越发重视和强调客观危害与主观恶性的统一。根据罪责刑相适应原则以及刑罚个别化原则，法官在对被告人裁量刑罚时，既要充分考虑其所犯罪行的性质、后果的严重程度，又要充分考虑被告人的个人经历、犯罪原因以及其他具体情况，以准确认定被告人的主观恶性和人身危险性的大小，通过主客观两个方面的考察判处轻重相适应的刑罚。唯其如此，刑罚才能实现个别公正。认为判处田某某死刑立即执行量刑失衡的观点，症结在于比较不同案件的量刑时只关注犯罪的性质和后果的相似性，而忽视了案件中不同的量刑情节。量刑情节既包括《刑法》中规定的各类法定情节，也包括《刑法》未明确规定的犯罪动机、起因、手段、故意程度等酌定量刑情节。量刑情节的轻重与刑罚裁量的宽严成正比关系，被告人所具有的量刑情节对于最终的宣告刑具有决定性影响。因此，综合分析、把握案中的各项量刑情节是准确裁量刑罚的关键所在。虽然本案与前述醉驾引发的以危险方法危害公共安全案件均属于间接故意犯罪，且造成的实害后果相近，但犯罪情节、行为人的主观恶性和人身危险性与前述三起案件均有显著差异：首先，从案件起因看，前述三起案件是因醉酒驾车而引发，而本案的起因则是暴力抗法。被告人田某某在伙同他人实施妨害公务犯罪后，为逃避法律制裁继而又以危险方法危害公共安全，这一情节能够充分反映出田某某对于国家法律和公共安全利益的藐视，此中体现的主观恶性与前述醉驾案件存在明显区别。其次，田某某这种为抗法又实施犯罪的行为所造成的社会影响更为恶劣，对社会秩序和人民群众安全感的破坏明显大于前述醉酒驾车案件。最后，与前述醉驾案件中行为人因醉酒而控制力减弱的情形不同，田某某犯罪时神志清醒、控制力正常，其对自己行为的性质、后果均有清楚的认识。因此，虽然本案与前述醉驾案件均属于间接故意犯罪，但在行为人的认识因素和意志因素等方面存在明显差异。此外，田某某在公安人员已经表明身份并向其示意停车接受检查的情况下，无视对方安危，驾驶大型工程车辆连续撞击警车，此行为充分表明田某某的人身危险性大于前述醉驾案件中的行为人。综上，被告人田某某所犯以危险方法危害公共安全罪的性质、情节和后果特别严重，罪行极其严重，本案一审、二审法院依法判处其死刑立即执行，定罪正确，量刑适当。

问题 14. 对醉酒驾驶机动车构成以危险方法危害公共安全罪的处罚，如何贯彻体现宽严相济刑事政策

【刑事审判参考案例】孙某某以危险方法危害公共安全案①

一、基本案情

被告人孙某某，男，1963 年生，江苏省扬州大洋造船有限公司安保部部长。2010 年 2 月 20 日因涉嫌犯以危险方法危害公共安全罪被逮捕。

江苏省扬州市人民检察院以被告人孙某某犯以危险方法危害公共安全罪，向扬州市中级人民法院提起公诉。

扬州市中级人民法院经公开审理查明：2010 年 2 月 10 日 20 时许，被告人孙某某在扬州市泰州路田园肥牛饭店与朋友大量饮酒后，独自驾驶车牌号为苏 KU6×× 的汽车离开饭店。当孙某某驾车行驶至扬州市江都路东园饭店路口时，撞倒了车牌号为苏 K28×××的摩托车，随即又撞上了车牌号分别为苏 MT6×××、苏 K00×××的两辆汽车。孙某某驾车右转逃离现场，行驶至文昌路曲江公园附近路口时，又撞上了车牌号为苏 KOE×××的汽车。但孙某某仍未停车，驾车折返继续逃跑，行驶至解放北路与花园路交叉路口时，又撞上了车牌号为苏 KAJ×××的小型客车，造成客车内田某某、田某、陈某某、李某、朱某某等人受伤，客车被撞后失控撞倒路边的路灯杆。此后，孙某某驾驶的汽车冲向道路北侧的人行道，撞上了停放于路边的车牌号为苏 KAG×××的汽车及电瓶车等车辆，直至撞上路边的顺云日杂商店的墙面才停住。公安人员接到报案后赶至现场将孙某某抓获。经鉴定，孙某某血液酒精含量为 272.6 毫克/100 毫升。被害人田某某经抢救无效于当日死亡。被害人田某构成轻伤。案发后，孙某某的亲属对孙某某造成的经济损失已全部赔偿，被害人田某某、田某的亲属以及被害人陈某某、朱某某出具书面材料表示谅解，请求对孙某某从宽处罚。扬州市中级人民法院认为，被告人孙某某无视国家交通安全法规和公共安全，醉酒后驾车行驶于车辆密集的城市道路上，对公共安全构成直接威胁。在发生追尾交通事故后，孙某某仍置不特定多数人的生命、财产安全于不顾，继续驾车行驶，在较长的行驶路途中多次撞上同向车道正常行驶的机动车，最终造

---

① 尹晓涛撰稿，马岩审编：《孙某某以危险方法危害公共安全案——对醉酒驾驶机动车构成以危险方法危害公共安全罪的处罚，如何贯彻体现宽严相济刑事政策（第 913 号）》，载中华人民共和国最高人民法院刑事审判第一、二、三、四、五庭主办：《刑事审判参考》（总第 94 集），法律出版社 2014 年版，第 103～108 页。

成一人死亡、多人受伤以及公私财产遭受重大损失的严重后果，其行为构成以危险方法危害公共安全罪。孙某某曾在部队受教育多年，转业到地方工作已有数年，未发现有违法犯罪行为，属于初犯，且事发后认罪、悔罪态度良好，全部赔偿了其所造成的经济损失，并取得被害方的谅解，在一定程度上降低了其犯罪行为所带来的社会危害，可以酌情从轻处罚。据此，依照《刑法》第 115 条第 1 款、第 61 条、第 56 条第 1 款、第 55 条第 1 款之规定，扬州市中级人民法院以被告人孙某某犯以危险方法危害公共安全罪，判处有期徒刑十一年，剥夺政治权利一年。一审宣判后，被告人孙某某没有提出上诉，公诉机关亦未抗诉，该判决已发生法律效力。

二、主要问题

对醉酒驾驶机动车构成以危险方法危害公共安全罪的处罚，如何贯彻体现宽严相济刑事政策？

三、裁判理由

近年来，四川、江苏、广东、河北等地发生的醉驾肇事案件，引起社会广泛关注，人民群众反响强烈。为有效遏制醉酒驾车犯罪的多发、高发态势，依法严惩醉酒驾车犯罪，统一法律适用标准，切实维护广大人民群众的人身、财产安全，最高人民法院于 2009 年 9 月出台了《最高人民法院关于醉酒驾车犯罪法律适用问题的意见》，并公布了两起醉酒驾车犯罪典型案例。根据《最高人民法院关于醉酒驾车犯罪法律适用问题的意见》的相关规定，行为人明知酒后驾车违法、醉酒驾车会危害公共安全，却无视法律醉酒驾车，特别是在肇事后继续驾车冲撞，造成重大伤亡，说明行为人主观上对持续发生的危害结果持放任态度，具有危害公共安全的故意。对此类醉酒驾车造成重大伤亡的，依法应当以以危险方法危害公共安全罪定罪。本案审理过程中，对被告人孙某某的行为构成以危险方法危害公共安全罪没有异议。合议庭一致认为，孙某某无视国家交通安全法规和公共安全，在严重醉酒的状态下，驾车行驶于车辆密集的城市道路上，在与其他车辆发生追尾碰撞后，孙某某不仅不及时停车，反而继续驾车行驶，并在长达数公里的行驶途中多次与同向车道正常行驶的机动车发生碰撞，最终造成人员伤亡和财产损失的严重后果，故其行为构成以危险方法危害公共安全罪。本案比较有探讨意义的是有关被告人孙某某的量刑问题。根据《刑法》第 115 条第 1 款的规定，以危险方法致人重伤、死亡或者使公私财产遭受重大损失的，处十年以上有期徒刑、无期徒刑或者死刑。可见，以危险方法危害公共安全罪的法定刑幅度非常大，涉及三个刑种，故在具体案件中容易造成类案不同判的现象发生。

根据《最高人民法院关于醉酒驾车犯罪法律适用问题的意见》的相关规定，在此类案件中，决定对被告人的刑罚时，要综合考虑此类犯罪的性质、被告人的犯罪情节、危害后果及其主观恶性、人身危险性等因素。具体可以着重考虑以下四个方面：一是醉驾行为造成的危害后果。《最高人民法院关于醉酒驾车犯罪法律适用问题的意见》规定醉酒驾车放任危害结果的发生，造成重大伤亡的，以以危险方法危害公共安全罪定罪处罚，但未对重大伤亡的认定标准予以明确。但从《最高人民法院关于醉酒驾车犯罪法律适用问题的意见》配发的典型案例、交通肇事犯罪相关司法解释规定分析，可以对重大伤亡的认定标准形成一个大致的认识。在《最高人民法院关于醉酒驾车犯罪法律适用问题的意见》配发的两起典型案例中，黎某某醉酒驾车致二人死亡、一人轻伤，被判处无期徒刑；孙某某醉酒驾车致四人死亡、一人重伤，造成公私财产损失人民币 5 万余元，一审判处死刑，二审改判无期徒刑。《最高人民法院关于审理交通肇事刑事案件具体应用法律若干问题的解释》第 2 条规定：交通肇事导致死亡一人或者重伤三人以上，负事故全部或者主要责任的，以及死亡三人以上，负事故同等责任的，处三年以下有期徒刑或者拘役。《最高人民法院关于审理交通肇事刑事案件具体应用法律若干问题的解释》第 4 条规定，行为人交通肇事导致死亡二人以上或者重伤五人以上，负事故全部或者主要责任的，以及死亡六人以上，负事故同等责任的，属于"有其他特别恶劣情节"，处三年以上七年以下有期徒刑。参照上述案例判罚和上述规定，我们认为，可以将以危险方法危害公共安全犯罪（醉驾）造成的重大伤亡大体分为以下三档：第一档是死亡一人或者重伤三人以上，负事故全部或者主要责任的，一般可以判处十年以上有期徒刑；第二档是死亡二人以上或者重伤五人以上负事故全部或者主要责任的，一般可以判处十五年以上有期徒刑或者无期徒刑；第三档是死亡三人以上，负事故全部或者主要责任的，一般可以判处无期徒刑或者死刑。本案中，被告人孙某某醉酒驾车致一人死亡、一人轻伤，对其量刑大致在十年以上有期徒刑的幅度内。二是行为人的主观恶性。一般情况下，行为人醉酒驾车构成以危险方法危害公共安全罪的，其主观上并不希望、追求危害结果的发生，属于间接故意犯罪，与以制造事端为目的恶意驾车撞人并造成重大伤亡的直接故意犯罪相比，此类行为人的主观恶性相对较小。故在适用刑罚时，应当与直接故意犯罪有所区别。同时，行为人犯罪时的辨认和控制能力状况，一定程度上可以体现行为人的主观恶性和人身危险程度。行为人在醉酒状态下驾车，辨认和控制能力实际上都有所减弱，正因为如此，一方在醉酒后所实施的一些行为，更容易获取另一方的谅解。虽然《刑法》规定醉酒的人犯罪应当负刑事责任，但从其主观恶性的考虑，一般可以酌情从宽处罚。但如果行为人具有无证驾驶、超速驾驶，逃避、阻碍公安机关执法检查或者曾因酒驾被处罚等情形的，说明行为人对他人生命健康安全漠不关心，认罪、悔罪态度较差，可以对其酌情从重处罚。本案中，孙某某血液酒精含量高达 272.6 毫克/100 毫升，表明其驾车前大量饮酒，醉酒程度极高，在此种状态下驾车的风险极大，但其置这种高度危险性于不顾，执意酒后驾驶，且在第一次冲撞之后又连续发生 4 次冲撞，直至撞到路边墙面才被迫停住，体现出其主观恶性很深，故不宜对其在起点刑上判处刑罚。三是要注意把握民事赔偿与量刑的关系。根据《刑法》第 36 条的规定，犯罪分子应当赔偿其犯罪行为致使被害人遭受的经济损失。由此规范层面分析，醉酒驾车犯罪行为人依法向被害方作出赔偿是其法定义务，行为人履行赔偿义务，不应影响对其刑事责任的追究。然而，在实践层面，即使法律有明确规定，是否对被害方作出赔偿也在很大程度上依赖于行为人的意志抉择。因此，行为人积极赔偿被害方经济损失的，可以体现出行为人认罪、悔罪的诚意，缓和了社会矛盾，也在一定程度上减轻了其犯罪行为所造成的社会危害，量刑时可以酌情从轻处罚。《最高人民法院关于贯彻宽严相济刑事政策的若干意见》第 23 条规定，被告人案发后对被害人积极进行赔偿，并认罪、悔罪的，依法可以作为酌定量刑情节予以考虑。本案中，孙某某的亲属对事故造成的经济损失已全部代为赔偿，被害人田某某、田某的亲属以及被害人陈某某、朱某某出具书面材料表示谅解，请求对孙某某从宽处罚。据此，对孙某某可在法定量刑幅度内从轻处罚。四是要注意把握法律效果与社会效果的统一。醉酒驾车犯罪严重威胁公共安全，社会关注度高，要使裁判获得人民群众的认同，适度考虑民意是有必要的。由于民意具有多面性，司法裁判既要尊重民意，也要注意甄别个案反映出的民意的真实性，要注意对新媒体形势下个别媒体发声替代民意的甄别，要注重对舆论的引导，注意舆论的盲动性，避免被媒体牵着鼻子走。针对本案社会关注度较高的情况，一审法院在判决前以多种方式广泛了解民意。一是在公安机关的配合下，拟定调查提纲并释明法律规定，到案发地段附近的社区了解居民对本案的看法；二是到被告人的工作单位了解情况，听取单位对案件处理的意见；三是借助电视台对庭审进行全程录播，扬州政府网亦对该案进行网上同步直播；四是邀请部分人大代表旁听庭审。从上述渠道反馈的民意看，多数人要求对被告人孙某某从严惩处，但对其案发后的悔罪表现亦予以认可，建议给其重新做人的机会，部分人大代表明确表示十年至十一年的量刑建议较为合理。综上，被告人孙某某明知酒后驾车违法、醉酒驾车会危害公共安全，无视法律规定，执意酒后驾车，发生交通事故，且在肇事后继续驾车冲撞，致一人死亡、一人轻伤，其行为构成以危险方法危害公共安全罪。一审法院在决定对孙某某的具体刑罚时，贯彻宽严相济刑事政策，综合考虑本案造成的危害后果、被告人的主观恶性以及被告人全额赔偿被害方经济损失、取得被害方谅解等因素，最终决定对其判处有期徒刑十一年，剥夺政治权利一年。被告人孙某某表示认罪服法，人大代表、社区成员以及相关媒体等对判罚表示普遍认同，本案判罚取得了较好的法律效果和社会效果。

第四章
放火罪、爆炸罪、投放危险物质罪

第一节　放火罪、爆炸罪、投放危险物质罪概述

一、概念及构成要件

（一）放火罪的概念及构成要件

放火罪，是指故意放火焚烧公私财物，危害公共安全的行为。

1. 客体要件。本罪侵犯的客体是公共安全，即不特定多数人的生命、健康或者重大公私财产的安全。也就是说，放火行为一经实施，就可能造成不特定多数人的伤亡或者使不特定的公私财产遭受难以预料的重大损失。这种犯罪后果的严重性和广泛性往往是难以预料的，甚至是行为人自己也难以控制的。这也是放火罪同以放火方法实施的故意杀人、故意毁坏财物罪的本质区别。因此，可以说并非所有的用放火方法实施的犯罪行为都构成放火罪，关键是要看放火行为是否足以危害公共安全。如果行为人实施放火行为，而将火势有效地控制在较小的范围内，没有危害也不足以危害不特定多数人的生命、健康和重大公私财产的安全，就不构成放火罪，而应根据案件具体情节，定故意毁坏财物罪或故意杀人罪、故意伤害罪等。

本罪侵犯的对象主要是公私建筑物或者是其他公私财物。实施的对象包括工厂、矿山、油田、港口、仓库、住宅、森林、农场、牧场、重要管道、公共建筑物或者其他公私财物。这里所说的"其他公私财物"是指上述公私财物以外但性质与其相似的比较重大的公私财物，而不是指上述公私财物以外的一切公私财物，因为只有燃烧这些公私财物，方可能危及公共安全。如果放火行为侵害的只是某一较小的财物，例如，烧几件衣物、一件小家具、小农具等价值不大的公私财物，不构成放火罪。如果行为人放火烧毁自己或家庭所有的房屋或其他财物，足以引起火灾，危害公共安全的，也应以放火罪论处。但是，如果行为人放火焚毁自己的房屋或其他财物，确实不足以危害公共安全的，则不构成放火罪。

2. 客观要件。本罪在客观方面表现为实施放火焚烧公私财物，危害公共安全的行为。所谓放火，就是故意引起公私财物燃烧的行为。放火的行为方式，可以是作为，即用各种引火物，直接把公私财物点燃；也可以是不作为，即故意不履行自己防止火灾发生的义务，放任火灾的发生。例如，某电气维修工人，发现其负责维护的电气设备已经损坏，可能引起火灾，而他不加维修，放任火灾的发生。这就是以不作为的方式实施的放火行为。

以作为方式实施的放火行为，必须具备三个条件：一是要有火种；二是要有目的物，即要烧毁的财物；三是要让火种与目的物接触。在这三个条件已经具备的情况下，行为人使用火种开始点火，就是放火行为的实行；目的物一旦着火，即使将火种撤离或者扑灭，目的物仍可独立继续燃烧，放火行为就被视为实行终了。

以不作为的方式实施的放火罪，行为人必须负有防止火灾发生的特定义务，而且能够履行这种特定义务而不履行，以致发生火灾。其特点有三个：一是行为人必须是负有特定作为义务的人；二是根据主客观条件，行为人有能力履行这种特定的作为义务；三是行为人客观上必须有不履行这种特定作为义务的事实。从义务的来源看，一是法律所规定的义务；二是职务或业务上所要求的义务，如油区防火员就负有消除火灾隐患，防止火灾发生的义务；三是行为人的先前行为所引起的义务，如行为人随手把烟头丢在窗帘上，引起窗帘着火，行为人就负有扑灭窗帘着火燃烧的义务。从司法实践来看，行为人的特定义务，主要是后两种情况。

有些放火案件，从表面上看，是燃烧衣物、家具、农具等价值较小的财物，实际上是以衣服、家具、农具等作为引火物，意图通过燃烧衣物、家具、农具等引起上述重大公私财物的燃烧。这种情况应以放火罪论处。因此，在认定放火罪时，要注意发火物、引火物和目的物即放火行为的侵害对象的区分。

放火行为必须足以危害公共安全。如果虽然实施了放火行为，但从放火焚烧的对象、时间、地点、环境等方面考察，确实不足以危害公共安全、不存在危害公共安全的危险性，不构成放火罪。如果情节严重，需要刑罚处罚的，构成什么罪就定什么罪。

参照《国家林业局、公安部关于森林和陆生野生动物刑事案件管辖及立案标准》的规定，凡故意放火造成森林或者其他林木火灾的都应当立案；过火有林地面积 2 公顷以上为重大案件；过火有林地面积 10 公顷以上，或者致人重伤、死亡的，为特别重大案件。

3. 主体要件。本罪的主体为一般主体。由于放火罪社会危害性很大，所以《刑法》第 17 条第 2 款规定，已满 14 周岁不满 16 周岁的人犯放火罪的，应当负刑事责任。

4. 主观要件。本罪在主观方面表现为故意，即明知自己的放火行为会引起火灾，危害公共安全，并且希望或者放任这种结果发生的心理态度。如果不是出于故意，不构成放火罪。放火的动机是多种多样的，如因个人的某种利益得不到满足而放火，因对批评、处分不满而放火，因泄愤报复而放火，为湮灭罪证、嫁祸于人而放火，因恋爱关系破裂而放火，因家庭矛盾激化而放火等。无论出于何种动机，都不影响放火罪的成立。但是，查明放火的动机，正确判断行为人的主观心理态度，是定罪量刑的关键。

（二）爆炸罪的概念及构成要件

爆炸罪，是指故意用爆炸的方法，杀伤不特定多人、毁坏重大公私财物，危害公共安全的行为。

1. 客体要件。本罪侵犯的客体是公共安全，即不特定多数人的生命、健康或者重大公私财产的安全。

爆炸罪侵害的对象是工厂、矿场、港口、仓库、住宅、农场、牧场、公共建筑物或者其他公私财产，以及不特定的人、畜。如果用爆炸的方法破坏火车、汽车、电车、船只、飞机等交通工具，或者破坏轨道、桥梁、隧道、公路、机场等交通设备，虽然使用的是爆炸的方法，也危害了公共安全，但由于破坏的是特定的危险对象，所以应当分别以破坏交通工具罪或破坏交通设备罪处理。

2. 客观要件。本罪在客观方面表现为对公私财物或人身实施爆炸，危害公共安全的行为。爆炸物品，包括炸弹、手榴弹、地雷、炸药（包括黄色炸药、黑色炸药和化学炸药）、雷管、导火索、雷汞、雷银等起爆器材和自种自制的爆炸装置（如炸药包、炸药瓶、炸药罐等）。实施爆炸的方式方法很多：有的在室内安装炸药包，在室内或者室外引爆；有的将爆炸物直接投入室内爆炸；有的利用技术手段，使锅炉、设备发生爆炸；有的使用液化气或者其他方法爆炸。实施爆炸地点主要是在人群集中或者财产集中的公共场所、交通线等处，如将爆炸物放在船只、飞机、汽车、火车上定时爆炸，在商场、车站、影剧院、街道、群众集会地方制造爆炸事件。

爆炸行为有作为和不作为两种基本方式。如直接点燃爆炸物，引发爆炸，就是积极的作为方式，而行为人负有防止爆炸发生的特定义务，并且有能力履行这种特定的义务而不履行，以致发生爆炸，就构成不作为爆炸犯罪。

爆炸犯罪在客观方面的本质特点在于爆炸行为危害或足以危害不特定多数人的生命、健康或重大公私财产的安全。所谓足以危害公共安全，就是指行为人实施的爆炸行为，由于主观和客观方面的原因，如行为人自动中止爆炸犯罪，炸药的破坏性没有行为人主观想象的那么大，炸药受潮失效，没有将爆炸物投掷到所要求的位置，爆炸物被他人发现而被拆除，等等，实际上并未造成危害公共安全的结果，但如果排除这些原因，是可能造成危害公共安全的结果的。无论哪种原因存在，只要行为人实施了爆炸行为，足以危害公共安全的，就构成爆炸罪。爆炸罪的成立并不要求发生危害公共安全的实际后果。

行为指向的对象是不特定多数人的生命、健康和重大公私财物。某些爆炸行为，行为人主观上是指向特定的人或者物，但发生在人群密集或者财物集中的公共场所，客观上危害了不特定多数人的生命、健康或者重大公私财产的安全，也可以爆炸罪论处。因为在这种场合用爆炸的方法杀人、毁物，对这种行为会危害公共安全不可能没有预见，有预见而放任危害结果的发生，就是一种故意犯罪。

如果行为人实施的爆炸行为是指向特定的人或者特定的公私财物，并且有意识地把破坏的范围限制在不危害公共安全的范围，客观上也未发生危害公共安全的结果，则不应定爆炸罪，而应根据实际情况，构成什么罪就定什么罪。

需要说明的是，如果用爆炸的方法炸塌江、河、湖泊、水库的堤坝，造成水流失控，泛滥成灾，危害公共安全，则应定决水罪。因为《刑法》已对决水罪作了专门规定，而且爆炸只是决水的一种手段，正如用爆炸的方法破坏交通工具、交通设施、电力设备、煤气设备、易燃易爆设备和广播电视设施、公用电信设施，应分别定破坏交通工具罪、破坏交通设施罪、破坏电力设备罪、破坏易燃易爆设备罪和破坏广播电视设施、公用电信设施罪，而不定爆炸罪一样。

3. 主体要件。本罪的主体为一般主体，即达到法定刑事责任年龄、具有刑事责任能力的人，均可成为本罪的主体。由于爆炸罪严重危害公共安全，破坏社会秩序，所以法律规定这种犯罪处罚年龄的起点较低。根据《刑法》第 17 条第 2 款的规定，已满 14 周岁不满 16 周岁的人犯爆炸罪，应当负刑事责任。

4. 主观要件。本罪在主观方面表现为故意，包括直接故意和间接故意。即行为人明知其行为会引起爆炸，危害不特定多数人的生命、健康或者重大公私财产的安全，并且希望或者放任这种危害结果的发生。犯本罪的动机多种多样，如出于报复、嫉妒、怨恨、诬陷等。犯罪动机如何不影响本罪的成立。

(三) 投放危险物质罪的概念及构成要件

投放危险物质罪，是指故意投放毒害性、放射性、传染病病原体等物质，危害公共安全的行为。

1. 客体要件。本罪侵害的客体是公共安全，即不特定多数人的生命、健康或者重大公私财产的安全。这是投放危险物质罪同使用投放危险物质的方法实施的故意杀人罪、故意毁坏财物罪的根本区别之所在。

2. 客观要件。本罪在客观方面表现为用投放毒害性、放射性、传染病病原体等物质的方法，危害公共安全的行为，即该种行为已经对不特定多数人的生命、健康或者牲畜和其他财产造成严重损害，或者已威胁到不特定多数人的人身和财产的安全。所谓毒害性物质，是指能直接致人伤亡的各种化学毒物，如甲胺磷、磷化铝、磷化锌、砒霜、五氯酚、二溴氯丙烷、氰化钾等。所谓放射性物质，是指通过原子核裂变放出的射线发生伤害作用的物质，如镭、铀、钴、钚、氚、锂等材料及其制品。传染病，是指由病原性细菌、病毒立克次体和原虫引起的，能在人间、动物间或者人与动物间相互传播的一种疾病。《传染病防治法》第 3 条规定："本法规定的管理传染病分为甲类、乙类和丙类。甲类传染病是指：鼠疫、霍乱。乙类传染病是指：传染性非典型肺炎、艾滋病、病毒性肝炎、脊髓灰质炎、人感染高致病性禽流感、麻疹、流行性出血热、狂犬病、流行性乙型脑炎、登革热、炭疽、细菌性和阿米巴性痢疾、肺结核、伤寒和副伤寒、流行性脑脊髓膜炎、百日咳、白喉、新生儿破伤风、猩红热、布鲁氏菌病、淋病、梅毒、钩端螺旋体病、血吸虫病、疟疾。丙类传染病是指：流行性感冒、流行性腮腺炎、风疹、急性出血性结膜炎、麻风病、流行性和地方性斑疹伤寒、黑热病、包虫病、丝虫病、除霍乱、细菌性和阿米巴性痢疾、伤寒和副伤寒以外的感染性腹泻病。国务院卫生行政部门根据传染病暴发、流行情况和危害程度，可以决定增加、减少或者调整乙类、丙类传染病病种并予以公布。"所谓病原体，亦称病原物或病原生物，是指能引起病的微生物和寄生虫的统称，主要包括病菌、寄生虫和病毒三类。

投放毒害性、放射性、传染病病原体等物质的场所很多：有的在公用的自来水池、水渠、水井、公共食堂的水缸、饭锅以及公共食品中投放毒害性、放射性、传染病病原体等物质；有的在牧场的饮水池和牲畜饲料中投放毒害性、放射性、传染病病原体等物质；有的在饲料中投放毒害性、放射性、传染病病原体等物质；等等。

投放危险物质罪是危险犯，其成立并不需要出现不特定多数人重伤、死亡或者重大公私财产遭受毁损的实际结果，只要行为人实施了投放毒害性、放射性、传染病病原体等物质的行为，足以危害公共安全的，就构成投放危险物质罪。如甲因工作和家属安排等问题与领导乙发生矛盾，由对乙的不满情绪发展到投放危险物质报复。某日，甲从家里存放的三种农药中选择了毒性较低的"杀虫醚",用青霉素瓶装了一瓶,趁乙家无人之机,投放在乙家的饮水缸里。由于乙的妻子及时发现,未造成后果。此案中,甲由不满发展到投放危险物质报复,主观上具有投毒的故意,客观上实施了将农药"杀虫醚"投放到乙家水缸内的行为,由于乙上有老母下有妻女以及亲友等,这些人以及家禽、牲畜等财产都可能受到毒害,因此,甲投放毒物的行为虽没有造成严重后果,但足以危害不特定多数人的生命、健康以及家禽、牲畜等财产的安全,已构成投放危险物质罪。

3. 主体要件。本罪主体为一般主体。凡达到刑事责任年龄,具备刑事责任能力的人均成为本罪主体。根据《刑法》第 17 条第 2 款规定,已满 14 周岁不满 16 周岁的人犯投毒罪,危害公共安全的,应当负刑事责任。

4. 主观要件。本罪在主观方面表现为故意。所谓故意,也就是行为人明知自己的投放危险物质行为危害公共安全,有可能造成不特定的多数人死伤或者公私财产的大量损失,并且希望或者放任这种结果的发生。投放危险物质的动机可以是各种各样,但不同的动机并不影响定罪。

二、案件审理热点、难点问题

一是放火罪、爆炸罪、投放危险物质罪是具体危险犯。首先,要区分具体危险犯与抽象危险犯。如果使对象物燃烧的行为不足以危害公共安全,尽管该行为本身具有抽象危险,也不能认定为放火罪。其次,要区分具体危险犯与实害犯。成立放火罪、爆炸罪、投放危险物质罪不要求发生具体侵害结果,如行为人实施爆炸行为,足以危害公共安全,但由于炸药的破坏力没有行为人主观想象得大、炸药受潮失效、没有将爆炸物投掷到所要求的位置等行为人意志以外的主观和客观方面的原因,实际上并未造成危害公共安全的实害结果,但如果排除这些原因,是足以造成危害公共安全的结果发生的,无论哪种原因存在,均构成爆炸罪。

二是行为人的动机不影响犯罪的成立。司法实践中,行为人常常出于报复他人、湮灭罪迹、损毁财物等不同的目的,实施放火、爆炸、投放危险物质的行为,有些案件中,行为人的动机还指向特定的人或物。虽然犯罪的动机是多种多样的,但只要行为客观上危害或足以危害不特定多数人的生命、健康或者重大公私财产的安全,且行为人积极追求结果的发生或有预见而放任结果的发生的,就是一种故意犯罪。

三、案件审理思路及原则

(一)结合客观事实分析判断放火、爆炸、投放危险物质行为是否危害公共安全

行为是否危害公共安全,是认定罪与非罪、此罪与彼罪的关键之处,应结合所有客观事实予以判断。如行为人实施的放火行为,判断是否危害公共安全,应结合放火燃烧的对象,对象物与周围可燃物的距离,行为时的气候、风力、气温等情况。如果不足以危害公共安全,则该放火行为不构成放火罪。另外,在一些案件中,行为人实施爆炸、投放危险物质的行为虽然指向特定的人或物,但行为却发生在人群密集或者财物集中的公共场所,行为人不能有意识地将侵害范围限制在不危害公共安全的范围内,这种情况下,根据客观事实分析,应认定行为危害公共安全。

（二）结合经验法则推定行为主观放任的故意

司法实践中，除少数对危害公共安全的结果持希望态度，由直接故意构成外，大多是持放任态度，属于间接故意。一般情况下，在矮墙连排的房屋外泼洒汽油点火引燃，在人群密集的商场、车站等场所引爆炸药、在公共食堂的饭锅里投放危险物质，其破坏范围不可能限制于特定的人或特定的财物内，而是会危及不特定多数人的生命、健康或者重大公私财产的安全。根据经验法则，一个负有完全刑事责任能力的人应当预见和认识到。行为人有预见而放任危险结果的发生，应当按照放火罪、爆炸罪、投放危险物质罪论处。

第二节　放火罪、爆炸罪、投放危险物质罪审判依据

一、法律

《中华人民共和国刑法》（2020 年 12 月 26 日修正）

第一百一十四条　放火、决水、爆炸以及投放毒害性、放射性、传染病病原体等物质或者以其他危险方法危害公共安全，尚未造成严重后果的，处三年以上十年以下有期徒刑。

第一百一十五条第一款　放火、决水、爆炸以及投放毒害性、放射性、传染病病原体等物质或者以其他危险方法致人重伤、死亡或者使公私财产遭受重大损失的，处十年以上有期徒刑、无期徒刑或者死刑。

二、司法解释

1. 《最高人民法院、最高人民检察院关于办理环境污染刑事案件适用法律若干问题的解释》（2023 年 8 月 8 日　法释〔2023〕7 号）

第九条　违反国家规定，排放、倾倒、处置含有毒害性、放射性、传染病病原体等物质的污染物，同时构成污染环境罪、非法处置进口的固体废物罪、投放危险物质罪等犯罪的，依照处罚较重的规定定罪处罚。

2. 《最高人民法院、最高人民检察院关于办理组织、利用邪教组织破坏法律实施等刑事案件适用法律若干问题的解释》（2017 年 1 月 25 日　法释〔2017〕3 号）

第十二条　邪教组织人员以自焚、自爆或者其他危险方法危害公共安全的，依照刑法第一百一十四条、第一百一十五条的规定，以放火罪、爆炸罪、以危险方法危害公共安全罪等定罪处罚。

三、刑事政策文件

《公安部关于印发新修订〈关于公安机关处置信访活动中违法犯罪行为适用法律的指导意见〉的通知》（2013 年 7 月 19 日　公通字〔2013〕25 号）

二、对危害公共安全违法犯罪行为的处理

1. 为制造社会影响、发泄不满情绪、实现个人诉求，驾驶机动车在公共场所任意冲闯，危害公共安全，符合《刑法》第一百一十四条、第一百一十五条第一款规定的，以以危险方法危害公共安全罪追究刑事责任。

……

4. 采取放火、爆炸或者以其他危险方法自伤、自残、自杀，危害公共安全，符合《刑法》第一百一十四条和第一百一十五条第一款规定的，以放火罪、爆炸罪、以危险方法危害公共安全罪追究刑事责任。

第三节　放火罪、爆炸罪、投放危险物质罪审判实践中的疑难新型问题

问题 1. 以报复特定人为目的实施爆炸行为，行为的损害范围事先无法确定，行为人对此既无法预料也难以控制，且持放任的态度的，应当认定为爆炸罪

【地方参考案例】张某 1 爆炸案①

一、基本案情

2019 年 8 月，被告人张某 1 到双鸭山市某煤矿打工，因身材瘦小，方便出入煤层，工作几日便开始担任临时放炮员。在同住矿工宿舍期间，被告人张某 1 与同屋室友张某 2、刘某发生矛盾，于是怀恨在心并产生报复念头。事后，张某 1 利用工作便利将火药、雷管带出矿井，9 月 5 日 17 时许，被告人张某 1 独自提前升井回到宿舍，将爆炸装置放置于张某 2、刘某床下，拉断房间电闸后将雷管一端连接电源，之后离开现场。9 月 6 日 0 时许，张某 2、刘某等 5 人下班回到宿舍发现房间没电，随即下楼推开电闸引爆爆炸装置，致使刘某轻伤一级、十级伤残，赵某轻伤二级，张某 2、王某轻微伤，同时造成室内房屋损坏和被害人财产损失共计人民币 6599 元。

二、主要问题

行为人以爆炸为手段意图危害特定人的生命、健康权，但是对于爆炸行为同时足以危及其他人生命健康和财产安全存在放任的态度，而这种爆炸行为可能侵害的对象和可能造成的结果事先无法确定，具有难以控制侵害范围的特点，行为造成的危险或者侵害结果可能随时扩大或增加，在这种情况下，该爆炸行为应如何认定？

---

① 参见黑龙江省双鸭山市中级人民法院（2020）黑 05 刑终 61 号刑事判决书。

三、裁判理由

被告人张某1因与被害人发生日常矛盾而蓄意报复，使用雷管和炸药自制爆炸装置，故意对被害人居住的房屋实施爆炸，造成二人轻伤、二人轻微伤和财产损失的后果，危害公共安全，其行为已构成爆炸罪。被告人张某1具有前科，酌情予以从重处罚。被告人张某1到案后能如实供述犯罪事实，具有坦白情节，依法予以从轻处罚。

以爆炸等危险方法伤害特定人的案件时有发生，对此类案件如何定性，主要从以下两点进行分析：一是判断爆炸行为是否造成或足以造成对公共安全的危害；二是通过司法推定的证明方法认定被告人是否具有放任危害公共安全结果发生的间接故意。

（一）危险方法与危害公共安全

爆炸等危险方法并不必然导致危害公共安全结果的发生。如果一次行为所危及的人数，在行为实施当时，客观上难以准确控制，主观上也不可能精确预料，但至少行为当时有可能威胁到3人以上，最终结果可能只侵害1个人，也可能是几十人，符合这种特征的行为，才属于严格意义上的危害公共安全的行为。需要注意的是，虽然"不特定的多数"是公共概念的核心内涵，但不特定并不意味着行为人没有特定的侵害对象或目标。在本案中，被告人主观上有特定的侵害目标，即与其发生矛盾的张某2和刘某，但是被告人实施的爆炸行为发生在8人同住的职工宿舍内，职工宿舍位于煤矿北家属楼1单元402室，且被告人准备了火药、雷管等管制易爆物品，爆炸发生的同时足以危及其他人和财产的安全，而这种侵害行为本身也具有难以控制损害范围的特点，行为造成的危险或者侵害结果随时扩大或增加，客观上也造成了房屋财产损失和二人轻伤、二人轻微伤的后果，这种情况下，应被认定为危害公共安全的行为。

（二）特定的侵害目标与危害公共安全的间接故意

在人群密集或者财物集中的公共场所实施爆炸行为会危害不特定多数人的生命、健康或者财产安全，根据经验法则，一般人应当预见和认识到。本案中，被告人在多人共同居住的职工宿舍内用引爆火药、雷管的方法意图伤害张某2和刘某二人，虽然侵害目标特定，但行为人作为一个有经验的放炮员应当预见爆炸行为会波及宿舍内其他不特定的对象，危害公共安全。其放任结果的发生，主观上应当认定为对危害公共安全存在间接故意。

综上，本案被告人的行为构成了爆炸罪而非故意伤害罪。值得注意的是，爆炸罪和以爆炸方法实施的故意伤害罪在行为方式和危害结果方面确有相同之处，在审判实践中，如果爆炸行为是指向特定的人，并且有意识地把破坏的范围限制在不危害公共安全的范围，客观上也未发生危害公共安全的结果，则应按故意杀人罪或故意伤害罪论处；如果爆炸行为虽然指向特定的对象，但行为人预见其爆炸行为会危害公共安全而仍实施，危害公共安全的，应以爆炸罪论处。

问题2. 经预谋在高层住宅内放火，致多人死亡和他人财产重大损失，情节恶劣，社会危害性极大，后果和罪行极其严重的，认定为放火罪

【地方参考案例】莫某某放火、盗窃案①

一、基本案情

被告人莫某某因长期沉迷赌博身负高额债务，并为躲避债务于2015年到浙江省、上海市等地打工。2016年9月，莫某某经中介应聘到浙江省杭州市上城区蓝色钱江公寓被害人朱某1（女，殁年34岁）、林某1夫妇家从事住家保姆工作。2017年3月至同年6月21日，莫某某为筹集赌资，多次窃取朱某1家的项链、手镯、手表等财物进行典当，得款189 192元，至案发时，尚有价值198 733元的财物未被赎回。莫某某另以在老家买房为借口，向朱某1借款114 000元。上述钱款均被莫某某赌博挥霍。

2017年6月21日晚，被告人莫某某使用手机上网赌博，输光了当晚盗窃朱某1家积家牌手表典当所得的37 500元，为继续筹集赌资，决定采取在朱某1家中放火再帮助灭火的方式骗取朱某1的感激，以便再向朱借钱。22日2时至4时许，莫某某通过手机上网查询"打火机自动爆炸""沙发突然着火""家里窗帘突然着火""放火要坐牢吗""火容易慢燃吗""火灾起点原因容易查吗"等与放火有关的信息。4时55分许，莫某某在朱某1家客厅用打火机点燃书本，引燃客厅沙发、窗帘等易燃物品，导致火势迅速蔓延，造成屋内的朱某1及其子女林某2（被害人，男，殁年10岁）、林某3（被害人，女，殁年7岁）、林某4（被害人，男，殁年4岁）四人被困火场，吸入一氧化碳中毒死亡，并造成房屋、家具和邻近房屋部分设施损毁。其中，房屋精装修、部分构件材料和其他损失共计2 577 052元。

二、主要问题

在高层住宅内实施放火行为，致多人死亡和他人财产重大损失，如何定罪？

三、裁判理由

被告人莫某某故意放火，危害公共安全，其行为已构成放火罪；莫某某以非法占有为目的，盗窃他人财物，数额巨大，其行为已构成盗窃罪。莫某某经预谋在高层住宅内放火，致四人死亡和他人财产重大损失，犯罪动机卑劣，情节恶劣，社会危害性极大，后果和罪行极其严重，应依法惩处。虽然莫某某归案后能如实供述自己的放火罪行，但根据其犯罪的事实、性质、情节和对社会的危害程度，对其所犯放火罪依法不足以从轻处罚。莫某某多次窃取他人巨额财物，但其归案后主动交代公安机关尚未掌握的盗窃罪行，系自首，对其所犯盗窃罪可依法从轻处罚。对莫某某所犯数罪，应依法并罚。

问题3. 以毁坏特定财物为目的实施的放火行为如何定罪

【地方参考案例】王某放火案②

行为人以毁坏特定财物为目的的实施放火行为，对这类案件的定性，关键在于判断行为人是否有意识地把破坏的范围准确限制在不危害公共安全的范围内。如果放火行为引

---

① 参见浙江省高级人民法院（2018）浙刑终82号刑事判决书。
② 参见黑龙江省哈尔滨市阿城区人民法院（2020）黑0112刑初75号刑事判决书。

发的火灾达到在时间上或者空间上失去控制的燃烧状态，足以危害不特定多数人生命、健康或者重大公私财产安全，且行为人事先虽有预见但仍实施放火行为，主观上具有放任危害结果发生的间接故意的，应当认定为放火罪。

一、基本案情

2006年3月20日12时许，被告人王某因不满闫某将玉米秸秆堆放在村屯东侧黄土坑处，便与闫某发生争执。为泄私愤，王某用打火机将闫某堆放的玉米秆垛引燃，火势蔓延，致使同村十五户村民的玉米秆垛、多棵榆树和网通电缆（价值16 498元）被烧毁。案发当时，风向偏西、风速3级，起火点距离村民石某家房屋13米，距离被烧毁的通信电缆及玉米秆21米。

二、主要问题

如何定性行为人以毁坏特定财物为目的实施的放火行为？

三、裁判理由

被告人王某以放火焚烧玉米秸秆的方式实施犯罪，犯罪对象虽然指向特定的财物，但并未能够将火势有效控制在行为直接指向的范围内，致使同村十五户村民家的玉米秆垛、多棵榆树和网通电缆线被烧毁，危害公共安全，其行为已构成放火罪。案发后，王某已赔偿被害人损失并获得谅解，且认罪认罚，可依法从轻处罚。

案件审理中，对于以毁坏特定财物为目的实施放火行为的定性存在不同意见，一种意见认为，被告人王某主观上具有毁坏他人财物的故意，客观上也实施了毁坏他人财物的行为，因此其行为构成了故意毁坏财物罪。另一种意见则认为，被告人王某虽然主观上指向特定的财物，但客观上危害了公共安全，因此其行为构成了放火罪。

我们同意后一种意见。放火罪和故意毁坏财物罪由于客观上都包含造成财产损失的结果，在行为方式上也有相似之处，例如，放火行为既可以故意损害他人特定财物，也可以危害公共安全，因此两罪在很多情况下难以区分。但是可以看出，两罪之间最核心的区别在于侵犯的客体不同：故意毁坏财物罪侵犯的客体是公私财产权；放火罪侵犯的客体是公共安全。值得注意的是，虽然两罪主观方面均只能由故意构成，包括直接故意和间接故意，但具体而言，故意毁坏财物罪是放任或希望毁坏特定公私财产结果的发生；而放火罪则是放任或希望危害公共安全结果的发生。因此对此类案件的定性，主要从以下两方面进行分析。

一是客观上行为人是否有意识地把破坏的范围准确限制在特定财物的范围内，放火行为是否足以危害公共安全。危害公共安全罪中的"公共安全"，是指不特定多数人的生命、健康或者重大公私财产的安全。其中，"不特定的多数"是"公共"概念的核心。所谓"不特定"，是指行为可能侵犯的对象和可能造成的结果事先无法确定，行为人对此既无法具体预料也难以实际控制，行为造成的危险或者侵害结果可能随时扩大或增加。所谓"多数"，则限定行为发生当时有可能威胁到的人数要达到3人以上，这也是由"公共安全"的公众性和社会性所决定的。值得注意的是，放火罪是具体危险犯，要求对公共安全造成侵害的紧迫危险，不以发生侵害结果为必要条件，且行为是否危害"公共安全"不是从事后来看实际侵害了多少人，而是从行为进行的当时来判断。因此，只要行为当时足以对不特定多数人生命、健康或者重大公私财产安全造成紧迫危险，尽管最终结果只侵害了1个人，甚至没有发生侵害结果，也不影响认定该行为是危害"公共安全"的行为。另外，"公共"概念中包含了"不特定"，并不意味着行为人没有特定的侵害目标，如果行为人主观上有特定的目标，但不能有意识地把破坏范围准确限制在特定范围内，同时行为本身具有难以控制损害范围的特点，从而足以危害特定目标之外的人身或者重大财产安全，在这种情况下，也应被认定为危害"公共安全"。

二是主观上行为人是否放任危害公共安全结果的发生。行为人以毁坏特定财物为目的实施放火行为，并不意味着主观上就一定是具有毁坏特定财物的故意。如果客观上行为的破坏范围没有得到控制，足以危害公共安全，对行为人主观故意的认定应当从以下两点进行：认知水平、客观环境。通常认为，社会生活中的一般人具有的认知水平能够对生活中事物的出现和发展作出预判。如果行为人的认知水平高于或者低于一般人，则应当以行为人的自身认知水平作为其能否预判事物发展的标准。另外，行为时的气候、风力、气温，燃烧物与周围可燃物的距离等客观环境因素，也会影响行为人对放火行为本身危险性的判断。如果行为人是社会生活中的一般人，且客观环境因素不会使其对行为本身的危险性产生错误认识，在这种情况下，应当认为行为人能够预见危害公共安全结果的发生。有预见而仍实施放火行为的，应当认定行为人主观上具有放任危害结果发生的间接故意。

本案中，被告人王某因不满闫某将玉米秸秆堆放在村屯东侧黄土坑处，便用打火机引燃。考虑到村屯周围多处堆放有玉米秆垛，起火点距离村民家房屋仅13米，距离通信电缆及玉米秆21米，而且案发于3月份，哈尔滨正值寒冷干燥的火灾易发期，且行为发生时风速3级，火灾势必会形成在时间上或者空间上失去控制的燃烧状态，不可能限定于闫某堆放的玉米秆垛内。虽然王某主观上有一定的侵害目标，但对最终的损害范围难以控制，且火灾造成的危险或侵害结果可能随时扩大或增加。因此，王某的放火行为足以危害公共安全。另一方面，王某作为完全刑事责任能力人，根据生活经验，对危害公共安全的结果应当预见和认识到，有预见但仍实施，说明王某主观上并非具有毁坏特定财物的故意，而是具有放任危害公共安全结果发生的故意。

综上，王某以毁坏特定财物为目的实施的放火行为，构成放火罪。

问题4. 意图放火杀人但放任放火行为同时侵害公共安全应认定为何罪

【刑事审判参考案例】杨某某、杜某某放火案①

一、基本案情

被告人杨某某，女，1972年生。2012年3月14日被逮捕。

被告人杜某某，男，1967年生。2012年3月14日被逮捕。

河北省承德市人民检察院以被告人杨某某、杜某某犯放火罪，向承德市中级人民法院提起公诉。承德市中级人民法院于2012年10月24日以放火罪分别判处被告人杨某某死刑，剥夺政治权利终身；判处被告人杜某某死刑，缓期二年执行，剥夺政治权利终身。宣判后，二被告人均提出上诉。河北省高级人民法院经审理，裁定发回重审。

被告人杨某某供认起诉指控的犯罪事实，其辩护人提出，此案应定故意杀人罪或故

---

① 谢炳忠、宋雪敏撰稿，陆建红审编：《杨某某、杜某某放火案——刑法上因果关系的认定（第1117号）》，载中华人民共和国最高人民法院刑事审判第一、二、三、四、五庭主办：《刑事审判参考》（总第105集），法律出版社2016年版，第8~14页。

意伤害罪，杨某某到现场只是放风，且火不是杨某某点燃的，属于犯罪预备。此案事出有因，被害人的儿子有过错，请依法从轻判处。

被告人杜某某供认起诉指控的犯罪事实，其辩护人提出，本案的起火原因是被害人高某开手电而引起，杜某某没有点火，其行为应认定为犯罪预备，且杜某某认罪态度好，有悔罪表现，请依法从轻判处。

承德市中级人民法院经重审查明：被告人杨某某因高某某与其断绝不正当男女关系，产生了报复高某某的想法，找到被告人杜某某要求其去高某某家放火实施报复。杜某某驾驶一辆面包车拉着杨某某，经预谋踩点后于 2012 年 2 月 6 日晚携带汽油、稻草、爆竹、盆子、打火机等放火工具到高某某家院墙外蹲守。当晚凌晨 1 时许，二被告人见高某某家东屋居住的人已熄灯入睡后，杨某某在院墙外放风，杜某某携带汽油、稻草、爆竹、盆子、打火机等放火工具进入院内，先断了高某某家的电源开关，将汽油泼洒在东、西屋窗台及外屋门上后，用木棍击碎有人居住的东屋玻璃窗，向屋内泼洒汽油。东屋内居住的高某某的父母高某、卢某某被惊醒后，使用警用手电照明后开启电击功能击打出电火花，引发大火将高某、卢某某烧伤，房屋烧坏。卢某某因大面积烧伤，导致休克、毒血症以及多脏器功能衰竭，经抢救无效死亡；高某损伤程度为重伤；高某某家被烧坏房屋的物品价值为 4672 元。

承德市中级人民法院认为，被告人杨某某为报复高某某，与被告人杜某某共同预谋，准备放火工具、助燃材料并踩点后，趁高某某家人在屋内熟睡之际，向屋外门窗泼洒汽油并敲碎玻璃向屋内泼洒汽油的行为，必然引起屋内的人使用照明设置，进而引发火灾，且客观上已经由此引发了火灾，可以认定杨某某、杜某某的犯罪行为与高某某家火灾的发生之间有必然的因果关系，即刑法上的因果关系，被告人杨某某、杜某某的行为构成放火罪（既遂）。高某某家房院在村庄内，与邻居家房子仅距离 15.4 米，且其间堆放有柴草，二被告人准备了干草、汽油、鞭炮等助燃材料，且当时处在火灾高发期，高某某家着火，足以危及其邻居的生命、财产安全，二被告人的行为构成放火罪。本案是由感情纠葛等民间矛盾引发的，量刑时予以考虑。依照《刑法》第 115 条、第 64 条、第 57 条第 1 款、第 48 条第 1 款、第 25 条第 1 款之规定，以放火罪分别判处被告人杨某某死刑，缓期二年执行，剥夺政治权利终身；判处被告人杜某某死刑，缓期二年执行，剥夺政治权利终身。

一审宣判后，承德市人民检察院以对被告人杨某某量刑畸轻为由提出抗诉，河北省人民检察院支持抗诉。

河北省高级人民法院经审理认为，被告人杨某某为报复高某某，与被告人杜某某共同预谋，在村民聚居区准备放火作案工具，向被害人所住房屋门窗及屋内泼洒汽油的行为，引起屋内被害人使用照明设施产生高压电弧引发火灾，造成一死一重伤的后果，杨某某、杜某某的行为均已构成放火罪。应依法惩处。鉴于本案是感情纠纷引发，起火原因不排除是被害人自己使用照明设施所致。原判决针对杨某某、杜某某在犯罪中的作用及相关量刑情节，依法量刑，并无不当，抗诉机关关于对杨某某量刑不当的理由不能成立。依法驳回抗诉，维持对被告人杨某某、杜某某的定罪量刑。

二、主要问题

1. 被告人杨某某、杜某某的行为与被害人卢某某的死亡结果之间是否具有刑法上的因果关系？

2. 二被告人到被害人家实施放火行为，应当如何定性？

三、裁判理由

（一）被告人杨某某、杜某某的行为与被害人卢某某的死亡结果之间存在刑法上的因果关系

本案在审理过程中，对于被告人杨某某、杜某某的行为与被害人的死亡结果之间是否具有刑法上的因果关系，有两种不同意见：第一种意见，即杜某某、杨某某的辩护人的观点，认为杜某某没有点火行为，故杨某某、杜某某的行为与被害人的死亡结果之间没有刑法上的因果关系，应认定二被告人为犯罪预备。第二种意见，即一审、二审法院的观点，认为杨某某为报复高某某，与杜某某共同预谋，准备放火工具、助燃材料并踩点后，趁高某某家人在屋内熟睡之际，向屋外门窗泼洒汽油并敲碎玻璃向屋内泼洒汽油的行为，必然引起屋内的人使用照明设施，进而引发火灾，且客观上已经由此引发了火灾，可以认定杨某某、杜某某的犯罪行为与高某某家火灾的发生之间有必然的因果关系，即刑法上的因果关系。

我们同意第二种意见，即本案被告人杨某某、杜某某的行为与被害人死亡结果之间存在刑法上的因果关系。刑法上的因果关系，是指危害行为与危害结果之间引起与被引起的合乎规律的联系。如何认定刑法上的因果关系，存在各种各样的学说。在大陆法系学说史上，先后主要历经了条件说、原因说、相当因果关系说与客观归责理论的历史变迁。而在英美法系中，刑法上认定因果关系的理论通说是"双层次原因学说"，即把原因分为两个层次：第一个层次是事实原因；第二个层次是法律原因。我国刑法理论以前采取的是"必然因果关系说"，即当危害行为中包含着危害结果产生的根据，并符合规律地产生了危害结果时，危害行为与危害结果之间就是必然因果关系；只有这种必然因果关系，才是刑法上的因果关系。由于这种学说导致因果关系的成立范围过窄，后来出现了"偶然因果关系说"，该说的基本观点是，当危害行为本身并不包含产生危害结果的根据，但在其发展过程中，偶然介入其他因素，并由介入因素合乎规律地引起了危害结果时，危害行为与危害结果之间就是偶然因果关系；介入因素与危害结果之间是必然因果关系；必然因果关系与偶然因果关系都是刑法上的因果关系。

我们认为，不管采取何种学说，在认定因果关系时应当注意以下几点：（1）因果关系研究的是行为与结果之间的引起与被引起的关系，而不是对行为与结果本身的研究。（2）因果关系是一种客观联系，并且是一种特定条件下的客观联系，不能离开客观条件认定因果关系。（3）一个危害结果完全可能由数个危害行为造成，在认定某种行为造成了某一危害结果时，不能轻易否认该危害结果可能同时由其他行为造成。（4）在行为人的行为介入其他因素时，要根据具体情况综合判断行为人的行为与结果之间的关系，具体应当考察四个方面的因素：一是行为人的行为导致结果发生的可能性的大小；二是介入因素的异常性大小；三是介入因素对结果发生作用的大小；四是介入因素是否属于行为人的管辖范围。当被告人实施行为后，介入了被害人行为，导致结果的发生时，应根据案件具体情况判断被害人实施的行为是否具有通常性。如果被告人实施的行为，导致被害人不得不或者在通常情况下会实施介入行为，则该介入行为对被告人的行为与结果之间的因果关系没有影响；如果被害人的介入行为属于通常情况下不会实施的行为，即异常行为，该行为对结果又起到决定性作用，则不能将结果归责于被告人的行为。

本案中，二被告人事先预谋，案发当晚杨某某在院墙外放风，杜某某携带汽油、稻

草、爆竹、盆子、打火机等放火工具进入院内，先断了高某某家的电源开关，将汽油泼洒在东、西屋窗台及外屋门上后，又用木棍击碎东屋窗玻璃并向屋内泼洒汽油，二被告人实施这一系列行为后，被害人高某、卢某某被惊醒，使用警用手电照明后又开启电击功能击打出电火花引发大火将高某、卢某某烧伤，卢某某经抢救无效死亡，高某损伤经鉴定为重伤。被害人使用警用手电照明并使用电击功能击打出电火花这一介入因素，是否能够切断二被告人放火行为与被害人伤亡结果的因果关系呢？我们认为，将介入因素放到犯罪构成中去考察，可以得出这一因果关系未曾切断，因而应当肯定二被告人的行为与本案危害结果之间存在刑法上的因果关系的结论。

1. 被害人开启警用手电电击功能的行为虽系偶然介入因素，但却是由被告人先前切断电源行为引起的通常行为。公安部消防局天津火灾物证鉴定中心出具的鉴定意见证实：本案中的"警用手电"在开启电击功能时，手电的端部可以产生高压电弧放电。根据有关技术文件和实际案例，电击的高压电弧产生的火花能量极大，可能引燃汽油蒸气。可见，本案的起火原因不排除被害人自己使用"警用手电"电击功能引燃汽油。但是，如前所述，被告人杜某某携带汽油、稻草、爆竹、盆子、打火机等放火工具和助燃材料进入院内，切断电源，打碎窗户，在屋外屋内多处泼洒汽油，在这种情况下，被害人被惊醒后因无法开灯，不得不使用照明工具。虽然被害人使用"警用手电"这一情况具有一定的偶然性，但这种偶然性不足以否定被害人拿出手电照明以及使用电击功能作为阻吓入侵者行为的通常性，即二被告人实施了上述泼洒汽油、切断电源等一系列行为后，在通常情况下都会导致被害人使用照明工具这一介入行为。也就是说，被害人使用照明的行为系被告人先前切断电源行为所致。

2. 被害人打开警用手电电击功能的行为没有中断被告人泼洒汽油行为与着火结果之间的因果关系。应当说，从刑法的意义看，着火的结果仍是被告人泼洒汽油的行为造成的，只是由于被害人的举动，着火的结果比被告人预想的时间提前发生，但丝毫不改变被告人泼洒汽油的行为对着火结果的原因力。被害人使用手电电击功能的介入行为对二被告人的行为与结果之间的因果关系没有影响。如果被害人打开警用手电在被告人的犯罪设计之中，那么被告人放火的实行行为在泼洒完汽油后就全部完成了，着火的结果当然要全部归责于被告人。但是，本案被害人打开警用手电显然是出乎被告人的犯罪计划之外的一个事实因素，而被害人的行为本身不仅是毫无危险性的行为，而且是因为听到有人敲碎自家窗户，看见有棍子之类的东西伸进来，感受到了威胁所作出的自然反应，并最终合逻辑地引燃大火。只是被害人使用手电电击功能的行为让被告人省却了自己点火的这一步，从被告人一方来看，整个犯罪进程没有发生根本性的变化，本案的结果应全部归责于被告人。

3. 被告人的放火行为，假设排除被害人的照明行为，是否会产生危害结果，也即照明行为是否为被告人放火系列行为中之必要？我们认为，即使没有被害人的照明行为，被告人已经着手实施的放火行为依然会继续，直到危害结果发生。被告人在被害人的照明行为之前，已经实施了一系列作为放火组成部分的行为，特别是携带打火机并泼洒汽油。之所以被告人未最终使用打火机点燃汽油，并非由于被告人主观上的原因，也不是意志以外的原因使其无法使用打火机，而是因为被害人照明行为的介入，偶然地成了被告人点燃汽油的替代行为，此时被告人点燃打火机已经变得没有必要。

4. 被害人照明行为致使危害结果的发生符合被告人犯罪意志的内容。被告人的犯罪目的就是通过放火的手段实施报复。本案所出现的危害后果与被告人的报复目的完全一致。

（二）二被告人的行为应当以放火罪论处，且系犯罪既遂

本案在审理中，对于二被告人行为的定性也存在不同意见。被告人杨某某的辩护人认为此案应定性为故意杀人罪或故意伤害罪。一审、二审法院认为，高某某家房院在村庄内，距离邻居家房子仅 15.4 米，且其间堆放有柴草，二被告人准备了干草、汽油、鞭炮等助燃材料，当时又处在火灾易发期，高某某家着火，足以危及其邻居的生命、财产安全，二被告人的行为构成放火罪（既遂）。

我们同意一审、二审法院的意见，即被告人杨某某提起犯意，纠集被告人杜某某共同预谋，积极准备作案工具，并共同实施放火行为，二人构成放火罪的共犯。我们认为，本案二被告人以杀害特定少数人为目的而实施放火行为，对这类案件的定性，关键在于准确判断行为人所实施的以放火为手段的杀人行为，是否危及不特定或多数人的生命、健康或者重大公私财产安全。如果行为人所实施的放火行为，除了可能造成其意图杀害的特定少数人的伤亡结果外，还可能危害到其他人的生命、健康和重大财产安全，说明行为人主观上具有放任危害公共安全结果发生的心态，其行为构成放火罪。本案中，二被告人为了杀害高某某而实施放火行为，但高某某家房子在村庄内，距离邻居家房子仅 15.4 米，且中间堆放有柴草，而案发于 2 月初，正值风干物燥的火灾易发期，高某某家着火，足以危及邻居家的生命、健康和财产安全，因此二被告人实施的放火行为侵害了不特定人的生命、健康或者重大公私财产安全，即侵害了公共安全，应当构成放火罪。

此外，二被告人的辩护人均认为本案属于犯罪预备，我们认为，犯罪预备，是指为了实行犯罪，准备工具、制造条件，但由于行为人意志以外的原因而未能着手实行犯罪的犯罪形态。本案从客观行为来看，被告人杜某某携带汽油、稻草、爆竹、盆子、打火机等放火工具和助燃材料进入被害人家院内，在屋外屋内多处泼洒汽油，其行为已不是犯罪预备阶段的行为，而属于放火的实行行为。被告人杜某某不仅着手实行了犯罪，且发生了被害人伤亡的犯罪结果；被告人杨某某虽仅在院外望风，但其首先提起犯意，事前与杜某某共同预谋、准备作案工具并踩点，其与杜某某成立共同犯罪，对杜某某实施的全部行为负责，故而二被告人的行为不符合犯罪预备的条件，而具备了犯罪既遂的要求。从主观方面来看，被害人使用手电照明而引燃汽油并不违背二被告人的主观意志。因此，综合主客观方面，二被告人的行为均属于犯罪既遂，而非犯罪预备。

综上，原审法院认定被告人杨某某、杜某某的放火行为与被害人死伤结果的发生具有刑法上的因果关系，据此认定二被告人构成放火罪，同时鉴于本案是感情纠纷引发，起火原因不排除是被害人自己使用照明设施所致等具体情况，分别判处二被告人死刑，缓期二年执行是适当的。

问题 5. 在自家耕地投放危险物质致使周边农户的牲畜误食死亡，行为人主观过失的认定

【地方参考案例】刘某过失投放危险物质案①

一、基本案情

2017 年 4 月 22 日 13 时许，被告人刘某为使自家水稻苗床免遭鼠害，将购买的毒药与玉米浸泡后，投放在苗床周围，但未设置警示带、未悬挂警示牌，也未采取其他警示措施。4 月 23 日，被害人于某 1 家的 2 头牛和被害人于某 2 家的 1 头牛因误食了浸有毒药的玉米粒于次日死亡，3 头牛总价值人民币 18 000 元。4 月 24 日，刘某到于某 1 家告知其在苗床附近投放毒药一事。经鉴定，现场提取的玉米粒与死亡牛的胃内溶物中均检出氟乙酰胺成分。

被告人刘某在自家苗床投放毒药，未设置安全警示标志，导致严重后果，危害公共安全，其行为构成过失投放危险物质罪，应予依法惩处。鉴于被告人刘某在归案后能够如实供述自己的罪行，案发后积极筹措钱款赔偿被害人的经济损失，取得被害人的谅解，综合上述情节对其从轻处罚。

二、主要问题

结果预见可能性的判断标准，以及结果回避义务的范围如何认定？

三、裁判理由

（一）预见可能性的判断标准

我国刑法根据行为人是否已经预见危害结果，将过失分为疏忽大意的过失和过于自信的过失。对结果具有预见可能性，是疏忽大意的过失与过于自信的过失的共同要件。预见可能性的判断，包括以下两个方面：

一是行为人对结果预见的具体程度，只需要达到具体犯罪的构成要件层面。刑法要求过失犯罪的行为人能够预见自己的行为可能发生危害社会的结果，这里"危害社会的结果"，只能是具体罪名所规定的作为构成要件的具体结果，而不需要行为人作出更为具体的预见。例如，本案中被告人对结果的预见，只要能够认识到会有人或牲畜因为误食而死亡，不要求其认识到具体死亡的人和牲畜，也不要求其认识到危险现实化的具体因果进程。

二是结合行为人的认知水平、行为本身的危险程度以及行为时的客观环境等因素判断能否预见。每个人的认知水平不同，有的低于一般人、有的高于一般人。同一行为人，受特殊的客观环境所限制，对结果的预见能力与在一般条件下也有不同。同样的，有些行为人按其本身的认知水平，能够预见危险程度高的行为可能发生的结果，但却不能预见危险程度低的行为可能发生的结果。因此，对预见可能性的判断，要将这些主客观事实结合起来。本案中，案发当时被告人刘某 27 岁，是一名初中毕业的农民。另一方面，刘某投放毒药的时间是白天，行为时的客观环境正是农作、放牧时分，且毒药的毒性极强，一旦误食就会引起伤亡。综合以上主客观因素，应当认为本案被告人对危害结果具有预见可能性。

---

① 参见黑龙江省方正县人民法院（2017）黑 0124 刑初 209 号刑事判决书。

（二）结果回避义务的界限范围

疏忽大意的过失，是指行为人应当预见自己的行为可能发生危害社会的结果，因为疏忽大意而没有预见，最终导致结果的发生。过于自信的过失，是指行为人虽然已经预见自己的行为可能发生危害社会的结果，但轻信结果能够避免，最终导致结果的发生。两种责任形式的过失均没有履行结果回避义务。有些案件中，行为人虽然采取了一些避免结果发生的措施，但因其没有在能力范围内最大限度地履行结果回避义务，最终导致危害结果发生的，也应当认定为过于自信的过失。但是值得注意的是，并不是说只有结果不发生才是履行了结果回避义务，在有些情况下，行为人虽然对结果具有预见可能性，甚至已经预见，但无法采取避免结果发生的措施，或者虽然采取了避免结果发生的措施，但结果仍然不可避免。也就是说，尽管行为人尽到了注意义务，对于这种由不可抗力的原因引发的危险结果，无法阻断法益侵害结果的发生。刑法要求行为人在能力范围内尽到最大的注意义务，但如果危害结果本身不具备回避可能性，则既不能认定为过失犯罪，也不能认定为故意犯罪，而是意外事件。本案中，被告人刘某为使自家水稻苗床免遭鼠害，将购买的毒药与玉米浸泡后，投放在苗床周围，未设置警示带、未悬挂警示牌，也未采取其他警示措施，应当认为刘某没有履行结果回避义务。但是，如果刘某充分采取了避免结果发生的措施，如给水稻田拉警戒线以及在药物毒性挥发前派人值守等，在这种情况下，如果邻居在凌晨放牧，因误食刘某家水稻苗床处浸有毒药的玉米粒而死亡的，便不能追究刘某的过失责任。

综上，被告人刘某在对结果有预见可能性的情况下，因疏忽大意没有预见，最终导致危害结果的发生，违反了结果回避义务，其行为构成过失投放危险物质罪。

问题 6. 爆炸罪与故意杀人罪应如何区分认定

【刑事审判参考案例】靳某某、王某某、郝某某、胡某某爆炸，故意杀人，非法制造、买卖爆炸物案[①]

一、基本案情

被告人靳某某，男，汉族，1960 年生。1989 年 6 月 9 日因犯强奸罪被判处有期徒刑十年，剥夺政治权利三年，1997 年 8 月 19 日刑满释放。2001 年 3 月 31 日因本案被逮捕。

被告人王某某，男，汉族，1952 年生。2001 年 3 月 31 日被逮捕。

被告人郝某某，女，汉族，1954 年生。2001 年 3 月 31 日被逮捕。

被告人胡某某，男，汉族，1963 年生。2001 年 3 月 31 日被逮捕。

河北省石家庄市人民检察院指控被告人靳某某犯爆炸罪、故意杀人罪，被告人王某某、郝某某犯非法制造、买卖爆炸物罪，被告人胡某某犯非法买卖爆炸物罪，向石家庄市中级人民法院提起公诉。

被告人靳某某辩解，其把炸药都放在了接近厕所和厨房的地方，只想吓唬与其有矛盾的人，并不想炸死他们；是韦某某先用柴刀砍其，其才夺过柴刀砍的她，属过失杀人。

[①] 邢朔撰稿，韩维中审编：《靳某某、王某某、郝某某、胡某某爆炸，故意杀人，非法制造、买卖爆炸物案——石家庄"3·16"特大爆炸案》，载中华人民共和国最高人民法院刑事审判第一、二、三、四、五庭主办：《刑事审判参考》（总第 119 集），法律出版社 2019 年版，第 62～69 页。

其辩护人提出，靳某某耳聋，系残疾人。对事物的认识有障碍，家庭和周围的环境使其心理扭曲导致犯罪。

被告人王某某辩解，其并不知道靳某某去搞爆炸。其辩护人提出，认定王某某非法制造、买卖爆炸物情节严重无法律依据，且王某某有立功情节，认罪态度好。

被告人郝某某辩解，其不知道靳某某去搞爆炸，不应与爆炸案同案审理，不属于情节严重。其辩护人提出，郝某某卖炸药和靳某某搞爆炸之间没有直接因果关系，其不应承担爆炸罪的责任，故不应认定郝某某之行为情节严重。郝某某能主动坦白交代犯罪事实，并有检举揭发他人犯罪之情节，且系从犯。

被告人胡某某辩解，当时卖雷管和导火索时不知是犯罪。其辩护人提出，胡某某无犯罪的主观恶意，具有坦白情节，系初犯，认罪态度好，且其卖雷管和导火索的数量不属于情节严重。

石家庄市中级人民法院经公开审理查明：被告人靳某某与被害人韦某某于 2000 年 8 月左右相识并开始同居生活，后二人因婚姻问题产生矛盾，韦某某便偷拿了靳某某 600 元钱于 2000 年 11 月 14 日跑回老家云南省马关县。2001 年 2 月 18 日，靳某某携带 6000 多元钱及韦某某与其写的结婚协议书找到韦某某的老家，因结婚问题遭到拒绝后，便产生了杀害韦某某的念头。2001 年 3 月 9 日 14 时 20 分许，靳某某在韦某某父母外出时，又与韦某某发生争吵，并将韦某某拉至厨房内，用厨房内的砍柴刀砍韦某某左头顶部及后枕部数刀，致韦某某颅脑开放性损伤、脑组织破碎当场死亡。靳某某将韦某某的尸体拖至韦某某居住的房间藏于木床底下，将砍柴刀藏于草木灰中，用草木灰掩盖了地上的血迹，锁住韦某某家大门后逃离现场。

被告人靳某某因怀疑邻居张某某夫妇等人挑拨其与继母苑某某的关系而怀恨在心，并因家庭琐事分别与苑某某、前妻尚某某、儿子靳某 1、姐姐靳某 2 等人产生矛盾，欲采用爆炸的方法，以泄私愤。2000 年 5 月、6 月的一天，靳某某得知河北省鹿泉市有私制炸药的消息后，便找到鹿泉市北白砂村被告人王某某、郝某某，二被告人表示能做炸药，三人采用文字协议的方式协商了炸药的价格、使用方法等，应靳某某的要求，王某某向靳某某提供了炸药的样品及雷管、导火索，靳某某进行了试验。靳某某又到鹿泉市石井采石一厂，以人民币（以下币种同）33 元向爆破员被告人胡某某购买了 50 枚雷管及 20 余根导火索，藏于石家庄市热电厂一暖气沟内。2001 年 3 月 9 日，靳某某在云南杀死被害人韦某某后，回到石家庄市。

2001 年 3 月 12 日，被告人靳某某回石家庄市找到之前藏放的雷管及导火索，又到鹿泉市北白砂村找到被告人王某某、郝某某，与二人商定购买炸药。当晚，王某某、郝某某即为靳某某生产出 600 公斤硝铵炸药。次日，靳某某再次找到王某某、郝某某，以 40 元购买了 25 公斤炸药，并进行了爆炸试验。同月 14 日 9 时许，靳某某第三次到王某某、郝某某非法制造炸药的废弃水泥厂，以 950 元购买了 575 公斤炸药并分装成 14 袋。同月 15 日 7 时许，靳某某以运饲料为名，先后租用刘某某、王某 1 的农用机动三轮车，将炸药运至事先选好的赵陵铺乡前太保村一废弃房内藏放，后又到平山县城等待时机继续作案。

2001 年 3 月 15 日 19 时 30 分许，被告人靳某某仍以运饲料为名，从平山县城租用了一辆带篷子的摩托三轮车到石家庄市赵陵铺乡前太保村藏放炸药处，分两次将 575 公斤炸药依次运至其前妻尚某某所住石家庄市电大街 13 号楼 1 单元门口 2 袋（100 公斤）、其姐靳某 2 所售出的民进街 12 号院房子处 1 袋（50 公斤）、其前妻父母和其子靳某 1 所住建设北大街石建一公司宿舍楼 4 袋（100 公斤）、育才街棉三宿舍 19 号楼东侧便道花池处 7 袋（325 公斤）。后靳某某又到石家庄市热电厂暖气沟处，将从被告人胡某某处购买的雷管和导火索连接成引爆装置。次日 2 时 30 分许，靳某某乘出租车先到建设北大街石建一公司宿舍楼旁将事先放置于此的 100 公斤炸药分别放在该楼 3 单元的二层、四层平台处，后又乘出租车到石家庄市火车站，以搬货为名租乘王某 2 驾驶的摩托三轮车到棉三宿舍 19 号楼便道花池藏放炸药处，分两次将 325 公斤炸药运至与其有矛盾的邻居张某某夫妇等人及其居住的 16 号楼 2 单元门口西侧，并将该炸药分放于 16 号楼 1 单元一楼楼道内 100 公斤、2 单元一楼楼道内 100 公斤、2 单元门口西侧 100 公斤、其继母苑某某居住的 15 号楼西侧 25 公斤，而后用随身携带的剪刀分别在炸药上扎洞插入引爆装置，按 16 号楼 1 单元、2 单元、2 单元门口西侧、15 号楼西墙外侧的顺序依次用打火机将引爆装置点燃，之后，其又连续换乘出租车依次到建设北大街石建一公司宿舍、电大街 13 号市五金公司宿舍、民进街 12 号院，用同样的方法将事先放好的炸药一一引爆，后乘出租车逃离。3 月 16 日 4 时 16 分，育才街棉三宿舍 16 号楼发生爆炸，致使 16 号楼整体坍塌；4 时 30 分，建设北大街市石建一公司宿舍楼发生爆炸，致使该楼 3 单元坍塌；4 时 45 分，电大街 13 号市五金公司宿舍楼发生爆炸，致使该楼 1 单元坍塌；5 时，民进街 12 号院发生爆炸，致使该院部分房屋坍塌。共造成 108 人死亡，多人受伤，其中重伤 5 人，轻伤 8 人。3 月 23 日 8 时许，靳某某在广西壮族自治区北海市被抓获归案。

2000 年 5 月，被告人王某某、郝某某曾与张某 1、张某 2 合伙生产硝铵炸药，同年 5 月底张某 1、张某 2 相继退股，后二被告人又在鹿泉北白砂村一废弃的厂院内继续非法制造硝铵炸药，并将上述生产的硝铵炸药以每吨 1300 元到 1700 元的价格分别卖给葛某某、高某某、封某某、侯某某、孙某某、杜某 1、杜某 2 等人，共计 20 750 公斤。

2001 年 4 月 18 日，河北省石家庄市中级人民法院以（2001）石刑初字第 67 号刑事判决，认定被告人靳某某犯爆炸罪，判处死刑，剥夺政治权利终身；犯故意杀人罪，判处死刑，剥夺政治权利终身；决定执行死刑，剥夺政治权利终身。被告人王某某犯非法制造、买卖爆炸物罪，判处死刑，剥夺政治权利终身。被告人郝某某犯非法制造、买卖爆炸物罪，判处死刑，剥夺政治权利终身。被告人胡某某犯非法买卖爆炸物罪，判处死刑，剥夺政治权利终身。

一审宣判后，被告人靳某某提出上诉，称致死韦某某是过失行为，不是故意杀人；进行爆炸是想吓唬与其有矛盾的人，没想炸死人；量刑重。其辩护人提出，靳某某听力有障碍，对其爆炸行为造成的后果并不十分清楚，要求对此情节予以考虑。

被告人王某某提出上诉，称其卖给靳某某炸药，并不知道靳某某会用于犯罪，不应对靳某某爆炸犯罪承担责任；揭发他人犯罪，有立功情节；量刑重。其辩护人提出，王某某犯罪行为不构成情节严重；王某某交代了张某 3 等五人非法制造炸药的事实，如查实应属立功；如实交代罪行，要求从轻处理。

被告人郝某某提出上诉，称其如实交代非法制造、销售爆炸物的犯罪；认定非法制造、买卖爆炸物"情节严重"，没有法律依据；量刑重。其辩护人提出，认定郝某某的行为构成情节严重缺乏法律依据；在与王某某的共同犯罪中系从犯；如实供述了购买其炸药的人，应属立功，要求从轻。

被告人胡某某提出上诉，称其卖给靳某某雷管、纸捻，并不知道靳某某会用于犯罪，不构成情节严重；量刑重。其辩护人提出，胡某某的犯罪不构成情节严重。

河北省高级人民法院经审理后认为，被告人靳某某因婚姻纠纷，持刀杀人；为泄私愤，又以极其凶残的手段，连续在四处居民楼内实施爆炸，造成人员重大伤亡和财产巨大损失，其行为已构成故意杀人罪、爆炸罪，情节和后果均特别严重，且在刑满释放五年内又故意犯罪，系累犯。被告人王某某、郝某某非法制造、买卖爆炸物，其行为均已构成非法制造、买卖爆炸物罪，且犯罪后果特别严重。被告人胡某某非法买卖爆炸物，其行为已构成非法买卖爆炸物罪，且犯罪后果特别严重。王某某、郝某某非法制造、买卖的炸药、胡某某非法买卖的雷管、导火索等爆炸物被靳某某用于犯罪，造成108人死亡，5人重伤、8人轻伤，并造成财产巨大损失，严重危害了公共安全；王某某、郝某某非法买卖炸药2135吨、胡某某非法买卖雷管50枚、导火索20余根，非法买卖爆炸物数量多，足以认定王某某、郝某某、胡某某的犯罪属情节严重。靳某某、王某某、郝某某所犯罪行极其严重，社会危害极大，均应依法判处死刑。考虑到胡某某犯罪的具体情节，可以不立即执行死刑。一审判决认定事实清楚，适用法律正确，审判程序合法，对靳某某、王某某、郝某某量刑适当，对胡某某量刑不当。

2001年4月29日，河北省高级人民法院以（2001）冀刑一终字第408号刑事判决维持并核准被告人靳某某、王某某、郝某某死刑，改判被告人胡某某死缓。

二、主要问题

因引起爆炸物爆炸导致被害人死亡的行为，罪名应如何认定？

三、裁判理由

（一）关于爆炸罪的认定

爆炸罪，是指故意引起爆炸物或其他设备、装置爆炸，危害公共安全的行为。引起爆炸物爆炸，主要是指引起炸弹、炸药包、手榴弹、雷管及各种易爆的固体、液体、气体物品爆炸。爆炸罪与以爆炸的方法实施的故意杀人罪的主要区别在于：一是侵犯的客体不同。爆炸罪侵犯的客体是公共安全，是不特定多数人的生命、健康和重大公私财产安全；而故意杀人罪侵犯的客体是他人的生命权利。二是在客观方面表现不同。爆炸罪是危险犯，行为人只要实施了爆炸行为，并足以危害公共安全，就构成犯罪既遂。而故意杀人罪是结果犯，只有发生了他人死亡的结果，才能成立犯罪既遂。三是行为对象不同。爆炸罪针对的是不特定的对象，而故意杀人罪必须是针对特定的人。

本案中，虽然被告人靳某某有着具体的杀人目标，但其从王某某、郝某某处购买600公斤硝铵炸药，从被告人胡某某处购买雷管50枚及导火索20余根，将其中575公斤炸药及部分雷管、导火索用于炸毁4处居民楼屋，致使108人死亡、5人重伤、8人轻伤，并造成财产巨大损失，严重危害了公共安全，对靳某某的犯罪行为构成爆炸罪应无争议。

需要说明的是，本案所判之时依据的是1997年《刑法》第115条第1款之规定："放火、决水、爆炸、投毒或者以其他危险方法致人重伤、死亡或者使公私财产遭受重大损失的，处十年以上有期徒刑、无期徒刑或者死刑。"本款经2001年12月29日《刑法修正案（三）》第2条修改后改为："放火、决水、爆炸以及投放毒害性、放射性、传染病病原体等物质或者以其他危险方法致人重伤、死亡或者使公私财产遭受重大损失的，处十年以上有期徒刑、无期徒刑或者死刑。"

（二）关于非法制造、买卖爆炸物罪及"情节严重"的认定

《刑法》第125条第1款以概括的形式规定了非法制造、买卖、运输、邮寄、储存枪

支、弹药、爆炸物罪，由于枪支、弹药、爆炸物的杀伤力与破坏力大，制造、买卖、运输、邮寄、储存行为本身具有极大的危险性，对公共安全造成了极大的危害，故《刑法》将此类犯罪规定为抽象危险犯，只要行为人实施了非法制造、买卖、运输、邮寄、储存枪支、弹药、爆炸物的行为，法律就认定存在公共危险，而无须要求发生具体的危险状态，故《刑法》将本罪以及其他有关枪支、弹药、爆炸物的犯罪，规定为危害公共安全的犯罪，并将本罪及其他重大涉枪爆犯罪规定为抽象的危险犯。本款中的爆炸物，是指具有较大爆破性或杀伤性的爆炸物，根据案发时法律法规，既包括军用的爆炸物，如地雷、炸弹、手榴弹，也包括1984年国务院发布的《民用爆炸物品管理条例》（2006年9月1日被《民用爆炸物品安全管理条例》废止）所列的爆破器材民用爆炸物品，该条例第2条规定，爆破器材包括各类炸药、雷管、导火索、导爆索、非电导爆系统，起爆药和爆破剂。显然，王某某、郝某某所制造的硝铵炸药及胡某某所售雷管、导火索均属此范围。

关于本罪构罪标准和"情节严重"的标准，2001年5月15日公布并于2009年11月16日修正的《最高人民法院关于审理非法制造、买卖、运输枪支、弹药、爆炸物等刑事案件具体应用法律若干问题的解释》对此有明确规定：非法制造、买卖、运输、邮寄、储存炸药、发射药、黑火药一千克以上或者烟火药三千克以上、雷管三十枚以上或者导火索、导爆索三十米以上的，以非法制造、买卖、运输、邮寄、储存枪支、弹药、爆炸物罪定罪处罚；非法制造、买卖、运输、邮寄、储存枪支、弹药、爆炸物的数量达到上述数量标准五倍以上的，属于《刑法》第125条第1款规定的"情节严重"。《最高人民法院关于审理非法制造、买卖、运输枪支、弹药、爆炸物等刑事案件具体应用法律若干问题的解释》同时规定了兜底条款，即未达到上述构罪的最低数量标准，但具有造成严重后果等其他恶劣情节的，亦应当认定构成本罪；达到构罪的最低数量标准，并具有造成严重后果等其恶劣情节的，亦应当认定"情节严重"。但此解释公布于靳某某爆炸案之后，在此之前并未有相关法律及解释对《刑法》第125条第1款的构罪标准和"情节严重"作出释明。

本案中，被告人王某某、郝某某多次制造、售卖硝铵炸药，仅卖给靳某某就多达600公斤，胡某某售卖雷管50枚及导火索20余根，且造成百余人伤亡之惨案，即使当年未有此司法解释时，该三人的行为构成犯罪也毋庸置疑。虽然《最高人民法院关于审理非法制造、买卖、运输枪支、弹药、爆炸物等刑事案件具体应用法律若干问题的解释》第2条对《刑法》第125条第1款规定的"情节严重"作了较详细的规定，但此解释公布于靳某某爆炸案之后，在此之前并未有相关法律及解释对《刑法》第125条第1款的"情节严重"作出释明，故当年在对王某某、郝某某、胡某某三人量刑时颇费周章，如何将严格司法、公正司法与政治效果、法律效果、社会效果和谐统一成为本案重中之重。被告人王某某、郝某某、胡某某及其辩护人均也在辩护意见中提及"情节严重"的法律适用问题。法院综合考虑案件的事实、情节和危害后果，认为王某某、郝某某、胡某某三被告人之制售爆炸物的犯罪行为与爆炸惨案后果具有直接的因果关系，应系情节严重，依法可以适用死刑。因而在具体适用刑罚时，河北省高级人民法院严格依法裁判，根据胡某某的具体犯罪事实，认为其犯罪情节要略轻于王某某、郝某某，因此对其改判死缓，体现了人民法院公正司法的要求。

问题 7. 余罪自首中如何认定"不同种罪行"和"司法机关已掌握的罪行"

【刑事审判参考案例】蒋某某爆炸、敲诈勒索案①

一、基本案情

被告人蒋某某，男，1968 年生，农民。因涉嫌犯爆炸罪于 2009 年 6 月 4 日被刑事拘留，2009 年 7 月 7 日被逮捕。

湖南省郴州市人民检察院以被告人蒋某某犯爆炸罪、敲诈勒索罪，向郴州市中级人民法院提起公诉。

（一）关于爆炸事实

2009 年 5 月下旬，被告人蒋某某得知湖南省桂阳县城关镇泰康医院发生过医疗纠纷，遂预谋采取爆炸的方式向泰康医院敲诈财物。同月 28 日 1 时许，蒋某某将自制的定时爆炸装置安放在泰康医院一楼儿科住院部卫生间内的电热水器上，后该装置发生爆炸，致住院病人及家属胡某、陈某某轻微伤，刘某及其幼子周某等受伤，并造成医院机械设备受损。随后，蒋某某用手机发短信、打电话，多次向泰康医院董事长谭某某勒索财物，均未果。蒋某某认为没有达到目的，决定再次对泰康医院实施爆炸。

2009 年 6 月 1 日 20 时许，蒋某某用纱布包脸伪装成伤员，一手提一袋苹果，一手提用旺仔牛奶箱装的已定时 1 小时的爆炸装置，乘坐被害人徐某某驾驶的出租摩托车前往泰康医院。途中，蒋某某以有事为借口下车，委托徐某某将苹果和牛奶箱送至泰康医院住院部二楼交给一名 70 多岁的老太太。徐某某提着东西到医院二楼寻人，遍寻不着。当徐某某提着东西下楼时，爆炸装置发生爆炸，致徐某某重伤，胡某某轻伤，易某某、廖某某轻微伤，龚某某等人亦受伤，并造成泰康医院住院部楼道口附属设备被毁。两次爆炸造成泰康医院经济损失共计人民币（以下币种均为人民币）234 600 元。

（二）关于敲诈勒索事实

2009 年 5 月 28 日凌晨 1 时许，被告人蒋某某在湖南省桂阳县城关镇泰康医院安放爆炸装置后，来到该镇蒙泉路 20 号李某某经营的寿材店门口，安放了一包装有雷管、导火索的炸药，并打电话向李某某勒索 2 万元。李某某即报警，蒋某某勒索未果。

2009 年 5 月 29 日至 5 月 31 日，被告人蒋某某多次打电话、发短信恐吓湖南省桂阳县教育局职工曹某某，向曹某某勒索 10 万元，未果。

泰康医院在发生第二次爆炸后即报警，该医院董事长谭某某向公安机关反映在事发后多次接到勒索电话，并提供了电话号码。公安机关经侦查，确定系人为爆炸案，案发后通过电话向医院敲诈钱财。公安机关一方面指导谭某某通过电话与犯罪嫌疑人周旋，另一方面展开技术侦查工作，后将犯罪嫌疑人蒋某某抓获。蒋某某归案后主动供述了公安机关尚未掌握的在泰康医院实施的第一次爆炸，及敲诈勒索李某某、曹某某的犯罪事实。

郴州市中级人民法院认为，被告人蒋某某采用爆炸的方法，向他人勒索财物，其行为已构成爆炸罪；以非法占有为目的，对被害人使用威胁、恐吓的方法勒索钱财，数额

① 林红英、孟伟撰稿，薛淑兰审编：《蒋某某爆炸、敲诈勒索案——余罪自首中如何认定"不同种罪行"和"司法机关已掌握的罪行"（第 703 号）》，载中华人民共和国最高人民法院刑事审判第一、二、三、四、五庭主办：《刑事审判参考》（总第 80 集），法律出版社 2011 年版，第 62~68 页。

巨大，其行为已构成敲诈勒索罪，依法应数罪并罚。蒋某某归案后，如实供述了公安机关尚未掌握的两起敲诈勒索的犯罪行为，以自首论，且系未遂，可以从轻或者减轻处罚。依照《刑法》第 115 条第 1 款、第 274 条、第 23 条、第 36 条第 1 款、第 48 条、第 57 条第 1 款、第 67 条第 2 款、第 69 条之规定，判决如下：被告人蒋某某犯爆炸罪，判处死刑，剥夺政治权利终身；犯敲诈勒索罪，判处有期徒刑一年，决定执行死刑，剥夺政治权利终身。

一审宣判后，被告人蒋某某未提出上诉。

湖南省高级人民法院经审理认为，原判认定事实清楚，证据确实、充分，定罪准确，量刑适当，审判程序合法。依照《刑事诉讼法》第 200 条之规定，裁定维持原判，并依法报请最高人民法院核准。

最高人民法院经复核认为，被告人蒋某某以爆炸的方法危害公共安全，其行为已构成爆炸罪；敲诈勒索他人财物，数额巨大，其行为又构成敲诈勒索罪，依法应数罪并罚。蒋某某所犯敲诈勒索罪系未遂，亦系其归案后主动供述，但因与公安机关已掌握的罪行属同种罪行，依法不认定为自首。蒋某某为勒索财物，先后两次在医院实施爆炸，犯罪动机卑劣，犯罪情节恶劣，社会危害性极大，应依法惩处。原审判决、湖南省高级人民法院复核裁定认定的事实清楚，证据确实、充分，定罪准确，量刑适当，审判程序合法。依照《刑事诉讼法》第 199 条和《最高人民法院关于复核死刑案件若干问题的规定》第 2 条第 1 款的规定，裁定核准湖南省高级人民法院同意原审对被告人蒋某某以爆炸罪判处死刑，剥夺政治权利终身；以敲诈勒索罪判处有期徒刑一年；决定执行死刑，剥夺政治权利终身的刑事裁定。

二、主要问题

1. 被告人蒋某某主动供述公安机关未掌握的另两起敲诈勒索犯罪，与公安机关已掌握的爆炸后敲诈勒索犯罪是否属不同种罪行？是否构成自首？

2. 本案未造成被害人死亡，能否适用死刑？

三、裁判理由

（一）被告人蒋某某主动供述的公安机关未掌握的两起敲诈勒索罪行，与公安机关已掌握的爆炸后敲诈勒索罪行属同种罪行，不构成自首

在本案审理中产生两种意见。一种意见认为，蒋某某在泰康医院实施爆炸并进行敲诈勒索的行为构成爆炸罪，不构成敲诈勒索罪。因此，其主动供述的另两起敲诈勒索犯罪与司法机关已掌握的罪行属不同种罪行，构成自首。另一种意见认为，蒋某某归案时，司法机关已掌握了其涉嫌爆炸罪、敲诈勒索罪的罪行，故其主动供述的另两起敲诈勒索犯罪属同种罪行，不构成自首。

《刑法》第 67 条第 2 款规定："被采取强制措施的犯罪嫌疑人、被告人和正在服刑的罪犯，如实供述司法机关还未掌握的本人其他罪行的，以自首论。"这在理论上一般被称为"余罪自首"或者"准自首"。1998 年《最高人民法院关于处理自首和立功具体应用法律若干问题的解释》第 2 条进一步规定："……被采取强制措施的犯罪嫌疑人、被告人和已宣判的罪犯，如实供述司法机关尚未掌握的罪行，与司法机关已掌握的或者判决确定的罪行属不同种罪行的，以自首论。"第 4 条规定："被采取强制措施的犯罪嫌疑人、被告人和已宣判的罪犯，如实供述司法机关尚未掌握的罪行，与司法机关已掌握的或者判决确定的罪行属同种罪行的，可以酌情从轻处罚……"在上述规定中，有两点需要注意：

首先，应当明确，对于如何判断"同种罪行""不同种罪行"，在司法实践中一直坚持的标准是，原则上以罪名（或者犯罪构成）区分，罪名不同的，一般属不同种罪行。这种观点也得到了刑法学界的肯定，成为通说。但2010年《关于处理自首和立功若干具体问题的意见》对何为"同种罪行"作了进一步的明确。《关于处理自首和立功若干具体问题的意见》第3条第2款规定："犯罪嫌疑人、被告人在被采取强制措施期间如实供述本人其他罪行，该罪行与司法机关已掌握的罪行属同种罪行还是不同种罪行，一般应以罪名区分。虽然如实供述的其他罪行的罪名与司法机关已掌握犯罪的罪名不同，但如实供述的其他犯罪与司法机关已掌握的犯罪属选择性罪名或者在法律、事实上密切关联……应认定为同种罪行。"

其次，《最高人民法院关于处理自首和立功具体应用法律若干问题的解释》既然区分了"司法机关已掌握的罪行"和"判决确定的罪行"两种情形，说明这两者应该有所区别，否则就没有必要并列规定。前一种情形，则是指司法机关已了解到一定线索、证据，可以形成合理怀疑的罪行。后一种情形很明确，是指法院判决确认的罪行。司法机关已掌握的罪行与判决确定的罪行构成不同罪名的情况在司法实践中并非个例。例如，公安机关已掌握的罪行构成两个罪名，但检察机关对次要罪名未起诉，法院亦未认定，即为适例。

综上，《最高人民法院关于处理自首和立功具体应用法律若干问题的解释》关于余罪自首的规定就可以被理解为，被采取强制措施的犯罪嫌疑人、被告人和已宣判的罪犯，如实供述司法机关尚未掌握的罪行，与司法机关已掌握的罪行或者判决确定的罪行均构成不同罪名的，成立自首（按《关于处理自首和立功若干具体问题的意见》规定，属选择性罪名或者存在法律、事实关联的除外）；与司法机关已掌握的罪行或者判决确定的罪行构成相同罪名的，不成立自首。当然，如果司法机关已掌握的罪行经查不实，则应当以判决确定的罪名，来认定是否构成余罪自首。这里的"罪名"，不限于法院判决确定的罪名。认定罪名的法律标准是犯罪构成，数行为符合同一犯罪构成的，就是同一罪名；符合不同犯罪构成的，就是不同罪名。所以，《关于处理自首和立功若干具体问题的意见》规定的是"以罪名区分"，而不是以"判决确定的罪名区分"。

本案中，蒋某某归案时，公安机关已经掌握了其为敲诈勒索而实施爆炸的罪行。从犯罪构成看，该行为构成爆炸罪、敲诈勒索罪两个罪名。但理论上和实践中一般都认为，这种情形属于牵连犯，即以实施某一犯罪为目的，其方法行为或者结果行为又触犯其他罪名的犯罪形态。牵连犯的特征之一就是实施两个行为，符合两个犯罪构成，触犯两个不同的罪名。所以说，牵连犯属实质的数罪，即行为本来构成两个罪，但按照刑法理论和司法惯例一般都择一重罪从重处罚，当然有特殊规定的除外。既然在蒋某某归案时，公安机关已经掌握了其涉嫌爆炸并敲诈勒索的罪行，该罪行构成爆炸罪、敲诈勒索罪，所以，此时公安机关已经掌握了蒋某某涉嫌这两个罪名。蒋某某归案后主动如实供述的另两起敲诈勒索，与公安机关已掌握的部分罪行都构成敲诈勒索罪，属于同种罪行，故不能认定为自首。

（二）本案被告人罪行极其严重，应当依法适用死刑

关于本案的量刑，在审判过程中也形成两种意见。一种意见认为，蒋某某犯罪未造成死亡结果，且其归案后如实供述罪行，有坦白情节，认罪态度较好，被害人员已由当地政府和泰康医院妥善安抚，不适用死刑亦可实现"案结事了"。另一种意见认为，蒋某

某在公共场所实施爆炸，对社会稳定和公众的心理均造成巨大危害，犯罪情节和后果特别严重，主观恶性深，人身危险性大，属严重危害社会的犯罪分子，应当适用死刑。

虽然本案未造成被害人死亡，且蒋某某归案后主动如实供述了公安机关尚未掌握的在泰康医院实施第一次爆炸及敲诈勒索李某某、曹某某的犯罪事实，有坦白情节，认罪态度较好，但仍不足以对其从轻处罚。理由是：《最高人民法院关于贯彻宽严相济刑事政策的若干意见》第 6 条规定："宽严相济刑事政策中的从'严'，主要是指对于罪行十分严重、社会危害性极大，依法应当判处重刑或死刑的，要坚决地判处重刑或死刑；对于社会危害大或者具有法定、酌定从重处罚情节，以及主观恶性深、人身危险性大的被告人，要依法从严惩处。"第 7 条规定："贯彻宽严相济刑事政策，必须毫不动摇地坚持依法严惩严重刑事犯罪的方针。对于……故意危害公共安全犯罪等严重危害国家政权稳固和社会治安的犯罪……要作为严惩的重点，依法从重处罚。尤其对于极端仇视国家和社会，以不特定人为侵害对象，所犯罪行特别严重的犯罪分子，该重判的要坚决依法重判，该判处死刑的要坚决依法判处死刑。"根据上述政策要求，就本案而言：

首先，从犯罪性质方面看，本案系故意危害公共安全犯罪，侵害不特定多数人的人身安全和重大公私财产安全，历来是刑法严惩的重点。

其次，从主观恶性和人身危险性方面看，蒋某某为谋私利而选择在医院这一特殊公共场所实施爆炸犯罪，置医护人员和就医患者的死活于不顾，伤及无辜，动机卑劣，主观恶性极深；且在医院第一次爆炸后即到李某某经营的商店门口放置炸药，在敲诈未遂的情况下又到医院实施第二次爆炸，犯罪意志坚定，人身危险性极大。

最后，从犯罪后果看，蒋某某两次爆炸造成一人重伤（被害人右手功能全部丧失，属五级伤残；右下肢膝关节功能达不到功能位，属六级伤残）、一人轻伤及多人轻微伤，并造成财产损失 20 余万元，对公众心理、群众安全感和社会稳定均造成了巨大危害，引起极大的恐慌，犯罪后果特别严重。

因此，综合本案情节来看，蒋某某罪行极其严重，应当依法适用死刑。

问题 8. 办理放火类死刑案件如何把握"证据确实、充分"的证明标准

【刑事审判参考案例】 罗某故意杀人、放火案[①]

一、基本案情

被告人罗某，男，1963 年生，农民。1982 年至 1995 年因犯盗窃罪六次被判刑，2002 年 8 月 23 日因犯故意伤害罪被判处有期徒刑十年，2008 年 8 月 19 日刑满释放，2008 年 10 月 29 日因涉嫌犯故意杀人罪、放火罪被逮捕。

某人民检察院以被告人罗某犯故意杀人罪、放火罪，向某中级人民法院提起公诉。

2008 年 9 月 30 日 22 时许，被告人罗某来到某市被害人高某（殁年 48 岁）、付某（女，殁年 46 岁）夫妇家中，与高某喝酒后住在高家。因在喝酒时与高某言语不和，罗某渐生恼怒。10 月 1 日凌晨 2 时许，罗某进入二被害人卧室，用从高家院内捡来的砖块

---

① 杨华、丁成飞撰稿，陆建红审编：《罗某故意杀人、放火案——办理死刑案件如何把握"证据确实、充分"的证明标准（第 682 号）》，载中华人民共和国最高人民法院刑事审判第一、二、三、四、五庭主办：《刑事审判参考》（总第 79 集），法律出版社 2011 年版，第 9～17 页。

击打高某头部，又用肘猛击付某胸部，致二人死亡。为毁灭罪证，罗某放火后逃离，致二被害人的房屋烧毁，造成直接经济损失人民币 14 223 元。

某中级人民法院认为，被告人罗某因琐事而故意杀人，并放火烧毁房屋焚尸灭迹，危害公共安全，其行为分别构成故意杀人罪和放火罪。罗某犯罪情节特别恶劣，罪行极其严重，且系累犯，主观恶性深，人身危险性和社会危害性大，应依法严惩。依照《刑法》第 232 条、第 114 条、第 48 条、第 57 第 1 款、第 65 条第 1 款、第 69 条、第 36 条第 1 款之规定，判决被告人罗某犯故意杀人罪，判处死刑，剥夺政治权利终身；犯放火罪，判处有期徒刑五年；决定判处死刑，剥夺政治权利终身。

一审宣判后，被告人罗某上诉提出：其在与高某争吵时扔砖块砸到高某头上将其砸死，其患有脑神经萎缩精神疾病，不能控制自己的情绪而引发本案。罗某的辩护人认为，罗某无杀人犯罪动机和主观故意，其行为构成故意伤害罪，原判定罪不准。

某高级人民法院经二审审理认为，被告人罗某因琐事而故意杀害被害人高某、付某，并放火烧毁房屋制造假象，焚毁罪迹，危害公共安全，其行为分别构成故意杀人罪和放火罪。罗某犯罪情节特别恶劣，罪行极其严重，且系累犯，其主观恶性、人身危险性和社会危害性大，应依法严惩。罗某归案后虽认罪、悔罪，但综合全案的性质、情节及后果，不足以对其从轻处罚。原判认定的事实清楚，证据确实、充分，定罪准确，量刑适当，审判程序合法。依照《刑事诉讼法》第 189 条第 1 项和第 199 条之规定，裁定驳回上诉，维持原判，并依法报请最高人民法院核准。

最高人民法院经复核认为，第一审判决、第二审裁定认定被告人罗某犯杀人罪、放火罪的部分事实不清，证据尚未达到确实、充分。依照《刑事诉讼法》第 199 条和《最高人民法院关于复核死刑案件若干问题的规定》第 3 条之规定，裁定不核准对被告人罗某以故意杀人罪判处死刑，剥夺政治权利终身；以放火罪判处有期徒刑五年；决定执行死刑，剥夺政治权利终身的刑事裁定，撤销原判并发回重审。

二、主要问题

办理死刑案件如何把握"证据确实、充分"的证明标准？

三、裁判理由

《刑事诉讼法》第 200 条第 1 项规定："案件事实清楚，证据确实、充分，依据法律认定被告人有罪的，应当作出有罪判决。"根据这一规定，一般认为，我国刑事诉讼中的证明标准是"犯罪事实清楚，证据确实、充分"。但对如何理解和掌握"证据确实、充分"，理论界和实务界颇有争议。最高人民法院、最高人民检察院、公安部、国家安全部、司法部《关于办理死刑案件审查判断证据若干问题的规定》对什么是"证据确实、充分"明确了具体的判定与衡量标准。《关于办理死刑案件审查判断证据若干问题的规定》第 5 条第 2 款规定："证据确实、充分是指：（一）定罪量刑的事实都有证据证明；（二）每一个定案的证据均已经法定程序查证属实；（三）证据与证据之间、证据与案件事实之间不存在矛盾或者矛盾得以合理排除；（四）共同犯罪案件中，被告人的地位、作用均已查清；（五）根据证据认定案件事实的过程符合逻辑和经验规则，由证据得出的结论为唯一结论。"

所谓定罪的事实，是指涉及犯罪构成要件的事实；量刑的事实，是指确定犯罪构成事实存在即犯罪成立之后对量刑有影响的事实。根据《关于办理死刑案件审查判断证据若干问题的规定》第 5 条第 3 款的规定，在死刑案件中，下列七项内容属于定罪事实，需要达到"证据确实、充分"的标准：（1）被指控的犯罪事实的发生；（2）被告人实施了犯罪行为与被告人实施犯罪行为的时间、地点、手段、后果以及其他情节；（3）影响被告人定罪的身份情况；（4）被告人有刑事责任能力；（5）被告人的罪过；（6）是否共同犯罪及被告人在共同犯罪中的地位、作用；（7）对被告人从重处罚的事实。

根据以上分析，我们认为，死刑案件是否达到证据确实、充分，最根本、最重要的评判尺度是全案证据对于待证事实要达到充分的程度，证据之间相互印证，构成完整的证明体系，得出的结论是唯一的。当然，由于刑事案件证据的复杂性和具体案件存在的明显差异，在具体办案过程中贯彻执行《证据规定》，需要对特定案件的证据体系进行综合评判。

就本案而言，有被害人邻居的证言、现场勘查笔录及尸检报告等证实高某、付某在家中非正常死亡后其房屋被放火焚烧，因此故意杀人、放火的犯罪事实客观存在，该起犯罪事实的时间、地点及后果也能够得到相应证据证实，另外，精神疾病鉴定意见书也能证实被告人罗某具有完全刑事责任能力。然而，就全案现有证据来说，证实罗某是否实施了犯罪行为、实施犯罪行为的手段是什么的证据，还未达到确实、充分的标准，所得出的结论尚不具有唯一性。

（一）缺乏案发时被告人罗某是否在犯罪现场的证据

从表面上看，有一组证据证明罗某在案发时去过被害人家，但在多名证人中无一人能证实案发当晚罗某确实在被害人家中。（1）被害人女儿高某称其听邻居杨某说罗某案发前去过其家，而杨某只能证明案发当日听罗某说要去被害人家，并未目睹罗某去被害人家。因此，高某、杨某的证言实际上是一种传闻证据，起不了补强口供的作用。（2）被害人高某家对面摆麻将摊的张某证明，案发前一天罗某将背包寄放在麻将馆，案发当日中午将包取走，且案发前听被害人付某说罗某在她家住了六七天。张某的证言也与罗某口供印证，但仍然无法证明案发时即 2008 年 9 月 30 日 22 时许罗某在案发现场即被害人高某家的事实。上述证人证言，能够证明罗某与被害人高某在案发当天有某种联系，但要锁定罗某案发时在作案现场，其证明力比较单薄。因此，从证据的证明力分析，实际上除罗某供述案发当晚至被害人家喝酒后杀人外，并没有相应的证据证明罗某案发时在被害人家。

（二）缺少证明被告人罗某实施杀人、放火行为的客观性证据

一般而言，犯罪分子总会在杀人现场留下一些蛛丝马迹。比如，足迹、指纹或者其他衣物等；又如，从被告人身上提取的被害人的血迹，从被告人处提取的被害人使用的物品等。这些都属于客观性证据。从证据体系的分类说，客观性证据包括物证、书证、鉴定结论、勘验检查笔录、视听资料、电子证据，其中的物证往往是锁定犯罪分子作案的关键证据，对案件的侦破和事实的认定起着重要甚至是决定性的作用。但在本案中，没有一个客观性证据能够锁定罗某系犯罪行为实施人，罗某杀人、放火的过程仅有罗某的供述。另外，已提取的客观性证据均为先证后供，没有一个是根据口供取得的。而《关于办理死刑案件审查判断证据若干问题的规定》第 34 条规定，根据被告人的供述、指认提取到了隐蔽性很强的物证、书证，且与其他证明犯罪事实发生的证据相互印证，并排除串供、逼供、诱供等可能性的，可以认定有罪，但本案中没有符合该条规定的物证、书证。另外，案件起初作为火灾案件调查，后转为刑事案件侦查，但是二被害人尸体已经火化，失去了复检条件。

（三）被害人死亡原因、致死凶器与被告人罗某的供述没有达到"供证一致"

客观地说，本案中有不少证据与被告人供述是相印证的：（1）尸体检验报告证实，二被害人系死后焚尸；物证检验报告证实，二被害人心血中均未检出一氧化碳成分，与罗某关于将二人杀死后放火的供述相符。（2）现场勘查笔录证实，被害人家主卧室房顶燃烧程度重于客厅，客厅房顶燃烧程度重于次卧室（燃烧程度由东向西逐渐减轻）；火灾原因认定书证实，火灾系人为放火，引燃主卧室床铺等物品向四周蔓延扩大成灾；物证检验报告证实，从主卧室提取的地面水泥块、衣服及棉絮残留物等六份检材均未检出汽油、柴油、煤油成分。这些证据与罗某关于在房屋东边的二被害人卧室用打火机点燃纸片再点燃蚊帐放火的供述相符。（3）物证检验报告证实，被害人高某达到醉酒状态，与罗某关于作案前其与高某喝酒、高某醉酒的供述一致。（4）现场勘查笔录记载的二被害人尸体位置、朝向，被害人家房内情况，与罗某供述的相关情况一致。（5）三名被害人的邻居火灾报警时间与罗某交代的放火时间大致相同。（6）证人李某证实，救火时发现被害人家大门被锁住，用脚踹开大门，与罗某关于放火后离开时关上大门的供述一致（被害人家大门的门锁系一关即锁的弹簧锁）。

但是，本案是一起杀人后放火的案件，公安机关一开始作为放火案件侦查，案发当地居民也将本案作为放火案件看待。而火灾案件在灭火中和灭火后，是一个开放的现场，除隐蔽性情节外，对一般性的案件情节，周围居民一般都会知晓。本案系 2008 年 9 月 30 日发生，尸体检验于 10 月 1 日即作出，而罗某于 10 月 12 日才被抓获。在此期间，罗某作为被害人的同村居民，是能够了解案件一些情节的。况且，本案证据之间存在明显的矛盾，在被害人死亡原因和被告人的作案工具问题上，口供与其他证据的矛盾无法得到排除，也无法得到合理解释。

1. 关于作案手段的证据存在矛盾。被告人罗某供述，他先用砖块砸击高某头部一下，又转到另外一张床上用肘部猛击付某胸部两下，待二人死亡后他才放了火。但尸体检验报告显示，被害人高某的头面部未见明显锐器创口，颅骨未见骨折，颅内未见异常，而被害人付某却颅骨开裂，额部及顶部硬膜外血肿。对此法医认为，不能排除付某的伤是暴力作用所致。因本案案发时先认定为火灾，后转为刑事案件侦查，二被害人尸体已被火化，现在无法复检。现有证据中，尸检报告证实与被告人供述的作案手段存在矛盾，且对该矛盾无法作出合理解释。

2. 关于作案工具的证据存在矛盾。被告人罗某供述其使用砖块砸击被害人，作案后将砖块扔到院内。公安机关根据罗某的交代于火灾发生 20 天后对现场进行了补充勘查，在院内厨房边的鸡舍下提取 7 块碎砖头，经拼接成一块整砖，罗某经辨认该砖块照片，确认系其作案凶器。但是，罗某供称作案用的砖块系半块整砖或者断成两截的砖块，而提取的砖块却有 7 块，与罗某供述不符。罗某案发后指认案发现场时，确认院内一堆瓦砾处系其扔弃砖块的位置，但当时公安机关并没有提取。从补充勘查的现场照片看，鸡舍下也并没有 7 块碎砖，碎砖从何处提取不清；从照片上看，提取的碎砖块断层新鲜，按常理不符合救火现场砖块的特征。因提取在案的物证与被告人供述相矛盾，疑点颇多，不能认定为作案工具，导致本案作案工具来源不清。

根据《关于办理死刑案件审查判断证据若干问题的规定》第 32 条第 2 款"证据之间具有内在的联系，共同指向同一待证事实，且能合理排除矛盾的，才能作为定案的根据"的规定，本案中证据存有上述矛盾，显然不能得到合理排除。

综上，对罗某是否实施了犯罪行为、实施犯罪行为的手段、作案工具等涉及定罪的关键事实不清，证据链条或存在缺口，或证据间存在无法排除和合理解释的矛盾，全案证据尚未达到判处死刑的证据标准。所以，最高人民法院以部分事实不清、证据不足为由不核准对被告人罗某判处死刑的裁定是符合法律以及《关于办理死刑案件审查判断证据若干问题的规定》要求的。

问题9. 投放危险物质案件中如何把握刑事诉讼证明标准

【人民法院案例选案例】钱某某投放危险物质案[①]

一、基本案情

2001 年 9 月，被告人钱某某到巧家县新华镇朱某开办的"星蕊宝宝园"做工。做工期间，钱某某认为朱某对她不好，遂生报复之恶念。2002 年 2 月 22 日 12 时许，钱某某将其从家中带来的灭鼠药投放在该幼儿园内的部分食品中，并将放有灭鼠药的食品拿给该园的部分幼儿食用，致使侯某（2 岁）中毒后经抢救无效死亡，谭某（3 岁）、何某某（2 岁）中毒后经抢救治愈。

二、主要问题

案件中据以定罪量刑的关键物证存在瑕疵且因时过境迁而无法补正，并且被告人供述存在疑点，与客观物证之间也存在矛盾，这些疑点、矛盾无法得到合理解释和排除，从而不能据此得出被告人投放危险物质致被害人中毒死亡的唯一结论的，应当如何认定？

三、裁判理由

法院生效裁判认为：原审上诉人钱某某对毒物来源、投毒时间、范围、方法的供述前后不一，且没有其他合法、有效的证据予以印证。另查明，原审上诉人钱某某于 2002 年 2 月 25 日、2 月 26 日 13 时 40 分至 16 时 30 分、2 月 27 日 3 时 30 分至 8 时 10 分所作的三份有罪供述，云南省人民检察院在庭审中出示的云检技鉴文字〔2013〕23 号《笔迹鉴定书》和云检技鉴痕字〔2013〕01 号《指纹鉴定书》，证实了三份供述上的签字不是钱某某本人所签，指纹是钱某某右手拇指所留，笔录上没有标注是代签，也没有说明代签的原因。法院认为，这三份笔录的制作违反了 1996 年《刑事诉讼法》和 1998 年《公安机关办理刑事案件程序规定》的相关规定，不能作为认定原审上诉人钱某某犯投放危险物质罪的证据。

幼儿侯某、谭某、何某某在昭通市巧家县"星蕊宝宝园"出现不适症状，侯某经医院抢救无效死亡是客观事实。原判认定三名幼儿系毒鼠强中毒，经法庭调查，三名幼儿的症状与毒鼠强中毒的临床症状不完全相符，而巧家县公安局（2002）毒检字第 20 号《刑事毒物检验鉴定书》，由于不能提供相应的检验过程和程序的记录，使该鉴定意见缺乏相应的技术检测材料予以支持；对于毒物鉴定的检材，巧家县公安局在提取时没有扣押清单和见证人，移送鉴定时也没有相应的移交手续；作为本案重要物证之一的白色塑料瓶，巧家县公安局在提取后未作指纹鉴定，提取时也没有见证人在场，记录对一次性

① 刘毅撰稿，李玉萍、周维明审编：《钱某某投放危险物质案——投放危险物质案件中如何把握刑事诉讼证明标准》，载最高人民法院中国应用法学研究所编：《人民法院案例选分类重排本（2016—2020）》，人民法院出版社 2022 年版，第 1712~1716 页。

注射器和菜刀辨认情况的两份《辨认笔录》，其上签名均为侦查人员代签，上述证据均不符合1996年《刑事诉讼法》的相关规定，不能作为本案定罪量刑的证据。原审上诉人钱某某的有罪供述，由于其对毒物来源、投毒时间、范围、方法的供述存在矛盾和疑点，又没有其他合法、有效的证据相印证，这些矛盾和疑点无法得到合理的解释与排除，其有罪供述不能作为本案定罪量刑的证据。由于本案现有证据不能形成一个完整的证据锁链，以证实原审上诉人钱某某实施了投放毒鼠强的行为，导致侯某中毒死亡，谭某、何某某中毒后经抢救痊愈这一事实，故原判认定原审上诉人钱某某犯投放危险物质罪的事实不清，证据不足，云南省人民检察院和钱某某的辩护人认为原审上诉人钱某某无罪的意见法院予以采纳。因此，撤销云南省高级人民法院（2002）云高刑终字第1838号刑事裁定和云南省昭通市中级人民法院（2002）昭中刑三初字第14号刑事判决，被告人钱某某无罪。

　　该案例主要涉及刑事案件证明标准的认定。刑事证明标准，是指在刑事诉讼中负担证明责任的主体利用证据对争议事实或案件事实加以证明所要达到的程度。我国《刑事诉讼法》规定的证明标准是"案件事实清楚，证据确实、充分"[1]。2012年《刑事诉讼法》第53条第2款[2]对证明标准问题作出了进一步解释："证据确实、充分，应当符合以下条件：（一）定罪量刑的事实都有证据证明；（二）据以定案的证据均经法定程序查证属实；（三）综合全案证据，对所认定事实已排除合理怀疑。"所谓定罪量刑的事实都有证据证明，是证据裁判原则的根本要求，该原则的基本含义就是通过证据来认定案件事实，即将证据作为事实裁判的根据，但这里的证据，指的是具备证据能力和证明力的证据。尤其是特定的证据材料要想作为定案根据使用，首先必须具备证据能力，即指证据可以在诉讼中使用的资格，这种资格并非指事实层面所讲的哪些证据对案件事实具有实质的证明价值，而是源于法律的规定，是一种法律上的资格。[3] 如果法律规范禁止使用特定的证据材料，则该证据材料就不具备证明能力。也就是说，证据能力主要解决哪些事实和材料能够进入诉讼程序作为证据使用的问题，因此其又被称为诉讼证据的适格性。根据我国《刑事诉讼法》及有关司法解释，证据除需要符合法定证据形式外，收集证据的手段必须合法。根据最高人民法院、最高人民检察院、公安部、国家安全部和司法部联合发布的《关于办理刑事案件排除非法证据若干问题的规定》中对于此类证据的处理原则，即"物证、书证的取得明显违反法律规定，可能影响公正审判的，应当予以补正或者作出合理解释，否则，该物证、书证不能作为定案的根据"。

　　本案据以定罪的重要证据均不同程度地存在瑕疵：一是巧家县公安局（2002）毒检字第20号《刑事毒物检验鉴定书》，该鉴定书记载对涉案检材39件进行鉴定，结论：1～23号检材均检出毒鼠强成分，24～39号检材均未检出毒鼠强、有机磷农药、氟乙酰胺等毒物成分。但该鉴定书只有结论，没有鉴定过程的描述，上面载明复核人为昭通市公安局刑警支队技术室罗某某，但没有记载复核的过程和方法。省公安厅《关于钱某某申诉一案调查情况的函》中称，鉴定工作内档，巧家县公安局经多次查找，至今仍未找到。

---

① 《刑事诉讼法》第200条规定："在被告人最后陈述后，审判长宣布休庭，合议庭进行评议，根据已经查明的事实、证据和有关的法律规定，分别作出以下判决：（一）案件事实清楚，证据确实、充分，依据法律认定被告人有罪的，应当作出有罪判决；（二）依据法律认定被告人无罪的，应当作出无罪判决；（三）证据不足，不能认定被告人有罪的，应当作出证据不足、指控的犯罪不能成立的无罪判决。"

② 对应《刑事诉讼法》（2018年修正）第55条第2款。

③ 孙远：《刑事证据能力导论》，人民法院出版社2007年版，第7页。

目前，因 39 份检材已灭失，无法进行补充鉴定，由于不能提供相应的检验过程和程序的记录，使该鉴定意见缺乏相应的技术检测材料予以支持。二是对于毒物鉴定的检材，巧家县公安局在提取时没有扣押清单和见证人，移送鉴定时也没有相应的移交手续。三是现场勘验、提取过程中，对于本案认定钱某某投毒的主要物证，即白色毒鼠强塑料药瓶，提取时没有见证人，提取后没有做指纹鉴定。而当日的现场勘查笔录记录在同一排水沟处侦查人员提取过一包豆奶粉，当时却未发现提取瓶子，且现场未封闭，周围有住户并使用排水沟，没有指纹鉴定，瓶子难以进行同一认定。对白色塑料瓶所装残留液体，办案民警仅通过目测估计，并未采用计量器进行精确测量和规范记录，故提取笔录中记录为 "0.5ML"，导致与鉴定文书中记录的 "约 1ML" 相矛盾。四是侦查人员代签字问题。原审上诉人钱某某于 2002 年 2 月 25 日、2 月 26 日 13 时 40 分至 16 时 30 分、2 月 27 日 3 时 30 分至 8 时 10 分所作的三份有罪供述，根据云检技鉴文字〔2013〕23 号《笔迹鉴定书》和云检技鉴痕字〔2013〕01 号《指纹鉴定书》，证实了三份供述上的签字不是钱某某本人所签，指纹是钱某某右手拇指所留，笔录上没有标注是代签，也没有说明代签的原因。另外，记录被告人辨认下毒用的一次性注射器和用于切开装耗子药的塑料瓶的菜刀情况的《辨认笔录》上，签名均为侦查员代签；本案由于侦查机关在收集和固定证据的环节均不同程度地违反法定程序，如笔录制作、现场勘查、证物提取、毒物鉴定等材料，由于时过境迁，无法再行补正。因此，侦查阶段所收集的客观证据均不能作为定案证据。即定罪事实没有相应具备证据能力的证据予以证实。

2012 年《刑事诉讼法》的证明标准规定还吸纳了 "排除合理怀疑" 这一主观的标准。对于证明标准，既可以在客观方面设定（如事实清楚，证据确实、充分），也可以在主观方面设定（如内心确信、排除合理怀疑）。在客观方面设定的证明标准与主观上相信的程度是相对应的，如 "事实清楚，证据确实、充分" 相对应的主观认识程度应当是 "确信无疑"。[1] 司法实践中，既要能从正面证实的角度做到内心确信，又要能从反面证伪的角度做到排除合理怀疑得出唯一结论，否则就不能作出有罪认定的裁判。具体个案审理中，应当把握证据与证据之间、证据与案件事实之间不存在矛盾或者矛盾得以合理排除，由证据得出的结论为唯一结论。

本案中，认定钱某某犯投放危险物质罪的主要证据是她的有罪供述和公安机关在侦查阶段提取的相关证据，但钱某某对毒物来源、投毒时间、范围、方法的供述前后不一且存在矛盾：（1）毒物的来源。对于毒物的来源，钱某某供述了三种不同说法。第一次供述称毒物是案发前一天在宝宝园院坝打扫卫生时捡到的一瓶敌敌畏，同一份供述的后半部分及第二次、第三次供述称是在宝宝园厨房碗柜下找到的耗子药，白色塑料瓶装，红色药水。自第四次供述开始钱某某称耗子药是春节前在家打扫卫生时，在桌子底下发现后随手装在衣兜里带到巧家宝宝园的，白色塑料瓶装，黄色药水。（2）投毒时间：钱某某第一次供述有三种说法："下午我热中午吃剩的凉饭喂宝宝时，我就将敌敌畏倒入锅""是正月十一早上我起床后放的，朱某和她母亲都还没有去的时候""朱某母亲做菜就混合了"。第二次供述中钱某某称是 2002 年 2 月 22 日上午 12 点过后，她把灭鼠药挤在宝宝园的多种食品上。（3）投毒范围和方法。钱某某第一次供述称，其将灭鼠药挤在厨房内的猪油、酱油、大米、盐巴、味精及厨房门口楼梯上的茶壶内；第二次、第三次供

---

① 张建伟：《证据法要义》，北京大学出版社 2009 年版，第 289 页。

述称灭鼠药撒在酱油、油渣、盐巴、味精、吃剩的饭和面条、米、番茄、炒的酱、猪肉、辣子肉、楼梯处的洋芋和装冷开水的茶壶、沙琪玛、教室内的豆奶粉表面；第五次供述称味精、番茄、辣子、茶壶、洋芋没有放灭鼠药；第六次供述称灭鼠药不是撒在豆奶粉上，而是掺了水，装在一次性注射器内，打在5包豆奶粉里面；第七次供述称，打了几包豆奶粉记不太清楚了。而巧家县公安局（2002）毒检字第20号《刑事毒物检验鉴定书》载明，巧家县公安局刑警大队送检的物品中，鉴定出含有毒鼠强成分的食品有猪油肉、米线、油渣、沙琪玛、酱油、面条、大米、液化灶上铁锅内的残留物、豆奶粉两包（已打开一角）、铝合金口缸中清水、食盐、味精、胡椒面。

综上，本案由于被告人钱某某在原审中的有罪供述存在诸多矛盾且不稳定，与物证之间也存在矛盾，这些疑点、矛盾无法得到合理解释和排除，因此无法"综合全案证据，对所认定事实排除合理怀疑"，即本案从反面证伪的角度说，亦无法得出被告人钱某某投放危险物质的唯一结论。因此，原判认定钱某某构成投放危险物质罪的证据不确实、不充分，应当以事实不清、证据不足为由撤销原判决、裁定，判决被告人无罪。

第五章

重大责任事故罪、重大劳动安全事故罪、危险物品肇事罪

第一节　重大责任事故罪、重大劳动安全事故罪、危险物品肇事罪概述

一、概念及构成要件

（一）重大责任事故罪概念及构成要件

重大责任事故罪，是指在生产、作业中违反有关安全管理的规定，因而发生重大伤亡事故或者造成其他严重后果的犯罪。

重大责任事故罪的构成要件如下：（1）本罪侵犯的客体是生产、作业的安全。生产安全也是公共安全的重要组成部分，危害生产安全同样会使不特定多数人的生命、健康或者公私财产遭受重大损失。（2）本罪的客观方面表现为在生产、作业中违反有关安全管理规定，因而发生重大伤亡事故或者造成其他严重后果的行为。（3）本罪的主体为一般主体，包括对生产、作业负有组织、指挥或者管理职责的负责人、管理人员、实际控制人、投资人等人员，以及直接从事生产、作业的人员。（4）本罪的主观方面是过失。行为人在生产、作业中违反有关安全管理规定，可能是出于故意，但对于其行为引起的严重后果而言，则是过失，因为行为人对其行为造成的严重后果是不希望发生的。之所以发生了安全事故，是由于行为人在生产过程中严重不负责任，疏忽大意或者对事故隐患不积极采取补救措施，轻信能够避免，结果导致生产事故的发生。根据《刑法》第134条的规定，犯重大责任事故罪的，处三年以下有期徒刑或者拘役；情节特别恶劣的，处三年以上七年以下有期徒刑。

（二）重大劳动安全事故罪概念及构成要件

重大劳动安全事故罪，是指安全生产设施或安全生产条件不符合国家规定，因而发生重大伤亡事故或者造成其他严重后果的犯罪。

重大劳动安全事故罪构成要件如下：（1）本罪侵犯的客体为生产安全。（2）本罪的客观方面表现为安全生产设施或安全生产条件不符合国家规定，因而发生重大伤亡事故或者造成其他严重后果的行为。（3）本罪的主体为一般主体，是直接负责的主管人员和其他直接责任人员，即对安全生产设施或者安全生产条件不符合国家规定负有直接责任的生产经营单位负责人、管理人员、实际控制人、投资人，以及其他对安全生产设施或者安全生产条件负有管理、维护职责的人员。（4）本罪的主观方面是过失。根据《刑法》第 135 条的规定，犯重大劳动安全事故罪的，对直接负责的主管人员和其他直接责任人员，处三年以下有期徒刑或者拘役；情节特别恶劣的，处三年以上七年以下有期徒刑。

（三）危险物品肇事罪概念及构成要件

危险物品肇事罪，是指违反爆炸性、易燃性、放射性、毒害性、腐蚀性物品的管理规定，在生产、储存、运输、使用中发生重大事故，造成严重后果的犯罪。

危险物品肇事罪的构成要件如下：（1）本罪侵害的客体为公共安全。（2）本罪的客观方面表现为违反爆炸性、易燃性、放射性、毒害性、腐蚀性物品的管理规定，在生产、储存、运输、使用中发生重大事故，造成严重后果的行为。（3）本罪的主体为一般主体。在实践中多是从事生产、储存、运输、使用危险物品的人员。（4）本罪的主观方面为过失。根据《刑法》第 136 条的规定，犯危险物品肇事罪的，处三年以下有期徒刑或者拘役；后果特别严重的，处三年以上七年以下有期徒刑。

二、案件审理情况

通过中国裁判文书网统计，安全事故类犯罪，2020 年共计 1737 份刑事判决书，2019 年共计 1807 份刑事判决书。案件数量不多，每年的案件数量比较稳定，主要分布在建筑施工、矿山、制造加工、能源、商业经营、运输等行业领域。

司法实践中，安全事故类犯罪案件主要呈现以下特点：（1）涉案人员众多，人员岗位职责范围重叠交叉，主体责任分配差异较大。（2）事故发生原因复杂，往往涉及日常监管等多种原因。（3）被告人宣告刑整体较低，往往在有期徒刑三年以下。（4）案件管辖地域相对集中，主要发生在江苏、浙江、安徽、山西等生产活动较活跃的地区。

三、案件审理热点、难点问题

（一）重大责任事故罪中责任人的理解与认定问题

由于重大责任事故罪是犯罪主体在生产作业过程中违章作业导致法定的严重危害后果出现的过失行为，只有直接参加生产作业和直接指挥生产作业的人员才可能在生产或指挥生产的过程中发生违章并导致法定危害结果的发生，而管理者并不直接从事生产活动或指挥生产活动，其就不可能在生产、作业过程中违章作业。因此，在司法实践中，对于并未直接从事生产活动的管理人员是否构成本罪的犯罪主体存在争议。

（二）重大责任事故罪与重大劳动安全事故罪存在竞合时的处理问题

在安全生产设施或者安全生产条件不符合国家规定的情况下，行为人在生产、作业中又违反具体的安全管理规定，发生重大伤亡事故或者造成其他严重后果的，同时构成重大责任事故罪与重大劳动安全事故罪，此种情形该如何定罪量刑，在实践中也存在争议。

（三）行为人主观罪过形式不确定，致使证据标准难以把握

重大责任事故类犯罪中，行为人在违反相关安全管理法规时，主观上大多为间接故意，但对于发生安全事故这一后果则是过失的。在犯罪嫌疑人辩称自己不知道行政法规、规章等规定情况下，证据把控上亦存在困难。

四、案件审理思路及原则

1. 严格把握证据标准，准确认定案件事实。在办理此类案件过程中，往往存在"多因一果"的情况，应当强化与事故调查部门的沟通配合，听取专业意见，综合全案证据认定案件事实。

2. 熟悉相关安全知识、行业规则、法律法规，为案件准确定性及适用法律打下坚实基础。注重培养专业化、精细化办案人才，构建打击安全事故犯罪的专业化团队，切实提高办案质效。

3. 注重通过案例学习掌握裁判规则。安全事故类犯罪并不多发，学习了解指导性案例和其他地区的案例，既能够提供更加明确的指引和参考，也能增强裁判结果的可接受性与安全性，避免因认识不同致类案不同判的情况。

第二节　重大责任事故罪、重大劳动安全事故罪、危险物品肇事罪审判依据

一、法律

《中华人民共和国刑法》（2020 年 12 月 26 日修正）

第一百三十四条　在生产、作业中违反有关安全管理的规定，因而发生重大伤亡事故或者造成其他严重后果的，处三年以下有期徒刑或者拘役；情节特别恶劣的，处三年以上七年以下有期徒刑。

强令他人违章冒险作业，或者明知存在重大事故隐患而不排除，仍冒险组织作业，因而发生重大伤亡事故或者造成其他严重后果的，处五年以下有期徒刑或者拘役；情节特别恶劣的，处五年以上有期徒刑。

第一百三十五条　安全生产设施或者安全生产条件不符合国家规定，因而发生重大伤亡事故或者造成其他严重后果的，对直接负责的主管人员和其他直接责任人员，处三年以下有期徒刑或者拘役；情节特别恶劣的，处三年以上七年以下有期徒刑。

第一百三十六条　违反爆炸性、易燃性、放射性、毒害性、腐蚀性物品的管理规定，在生产、储存、运输、使用中发生重大事故，造成严重后果的，处三年以下有期徒刑或者拘役；后果特别严重的，处三年以上七年以下有期徒刑。

二、司法解释

《最高人民法院、最高人民检察院关于办理危害生产安全刑事案件适用法律若干问题的解释》（2015 年 12 月 14 日　法释〔2015〕22 号）

为依法惩治危害生产安全犯罪，根据刑法有关规定，现就办理此类刑事案件适用法律的若干问题解释如下：

第一条　刑法第一百三十四条第一款规定的犯罪主体，包括对生产、作业负有组织、指挥或者管理职责的负责人、管理人员、实际控制人、投资人等人员，以及直接从事生产、作业的人员。

第二条　刑法第一百三十四条第二款规定的犯罪主体，包括对生产、作业负有组织、指挥或者管理职责的负责人、管理人员、实际控制人、投资人等人员。

第三条　刑法第一百三十五条规定的"直接负责的主管人员和其他直接责任人员"，是指对安全生产设施或者安全生产条件不符合国家规定负有直接责任的生产经营单位负责人、管理人员、实际控制人、投资人，以及其他对安全生产设施或者安全生产条件负有管理、维护职责的人员。

第四条　刑法第一百三十九条之一规定的"负有报告职责的人员"，是指负有组织、指挥或者管理职责的负责人、管理人员、实际控制人、投资人，以及其他负有报告职责的人员。

第五条　明知存在事故隐患、继续作业存在危险，仍然违反有关安全管理的规定，实施下列行为之一的，应当认定为刑法第一百三十四条第二款规定的"强令他人违章冒险作业"：

（一）利用组织、指挥、管理职权，强制他人违章作业的；

（二）采取威逼、胁迫、恐吓等手段，强制他人违章作业的；

（三）故意掩盖事故隐患，组织他人违章作业的；

（四）其他强令他人违章作业的行为。

第六条　实施刑法第一百三十二条、第一百三十四条第一款、第一百三十五条、第一百三十五条之一、第一百三十六条、第一百三十九条规定的行为，因而发生安全事故，具有下列情形之一的，应当认定为"造成严重后果"或者"发生重大伤亡事故或者造成其他严重后果"，对相关责任人员，处三年以下有期徒刑或者拘役：

（一）造成死亡一人以上，或者重伤三人以上的；

（二）造成直接经济损失一百万元以上的；

（三）其他造成严重后果或者重大安全事故的情形。

实施刑法第一百三十四条第二款规定的行为，因而发生安全事故，具有本条第一款规定情形的，应当认定为"发生重大伤亡事故或者造成其他严重后果"，对相关责任人员，处五年以下有期徒刑或者拘役。

实施刑法第一百三十七条规定的行为，因而发生安全事故，具有本条第一款规定情形的，应当认定为"造成重大安全事故"，对直接责任人员，处五年以下有期徒刑或者拘役，并处罚金。

实施刑法第一百三十八条规定的行为，因而发生安全事故，具有本条第一款第一项规定情形的，应当认定为"发生重大伤亡事故"，对直接责任人员，处三年以下有期徒刑或者拘役。

第七条 实施刑法第一百三十二条、第一百三十四条第一款、第一百三十五条、第一百三十五条之一、第一百三十六条、第一百三十九条规定的行为，因而发生安全事故，具有下列情形之一的，对相关责任人员，处三年以上七年以下有期徒刑：

（一）造成死亡三人以上或者重伤十人以上，负事故主要责任的；

（二）造成直接经济损失五百万元以上，负事故主要责任的；

（三）其他造成特别严重后果、情节特别恶劣或者后果特别严重的情形。

实施刑法第一百三十四条第二款规定的行为，因而发生安全事故，具有本条第一款规定情形的，对相关责任人员，处五年以上有期徒刑。

实施刑法第一百三十七条规定的行为，因而发生安全事故，具有本条第一款规定情形的，对直接责任人员，处五年以上十年以下有期徒刑，并处罚金。

实施刑法第一百三十八条规定的行为，因而发生安全事故，具有下列情形之一的，对直接责任人员，处三年以上七年以下有期徒刑：

（一）造成死亡三人以上或者重伤十人以上，负事故主要责任的；

（二）具有本解释第六条第一款第一项规定情形，同时造成直接经济损失五百万元以上并负事故主要责任的，或者同时造成恶劣社会影响的。

第八条 在安全事故发生后，负有报告职责的人员不报或者谎报事故情况，贻误事故抢救，具有下列情形之一的，应当认定为刑法第一百三十九条之一规定的"情节严重"：

（一）导致事故后果扩大，增加死亡一人以上，或者增加重伤三人以上，或者增加直接经济损失一百万元以上的；

（二）实施下列行为之一，致使不能及时有效开展事故抢救的：

1. 决定不报、迟报、谎报事故情况或者指使、串通有关人员不报、迟报、谎报事故情况的；

2. 在事故抢救期间擅离职守或者逃匿的；

3. 伪造、破坏事故现场，或者转移、藏匿、毁灭遇难人员尸体，或者转移、藏匿受伤人员的；

4. 毁灭、伪造、隐匿与事故有关的图纸、记录、计算机数据等资料以及其他证据的；

（三）其他情节严重的情形。

具有下列情形之一的，应当认定为刑法第一百三十九条之一规定的"情节特别严重"：

（一）导致事故后果扩大，增加死亡三人以上，或者增加重伤十人以上，或者增加直接经济损失五百万元以上的；

（二）采用暴力、胁迫、命令等方式阻止他人报告事故情况，导致事故后果扩大的；

（三）其他情节特别严重的情形。

第九条 在安全事故发生后，与负有报告职责的人员串通，不报或者谎报事故情况，贻误事故抢救，情节严重的，依照刑法第一百三十九条之一的规定，以共犯论处。

第十条 在安全事故发生后，直接负责的主管人员和其他直接责任人员故意阻挠开展抢救，导致人员死亡或者重伤，或者为了逃避法律追究，对被害人进行隐藏、遗弃，致使被害人因无法得到救助而死亡或者重度残疾的，分别依照刑法第二百三十二条、第二百三十四条的规定，以故意杀人罪或者故意伤害罪定罪处罚。

第十一条 生产不符合保障人身、财产安全的国家标准、行业标准的安全设备，或者明知安全设备不符合保障人身、财产安全的国家标准、行业标准而进行销售，致使发生安全事故，造成严重后果的，依照刑法第一百四十六条的规定，以生产、销售不符合安全标准的产品罪定罪处罚。

第十二条 实施刑法第一百三十二条、第一百三十四条至第一百三十九条之一规定的犯罪行为，具有下列情形之一的，从重处罚：

（一）未依法取得安全许可证件或者安全许可证件过期、被暂扣、吊销、注销后从事生产经营活动的；

（二）关闭、破坏必要的安全监控和报警设备的；

（三）已经发现事故隐患，经有关部门或者个人提出后，仍不采取措施的；

（四）一年内曾因危害生产安全违法犯罪活动受过行政处罚或者刑事处罚的；

（五）采取弄虚作假、行贿等手段，故意逃避、阻挠负有安全监督管理职责的部门实施监督检查的；

（六）安全事故发生后转移财产意图逃避承担责任的；

（七）其他从重处罚的情形。

实施前款第五项规定的行为，同时构成刑法第三百八十九条规定的犯罪的，依照数罪并罚的规定处罚。

第十三条 实施刑法第一百三十二条、第一百三十四条至第一百三十九条之一规定的犯罪行为，在安全事故发生后积极组织、参与事故抢救，或者积极配合调查、主动赔偿损失的，可以酌情从轻处罚。

第十四条 国家工作人员违反规定投资入股生产经营，构成本解释规定的有关犯罪的，或者国家工作人员的贪污、受贿犯罪行为与安全事故发生存在关联性的，从重处罚；同时构成贪污、受贿犯罪和危害生产安全犯罪的，依照数罪并罚的规定处罚。

第十五条 国家机关工作人员在履行安全监督管理职责时滥用职权、玩忽职守，致使公共财产、国家和人民利益遭受重大损失的，或者徇私舞弊，对发现的刑事案件依法应当移交司法机关追究刑事责任而不移交，情节严重的，分别依照刑法第三百九十七条、第四百零二条的规定，以滥用职权罪、玩忽职守罪或者徇私舞弊不移交刑事案件罪定罪处罚。

公司、企业、事业单位的工作人员在依法或者受委托行使安全监督管理职责时滥用职权或者玩忽职守，构成犯罪的，应当依照《全国人民代表大会常务委员会关于〈中华人民共和国刑法〉第九章渎职罪主体适用问题的解释》的规定，适用渎职罪的规定追究刑事责任。

第十六条 对于实施危害生产安全犯罪适用缓刑的犯罪分子，可以根据犯罪情况，禁止其在缓刑考验期限内从事与安全生产相关联的特定活动；对于被判处刑罚的犯罪分子，可以根据犯罪情况和预防再犯罪的需要，禁止其自刑罚执行完毕之日或者假释之日起三年至五年内从事与安全生产相关的职业。

第十七条 本解释自 2015 年 12 月 16 日起施行。本解释施行后，最高人民法院、最高人民检察院《关于办理危害矿山生产安全刑事案件具体应用法律若干问题的解释》（法释〔2007〕5 号）同时废止。最高人民法院、最高人民检察院此前发布的司法解释和规范性文件与本解释不一致的，以本解释为准。

三、刑事政策文件

1. 《最高人民法院印发〈关于进一步加强危害生产安全刑事案件审判工作的意见〉的通知》（2011 年 12 月 30 日　法发〔2011〕20 号）

为依法惩治危害生产安全犯罪，促进全国安全生产形势持续稳定好转，保护人民群众生命财产安全，现就进一步加强危害生产安全刑事案件审判工作，制定如下意见。

一、高度重视危害生产安全刑事案件审判工作

1、充分发挥刑事审判职能作用，依法惩治危害生产安全犯罪，是人民法院为大局服务、为人民司法的必然要求。安全生产关系到人民群众生命财产安全，事关改革、发展和稳定的大局。当前，全国安全生产状况呈现总体稳定、持续好转的发展态势，但形势依然严峻，企业安全生产基础依然薄弱；非法、违法生产，忽视生产安全的现象仍然十分突出；重特大生产安全责任事故时有发生，个别地方和行业重特大责任事故上升。一些重特大生产安全责任事故举国关注，相关案件处理不好，不仅起不到应有的警示作用，不利于生产安全责任事故的防范，也损害党和国家形象，影响社会和谐稳定。各级人民法院要从政治和全局的高度，充分认识审理好危害生产安全刑事案件的重要意义，切实增强工作责任感，严格依法、积极稳妥地审理相关案件，进一步发挥刑事审判工作在创造良好安全生产环境、促进经济平稳较快发展方面的积极作用。

2、采取有力措施解决存在的问题，切实加强危害生产安全刑事案件审判工作。近年来，各级人民法院依法审理危害生产安全刑事案件，一批严重危害生产安全的犯罪分子及相关职务犯罪分子受到法律制裁，对全国安全生产形势持续稳定好转发挥了积极促进作用。2010 年，监察部、国家安全生产监督管理总局会同最高人民法院等部门对部分省市重特大生产安全事故责任追究落实情况开展了专项检查。从检查的情况来看，审判工作总体情况是好的，但仍有个别案件在法律适用或者宽严相济刑事政策具体把握上存在问题，需要切实加强指导。各级人民法院要高度重视，确保相关案件审判工作取得良好的法律效果和社会效果。

二、危害生产安全刑事案件审判工作的原则

3、严格依法，从严惩处。对严重危害生产安全犯罪，尤其是相关职务犯罪，必须始终坚持严格依法、从严惩处。对于人民群众广泛关注、社会反映强烈的案件要及时审结，回应人民群众关切，维护社会和谐稳定。

4、区分责任，均衡量刑。危害生产安全犯罪，往往涉案人员较多，犯罪主体复杂，既包括直接从事生产、作业的人员，也包括对生产、作业负有组织、指挥或者管理职责的负责人、管理人员、实际控制人、投资人等，有的还涉及国家机关工作人员渎职犯罪。对相关责任人的处理，要根据事故原因、危害后果、主体职责、过错大小等因素，综合考虑全案，正确划分责任，做到罪责刑相适应。

5、主体平等，确保公正。审理危害生产安全刑事案件，对于所有责任主体，都必须严格落实法律面前人人平等的刑法原则，确保刑罚适用公正，确保裁判效果良好。

三、正确确定责任

6、审理危害生产安全刑事案件，政府或相关职能部门依法对事故原因、损失大小、责任划分作出的调查认定，经庭审质证后，结合其他证据，可作为责任认定的依据。

7、认定相关人员是否违反有关安全管理规定，应当根据相关法律、行政法规，参照地方性法规、规章及国家标准、行业标准，必要时可参考公认的惯例和生产经营单位制定的安全生产规章制度、操作规程。

8、多个原因行为导致生产安全事故发生的，在区分直接原因与间接原因的同时，应当根据原因行为在引发事故中所具作用的大小，分清主要原因与次要原因，确认主要责任和次要责任，合理确定罪责。

一般情况下，对生产、作业负有组织、指挥或者管理职责的负责人、管理人员、实际控制人、投资人，违反有关安全生产管理规定，对重大生产安全事故的发生起决定性、关键性作用的，应当承担主要责任。

对于直接从事生产、作业的人员违反安全管理规定，发生重大生产安全事故的，要综合考虑行为人的从业资格、从业时间、接受安全生产教育培训情况、现场条件、是否受到他人强令作业、生产经营单位执行安全生产规章制度的情况等因素认定责任，不能将直接责任简单等同于主要责任。

对于负有安全生产管理、监督职责的工作人员，应根据其岗位职责、履职依据、履职时间等，综合考察工作职责、监管条件、履职能力、履职情况等，合理确定罪责。

四、准确适用法律

9、严格把握危害生产安全犯罪与以其他危险方法危害公共安全罪的界限，不应将生产经营中违章违规的故意不加区别地视为对危害后果发生的故意。

10、以行贿方式逃避安全生产监督管理，或者非法、违法生产、作业，导致发生重大生产安全事故，构成数罪的，依照数罪并罚的规定处罚。

违反安全生产管理规定，非法采矿、破坏性采矿或排放、倾倒、处置有害物质严重污染环境，造成重大伤亡事故或者其他严重后果，同时构成危害生产安全犯罪和破坏环境资源保护犯罪的，依照数罪并罚的规定处罚。

11、安全事故发生后，负有报告职责的国家工作人员不报或者谎报事故情况，贻误事故抢救，情节严重，构成不报、谎报安全事故罪，同时构成职务犯罪或其他危害生产安全犯罪的，依照数罪并罚的规定处罚。

12、非矿山生产安全事故中，认定"直接负责的主管人员和其他直接责任人员"、"负有报告职责的人员"的主体资格，认定构成"重大伤亡事故或者其他严重后果"、"情节特别恶劣"，不报、谎报事故情况，贻误事故抢救，"情节严重"、"情节特别严重"等，可参照最高人民法院、最高人民检察院《关于办理危害矿山生产安全刑事案件具体应用法律若干问题的解释》的相关规定。

五、准确把握宽严相济刑事政策

13、审理危害生产安全刑事案件，应综合考虑生产安全事故所造成的伤亡人数、经济损失、环境污染、社会影响、事故原因与被告人职责的关联程度、被告人主观过错大小、事故发生后被告人的施救表现、履行赔偿责任情况等，正确适用刑罚，确保裁判法律效果和社会效果相统一。

14、造成《关于办理危害矿山生产安全刑事案件具体应用法律若干问题的解释》第四条规定的"重大伤亡事故或者其他严重后果",同时具有下列情形之一的，也可以认定为刑法第一百三十四条、第一百三十五条规定的"情节特别恶劣"：

（一）非法、违法生产的；

（二）无基本劳动安全设施或未向生产、作业人员提供必要的劳动防护用品，生产、作业人员劳动安全无保障的；

（三）曾因安全生产设施或者安全生产条件不符合国家规定，被监督管理部门处罚或责令改正，一年内再次违规生产致使发生重大生产安全事故的；

（四）关闭、故意破坏必要安全警示设备的；

（五）已发现事故隐患，未采取有效措施，导致发生重大事故的；

（六）事故发生后不积极抢救人员，或者毁灭、伪造、隐藏影响事故调查的证据，或者转移财产逃避责任的；

（七）其他特别恶劣的情节。

15、相关犯罪中，具有以下情形之一的，依法从重处罚：

（一）国家工作人员违反规定投资入股生产经营企业，构成危害生产安全犯罪的；

（二）贪污贿赂行为与事故发生存在关联性的；

（三）国家工作人员的职务犯罪与事故存在直接因果关系的；

（四）以行贿方式逃避安全生产监督管理，或者非法、违法生产、作业的；

（五）生产安全事故发生后，负有报告职责的国家工作人员不报或者谎报事故情况，贻误事故抢救，尚未构成不报、谎报安全事故罪的；

（六）事故发生后，采取转移、藏匿、毁灭遇难人员尸体，或者毁灭、伪造、隐藏影响事故调查的证据，或者转移财产，逃避责任的；

（七）曾因安全生产设施或者安全生产条件不符合国家规定，被监督管理部门处罚或责令改正，一年内再次违规生产致使发生重大生产安全事故的。

16、对于事故发生后，积极施救，努力挽回事故损失，有效避免损失扩大；积极配合调查，赔偿受害人损失的，可依法从宽处罚。

六、依法正确适用缓刑和减刑、假释

17、对于危害后果较轻，在责任事故中不负主要责任，符合法律有关缓刑适用条件的，可以依法适用缓刑，但应注意根据案件具体情况，区别对待，严格控制，避免适用不当造成的负面影响。

18、对于具有下列情形的被告人，原则上不适用缓刑：

（一）具有本意见第 14 条、第 15 条所规定的情形的；

（二）数罪并罚的。

19、宣告缓刑，可以根据犯罪情况，同时禁止犯罪分子在缓刑考验期限内从事与安全生产有关的特定活动。

20、办理与危害生产安全犯罪相关的减刑、假释案件，要严格执行刑法、刑事诉讼法和有关司法解释规定。是否决定减刑、假释，既要看罪犯服刑期间的悔改表现，还要充分考虑原判认定的犯罪事实、性质、情节、社会危害程度等情况。

七、加强组织领导，注意协调配合

21、对于重大、敏感案件，合议庭成员要充分做好庭审前期准备工作，全面、客观掌握案情，确保案件开庭审理稳妥顺利、依法公正。

22、审理危害生产安全刑事案件，涉及专业技术问题的，应有相关权威部门出具的咨询意见或者司法鉴定意见；可以依法邀请具有相关专业知识的人民陪审员参加合议庭。

23、对于审判工作中发现的安全生产事故背后的渎职、贪污贿赂等违法犯罪线索，应当依法移送有关部门处理。对于情节轻微，免予刑事处罚的被告人，人民法院可建议有关部门依法给予行政处罚或纪律处分。

24、被告人具有国家工作人员身份的，案件审结后，人民法院应当及时将生效的裁判文书送达行政监察机关和其他相关部门。

25、对于造成重大伤亡后果的案件，要充分运用财产保全等法定措施，切实维护被害人依法获得赔偿的权利。对于被告人没有赔偿能力的案件，应当依靠地方党委和政府做好善后安抚工作。

26、积极参与安全生产综合治理工作。对于审判中发现的安全生产管理方面的突出问题，应当发出司法建议，促使有关部门强化安全生产意识和制度建设，完善事故预防机制，杜绝同类事故发生。

27、重视做好宣传工作。对于社会关注的典型案件，要重视做好审判情况的宣传报道，规范裁判信息发布，及时回应社会的关切，充分发挥重大、典型案件的教育警示作用。

28、各级人民法院要在依法履行审判职责的同时，及时总结审判经验，深入开展调查研究，推动审判工作水平不断提高。上级法院要以辖区内发生的重大生产安全责任事故案件为重点，加强对下级法院危害生产安全刑事案件审判工作的监督和指导，适时检查此类案件的审判情况，提出有针对性的指导意见。

2.《最高人民法院研究室关于被告人阮某重大劳动安全事故案有关法律适用问题的答复》（2009 年 12 月 25 日 法研〔2009〕228 号）

陕西省高级人民法院：

你院陕高法〔2009〕288 号《关于被告人阮某重大劳动安全事故案有关法律适用问题的请示》收悉。经研究，答复如下：

用人单位违反职业病防治法的规定，职业病危害预防设施不符合国家规定，因而发生重大伤亡事故或者造成其他严重后果的，对直接负责的主管人员和其他直接责任人员，可以依照刑法第一百三十五条的规定，以重大劳动安全事故罪定罪处罚。

此复。

第三节　重大责任事故罪、重大劳动安全事故罪、危险物品肇事罪审判实践中的疑难新型问题

问题 1. 安全生产许可证过期后仍然采取各种手段逃避监管继续生产的行为认定

【实务专论】

现阶段，我国安全生产形势严峻，司法机关应当继续坚持依法从严惩处危害生产安全刑事犯罪活动的基本政策，这是回应社会关切、践行司法为民司法理念的需要，也是《最高人民法院、最高人民检察院关于办理危害生产安全刑事案件适用法律若干问题的解释》的总体基调。《最高人民法院、最高人民检察院关于办理危害生产安全刑事案件适用法律若干问题的解释》第 12 条对此类犯罪中常见多发的数种从重处罚情节作出了专门规定。

首先，根据新修正的《安全生产法》的立法精神，我国的安全生产监管工作将总体上从以结果控制为主转变为过程控制和结果控制并重，进一步加大对无证生产经营、拒不履行安全监管决定等非法、违法生产经营行为的惩处力度，以达到监管关口前移、减少事故隐患的效果。《最高人民法院、最高人民检察院关于办理危害生产安全刑事案件适用法律若干问题的解释》起草过程中，经调研发现，大部分生产安全事故的背后，均隐藏着相关责任人员事前长时间的非法、违法生产经营行为，事故隐患长期得不到纠正，最终导致重特大事故发生。对于此类行为，必须加大惩处力度，以警示其他潜在的犯罪分子，达到防患于未然的效果。《最高人民法院、最高人民检察院关于办理危害生产安全刑事案件适用法律若干问题的解释》第 12 条第 1 款第 1 项至第 3 项的规定内容属于实践中较为常见的典型非法、违法生产经营行为。适用上述规定应注意以下几点：（1）第 1 项规定的"安全许可证件"是一大类证件的总称，其中既包括在矿山企业、建筑施工企业和危险化学品、烟花爆竹、民用爆破器材生产等行业领域中适用的安全生产许可证，也包括仅适用于特定生产经营领域的其他相关安全许可证件，如危险化学品生产经营领域中的危险化学品安全使用许可证和经营许可证、大型群众性活动领域中由公安机关作出的安全许可，等等。行为人未取得上述安全许可证件，或者在安全许可证件过期、被暂扣、吊销、注销后仍然从事生产经营活动，表明其不具备基本的安全生产经营条件，存在严重事故隐患，因此发生安全事故的，应当从重处罚。（2）第 2 项规定内容是在生产经营活动中采取各种手段故意掩盖事故隐患的行为，第 3 项规定内容为经有关部门或者个人提出后，仍拒不采取措施消除事故隐患的行为。上述行为的实质，是行为人为追求生产经营利润，无视事故隐患的存在和一线生产、作业者的生命财产安全，盲目组织、开展生产作业，表明其一贯不遵守安全管理规定，主观恶性较深，因此发生安全事故的，应处以较重的法定刑。

其次，危害生产安全犯罪均系过失犯罪，不适用刑法关于累犯从重处罚的规定。但是，行为人因实施危害生产安全违法犯罪行为受到行政处罚或者刑事处罚后拒不悔改，

事后又因过失行为构成危害生产安全犯罪的，表明其藐视法律规范，再犯可能性较大，理应从重处罚。《最高人民法院、最高人民检察院关于办理危害生产安全刑事案件适用法律若干问题的解释》第 12 条第 1 款第 4 项对此作出了规定，同时为避免打击面过大，将受到行政处罚或者刑事处罚的期间限定在一年之内。

最后，根据《安全生产法》等相关行政法律、法规的规定，生产经营单位采取伪造生产经营数据、安全监测报表等手段弄虚作假，故意逃避、阻挠安全监管，或者直接采取向安全监管人员行贿的手段逃避监管、通过行贿手段非法获取生产经营资质等行为，均属严重的违法违规行为，均应从重处罚，《最高人民法院、最高人民检察院关于办理危害生产安全刑事案件适用法律若干问题的解释》第 12 条第 1 款第 5 项对此作出了规定。其中，行贿行为构成犯罪的，应依法数罪并罚。另外，《最高人民法院、最高人民检察院关于办理危害生产安全刑事案件适用法律若干问题的解释》第 12 条第 1 款第 6 项还规定，犯罪人在事故发生后故意转移个人财产，意图逃避承担民事赔偿责任和行政处罚责任的，从重处罚。第 7 项系兜底条款。

宽严相济刑事政策是我国的基本刑事政策，是刑事立法活动和刑事司法工作中均应遵循的基本准则。有效惩治危害生产安全犯罪，确保案件审判取得良好效果，司法机关在坚持从严惩处原则的同时，也需要在审判过程中切实贯彻落实宽严相济刑事政策的基本要求，作到严之有度，以宽济严。《最高人民法院、最高人民检察院关于办理危害生产安全刑事案件适用法律若干问题的解释》为具体体现宽严相济刑事政策，树立正确行为导向，鼓励犯罪人在事故发生后积极采取有力措施，最大限度减小事故损失，尽快查明事故原因，专门对两种从轻处罚情节作了明确规定。首先，犯罪人在安全事故发生后积极组织、参与事故抢救的，可以酌情从轻处罚，此规定来源于《最高人民法院、最高人民检察院关于办理危害矿山生产安全刑事案件具体应用法律若干问题的解释》（已废止，下同），未作实质性修改。其次，犯罪人在安全事故发生后积极配合调查、主动赔偿损失的，表明其确有悔罪之意，且愿意通过经济赔偿弥补犯罪行为造成的损害，亦可酌情从轻处罚。①

【典型案例】刘某 1、刘某 2、楚某某重大劳动安全事故、非法采矿、单位行贿案②

一、基本案情

被告人刘某 1，男，汉族，1962 年生，湖南省湘潭县立胜煤矿投资人、实际控制人之一。

被告人刘某 2，男，汉族，1973 年生，湘潭县立胜煤矿投资人、实际控制人之一。

被告人楚某某，男，汉族，1962 年生，湘潭县立胜煤矿投资人、实际控制人之一。

（一）非法采矿、重大劳动安全事故事实

2008 年 11 月 15 日，被告人刘某 1、刘某 2、楚某某共同承包了湖南省湘潭县立胜煤矿的采矿权。立胜煤矿采矿许可证核准的开采范围为约 0.0362 平方公里，深度为 100 米至 124 米，有限期为 2008 年 4 月至 2009 年 4 月。2009 年 1 月 13 日，因立胜煤矿安全生

① 沈亮、汪斌、李加玺：《〈关于办理危害生产安全刑事案件适用法律若干问题的解释〉理解与适用》，载《人民司法（应用）》2015 年第 4 期。
② 最高人民法院于 2015 年 12 月 15 日公布的 3 起危害生产安全犯罪典型案例之二。

产许可证、煤炭生产许可证均已过期，湘潭县煤监局下达停产通知；同年4月，因立胜煤矿采矿许可证到期，且存在越界开采行为，湘潭县国土资源局责令立即停产。但刘某1、刘某2、楚某某多次采取封闭矿井、临时遣散工人等弄虚作假手段，故意逃避管理部门实施监督检查，拒不执行停产监管决定，长期以技改名义非法组织生产。至2010年1月，立胜煤矿东井已开采至地下640米水平，中间井已拓至地下420米水平，西井已采至地下580米水平，严重超越采矿许可证核准的地下124米水平。经湖南省国土资源厅鉴定，立胜煤矿2009年5月1日至2009年12月25日，计采原煤29 958.72吨，破坏矿山资源价值9 046 634.68元。

2010年1月5日12时5分，立胜煤矿中间井（又名新井）三道暗立井（位于地下155米至地下240米之间）发生因电缆短路引发的火灾事故。事故当日有85人下井，事故发生后安全升井51人，遇难34人，造成直接经济损失2962万元。经鉴定，造成事故的直接原因是立胜煤矿中间井三道暗立井使用非阻燃电缆，吊箩向上提升时碰撞已损坏的电缆芯线，造成电缆相间短路引发火灾，产生大量有毒有害气体，且矿井超深越界非法开采，未形成完整的通风系统和安全出口，烟流扩散造成人员中毒死亡。被告人刘某1、刘某2、楚某某作为立胜煤矿负有管理职责的共同投资人和实际控制人，未认真履行职责，在生产经营过程中未采取有效安全防范管理措施，对于立胜煤矿未采用铠装阻燃电缆、未按规定安装和使用检漏继电器、矿井暗立井内敷设大量可燃管线和物体、无独立通风系统、在矿井超深越界区域无安全出口和逃生通道、无防灭火系统、避灾自救设施不完善等安全隐患均负有责任。

（二）单位行贿事实

被告人刘某1、刘某2、楚某某为了三人投资和实际控制的立胜煤矿逃避监管部门监督检查，牟取不正当利益，先后向湘潭县煤监局局长郭某某、湘潭县国土资源管理局主管副局长谭某某（均另案处理，已判刑）等人行贿共计29万元。另外，刘某1为给其投资的湘潭县新发煤矿牟取不正当利益，先后向湘潭市煤炭工业行业管理办公室安全生产科科长刘某某（另案处理，已判刑）等人行贿51.5万元。

二、裁判结果

湖南省湘潭县人民法院一审判决认为，被告人刘某1、刘某2、楚某某作为立胜煤矿投资人和实际控制人，违反《矿产资源法》的规定，未取得采矿许可证即擅自采矿，情节特别严重，行为均已构成非法采矿罪；在立胜煤矿安全生产设施及安全生产条件不符合国家规定的情况下组织生产，因而发生重大伤亡事故，情节特别恶劣，行为均已构成重大劳动安全事故罪；为给自己控制的煤矿牟取不正当利益和逃避监管，向国家机关工作人员行贿，情节严重，行为均已构成单位行贿罪，应依法并罚。刘某2系累犯，依法应当从重处罚；刘某1、刘某2、楚某某事故发生后均积极组织抢救，配合政府职能部门关闭整合当地其他违规开展生产的煤矿，并对事故遇难者家属进行了足额经济赔偿，可以酌情从轻处罚。综上，对被告人刘某1以重大劳动安全事故罪判处有期徒刑五年，以非法采矿罪判处有期徒刑六年，并处罚金人民币300万元，以单位行贿罪判处有期徒刑二年，决定执行有期徒刑九年，并处罚金人民币300万元；对被告人刘某2以重大劳动安全事故罪判处有期徒刑四年，以非法采矿罪判处有期徒刑四年，并处罚金人民币300万元，以单位行贿罪判处有期徒刑一年，决定执行有期徒刑七年，并处罚金人民币300万元；对被告人楚某某以重大劳动安全事故罪判处有期徒刑四年，以非法采矿罪判处有期徒刑四年，并处罚金人民币 300 万元，以单位行贿罪判处有期徒刑一年，决定执行有期徒刑六年六个月，并处罚金人民币 300 万元。

一审宣判后，检察机关以一审判决对单位行贿部分事实认定错误、量刑畸轻为由提出抗诉；被告人刘某 1、刘某 2、楚某某以不构成重大劳动安全事故罪和非法采矿罪为由提出上诉。

湖南省湘潭市中级人民法院二审裁定认为，一审判决认定被告人刘某 1、刘某 2、楚某某行贿 29 万元有误，三人行贿数额应认定为 34 万元，但不足以影响量刑，依法驳回检察机关部分抗诉，驳回三被告人上诉，维持原判。

三、典型意义

安全生产许可证过期后从事生产经营活动，或者采用封闭矿井口、临时遣散工人等弄虚作假手段和行贿方法故意逃避、阻挠负有安全监督管理职责的部门实施监督检查的，均应当从重处罚。

问题 2. 明知不符合安全标准的机动车运输危险物品有可能引发安全事故却轻信能够避免的行为认定

【实务专论】

首先，可以作为引发事故后果原因的行为必须是违反相关规定、具有导致危害结果发生的危险性的行为。如果行为人的行为没有违反相关规定和导致危险结果发生的危险性，就不能认定为引发事故后果的原因。其中，是否违反相关规定，是进一步判断该行为是否具有导致危害结果发生的危险性的前提条件。例如，《安全生产法》第 62 条第 2 款规定："应急管理部门应当按照分类分级监督管理的要求，制定安全生产年度监督检查计划，并按照年度监督检查计划进行监督检查，发现事故隐患，应当及时处理。"本条确立了一定范围内的尽职免责制度。据此，如果安全生产监管人员事先制订了完善的、符合实际情况的安全生产年度监督检查计划，并严格按照该监督检查计划开展监督检查工作，及时处理监督检查中发现的事故隐患，就应当认定其行为是符合法律规定的行为，即使监管对象事后发生了生产安全责任事故，也不能认定该监管人员的行为是引发事故后果的原因。

其次，在因果关系的发展变化过程中，有可能介入他人故意行为或者自然因素的影响，在此情况下应当综合考虑行为人的过失行为与他人故意行为、自然因素对引发危害后果所起的各自作用力大小，以及介入因素的可预见程度，判断行为人的过失行为与危害结果之间是否存在因果关系，不宜简单认定因果关系已经中断。在行为人的过失行为属于导致危害结果发生的必要条件，而介入的他人故意行为或者自然因素直接引发危害结果的情况下，如果该故意行为或者自然因素并未超出一般人的可预见范围，或者行为人的过失行为导致危害结果进一步扩大，仍然可以认定该过失行为与危害结果之间存在因果关系。[①]

[①] 周峰、李加玺：《生产安全责任事故犯罪案件及其立法中的若干问题》，载《人民司法（应用）》2017 年第 7 期。

【公报案例】康某某、王某危险物品肇事案①

一、基本案情

被告人：康某某，男，山东省济宁市人，济宁市远达石化有限公司驾驶员。

被告人：王某，男，山东省宁阳县人，济宁市远达石化有限公司驾驶员。

被告人康某某、王某均是山东省济宁市远达石化有限公司（以下简称远达公司）雇用的驾驶员，均领取了危险货物运输从业资格证和道路危险货物运输操作证，具有从事危险品运输的专业资格。远达公司经营化工产品和原料的批发、零售。由于不具备运输危险品资质，遂与济宁科迪化学危险货物运输中心（以下简称科迪中心）签订委托管理合同，将远达公司的危险品运输车辆和驾驶人员挂靠入户到科迪中心名下，从而取得运输危险品资质。但车辆和人员仍由远达公司经理马某1（另案因危险物品肇事罪，被判处有期徒刑六年）实际管理。

2005年3月28日上午，受马某1指令，远达公司驻南京车队队长张某某安排被告人康某某、王某驾驶鲁H00××9号牵引车，牵引LJ-0××5号拖挂罐体车，去山东省临沂市沂州化工有限公司（以下简称沂州化工公司）拖运远达公司销售给江苏钟山石化有限公司的液氯。3月29日上午，王某到沂州化工公司申请装货，该公司负责销售工作的销售二部经理刘某和公司副总经理朱某某（另案处理，因危险物品肇事罪各被判处有期徒刑三年零六个月）违反LJ-0××5号拖挂罐体车的核定载重量，批准为该车充装40.44吨液氯。装车后，康某某驾车、王某押车，二人沿京沪高速公路由北向南行驶。当日约18时40分，该车行至沂淮江段103KM+525M处时，左前轮轮胎突然爆裂，致使车辆方向失控，撞毁中间隔离护栏，冲入对面上行车道，LJ-0××5号拖挂罐体车与鲁H00××9号牵引车脱离，向左侧翻在道路上。事发时，恰有山东临沂籍驾驶员马某2驾驶鲁Q08××7号半挂车在上行车道由南向北驶来，马某2紧急避让未成功，鲁Q08××7号车车体左侧与侧翻的LJ-0××5号拖挂罐体车顶部碰剐后冲下护坡。马某2被夹在驾驶座位中间，同车副驾驶马某被甩出车外。后马某帮助马某2转移至公路中间的隔离带。碰剐中，LJ-0××5号拖挂罐体车顶部的液相阀和气相阀脱落，罐内液氯大量泄漏。被告人康某某、王某看到液氯泄漏后，立即越过高速公路的西边护网，逃至附近麦田里。逃跑过程中，王某用手机拨打"110"电话报警称："有辆装危险品液氯的拖挂罐体车，在京沪高速公路淮阴北出口南15公里处翻车。"当晚，康某某、王某潜伏在附近的麦田观望现场抢险，二三小时后逃离现场至淮安市区住宿，次日上午乘车逃至南京，下午向南京警方投案自首。该起液氯泄漏事故，造成马某2、马某及事故现场周边的淮阴区、涟水县大量群众中毒，其中马某2、张某某等29人因氯气中毒死亡，王某、严某某等400余人住院治疗，陈某等1800余人门诊留治，1万余名村民被迫疏散转移，并造成数千头（只）家畜、家禽死亡，大面积农作物绝收或受损，大量树木、鱼塘和村民的食用粮、家用电器受污染、腐蚀，财产损失巨大。

事后经公安部道路交通管理科学研究所对鲁H00××9号拖挂罐体车轮胎爆裂原因进行鉴定。结论如下：（1）该车长期在超载情况下行驶，轮胎气压高于标准压力，使轮胎刚性增大，胎冠中间部位凸出，与地面接触面积减少，受力增大，引起胎冠中央过度磨

---

① 载《中华人民共和国最高人民法院公报》2006年第8期。

损，胎冠及花纹底部开裂，形成众多裂纹。（2）由于超载引起轮胎过度变形和轮胎气压升高，在行驶中随着轮胎内部温度的升高，轮胎帘线过度伸张，橡胶复合材料的物理特性连续遭到破坏，加上轮胎胎冠原有裂纹处应力集中，在交变载荷的重复作用下，应力超过材料的强度极限，开裂处产生逐渐扩大的破坏，形成帘线与橡胶间的黏着失效，胎肩与胎冠处产生部分脱空现象，行驶中脱空部位温度过高，帘线负荷能力下降，导致帘布层折断，胎冠和胎肩爆裂。（3）左前轮紧贴爆裂胎冠及胎肩的帘布层断裂的端头较为整齐，属突然爆裂所致，而其余帘布层帘线的断裂端头均发黏、发毛且卷曲，呈明显碾压所致。（4）该车使用的左右前轮、第二、第三轴左后轮的轮胎花纹深度以及磨损程度，均不符合 GB 7258—2004 国家标准，且未达到同一轴轮胎规格和花纹相同的要求。该车使用存在严重交通安全隐患的报废轮胎，行驶中发生爆胎是必然现象。

淮安市公安局交通巡逻警察支队京沪高速公路大队对交通事故责任作如下认定：

康某某驾驶机件不符合安全技术标准的车辆运输剧毒化学品且严重超载，导致左前轮爆胎，罐车侧翻，液氯泄漏，是造成此次特大事故的直接原因。王某作为驾驶员兼押运员，对运输剧毒化学品的车辆安全行驶负有重要监管职责，却纵容安全机件不符合技术标准且严重超载的剧毒化学危险品车辆上路行驶，是造成此次事故发生的又一直接原因。事故发生后，康某某、王某逃离现场，应共同负事故的全部责任。

判决结果：被告人康某某犯危险物品肇事罪，判处有期徒刑六年六个月。被告人王某犯危险物品肇事罪，判处有期徒刑六年六个月。

二、主要问题

危险物品肇事案件中如何认定因果关系？

三、裁判理由

有危险货物运输从业资格的人员，明知使用具有安全隐患的机动车超载运输剧毒化学品，有可能引发危害公共安全的事故，却轻信能够避免，以致这种事故发生并造成严重后果的，构成《刑法》第136条规定的危险物品肇事罪。

从事剧毒化学品运输工作的专业人员，在发生交通事故致使剧毒化学品泄漏后，有义务利用随车配备的应急处理器材和防护用品抢救对方车辆上的受伤人员，有义务在现场附近设置警戒区域，有义务及时报警并在报警时主动说明危险物品的特征、可能发生的危害，以及需要采取何种救助工具与救助方式才能防止、减轻以至消除危害，有义务在现场等待抢险人员的到来，利用自己对剧毒危险化学品的专业知识以及对运输车辆构造的了解，协助抢险人员处置突发事故。从事剧毒化学品运输工作的专业人员不履行这些义务，应当对由此造成的特别严重后果承担责任。

问题3. 重大责任事故罪主体资格的认定

【实务专论】

《最高人民法院、最高人民检察院关于办理危害矿山生产安全刑事案件具体应用法律若干问题的解释》对重大责任事故罪、强令违章冒险作业罪、重大劳动安全事故罪和不报、谎报安全事故罪四个罪名的主体范围作出了规定。《最高人民法院、最高人民检察院关于办理危害生产安全刑事案件适用法律若干问题的解释》吸收《最高人民法院、最高人民检察院关于办理危害矿山生产安全刑事案件具体应用法律若干问题的解释》的相关规定内容，并根据司法实践的需要，将规制范围由原来的矿山生产经营领域扩大到一般生产经营领域。

《最高人民法院、最高人民检察院关于办理危害生产安全刑事案件适用法律若干问题的解释》第1~4条将对生产、作业负有组织、指挥或者管理职责的负责人、管理人员等具有生产经营单位管理者身份和职务的人员纳入相关犯罪的主体范围，由于单位负责人、管理人员的业务过失行为与事故后果之间的因果关系一般较为明显，逻辑上容易理解，司法实践中，大部分案件的处罚对象也主要是上述人员。除此之外，《最高人民法院、最高人民检察院关于办理危害生产安全刑事案件适用法律若干问题的解释》还明确将单位实际控制人、投资人纳入刑事追究的范围，但实践中对于实际控制人、投资人的范围界定问题，一直存在争议，需要进一步明确。

首先，根据《公司法》的规定，实际控制人，是指虽不是公司股东，但通过投资关系、协议或者其他安排，能够实际支配公司行为的人。实践中比较常见的实际控制人是所谓"隐名持股人"，即某些国家机关工作人员或者具有特定职务身份的公司、企业管理人员，为了规避法律、法规关于国家机关工作人员不得投资入股生产经营企业，或者公司、企业管理人员不得违规从事与所任职公司、企业同类业务等方面的禁止性规定，以他人名义投资入股相关生产经营单位，从而达到隐藏自己股东身份的目的。上述人员通过他人代持生产经营单位股份，隐藏自己在幕后的真实目的，一方面可以行使对相关单位生产经营、人事任免等重大事项的决定权，另一方面可以逃避承担股东依法应当承担的生产经营责任和安全生产责任。从理论上讲，实际控制人作为对生产经营单位的生产经营活动起实际支配作用的人员，如果其在行使组织、指挥、管理职权过程中违反安全管理规定，进而引发安全事故，理应认定为犯罪，否则就是放纵真正的犯罪人，亦无法达到从源头上预防事故发生的实际效果。

其次，投资人是指从事投资活动、具有一定资金来源、享有投资收益的权、责、利的统一体，是生产经营单位资金的参与者和经营收益的分享者。根据《安全生产法》的规定，生产经营单位应当具备的安全生产条件所必需的资金投入，由生产经营单位的决策机构、主要负责人或者个人经营的投资人予以保证，并对由于安全生产所必需的资金投入不足导致的后果承担责任。此处规定的主要是个人经营企业投资人的安全生产资金投入义务。在有限责任公司、股份有限公司等类型的生产经营实体中，投资人，是指享有投资权益、对公司经营方针和投资计划享有管理权或决策权的股东。因投资人的行为导致生产经营单位安全生产资金投入不足，或者投资人在生产经营活动违反安全管理规定，进而导致发生安全事故的，应当依法追究刑事责任。但是，由于市场经济条件下所有权与经营权相分离的情况大量存在，投资人参与公司、企业经营管理的程度大小不一，特别是通过股市公开交易方式购买上市公司少量股票的小股东，一般不参与公司的经营管理决策活动，追究其对公司安全生产方面的刑事责任，明显不符合权责一致原则。因此，前述解释将作为相关犯罪主体的投资人限定为"对生产、作业负有组织、指挥或者管理职责的投资人"。①

① 沈亮、汪斌、李加玺：《〈关于办理危害生产安全刑事案件适用法律若干问题的解释〉理解与适用》，载《人民司法（应用）》2015年第4期。

【典型案例】泸县桃子沟煤业公司、罗某、李某某、胡某某、徐某某非法储存爆炸物，罗某、李某某、胡某某、徐某某、谢某某、姜某某、陈某1、杨某某、卢某某、张某某、陈某2、周某重大责任事故案[①]

一、基本案情

被告单位泸县桃子沟煤业有限公司（以下简称桃子沟煤业公司），又名桃子沟煤矿。

被告人罗某，桃子沟煤业公司出资人、法定代表人、执行董事。

被告人李某某，桃子沟煤业公司出资人、实际控制人。

被告人胡某某，桃子沟煤业公司行政矿长、矿长助理。

被告人徐某某，桃子沟煤业公司安全副矿长。

被告人谢某某，桃子沟煤业公司调度室主任。

被告人姜某某，桃子沟煤业公司生产副矿长。

被告人陈某1，桃子沟煤业公司技术副矿长。

被告人杨某某，桃子沟煤业公司掘进副矿长。

被告人卢某某，桃子沟煤业公司机电副矿长。

被告人张某某，2013年4月15日起任桃子沟煤业公司行政矿长。

被告人陈某2，桃子沟煤业公司夜班副矿长兼掘进队长。

被告人周某，桃子沟煤业公司股东、监事。

（一）非法储存爆炸物事实

四川省泸县桃子沟煤矿由被告人罗某、李某某共同经营，二人各占50%股份，罗某任法定代表人、执行董事。2012年9月，该矿更名为桃子沟煤业公司，因技改扩建未验收，相关证照尚未更换，桃子沟煤矿和桃子沟煤业公司两个证照同时使用。2013年3月，李某某将其股份变更登记在其女婿被告人周某名下，由周某任监事，李某某作为实际控制人之一，主要负责煤矿安全生产管理。桃子沟煤业公司先后聘任被告人胡某某、张某某为行政矿长，其中胡某某2012年10月15日至2013年4月14日任行政矿长，4月15日后改任矿长助理；张某某2013年4月15日起任行政矿长。2013年3月15日，桃子沟煤业公司任命被告人徐某某为安全副矿长、被告人谢某某为调度室主任、被告人姜某某为生产副矿长、被告人陈某1为技术副矿长、被告人杨某某为掘进副矿长、被告人卢某某为机电副矿长、被告人陈某2为夜班副矿长兼掘进队长。

2011年9月，桃子沟煤业公司与当地其余7家煤矿以泸县厚源矿业公司名义，共同买下原泸县华叙爆破公司一民用爆炸物品库房，并共同以厚源矿业公司名义与安翔公司签订民用爆炸物品仓库委托管理合同，约定由安翔公司代为运输、储存、配送和回收8家煤矿生产所用民用爆炸物品。桃子沟煤业公司为提高效率、降低成本，2012年年底未经有关部门审查、验收，由被告人李某某派人在井下建成用于储存、发放炸药、雷管的两个硐室。2013年3月，桃子沟煤业公司技改扩建试运行后，未安排专人管理硐室，仅在早班、中班轮班时指派一名兼职人员在硐室处发放炸药、雷管，剩余部分储存在硐室内。李某某明知爆炸物品不按规定回收存在安全隐患，仍指使工人将生产过程中未用完的爆炸物品自行存放；被告人罗某为掩盖本单位非法储存爆炸物的事实，与被告人胡某某一

---

① 最高人民法院于2015年12月15日公布的3起危害生产安全犯罪典型案例之三。

同指使库管员伪造爆炸物管理台账，逃避监管；胡某某和被告人徐某某无视自身岗位职责和相关法律法规规定，对本单位在井下建造硐室非法储存炸药、雷管和工人随意存放爆炸物不退库等行为未采取有效措施制止。2013 年 5 月 15 日，桃子沟煤业公司矿井被依法关闭时，在公安民警见证下，安翔公司工作人员从该矿井下共计回收非法储存的炸药622.8 千克，雷管 1461 枚。

（二）重大责任事故事实

桃子沟煤业公司原设计生产能力为 3 万吨，2009 年 12 月经四川省经委批复技改扩建为 9 万吨。2012 年 9 月，泸州市经信委批复矿井联合试运行，2013 年 3 月 25 日泸县安监局批复同意该矿复工复产，并于同年 4 月 7 日核准该矿 2121 采煤工作面和 4 个掘进工作面进行生产。在技改扩建期间，被告人李某某未经审批即安排被告人陈某 1 设计 3111 采煤工作面，安排被告人谢某某、姜某某等人组织工人布置 3111 采煤工作面，并伺机违规开采。同年 3 月中旬，李某某经召集被告人胡某某、徐某某、谢某某、姜某某、陈某 1、杨某某、卢某某开会讨论，决定开采 3111 采煤工作面。并于会后共谋以提高采煤单价的方式鼓励工人到 3111 采煤工作面采煤，同时采取只中班生产、不发放作业人员定位识别卡、不安装瓦斯监控系统及传感器、遇检查时提前封闭巷道等手段逃避监管；被告人张某某、陈某 2 发现 3111 采煤工作面非法开采并存在严重安全隐患的情况后，未采取有效措施予以制止；被告人周某作为该矿股东和监事，对 3111 工作面亦未尽到相应监管职责。

2013 年 5 月 11 日 14 时 15 分，桃子沟煤业公司 3111 采煤工作面生产作业过程中因通风设施不完善，且未安装瓦斯监控系统及传感器，导致井下瓦斯积聚达到爆炸浓度的情况未得到有效监测，该工作面六支巷采煤作业点放炮残余炸药燃烧引起瓦斯爆炸，致使28 名井下工人遇难，另有 18 名工人受伤，直接经济损失 2449 万余元。

四川省泸县人民法院一审判决认为：被告单位桃子沟煤业公司违反法律法规规定，在生产矿井内设置爆炸物库房非法储存炸药、雷管，并允许工人在井下自存爆炸物，危害公共安全，情节严重，行为已构成非法储存爆炸物罪；被告人罗某、李某某、胡某某、徐某某均系单位直接负责的主管人员，依法应对单位非法储存爆炸物的犯罪行为承担刑事责任；胡某某系累犯，应依法从重处罚。被告人罗某、李某某、胡某某、徐某某、谢某某、姜某某、陈某 1、杨某某、卢某某、张某某、陈某 2、周某在生产、作业过程中违反煤矿生产安全管理规定，未经审批违规作业，对存在的安全隐患未尽到监管职责，导致发生重大安全事故，情节特别恶劣，其行为均已构成重大责任事故罪，其中，罗某、李某某、胡某某、徐某某犯非法储存爆炸物罪和重大责任事故罪，应依法并罚。胡某某有多次故意犯罪前科，应酌情从重处罚。综合犯罪事实、情节以及社会危害后果，罗某、李某某虽有事故后积极抢救行为，李某某还有自首情节，但不足以从轻处罚；胡某某、徐某某、谢某某、姜某某、陈某 1、杨某某、卢某某、张某某、陈某 2、周某等具有自首情节或者事故后积极抢救的从宽情节，均可酌情从轻处罚。综上，对被告单位桃子沟煤业公司以非法储存爆炸物罪判处罚金人民币 50 万元；对被告人罗某、李某某以非法储存爆炸物罪判处有期徒刑十五年，以重大责任事故罪判处有期徒刑七年，决定执行有期徒刑二十年；对被告人徐某某以非法储存爆炸物罪判处有期徒刑十二年，以重大责任事故罪判处有期徒刑六年六个月，决定执行有期徒刑十七年；对被告人胡某某以非法储存爆炸物罪判处有期徒刑十一年，以重大责任事故罪判处有期徒刑六年六个月，决定执行有期徒刑十六年；对被告人谢某某、姜某某、陈某 1 以重大责任事故罪判处有期徒刑六年六个月；对被告人张某某以重大责任事故罪判处有期徒刑六年；对被告人杨某某、卢某某、陈某2、周某以重大责任事故罪判处有期徒刑五年。

二、主要问题

重大责任事故罪的主体资格如何认定？

三、裁判理由

被告人李某某作为桃子沟煤业公司隐名股东和实际控制人之一，负责煤矿安全生产管理，应认定为重大责任事故罪的犯罪主体。被告人在煤矿技改扩建期间违规组织生产，不安装瓦斯监控系统及传感器等必要的安全监控和报警设备，采取不发放作业人员定位识别卡、检查前封闭巷道等弄虚作假手段故意逃避、阻挠负有安全监督管理职责的部门实施监督检查，应当从重处罚。

问题4. 重大责任事故犯罪中相关人员是否"亲历现场"并不影响其纳入责任主体范围，重点应查明相关人员的职权责任

【实务专论】

监督过失是大陆法系刑法理论中用于划定过失责任人员范围的一个概念。对于监督过失的内涵和外延，理论上存在不同理解，大体可以分为狭义的监督过失论和广义的监督过失论两种观点。狭义的监督过失，是指监督者自己不亲自从事危险事务，但对直接从事危险事务的人员负有监督责任，在由于直接从事危险事务人员的过失行为引发危害结果时，监督者也应当承担过失责任，因此实质上是由于监督者对被监督者没有依法履行相应的监督、指挥职责，从而使被监督者的过失行为导致危害结果的责任；广义的监督过失同时包括狭义的监督过失和管理过失，而所谓管理过失，是指由于管理者对机器设备、组织机构、管理体制等的不完备本身与危害结果的发生具有直接联系的过失。

根据监督过失责任理论，在生产安全责任事故犯罪中，除了要处罚直接从事生产、作业活动的一线工人外，还可以追究生产经营单位的组织、指挥、管理者，以及安全生产监督管理部门中国家机关工作人员的刑事责任。监督过失理论延长了过失犯罪的因果关系链条，使远离危害结果一端的监管主体进入刑事法律调整的范围，解决了传统刑法理论中存在的行为人地位越高、离现场越远就越没有责任的不合理现象。我国《刑法》关于生产安全责任事故犯罪的许多规定，如《刑法》第135条将重大劳动安全事故罪的处罚范围规定为"直接负责的主管人员和直接责任人员"，第138条和第139条将教育设施重大安全事故和消防责任事故罪的处罚范围规定为"直接责任人员"，实质上已经肯定了监督过失责任的存在。司法实践中，根据监督过失责任理论合理确定刑事处罚范围，具有重要意义。

监督过失理论为追究领导性监督者的刑事责任提供了理论依据。但是，现代社会中生产经营单位内部，以及承担安全生产监管职责的政府部门中，一般实行科层制管理模式，普遍存在一线职工、中层领导、单位分管副职领导、单位一把手领导等层级的划分。在一起生产安全责任事故发生后，因为存在监督过失而被追究刑事责任的范围应当到哪个层级为止呢？这是一个十分重要的问题，如果把握不当，极有可能导致刑事处罚范围的不当扩大化。对此，根据监督过失理论中的可预见性原则和合理信赖原则，可以较为合理地确定此类案件的刑事处罚范围。

首先，可预见性原则的含义在于，由于监督过失实际上属于过失责任的一种具体表现形式，其成立仍应以满足《刑法》明文规定的特定条件为前提。根据《刑法》规定，无论是疏忽大意的过失还是过于自信的过失，都要求行为人对自己的行为可能导致的危害结果存在预见可能性。而在监督过失的场合，由于存在监督者对被监督者的监督关系，因此要求监督者应当能够预见到被监督者可能实施过失行为，才能追究监督者的过失责任。基于这一原则，在具体案件处理过程中，如果一线职工实施的过失行为不在普通业务活动的正常范围之内，完全超出管理人员的预见能力，就不宜追究管理人员的刑事责任。

其次，合理信赖原则，是指在监督过失中，如果监督者对被监督者存在真实的、符合客观实际的信赖，就可以阻却监督者的过失责任，即使被监督者实施了过失行为并造成了危害结果，也不应追究监督者的责任。信赖是有组织的社会活动存在的基础，没有信赖就没有正常的社会秩序。在多人共同合作进行的社会活动中，行为人信赖其他参与者，遵从共同的规则，采取适当的行为，是组织得以生存和发展的保证。如果没有合理信赖原则，等于要求对于每一项具体的业务活动而言，监督者都需要付出与被监督者同样的努力、承担同样的注意义务，这显然是不合理的。根据这一原则，在具体的生产安全责任事故犯罪案件中，对于承担审批职责的生产经营单位管理人员或者安全生产监管部门中的国家机关工作人员而言，如果其在履行了法定的审查职责后，有正当的理由信赖被监督者提供的申请材料、汇报的具体情况等均属实，进而审批同意该申请事项的，即使事后证实相关申请材料中存在虚假内容并因此引发生产安全责任事故的，也不宜追究审批人的刑事责任。实践中，应当切实防止一旦发生生产安全责任事故，就将所有在审批材料上签字或者对相关事项负有监管责任的各级管理人员均纳入刑事责任追究范围的不当倾向。①

【地方参考案例】 于某某等三人重大责任事故案②

一、基本案情

2017 年 3 月 9 日 13 时 30 分许，被告人于某 2 在东荣二矿副井二楼违反风电焊操作规程，在没有审批安全措施的情况下，违章指挥被告人于某 1 使用风电焊给刹头淬火，操作完成后，于某 2 违章指挥于某 1 维修副井井口运输平台开焊轨道。于某 1 于 13 时 40 分许在没有安全措施审批的情况下，独自对副井井口运输平台轨道进行违章电焊作业，于某 1 完成电焊作业在现场观察未发现明火后离开作业现场。14 时 30 分许，由于于某 1 在副井井口运输平台违章电焊作业，产生的高温焊渣引燃运输平台负一层内可燃物，导致副井运输平台负一层起火，致提升电力电缆线、信号电缆线和井口操车系统液压油管及油管内的液压油燃烧。由于安装在副井平衡锤侧停车开关信号电缆着火造成线路短路，提升机运行程序按到位处理，实施一级制动，致使罐笼提升 59m 停止运行、静止不动。此时，副井平衡锤侧提升钢丝绳处于高温火区内，抗拉强度急剧下降，在静张力的作用下断裂，造成罐笼坠落（坠落距离 94m，含罐道坑深度 35m）。致刘某某、王某等 17 人死亡，直接经济损失 1996.1 万元。

---

① 周峰、李加玺：《生产安全责任事故犯罪案件及其立法中的若干问题》，载《人民司法（应用）》2017 年第 7 期。

② 参见黑龙江省双鸭山市中级人民法院（2019）黑 05 刑终 42 号刑事裁定书。

被告人于某1作为东荣二矿运转区一车间电焊工，在生产、作业中违反安全管理的规定，直接导致发生重大伤亡事故，造成17人死亡，直接经济损失1996.1万元的严重后果，情节特别严重；被告人于某2作为东荣二矿运转区一车间副主任，发现井下铁轨开焊，未按工作规程操作，直接安排工人违规进行电焊作业，导致事故发生，对事故发生负主要责任；被告人陈某某系运转区一车间党支部委员、主任，负责一车间全面工作，未认真履行工作职责，对副井井口运输平台负一层存在的可燃物、油污和操车系统漏油等问题未采取针对性措施进行处理；事故前多次在无措施的情况下，安排风电焊作业；对运转队一车间安全管理不力，对长期违章敷设的电焊机电源线未按照规定进行处理，对事故发生负有主要责任。三被告人的行为已构成重大责任事故罪。

二、判决结果

双鸭山市四方台区人民法院判决如下：被告人于某1犯重大责任事故罪，判处有期徒刑五年；被告人于某2犯重大责任事故罪，判处有期徒刑五年；被告人陈某某犯重大责任事故罪，判处有期徒刑四年六个月。

三、典型意义

重大责任事故犯罪的自然人主体范围一般为本罪所涉主体单位的职工，指直接从事生产的工作人员和直接指挥生产的管理人员，一般包括生产工人、技术员、安全员、化验员、检验员、生产调度、段长、矿长、车间主任等人员。本案中，被告人于某1作为东荣二矿运转区一车间电焊工，是直接从事生产的工作人员。被告人于某2作为东荣二矿运转区一车间副主任，直接安排电焊工人作业，属于直接指挥生产的管理人员。被告人于某1、于某2均在事故现场参与生产作业，作为重大责任事故罪的主体没有异议。但对并未在场的管理人员，能否被纳入重大责任事故犯罪的自然人主体范围，需要从以下几点予以考量：第一，"管理性"，非享有管理职权的人员，不能纳入犯罪主体范围。第二，"生产性""非生产性"的管理人员不能纳入主体范围。第三，直接性，对作业活动没有直接管理职权的其他人员，不应被纳入重大责任事故罪主体的评价范围。第四，相关人员是否"亲历现场"并不影响其纳入责任主体范围，重点应查明相关人员的职权责任。本案中，被告人陈某某作为东荣二矿运转区一车间主任，在生产、作业中负有直接管理的责任，案发时其虽未在现场，但其违反安全管理规定，未严格要求工人按照规程作业，导致事故发生，对事故发生应负主要责任。因此，陈某某也构成重大责任事故罪。

问题5. 重大劳动安全事故罪与重大责任事故罪出现竞合时应如何处理

【刑事审判参考案例】尚某某等重大劳动安全事故案[①]

一、基本案情

2004年4月，唐山恒源实业有限公司法定代表人朱某某购买唐山市刘官屯煤矿后，任命被告人尚某某担任矿长助理，主持煤矿全面工作，行使矿长职责，被告人李某1担任生产副矿长兼调度室主任，被告人李某2担任技术副矿长兼某某科科长，进行矿井基建。

① 李卫星撰稿，朱和庆审编：《尚某某等重大劳动安全事故案——重大劳动安全事故罪与重大责任事故罪出现竞合时应如何处理（第505号）》，载中华人民共和国最高人民法院刑事审判第一、二、三、四、五庭主办：《刑事审判参考》（总第64集），法律出版社2008年版，第14~23页。

2005年4月，朱某某任命尚某某为矿长，2005年12月2日尚某某取得矿长资格证。被告人吕某某原系唐山市刘官屯煤矿矿长，被告人朱某某购买该矿后仍担任矿长职务，同时担任该矿党支部书记兼保卫科科长，负责保卫工作，没有行使矿长职责，2005年11月份其矿长资格证被注销。在矿井基建过程中，该矿违规建设，私自找没有设计资质的单位修改设计，将矿井设计年生产能力30万吨改为15万吨。在《安全专篇》未经批复的情况下，擅自施工；河北煤矿安全监察局冀东监察分局于2005年7月18日向该矿下达了停止施工的通知，但该矿拒不执行，继续施工。在基建阶段，在未竣工验收的情况下，1193落垛工作面进行生产，1193（下）工作面已经贯通开始回柱作业，从2005年3月至11月累计出煤63 300吨，存在非法生产行为。该矿"一通三防"管理混乱，采掘及通风系统布置不合理，无综合防尘系统，电气设备失爆存在重大隐患，瓦斯检查等特种作业人员严重不足；在没有形成贯穿整个采区的通风系统情况下，在同一采区同一煤层中布置了7个掘进工作面和一个采煤工作面，造成重大安全生产隐患。劳动组织管理混乱，违法承包作业。无资质的承包队伍在井下施工，对各施工队伍没有进行统一监管。2005年12月7日8时，该矿负责人无视国家法律法规，拒不执行停工指令，继续安排井下9个工作面基建工作。176名工人下井作业后，担任调度员兼某某员的被告人周某某没有按照国家有关矿井安全规章制度下井进行安全检查，只是在井上调度室值班。负责瓦斯检测的通风科科长刘某某违反安全生产规定，安排无瓦斯检测证的李某3、郑某某在井下检测瓦斯浓度。当日15时10分许，该矿发生特别重大瓦斯煤尘爆炸事故，造成108人死亡，29人受伤，直接经济损失4870.67万元。经事故调查组调查报告认定，刘官屯煤矿"12·7"特别重大瓦斯煤尘爆炸事故是一起责任事故。事故的直接原因如下：刘官屯煤矿1193（下）工作面切眼遇到断层，煤层垮落，引起瓦斯涌出量突然增加；9煤层总回风巷三、四联络巷间风门打开，风流短路，造成切眼瓦斯积聚；在切眼下部用绞车回柱作业时，产生摩擦火花引爆瓦斯，煤尘参与爆炸。事故的间接原因如下：刘官屯煤矿违规建设，非法生产，拒不执行停工指令，采掘及通风系统布置不合理，无综合防尘系统，特种作业人员严重不足，无资质的承包队伍在井下施工。事故发生后，尚某某、李某2、吕某某等及时向有关部门进行了汇报，并积极组织抢救，朱某某积极配合、参与矿难的善后处理工作，对遇难矿工和受伤矿工的经济损失进行了赔偿。

唐山市刘官屯煤矿的劳动安全设施不符合国家规定，在《安全专篇》未经批复的情况下擅自施工；河北煤矿安全监察局冀东监察分局于2005年7月18日向该矿下达了停止施工的通知，但该矿拒不执行，继续施工，因而发生特别重大伤亡事故，造成108人死亡。被告人尚某某身为该矿矿长，主持该矿全面工作，被告人李某2身为技术副矿长兼某某科科长，对排除事故隐患，防止事故发生负有职责义务。上述被告人无视国家安全生产法律法规，忽视安全生产，拒不执行停工指令，对事故的发生负有直接责任；被告人吕某某作为矿长（2004年4月至2005年11月间）未履行矿长职责，在得知煤矿安全监察部门向该矿下达了停止施工的通知后，对该矿继续施工不予阻止，对事故的发生亦负有直接责任。被告人尚某某、李某2、吕某某的行为均已构成重大劳动安全事故罪。被告人朱某某作为唐山恒源实业有限公司法定代表人、煤矿投资人，对该矿的劳动安全设施是否符合国家规定负有管理义务，对事故负有直接责任，其行为亦构成重大劳动安全事故罪。被告人尚某某、李某2提出的刘官屯煤矿不存在违规建设，《安全专篇》有批复，该矿不存在非法生产行为，电气设备不存在失爆现象的辩解，缺乏事实依据，不予采纳。

对于辩护人提出本案不应适用 2006 年《刑法修正案（六）》和 2007 年《最高人民法院、最高人民检察院关于办理危害矿山生产安全刑事案件具体应用法律若干问题的解释》的相关规定的辩护意见，因此起事故发生在 2006 年《刑法修正案（六）》施行之前，根据"从旧兼从轻"的原则，辩护人的上述辩护意见成立，予以采纳。对于辩护人提出依照本案现有证据不足以认定被告人朱某某犯有重大劳动安全事故罪的辩护意见，唐山恒源实业有限公司法定代表人朱某某购买刘官屯煤矿后，该矿转变成民营企业，名称改为唐山恒源实业有限公司，工商营业执照没有注册登记，被告人朱某某作为唐山恒源实业有限公司的法定代表人及该矿的投资人对该矿的劳动安全设施是否符合国家规定负有管理义务，被告人朱某某失于管理，在 2005 年 7 月 18 日河北煤矿安全监察局冀东监察分局向该矿下达停止施工的通知后，该矿继续施工，因而发生特别重大伤亡事故，被告人朱某某主观上具有犯罪过失，其行为符合重大劳动安全事故罪的构成要件，辩护人的上述辩护意见不能成立，不予采纳。被告人朱某某未直接参与刘官屯煤矿的经营管理，不知悉煤矿安全监察部门向该矿下达停产通知的情况，对事故的发生其责任相对较小。对于辩护人提出李某 2、吕某某具有自首情节的辩护意见，事故发生后，被告人李某 2、吕某某及时向上级汇报，积极组织抢救，配合事故调查组和公安机关接受调查，系履行职责，不属于自动投案，辩护人的上述辩护意见不能成立，不予采纳。事故发生后，被告人尚某某、李某 2、吕某某、刘某某、周某某、李某 3、郑某某等及时向有关部门汇报，积极组织抢救，被告人朱某某积极配合、参与矿难的善后处理工作，对遇难矿工和受伤矿工的经济损失全部进行了赔偿，故可酌情对上述被告人从轻处罚。

唐山市开平区人民法院判决如下：被告人尚某某犯重大劳动安全事故罪，判处有期徒刑六年；被告人朱某某犯重大劳动安全事故罪，判处有期徒刑三年；被告人李某 2 犯重大劳动安全事故罪，判处有期徒刑五年；被告人吕某某犯重大劳动安全事故罪，判处有期徒刑三年。一审宣判后，各被告人未上诉，检察机关亦未抗诉，判决发生法律效力。

二、主要问题

重大劳动安全事故罪与重大责任事故罪出现竞合时应如何处理？

三、裁判理由

从客观方面讲，重大责任事故罪的行为特征是"在生产、作业中违反有关安全管理的规定"，重大劳动安全事故罪的行为特征是"安全生产设施或者安全生产条件不符合国家规定"。然而，"在安全生产设施或者安全生产条件不符合国家规定"的情况下进行生产、作业，其本身就是"在生产、作业中违反有关安全管理的规定"，这种情况客观方面实际上是竞合的。从主体上讲，重大责任事故罪的犯罪主体包括"对矿山生产、作业负有组织、指挥或者管理职责的负责人、管理人员、实际控制人、投资人等人员，以及直接从事矿山生产、作业的人员"，重大劳动安全事故罪的犯罪主体，是指"对矿山安全生产设施或者安全生产条件不符合国家规定负有直接责任的矿山生产经营单位负责人、管理人员、实际控制人、投资人，以及对安全生产设施或者安全生产条件负有管理、维护职责的电工、瓦斯检查工等人员"。然而，"对矿山生产、作业负有组织、指挥或者管理职责的负责人、管理人员、实际控制人、投资人等人员"对矿山安全生产设施或者安全生产条件是否符合国家规定都负有不同程度的直接责任，同时又是"对矿山安全生产设施或者安全生产条件不符合国家规定负有直接责任的矿山生产经营单位负责人、管理人员、实际控制人、投资人"，这种情况下，主体实际上也存在一定竞合。而"对安全生产设施或者安全生产条件负有管理、维护职责的电工、瓦斯检查工等人员"，同时又是"直接从事矿山生产、作业的人员"，也是竞合的。当客观方面和主体都出现一定竞合的情况下，如何区分重大责任事故罪与重大劳动安全事故罪，就成为司法实践必须要解决的问题。

司法实践中，当工厂、矿山、林场、建筑企业或者其他企业、事业单位发生重大伤亡事故或者造成其他严重后果，当重大责任事故罪与重大劳动安全事故罪的客观方面和主体都出现上述竞合时，我们认为，应当按照下列原则处理：

1. 在完全是由于安全生产设施或者安全生产条件不符合国家规定的情况下进行生产、作业，因而发生重大伤亡事故或者造成其他严重后果的情况下，应当以重大劳动安全事故罪定罪量刑。因为这是立法规定的典型重大劳动安全事故犯罪，即使这种行为本身也是一种违反有关安全管理规定的行为，从罪名评价的最相符合性考虑，一般不以重大责任事故罪认定。

2. 在安全生产设施或者安全生产条件不符合国家规定的情况下，在生产、作业中又违反具体的安全管理规定，因而发生重大伤亡事故或者造成其他严重后果的，应区分不同情况选择较为妥当的罪名定罪量刑。第一，当二罪中某一罪的情节明显重于另一罪时，应按情节较重的罪名定罪量刑。第二，当二罪的情节基本相当的情况下，对于实际控制人、投资人，他们对安全生产设施或者安全生产条件是否符合国家规定负有直接责任，在无法查清对生产、作业是否负有组织、指挥或者管理职责时，以重大劳动安全事故罪定罪量刑。如果对生产、作业同时负有组织、指挥或者管理职责时，我们认为，为了司法实践的统一，一般仍以重大劳动安全事故罪定罪为宜，而将"在生产、作业中违反有关安全管理的规定"的行为作为从重处罚的情节；对于负责人、管理人员，他们既对生产、作业负有组织、指挥或者管理职责，又对安全生产设施或者安全生产条件是否符合国家规定负有直接责任。出于同样的考虑，对他们一般也以重大劳动安全事故罪定罪为宜，而将"在生产、作业中违反有关安全管理的规定"的行为作为从重处罚的情节。对于"对安全生产设施或者安全生产条件负有管理、维护职责的电工、瓦斯检查工等人员"，亦参照上述原则处理。

上述情况处理的考虑是，在构成重大劳动安全事故罪的前提下又构成重大责任事故罪，由于二罪的法定刑是相同的，"安全生产设施或者安全生产条件不符合国家规定"和"在生产、作业中违反有关安全管理的规定"的罪责也不好区分轻重，无法重罪吸收轻罪。而审判中只能定一个罪名，因此，从维护司法统一的角度考虑提出上述原则。再则，如果以重大责任事故罪定罪就无法全面评价"安全生产设施或者安全生产条件不符合国家规定"的罪责，因为重大责任事故罪并不以"安全生产设施或者安全生产条件不符合国家规定"为前提。以重大劳动安全事故罪定罪，将"在生产、作业中违反有关安全管理的规定"的行为作为从重处罚的情节，可以做到两种罪责兼顾评价。但是，当出现法律规定的"强令他人违章冒险作业"的情况时，由于法律有特别规定且法定刑较重，应以强令他人违章冒险作业罪定罪量刑。

本案中，被告人尚某某身为该矿矿长，主持该矿全面工作，既对安全生产设施、安全生产条件是否符合国家规定负有直接责任，又对生产、作业负有组织、指挥、管理职责，其无视国家安全生产法律、法规，忽视安全生产，拒不执行有关停工指令，因而造成重大伤亡事故的行为同时构成重大劳动安全事故罪和重大责任事故罪，其在二罪中的犯罪情节基本相当，参照上述原则，对其应以重大劳动安全事故罪定罪处罚。被告人朱某某是该矿的投资人和实际控制人，对安全生产设施、安全生产条件是否符合国家规定负有管理义务和直接责任，但其失于管理，因而造成重大伤亡事故，鉴于其未直接参与煤矿的经营管理，对其直接以重大劳动安全事故罪定罪量刑。被告人李某2身为该矿技术副矿长兼某某科科长，其身份和行为亦符合两罪特征，但其作为技术和安全方面的主要负责人，对安全生产设施、安全生产条件是否符合国家规定，以及排除安全生产设施隐患，防止事故发生负有更重要的责任，参照上述原则，对其以重大劳动安全事故罪定罪处罚。被告人吕某某作为煤矿党支部书记兼保卫科科长，虽不直接参与生产管理，但作为该矿的负责人之一，在得知安全监察部门因该矿安全生产设施不符合国家规定而下达停工通知后，未履行职责，对该矿继续施工不予阻止，对事故的发生亦负有直接责任，故以重大劳动安全事故罪定罪处罚。

问题6. 工程重大安全事故罪主体的认定以及人民法院可否变更起诉罪名定罪处刑

【实务专论】

在《安全生产法》等行政法律、法规规定的安全生产工作机制中，生产经营单位是安全生产主体，对安全生产工作承担主体责任。但是，生产经营单位从事生产经营活动的目的是追逐高额利润，在经济利益的驱使下，有可能作出漠视职工合法权益、违反安全管理规定的行为。特别是在现阶段我国经济增长模式尚未完全转变、社会诚信体系尚不完善的情况下，上述情况更加明显。负有安全监管职责的部门依法对生产经营单位的安全生产工作实施监督管理，对于督促生产经营单位贯彻落实安全生产法律法规，防止安全事故发生，具有重要意义。实践中，承担安全监管职责的公职人员在实施监管检查过程中失职、渎职，或者收受监管对象贿赂，故意不履行或者因过失不认真履行监管职能，导致生产经营单位安全隐患长期得不到纠正，往往构成重特大安全事故发生的重要原因。有的公职人员还投资入股生产经营企业，由于其兼具生产经营者和安全监管者双重身份，从自身经济利益考量出发，难以依法严格实施监管，甚至可能利用自身职权为企业的非法、违法生产经营行为充当保护伞。实践证明，众多重特大生产安全事故的背后，均隐藏着公职人员的贪污受贿或者失职、渎职行为，人民群众对此反应强烈。司法机关在严惩危害生产安全犯罪的同时，更要从严惩治隐藏在这些犯罪背后的公职人员贪污受贿犯罪和渎职犯罪。[①]

【刑事审判参考案例】赵某某工程重大安全事故案[②]

一、基本案情

1994年8月，綦江县人民政府决定在綦河架设一座人行虹桥，由县城乡建设管理委

---

① 沈亮、汪斌、李加玺：《〈关于办理危害生产安全刑事案件适用法律若干问题的解释〉理解与适用》，载《人民司法（应用）》2015年第4期。

② 高贵君审编：《赵某某工程重大安全事故案——人民法院可否变更起诉罪名定罪处刑（第39号）》，载中华人民共和国最高人民法院第一、二、三、四、五庭主办：《刑事审判参考》（总第6集），法律出版社2000年版，第1～5页。

员会（以下简称城建委）负责组织实施。同年 11 月 5 日，城建委就虹桥工程向重庆市市政工程质量监督站（以下简称质监站）提出质量监督申请书，并支付监督费 6250 元。担任建筑工程质量监督站站长的被告人赵某某，在申请方未提交勘察设计资料等有关文本的情况下，签发了虹桥工程质量监督申请书。此后，该站派出的监督员对虹桥工程的勘察、设计和施工单位的资质等级及营业范围未进行核查，赵某某亦未认真履行监督管理职责，使不具备资质的设计、施工单位继续承建虹桥工程。1995 年 4 月，赵某某明知原重庆通用机器厂加工生产主拱钢管的车间没有焊缝探伤条件，不能出具产品合格证、超声检测报告，仍同意该车间加工虹桥关键部位的主拱钢管构件。当主拱钢管运到虹桥施工现场后，赵某某未督促本站监督员进行主拱钢管的质量检验，致使不符合工程质量标准的主拱钢管用于工程主体，为造成虹桥垮塌的重大安全事故留下严重的质量隐患。尽管质监站曾要求对虹桥进行荷载试验，但一直未落实。1999 年 1 月 4 日 18 时 50 分许，綦江人行虹桥因严重质量问题突然整体垮塌，坠入綦河，造成 40 人死亡、14 人受伤的严重后果，直接经济损失 628 万余元。经鉴定：主拱钢管焊接接头质量低劣，是导致虹桥整体垮塌的直接原因。

重庆市第一中级人民法院认为：被告人赵某某身为重庆市市政工程质量监督站站长，不认真履行对虹桥工程质量监督管理职责，降低工程质量，以致造成重大安全事故，其行为构成工程重大安全事故罪。后果特别严重，依法应予惩处。根据其犯罪情节，可酌情从轻处罚。检察机关指控赵某某的犯罪事实清楚，证据确实、充分，但指控其犯玩忽职守罪不当。依照《刑法》第 12 条第 1 款、第 137 条的规定，于 1999 年 4 月 3 日判决如下：被告人赵某某犯工程重大安全事故罪，判处五年，并处罚金二万元。

一审宣判后，赵某某不服，以原审判决改变指控罪名，严重违反诉讼程序；混淆了工程质量监督站与工程监理单位的区别，定性和适用法律错误，自己的行为不构成犯罪为由，向重庆市高级人民法院提出上诉。

重庆市高级人民法院经审理认为：原判认定上诉人赵某某犯工程重大安全事故罪的事实清楚，证据确实、充分。定罪准确，量刑适当。审判程序合法。依照《刑法》第 189 条第 1 项的规定，于 1999 年 12 月 12 日裁定如下：驳回上诉，维持原判。

二、主要问题

1. 工程质量监督站是否属于《刑法》第 137 条规定的工程重大安全事故罪的主体？

2. 人民法院在公诉机关指控的犯罪事实没有变化的情况下可否改变起诉罪名定罪处刑？

三、裁判理由

（一）工程质量监督站属于《刑法》第 137 条规定的工程重大安全事故罪主体，即工程监理单位

工程重大安全事故罪，是指建设单位、设计单位、施工单位、工程监理单位违反国家规定，降低工程质量标准，造成重大安全事故的犯罪行为。该罪侵犯的客体是国家对建筑工程的管理制度；客观方面是违反国家规定，降低工程质量标准，造成重大安全事故的行为；主体为特殊主体，即建设单位、设计单位、施工单位、工程监理单位，其他单位不能构成本罪的主体。

《刑法》对单位犯罪的处罚规定了双罚制和单罚制两种情况。双罚制，是指在单位犯罪中，既处罚单位又处罚个人。单罚制是指在单位犯罪中，只处罚单位中的个人或者处

罚单位本身。根据《刑法》第 31 条"单位犯罪的，对单位判处罚金，并对其直接负责的主管人员和其他直接责任人员判处刑罚。本法分则和其他法律另有规定的，依照规定"的规定，对单位犯罪一般实行双罚制，但在特殊情况下，对单位犯罪实行单罚制。如我国《刑法》分则规定的重大劳动安全事故罪、工程重大安全事故罪、教育设施重大安全事故罪、消防责任事故罪等均只处罚相关责任人员，实行的是单罚制。

工程重大安全事故罪的主体"工程监理单位"，是指依法对建筑工程进行监督管理，担任工程质量监督职责的单位。虽然工程质量监督站与监理公司在行政划分上有区别，质量监督站是事业单位，基于授权对工程实行质量监督；监理公司是企业单位，在订立合同的基础上对工程进行质量监督。但它们都共同具有工程质量监督的职责，都是工程质量监督单位。因此，从广义上讲，工程质量监督站亦属于"工程监理单位"。就本案而言，1994 年 11 月 5 日，质监站接受綦江县城建委就虹桥工程进行质量监督的申请，未再委托其他工程监理单位。质监站已成为唯一有权对虹桥工程质量进行监督的专门单位，不仅对虹桥工程质量进行宏观监控，而且对具体工程质量实施监督，特别是对虹桥工程的关键部件主拱钢管的生产负有不可推卸的质量监督职责。作为接受并履行工程质量监督职责的质监站，已实际承担了工程质量监督职责，为实际的工程监理单位。赵某某身为质监站站长，符合《刑法》第 137 条规定的主体身份。其在对虹桥工程履行质量监督职责过程中，违反建筑法规，降低工程质量标准，以致造成重大安全事故，对虹桥的垮塌负有重要的直接责任，其行为已构成工程重大安全事故罪。一审、二审法院认定赵某某犯工程重大安全事故罪定罪正确。

（二）人民法院在公诉机关指控的犯罪事实没有变化的情况下，有权改变起诉罪名定罪处刑

人民法院在审查公诉机关指控犯罪嫌疑人的犯罪是否成立时，应当以事实为根据，以法律为准绳，确定犯罪行为是否存在，犯罪事实是否成立。在查清事实、证据的基础上，根据《刑法》规定的罪刑法定原则和罪刑相适应的原则，确定相应的罪名和刑罚。《刑事诉讼法》第 200 条第 1 项规定：案件事实清楚，证据确实、充分，依据法律认定被告人有罪的，应当作出有罪判决。这里所谓依据法律，也就是依据《刑法》的有关规定。对被告人的犯罪行为，根据《刑法》分则规定构成哪一种罪，就应当定哪种罪名。公诉机关指控的罪名与人民法院经审理案件后认定的罪名不一致，这在审判实践中常有发生。对此，只要公诉机关指控的犯罪事实存在，证据确凿，且《刑法》分则又明确规定该行为构成犯罪，则应当定罪处罚。《最高人民法院关于执行〈中华人民共和国刑事诉讼法〉若干问题的解释》（已废止）第 176 条第 2 项①对此作出了明确规定：起诉指控的事实清楚，证据确实、充分，指控的罪名与人民法院审理认定的罪名不一致的，应当作出有罪判决。也就是说，对起诉指控的事实清楚，证据确实、充分，指控罪名与人民法院经审理认定的罪名不一致的，人民法院可以而且应当改变罪名，作出有罪判决。

重庆市人民检察院第一分院就赵某某在虹桥工程施工过程中不履行质量监督职责的严重失职的事实，以玩忽职守罪向重庆市第一中级人民法院提起公诉，认为赵某某的行为触犯《刑法》第 397 条的规定，构成玩忽职守罪。一审、二审法院则认为赵某某的行为触犯《刑法》第 137 条的规定，构成工程重大安全事故罪。理由是，如果按照 1979 年

---

① 对应《最高人民法院关于适用〈中华人民共和国刑事诉讼法〉的解释》（2021 年修正）第 295 条第 2 项。

《刑法》（已废止）的规定，赵某某属于国家工作人员，因其不履行或者不正确履行职责，致使公共财产、国家和人民的利益遭受重大损失，构成1979年《刑法》第187条规定的玩忽职守罪。但是，本案造成虹桥垮塌的结果发生在1997年《刑法》施行以后，对其应当适用1997年《刑法》。而1997年《刑法》第397条规定的玩忽职守罪主体是国家机关工作人员，因工程质量监督站是事业单位，赵某某不是国家机关工作人员，不具备玩忽职守罪的主体资格，故其行为不构成玩忽职守罪。起诉指控赵犯玩忽职守罪不当，其行为构成《刑法》第137条规定的工程重大安全事故罪。据此，一审、二审法院依法改变指控罪名，认定赵某某犯工程重大安全事故罪，于法有据，并无不当。

问题7. 办理特大爆炸事故案件时如何区分事故责任并实现审判的政治效果、法律效果和社会效果的有机统一

【实务专论】

根据《刑法》第5条的规定，刑罚的轻重应当与犯罪分子所犯罪行和承担的刑事责任相适应。主客观相统一是我国《刑法》的基本原则，被告人所负的刑事责任也是主客观相统一的结果，其中不仅包括行为对法益造成的客观危害结果，同时也包括该行为在引发危害结果方面所起作用大小和反映出的行为人的主观罪过程度。《刑法》条文中使用的"因而发生重大伤亡事故"和"造成特别严重后果"等语句，同时强调了危害后果和引发危害后果的因果关系，实质上已经包含了对行为在引发事故后果方面所起作用力大小的评价。对于同一事故后果而言，承担主要责任的被告人和承担次要责任的被告人对引发事故后果所起作用力大小不同，应负的刑事责任存在差别，理应在处刑上有所体现，而不应唯事故结果论罪，一律处以同一档法定刑，这是罪责刑相适应原则的当然要求。2015年《最高人民法院、最高人民检察院关于办理危害生产安全刑事案件适用法律若干问题的解释》考虑到现阶段安全生产工作的严峻形势和严惩生产安全责任事故犯罪的总体原则需要，对此类犯罪的入罪条件未作调整，仍以事故造成的伤亡人数和直接经济损失数额为标准，但对于判处第二档法定刑的标准，采取了"事故后果责任大小"的规定方式。也就是说，只有在生产安全责任事故造成的危害后果达到一定程度，同时行为人对事故承担主要责任时，才可以判处第二档法定刑；对于事故中仅承担次要责任的被告人，即使事故后果达到一定严重程度，原则上也不应升格判处第二档法定刑。这种规定方式，与宽严相济刑事政策的总体要求是一致的。

由于被告人对事故后果是否承担主要责任，是决定能否对其判处第二档法定刑的关键性因素，因此，正确认定事故的主要责任人就变得尤为重要。对于事故主要责任人的认定标准问题，相关规范性文件已经作出了明确规定，需要注意的是正确区分事故的直接责任和主要责任。所谓直接责任，是指行为属于引发危害结果直接原因的行为人所承担的责任；所谓主要责任，是指行为构成引发危害结果主要原因的行为人所承担的责任。根据哲学一般原理，直接原因，是指在时间和空间上与结果距离最近、中间环节最少的原因，而主要原因，是指在促使结果发生方面所起作用最大的原因。可见，两者是依据不同标准对原因进行分类的结果，是两个不同的概念。根据相关国家标准，在某一生产安全责任事故发生后，在分析事故形成的原因时，应当从直接原因入手，逐步深入到间

接原因，从而掌握引发事故的全部原因，再分清主要原因和次要原因，进行责任分析。①

危害生产安全犯罪，涉案人员往往较多，犯罪主体复杂，事故原因错综复杂，既有直接原因，又有间接原因，原因行为与危害后果之间的关联程度也存在差异，如何坚持实事求是，正确区分责任，确保罪责刑相适应，是审理此类案件的难点。《关于进一步加强危害生产安全刑事案件审判工作的意见》指出，政府或相关职能部门依法对事故原因、损失大小、责任划分作出的调查认定，经庭审质证后，结合其他证据，可作为责任认定的依据。对于多个原因行为导致生产安全事故发生的，在区分直接原因与间接原因的同时，应当根据原因行为在引发事故中所起作用的大小，分清主要原因与次要原因，确认主要责任和次要责任，合理确定罪责。一般情况下，对生产、作业负有组织、指挥或者管理职责的负责人、管理人员、实际控制人、投资人，违反有关安全生产管理规定，对重大生产安全事故的发生起决定性、关键性作用的，应当承担主要责任。对于直接从事生产、作业的人员违反安全管理规定，发生重大生产安全事故的，要综合考虑行为人的从业资格、从业时间、接受安全生产教育培训情况、现场条件、是否受到他人强令作业、生产经营单位执行安全生产规章制度的情况等因素认定责任，不能将直接责任简单等同于主要责任。对于负有安全生产管理、监督职责的工作人员，应根据其岗位职责、履职依据、履职时间等，综合考察工作职责、监管条件、履职能力、履职情况等合理确定罪责。②

【刑事审判参考案例】天津港"8·12"特大火灾爆炸事故案——于某某等非法储存危险物质、非法经营、危险物品肇事、单位行贿案③

一、基本案情

2012 年 11 月 28 日，天津东疆保税港区瑞海国际物流有限公司（以下简称瑞海公司）由天津市滨海新区工商行政管理局（以下简称滨海新区工商局）准予注册登记，被告人李某代被告人于某某持股 55%，舒某代被告人董某某持股 45%，法定代表人为李某。瑞海公司危险品仓库位于天津市滨海新区天津港国际物流中心吉运二道 95 号，占地 46 226平方米。

2013 年 1 月 24 日，瑞海公司办理工商营业执照变更登记，将经营范围由"仓储业务经营（危化品除外、港区内除外）"变更为"在港区内从事仓储业务经营（危化品除外）"。2015 年 1 月 29 日，滨海新区工商局准予瑞海公司法定代表人变更为被告人只某。

被告人于某某、董某某系瑞海公司的实际出资人、实际控制人。瑞海公司中，被告人只某任总经理、法定代表人；被告人田某任副总经理（后于 2014 年年初离职），主管安保部；被告人尚某某任副总经理，主管安保部和运抵部；被告人曹某某任副总经理，主管操作部；被告人刘某某任副总经理，主管装箱部和危申部；被告人郭某某任安保部

① 周峰、李加玺：《生产安全责任事故犯罪案件及其立法中的若干问题》，载《人民司法（应用）》2017 年第 7期。

② 杨万明、沈亮、汪斌、王敏：《〈关于进一步加强危害生产安全刑事案件审判工作的意见〉的理解与适用》载《人民司法》2012 年第 7 期。

③ 王力欣撰稿，叶邵生审编：《于某某等非法储存危险物质、非法经营、危险物品肇事、单位行贿案——天津港"8·12"特大火灾爆炸事故案》，载中华人民共和国最高人民法院刑事审判第一、二、三、四、五庭主办：《刑事审判参考》（总第 119 集），法律出版社 2019 年版，第 230～238 页。

部长；被告人宋某任财务总监；被告人杨某任办公室主任（后于 2014 年年初离职）；被告人李某某任装箱部副经理；被告人李某挂名担任董事长，曾担任法定代表人；被告人周某某任操作部业务员。

2016 年 3 月 21 日，瑞海公司被天津市滨海新区市场和质量监督管理局吊销营业执照。

2013 年 1 月 18 日至 2014 年 5 月 4 日，被告人于某某等人以贿赂手段非法取得多份临时港口危险化学品经营批复，此后通过伪造环境影响评价公众参与调查表、提供虚假公示证明材料、低报危险化学品实际仓储面积等方式骗取通过环境影响评价验收，采取编造防爆叉车购买合同、临时码放集装箱充当防火墙、验收当天暂停作业等违法手段，通过消防验收审核及安全验收评价，最终于 2015 年 6 月 23 日违法取得《港口经营许可证》和《港口危险货物作业附证》（以下简称"两证"）。2016 年 7 月 1 日，"两证"被依法吊销。经查，2013 年 5 月 20 日至 2015 年 8 月 12 日，瑞海公司非法储存氰化钠、甲基磺酰氯等剧毒化学品 7 种，总计 49 332.97 吨。此外，瑞海公司还违法违规经营和储存烧碱、电石、硝酸铵等其他危险化学品，数额达 47 805 252.64 元。

被告人于某某等人在瑞海公司的日常经营过程中，存在违规存放硝酸铵，严重超负荷经营、超量存储，违规混存、超高堆码危险货物，违规开展拆箱、搬运、装卸等严重违反安全生产管理规定的问题。2015 年 8 月 12 日 22 时许，瑞海公司危险品仓库运抵区南侧集装箱内的硝化棉由于湿润剂散失出现局部干燥，在高温（天气）等因素的作用下加速分解放热，积热自燃，引起相邻集装箱内的硝化棉和其他危险化学品长时间大面积燃烧，导致堆放于运抵区的硝酸铵等危险化学品发生爆炸。事故造成 165 人遇难，8 人失踪，798 人受伤住院治疗；304 幢建筑物、12 428 辆商品汽车、7533 个集装箱受损。截至 2015 年 12 月 10 日，已核定直接经济损失人民币 68.66 亿元。案发当晚，被告人周某某作为瑞海公司值班负责人，未履行职责，对瑞海公司发生爆炸事故亦负有直接责任。

另查明，被告人于某某归案后主动供述其为瑞海公司违规办理港口危险货物经营资质，多次向时任市交港局副局长李某 1、港口管理处处长冯某请托，送给李某 1 高尔夫球杆 1 套，价值 35 000 元，现金 10 000 元，贵州茅台酒 1 箱，价值 6600 元，高尔夫测距仪 1 台，价值 2650 元，友谊商场提货单，价值 35 000 元，三星牌电视机 1 台，价值 9000 元，共计折合 98 250 元；送给冯某高尔夫测距仪 1 台，价值 2650 元，贵州茅台酒 1 箱，价值 6600 元，海信广场购物卡，价值 50 000 元，共计折合 59 250 元。上述财物共计折合 157 500 元。

二、判决结果

被告人于某某犯非法储存危险物质罪，判处死刑，缓期二年执行，剥夺政治权利终身；犯非法经营罪，判处有期徒刑十二年，并处罚金人民币 50 万元；犯危险物品肇事罪，判处有期徒刑七年；犯单位行贿罪，判处有期徒刑四年，并处罚金人民币 20 万元；决定执行死刑，缓期二年执行，剥夺政治权利终身，并处罚金人民币 70 万元。

被告人董某某犯非法储存危险物质罪，判处无期徒刑，剥夺政治权利终身；犯非法经营罪，判处有期徒刑十一年，并处罚金人民币 50 万元；犯危险物品肇事罪，判处有期徒刑七年；决定执行无期徒刑，剥夺政治权利终身，并处罚金人民币 50 万元。

被告人只某某犯非法储存危险物质罪，判处无期徒刑，剥夺政治权利终身；犯非法经营罪，判处有期徒刑十一年，并处罚金人民币 15 万元；犯危险物品肇事罪，判处有期徒刑七年；决定执行无期徒刑，剥夺政治权利终身，并处罚金人民币 15 万元。

被告人尚某某犯非法储存危险物质罪，判处有期徒刑十年，剥夺政治权利三年；犯非法经营罪，判处有期徒刑六年，并处罚金人民币 8 万元；犯危险物品肇事罪，判处有期徒刑五年；决定执行有期徒刑十八年，剥夺政治权利三年，并处罚金人民币 8 万元。

被告人曹某某犯非法储存危险物质罪，判处有期徒刑十年，剥夺政治权利三年；犯非法经营罪，判处有期徒刑六年，并处罚金人民币 8 万元；犯危险物品肇事罪，判处有期徒刑五年；决定执行有期徒刑十八年，剥夺政治权利三年，并处罚金人民币 8 万元。

被告人郭某某犯非法储存危险物质罪，判处有期徒刑八年；犯非法经营罪，判处有期徒刑五年，并处罚金人民币 7 万元；犯危险物品肇事罪，判处有期徒刑五年；决定执行有期徒刑十五年，并处罚金人民币 7 万元。

被告人刘某某犯非法储存危险物质罪，判处有期徒刑八年；犯非法经营罪，判处有期徒刑五年，并处罚金人民币 7 万元；决定执行有期徒刑十年，并处罚金人民币 7 万元。

被告人宋某犯非法储存危险物质罪，判处有期徒刑六年；犯非法经营罪，判处有期徒刑四年，并处罚金人民币 6 万元，决定执行有期徒刑八年，并处罚金人民币 6 万元。

被告人李某某犯非法储存危险物质罪，判处有期徒刑四年；犯非法经营罪，判处有期徒刑二年，并处罚金人民币 3 万元；决定执行有期徒刑五年，并处罚金人民币 3 万元。

被告人田某犯非法储存危险物质罪，判处有期徒刑三年；犯非法经营罪，判处有期徒刑二年，并处罚金人民币 3 万元；决定执行有期徒刑四年，并处罚金人民币 3 万元。

被告人杨某犯非法储存危险物质罪，判处有期徒刑三年；犯非法经营罪，判处有期徒刑二年，并处罚金人民币 3 万元；决定执行有期徒刑四年，并处罚金人民币 3 万元。

被告人李某犯非法储存危险物质罪，判处有期徒刑三年；犯非法经营罪，判处有期徒刑一年，并处罚金人民币 1.5 万元；决定执行有期徒刑三年六个月，并处罚金人民币 1.5 万元。

被告人周某某犯危险物品肇事罪，判处有期徒刑三年。

一审宣判后，各被告人均未提出上诉。天津市高级人民法院经复核，认为一审判决认定事实和适用法律正确、量刑适当、诉讼程序合法，于 2016 年 12 月 13 日以（2016）津刑核 11751851 号刑事裁定，核准天津市第二中级人民法院（2016）津 02 刑初 100 号对被告人于某某判处死刑，缓期二年执行，剥夺政治权利终身，并处罚金人民币 70 万元的刑事判决。

三、典型意义

天津港"8·12"特大火灾爆炸事故造成 165 人遇难、8 人失踪，798 人受伤住院治疗，直接经济损失 68.66 亿元的严重后果。事故伤亡人数众多，经济损失特别重大，社会危害性极大，是中华人民共和国成立以来最大的安全生产责任事故。事故发生后，党中央、国务院及天津市委、市政府高度重视，积极组织救援和善后工作。司法机关依法履行法律职责，依法对涉案生产企业的 13 名责任人员追究刑事责任。

庭审过程中，各被告人当庭认罪、悔罪，且在宣判之后均服从判决，不再上诉。案件庭审和裁判结果得到人民群众的普遍认可。人民法院依法从严惩处企业无视安全生产主体责任、违法违规经营的犯罪行为，是从法治的角度警示企业要有基本的守法意识和企业良知，对法律、对生命要有敬畏之心。系列案件的审判达到了给生产经营企业立规矩、给审批监管等职能部门画底线、给人民一个满意交代的预期目标，对行业监管和安全生产起到树标杆、鸣警钟的作用，实现了政治效果、法律效果和社会效果的有机统一。

第六章

破坏交通工具罪，破坏交通设施罪，破坏广播电视设施、公用电信设施罪，破坏电力设备罪，破坏易燃易爆设备罪

第一节　破坏交通工具罪，破坏交通设施罪，破坏广播电视设施、公用电信设施罪，破坏电力设备罪，破坏易燃易爆设备罪概述

一、概念及构成要件

（一）破坏交通工具罪概念及构成要件

破坏交通工具罪，是指故意破坏火车、汽车、电车、船只、航空器，足以使其发生倾覆、毁坏危险，危害公共安全的犯罪。

1. 客体要件。本罪侵害的客体为交通运输安全。

2. 客观要件。本罪的客观方面表现为行为人实施了破坏火车、汽车、电车、船只、航空器，已经或者足以使交通工具发生倾覆、毁坏危险的行为，即行为人破坏的是交通工具的关键部位，与交通工具的安全运行紧密连接，或者是使交通工具报废或者严重损毁；行为人破坏的必须是正在使用期间的交通工具，如果破坏的是尚未投入使用、正在修理中或者封存不用的交通工具，不构成此罪。

3. 主体要件。本罪的主体为一般主体。

4. 主观要件。本罪的主观方面为故意，包括直接故意，也包括间接故意。根据《刑法》第116条的规定，犯破坏交通工具罪，尚未造成严重后果的，处三年以上十年以下有期徒刑；造成严重后果的，处十年以上有期徒刑、无期徒刑或者死刑。

（二）破坏交通设施罪概念及构成要件

破坏交通设施罪，是指故意破坏轨道、桥梁、隧道、公路、机场、航道、灯塔、标志或者进行其他破坏活动，已经或者足以使火车、汽车、电车、船只、航空器发生倾覆、

毁坏危险，危害公共安全的犯罪。

破坏交通设施罪的构成要件如下：（1）本罪侵害的客体为交通运输安全。（2）本罪的客观方面表现为实施了破坏交通设施，已经或者足以使交通工具发生倾覆、毁坏危险的行为；破坏行为包括使交通设施本身遭受毁损和使交通设施丧失应有性能的行为。（3）本罪的主体为一般主体。（4）本罪的主观方面为故意，包括直接故意，也包括间接故意。根据《刑法》第117条的规定，犯破坏交通设施罪，尚未造成严重后果的，处三年以上十年以下有期徒刑；造成严重后果的，处十年以上有期徒刑、无期徒刑或者死刑。

（三）破坏广播电视设施、公用电信设施罪概念及构成要件

破坏广播电视设施、公用电信设施罪，是指故意破坏广播电视、公用电信设施，危害公共安全的犯罪。

1. 客体安件。本罪所侵害的客体是广播电视设施、公用电信设施的正常、安全使用。

2. 客观要件。本罪的客观方面表现为实施了破坏广播电视、公用电信设施的行为；行为对象是正在使用、已交付使用等关涉公共安全的广播电视、公用电信设施。

3. 主体要件。本罪的主体为一般主体。

4. 主观要件。本罪的主观方面为故意，包括直接故意，也包括间接故意。根据《刑法》第124条的规定，犯破坏广播电视设施、公用电信设施罪，危害公共安全的，处三年以上七年以下有期徒刑；造成严重后果的，处七年以上有期徒刑。

（四）破坏电力设备罪、破坏易燃易爆设备罪概念及构成要件

破坏电力设备罪、破坏易燃易爆设备罪，是指故意破坏电力设备、故意破坏燃气或者其他易燃易爆设备，危害公共安全的犯罪。

1. 客体要件。破坏电力设备罪所侵害的客体为公共安全和电力供应安全；破坏易燃易爆设备罪所侵害的客体为公共安全。

2. 客观要件。二罪的客观方面表现为实施破坏电力设备、破坏燃气或者其他易燃易爆设备的行为。行为对象是关涉公共电力安全（正在使用、已交付使用）的电力设备，关涉公共安全（正在使用、已交付使用）的燃气设备或者其他易燃易爆设备。

3. 主体要件。二罪的主体均为一般主体。

4. 主观要件。二罪的主观方面均为故意，包括直接故意与间接故意。根据《刑法》第118条的规定，犯破坏电力设备罪、破坏易燃易爆设备罪，尚未造成严重后果的，处三年以上十年以下有期徒刑；造成严重后果的，处十年以上有期徒刑、无期徒刑或者死刑。

二、案件审理情况

通过中国裁判文书网统计，破坏设施类案件在2020年共计412份刑事判决书，2019年共计382份刑事判决书，每年的案件数量比较稳定。

司法实践中，破坏设施类案件呈现以下特点：（1）责任人员文化程度不高，破坏手段较为简单。（2）被告人整体刑期较高，缓刑适用率较低。（3）被告人破坏设施的行为往往存在牵连或竞合关系，同时构成其他犯罪。

三、案件审理热点、难点问题

（一）非法使用"伪基站"设备的认定问题

在实践中存在行为人非法使用"伪基站"设备干扰公用电信网络信号的行为，在此情况下，行为人可能既构成破坏公用电信设备罪，同时又构成扰乱无线电通讯管理秩序罪，应结合行为人主观恶性、具体行为方式及危害程度等因素，进行区别处理。

（二）以破坏性手段偷盗电力设备的行为定性问题

行为人以破坏性手段盗窃正在使用中的变压器内铜芯，其行为同时触犯盗窃罪和破坏电力设备罪，司法实践中对此种情况的处理原则存在争议：一种观点认为此情况属于想象竞合犯，应择一重罪处理；另一种观点则认为应该数罪并罚。

四、案件审理思路及原则

1. 严格运用证据规则，准确认定案件事实。在办理破坏设施类犯罪案件时，要重点审查鉴定意见的依据、电信部门出具的书证是否客观、科学等问题，做到不枉不纵。

2. 注重学习相关技术知识、法律法规及行业规则，为案件准确定性及适用法律打下坚实基础。严格把握罪名构成要件，准确区分此罪与彼罪，切实提高办案质效，实现政治效果、法律效果与社会效果的有机统一。

第二节　破坏交通工具罪，破坏交通设施罪，破坏广播电视设施、公用电信设施罪，破坏电力设备罪、破坏易燃易爆设备罪审判依据

一、法律

《中华人民共和国刑法》（2020 年 12 月 26 日修正）

第一百一十六条　破坏火车、汽车、电车、船只、航空器，足以使火车、汽车、电车、船只、航空器发生倾覆、毁坏危险，尚未造成严重后果的，处三年以上十年以下有期徒刑。

第一百一十七条　破坏轨道、桥梁、隧道、公路、机场、航道、灯塔、标志或者进行其他破坏活动，足以使火车、汽车、电车、船只、航空器发生倾覆、毁坏危险，尚未造成严重后果的，处三年以上十年以下有期徒刑。

第一百一十八条　破坏电力、燃气或者其他易燃易爆设备，危害公共安全，尚未造

成严重后果的，处三年以上十年以下有期徒刑。

第一百一十九条 破坏交通工具、交通设施、电力设备、燃气设备、易燃易爆设备，造成严重后果的，处十年以上有期徒刑、无期徒刑或者死刑。

过失犯前款罪的，处三年以上七年以下有期徒刑；情节较轻的，处三年以下有期徒刑或者拘役。

第一百二十四条 破坏广播电视设施、公用电信设施，危害公共安全的，处三年以上七年以下有期徒刑；造成严重后果的，处七年以上有期徒刑。

过失犯前款罪的，处三年以上七年以下有期徒刑；情节较轻的，处三年以下有期徒刑或者拘役。

二、司法解释

1.《最高人民法院关于审理破坏公用电信设施刑事案件具体应用法律若干问题的解释》（2004 年 12 月 30 日　法释〔2004〕21 号）

为维护公用电信设施的安全和通讯管理秩序，依法惩治破坏公用电信设施犯罪活动，根据刑法有关规定，现就审理这类刑事案件具体应用法律的若干问题解释如下：

第一条 采用截断通信线路、损毁通信设备或者删除、修改、增加电信网计算机信息系统中存储、处理或者传输的数据和应用程序等手段，故意破坏正在使用的公用电信设施，具有下列情形之一的，属于刑法第一百二十四条规定的"危害公共安全"，依照刑法第一百二十四条第一款规定，以破坏公用电信设施罪处三年以上七年以下有期徒刑：

（一）造成火警、匪警、医疗急救、交通事故报警、救灾、抢险、防汛等通信中断或者严重障碍，并因此贻误救助、救治、救灾、抢险等，致使人员死亡一人、重伤三人以上或者造成财产损失三十万元以上的；

（二）造成二千以上不满一万用户通信中断一小时以上，或者一万以上用户通信中断不满一小时的；

（三）在一个本地网范围内，网间通信全阻、关口局至某一局向全部中断或网间某一业务全部中断不满二小时或者直接影响范围不满五万（用户×小时）的；

（四）造成网间通信严重障碍，一日内累计二小时以上不满十二小时的；

（五）其他危害公共安全的情形。

第二条 实施本解释第一条规定的行为，具有下列情形之一的，属于刑法第一百二十四条第一款规定的"严重后果"，以破坏公用电信设施罪处七年以上有期徒刑：

（一）造成火警、匪警、医疗急救、交通事故报警、救灾、抢险、防汛等通信中断或者严重障碍，并因此贻误救助、救治、救灾、抢险等，致使人员死亡二人以上、重伤六人以上或者造成财产损失六十万元以上的；

（二）造成一万以上用户通信中断一小时以上的；

（三）在一个本地网范围内，网间通信全阻、关口局至某一局向全部中断或网间某一业务全部中断二小时以上或者直接影响范围五万（用户×小时）以上的；

（四）造成网间通信严重障碍，一日内累计十二小时以上的；

（五）造成其他严重后果的。

第三条 故意破坏正在使用的公用电信设施尚未危害公共安全，或者故意毁坏尚未投入使用的公用电信设施，造成财物损失，构成犯罪的，依照刑法第二百七十五条规定，以故意毁坏财物罪定罪处罚。

盗窃公用电信设施价值数额不大，但是构成危害公共安全犯罪的，依照刑法第一百二十四条的规定定罪处罚；盗窃公用电信设施同时构成盗窃罪和破坏公用电信设施罪的，依照处罚较重的规定定罪处罚。

第四条 指使、组织、教唆他人实施本解释规定的故意犯罪行为的，按照共犯定罪处罚。

第五条 本解释中规定的公用电信设施的范围、用户数、通信中断和严重障碍的标准和时间长度，依据国家电信行业主管部门的有关规定确定。

2.《最高人民法院关于审理破坏广播电视设施等刑事案件具体应用法律若干问题的解释》（2011 年 6 月 7 日　法释〔2011〕13 号）

为依法惩治破坏广播电视设施等犯罪活动，维护广播电视设施运行安全，根据刑法有关规定，现就审理这类刑事案件具体应用法律的若干问题解释如下：

第一条 采取拆卸、毁坏设备，剪割缆线，删除、修改、增加广播电视设备系统中存储、处理、传输的数据和应用程序，非法占用频率等手段，破坏正在使用的广播电视设施，具有下列情形之一的，依照刑法第一百二十四条第一款的规定，以破坏广播电视设施罪处三年以上七年以下有期徒刑：

（一）造成救灾、抢险、防汛和灾害预警等重大公共信息无法发布的；

（二）造成县级、地市（设区的市）级广播电视台中直接关系节目播出的设施无法使用，信号无法播出的；

（三）造成省级以上广播电视传输网内的设施无法使用，地市（设区的市）级广播电视传输网内的设施无法使用三小时以上，县级广播电视传输网内的设施无法使用十二小时以上，信号无法传输的；

（四）其他危害公共安全的情形。

第二条 实施本解释第一条规定的行为，具有下列情形之一的，应当认定为刑法第一百二十四条第一款规定的"造成严重后果"，以破坏广播电视设施罪处七年以上有期徒刑：

（一）造成救灾、抢险、防汛和灾害预警等重大公共信息无法发布，因此贻误排除险情或者疏导群众，致使一人以上死亡、三人以上重伤或者财产损失五十万元以上，或者引起严重社会恐慌、社会秩序混乱的；

（二）造成省级以上广播电视台中直接关系节目播出的设施无法使用，信号无法播出的；

（三）造成省级以上广播电视传输网内的设施无法使用三小时以上，地市（设区的市）级广播电视传输网内的设施无法使用十二小时以上，县级广播电视传输网内的设施无法使用四十八小时以上，信号无法传输的；

（四）造成其他严重后果的。

第三条 过失损坏正在使用的广播电视设施，造成本解释第二条规定的严重后果的，依照刑法第一百二十四条第二款的规定，以过失损坏广播电视设施罪处三年以上七年以下有期徒刑；情节较轻的，处三年以下有期徒刑或者拘役。

过失损坏广播电视设施构成犯罪，但能主动向有关部门报告，积极赔偿损失或者修复被损坏设施的，可以酌情从宽处罚。

第四条 建设、施工单位的管理人员、施工人员，在建设、施工过程中，违反广播电视设施保护规定，故意或者过失损毁正在使用的广播电视设施，构成犯罪的，以破坏广播电视设施罪或者过失损坏广播电视设施罪定罪处罚。其定罪量刑标准适用本解释第一至三条的规定。

第五条 盗窃正在使用的广播电视设施，尚未构成盗窃罪，但具有本解释第一条、第二条规定情形的，以破坏广播电视设施罪定罪处罚；同时构成盗窃罪和破坏广播电视设施罪的，依照处罚较重的规定定罪处罚。

第六条 破坏正在使用的广播电视设施未危及公共安全，或者故意毁坏尚未投入使用的广播电视设施，造成财物损失数额较大或者有其他严重情节的，以故意毁坏财物罪定罪处罚。

第七条 实施破坏广播电视设施犯罪，并利用广播电视设施实施煽动分裂国家、煽动颠覆国家政权、煽动民族仇恨、民族歧视或者宣扬邪教等行为，同时构成其他犯罪的，依照处罚较重的规定定罪处罚。

第八条 本解释所称广播电视台中直接关系节目播出的设施、广播电视传输网内的设施，参照国家广播电视行政主管部门和其他相关部门的有关规定确定。

3.《最高人民法院关于审理破坏电力设备刑事案件具体应用法律若干问题的解释》
（2007 年 8 月 15 日　法释〔2007〕15 号）

为维护公共安全，依法惩治破坏电力设备等犯罪活动，根据刑法有关规定，现就审理这类刑事案件具体应用法律的若干问题解释如下：

第一条 破坏电力设备，具有下列情形之一的，属于刑法第一百一十九条第一款规定的"造成严重后果"，以破坏电力设备罪判处十年以上有期徒刑、无期徒刑或者死刑：

（一）造成一人以上死亡、三人以上重伤或者十人以上轻伤的；

（二）造成一万以上用户电力供应中断六小时以上，致使生产、生活受到严重影响的；

（三）造成直接经济损失一百万元以上的；

（四）造成其他危害公共安全严重后果的。

第二条 过失损坏电力设备，造成本解释第一条规定的严重后果的，依照刑法第一百一十九条第二款的规定，以过失损坏电力设备罪判处三年以上七年以下有期徒刑；情节较轻的，处三年以下有期徒刑或者拘役。

第三条 盗窃电力设备，危害公共安全，但不构成盗窃罪的，以破坏电力设备罪定罪处罚；同时构成盗窃罪和破坏电力设备罪的，依照刑法处罚较重的规定定罪处罚。

盗窃电力设备，没有危及公共安全，但应当追究刑事责任的，可以根据案件的不同情况，按照盗窃罪等犯罪处理。

第四条 本解释所称电力设备，是指处于运行、应急等使用中的电力设备；已经通电使用，只是由于枯水季节或电力不足等原因暂停使用的电力设备；已经交付使用但尚未通电的电力设备。不包括尚未安装完毕，或者已经安装完毕但尚未交付使用的电力设备。

本解释中直接经济损失的计算范围，包括电量损失金额，被毁损设备材料的购置、更换、修复费用，以及因停电给用户造成的直接经济损失等。

三、刑事政策文件

《最高人民法院、最高人民检察院、公安部关于印发〈关于办理涉窨井盖相关刑事案件的指导意见〉的通知》（2020 年 3 月 16 日　高检发〔2020〕3 号）

近年来，因盗窃、破坏窨井盖等行为导致人员伤亡事故多发，严重危害公共安全和人民群众生命财产安全，社会反映强烈。要充分认识此类行为的社会危害性、运用刑罚手段依法惩治的必要性，完善刑事责任追究机制，维护人民群众"脚底下的安全"，推动窨井盖问题的综合治理。为依法惩治涉窨井盖相关犯罪，切实维护公共安全和人民群众合法权益，提升办案质效，根据《中华人民共和国刑法》等法律规定，提出以下意见。

一、盗窃、破坏正在使用中的社会机动车通行道路上的窨井盖，足以使汽车、电车发生倾覆、毁坏危险，尚未造成严重后果的，依照刑法第一百一十七条的规定，以破坏交通设施罪定罪处罚；造成严重后果的，依照刑法第一百一十九条第一款的规定处罚。

过失造成严重后果的，依照刑法第一百一十九条第二款的规定，以过失损坏交通设施罪定罪处罚。

二、盗窃、破坏人员密集往来的非机动车道、人行道以及车站、码头、公园、广场、学校、商业中心、厂区、社区、院落等生产生活、人员聚集场所的窨井盖，足以危害公共安全，尚未造成严重后果的，依照刑法第一百一十四条的规定，以以危险方法危害公共安全罪定罪处罚；致人重伤、死亡或者使公私财产遭受重大损失的，依照刑法第一百一十五条第一款的规定处罚。

过失致人重伤、死亡或者使公私财产遭受重大损失的，依照刑法第一百一十五条第二款的规定，以过失以危险方法危害公共安全罪定罪处罚。

三、对于本意见第一条、第二条规定以外的其他场所的窨井盖，明知会造成人员伤亡后果而实施盗窃、破坏行为，致人受伤或者死亡的，依照刑法第二百三十四条、第二百三十二条的规定，分别以故意伤害罪、故意杀人罪定罪处罚。

过失致人重伤或者死亡的，依照刑法第二百三十五条、第二百三十三条的规定，分别以过失致人重伤罪、过失致人死亡罪定罪处罚。

四、盗窃本意见第一条、第二条规定以外的其他场所的窨井盖，且不属于本意见第三条规定的情形，数额较大，或者多次盗窃的，依照刑法第二百六十四条的规定，以盗窃罪定罪处罚。

故意毁坏本意见第一条、第二条规定以外的其他场所的窨井盖，且不属于本意见第三条规定的情形，数额较大或者有其他严重情节的，依照刑法第二百七十五条的规定，以故意毁坏财物罪定罪处罚。

五、在生产、作业中违反有关安全管理的规定，擅自移动窨井盖或者未做好安全防护措施等，发生重大伤亡事故或者造成其他严重后果的，依照刑法第一百三十四条第一款的规定，以重大责任事故罪定罪处罚。

窨井盖建设、设计、施工、工程监理单位违反国家规定，降低工程质量标准，造成重大安全事故的，依照刑法第一百三十七条的规定，以工程重大安全事故罪定罪处罚。

六、生产不符合保障人身、财产安全的国家标准、行业标准的窨井盖，或者销售明知是不符合保障人身、财产安全的国家标准、行业标准的窨井盖，造成严重后果的，依照刑法第一百四十六条的规定，以生产、销售不符合安全标准的产品罪定罪处罚。

七、知道或者应当知道是盗窃所得的窨井盖及其产生的收益而予以窝藏、转移、收购、代为销售或者以其他方法掩饰、隐瞒的，依照刑法第三百一十二条和《最高人民法院关于审理掩饰、隐瞒犯罪所得、犯罪所得收益刑事案件适用法律若干问题的解释》的规定，以掩饰、隐瞒犯罪所得、犯罪所得收益罪定罪处罚。

八、在窨井盖采购、施工、验收、使用、检查过程中负有决定、管理、监督等职责的国家机关工作人员玩忽职守或者滥用职权，致使公共财产、国家和人民利益遭受重大损失的，依照刑法第三百九十七条的规定，分别以玩忽职守罪、滥用职权罪定罪处罚。

九、在依照法律、法规规定行使窨井盖行政管理职权的公司、企业、事业单位中从事公务的人员以及在受国家机关委托代表国家机关行使窨井盖行政管理职权的组织中从事公务的人员，玩忽职守或者滥用职权，致使公共财产、国家和人民利益遭受重大损失的，依照刑法第三百九十七条和《全国人民代表大会常务委员会关于〈中华人民共和国刑法〉第九章渎职罪主体适用问题的解释》的规定，分别以玩忽职守罪、滥用职权罪定罪处罚。

十、对窨井盖负有管理职责的其他公司、企业、事业单位的工作人员，严重不负责任，导致人员坠井等事故，致人重伤或者死亡，符合刑法第二百三十五条、第二百三十三条规定的，分别以过失致人重伤罪、过失致人死亡罪定罪处罚。

十一、国家机关工作人员利用职务上的便利，收受他人财物，为他人谋取与窨井盖相关利益，同时构成受贿罪和刑法分则第九章规定的渎职犯罪的，除刑法另有规定外，以受贿罪和渎职犯罪数罪并罚。

十二、本意见所称的"窨井盖"，包括城市、城乡结合部和乡村等地的窨井盖以及其他井盖。

第三节　破坏交通工具罪，破坏交通设施罪，破坏广播电视设施、公用电信设施罪，破坏电力设备罪，破坏易燃易爆设备罪审判实践中的疑难新型问题

问题1. 以破坏性手段盗窃正在使用中的电力设备的，以何种罪名定罪处罚

【实务专论】

实践中大量出现的是以盗窃电力设备为目的，但其采取的手段、行为方式同时又破坏了电力设备。实践中，司法机关在认定时容易出现不同认识，因此《最高人民法院关于审理破坏电力设备刑事案件具体应用法律若干问题的解释》第3条明确了破坏电力设备罪和盗窃罪等犯罪的界线，即在何种情形下以何种罪名定罪量刑的处罚原则。主要是

以下三种情形：

1. 盗窃电力设备危害公共安全，但不构成盗窃罪的，以破坏电力设备罪定罪处罚。这种情形主要是盗窃电力设备，其行为危害了公共安全，符合破坏电力设备罪的构成，但其盗窃的电力设备价值较低，盗窃数额尚未达到盗窃罪的数额标准的，此时，该行为不构成盗窃罪，应当以破坏电力设备罪定罪处罚。

2. 盗窃电力设备，同时构成盗窃罪和破坏电力设备罪的，依照刑法处罚较重的规定定罪处罚。与前一种情形不同，这种情形下盗窃电力设备，盗窃数额达到了盗窃罪的数额标准，构成盗窃罪，同时该行为又危害了公共安全，也构成破坏电力设备罪的，此时，应当按照"择一重处罚"的原则，即依照刑法处罚较重的规定定罪处罚。这种情形下，既可能以盗窃罪定罪处罚，也可能以破坏电力设备罪定罪处罚。虽然一般情况下，破坏电力设备罪的量刑似乎比盗窃罪要重，但实践中也可能存在盗窃的电力设备非常贵重，盗窃数额巨大或者特别巨大，按照盗窃罪定罪量刑比按照破坏电力设备罪定罪量刑要重的情况。

3. 盗窃电力设备，没有危及公共安全的，不能构成破坏电力设备罪，但应当追究刑事责任的，可以根据案件的不同情况，按照盗窃罪等犯罪处罚。与前两种情形都不同，这种情形下盗窃电力设备没有危及公共安全的，不能以破坏电力设备罪定罪处罚；但如果该行为构成其他犯罪的，比如盗窃数额达到盗窃罪标准的，以盗窃罪定罪处罚；盗窃数额尚未达到盗窃罪标准，不构成盗窃罪的，但应当追究刑事责任的，根据具体情况，可以分别以故意毁坏财物罪、破坏生产经营罪等犯罪处理。①

【刑事审判参考案例1】 夏某某抢劫、破坏电力设备案②

一、基本案情

被告人夏某某，男，汉族，1971年生于吉林省舒兰市，农民。1996年4月18日因犯强奸罪被判处有期徒刑六年，1999年8月7日刑满释放；2003年4月7日因犯抢劫罪被判处有期徒刑三年六个月，并处罚金人民币1000元，2005年7月1日刑满释放；2007年4月29日因涉嫌犯抢劫罪被逮捕。

吉林省吉林市人民检察院以夏某某犯抢劫罪、破坏电力设备罪，向吉林市中级人民法院提起公诉。

被告人夏某某辩称抢郑某某手提包的行为应定性为抢夺而非抢劫。

（一）关于抢劫事实

1. 2007年1月28日，被告人夏某某伙同张某某（同案被告人，已判刑）预谋抢劫出租车司机。当日15时许，二被告人携带卡簧刀在黑龙江省五常市山河镇骗乘周某某驾驶的捷达牌出租车，要求周某某将车开往五常市朝阳川四合屯。行至五常市杜家镇时，周某某拒绝前行，要求二被告人下车。二被告人担心立即实施抢劫可能被人发觉，遂下车

① 李洪江：《〈关于审理破坏电力设备刑事案件具体应用法律若干问题的解释〉的理解与适用》，载《人民司法》2007年第23期。

② 唐俊杰撰稿，李勇审编：《夏某某抢劫、破坏电力设备案——骗乘出租车欲到目的地抢劫因唯恐被发觉而在中途放弃的，能否认定为抢劫预备阶段的犯罪中止？为逃匿而劫取但事后予以焚毁的机动车辆能否计入抢劫数额（第643号）》，载中华人民共和国最高人民法院刑事审判第一、二、三、四、五庭主办：《刑事审判参考》（总第76集），法律出版社2011年版，第1~10页。

步行至杜家镇开发村综合商店。在该店附近，二被告人骗乘被害人徐某某（殁年32岁）驾驶的松花江牌微型汽车（价值人民币7700元，以下币种均为人民币）返回山河镇。当驶至宝山乡大河桥附近时，夏某某让徐某某停车，张某某当即搂住徐某某颈部，夏某某持卡簧刀连刺徐某某胸部、腹部数刀直至徐某某不再动弹。后二被告人将徐某某拖至驾驶员后排座位，夏某某从徐某某身上翻出现金300余元及西门子MC60型手机一部（价值200元）。随后，张某某驾驶汽车向吉林省舒兰市方向行驶。二被告人以为徐某某已经死亡，为焚尸灭迹，张某某购买汽油后，在舒兰市水曲柳镇忠厚屯与平安镇霍家屯交界处一村路上，将汽车浇上汽油烧毁。徐某某因左胸部被刀刺伤造成左肺多发破裂，急性大量失血致呼吸、循环衰竭，辅以焚烧窒息而死亡。

2. 2006年12月25日14时许，被告人夏某某携刀在黑龙江省五常市山河镇大市场搭乘被害人刘某某驾驶的三轮出租车。当车驶至五常市杜家镇开发村四和屯东南山附近时，夏某某持刀向刘某某索要钱物，并将其拽出车外，抢得现金50余元及飞利浦手机一部（价值100元）。随后，夏某某持刀连刺刘某某的胸、腹及面部数刀，致刘某某重伤后逃离现场。

3. 2007年3月18日，被告人夏某某伙同张某某预谋到银行附近抢劫。当日10时许，张某某在吉林省舒兰市吉舒街一工商银行内发现被害人郑某某支取了大额现金。待郑某某离开银行后，二被告人便尾随其至吉舒街二马路龙凤建材胡同内，夏某某上前将郑某某摔倒在地，并强行抢走其手提包（内有现金9100余元）。所抢赃款被二被告人均分。

（二）关于破坏电力设备事实

2006年9月16日凌晨，被告人夏某某伙同张某某在吉林省舒兰市平安镇房身村朱家屯（小更屯）西侧水田地中，将该屯一台正在使用的50KVA变压器（价值13020元）拆卸，窃取变压器内铜芯（价值7000元）变卖，所得赃款1400元被二被告人挥霍。

吉林市中级人民法院认为，被告人夏某某以非法占有为目的，采取暴力手段劫取他人财物，为盗窃变压器内铜芯而盗拆变压器之行为，分别构成抢劫罪、破坏电力设备罪。夏某某在抢劫犯罪中致一人死亡、一人重伤，情节特别恶劣，后果特别严重，社会危害极大。夏某某系累犯，依法应从重处罚。虽然其有坦白情节，但不足以从轻处罚。关于夏某某抢郑某某手提包的行为应定为抢夺罪的辩解，因夏某某、张某某二人在抢郑某某的财物时对郑某某实施暴力行为，其行为已经构成抢劫罪，故不予支持。

吉林市中级人民法院判决如下：被告人夏某某犯抢劫罪，判处死刑，剥夺政治权利终身，并处没收个人全部财产；犯破坏电力设备罪，判处有期徒刑四年；决定执行死刑，剥夺政治权利终身，并处没收个人全部财产。

宣判后，被告人在法定期限内没有上诉，检察院也没有提出抗诉。

吉林省高级人民法院经复核认为，原判认定事实清楚，证据确实、充分，定罪准确，量刑适当，审判程序合法。依照《刑事诉讼法》第200条第1款之规定，维持原判，并依法报请最高人民法院核准。

最高人民法院经复核确认的事实与原审法院、吉林省高级人民法院复核审认定的事实一致。

二、主要问题

以破坏性手段盗窃正在使用中的电力设备，以何种罪名定罪处罚？

三、裁判理由

以破坏性手段盗窃正在使用中的变压器内铜芯的行为，应以破坏电力设备罪定罪处罚。

本案中，正在使用中的变压器属于关涉公共电力安全的设备。被告人夏某某以破坏性手段窃取变压器内的铜芯，既符合破坏电力设备罪的犯罪构成，又符合盗窃罪的犯罪构成。一个行为同时触犯两个罪名，系想象竞合犯，一般应择一重罪处罚。

择一重罪中的"重罪"是指相应的法定刑还是可能的宣告刑呢？《最高人民法院关于审理破坏电力设备刑事案件具体应用法律若干问题的解释》第3条规定："盗窃电力设备，危害公共安全……同时构成盗窃罪和破坏电力设备罪的，依照刑法处罚较重的规定定罪处罚。"根据该条规定，择一重罪应当根据具体量刑情节，考虑判处不同罪名可能的宣告刑，并选择较重的罪名判处。否则，有可能无法实现"择一重罪"处罚的本来目的。

本案中，如果对被告人夏某某判处破坏电力设备罪，依照《最高人民法院关于审理破坏电力设备刑事案件具体应用法律若干问题的解释》第1条的规定，因夏某某不具有破坏电力设备造成严重后果的情节，应当依照《刑法》第118条的规定，处三年以上十年以下有期徒刑。如果对夏某某判处盗窃罪，则首先需要确定盗窃数额并选择相应的法定刑。本案涉及三个数额：变压器价值13 020元，变压器内铜芯价值7000元，销赃所得1400元。吉林省以1万元作为盗窃罪数额较大和数额巨大的界限。上述三个数额分别对应不同量刑档次的法定刑，具体应将哪个数额认定为盗窃数额，我们认为，盗窃罪的主观方面必须具有非法占有的目的。夏某某以破坏性手段拆盗变压器，目的是取得变压器内的铜芯，因此，以铜芯的价值作为盗窃数额较为合理。相关司法解释也采用了这种观点，《最高人民法院关于审理盗窃案件具体应用法律若干问题的解释》（已废止）第12条第5项①规定："……盗窃公私财物未构成盗窃罪，但因采用破坏性手段造成公私财物损毁数额较大的，以故意毁坏财物罪定罪处罚……"说明被损毁财物的数额不应计入盗窃数额。第5条第13项②规定："盗窃行为给失主造成的损失大于盗窃数额的，损失数额可作为量刑的情节。"说明不以被害人的损失作为盗窃数额。因此，本案盗窃数额应认定为7000元。该情节对应的法定刑为三年以下有期徒刑、拘役或者管制，并处或者单处罚金。显然，在相应的量刑档上，破坏电力设备罪的法定刑要高于盗窃罪的法定刑，故对夏某某以破坏电力设备罪定罪处罚。

【刑事审判参考案例2】冯某某破坏电力设备、盗窃案③

一、基本案情

被告人冯某某于2002年11月至2003年2月间，多次伙同范某某等人，雇用康某某（已判刑）的面包车，在北京市怀柔区宰相庄、北京市顺义区板桥养殖场、北京市密云县十里堡镇王各庄村、河北省滦平县虎什哈镇马圈子等地，盗剪正在使用中的光铝线6700余米，造成直接经济损失2万余元。

---

① 对应《最高人民法院、最高人民检察院关于办理盗窃刑事案件适用法律若干问题的解释》第11条第3项。
② 对应《最高人民法院、最高人民检察院关于办理盗窃刑事案件适用法律若干问题的解释》第4条第5项。
③ 张浩、张大巍撰稿，王勇审编：《冯某某破坏电力设备、盗窃案——结合司法解释看破坏电力设备罪与盗窃罪的竞合（第504号）》，载中华人民共和国最高人民法院刑事审判第一、二、三、四、五庭主办：《刑事审判参考》（总第84集），法律出版社2008年版，第8~13页。

被告人冯某某于 2002 年 11 月至 2003 年 3 月间，多次伙同范某某等人，在北京市密云县统军庄小学、东邵渠中心小学、十里堡镇清水潭村、北京市怀柔区大屯村、小罗山村、梨园庄村、张各长小学、雁栖工业开发区等地，盗窃电脑、变压器铜芯、铜板、烟花爆竹、轮胎、花生、大米、生猪等物品，总价值 29 万余元。

被告人冯某某以非法占有为目的，结伙盗窃正在使用中的电力设备，危害公共安全，其行为已构成破坏电力设备罪；被告人冯某某还以非法占有为目的，结伙秘密窃取公私财物，数额特别巨大，其行为已构成盗窃罪，应与破坏电力设备罪并罚。被告人冯某某曾因犯罪受过刑事处罚，刑罚执行完毕五年内，又犯应当判处有期徒刑以上刑罚之罪，是累犯，应当从重处罚。

北京市密云县人民法院判决被告人冯某某犯破坏电力设备罪，判处有期徒刑七年，剥夺政治权利一年；犯盗窃罪，判处有期徒刑十三年，剥夺政治权利三年，罚金 13 000 元，决定执行有期徒刑十九年，剥夺政治权利四年，罚金 13 000 元；继续追缴被告人冯某某非法所得，发还被盗单位及个人。

被告人冯某某以部分事实不清，证据不足为由向北京市第二中级人民法院提出上诉。北京市第二中级人民法院经审理认为冯某某的上诉理由不成立。裁定驳回上诉，维持原判。

二、主要问题

1. 如何判断盗窃电力设备的行为是否危及公共安全？

2. 破坏电力设备罪与盗窃罪出现竞合时，以何罪名定罪处罚？

三、裁判理由

（一）被告人的行为是否危害公共安全

由于司法解释特别强调了"盗窃电力设备，没有危及公共安全的"的情形，在审理此类犯罪案件时，如何认定其犯罪行为是否对公共安全造成威胁。一般认为，如果盗割的是正在使用中的高压输电线路备用线，或者用于医疗、交通、抢险、生产、养殖等领域的正在使用中的电路，往往会危害公共安全，而对于一般生活用电、景观照明等用电线路则要视其损害的范围及时间，以及是否造成了严重后果而定。因此，在没有相关证据直接证明其对公共安全造成实际损害的情况下，就只能通过其所盗窃的电力设备的地点和用途来判断其对于公共安全的危害程度。本案中，被告人冯某某伙同他人先后 4 次盗割正在使用中的光铝线，其中在河北省滦平县盗割了高压光铝线 1320 米，在顺义区板桥养殖场附近盗割光铝线 2900 米，盗割密云县工业开发区光铝线 1200 米，盗割怀柔区宰相庄村正在使用中的光铝线 1300 米。被告人在养殖场附近、工业开发区附近盗割数公里长的光铝线及高压光铝线，其行为已经对当地生产、生活的公共安全造成危害，因此，法院认定其行为构成破坏电力设备罪是适当的。

（二）盗割正在使用中的光铝线的行为构成了破坏电力设备罪与盗窃罪的想象竞合，应以何罪追究刑事责任

本案中，被告人冯某某伙同他人盗剪正在使用中的光铝线，其行为同时触犯了破坏电力设备罪和盗窃罪。根据刑法理论，对想象竞合犯的处断原则是"择一重罪处罚"，即应当结合犯罪的具体情节来考虑应该在哪一个量刑幅度内对其量刑，进而确定哪一罪为"重罪"，从而选择哪一罪名定性。《刑法》第 118 条规定："破坏电力、燃气或者其他易燃易爆设备，危害公共安全，尚未造成严重后果的，处三年以上十年以下有期徒刑。"第

119 条第 1 款规定："破坏交通工具、交通设施、电力设备、燃气设备、易燃易爆设备，造成严重后果的，处十年以上有期徒刑、无期徒刑或者死刑。"《刑法》第 264 条规定："盗窃公私财物，数额较大的，或者多次盗窃、入户盗窃、携带凶器盗窃、扒窃的，处三年以下有期徒刑、拘役或者管制，并处或者单处罚金；数额巨大或者有其他严重情节的，处三年以上十年以下有期徒刑，并处罚金；数额特别巨大或者有其他特别严重情节的，处十年以上有期徒刑或者无期徒刑，并处罚金或者没收财产。"在本案上诉期间，《最高人民法院关于审理破坏电力设备刑事案件具体应用法律若干问题的解释》于 2007 年 8 月 21 日起施行，该解释第 3 条对破坏电力设备罪和盗窃罪的竞合问题的处理作出了更明确的规定，即"盗窃电力设备，危害公共安全，但不构成盗窃罪的，以破坏电力设备罪定罪处罚；同时构成盗窃罪和破坏电力设备罪的，依照刑法处罚较重的规定定罪处罚。盗窃电力设备，没有危及公共安全，但应当追究刑事责任的，可以根据案件的不同情况，按照盗窃罪等犯罪处理"。值得注意的是，虽然这一司法解释规定比较详尽，但是当出现了法定刑在"三年到十年有期徒刑"之间竞合的情形时，究竟应当如何处断，仍没有明确规定。通过比较不难发现，根据《刑法》规定，构成破坏电力设备罪不要求犯罪数额，只要实施了危害公共安全的破坏电力设备行为，即便没有造成严重后果，也应当依法追究刑事责任，并处三年以上十年以下有期徒刑；造成严重后果的，处十年以上有期徒刑、无期徒刑或者死刑。而构成盗窃罪，是以一定的数额为要件的，以北京地区为例，盗窃数额在 1000 元以上 10 000 以下的属于"数额较大"；盗窃数额在 10 000 元以上 60 000 元以下的，属于"数额巨大"；盗窃数额在 60 000 元以上的，属于"数额特别巨大"。因此，如果偷盗电力设备的数额在 10 000 元以下，依破坏电力设备罪追究其刑事责任是比较重的；而如果偷盗电力设备的数额在 60 000 元以上，同时又没有造成严重危害公共安全后果的，那么依照盗窃罪来追究被告人的刑事责任是比较重的。但是，如果像本案这样，偷盗电力设备的数额介于 10 000 元至 60 000 元之间，相对应的两个罪名的法定刑是一样的，都是三年至十年有期徒刑，那么究竟应该如何"择一重罪处罚"呢？对此，一种观点认为，在主刑相同的情况下比较附加刑的轻重，依照盗窃罪定罪处罚还要并处罚金，因此盗窃罪相对更重；另一种观点则认为，通过比较两种犯罪的社会危害性及犯罪行为本身的性质来确定罪名的轻重。我们认为，第二种意见比较妥当。破坏电力设备罪属于危害公共安全的犯罪，其所侵犯的犯罪客体不仅包括财产权，而且涵盖不特定多数人的人身、财产权利，无疑其罪责更重，依照罪责刑相适应的原理，即便量刑相当也应该以破坏电力设备罪追究其刑事责任。而且，破坏电力设备罪是行为犯。无论犯罪数额多少、是否出现危害结果都依法追究其刑事责任。因此，《刑法》对于破坏电力设备行为的制裁一般比盗窃行为严厉。除非能够证明盗割电线的行为没有对公共安全造成危害，否则当破坏电力设备罪与盗窃罪发生竞合时，如果相对应的法定刑幅度相当，还是应当以破坏电力设备罪依法追究其刑事责任。具体到本案，被告人冯某某在明知被盗剪的光铝线是正在使用中的电力设备，仍然以非法占有为目的而予以剪断并销赃，其主观上对于光铝线本身是持非法占有的直接故意，但是对于因盗剪行为的社会公共安全所造成的危害其是持间接故意的。在犯罪客体方面，累计 6.7 公里的正在使用中的光铝线被盗，给当地居民的生产、生活安全所带来的危害绝对不仅仅是价值 2 万余元的光铝线能够衡量的。因此，在其行为同时符合破坏电力设备罪与盗窃罪的犯罪构成，量刑幅度均为三年到十年有期徒刑时，结合上述司法解释第 3 条的规定，从准确评价其行为的社会危害角度出发，依照破坏电力设备罪对其定罪处罚无疑是比较合适的。

问题 2. 盗窃窨井盖的行为以盗窃罪还是破坏交通设施罪定罪处罚

【典型案例】宋某 1 等人破坏交通设施、掩饰、隐瞒犯罪所得案①

一、基本案情

2019 年 11 月至 2020 年 1 月，被告人宋某 1 在安徽省亳州市高新区魏武大道、合欢路等路段盗窃雨水箅子 92 个、污水井盖 8 套。又伙同被告人宋某 2 在亳州市高新区魏武大道、合欢路、茴香路等道路上，盗窃雨水箅子 121 个，污水井盖 6 套。经鉴定，涉案的雨水箅子、污水井盖价值 28 206 元。被告人孟某、郭某某明知宋某 1、宋某 2 销售的雨水箅子、污水井盖系犯罪所得，仍予以收购。其中，孟某在收购井盖后，又两次为宋某 1、宋某 2 实施盗窃提供电动三轮车予以帮助。

二、裁判结果

2020 年 8 月 28 日，亳州市谯城区人民法院作出一审判决，宋某 1 犯破坏交通设施罪，判处有期徒刑三年三个月；宋某 2 犯破坏交通设施罪，判处有期徒刑三年三个月；孟某犯破坏交通设施罪、掩饰、隐瞒犯罪所得罪，判处有期徒刑二年三个月，并处罚金 2000 元；郭某某犯掩饰、隐瞒犯罪所得罪，判处有期徒刑八个月，并处罚金 1000 元。判决已生效。

三、典型意义

本案中，案发路段为城市主干道路，车流量大，被告人盗窃窨井盖，足以造成汽车、电动车发生倾覆、毁坏危险，应当以破坏交通设施罪进行定罪处罚。本案还依法惩处了非法收购窨井盖的不法分子，严厉打击销赃环节的犯罪，对于为盗窃窨井盖提供帮助的行为，依法以共同犯罪追究刑事责任。

【地方参考案例】赵某某破坏交通设施案②

一、基本案情

2020 年 10 月 3 日至 7 日，被告人赵某某多次驾驶电动三轮车到福建省厦门市集美区安东路、景山路等路段盗取窨井盖。赵某某共盗得 11 个窨井盖，将其中 7 个窨井盖以 500.5 元的价格卖给废品收购店。

二、裁判结果

2020 年 12 月 29 日，集美区人民法院以破坏交通设施罪判处被告人赵某某有期徒刑一年九个月，缓刑二年。判决已生效。

三、典型意义

本案中，被盗窨井盖所在路段车流量较大，车速较快，被告人盗窃窨井盖的行为足以造成汽车、电动车发生倾覆、毁坏危险，应当以破坏交通设施罪定罪处罚。在打击涉窨井盖犯罪行为的同时，通过公益诉讼助推窨井盖问题深度治理，社会反响良好。

---

① 最高人民检察院于 2021 年 3 月 2 日发布的 5 件涉窨井盖犯罪典型案例之五。
② 参见福建省厦门市集美区人民法院（2020）闽 0211 刑初 1033 号刑事判决书。

问题 3. 铁路运输领域破坏交通设施罪"严重后果"的认定

【地方参考案例】陈某破坏交通设施案[①]

一、基本案情

公诉机关福州铁路运输检察院诉称：被告人陈某连续实施破坏运营中的高速铁路轨道及信号装置的行为，阻断高速铁路正常运行 5 小时左右，致使 17 趟列车晚点，大量旅客滞留，构成破坏交通设施罪并属于严重后果。

江西省人民检察院南昌铁路运输检察分院支持抗诉意见，认为被告人陈某破坏交通设施的犯罪行为，属于《刑法》第 119 条第 1 款的严重后果，应依照此法条量刑，一审适用第 117 条量刑属于法律适用错误。

被告人陈某辩称：自愿认罪，希望法院从轻处罚。

法院经审理查明：2015 年 6 月 6 日 12 时 30 分许，被告人陈某从昌福线 K540 公里处一临时板房内盗出铁锤 1 把、断线钳一把、扳手 2 把、螺丝刀 1 把、柴油发动机油 1 桶及机械用润滑黄油 5 管，随后窜至昌福线福州站至杜鹗站区间 K539＋820M 处下行线栅栏边，用铁锤将栅栏水泥栏条砸断，进入昌福线路。陈某用铁锤将昌福线下行线 K539＋820M 处铁轨扣件砸坏 21 个，把黄油涂抹在该段铁轨上再浇上机油。随后又窜至昌福线福州至杜鹗区间 K540＋020M 处上行线左侧，用铁锤砸、脚踹等方式，强行打开该处铁轨旁的信号控制箱，破坏了箱内的电路板、电线等设施，之后把附近的电缆槽盖板翻开，用断线钳剪断电缆槽内的 8 根通信光缆。当日 14 时 26 分，福州工务段安全生产调度中心发现昌福线福州至杜鹗区间出现红网报警，福州车站发出调度命令，于 14 时 41 分封锁该区间，经抢修，至 19 时 36 分区间线路恢复正常。2015 年 6 月 7 日，陈某被抓获，到案后如实供述，自愿认罪。

法院生效裁判认为：上诉人陈某持铁锤砸断昌福铁路线水泥护栏，砸坏轨道扣件，在铁轨上涂抹黄油、浇机油，破坏铁路信号控制装置，剪断通信光缆，影响昌福铁路线福州至杜坞区间正常通行约 5 小时，多趟列车晚点，大量旅客滞留，造成严重后果，其行为已构成破坏交通设施罪，应依照《刑法》第 119 条第 1 款的规定量刑，对抗诉机关关于一审判决适用法律错误、量刑不当的意见予以支持。上诉人陈某关于原判量刑过重的意见没有事实和法律依据，不予采纳。陈某归案后如实供述，可予以从轻处罚。

福州铁路运输法院于 2015 年 10 月 19 日作出（2015）福铁刑初字第 22 号刑事判决：被告人陈某犯破坏交通设施罪，判处有期徒刑七年。

宣判后，陈某提出上诉，福州铁路运输检察院提起抗诉。南昌铁路运输中级法院于 2015 年 12 月 31 日作出（2015）南铁中刑终字第 17 号刑事判决：（1）撤销福州铁路运输法院（2015）福铁刑初字第 22 号刑事判决。（2）上诉人陈某犯破坏交通设施罪，判处有期徒刑十年。

二、主要问题

1. 在铁路运输领域中判断破坏交通设施罪的"严重后果"应当考虑哪些因素？

2. 本案中犯罪行为造成的行车时间中断等后果是否属于《刑法》第 119 条第 1 款规定的"严重后果"？

---

① 参见南昌铁路运输中级法院（2015）南铁中刑终字第 17 号刑事判决书。

三、裁判理由

本案事实清楚，证据确实充分，对被告人陈某构成破坏交通设施罪，控辩双方也均无异议，但由于法律、司法解释对"严重后果"缺乏明确标准，一审后既出现了被告人上诉，又出现了检察院抗诉，表明对此案的法律适用存在着重大争议，争议焦点是，该案犯罪行为是否构成了《刑法》第117条第1款规定的"造成严重后果"。

《刑法》第117条规定：破坏轨道、桥梁、隧道、公路、机场、航道、灯塔、标志或者进行其他破坏活动，足以使火车、汽车、电车、船只、航空器发生倾覆、毁坏危险，尚未造成严重后果的，处三年以上十年以下有期徒刑。第119条第1款规定：破坏交通工具、交通设施、电力设备、燃气设备、易燃易爆设备，造成严重后果的，处十年以上有期徒刑、无期徒刑或者死刑。对这两个条文的适用，实践中时常出现标准不统一和量刑不平衡的情况，迫切需要规范。我们认为，在铁路运输领域，破坏交通设施罪中的"严重后果"的判断应坚持综合评价标准，考虑火车倾覆毁坏情况、人员伤亡、直接经济损失、中断行车时间以及其他危害公共安全严重后果等因素。

（一）火车倾覆、毁坏是判断标准但不是必要条件

对于本案的处理，首先要正确认识《刑法》第117条和第119条第1款之间的关系。第117条明确了两个方面的内容：一是破坏交通设施罪是具体的危险犯，只要破坏行为足以使火车发生倾覆、毁坏危险的，即可成立本罪。当然，作为具体的危险犯，司法上要以当时的具体情况为根据。具体到本案中，被告人陈某砸坏轨道扣件，在铁轨上涂抹黄油、浇机油，破坏铁路信号控制装置，剪断通信光缆的行为，具有造成火车倾覆、毁坏的紧迫危险，其行为构成了破坏交通设施罪。二是明确了未造成严重后果时的量刑标准，既包括侵害的危险，如虽有造成火车倾覆、毁坏的危险，但因防控及时，火车并未倾覆或毁坏；又包括一般程度的现实侵害，如对火车的轻度毁坏、对铁路设施的轻度损坏，在三年至十年之间量刑。第119条第1款规定的则是在符合第117条具体危险的前提下发生了严重后果的侵害犯，且由于发生了严重后果而加重其法定刑，在十年以上量刑。

进一步考察可以发现，构成破坏交通设施罪的"危险"的判断标准和作为量刑情节的"后果"的判断标准既有关联，又有不同。从文义上看，火车等交通工具足以发生倾覆或毁坏是"危险"的唯一判断标准，而中断行车等因素则显然不在此列。而作为该罪量刑情节的"后果"的判断标准，既包括危险结果，即火车等交通工具处于可能倾覆、毁坏的危险状态；又包括实害结果，即破坏交通设施行为对公共安全法益造成的现实侵害事实，包括火车等交通工具的倾覆、毁坏以及人员的伤亡、财产的损毁，中断行车对铁路运营安全和运营秩序的危害、对旅客公共安全感的影响，等等。火车的实际倾覆危害性很大，应当认定为"严重后果"，火车遭受重大毁损也可认定为"严重后果"，但这些并不是本罪法定刑升格的唯一标准和必要条件。从我国《刑法》分则来看，严重后果通常是指致人重伤、死亡或者使公私财产遭受重大损失以及使其他重大法益遭受严重损害。铁路运输领域破坏交通设施罪"严重后果"的认定也应参照这一通常标准。因此，尽管本案中火车并未实际倾覆或毁坏，但并不排除《刑法》第119条第1款的适用。

（二）较长时间中断行车等因素应当作为铁路运输领域破坏交通设施罪"严重后果"的判断标准

破坏交通设施罪属于危害公共安全罪，而危害公共安全罪保护的法益是不特定或多数人的生命、健康或重大公私财产安全。尽管司法解释没有明确铁路运输领域中破坏交

通设施罪"严重后果"的判断标准，但在公共安全法益受到侵害这一前提下，结合司法实践及相关的刑事司法解释，应分别考虑以下因素。

1. 较长的中断行车时间。我们认为，中断行车时间应当作为铁路运输领域破坏交通设施罪"严重后果"的判断标准。主要理由如下：

其一，1993 年 10 月 11 日，《最高人民法院关于执行〈中华人民共和国铁路法〉中刑事罚则若干问题的解释》（已废止，下同）第 3 条第 1 项明确规定，严重后果的判断标准有"造成人身伤亡、重大财产损毁、中断铁路行车等"。在本案审理过程中，有意见提出：最高人民法院 2013 年清理司法解释和司法解释性文件时对此予以了废止，既然如此，中断行车时间不应成为严重后果的判断标准。但我们认为，根据《最高人民法院关于废止 1980 年 1 月 1 日至 1997 年 6 月 30 日期间发布的部分司法解释和司法解释性质文件（第九批）的决定》，废止这一解释的理由并非该标准不合理，而是《刑法》中已有明确规定。

其实，这一废止与《刑法》的立法发展紧密相关。"旧刑法公布后，曾经出现了 130 余个附属刑法条文，但随着刑法的不断完善，这些附属刑法都失去了效力。行政法、经济法等法律中的一些条款，只是形式上概括性地重申刑法的相关内容，而没有对刑法作出解释、补充、修改等实质性规定。"[1] 对《最高人民法院关于执行〈中华人民共和国铁路法〉中刑事罚则若干问题的解释》的废止，也是《刑法》立法中上述发展特点的表现。1990 年颁布的《铁路法》有数条关于刑事罚则的内容，明确规定了不同情形下刑事责任追究应当援引的《刑法》条文，但在 2009 年修订时将"应当依照刑法××条适用刑罚（追究刑事责任）"表述统一修改为"依照刑法有关规定追究刑事责任"。有了这一修改，依附于《铁路法》刑事罚则的司法解释也就失去了存在的空间。虽然《最高人民法院关于执行〈中华人民共和国铁路法〉中刑事罚则若干问题的解释》已经废止，但新的司法解释尚未出台，而《刑法》其实并未对"严重后果"这一重要的量刑标准问题进行"明确规定"。审视《最高人民法院关于执行〈中华人民共和国铁路法〉中刑事罚则若干问题的解释》"中断铁路行车"这一标准并没有不合理之处，实践中仍应适用其精神。

其二，《刑法》第 119 条第 1 款相关司法解释的旨趣，说明中断铁路行车时间作为"严重后果"判断标准具有合理性。2007 年颁布的《最高人民法院关于审理破坏电力设备刑事案件具体应用法律若干问题的解释》规定"造成一万以上用户电力供应中断六小时以上，致使生产、生活受到严重影响的"，属于"严重后果"。中断电力供应的时间作为"严重后果"的判断标准与中断铁路行车的时间作为"严重后果"的判断标准，二者在立法旨趣上可以说完全一致，都是从公共安全秩序被破坏时间的角度，来反映公众生活的平稳与安宁受到危害的程度。此外，这两个罪名同属危害公共安全罪，且均为《刑法》第 119 条的调整范围，两者之间具有相当程度的可比性。

基于此，我们认为，实践中仍然可以沿用《最高人民法院关于执行〈中华人民共和国铁路法〉中刑事罚则若干问题的解释》的精神，把中断铁路行车的时间作为判断"严重后果"与否的重要标准。在本案中，陈某的犯罪行为导致高铁中断行车达 5 小时，17 辆列车不同程度晚点，应当认定构成了"严重后果"，二审适用《刑法》第 119 条第 1 款进行量刑是正确的。当然，值得讨论或亟待司法解释明确规范的问题还有两个：中断行车多长

---

[1] 张明楷：《刑法学》（第 4 版），法律出版社 2011 年版，第 21 页。

时间以上可以认定为"造成严重后果"，受影响的旅客数量是否同时作为考量因素？

2. 重大的直接经济损失。如前所述，在我国《刑法》分则中，公私财产遭受重大损失一般作为"严重后果"的判断标准。在对铁路运输领域破坏交通设施罪的量刑时也应坚持这一通常标准，具体可参照同属第 119 条调整的有关破坏电子设备罪、盗窃油气或破坏油气设备的司法解释，定为 50 万元或 100 万元以上，其计算范围应当包括火车及铁路设施被损毁设备材料的购置、更换、修复费用以及因中断行车给旅客带来的直接经济损失等。从本案看，如仅以陈某犯罪行为导致的直接经济损失 15 万元来算，应不属于"严重后果"。

3. 人员伤亡。这是危害公共安全罪"严重后果"的基本情形和通常标准，死亡直接导致人的生命丧失，一定数量人员的重伤或轻伤都严重危害了人的健康，社会危害性十分明显。在铁路运输领域破坏交通设施罪的司法实践中，可参照有关破坏电子设备罪、盗窃油气或破坏油气设备的司法解释，对造成 1 人以上死亡、3 人以上重伤或者 10 人以上轻伤的，认定为"严重后果"，依照《刑法》第 119 条第 1 款量刑。

此外，对危害性与上述三类情形相当的其他严重危害公共安全的情形，也可认定为"严重后果"，如破坏交通设施造成 2 人重伤同时造成 8 人轻伤的，既未达到类似司法解释中的重伤 3 人，又未达到轻伤 10 人的标准，但综合比较，其危害程度已足以同"3 人以上重伤或 10 人以上轻伤"的程度相当，也应认定为"严重后果"。①

问题 4. 对非法使用"伪基站"设备干扰公用电信网络信号的行为如何定罪量刑

【刑事审判参考案例】郝某某、黄某某破坏公用电信设施案②

一、基本案情

上海市静安区检察院以被告人郝某某、黄某某犯破坏公用电信设施罪，向静安区法院提起公诉。

被告人郝某某、黄某某对指控事实均无异议。郝某某、黄某某的辩护人均提出：二被告人的目的是为特卖会做广告宣传，无破坏公用电信设施的故意，其行为仅在有限的时空范围内对部分移动电话使用者造成影响，并未对公用电信设施造成破坏；二被告人曾因违法使用"伪基站"被行政机关处罚，仍继续使用，其行为构成扰乱无线电通讯管理秩序罪。

法院经公开审理查明：被告人郝某某系推销人员，案发前购买了两套"伪基站"设备用于广告宣传。2013 年 9 月 9 日至 11 日，郝某某租赁上海市喜来登太平洋大饭店场地，举办皮鞋、箱包特卖会。为提高销量，郝某某雇用其亲戚被告人黄某某驾车携带一套"伪基站"设备，为特卖会做广告宣传。该设备占用中国移动上海公司 GSM 公众数字蜂窝移动通信网的频率，并发射无线电信号，截断一定范围内移动电话的正常通信联系。

① 李洪江：《〈关于审理破坏电力设备刑事案件具体应用法律若干问题的解释〉的理解与适用》，载《人民司法》2007 年第 23 期。

② 孙玮、林丽丽撰稿：《郝某某、黄某某破坏公用电信设施案——对非法使用"伪基站"设备干扰公用电信网络信号的行为如何定罪量刑（第 957 号）》，载中华人民共和国最高人民法院刑事审判第一、二、三、四、五庭主办：《刑事审判参考》（总第 97 集），法律出版社 2014 年版，第 1~5 页。

9月11日，上海市无线电管理局的工作人员当场对黄某某进行查处，没收了"伪基站"相关设备。同年10月初，郝某某租赁上海市西藏大厦万怡酒店、京辰大酒店场地，举办皮鞋、箱包特卖会，继续雇用黄某某使用上述方法做广告宣传。经中国移动上海公司测算，10月10日和11日因郝某某、黄某某使用"伪基站"设备，周边用户通信中断约14万人次。

法院认为，被告人郝某某、黄某某破坏公用电信设施，危害公共安全，其行为均构成破坏公用电信设施罪。在共同犯罪中，郝某某提起犯意，纠集黄某某作案，系主犯；黄某某系从犯，依法应当减轻处罚。郝某某、黄某某能够如实供述罪行，依法可以从轻处罚。据此，依照《刑法》第124条第1款，第25条第1款，第26条第1款、第4款，第27条，第67条第3款之规定，判决如下：被告人郝某某犯破坏公用电信设施罪，判处有期徒刑三年。被告人黄某某犯破坏公用电信设施罪，判处有期徒刑一年六个月。

宣判后，被告人郝某某、黄某某未提出上诉，检察机关亦未抗诉，该判决已发生法律效力。

二、主要问题

对非法使用"伪基站"设备干扰公用电信网络信号的行为如何定罪量刑？

三、裁判理由

所谓"伪基站"，是指由发射器、电脑、天线、测频手机等组成的未取得电信进网许可和无线电发射设备型号核准的非法无线电通信设备。它能够搜取以其为中心一定半径范围内的手机卡信息，并任意冒用他人手机号码，甚至是冒用银行、通信运营商等官方号码强行向手机用户发送短信，使用过程中会非法占用公众移动通信频率，局部阻断公众移动通信网络信号，同时窃取公众手机号码及 IMSI 号码。近年来，各地非法生产、销售、使用"伪基站"设备实施违法犯罪活动较为猖獗。不法分子使用"伪基站"设备，非法获取手机用户信息，强行向不特定的手机用户发送垃圾短信，破坏正常的通信秩序，影响公民日常生活，对公共安全造成了一定危害。为有效遏制此类犯罪蔓延，2014年3月14日，《最高人民法院、最高人民检察院、公安部、国家安全部关于依法办理非法生产销售使用"伪基站"设备案件的意见》出台，加大了对"伪基站"违法犯罪的打击力度。由于此类案件的作案手段、危害后果与常见的破坏公用电信设施犯罪既有共性，又有一些差异，因此在本案审理过程中对使用"伪基站"发送无线电信号，干扰通信秩序的行为如何定罪量刑，存在不同认识。

（一）非法使用"伪基站"设备干扰公用电信网络信号，危害公共安全的，构成破坏公用电信设施罪

关于本案的定性，主要有两种意见：一种意见认为，被告人郝某某、黄某某的行为构成破坏公用电信设施罪；另一种意见认为，郝某某、黄某某不具有破坏公用电信设施的故意，也未对公用电信设施造成破坏，构成扰乱无线电通讯管理秩序罪。我们同意前一种意见。首先，郝某某、黄某某对非法使用"伪基站"可能对周围手机用户造成的影响是明知的。郝某某供述："发送短信的时候，是会对手机用户有影响的，正常的手机用户是使用移动公司的网络，我们发送短信时是占用了移动的频点，这样用户只能收到我们发出的短信。我们这样做是不合法的。无线电管理局还没收了我们的设备。但是我们抱有侥幸心理，其他就没多考虑。"黄某某供述："我们使用发射器是占用了移动公司的频点，是会影响到其他手机用户的正常通信，具体影响到什么程度我不知道。"从二被告

人的供述可以看出，二人明知使用"伪基站"发送促销短信是违法的，也明知该行为会破坏正常的通信秩序，导致用户脱网，其对破坏公用电信设施持一种无所谓、不管不顾的放任心态，系间接故意。其次，郝某某、黄某某的行为造成了较为严重的危害后果，足以危及公共安全。根据《最高人民法院关于审理破坏公用电信设施刑事案件具体应用法律若干问题的解释》第 1 条的规定，采用截断通信线路、损毁通信设备或者删除、修改、增加电信网计算机信息系统中存储、处理或者传输的数据和应用程序等手段，故意破坏正在使用的公用电信设施，造成 1 万名以上用户通信中断不满 1 小时的，属于《刑法》第 124 条规定的"危害公共安全"，以破坏公用电信设施罪定罪处罚。据统计，本案中仅两天时间内，二被告人使用"伪基站"发送促销短信就造成周边用户通信中断达 14 万人次，已达到司法解释规定的"危害公共安全"的认定标准。因此，郝某某、黄某某的行为完全符合破坏公用电信设施罪的构成要件。

从罪数形态上看，郝某某、黄某某为特卖会做广告宣传，向不特定的公众发布短信广告，不仅干扰了无线电通信的正常秩序。还破坏了公用电信设施，危害公共安全，构成破坏公用电信设施罪与扰乱无线电通讯管理秩序罪的想象竞合犯。根据想象竞合犯重法优于轻法的处断原则，对郝某某、黄某某的行为应当以破坏公用电信设施罪定罪处罚。对此问题，《最高人民法院、最高人民检察院、公安部、国家安全部关于依法办理非法生产销售使用"伪基站"设备案件的意见》作了明确规定："非法使用'伪基站'设备干扰公用电信网络信号，危害公共安全的，依照《刑法》第一百二十四条第一款的规定，以破坏公用电信设施罪追究刑事责任；同时构成……扰乱无线电通讯管理秩序罪的，依照处罚较重的规定追究刑事责任。"破坏公用电信设施罪的法定刑明显重于扰乱无线电通讯管理秩序罪，因此只要行为人非法使用"伪基站"的行为达到破坏公用电信设施罪的定罪标准，就应当依照破坏公用电信设施罪追究刑事责任。同时值得注意的是，破坏公用电信设施罪作为危害公共安全的犯罪，对危害结果有量的要求，如果受垃圾短信影响的人数、通话中断时间达不到司法解释规定的数量标准，则不构成破坏公用电信设施罪，符合扰乱无线电通讯管理秩序罪构成要件的，可以扰乱无线电通讯管理秩序罪追究刑事责任。

（二）对使用"伪基站"设备构成犯罪的，量刑时要综合考虑犯罪动机、作案手段、危害结果等各方面情节

非法使用"伪基站"设备干扰公用电信网络信号的行为属于新类型犯罪，涉及地域广、危害性大、危害国家通信安全、影响人民群众日常生活。但对此类犯罪量刑时，要根据案件的具体情况，切实贯彻执行宽严相济刑事政策。如《最高人民法院、最高人民检察院、公安部、国家安全部关于依法办理非法生产销售使用"伪基站"设备案件的意见》规定："对犯罪嫌疑人、被告人的处理，应当结合其主观恶性大小、行为危害程度以及在案件中所起的作用等因素，切实做到区别对待。"本案系上海市首例判决的涉"伪基站"犯罪案件。被告人郝某某、黄某某为销售商品向公众发送促销短信，这与因蓄意报复社会毁损公用电信设施，利用短信宣传邪教等反动内容，或者为实施诈骗、间谍、恐怖犯罪群发短信的行为有明显区别，主观恶性相对较小。从客观上看，郝某某、黄某某实施的行为虽然波及面广，受影响的手机用户众多，但尚未造成人身伤亡、重大财产损失、引发突发事件等严重后果，在量刑时对此亦应予以考虑。一审法院综合考虑本案的具体情况，对郝某某从轻判处有期徒刑三年，认定黄某某系从犯，减轻处罚判处其有期徒刑一年六个月是适当的。

第七章

组织、领导、参加恐怖组织罪，宣扬恐怖主义、极端主义、煽动实施恐怖活动罪，利用极端主义破坏法律实施罪

第一节　组织、领导、参加恐怖组织罪，宣扬恐怖主义、极端主义、煽动实施恐怖活动罪，利用极端主义破坏法律实施罪概述

一、概念及构成要件

（一）组织、领导、参加恐怖组织罪概念及构成要件

组织、领导、参加恐怖组织罪，是指组织、领导、参加恐怖组织的行为。恐怖主义是现代社会的一大公害。有规模的恐怖组织所策划、实施的恐怖活动给国家安全和社会秩序造成了极大的破坏，对公民的生命财产安全构成严重的威胁。我国 1997 年《刑法》增加此罪名。为了更加严厉地打击恐怖活动犯罪，2001 年 12 月 29 日全国人大常委会通过的《刑法修正案（三）》对该罪名进行了修改，加大了对组织、领导、参加恐怖组织罪的处罚力度。本罪是危害公共安全类罪名之一。2015 年 8 月 29 日，全国人大常委会表决通过了《刑法修正案（九）》，对我国现行《刑法》作出修改。将《刑法》第 120 条第 1 款修改为："组织、领导恐怖活动组织的，处十年以上有期徒刑或者无期徒刑，并处没收财产；积极参加的，处三年以上十年以下有期徒刑，并处罚金；其他参加的，处三年以下有期徒刑、拘役、管制或者剥夺政治权利，可以并处罚金。"

1. 主体要件。本罪为一般主体。达到刑事责任年龄，具有刑事责任能力的人均可构成本罪主体，中国人、外国人或者无国籍人都可以构成本罪的主体。

2. 客观要件。本罪侵犯的客体是社会的公共安全。行为人通过组织、领导或者参加恐怖活动组织，进行恐怖活动等方式，危害社会治安，以达到犯罪目的，这是一种危害十分严重的犯罪。

3. 主观要件。主观方面由直接故意构成，并且具有共同进行恐怖活动的目的。恐怖

活动组织是一种有组织、有计划、有目的地进行恐怖活动的组织，犯罪分子的主观恶性很深，社会危害极大。

4. 客观要件。客观方面表现为组织、领导、参加恐怖活动组织的行为。具体可以参见 2016 年 1 月 1 日起施行的《反恐怖主义法》第 3 条的规定："本法所称恐怖主义，是指通过暴力、破坏、恐吓等手段，制造社会恐慌、危害公共安全、侵犯人身财产，或者胁迫国家机关、国际组织，以实现其政治、意识形态等目的的主张和行为。本法所称恐怖活动，是指恐怖主义性质的下列行为：（一）组织、策划、准备实施、实施造成或者意图造成人员伤亡、重大财产损失、公共设施损坏、社会秩序混乱等严重社会危害的活动的；（二）宣扬恐怖主义，煽动实施恐怖活动，或者非法持有宣扬恐怖主义的物品，强制他人在公共场所穿戴宣扬恐怖主义的服饰、标志的；（三）组织、领导、参加恐怖活动组织的；（四）为恐怖活动组织、恐怖活动人员、实施恐怖活动或者恐怖活动培训提供信息、资金、物资、劳务、技术、场所等支持、协助、便利的；（五）其他恐怖活动。本法所称恐怖活动组织，是指三人以上为实施恐怖活动而组成的犯罪组织。本法所称恐怖活动人员，是指实施恐怖活动的人和恐怖活动组织的成员。本法所称恐怖事件，是指正在发生或者已经发生的造成或者可能造成重大社会危害的恐怖活动。"第 12 条规定："国家反恐怖主义工作领导机构根据本法第三条的规定，认定恐怖活动组织和人员，由国家反恐怖主义工作领导机构的办事机构予以公告。"

2003 年，公安部公布了第一批认定"东突"恐怖组织名单和第一批认定的"东突"恐怖分子名单。第一批认定的"东突"恐怖组织包括东突厥斯坦伊斯兰运动、东突厥斯坦解放组织、世界维吾尔青年代表大会、东突厥斯坦新闻信息中心。公安部于 2008 年和 2012 年分别公布了第二批、第三批认定的"东突"恐怖分子名单。

"组织"，是指鼓动、召集若干人建立或者组织专门从事某一特定恐怖活动的比较稳定的组织或者集团的行为；"领导"是指在恐怖活动中能够起策划、指挥、决定作用的行为；"积极参加"，是指对参与恐怖活动态度积极，如自愿多次参加恐怖活动组织实施的恐怖活动，或者虽然是偶尔参加恐怖组织的活动，但在其参加的恐怖活动中起主要作用的行为；"其他参加的"，是指恐怖组织中非自愿参加，或者未发挥重要作用的一般成员。按照法律规定，行为人只要实施了组织、领导或者参加恐怖活动组织其中一种行为就构成本罪，实施两种以上行为仍为一罪，不实行并罚。

（二）宣扬恐怖主义、极端主义、煽动实施恐怖活动罪概念及构成要件

宣扬恐怖主义、极端主义、煽动实施恐怖活动罪，是指通过各种方式宣扬恐怖主义、极端主义或者煽动实施恐怖活动犯罪的行为。本罪是《刑法修正案（九）》新增加罪名。

1. 主体要件。本罪主体为一般主体。达到刑事责任年龄，具有刑事责任能力的人均可构成本罪主体，包括中国人、外国人和无国籍人。

2. 客体要件。本罪侵犯的客体是社会的公共安全。针对的对象是法律保护的国家的政权和社会的秩序。

3. 主观要件。主观方面由直接故意构成。

4. 客观要件。客观方面表现为通过制作、散发宣扬恐怖主义、极端主义的图书、音频视频资料或者其他物品，或者通过讲授、发布信息等方式宣扬恐怖主义、极端主义，或者煽动实施恐怖活动等行为。暴力恐怖活动是严重的犯罪行为，宣扬恐怖主义、极端

主义、煽动恐怖活动，为他人实施恐怖活动、极端主义行为制造"犯意"的行为，同样是严重的犯罪行为，应当受到严厉的惩罚。本条列举了宣扬恐怖主义、极端主义、煽动恐怖活动常见的一些形式：一是制作、散发宣扬恐怖主义、极端主义的图书、音频视频资料或者其他物品。"制作"，是指编写、出版、印刷、复制载有恐怖主义、极端主义思想的图书、音视频资料或者其他物品的行为。"散发"，是指通过发行，当面散发，以邮寄、手机短信、电子邮件等方式发送，或者通过网络、微信等即时通信工具、聊天软件、移动存储介质公开发帖、转载、传输，使他人接触到恐怖主义、极端主义信息的行为。散发的目标可以是明确、具体的，也可以是不特定的多数人。"图书、音频视频资料或者其他物品"，包括图书、报纸、期刊、音像制品、电子出版物，载有恐怖主义、极端主义思想内容的传单、图片、标语等，在手机、移动存储介质、电子阅读器、网络上展示的图片、文稿、音频、视频、音像制品，以及带有恐怖主义、极端主义标记、符号、文字、图像的服饰、纪念品、生活用品，等等。由于上述行为是宣扬恐怖主义、极端主义活动的重要环节，只要实施了制作、出售等行为之一的，都应当依照本条规定予以处罚。二是讲授、发布信息等方式。"讲授"，是指为宣传对象讲解、传授恐怖主义、极端主义思想、观念、主张。讲授对象可以是明确的一人或数人，也可以是一定范围内的不特定的人。"发布信息"，是指面向个别人或不特定的人，通过手机短信、电子邮件等方式宣扬恐怖主义、极端主义，或在网络平台上发布相关信息，使特定人或不特定人看到这些信息的行为。三是其他方式。这是兜底规定，即宣扬恐怖主义、极端主义或煽动实施恐怖活动的具体方式不限于以上所列举的情形。

（三）利用极端主义破坏法律实施罪概念及构成要件

利用极端主义破坏法律实施罪，是指利用极端主义煽动、胁迫群众破坏国家法律制度实施的行为。本罪是《刑法修正案（九）》新增罪名。

1. 主体要件。本罪主体为一般主体。达到刑事责任年龄，具有刑事责任能力的人均可构成本罪主体，包括中国人、外国人和无国籍人。

2. 客体要件。本罪侵犯的客体是公共安全和社会秩序，针对的具体对象是国家法律制度的实施。本罪中煽动、胁迫的目的，就是破坏国家婚姻、司法、教育、社会管理等制度实施，进而危及公共利益、社会安全和秩序。

3. 主观要件。主观方面由直接故意构成。

4. 客观要件。客观方面表现为利用极端主义煽动、胁迫群众破坏国家法律确立的婚姻、司法、教育、社会管理等制度实施。必须利用了极端主义来煽动、胁迫群众，才构成本罪。根据《反恐怖主义法》第4条第2款的规定，"极端主义"是指歪曲宗教教义或者其他方法煽动仇恨、煽动歧视、鼓吹暴力的思想和主张，以及以此为思想基础而实施的行为，经常表现为对其他文化、观念、族群等的安全歧视和排斥。"煽动"，是指利用极端主义，以各种方式对他人进行要求、鼓动、怂恿，意图使他人产生犯意，去实施所煽动的行为。"胁迫"，是指通过暴力、威胁或以给被胁迫人或其亲属等造成人身、心理、经济等方面的损害为要害，对他人形成心理强制，迫使其从事胁迫者希望其实施的特定行为。破坏法律实施的行为，实践中有煽动、胁迫群众按照宗教仪式举行婚礼或离婚，不到政府机关进行婚姻登记等；煽动、胁迫群众出现纠纷不依照法律途径处理，甚至出现命案也私下谈判私了；煽动、胁迫群众不让孩子到学校读书，而参加"读经班"等；

煽动、胁迫群众拒绝使用身份证、户口簿等国家法定证件以及人民币；煽动、胁迫群众改变信仰；等等。

二、案件审理情况

通过中国裁判文书网统计，2017 年至 2021 年 11 月 10 日，全国法院审结一审组织、领导、参加恐怖组织罪刑事案件共计 10 件，其中 2017 年 1 件，2018 年 2 件，2019 年 1 件，2020 年 6 件，2021 年 0 件；宣扬恐怖主义、极端主义、煽动实施恐怖活动罪共计 137 件，其中 2017 年 12 件，2018 年 40 件，2019 年 40 件，2020 年 40 件，2021 年 5 件。利用极端主义破坏法律实施罪共计 5 件，其中 2017 年 0 件，2018 年 2 件，2019 年 1 件，2020 年 2 件，2021 年 0 件。相较于其他常见犯罪，组织、领导、参加恐怖组织罪，宣扬恐怖主义、极端主义、煽动实施恐怖活动罪，利用极端主义破坏法律实施罪刑事案件整体数量不多，存在部分裁判文书未公开情况。

三、案件审理指引

（一）正确区分恐怖组织与黑社会性质组织

这两种犯罪组织主要有以下区别：（1）恐怖活动组织不以追求非法经济利益为目的，而是追求意识形态等方面的目的或者其他目的，他们通过实施恐怖暴力行为，企图制造政局不稳、社会动荡、政府无能的局面，迫使政府或者国际社会满足他们的要求；黑社会性质组织往往出于追求非法的经济利益为目的，一般以向社会提供非法服务，满足一些社会上的非法需要的方式攫取巨额的非法利润，经常插手赌博、控制卖淫、贩毒、走私等贪利性的犯罪。（2）恐怖活动组织以暗杀、放火、爆炸、投毒、劫持人质、劫持航空器等恐怖犯罪作为犯罪的主要手段甚至唯一手段；黑社会性质组织则以暴力作为实施犯罪后的后盾，在提供非法服务、收取保护费时一般不首先使用武力，只是在其犯罪行为受到阻碍、遇到反抗或者为追求对犯罪的垄断而火并、清除异己时，才以暴力作为制服对方的"法宝"。（3）恐怖活动组织一般不会以贿赂政府官员的方式建立自己的保护体系，而往往以暗杀政府官员为行为目标，在组织成员被捕以后往往以绑架、爆炸等手段威吓政府，迫使政府释放被捕成员，但是，恐怖活动组织往往会寻求一些国际势力的支持；黑社会性质组织则往往以贿赂手段建立自己的保护体系，他们拉拢、腐蚀国家公职人员，一般不和政府公开对抗，在组织成员被捕后企图通过毁灭证据、贿赂官员、高薪聘请律师等方式求得无罪处理，往往只有在政府坚决打击其犯罪行为，摧毁其组织时，他们才暗杀政府中的领导，武装对抗政府。（4）恐怖活动组织在政治上是激进的，他们对社会现实强烈不满，要求以暴力方式达到社会变革，相反，为了使其苦心经营的政治保护体系长期存在，他们甚至反对进行社会变革。（5）恐怖活动组织带有一定政治倾向，具有自己的意识形态目标，国际上有的国家和政治组织总是千方百计地暗中资助、操纵恐怖活动组织，以达到自己在国际政治斗争中的目的，因此，恐怖活动组织往往是居心叵测的异国或政治反对派的政治工具；黑社会性质组织虽然有少数国家公职人员为其提供政治、法律保护，但各国无不视黑社会性质组织为社会的毒瘤，各国政府均严厉打击黑社会性质组织，公职人员包庇、纵容黑社会组织的，构成犯罪。恐怖组织与黑社会性质组织之间既存在上述显著区别，又有许多的相似之处和一定的联系，两者之间还可能相互转化。如果行为人先后既组织、领导恐怖活动组织又组织、领导黑社会性质组织，则应当数罪并罚。如果行为人组织、领导、参加的犯罪组织同时符合该两种犯罪组织的特征，属于想象竞合犯，应按较重的犯罪定罪处罚。

（二）充分区别煽动和教唆行为

不指向具体的恐怖活动，而是概括性煽动恐怖活动的，属于《刑法》第120条之三宣扬恐怖主义、极端主义、煽动实施恐怖活动罪规定的煽动行为。对于鼓动、要求、怂恿他人参加或实施特定的恐怖活动的，应当按照《刑法》关于教唆的规定定罪处罚。如果既有煽动行为又有教唆行为，两者出现竞合的情形，则应当按照处罚较重的规定定罪处罚。

（三）明晰宣扬恐怖主义、极端主义、煽动实施恐怖活动罪与煽动颠覆国家政权罪的界限

两者都会对国家政治稳定产生威胁。煽动颠覆国家政权罪的目的是颠覆国家政权，属于危害国家安全罪的一种；宣扬恐怖主义、极端主义、煽动实施恐怖活动罪也是为了实现其特定的政治目的，对国家政权稳定产生重大威胁。两种犯罪采取的方式大致相同，都是通过各种宣传和讲授，影响被煽动者的思想，以实现煽动者政治目的，但实施《刑法》规定的这两种不同罪名禁止的行为后，会产生不一样的结果。煽动颠覆国家政权罪产生的结果是对煽动者的思维产生影响，被煽动者一般不会采取激进的方式，对国家的政局造成危害；但实施了《刑法》第120条之三规定的行为，被煽动者将会采取一切可能的暴力手段，达到煽动者的政治目的。从产生的结果上来看，后者的危害程度远大于前者，所以在惩罚上给予了不相同的对待。对于两种犯罪行为，国家给予了相同的量刑，但对于恐怖活动的犯罪，国家在处罚上增加了财产刑，即对实施《刑法》规定第120条之三的行为，给予财产处罚。

四、案件审理思路及原则

（一）充分认识恐怖主义犯罪的危害

审判机关要以习近平法治思想及相关重要指示精神为指导，深刻认识当前反恐怖斗争面临的新形势、新挑战，始终保持高度警惕，坚决克服麻痹思想和侥幸心理，坚决将思想和行动统一到中央和省委的决策部署上来。加强对反恐怖工作的组织领导，不断强化反恐怖工作领导机构的统一规划和组织协调职责；加强反恐怖专业人才队伍建设，提升案件审理的专业化水平；加强经费保障，加大指导、培训和交流力度，完善考评奖惩机制，确保反恐怖工作各项举措落地见效。

（二）充分发挥审判职能作用，依法严惩涉暴恐犯罪

贯彻总体国家安全观，增强政治责任感和大局观念，依法严惩涉暴恐犯罪。对于涉暴恐犯罪的累犯以及团伙头目、组织者、策划者和骨干分子，依法严惩，形成打击威慑；贯彻宽严相济刑事政策，坚持区别对待，对罪行较轻的参加者、从犯以及具有自首、立功等情节的犯罪分子，依法从宽处理，分化、瓦解犯罪组织。认真做好安置教育工作，

对被判处有期徒刑以上刑罚的恐怖活动罪犯和极端主义罪犯，在综合社会危险性评估结果和安置教育建议的基础上，用好安置教育决定，防止其再犯。

（三）提升审判质效，确保审判效果

加强法律适用研究，特别是《刑法修正案（九）》《反恐怖主义法》等相关法律、法规和司法解释的适用研究，为涉暴恐犯罪案件的审判工作做好充分准备。对移送到法院的涉暴恐案件，组织精干力量，在保证案件审理质量的前提下，严密工作配合、衔接程序，压缩审判环节时间，提高效率，快审快结。对于重大敏感及人数众多，可能或已引起社会关注的涉暴恐犯罪案件，做好案件评估和预判，增强工作的主动性和预见性，确保案件审理法律效果和社会效果的高度统一。根据形势任务发展需要，在综合考虑办案质量、效率、工作衔接、配合等因素基础上，探索对此类案件进行集中管辖，以保证案件在证据审查、法律适用和裁判尺度上的统一。落实"谁执法谁普法"普法责任制，创新利用新媒体、新技术等手段，加大宣传力度，教育发动群众积极配合参与反恐怖工作，在社会上形成有利的反恐氛围。

（四）加强协调配合，形成工作合力

坚持党委的统一领导，审判机关要加强与公安、检察、司法行政等机关沟通协调，在事实认定、法律适用、程序衔接、工作配合等方面，达成共识，形成合力。加强同公安、检察、国家安全机关和司法行政机关的协调配合，建立各部门间的快速联络机制，一旦发生暴力恐怖事件，快速响应、快速介入。

第二节　组织、领导、参加恐怖组织罪，宣扬恐怖主义、极端主义、煽动实施恐怖活动罪，利用极端主义破坏法律实施罪审判依据

一、法律

1. 《中华人民共和国刑法》（2020 年 12 月 26 日修正）

第一百二十条　组织、领导恐怖活动组织的，处十年以上有期徒刑或者无期徒刑，并处没收财产；积极参加的，处三年以上十年以下有期徒刑，并处罚金；其他参加的，处三年以下有期徒刑、拘役、管制或者剥夺政治权利，可以并处罚金。

犯前款罪并实施杀人、爆炸、绑架等犯罪的，依照数罪并罚的规定处罚。

第一百二十条之三　以制作、散发宣扬恐怖主义、极端主义的图书、音频视频资料或者其他物品，或者通过讲授、发布信息等方式宣扬恐怖主义、极端主义的，或者煽动实施恐怖活动的，处五年以下有期徒刑、拘役、管制或者剥夺政治权利，并处罚金；情节严重的，处五年以上有期徒刑，并处罚金或者没收财产。

第一百二十条之四　利用极端主义煽动、胁迫群众破坏国家法律确立的婚姻、司法、教育、社会管理等制度实施的，处三年以下有期徒刑、拘役或者管制，并处罚金；情节严重的，处三年以上七年以下有期徒刑，并处罚金；情节特别严重的，处七年以上有期徒刑，并处罚金或者没收财产。

2.《中华人民共和国反恐怖主义法》（2018 年 4 月 27 日修正）

第三条　本法所称恐怖主义，是指通过暴力、破坏、恐吓等手段，制造社会恐慌、危害公共安全、侵犯人身财产，或者胁迫国家机关、国际组织，以实现其政治、意识形态等目的的主张和行为。

本法所称恐怖活动，是指恐怖主义性质的下列行为：

（一）组织、策划、准备实施、实施造成或者意图造成人员伤亡、重大财产损失、公共设施损坏、社会秩序混乱等严重社会危害的活动的；

（二）宣扬恐怖主义，煽动实施恐怖活动，或者非法持有宣扬恐怖主义的物品，强制他人在公共场所穿戴宣扬恐怖主义的服饰、标志的；

（三）组织、领导、参加恐怖活动组织的；

（四）为恐怖活动组织、恐怖活动人员、实施恐怖活动或者恐怖活动培训提供信息、资金、物资、劳务、技术、场所等支持、协助、便利的；

（五）其他恐怖活动。

本法所称恐怖活动组织，是指三人以上为实施恐怖活动而组成的犯罪组织。

本法所称恐怖活动人员，是指实施恐怖活动的人和恐怖活动组织的成员。

本法所称恐怖事件，是指正在发生或者已经发生的造成或者可能造成重大社会危害的恐怖活动。

第七十九条　组织、策划、准备实施、实施恐怖活动，宣扬恐怖主义，煽动实施恐怖活动，非法持有宣扬恐怖主义的物品，强制他人在公共场所穿戴宣扬恐怖主义的服饰、标志，组织、领导、参加恐怖活动组织，为恐怖活动组织、恐怖活动人员、实施恐怖活动或者恐怖活动培训提供帮助的，依法追究刑事责任。

第八十条　参与下列活动之一，情节轻微，尚不构成犯罪的，由公安机关处十日以上十五日以下拘留，可以并处一万元以下罚款：

（一）宣扬恐怖主义、极端主义或者煽动实施恐怖活动、极端主义活动的；

（二）制作、传播、非法持有宣扬恐怖主义、极端主义的物品的；

（三）强制他人在公共场所穿戴宣扬恐怖主义、极端主义的服饰、标志的；

（四）为宣扬恐怖主义、极端主义或者实施恐怖主义、极端主义活动提供信息、资金、物资、劳务、技术、场所等支持、协助、便利的。

第八十一条　利用极端主义，实施下列行为之一，情节轻微，尚不构成犯罪的，由公安机关处五日以上十五日以下拘留，可以并处一万元以下罚款：

（一）强迫他人参加宗教活动，或者强迫他人向宗教活动场所、宗教教职人员提供财物或者劳务的；

（二）以恐吓、骚扰等方式驱赶其他民族或者有其他信仰的人员离开居住地的；

（三）以恐吓、骚扰等方式干涉他人与其他民族或者有其他信仰的人员交往、共同生活的；

（四）以恐吓、骚扰等方式干涉他人生活习俗、方式和生产经营的；

（五）阻碍国家机关工作人员依法执行职务的；

（六）歪曲、诋毁国家政策、法律、行政法规，煽动、教唆抵制人民政府依法管理的；

（七）煽动、胁迫群众损毁或者故意损毁居民身份证、户口簿等国家法定证件以及人民币的；

（八）煽动、胁迫他人以宗教仪式取代结婚、离婚登记的；

（九）煽动、胁迫未成年人不接受义务教育的；

（十）其他利用极端主义破坏国家法律制度实施的。

3. 《中华人民共和国民用航空法》（2021年4月29日修正）

第一百九十二条　对飞行中的民用航空器上的人员使用暴力，危及飞行安全的，依照刑法有关规定追究刑事责任。

二、刑事政策文件

1. 《最高人民法院、最高人民检察院、公安部、司法部关于印发〈最高人民法院、最高人民检察院、公安部、司法部关于办理恐怖活动和极端主义犯罪案件适用法律若干问题的意见〉的通知》（2018年3月16日　高检会〔2018〕1号）

各省、自治区、直辖市高级人民法院、人民检察院、公安厅（局）、司法厅（局），解放军军事法院、解放军军事检察院，新疆维吾尔自治区高级人民法院生产建设兵团分院，新疆生产建设兵团人民检察院、公安局、司法局、监狱管理局：

近年来，我国恐怖活动和极端主义犯罪出现一些新变化新特点，对国家安全、社会稳定和人民群众生命财产安全造成严重危害和重大风险。为依法严惩恐怖活动和极端主义犯罪，深入推进打击整治工作，最高人民法院、最高人民检察院、公安部、司法部现联合印发《关于办理恐怖活动和极端主义犯罪案件适用法律若干问题的意见》，请结合实际认真贯彻执行。

本意见印发后，2014年9月9日《最高人民法院、最高人民检察院、公安部关于办理暴力恐怖和宗教极端刑事案件适用法律若干问题的意见》（公通字〔2014〕34号）同时废止。之前制定的规范性文件与本意见不一致的，以本意见为准。

为了依法惩治恐怖活动和极端主义犯罪，维护国家安全、社会稳定，保障人民群众生命财产安全，根据《中华人民共和国刑法》《中华人民共和国刑事诉讼法》《中华人民共和国反恐怖主义法》等法律规定，结合司法实践，制定本意见。

一、准确认定犯罪

（一）具有下列情形之一的，应当认定为刑法第一百二十条规定的"组织、领导恐怖活动组织"，以组织、领导恐怖组织罪定罪处罚：

1. 发起、建立恐怖活动组织的；

2. 恐怖活动组织成立后，对组织及其日常运行负责决策、指挥、管理的；

3. 恐怖活动组织成立后，组织、策划、指挥该组织成员进行恐怖活动的；

4. 其他组织、领导恐怖活动组织的情形。

具有下列情形之一的，应当认定为刑法第一百二十条规定的"积极参加"，以参加恐怖组织罪定罪处罚：

1. 纠集他人共同参加恐怖活动组织的；

2. 多次参加恐怖活动组织的；

3. 曾因参加恐怖活动组织、实施恐怖活动被追究刑事责任或者二年内受过行政处罚，又参加恐怖活动组织的；

4. 在恐怖活动组织中实施恐怖活动且作用突出的；

5. 在恐怖活动组织中积极协助组织、领导者实施组织、领导行为的；

6. 其他积极参加恐怖活动组织的情形。

参加恐怖活动组织，但不具有前两款规定情形的，应当认定为刑法第一百二十条规定的"其他参加"，以参加恐怖组织罪定罪处罚。

犯刑法第一百二十条规定的犯罪，又实施杀人、放火、爆炸、绑架、抢劫等犯罪的，依照数罪并罚的规定定罪处罚。

（二）具有下列情形之一的，依照刑法第一百二十条之一的规定，以帮助恐怖活动罪定罪处罚：

1. 以募捐、变卖房产、转移资金等方式为恐怖活动组织、实施恐怖活动的个人、恐怖活动培训筹集、提供经费，或者提供器材、设备、交通工具、武器装备等物资，或者提供其他物质便利的；

2. 以宣传、招收、介绍、输送等方式为恐怖活动组织、实施恐怖活动、恐怖活动培训招募人员的；

3. 以帮助非法出入境，或者为非法出入境提供中介服务、中转运送、停留住宿、伪造身份证明材料等便利，或者充当向导、帮助探查偷越国（边）境路线等方式，为恐怖活动组织、实施恐怖活动、恐怖活动培训运送人员的；

4. 其他资助恐怖活动组织、实施恐怖活动的个人、恐怖活动培训，或者为恐怖活动组织、实施恐怖活动、恐怖活动培训招募、运送人员的情形。

实施恐怖活动的个人，包括已经实施恐怖活动的个人，也包括准备实施、正在实施恐怖活动的个人。包括在我国领域内实施恐怖活动的个人，也包括在我国领域外实施恐怖活动的个人。包括我国公民，也包括外国公民和无国籍人。

帮助恐怖活动罪的主观故意，应当根据案件具体情况，结合行为人的具体行为、认知能力、一贯表现和职业等综合认定。

明知是恐怖活动犯罪所得及其产生的收益，为掩饰、隐瞒其来源和性质，而提供资金账户，协助将财产转换为现金、金融票据、有价证券，通过转账或者其他结算方式协助资金转移，协助将资金汇往境外的，以洗钱罪定罪处罚。事先通谋的，以相关恐怖活动犯罪的共同犯罪论处。

（三）具有下列情形之一的，依照刑法第一百二十条之二的规定，以准备实施恐怖活动罪定罪处罚：

1. 为实施恐怖活动制造、购买、储存、运输凶器，易燃易爆易制爆品，腐蚀性、放射性、传染性、毒害性物品等危险物品，或者其他工具的；

2. 以当面传授、开办培训班、组建训练营、开办论坛、组织收听收看音频视频资料等方式，或者利用网站、网页、论坛、博客、微博客、网盘、即时通信、通讯群组、聊天室等网络平台、网络应用服务组织恐怖活动培训的，或者积极参加恐怖活动心理体能培训，传授、学习犯罪技能方法或者进行恐怖活动训练的；

3. 为实施恐怖活动，通过拨打电话、发送短信、电子邮件等方式，或者利用网站、网页、论坛、博客、微博客、网盘、即时通信、通讯群组、聊天室等网络平台、网络应用服务与境外恐怖活动组织、人员联络的；

4. 为实施恐怖活动出入境或者组织、策划、煽动、拉拢他人出入境的；

5. 为实施恐怖活动进行策划或者其他准备的情形。

（四）实施下列行为之一，宣扬恐怖主义、极端主义或者煽动实施恐怖活动的，依照刑法第一百二十条之三的规定，以宣扬恐怖主义、极端主义、煽动实施恐怖活动罪定罪处罚：

1. 编写、出版、印刷、复制、发行、散发、播放载有宣扬恐怖主义、极端主义内容的图书、报刊、文稿、图片或者音频视频资料的；

2. 设计、生产、制作、销售、租赁、运输、托运、寄递、散发、展示带有宣扬恐怖主义、极端主义内容的标识、标志、服饰、旗帜、徽章、器物、纪念品等物品的；

3. 利用网站、网页、论坛、博客、微博客、网盘、即时通信、通讯群组、聊天室等网络平台、网络应用服务等登载、张贴、复制、发送、播放、演示载有恐怖主义、极端主义内容的图书、报刊、文稿、图片或者音频视频资料的；

4. 网站、网页、论坛、博客、微博客、网盘、即时通信、通讯群组、聊天室等网络平台、网络应用服务的建立、开办、经营、管理者，明知他人利用网络平台、网络应用服务散布、宣扬恐怖主义、极端主义内容，经相关行政主管部门处罚后仍允许或者放任他人发布的；

5. 利用教经、讲经、解经、学经、婚礼、葬礼、纪念、聚会和文体活动等宣扬恐怖主义、极端主义、煽动实施恐怖活动的；

6. 其他宣扬恐怖主义、极端主义、煽动实施恐怖活动的行为。

（五）利用极端主义，实施下列行为之一的，依照刑法第一百二十条之四的规定，以利用极端主义破坏法律实施罪定罪处罚：

1. 煽动、胁迫群众以宗教仪式取代结婚、离婚登记，或者干涉婚姻自由的；

2. 煽动、胁迫群众破坏国家法律确立的司法制度实施的；

3. 煽动、胁迫群众干涉未成年人接受义务教育，或者破坏学校教育制度、国家教育考试制度等国家法律规定的教育制度的；

4. 煽动、胁迫群众抵制人民政府依法管理，或者阻碍国家机关工作人员依法执行职务的；

5. 煽动、胁迫群众损毁居民身份证、居民户口簿等国家法定证件以及人民币的；

6. 煽动、胁迫群众驱赶其他民族、有其他信仰的人员离开居住地，或者干涉他人生活和生产经营的；

7. 其他煽动、胁迫群众破坏国家法律制度实施的行为。

（六）具有下列情形之一的，依照刑法第一百二十条之五的规定，以强制穿戴宣扬恐怖主义、极端主义服饰、标志罪定罪处罚：

1. 以暴力、胁迫等方式强制他人在公共场所穿着、佩戴宣扬恐怖主义、极端主义服饰的；

2. 以暴力、胁迫等方式强制他人在公共场所穿着、佩戴含有恐怖主义、极端主义的文字、符号、图形、口号、徽章的服饰、标志的；

3. 其他强制他人穿戴宣扬恐怖主义、极端主义服饰、标志的情形。

（七）明知是载有宣扬恐怖主义、极端主义内容的图书、报刊、文稿、图片、音频视频资料、服饰、标志或者其他物品而非法持有，达到下列数量标准之一的，依照刑法第一百二十条之六的规定，以非法持有宣扬恐怖主义、极端主义物品罪定罪处罚：

1. 图书、刊物二十册以上，或者电子图书、刊物五册以上的；

2. 报纸一百份（张）以上，或者电子报纸二十份（张）以上的；

3. 文稿、图片一百篇（张）以上，或者电子文稿、图片二十篇（张）以上，或者电子文档五十万字符以上的；

4. 录音带、录像带等音像制品二十个以上，或者电子音频视频资料五个以上，或者电子音频视频资料二十分钟以上的；

5. 服饰、标志二十件以上的。

非法持有宣扬恐怖主义、极端主义的物品，虽未达到前款规定的数量标准，但具有多次持有，持有多类物品，造成严重后果或者恶劣社会影响，曾因实施恐怖活动、极端主义违法犯罪被追究刑事责任或者二年内受过行政处罚等情形之一的，也可以定罪处罚。

多次非法持有宣扬恐怖主义、极端主义的物品，未经处理的，数量应当累计计算。非法持有宣扬恐怖主义、极端主义的物品，涉及不同种类或者形式的，可以根据本条规定的不同数量标准的相应比例折算后累计计算。

非法持有宣扬恐怖主义、极端主义物品罪主观故意中的"明知"，应当根据案件具体情况，以行为人实施的客观行为为基础，结合其一贯表现，具体行为、程度、手段、事后态度，以及年龄、认知和受教育程度、所从事的职业等综合审查判断。

具有下列情形之一，行为人不能做出合理解释的，可以认定其"明知"，但有证据证明确属被蒙骗的除外：

1. 曾因实施恐怖活动、极端主义违法犯罪被追究刑事责任，或者二年内受过行政处罚，或者被责令改正后又实施的；

2. 在执法人员检查时，有逃跑、丢弃携带物品或者逃避、抗拒检查等行为，在其携带、藏匿或者丢弃的物品中查获宣扬恐怖主义、极端主义的物品的；

3. 采用伪装、隐匿、暗语、手势、代号等隐蔽方式制作、散发、持有宣扬恐怖主义、极端主义的物品的；

4. 以虚假身份、地址或者其他虚假方式办理托运，寄递手续，在托运、寄递的物品中查获宣扬恐怖主义、极端主义的物品的；

5. 有其他证据足以证明行为人应当知道的情形。

（八）犯刑法第一百二十条规定的犯罪，同时构成刑法第一百二十条之一至之六规定的犯罪的，依照处罚较重的规定定罪处罚。

犯刑法第一百二十条之一至之六规定的犯罪，同时构成其他犯罪的，依照处罚较重的规定定罪处罚。

（九）恐怖主义、极端主义，恐怖活动，恐怖活动组织，根据《中华人民共和国反恐怖主义法》等法律法规认定。

二、正确适用程序

（一）组织、领导、参加恐怖组织罪，帮助恐怖活动罪，准备实施恐怖活动罪，宣扬恐怖主义、煽动实施恐怖活动罪，强制穿戴宣扬恐怖主义服饰、标志罪，非法持有宣扬恐怖主义物品罪的第一审刑事案件由中级人民法院管辖；宣扬极端主义罪，利用极端主义破坏法律实施罪，强制穿戴宣扬极端主义服饰、标志罪，非法持有宣扬极端主义物品罪的第一审刑事案件由基层人民法院管辖。高级人民法院可以根据级别管辖的规定，结合本地区社会治安状况、案件数量等情况，决定实行相对集中管辖，指定辖区内特定的中级人民法院集中审理恐怖活动和极端主义犯罪第一审刑事案件，或者指定辖区内特定的基层人民法院集中审理极端主义犯罪第一审刑事案件，并将指定法院名单报最高人民法院备案。

（二）国家反恐怖主义工作领导机构对恐怖活动组织和恐怖活动人员作出认定并予以公告的，人民法院可以在办案中根据公告直接认定。国家反恐怖主义工作领导机构没有公告的，人民法院应当严格依照《中华人民共和国反恐怖主义法》有关恐怖活动组织和恐怖活动人员的定义认定，必要时，可以商地市级以上公安机关出具意见作为参考。

（三）宣扬恐怖主义、极端主义的图书、音频视频资料，服饰、标志或者其他物品的认定，应当根据《中华人民共和国反恐怖主义法》有关恐怖主义、极端主义的规定，从其记载的内容、外观特征等分析判断。公安机关应当对涉案物品全面审查并逐一标注或者摘录，提出审读意见，与扣押、移交物品清单及涉案物品原件一并移送人民检察院审查。人民检察院、人民法院可以结合在案证据、案件情况、办案经验等综合审查判断。

（四）恐怖活动和极端主义犯罪案件初查过程中收集提取的电子数据，以及通过网络在线提取的电子数据，可以作为证据使用。对于原始存储介质位于境外或者远程计算机信息系统上的恐怖活动和极端主义犯罪电子数据，可以通过网络在线提取。必要时，可以对远程计算机信息系统进行网络远程勘验。立案后，经设区的市一级以上公安机关负责人批准，可以采取技术侦查措施。对于恐怖活动和极端主义犯罪电子数据量大或者提取时间长等需要冻结的，经县级以上公安机关负责人或者检察长批准，可以进行冻结。对于电子数据涉及的专门性问题难以确定的，由具备资格的司法鉴定机构出具鉴定意见，或者由公安部指定的机构出具报告。

三、完善工作机制

（一）人民法院、人民检察院和公安机关办理恐怖活动和极端主义犯罪案件，应当互相配合，互相制约，确保法律有效执行。对于主要犯罪事实、关键证据和法律适用等可能产生分歧或者重大、疑难、复杂的恐怖活动和极端主义犯罪案件，公安机关商请听取有管辖权的人民检察院意见和建议的，人民检察院可以提出意见和建议。

（二）恐怖活动和极端主义犯罪案件一般由犯罪地公安机关管辖，犯罪嫌疑人居住地公安机关管辖更为适宜的，也可以由犯罪嫌疑人居住地公安机关管辖。移送案件应当一案一卷，将案件卷宗、提取物证和扣押物品等全部随案移交。移送案件的公安机关应当指派专人配合接收案件的公安机关开展后续案件办理工作。

（三）人民法院、人民检察院和公安机关办理恐怖活动和极端主义犯罪案件，应当坚持对涉案人员区别对待，实行教育转化。对被教唆、胁迫、引诱参与恐怖活动、极端主义活动，或者参与恐怖活动、极端主义活动情节轻微，尚不构成犯罪的人员，公安机关应当组织有关部门、村民委员会、居民委员会、所在单位、就读学校、家庭和监护人对其进行帮教。对被判处有期徒刑以上刑罚的恐怖活动罪犯和极端主义罪犯，服刑地的中级人民法院应当根据其社会危险性评估结果和安置教育建议，在其刑满释放前作出是否安置教育的决定。人民检察院依法对安置教育进行监督，对于实施安置教育过程中存在违法行为的，应当及时提出纠正意见或者检察建议。

2. 《最高人民法院印发〈关于贯彻宽严相济刑事政策的若干意见〉的通知》（2010
年2月8日　法发〔2010〕9号）

7. 贯彻宽严相济刑事政策，必须毫不动摇地坚持依法严惩严重刑事犯罪的方针。对
于危害国家安全犯罪、恐怖组织犯罪、邪教组织犯罪、黑社会性质组织犯罪、恶势力犯
罪、故意危害公共安全犯罪等严重危害国家政权稳固和社会治安的犯罪，故意杀人、故
意伤害致人死亡、强奸、绑架、拐卖妇女儿童、抢劫、重大抢夺、重大盗窃等严重暴力
犯罪和严重影响人民群众安全感的犯罪，走私、贩卖、运输、制造毒品等毒害人民健康
的犯罪，要作为严惩的重点，依法从重处罚。尤其对于极端仇视国家和社会，以不特定
人为侵害对象，所犯罪行特别严重的犯罪分子，该重判的要坚决依法重判，该判处死刑
的要坚决依法判处死刑。

30. 对于恐怖组织犯罪、邪教组织犯罪、黑社会性质组织犯罪和进行走私、诈骗、贩
毒等犯罪活动的犯罪集团，在处理时要分别情况，区别对待：对犯罪组织或集团中的为
首组织、指挥、策划者和骨干分子，要依法从严惩处，该判处重刑或死刑的要坚决判处
重刑或死刑；对受欺骗、胁迫参加犯罪组织、犯罪集团或只是一般参加者，在犯罪中起
次要、辅助作用的从犯，依法应当从轻或减轻处罚，符合缓刑条件的，可以适用缓刑。

对于群体性事件中发生的杀人、放火、抢劫、伤害等犯罪案件，要注意重点打击其
中的组织、指挥、策划者和直接实施犯罪行为的积极参与者；对因被煽动、欺骗、裹胁
而参加，情节较轻，经教育确有悔改表现的，应当依法从宽处理。

第三节　组织、领导、参加恐怖组织罪，宣扬恐怖主义、极端主义、煽动实施恐怖活动罪，利用极端主义破坏法律实施罪审判实践中的疑难新型问题

问题1. 组织、领导恐怖组织行为的表现形式

【刑事审判参考案例】玉某某·吾许尔等组织、领导、参加恐怖组织，以危险方法危害
公共安全案——天安门广场"10·28"暴恐案①

一、基本案情

自2011年起，被告人玉某某·吾许尔、玉某某·吾买尔尼亚孜、玉某某·艾合麦提
伙同吾某某·艾山（已死亡）等人以实施暴力恐怖活动为目的，多次收听观看宣扬宗教
极端、暴力恐怖内容的音视频，纠集发展成员，逐步形成恐怖组织。2013年10月7日，
上述被告人先后赶往北京会合，尔后购买汽车、汽油、刀剑、防毒面具等作案工具，共

---

① 袁勤、刘瑞瑞、王庆宏撰稿，王晓东审编：《玉某某·吾许尔等组织、领导、参加恐怖组织，以危险方法危
害公共安全案——天安门广场"10·28"暴恐案》，载中华人民共和国最高人民法院刑事审判第一、二、三、四、五
庭主办：《刑事审判参考》（总第119集），法律出版社2019年版，第148～155页。

同策划暴力恐怖袭击活动。2013 年 10 月 28 日 12 时许，吾某某·艾山伙同他人驾驶越野车，连续冲撞天安门广场前的行人，造成 3 名无辜群众死亡，39 人受伤。后玉某某·吾许尔等 3 名被告人在新疆被抓获。

法院经依法公开审理，以组织、领导恐怖组织罪、以危险方法危害公共安全罪数罪并罚，分别判处被告人玉某某·吾许尔、玉某某·吾买尔尼亚孜、玉某某·艾合麦提死刑，剥夺政治权利终身。

二、主要问题

如何判断本案犯罪行为是组织、领导恐怖组织的行为？

三、裁判理由

本案体现出暴恐活动犯罪利用暴恐音视频洗脑的特征，暴恐音视频通过宗教极端思想洗脑方式把普通人变成罪犯，不仅是宗教极端活动转向暴恐活动的加速器，更是恐怖组织的"思想指引""行动指南""训练教材"。本案中多名被告人通过观看宣扬宗教极端、暴力恐怖内容的音视频，多次聚集宣誓，逐步建立起人数众多的恐怖活动组织，产生极大社会危害性。人民法院依法予以严厉打击，体现了人民法院全力维护国家安全稳定和社会长治久安的决心。

问题 2. 上传暴力恐怖视频和图片供他人浏览的是否构成犯罪

【实务专论】

《刑法》第 120 条之三系《刑法修正案（九）》第 7 条新增条文。对本条规定的罪名确定，有意见提出，宣扬恐怖主义、极端主义与煽动实施恐怖活动的客观方面存在明显区别，建议将罪名确定为"宣扬恐怖主义、极端主义罪"和"煽动实施恐怖活动罪"两罪。经研究，未采纳这一意见，将本条罪名确定为"宣扬恐怖主义、极端主义、煽动实施恐怖活动罪"一罪，主要考虑如下：（1）宣扬恐怖主义、极端主义与煽动实施恐怖活动尽管存在区别，但性质仍存在相似之处。正是因此，《刑法》第 120 条之三将二者规定在一条中，设置了完全相同的法定刑。将本条罪名确定为一罪并无问题，更符合以往的罪名确定原则。（2）从实践看，宣扬恐怖主义、极端主义与煽动实施恐怖活动常相伴实施。如制作、散发涉恐音视频案件，在一段音视频中，可能前半段是宣扬恐怖主义、极端主义，后半段则是煽动实施恐怖活动。如将本条罪名确定为两个罪名，势必引发对上述案件究竟应定一罪还是应定两罪的争议。①

【典型案例】张某某宣扬恐怖主义、极端主义案②

一、基本案情

2016 年年初，张某某通过手机移动上网下载暴力恐怖视频和图片。2016 年 2 月至 2016 年 10 月间，张某某先后将下载的部分暴力恐怖视频和图片上传至 QQ 空间，供他人浏览。

二、裁判结果

法院经依法审理，认定被告人张某某犯宣扬恐怖主义、极端主义罪，判处有期徒刑

---

① 周加海：《〈关于执行刑法确定罪名的补充规定（六）〉解读》，载《人民司法》2015 年第 23 期。

② 最高人民法院于 2018 年 4 月 16 日发布的 3 起涉国家安全典型案例之二。

二年三个月，并处罚金人民币 5000 元。

三、裁判理由

宣扬恐怖主义、极端主义、煽动实施恐怖活动罪是故意犯罪，规定在我国刑法分则第二章危害公共安全罪中。如果一个有刑事责任能力的人故意用语言、行为、物品等宣扬恐怖主义、极端主义、煽动实施恐怖活动的，涉嫌构成本罪，司法解释进一步明确了具体的行为方式。查看中国裁判文书网，相关罪名的案例较多。涉案人多是通过网络下载一些恐怖极端的视频，然后再上传到网上或者发送给别人而获刑。因此，上传暴力恐怖视频和图片供他人浏览也可能构成犯罪。

问题 3. 恐怖活动组织的组织者、领导者，应当按照组织所犯的全部罪行承担刑事责任，积极参加者和其他参加者，应当按照其所参与的犯罪承担刑事责任

【刑事审判参考案例】依斯坎某某·艾海提等组织、领导、参加恐怖组织，故意杀人案[①]

一、基本案情

2014 年 3 月 1 日，一伙暴徒在昆明火车站持刀砍杀无辜群众，造成 31 人死亡，141 人受伤，其中 40 人重伤。

法院经依法审理，以组织、领导恐怖组织罪和故意杀人罪数罪并罚判处依斯坎某某·艾海提、吐某某·托合尼亚孜、玉某·买买提死刑；以参加恐怖组织罪和故意杀人罪数罪并罚判处帕提某某·托合提无期徒刑。

二、主要问题

犯组织、领导、参加恐怖组织罪，并实施杀人等犯罪的，如何定罪处罚？

三、裁判理由

依据《国家安全法》第 28 条规定："国家反对一切形式的恐怖主义和极端主义，加强防范和处置恐怖主义的能力建设，依法开展情报、调查、防范、处置以及资金监管等工作，依法取缔恐怖活动组织和严厉惩治暴力恐怖活动。"《反恐怖主义法》第 79 条规定："组织、策划、准备实施、实施恐怖活动，宣扬恐怖主义，煽动实施恐怖活动，非法持有宣扬恐怖主义的物品，强制他人在公共场所穿戴宣扬恐怖主义的服饰、标志，组织、领导、参加恐怖活动组织，为恐怖活动组织、恐怖活动人员、实施恐怖活动或者恐怖活动培训提供帮助的，依法追究刑事责任。"《刑法》第 120 条规定："组织、领导恐怖活动组织的，处十年以上有期徒刑或者无期徒刑，并处没收财产；积极参加的，处三年以上十年以下有期徒刑，并处罚金；其他参加的，处三年以下有期徒刑、拘役、管制或者剥夺政治权利，可以并处罚金。犯前款罪并实施杀人、爆炸、绑架等犯罪的，依照数罪并罚的规定处罚。"恐怖活动组织的组织者、领导者，应当按照组织所犯的全部罪行承担刑事责任，积极参加者和其他参加者，应当按照其所参与的犯罪承担刑事责任。

---

① 陈新军撰稿，张杰审编：《依斯坎某某·艾海提等组织、领导、参加恐怖组织，故意杀人案——如何把握恐怖活动组织成员的罪责认定及暴恐犯罪的死刑适用（第 1220 号）》，载中华人民共和国最高人民法院刑事审判第一、二、三、四、五庭主办：《刑事审判参考》（总第 112 集），法律出版社 2018 年版，第 1~7 页。

第八章

劫持航空器罪，劫持船只、汽车罪

第一节　劫持航空器罪，劫持船只、汽车罪概述

一、概念及构成要件

（一）劫持航空器罪概念及构成要件

劫持航空器罪，是指以暴力、胁迫或者其他方法劫持航空器的行为。1979 年《刑法》没有规定本罪，只在反革命破坏罪中规定了"劫持船舰、飞机、火车、电车、汽车的"相关内容。本罪是由 1992 年《全国人民代表大会常务委员会关于惩治劫持航空器犯罪分子的决定》（已废止）的规定改为 1997 年《刑法》的规定的。

1. 客体要件。本罪侵害的客体是航空运输安全，即不特定多数旅客和机组人员的生命、健康、运载物品和航空器的安全，以及地面上的人身和财产安全。犯罪分子利用航空飞行的危险性和易受侵犯性，为达到犯罪目的，不惜以机组人员、乘客的生命安全和航空器的安全为代价，是一种严重危害公共安全的犯罪。劫持航空器是一种严重的国际恐怖活动，必须严加防范、从严惩处。犯罪对象只限于正在飞行和使用中的航空器，实践中多为飞机。"正在飞行中"，根据《海牙公约》的规定，是指航空器从装卸完毕，机舱外各门均已关闭时起，直至打开任何一机舱门以便卸载时为止。航空器强迫降落时，在主管当局接管对该航空器及其所属人员和财产的责任前，应当被认为仍在飞行中。"正在使用中"，是指从地面人员或者机组人员为某一特定飞行而对航空器进行飞行前的准备时起，直至降落后 24 小时止。"航空器"，是指在空间飞行的各种航空工具，如飞机、宇宙飞船、热气球等。

2. 客观要件。本罪在客观方面表现为以暴力、胁迫或者其他方法劫持航空器的行为。"暴力"是指对航空器上的人员，特别是驾驶人员、机组人员实施殴打、伤害等行为，迫使航空器改变航向或者行为人自己驾驶航空器。"胁迫"，是指对航空器上的人员施以精神恐吓或者以暴力相威胁，使驾驶、操纵人员不敢反抗，服从犯罪分子的指挥或者由其

亲自驾驶航空器。"其他方法"，是指上述暴力、胁迫以外的任何劫持方法，如麻醉驾驶人员等方法。"劫持"，是指犯罪分子以上述方法按照自己的意志强行控制航空器的行为。

3. 主体要件。本罪主体为一般主体。达到刑事责任年龄，具有刑事责任能力的人均可构成本罪主体，中国人、外国人或者无国籍人都可以构成本罪的主体。

4. 主观要件。本罪在主观方面由直接故意构成。无论行为人出于什么目的、动机劫持航空器，都不影响本罪的成立。这是有关国际公约确认并为包括我国在内的所有缔约国承诺的。因此，对于那些以"政治避难"为名劫持航空器的，也应当依法定罪处罚。

本罪是危险犯，《刑法》对此没有规定"情节"方面的要求，只要行为人实施了暴力、胁迫或者其他方法劫持航空器的行为，无论航空器是否真的被劫持，是否造成了人员伤亡或者航空器被破坏的严重后果，均构成本罪。

（二）劫持船只、汽车罪概念及构成要件

劫持船只、汽车罪，是指以暴力、胁迫或者其他方法劫持船只、汽车的行为。本罪是 1997 年《刑法》增设的罪名。1979 年《刑法》没有规定本罪，只有反革命破坏罪中规定了"劫持船舰、飞机、火车、电车、汽车"的相关内容。

1. 客体要件。本罪侵犯的客体是船只、汽车的运输安全，即不特定多数旅客和乘务人员的生命、健康安全，以及运输物品的船只、汽车的安全，犯罪对象是正在使用中的船只、汽车。

2. 客观要件。本罪在客观方面表现为以暴力、胁迫或者其他方式劫持船只、汽车的行为。"暴力"是指犯罪分子对船只、汽车上的人员，特别是驾驶人员、乘务组人员实施殴打、伤害等行为，迫使船只、汽车改变行驶方向或者自己亲自驾驶船只、汽车。"胁迫"，是指对船只、汽车上的人员施以精神或者暴力恐吓，使驾驶、操纵人员不敢反抗，服从犯罪分子的指挥或者由其亲自驾驶船只、汽车。"其他方法"，是指上述暴力、胁迫以外的任何劫持方法，如麻醉驾驶人员等。"劫持"，是指犯罪分子以上述方法按照自己的意志强行控制船只、汽车的行为。"船只"，是指各种运送旅客或者物资的水上运输工具。"汽车"，主要是指公共汽车、卡车、卧车等陆地机动运输工具。

3. 主体要件。本罪主体为一般主体。达到刑事责任年龄，具有刑事责任能力的人均可构成本罪主体，中国人、外国人或者无国籍人都可以构成本罪的主体。

4. 主观要件。本罪在主观方面由直接故意构成。无论行为人出于什么目的、动机劫持船只、汽车，都不影响本罪的成立。

二、案件审理情况

通过中国裁判文书网统计，2010 年至 2020 年期间，全国法院审结劫持航空器罪 3 件，其中 2014 年 1 件，2018 年 2 件。2010 年至 2020 年期间，全国法院审结一审劫持船只、汽车罪共计 49 件，其中 2016 年以前 25 件，2017 年 12 件，2018 年 4 件，2019 年 3 件，2020 年 5 件。相较于其他常见犯罪，劫持航空器罪，劫持船只、汽车罪整体数量不多，尤其是劫持航空器犯罪，十分罕见。

三、案件审理指引

（一）劫持航空器罪案件审理指引

1. 区分本罪既遂与未遂的界限。本罪的既遂，主要是指行为人用暴力、胁迫或者其他方法劫持了航空器，而并不以犯罪分子的犯罪目的是否达到或者被劫持的航空器是否已经飞离或者飞入国境为准。也就是说，只要行为人劫持并控制了航空器，即构成本罪既遂。

2. 区分本罪与破坏工具罪的界限。《刑法》第116条规定的破坏交通工具罪的犯罪对象中规定有航空器，与本罪的犯罪对象是相同的，二者之间的根本区别如下：一是主观方面故意的内容不同。前者是以劫持航空器为手段，意图达到逃避法律制裁等目的；后者破坏交通工具的目的是使已交付使用的交通工具倾覆、毁坏。二是客观方面行为的内容不同。前者在劫持航空器的过程中有可能因使用暴力而使航空器遭到破坏，也可能不造成破坏；而后者必须是实施了破坏交通工具的行为，并因其破坏行为而足以使交通工具发生倾覆、毁坏的危险或者已经发生倾覆、毁坏的后果。

3. 本罪的管辖权问题。《全国人民代表大会常务委员会关于对中华人民共和国缔结或者参加的国际条约所规定的罪行行使刑事管辖权的决定》规定：对于中华人民共和国缔结或者参加的国际条约所规定的罪行，中华人民共和国在所承担条约义务的范围内，行使刑事管辖权。我国《刑法》第9条规定：对于中华人民共和国缔结或者参加的国际条约所规定的罪行，中华人民共和国在所承担条约义务的范围内行使刑事管辖权的，适用本法。

我国先后加入了《东京条约》《海牙公约》和《蒙特利尔公约》。《东京公约》的规定主要是以所谓旗帜法为依据的，也就是说，管辖权由航空器登记国行使。但《海牙公约》《蒙特利尔公约》均规定了普遍管辖原则，要求缔约国对公约规定的罪犯或起诉或引渡。对于本罪的罪犯，在下列情形下，我国有权行使管辖权：（1）在我国登记的航空器内犯罪；（2）在里面发生犯罪的航空器，在我国领土上降落而嫌疑犯还在该航空器内；（3）在租来时不带机组的航空器内犯有罪行而租机人在我国有主要营业地，或无主要营业地而有永久住所。

根据上述公约，即使不属于前述的三种情形，如果犯本罪的嫌疑犯进入我国境内，我国不予引渡时，也应行使管辖权，依我国《刑法》的有关规定予以惩处。

4. 一罪与数罪的界限。行为人劫持航空器过程中，为实现其犯罪目的而使用暴力手段，将乘客或者机组人员杀害或者伤害的，应当将杀人、伤害等行为作为量刑的情节，以劫持航空器罪从重处罚，而不应定劫持航空器罪和故意杀人或者故意伤害罪，实行并罚。

5. 区分本罪与破坏交通工具罪、破坏交通设施罪、抢劫罪的界限。对于不是出于劫持的目的，故意或者过失损坏使用中的航空器或航行设备，以致航空器不能飞行或可能危及飞行安全的，应分别适用《刑法》第114条和第117条的破坏交通工具罪和破坏交通设施罪，而不宜认定为劫持航空器罪。对于出于非法占有目的，在飞行航空器内以暴力或以暴力相威胁手段抢劫财物的，无论是否致人重伤、死亡，因航空交通的特殊情形，都可能危及飞行安全，因此，应认定为抢劫罪，并适用《刑法》第263条第1款第2项之规定从重处罚。

（二）劫持船只、汽车罪案件审理指引

1. 区分本罪既遂与未遂的界限。本罪的既遂，主要是指行为人使用暴力、胁迫或者其他方法劫持了船只、汽车，而并不以犯罪分子的犯罪目的是否达到为准。也就是说，只要行为人劫持并控制了船只、汽车，即构成本罪既遂。

2. 区分本罪与破坏交通工具罪的界限。《刑法》第 116 条规定的破坏交通工具罪的犯罪对象中规定有船只、汽车，与本罪的犯罪对象是相同的。但是二者之间的根本区别在于：（1）主观方面故意的内容不同。前者是以劫持船只、汽车为手段，意图达到逃避法律制裁等目的；后者破坏交通工具的目的是使已交付使用的交通工具倾覆、毁坏。（2）客观方面行为的内容不同。前者在劫持船只、汽车的过程中有可能因使用暴力而使船只、汽车遭到破坏，也可能不造成破坏；而后者必须是实施了破坏交通工具的行为，并因其破坏行为而足以使交通工具发生倾覆、毁坏的危险或者已经发生倾覆、毁坏的后果。

3. 区分本罪与抢劫罪的界限。行为人实施抢劫船只、汽车行为的主要目的不是抢劫车、船所载货物或者是实施海盗行为。有的犯罪分子劫持船只，汽车的目的是绑架人质；有的是逃避追捕或者以劫持船只、汽车为要挟手段以求达到其他犯罪目的，而不是以获取财物为主要目的。抢劫罪则属于侵犯财产的犯罪，犯罪目的就是非法占有财物。因此，对于以抢劫为目的的劫持船只、汽车并占有船只或者汽车的行为，应当以抢劫罪定罪处罚。

4. 一罪与数罪的界限。劫持船只、汽车的过程中，行为人如果将驾驶、乘务人员或者其他乘客打死、打伤，而不是因劫持行为导致撞车、沉船致人死伤的，则应当以劫持船只、汽车罪与故意杀人罪或者故意伤害罪数罪并罚。

第二节 劫持航空器罪，劫持船只、汽车罪审判依据

法律法规

1. 《中华人民共和国刑法》（2020 年 12 月 26 日修正）

第一百二十一条 以暴力、胁迫或者其他方法劫持航空器的，处十年以上有期徒刑或者无期徒刑；致人重伤、死亡或者使航空器遭受严重破坏的，处死刑。

第一百二十二条 以暴力、胁迫或者其他方法劫持船只、汽车的，处五年以上十年以下有期徒刑；造成严重后果的，处十年以上有期徒刑或者无期徒刑。

2. 《中华人民共和国民用航空法》（2021 年 4 月 29 日修正）

第一百九十一条 以暴力、胁迫或者其他方法劫持航空器的，依照刑法有关规定追究刑事责任。

第一百九十二条 对飞行中的民用航空器上的人员使用暴力，危及飞行安全的，依照刑法有关规定追究刑事责任。

3.《中华人民共和国民用航空安全保卫条例》（2011 年 1 月 8 日修订）

第二十三条 机长在执行职务时，可以行使下列权力：

（一）在航空器起飞前，发现有关方面对航空器未采取本条例规定的安全措施的，拒绝起飞；

（二）在航空器飞行中，对扰乱航空器内秩序，干扰机组人员正常工作而不听劝阻的人，采取必要的管束措施；

（三）在航空器飞行中，对劫持、破坏航空器或者其他危及安全的行为，采取必要的措施；

（四）在航空器飞行中遇到特殊情况时，对航空器的处置作最后决定。

第三十七条 违反本条例的有关规定，构成犯罪的，依法追究刑事责任。

第三节 劫持航空器罪，劫持船只、汽车罪审判实践中的疑难新型问题

问题 1. 杀人后劫车逃跑的行为如何定性

【刑事审判参考案例】陈某故意杀人、劫持汽车案①

一、基本案情

2011 年 8 月 3 日 20 时许，陈某与王某某在 103 包厢吃饭。喝酒期间，二人因积怨发生争吵。陈某持随身携带的单刃折叠刀捅刺被王某某数刀。服务员见状呼喊，陈某持刀追至饭店门口殴打服务员。随后，陈某又返回 103 包厢继续捅刺王某某，致王某某左心室破裂、急性心包填塞合并大出血死亡。之后，陈某闯入 104 包厢，持刀威胁在此就餐的被害人王某 1 拨打"120"电话。被人劝说离开后，陈某到店外追赶并威胁正在打电话报警的店主何某某。当王某 1 准备驾驶轿车离开时，陈某闯入车内，持刀胁迫王某 1 将其送走。途中，陈某自行驾驶该车。当行至扬溧高速公路润扬大桥收费站时，王某 1 跳车逃跑并向民警呼救。陈某随即掉转车头沿高速公路逆向行驶，在距收费站 500 米处与其他车辆发生碰擦，最终撞上高速公路的中间护栏后，陈某遂弃车逃离。

一审法院认为陈某故意非法剥夺他人生命，致被害人死亡，其行为构成故意杀人罪；在实施故意杀人犯罪后，陈某持刀劫持汽车逃跑，其行为构成劫持汽车罪，依法应当数罪并罚。陈某为泄愤而持刀捅刺王某某十余刀，犯罪手段残忍，罪行极其严重；陈某多次被判刑，屡教不改，主观恶性较深，杀人后又劫持汽车在高速公路上逃窜并发生事故，人身危险性及社会危害性极大，依法应当判处死刑。二审法院认为一审认定的事实清楚，证据确实、充分，定罪准确。上诉人陈某犯罪手段特别残忍，情节特别恶劣，后果特别

---

① 刘然撰稿，李卫星审编：《陈某故意杀人、劫持汽车案——杀人后劫车逃跑的行为如何定性（第 866 号）》，载中华人民共和国最高人民法院刑事审判第一、二、三、四、五庭主办：《刑事审判参考》（总第 92 集），法律出版社 2014 年版，第 69～74 页。

严重，其归案后虽然如实供述犯罪事实，但根据其罪行，不足以对其从轻处罚。陈某提出的相关上诉理由及辩护人所提辩护意见不能成立，不予采纳，遂裁定驳回上诉，维持原判，并依法报请最高人民法院核准。最高人民法院认为，被告人故意非法剥夺他人生命，并于杀人后持刀劫持汽车逃跑，其行为构成故意杀人罪、劫持汽车罪，依法应当数罪并罚。陈某先后两次持刀捅刺被害人达十余刀，致被害人死亡，犯罪手段特别残忍，后果严重，所犯故意杀人罪罪行极其严重。陈某杀人后劫持汽车在高速公路上逃窜并发生事故，且曾三次因犯寻衅滋事罪被判刑，主观恶性极深，人身危险性及社会危害性极大，依法应当严惩。第一审判决、第二审裁定认定的事实清楚，证据确实、充分，定罪准确，量刑适当，审判程序合法。

依照《刑事诉讼法》第 235 条、第 239 条和《最高人民法院关于适用〈中华人民共和国刑事诉讼法〉的解释》第 350 条第 1 项之规定，裁定核准江苏省高级人民法院维持第一审以故意杀人罪判处陈某死刑，剥夺政治权利终身；以劫持汽车罪，判处有期徒刑八年；决定执行死刑，剥夺政治权利终身的刑事裁定。

二、主要问题

劫车逃跑的行为属于抢劫罪还是劫持汽车罪？

三、裁判理由

本案在审理过程中，对陈某杀人后劫持汽车逃跑的行为如何定性存在分歧。一种意见认为，依照《最高人民法院关于审理抢劫、抢夺刑事案件适用法律若干问题的意见》第 6 条的规定，应当认定为抢劫罪；另一种意见认为，陈某劫车是用于逃跑，没有非法占有车辆的目的，不构成抢劫罪，应当认定为劫持汽车罪，法院同意后一种看法，陈某的劫车行为构成劫持汽车罪，而非抢劫罪。

本案杀人后劫车逃跑的行为如何定性是本案争议焦点，陈某的劫车行为构成劫持汽车罪，而非抢劫罪。

首先，被告人劫持的车辆符合劫持汽车罪的对象特征。劫持汽车罪的犯罪对象是汽车，但通常情况下应当限定为出租车以外的汽车。理由在于出租车本身具有开放性，任何人都有权利乘坐。无论行为人持何种主观态度（搭乘或者劫持），就乘坐这一行为而言，都是合法的，而且出租车原则上应当按照乘客的要求行驶，他人要求出租车司机行驶到任何地点都不违法，因此一般情况下出租车不能成为劫持汽车罪的犯罪对象。但是，如果行为人使用暴力、胁迫等方法迫使出租车司机驾车在道路上横冲直撞，或者强行亲自驾驶出租车的，也可以构成劫持汽车罪，因为此种行为已经明显超出了搭乘出租车的行为模式，改变了出租车的合法用途，且危及公共安全，故应当认定属于劫持汽车的行为。本案中，陈某劫持的是私家车，符合劫持汽车罪的对象特征。

其次，被告人采取暴力、胁迫方法劫持汽车的行为危及公共安全。劫持汽车罪要求行为人故意使用暴力、胁迫等行为劫持汽车，行为人在明知驾驶员不同意其搭乘的情况下，仍对驾驶员实施暴力、胁迫等行为，从而非法控制汽车。只要行为人实施了劫持汽车的行为，足以对公共安全造成威胁，即可构成本罪。如果行为人认为驾驶员同意其搭乘汽车，也未实施暴力、胁迫行为，且驾驶员未有反抗行为，则不应认定为劫持。如果行为人将驾驶员赶走，自行驾驶汽车离开，且非法占有汽车或者造成车辆失踪无法找到的，则可以认定行为人具有非法占有汽车的故意。因为在这种情况下驾驶员已失去对汽车的控制，行为人的主观意图已经不只是暂时的劫持，而是对汽车的非法占有，故应当认定为抢劫罪。本案中，陈某持刀闯入车内，胁迫车主开车送其离开现场，并在高速公路上违章行驶，已经危及公共安全，符合劫持汽车罪的客观特征。

问题2. 为绑架他人而劫持车辆，待作案后归还车辆的如何定性

【地方参考案例】王某、马某劫持汽车案①

一、基本案情

王某、马某二人预谋绑架他们单位前任厂长正在上学的儿子，以便勒索钱财。二人通过密谋，决定由王某租一辆女司机开的出租车，王某在约定的地点下车，由马某接应。第二天早上，王某携带绳子、胶带、匕首等作案工具，搭乘李某（女）驾驶的出租车。当车行至二人约定的地点时，王某提出下车方便。马某乘机来到车旁。王某威胁李某说："我们要借用你的车，你老实点。办完事后车还是你的，否则我扎死你。"此时，当地几个农民途经此地，李某急忙下车求救，王某、马某二人遂被瓜农扭送至公安机关。

二、主要问题

1. 劫持汽车罪和抢劫罪的主要区别是什么？

2. 劫持汽车行为是为绑架而实施的，属于想象竞合犯还是牵连犯？

三、裁判理由

二被告人的行为已构成犯罪无异议，但对于二被告人构成何罪，出现意见分歧。第一种意见认为，二被告人为绑架他人准备作案工具，使用暴力、胁迫手段抢劫出租车，其行为已构成抢劫罪。因被害人向路人求救劫车未遂，属犯罪未遂。二被告人抢劫出租车的行为是绑架勒索的预备行为，是犯一罪其行为又触犯了他罪名的行为，属于牵连犯。第二种意见认为，被告人预谋并实施劫持一辆出租车，目的是为绑架勒索他人而准备作案工具，待作案后再将车交还给车主，其主观上并非要非法占有该车，其行为符合劫持汽车罪的构成要件，应对二被告人定劫持汽车罪。我们同意第二种意见，理由如下：首先，二被告人的行为构成劫持汽车罪。劫持汽车罪是属于危害公共安全的一种犯罪，根据《刑法》第122条的规定，劫持汽车罪是指以暴力、胁迫或者其他方法劫持汽车的行为。其侵犯的客体是汽车的运输安全，犯罪的对象是正在使用中的汽车；犯罪的客观方面表现为以暴力、胁迫或者其他方法劫持汽车的行为。其与抢劫罪的主要区别在于犯罪的目的不同；抢劫罪的行为人抢劫汽车，目的是把汽车作为财物而非法占有；而劫持汽车罪的行为人劫持汽车，不是为了非法占有该车，而是欲利用劫持的汽车达到其他的犯罪目的。本案中，二被告人劫持出租车，目的是为绑架勒索准备作案工具，并且曾明确告诉被害人"车用过后立即归还"之类的话，显然不是为了非法占有该车，从以上分析可知，二被告人的行为符合劫持汽车罪的构成要件，应定劫持汽车罪。其次，二被告人的行为构成想象竞合犯而非牵连犯。被告人为了绑架他人准备工具而实施了劫持汽车的行为，由于其意志以外的原因未能得逞即被抓获，其绑架行为尚未实施而被迫停留在预备阶段。这一劫车行为具有双重性质，触犯了两个罪名，即对于绑架勒索罪而言，构成

---

① 《预谋并实施劫持出租车为绑架勒索他人而准备作案工具，作案后将车交还给车主的，构成劫持汽车罪——王某、马某劫持汽车案》，载"法信"裁判规则，https：//www.faxin.cn/lib/cpal/AlyzContent.aspx？gid＝C1280649，最后访问时间：2022年11月15日。

预备犯；而对于劫持汽车罪而言，又构成未遂犯。这种只实施了一个犯罪行为，这个行为又同时触犯了两个以上的罪名，属于想象竞合犯而非牵连犯。与此不同的是，只有被告人在劫持汽车得手后，又利用劫持的车辆去绑架他人，前者是方法行为，后者是目的行为，两种犯罪之间具有牵连关系，并且触犯了两个罪名，那才真正属于牵连犯。尽管想象竞合犯与牵连犯在处理原则上都是从一重罪处断，不实行数罪并罚，但是，两者的界限是不能混淆的。

问题 3. 劫持汽车强迫出租车司机提供服务的行为何如定性

【地方参考案例】高某某强迫交易案①

一、基本案情

2008 年 10 月 28 日晚上约 21 时许，被告人高某某酒后打电话要出租车，其从家中出来时带了一把菜刀。后出租车司机杨某开着出租车来到小潭乡大潭村路口接高某某，因见高某某喝酒了，杨某不愿拉高某某，高某某用菜刀强行让杨某把他送到延津县城关棉站并用菜刀划伤杨某脸部。经鉴定，杨某脸部伤情已构成轻微伤。

被告人高某某以暴力、威胁的方法强迫他人提供服务，其行为已构成强迫交易罪。延津县人民检察院指控的罪名成立。被告人虽已受到行政治安处罚，但在事实清楚、证据确凿，其行为确属于刑事犯罪的情况下，转为刑事案件，并不违背刑事诉讼程序，故辩护人的以上辩护意见理由不充分，不予采纳。案发后，被告人已赔偿被害人的经济损失，且当庭认罪态度较好，又系初犯，可酌情从轻处罚，辩护人的以上相关辩护意见成立，予以采纳。

被告人高某某犯强迫交易罪，判处有期徒刑二年，缓刑二年，并处罚金 1000 元。

二、主要问题

暴力劫持出租车司机迫使其提供服务的行为属于劫持汽车罪还是强迫交易罪？

三、裁判理由

在审理本案中，对被告人持刀强迫被害人拉载其到目的地的行为的定性存在两种不同的意见，一种认为是属于强迫交易罪，另一种认为是属于劫持汽车罪。

《刑法》第 226 条规定的强迫交易罪，属于破坏社会主义市场经济秩序中的犯罪，它是指以暴力、威胁手段强买强卖商品，强迫他人提供服务或强迫他人接受服务，情节严重的行为。本罪不仅侵犯了交易相对方的合法权益，而且侵犯了商品交易市场秩序。商品交易是在平等民事主体之间发生的法律关系，应当遵循市场交易中的自愿与公平原则。但在现实生活中，交易双方强买强卖、强迫他人提供服务或者强迫他人接受服务的现象时有发生，这种行为违背了市场交易原则，破坏了市场交易秩序，侵害了消费者或经营者的合法权益。如果行为人以暴力、威胁手段强行交易，就具有了严重的社会危害性，情节严重的，应依法追究刑事责任。本罪在客观方面表现为以暴力、威胁手段强买强卖商品、强迫他人提供服务或者强迫他人接受服务，情节严重的行为。无论是暴力还是威胁，都意在使其不敢反抗而被迫答应交易。违背他人意志，强迫他人与己或者第三人交

---

① 段连芳：《强迫出租车司机将自己送到指定地点构成强迫交易罪》，载新乡市中级人民法院官网，https://hnxxzy. hncourt. gov. cn/public/detail. php？ id＝1947，最后访问时间：2022 年 11 月 15 日。

易是本罪的本质特征。所谓违背他人意志，是指他人不想向其购买商品而强行其购买，他人不愿出卖商品强迫其出卖，他人不肯提供服务、强迫他人提供，他人不愿意接受服务则强迫其接受。本罪属情节犯，只有在强迫他人交易的行为达到情节严重时才能构成。情节不属严重，即使实施了强买强卖行为，也不能以本罪论处。

《刑法》第122条规定的劫持汽车罪，是指以暴力威胁或其他方法劫持汽车的行为。它所危害的客体是不特定的旅客和乘务组人员的生命、健康和安全，以及正在使用中运载物品的汽车的安全。所使用的"暴力"是指犯罪分子对汽车上的人员，特别是驾驶人员、乘务组人员实施殴打、伤害等行为，迫使汽车改变行驶的方向或自己亲自驾驶，无论出于什么目的都可以，它所危害的是公共安全。

我们同意第一种意见，认为被告人的行为构成强迫交易罪。本案的被告人高某某在家中与他人喝酒过量后，因工资清算问题，欲找其施工的工地领导，遂从家中拿把菜刀出门并打电话叫出租车，在出租车司机杨某应召唤到被告人指定地点接他时，被告人趁着酒劲非让坐在副驾驶位上的乘客下车，由他坐在副驾驶位上，杨某看到被告人喝酒过量，又这样对待其他乘客，就不愿意拉他，被告人拿出菜刀放在被害人脸上比划了一下，威胁杨某说：你拉不拉？杨某的下巴被被告人的菜刀划伤，无奈只好将其拉到指定地点。从本案的事实看，被告人持刀威胁被害人的目的，并非为控制汽车改变原来的行驶方向，而是在被害人不愿拉载他的情况下，他实施暴力相威胁，并将被害人的脸部致伤，迫使被害人运载其到其目的地，是为了交易，让被害人为其提供服务，并且其在被害人答应拉载他之后没有再实施暴力，他的行为并没有危及公共安全，所以，被告人的行为不能认定为劫持汽车罪，而应以强迫交易罪对其定罪量刑。

第九章

非法制造、买卖、运输、邮寄、储存枪支、弹药、爆炸物罪，非法制造、买卖、运输、储存危险物质罪，非法持有、私藏枪支、弹药罪

第一节 非法制造、买卖、运输、邮寄、储存枪支、弹药、爆炸物罪，非法制造、买卖、运输、储存危险物质罪，非法持有、私藏枪支、弹药罪概述

一、概念及构成要件

（一）非法制造、买卖、运输、邮寄、储存枪支、弹药、爆炸物罪的概念及构成要件

"非法"，既包括违反法律、法规，也包括违反国家有关部门发布的规章、规定等规范性文件。"制造"，是指以各种方法生产枪支、弹药、爆炸物的行为；"买卖"，是指行为人购买或者出售枪支、弹药、爆炸物的行为；"运输"，是指通过各种交通工具移送枪支、弹药、爆炸物的行为；"邮寄"，是指通过邮局将枪支、弹药、爆炸物寄往目的地的行为；"储存"，是指明知是他人非法制造、买卖、运输、邮寄的枪支、弹药、爆炸物而为其存放的行为。应当注意的是，这里所说的"运输"与"邮寄"的主要区别是运输的方式，前者是通过交通工具，后者是通过邮政系统，"运输"一般较"邮寄"的数量要多。本款规定的"枪支"，是指以火药或者压缩气体等为动力，利用管状器具发射金属弹丸或者其他物质，足以致人伤亡或者丧失知觉的各种枪支。包括军用的手枪、步枪、冲锋枪、机枪以及射击运动用的各种枪支，还有各种民用的狩猎用枪等。"弹药"，是指上述枪支所使用的子弹、火药等；"爆炸物"，是指具有爆破性并对人体造成杀伤的物品，如手榴弹、炸药以及雷管、爆破筒、地雷等。本罪为选择性罪名。

1. 客体要件。本罪系《刑法》第二章危害公共安全罪中的一项罪名，因此其侵害的客体为公共安全。

2. 客观要件。本罪在客观上即表现为违反法律、法规及国家有关部门发布的规章、规范性文件等，制造、买卖、运输、邮寄以及存储枪支、弹药、爆炸物。符合国家法律

规定的制造、买卖、运输、邮寄以及存储行为不属于本罪规制的对象。

3. 主体要件。本罪的犯罪主体为一般主体，任何主体有本罪所规制行为的，即可能构成犯罪，此外还需要说明的是，单位也是本罪的犯罪主体，《刑法》第125条第3款特别强调了"单位犯前两款罪的，对单位判处罚金，并对其直接负责的主管人员和其他直接责任人员，依照第一款的规定处罚"。

4. 主观要件。本罪在主观方面只能由故意构成。

根据《刑法》第125条第1款的规定，犯非法制造、买卖、运输、邮寄、储存枪支、弹药、爆炸物罪的，处三年以上十年以下有期徒刑；情节严重的，处十年以上有期徒刑、无期徒刑或者死刑。同时第125条第3款规定，单位犯前两款罪的，对单位判处罚金，并对其直接负责的主管人员和其他直接责任人员，依照第一款的规定处罚。

（二）非法制造、买卖、运输、储存危险物质罪的概念及构成要件

非法制造、买卖、运输、储存危险物质罪，是指非法制造、买卖、运输、储存毒害性、放射性、传染病病原体等物质，危害公共安全的行为。本罪为选择性罪名。

1. 客体要件。从本罪所处的体系位置来看，由于其属于《刑法》第二章危害公共安全罪中的一项罪名，因此该罪侵害的客体为社会公共安全以及国家对毒害性、放射性、传染病病原体等危险物质的管理制度。

2. 客观要件。本罪的客观方面表现为违反对危险物质的管理规定，非法制造、买卖、运输、储存危险物质的行为。

3. 主体要件。本罪的主体为一般主体，自然人和单位均属于本罪的主体。

4. 主观要件。本罪的主观方面是故意，即明知是毒害性、放射性、传染病病原体等危险物质而违反法律、法规、规范性文件制造、买卖、运输、储存。过失不构成本罪。

二、案件审理情况

通过中国裁判文书网统计，2017年至2022年间，全国法院审结一审非法制造、买卖、运输、邮寄、存储枪支、弹药、爆炸物罪案件共3790件，其中，2017年688件，2018年1220件，2019年825件，2020年764件，2021年257件，2022年36件。由于该罪属于选择罪名，因此，非法制造、买卖、运输、邮寄、存储枪支、弹药、爆炸物的行为均属于犯罪，整体而言，其在整个刑事犯罪领域较为常见，属于多发案件。

司法实践中，非法制造、买卖、运输、邮寄、储存枪支、弹药、爆炸物罪呈现出以下特点：一是非法制造与买卖枪支弹药的行为占据该罪的绝大多数。一般而言，均是被告人违反国家法律法规，购买瞄准镜、射钉枪、精密钢管等枪支的组成部分，自行制造枪支，从而构成犯罪。二是在储存弹药、爆炸物罪中，单位作为犯罪主体的案件数量较多。我国对于从事化学、爆破类行业的企业、单位存储弹药、爆炸物的规格、数量、品种、存储条件等有着严格规定，但是在实践中，许多单位明知其存储的弹药、爆炸物不符合国家有关规定，而超规格、超品种存储，或者未能为弹药、爆炸物设置安全的存储环境，从而构成犯罪。从中国裁判文书网的刑事判决书来看，单位犯有非法存储弹药、爆炸物罪在近些年来逐渐增多。

三、案件审理热点、难点问题

第一，"枪支"的认定问题。实践中，对于枪支的认定，各地法院依据的规范性法律文件不一，有《枪支管理法》《枪支致伤力的法庭科学鉴定判据》（GA/T 718—2007）《公安机关涉案枪支弹药性能鉴定工作规定》等。大多数案件中被告人提出的抗辩理由都是认为自身所制造或买卖的不属于枪支，抗辩的角度有枪形物的口径、致伤力、动力源等。

第二，被告人主观故意的认定问题。在一些具有较大社会影响的案件中，如天津赵某某非法持有枪支罪，被告人赵某某系摆设射击摊进行营利活动，其认为自身是通过摆设射击摊而吸引顾客射击气球等瞄准物的经营行为，而非危害公共安全的不法行为，因此其并不具备主观故意，不构成犯罪。在该类案件的司法审判中，较多被告人均辩称自身并无主观故意，同时一些较为常见的社会现象如摆设射击摊等是否属于故意犯罪，亦给法院对被告人主观故意的认定造成了困难。

第三，对于"危害公共安全"的认定问题。本罪系《刑法》第二章"危害公共安全罪"中的罪名之一，因此其侵害的客体为公共安全。但在司法审判实践中，多数被告人对于"危害公共安全"的认定提出异议：其认为自身制造枪支、弹药的目的在于满足自身狩猎、摆摊营利或者器械组装兴趣的需要，而非持有枪支试图危害他人生命财产安全，因此并非危害公共安全。总体而言，该理由成为该类案件中多数被告人的抗辩事由。

四、案件审理思路及原则

第一，准确认识国家法律、法规、部门规章及规范性文件对于枪支管理的规定，避免被告人人为制造枪支管理法律秩序中的矛盾与对立。《中华人民共和国刑法释义（第 4 版）》中指出，《刑法》第 128 条中"枪支管理规定"指的是《枪支管理法》及有关主管部门对枪支、弹药管理等方面所作的规定。公安部的部门职责包括但不限于，"掌握影响稳定、危害国内安全和社会治安的情况；指导、监督地方公安机关依法查处危害社会治安秩序行为，依法管理户口、居民身份证、枪支弹药、危险物品和特种行业等工作"。① 因此，按照全国人大常委会法工委的解释，公安部所作的枪支规定与《枪支管理法》共同构成了《刑法》中的"枪支管理规定"。一些案件中的被告人试图错误解释枪支管理法律秩序、强行制造法律规定的矛盾与冲突，法院在审理中应当注意法律解释和法律适用的工作重点在于将法律按照体系化、逻辑化的方向应用于司法实践，而不是扩大法律规定中的文字漏洞和可能存在的逻辑冲突。

第二，准确把握"危害公共安全"。一方面，我国对于枪支、弹药、爆炸物实行严格管理，任何非法持有、制造、运输、存储该类物品的行为都已然危害了公共安全，本罪并不要求一定造成危害结果。因此，法院在审理案件中应当注意，部分被告人提出的"造成严重危害后果才属于危害公共安全"的抗辩并不成立。另一方面，是否危害公共安全的判定应以枪支、弹药、爆炸物本身的危险性为主，而非被告人所处的主观与客观条件。部分案件中的被告人提出枪支、弹药、爆炸物一直处于其控制之下，或者其所处的

---

① 郎胜主编：《中华人民共和国刑法释义》（第 4 版），法律出版社 2009 年版，第 131～132 页。

客观环境不可能对公共安全造成危害，由此辩称不构成犯罪。该类观点均属于对《刑法》条文的错误解释，是否危害公共安全应当以其所制造、买卖、邮寄、存储的物品本身的危险性为判断标准。

第二节　非法制造、买卖、运输、邮寄、储存枪支、弹药、爆炸物罪，非法制造、买卖、运输、储存危险物质罪，非法持有、私藏枪支、弹药罪审判依据

一、法律

《中华人民共和国刑法》（2020 年 12 月 26 日修正）

第一百二十五条　非法制造、买卖、运输、邮寄、储存枪支、弹药、爆炸物的，处三年以上十年以下有期徒刑；情节严重的，处十年以上有期徒刑、无期徒刑或者死刑。

非法制造、买卖、运输、储存毒害性、放射性、传染病病原体等物质，危害公共安全的，依照前款的规定处罚。

单位犯前两款罪的，对单位判处罚金，并对其直接负责的主管人员和其他直接责任人员，依照第一款的规定处罚。

二、司法解释

1. **《最高人民法院关于审理非法制造、买卖、运输枪支、弹药、爆炸物等刑事案件具体应用法律若干问题的解释》**（2009 年 11 月 16 日修正）

为依法严惩非法制造、买卖、运输枪支、弹药、爆炸物等犯罪活动，根据刑法有关规定，现就审理这类案件具体应用法律的若干问题解释如下：

第一条　个人或者单位非法制造、买卖、运输、邮寄、储存枪支、弹药、爆炸物，具有下列情形之一的，依照刑法第一百二十五条第一款的规定，以非法制造、买卖、运输、邮寄、储存枪支、弹药、爆炸物罪定罪处罚：

（一）非法制造、买卖、运输、邮寄、储存军用枪支一支以上的；

（二）非法制造、买卖、运输、邮寄、储存以火药为动力发射枪弹的非军用枪支一支以上或者以压缩气体等为动力的其他非军用枪支二支以上的；

（三）非法制造、买卖、运输、邮寄、储存军用子弹十发以上、气枪铅弹五百发以上或者其他非军用子弹一百发以上的；

（四）非法制造、买卖、运输、邮寄、储存手榴弹一枚以上的；

（五）非法制造、买卖、运输、邮寄、储存爆炸装置的；

（六）非法制造、买卖、运输、邮寄、储存炸药、发射药、黑火药一千克以上或者烟火药三千克以上、雷管三十枚以上或者导火索、导爆索三十米以上的；

（七）具有生产爆炸物品资格的单位不按照规定的品种制造，或者具有销售、使用爆炸物品资格的单位超过限额买卖炸药、发射药、黑火药十千克以上或者烟火药三十千克

以上、雷管三百枚以上或者导火索、导爆索三百米以上的；

（八）多次非法制造、买卖、运输、邮寄、储存弹药、爆炸物的；

（九）虽未达到上述最低数量标准，但具有造成严重后果等其他恶劣情节的。

介绍买卖枪支、弹药、爆炸物的，以买卖枪支、弹药、爆炸物罪的共犯论处。

第二条　非法制造、买卖、运输、邮寄、储存枪支、弹药、爆炸物，具有下列情形之一的，属于刑法第一百二十五条第一款规定的"情节严重"：

（一）非法制造、买卖、运输、邮寄、储存枪支、弹药、爆炸物的数量达到本解释第一条第（一）、（二）、（三）、（六）、（七）项规定的最低数量标准五倍以上的；

（二）非法制造、买卖、运输、邮寄、储存手榴弹三枚以上的；

（三）非法制造、买卖、运输、邮寄、储存爆炸装置，危害严重的；

（四）达到本解释第一条规定的最低数量标准，并具有造成严重后果等其他恶劣情节的。

第三条　依法被指定或者确定的枪支制造、销售企业，实施刑法第一百二十六条规定的行为，具有下列情形之一的，以违规制造、销售枪支罪定罪处罚：

（一）违规制造枪支五支以上的；

（二）违规销售枪支二支以上的；

（三）虽未达到上述最低数量标准，但具有造成严重后果等其他恶劣情节的。

具有下列情形之一的，属于刑法第一百二十六条规定的"情节严重"：

（一）违规制造枪支二十支以上的；

（二）违规销售枪支十支以上的；

（三）达到本条第一款规定的最低数量标准，并具有造成严重后果等其他恶劣情节的。

具有下列情形之一的，属于刑法第一百二十六条规定的"情节特别严重"：

（一）违规制造枪支五十支以上的；

（二）违规销售枪支三十支以上的；

（三）达到本条第二款规定的最低数量标准，并具有造成严重后果等其他恶劣情节的。

第四条　盗窃、抢夺枪支、弹药、爆炸物，具有下列情形之一的，依照刑法第一百二十七条第一款的规定，以盗窃、抢夺枪支、弹药、爆炸物罪定罪处罚：

（一）盗窃、抢夺以火药为动力的发射枪弹非军用枪支一支以上或者以压缩气体等为动力的其他非军用枪支二支以上的；

（二）盗窃、抢夺军用子弹十发以上、气枪铅弹五百发以上或者其他非军用子弹一百发以上的；

（三）盗窃、抢夺爆炸装置的；

（四）盗窃、抢夺炸药、发射药、黑火药一千克以上或者烟火药三千克以上、雷管三十枚以上或者导火索、导爆索三十米以上的；

（五）虽未达到上述最低数量标准，但具有造成严重后果等其他恶劣情节的。

具有下列情形之一的，属于刑法第一百二十七条第一款规定的"情节严重"：

（一）盗窃、抢夺枪支、弹药、爆炸物的数量达到本条第一款规定的最低数量标准五倍以上的；

（二）盗窃、抢夺军用枪支的；

（三）盗窃、抢夺手榴弹的；

（四）盗窃、抢夺爆炸装置，危害严重的；

（五）达到本条第一款规定的最低数量标准，并具有造成严重后果等其他恶劣情节的。

第五条　具有下列情形之一的，依照刑法第一百二十八条第一款的规定，以非法持有、私藏枪支、弹药罪定罪处罚：

（一）非法持有、私藏军用枪支一支的；

（二）非法持有、私藏以火药为动力发射枪弹的非军用枪支一支或者以压缩气体等为动力的其他非军用枪支二支以上的；

（三）非法持有、私藏军用子弹二十发以上，气枪铅弹一千发以上或者其他非军用子弹二百发以上的；

（四）非法持有、私藏手榴弹一枚以上的；

（五）非法持有、私藏的弹药造成人员伤亡、财产损失的。

具有下列情形之一的，属于刑法第一百二十八条第一款规定的"情节严重"：

（一）非法持有、私藏军用枪支二支以上的；

（二）非法持有、私藏以火药为动力发射枪弹的非军用枪支二支以上或者以压缩气体等为动力的其他非军用枪支五支以上的；

（三）非法持有、私藏军用子弹一百发以上，气枪铅弹五千发以上或者其他非军用子弹一千发以上的；

（四）非法持有、私藏手榴弹三枚以上的；

（五）达到本条第一款规定的最低数量标准，并具有造成严重后果等其他恶劣情节的。

第六条　非法携带枪支、弹药、爆炸物进入公共场所或者公共交通工具，危及公共安全，具有下列情形之一的，属于刑法第一百三十条规定的"情节严重"：

（一）携带枪支或者手榴弹的；

（二）携带爆炸装置的；

（三）携带炸药、发射药、黑火药五百克以上或者烟火药一千克以上、雷管二十枚以上或者导火索、导爆索二十米以上的；

（四）携带的弹药、爆炸物在公共场所或者公共交通工具上发生爆炸或者燃烧，尚未造成严重后果的；

（五）具有其他严重情节的。

行为人非法携带本条第一款第（三）项规定的爆炸物进入公共场所或者公共交通工具，虽未达到上述数量标准，但拒不交出的，依照刑法第一百三十条的规定定罪处罚；携带的数量达到最低数量标准，能够主动、全部交出的，可不以犯罪论处。

第七条　非法制造、买卖、运输、邮寄、储存、盗窃、抢夺、持有、私藏、携带成套枪支散件的，以相应数量的枪支计；非成套枪支散件以每三十件为一成套枪支散件计。

第八条　刑法第一百二十五条第一款规定的"非法储存"，是指明知是他人非法制造、买卖、运输、邮寄的枪支、弹药、爆炸物而为其存放的行为。

刑法第一百二十八条第一款规定的"非法持有"，是指不符合配备、配置枪支、弹药条件的人员，违反枪支管理法律、法规的规定，擅自持有枪支、弹药的行为。

刑法第一百二十八条第一款规定的"私藏"，是指依法配备、配置枪支、弹药的人员，在配备、配置枪支、弹药的条件消除后，违反枪支管理法律、法规的规定，私自藏匿所配备、配置的枪支、弹药且拒不交出的行为。

第九条 因筑路、建房、打井、整修宅基地和土地等正常生产、生活需要，以及因从事合法的生产经营活动而非法制造、买卖、运输、邮寄、储存爆炸物，数量达到本解释第一条规定标准，没有造成严重社会危害，并确有悔改表现的，可依法从轻处罚；情节轻微的，可以免除处罚。

具有前款情形，数量虽达到本解释第二条规定标准的，也可以不认定为刑法第一百二十五条第一款规定的"情节严重"。

在公共场所、居民区等人员集中区域非法制造、买卖、运输、邮寄、储存爆炸物，或者因非法制造、买卖、运输、邮寄、储存爆炸物三年内受到两次以上行政处罚又实施上述行为，数量达到本解释规定标准的，不适用前两款量刑的规定。

第十条 实施非法制造、买卖、运输、邮寄、储存、盗窃、抢夺、持有、私藏其他弹药、爆炸物品等行为，参照本解释有关条文规定的定罪量刑标准处罚。

2.《最高人民法院、最高人民检察院关于办理非法制造、买卖、运输、储存毒鼠强等禁用剧毒化学品刑事案件具体应用法律若干问题的解释》（法释〔2003〕14 号 2003 年 9 月 4 日）

为依法惩治非法制造、买卖、运输、储存毒鼠强等禁用剧毒化学品的犯罪活动，维护公共安全，根据刑法有关规定，现就办理这类刑事案件具体应用法律的若干问题解释如下：

第一条 非法制造、买卖、运输、储存毒鼠强等禁用剧毒化学品，危害公共安全，具有下列情形之一的，依照刑法第一百二十五条的规定，以非法制造、买卖、运输、储存危险物质罪，处三年以上十年以下有期徒刑：

（一）非法制造、买卖、运输、储存原粉、原液、制剂 50 克以上，或者饵料 2 千克以上的；

（二）在非法制造、买卖、运输、储存过程中致人重伤、死亡或者造成公私财产损失 10 万元以上的。

第二条 非法制造、买卖、运输、储存毒鼠强等禁用剧毒化学品，具有下列情形之一的，属于刑法第一百二十五条规定的"情节严重"，处十年以上有期徒刑、无期徒刑或者死刑：

（一）非法制造、买卖、运输、储存原粉、原液、制剂 500 克以上，或者饵料 20 千克以上的；

（二）在非法制造、买卖、运输、储存过程中致 3 人以上重伤、死亡，或者造成公私财产损失 20 万元以上的；

（三）非法制造、买卖、运输、储存原粉、原液、制剂 50 克以上不满 500 克，或者饵料 2 千克以上不满 20 千克，并具有其他严重情节的。

第三条 单位非法制造、买卖、运输、储存毒鼠强等禁用剧毒化学品的，依照本解释第一条、第二条规定的定罪量刑标准执行。

第四条 对非法制造、买卖、运输、储存毒鼠强等禁用剧毒化学品行为负有查处职责的国家机关工作人员，滥用职权或者玩忽职守，致使公共财产、国家和人民利益遭受重大损失的，依照刑法第三百九十七条的规定，以滥用职权罪或者玩忽职守罪追究刑事责任。

第五条 本解释施行以前，确因生产、生活需要而非法制造、买卖、运输、储存毒鼠强等禁用剧毒化学品饵料自用，没有造成严重社会危害的，可以依照刑法第十三条的规定，不作为犯罪处理。

本解释施行以后，确因生产、生活需要而非法制造、买卖、运输、储存毒鼠强等禁用剧毒化学品饵料自用，构成犯罪，但没有造成严重社会危害，经教育确有悔改表现的，可以依法从轻、减轻或者免除处罚。

第六条 本解释所称"毒鼠强等禁用剧毒化学品"，是指国家明令禁止的毒鼠强、氟乙酰胺、氟乙酸钠、毒鼠硅、甘氟。

3.《最高人民法院、最高人民检察院关于涉以压缩气体为动力的枪支、气枪铅弹刑事案件定罪量刑问题的批复》（2018 年 3 月 8 日　法释〔2018〕8 号）

各省、自治区、直辖市高级人民法院、人民检察院，解放军军事法院、军事检察院，新疆维吾尔自治区高级人民法院生产建设兵团分院、新疆生产建设兵团人民检察院：

近来，部分高级人民法院、省级人民检察院就如何对非法制造、买卖、运输、邮寄、储存、持有、私藏、走私以压缩气体为动力的枪支、气枪铅弹（用铅、铅合金或者其他金属加工的气枪弹）行为定罪量刑的问题提出请示。经研究，批复如下：

一、对于非法制造、买卖、运输、邮寄、储存、持有、私藏、走私以压缩气体为动力且枪口比动能较低的枪支的行为，在决定是否追究刑事责任以及如何裁量刑罚时，不仅应当考虑涉案枪支的数量，而且应当充分考虑涉案枪支的外观、材质、发射物、购买场所和渠道、价格、用途、致伤力大小、是否易于通过改制提升致伤力，以及行为人的主观认知、动机目的、一贯表现、违法所得、是否规避调查等情节，综合评估社会危害性，坚持主客观相统一，确保罪责刑相适应。

二、对于非法制造、买卖、运输、邮寄、储存、持有、私藏、走私气枪铅弹的行为，在决定是否追究刑事责任以及如何裁量刑罚时，应当综合考虑气枪铅弹的数量、用途以及行为人的动机目的、一贯表现、违法所得、是否规避调查等情节，综合评估社会危害性，确保罪责刑相适应。

此复。

4.《最高人民法院关于修改〈关于审理非法制造、买卖、运输枪支、弹药、爆炸物等刑事案件具体应用法律若干问题的解释〉的决定》（2009 年 11 月 16 日　法释〔2009〕18 号）

为了依法惩治非法制造、买卖、运输、邮寄、储存爆炸物犯罪活动，根据刑法有关规定，并结合审判实践情况，现决定对《最高人民法院关于审理非法制造、买卖、运输枪支、弹药、爆炸物等刑事案件具体应用法律若干问题的解释》（以下简称《解释》）作如下修改：

一、将《解释》第八条第一款修改为："刑法第一百二十五条第一款规定的'非法储存'，是指明知是他人非法制造、买卖、运输、邮寄的枪支、弹药而为其存放的行为，或者非法存放爆炸物的行为。"

二、增加一条，作为《解释》第九条："因筑路、建房、打井、整修宅基地和土地等正常生产、生活需要，或者因从事合法的生产经营活动而非法制造、买卖、运输、邮寄、储存爆炸物，数量达到本《解释》第一条规定标准，没有造成严重社会危害，并确有悔改表现的，可依法从轻处罚；情节轻微的，可以免除处罚。

具有前款情形，数量虽达到本《解释》第二条规定标准的，也可以不认定为刑法第一百二十五条第一款规定的'情节严重'。

在公共场所、居民区等人员集中区域非法制造、买卖、运输、邮寄、储存爆炸物，或者因非法制造、买卖、运输、邮寄、储存爆炸物三年内受到两次以上行政处罚又实施上述行为，数量达到本《解释》规定标准的，不适用前两款量刑的规定。"

三、将《解释》原第九条变更为第十条。

根据本《决定》，将《解释》作相应修改并对条文顺序作相应调整后，重新公布。

第三节　非法制造、买卖、运输、邮寄、储存枪支、弹药、爆炸物罪，非法制造、买卖、运输、储存危险物质罪，非法持有、私藏枪支、弹药罪审判实践中的疑难新型问题

问题1. 非法买卖、储存危险物质罪中"危险物质"的认定

【刑事审判参考案例】王某某非法买卖危险物质案[①]

一、基本案情

被告人王某某，男，1959 年生。

被告人金某某，男，1964 年生。

被告人孙某某，男，1963 年生。

被告人钟某某，男，1971 年生。

被告人周某某，男，1969 年生。

浙江省绍兴市越城区人民检察院认为，被告人王某某、金某某、孙某某、钟某某、周某某违反国家规定，非法买卖剧毒化学品氰化钠，危害公共安全，其行为均构成非法买卖危险物质罪，且系共同犯罪。越城区人民检察院遂以被告人王某某、金某某、孙某某、钟某某、周某某犯非法买卖危险物质罪，向越城区人民法院提起公诉。

被告人王某某、金某某、孙某某、钟某某、周某某对起诉书指控的犯罪事实和罪名均无异议，王某某、钟某某、周某某请求对其从轻处罚。王某某的辩护人对起诉书指控的事实无异议，但认为王某某等人的行为不构成犯罪。

[①] 梁健、阮铁军撰稿，陆建红审编：《王某某等非法买卖、储存危险物质案——非法买卖、储存危险物质中"危险物质"的认定（第 759 号）》，载中华人民共和国最高人民法院刑事审判第一、二、三、四、五庭主办：《刑事审判参考》（总第 85 集），法律出版社 2012 年版，第 22~28 页。

越城区人民法院经公开审理查明：被告人王某某、金某某因生产需要，在未依法取得剧毒化学品购买、使用许可的情况下，约定由王某某出面购买氰化钠。2006 年 10 月至 2007 年年底，王某某先后 3 次以每桶人民币（以下币种均为人民币）1000 元（每桶 50 000 克）的价格向倪某某（另案处理）购买氰化钠约 2 吨，共计支付给倪某某 40 000 元。2008 年 8 月至 2009 年 9 月，王某某先后 3 次以每袋 975 元（每袋 50 000 克）的价格向李某某（另案处理）购买氰化钠约 6 吨，共计支付给李某某 117 000 元。王某某、金某某将上述氰化钠储存于绍兴市南洋五金有限公司各自承包车间的带锁仓库内，用于电镀生产。其中，王某某占用总量的 1/3，金某某占用总量的 2/3。2008 年 5 月和 2009 年 7 月，被告人孙某某先后共用 2000 元向王某某分别购买氰化钠 1 桶和 1 袋。2008 年七、八月间，被告人钟某某以每袋 1000 元的价格向王某某购买氰化钠 5 袋。2009 年 9 月，被告人周某某以每袋 1000 元的价格向王某某购买氰化钠 3 袋。孙某某、钟某某、周某某购得氰化钠后，均储存于各自车间的带锁仓库或水槽内，用于电镀生产。

越城区人民法院认为，被告人王某某、金某某、孙某某、钟某某、周某某在未取得剧毒化学品使用许可证的情况下，明知氰化钠是剧毒化学品，仍违反国家规定，非法买卖、储存氰化钠，危害公共安全，其行为均构成非法买卖、储存危险物质罪，且系共同犯罪。公诉机关仅以非法买卖危险物质罪指控有误，应予纠正。依照《刑法》第 125 条第 1 款、第 2 款，第 25 条第 1 款，第 67 条第 3 款，第 72 条第 1 款之规定，越城区人民法院遂以被告人王某某犯非法买卖、储存危险物质罪，判处有期徒刑三年，缓刑五年；被告人金某某犯非法买卖、储存危险物质罪，判处有期徒刑三年，缓刑四年六个月；被告人钟某某犯非法买卖、储存危险物质罪，判处有期徒刑三年，缓刑四年；被告人周某某犯非法买卖、储存危险物质罪，判处有期徒刑三年，缓刑三年六个月；被告人孙某某犯非法买卖、储存危险物质罪，判处有期徒刑三年，缓刑三年。

一审宣判以后，被告人王某某、金某某、孙某某、钟某某、周某某均未提出上诉，检察机关也未提出抗诉。

二、主要问题

1. 氰化钠是否属于《刑法》第 125 条第 2 款规定的毒害性物质？

2. 买卖毒害性物质罪客观方面是否要求必须兼有买进和卖出行为？

三、裁判理由

（一）氰化钠是否属于《刑法》第 125 条第 2 款规定的毒害性物质

氰化钠为白色结晶粉末，常用于冶炼金银等贵金属的溶剂，有剧毒，对环境污染严重。在本案审理过程中，有观点认为，氰化钠不属《刑法》第 125 条第 2 款规定的毒害性物质，本案五被告人的行为不构成犯罪。主要理由如下：（1）根据《最高人民法院、最高人民检察院关于办理非法制造、买卖、运输、储存毒鼠强等禁用剧毒化学品刑事案件具体应用法律若干问题的解释》的规定，"毒鼠强等禁用剧毒化学品"是指"国家明令禁止的毒鼠强、氟乙酰胺、氟乙酸钠、毒鼠硅、甘氟"。因此，《刑法》第 125 条第 2 款规定的"毒害性物质"应当是指国家明令禁止的有毒物质。而氰化钠虽属国家剧毒化学品目录中的物品，但不属于国家明令禁止的化学品，在法律和司法解释没有明确的情况下，不宜将氰化钠认定为《刑法》第 125 条第 2 款规定的"毒害性物质"。（2）国务院制定的《危险化学品安全管理条例》和公安部印发的《剧毒化学品购买和公路运输许可证件管理办法》均明确规定，对无证买卖、运输、使用危险化学品的，进行行政处罚，构成犯罪的，一般按危险物品肇事罪或非法经营罪定罪处罚。本案被告人将购得的氰化钠全部用于生产，并未销售牟利，也未造成环境污染或破坏事故，且案发后，该公司已申领了危险化学品使用许可证。同时，根据最高人民检察院、公安部关于相关追诉标准的规定，本案被告人的行为均未达到立案追诉标准。（3）对本案被告人进行行政处罚足以达到惩罚效果，无须动用刑罚。

我们认为，氰化钠属于《刑法》第125条第2款规定的毒害性物质。本案五被告人的行为构成非法买卖、储存危险物质罪，具体理由如下。

1. 《刑法》规定的"毒害性物质"不限于《最高人民法院、最高人民检察院关于办理非法制造、买卖、运输、储存毒鼠强等禁用剧毒化学品刑事案件具体应用法律若干问题的解释》规定的"毒鼠强、氟乙酰胺、氟乙酸钠、毒鼠硅、甘氟"五种物质。《最高人民法院、最高人民检察院关于办理非法制造、买卖、运输、储存毒鼠强等禁用剧毒化学品刑事案件具体应用法律若干问题的解释》明确了毒鼠强等五种禁用剧毒化学品系"毒害性物质"，但这并不意味着《刑法》第125条第2款中的毒害性物质仅限于《最高人民法院、最高人民检察院关于办理非法制造、买卖、运输、储存毒鼠强等禁用剧毒化学品刑事案件具体应用法律若干问题的解释》列举的五种禁用剧毒化学品。"毒害性物质"包括化学性毒害物质、生物性毒害物质、微生物类毒害物质。从司法背景分析，《最高人民法院、最高人民检察院关于办理非法制造、买卖、运输、储存毒鼠强等禁用剧毒化学品刑事案件具体应用法律若干问题的解释》仅确认毒鼠强等五种剧毒化学品为毒害性物质，有其特定的司法背景。当时，以非法买卖毒鼠强为代表的五种犯罪较为猖獗和典型。为更加有针对性地打击这五种犯罪，《最高人民法院、最高人民检察院关于办理非法制造、买卖、运输、储存毒鼠强等禁用剧毒化学品刑事案件具体应用法律若干问题的解释》将毒鼠强、氟乙酰胺、氟乙酸钠、毒鼠硅、甘氟五种物质明确为毒害性物质。但撇开这一司法背景，对毒害性物质的理解，不能完全等同于"国家明令禁止的物质"。有些物质，虽然国家没有明令禁止，但是，如果加以买卖，其毒害性足以危害公共安全，也应属于"毒害性物质"。在剧毒化学品目录中，还存在大量和"毒鼠强、氟乙酰胺、氟乙酸钠、毒鼠硅、甘氟"处于同一限制级别、高于该限制级别，且毒害性更大的剧毒化学品。如果将《刑法》第125条第2款规定的毒害性物质仅限定在《最高人民法院、最高人民检察院关于办理非法制造、买卖、运输、储存毒鼠强等禁用剧毒化学品刑事案件具体应用法律若干问题的解释》列举的五种剧毒杀鼠剂，那么对买卖、运输在毒害性上、限制级别上高于或者等于五种杀鼠剂的剧毒化学品行为就难以通过刑法进行调整，这显然不符合立法原意。另外，我国禁止生产、流通、使用《斯德哥尔摩公约》要求禁止的21种有机污染物。如果从是否禁止生产、流通、使用的角度确定毒害性物质的范围，那么该国际公约要求禁止生产、流通、使用的21种有机污染物也当然属于毒害性物质。因此，从国家明令禁止这一角度认定涉案物品是否属于毒害性物质值得商榷。

2. 无论是从文义解释角度还是从体系解释角度分析，氰化钠都应当认定为毒害性物质。从文义角度解释，毒害性物质，是指有严重毒害的物质。氰化钠属于剧毒物质，人只要与之一接触，马上就会死亡，可见其毒性极高。氰化钠系国家严格监督管理的剧毒化学品，易致人中毒或者死亡，对人体、环境具有相当大的毒害性和极度危险性，极易对环境和人的生命健康造成重大威胁。从体系角度解释，同一部《刑法》中的同一固定名词应当作统一理解。《刑法》第115条、第125条、第127条、第144条、第291条之一都使用了"毒害性物质"的表述。司法实践中,除了对第125条中的"毒害性物质"的理解存在争议外,对于其他条文中的"毒害性物质"应当包括剧毒化学品目录中的化学品并无争议。因此,从体系角度解释,《刑法》第125条中的"毒害性物质"包括氰化钠等剧毒化学品目录中的化学品。

3. 非法买卖、储存危险物质罪不以实际造成危害后果或严重事故为要件。本罪的客观方面要求必须"危害公共安全",对"危害公共安全"的认定不以造成严重危害后果或者造成重大事故为要件,而只要具有足以造成公共安全的潜在危险即可。《最高人民法院、最高人民检察院关于办理非法制造、买卖、运输、储存毒鼠强等禁用剧毒化学品刑事案件具体应用法律若干问题的解释》在规定非法买卖"毒鼠强"的入罪标准时并未要求必须造成严重危害后果。这一规定也正好说明非法买卖、储存危险物质罪不以实际造成危害后果或严重事故为要件。本案被告人王某某等人购买、储存氰化钠虽用于电镀生产,未造成严重环境污染或者其他事故,但其在不具备购买、储存氰化钠的资格和条件下,逃避有关主管部门的安全监督管理,违反国家规定买卖、储存大量剧毒化学品,已对人民群众的生命、健康和财产安全产生严重威胁,足以危及公共安全,因此王某某等人的行为构成非法买卖、储存危险物质罪。

(二)买卖毒害性物质是否必须兼有买进和卖出的行为

在本案审理过程中,有观点提出,《刑法》条文所指的"买卖",应当兼有"买"和"卖"的行为,也即为自己使用而买进且没有卖出行为的,不构成买卖型犯罪。本案中只有被告人王某某构成买卖危险物质罪,其余被告人因只有买的行为而不构成买卖危险物质罪,具体理由如下。

1. 单一的买进行为不符合"买卖"的本质特征。根据现代汉语词典的解释,"买卖"是指"生意",其本质特征是一种买进再卖出的商业经营活动。

目前尚无立法和司法解释明确规定单一的买进行为构成买卖型犯罪。《刑法》在其他条文中规定销售、收购……罪,出售、购买……罪等,而却未对单一的买进行为规定买卖……罪,即表明单一的买进行为不构成买卖型犯罪。

2. 如单一的买进行为构成买卖型犯罪,则会导致罪刑失衡。如《刑法》第352条规定的非法买卖毒品原植物种子、幼苗罪,第375条第1款规定买卖武装部队公文、证件、印章罪等,出卖人的主观恶性、造成的社会危害都要大于购买人。将无出卖意图的单一的买进行为认定为买卖,并与出卖行为适用相同的罪名及法定刑,显然违背罪责刑相适应原则。

3. 从政策上考虑,如对购买人追究刑事责任,则会造成打击面过大,不符合刑法的谦抑精神。在购买人数众多的案件中,追究购买人的刑事责任,还可能会激发社会不稳定因素,造成不好的社会效果。

我们认为,买卖危险物质罪的成立,只要有买的行为或者卖的行为即可,无须兼有"买"和"卖"的行为。本案中,五被告人的行为均构成买卖危险物质罪。具体理由如下:

第一,买卖毒害性等危险物质的社会危害,主要是体现在买进或者卖出危险物质对公共安全构成的危险。对该类行为是否定罪,关键在于行为是否足以危及公共安全,而不在于毒害性物质买进后行为人有否卖出意图或者卖出行为。

第二,"买卖"既可以是名词,表示买进再卖出的商业经营活动,又可以是并列表示

"买"和"卖"两个行为的词，表示单一的买进或者卖出行为，这一点与"毒害性物质"等固定名词的用法不同。因立法背景、立法技术等多方面的原因，"买卖"在具体罪名中的含义可能存在一定的区别，对其理解不能过于绝对化。如诱使投资者买卖证券、期货合约罪中的"买卖"，其含义包括投资者单一的买进行为或者卖出行为，而不要求必须是买进再卖出的经营活动。因此，对刑法中"买卖"一词的理解不应囿于兼具买进和卖出的行为。

第三，买进或者卖出氰化钠等危险物质的过程中，都可能发生严重的环境污染事件或者人身伤亡后果，如果水源受到污染，甚至会诱发大面积的人民群众中毒伤亡后果。特别是在缺乏相关资质、管理经验或者防范措施的情况下，如果遇到台风、暴雨等意外天气或者在运输途中发生交通事故，则这种危害公共安全的可能性会大大增加。因此，单一的买进或者卖出行为均可能危害公共安全，符合非法买卖危险物质罪的客体特征。

（三）本案被告人非法买卖、储存氰化钠的行为情节轻重的认定

本案案发后，五被告人均具有认罪、悔罪表现，对五被告人可酌情从轻处罚。值得提出的是，被告人王某某、金某某非法买卖、储存危险物质的数量特别巨大，单纯从数量角度评价，属于情节严重，应当处十年以上有期徒刑。然而，王某某、金某某购买氰化钠的目的系用于生产活动，在生产过程中也没有造成严重环境污染事故，综合各种情节，王某某、金某某非法买卖、储存氰化钠的行为宜在三年以上十年以下这一量刑幅度内量刑。

综上，绍兴市越城区人民法院认定本案构成非法买卖、储存危险物质罪，定罪准确，量刑适当。

问题2. 涉非制式枪支案件中"枪支散件"及既遂的认定

【地方参考案例】陈某非法买卖枪支案①

一、基本案情

长沙市天心区人民检察院以被告人陈某犯非法买卖枪支罪，向长沙市天心区人民法院提起公诉。

法院审理查明：2012年年初，被告人陈某为李某（已经一审判决）介绍了租住房屋，之后被告人陈某邀请李某在该租房内利用互联网做高压气枪枪支零部件生意，被告人陈某要李某帮其联系买家和搬运、发送货物。被告人陈某利用互联网以户名"疯狂之鹰"的QQ及电话与QQ用户名为"星星光亮""机械手"的刘某（已经一审判决）、李某某（另案处理）进行联系，之后通过快递物流等方式将100多套高压气枪零部件销售给长沙市天心区大托镇的刘某和李某某，在此过程中，李某起到帮助作用。刘某和李某某购买了上述气枪零部件后继续在网上进行销售牟利。2012年3月29日，宁乡县公安局民警在被告人陈某和李某的租住处将李某抓获时，在租房内扣押疑似枪形物7支及大量气枪类枪支零部件和铅弹等。经长沙市公安局物证鉴定所鉴定：扣押的枪形物7支中，有3支以压缩气体为动力发射金属弹丸的非军用枪支结构，认定为枪支；1支认定为制式枪支结构，认定为制式枪支；扣押的枪身、枪管等19类1052件为气枪类枪支零部件；扣押的气枪子

---

① 参见湖南省长沙市天心区人民法院（2015）天刑初字第17号刑事判决书。

弹 436 粒均为 5.5MM 气枪铅弹，扣押的子弹 1 粒为六四式手枪弹。后经查实，上述扣押的枪支及气枪类枪支零部件和气枪子弹等属于被告人陈某购进，包括以压缩气体为动力发射金属弹丸的非军用枪支 2 支，枪身、枪管等 19 类 1052 件气枪类枪支零部件，气枪铅弹 436 粒，六四式手枪弹 1 粒。

2014 年 5 月 4 日，被告人陈某主动到宁乡县公安局投案，如实供述了自己的罪行，并主动向宁乡县公安局退缴非法所得 1 万元。

湖南省长沙市天心区人民法院于 2015 年 11 月 11 日作出（2015）天刑初字第 17 号刑事判决：（1）被告人陈某犯非法买卖枪支罪，判处有期徒刑六年。（2）追缴被告人陈某违法所得人民币 1 万元。

宣判后，被告人未上诉，公诉机关也未抗诉，判决已发生法律效力。

二、主要问题

1. 涉非制式枪支案件如何认定"枪支散件"的范围？

2. 枪支被公安机关查获而尚未卖出的，构成非法买卖枪支罪的未遂还是既遂？

三、裁判理由

法院生效裁判认为：被告人陈某违反枪支管理规定，伙同他人非法买卖枪支散件，情节严重，其行为已构成非法买卖枪支罪，应以非法买卖枪支罪追究其刑事责任。长沙市天心区人民检察院指控被告人陈某非法买卖枪支的事实及罪名成立。被告人陈某与李某系共同犯罪，被告人陈某在共同犯罪中起主要作用，系主犯，应当按照其参与的全部犯罪处罚。被告人陈某非法买卖枪支散件 1052 件，按照《最高人民法院关于审理非法制造、买卖、运输、枪支、弹药、爆炸物等刑事案件具体应用法律若干问题的解释》第 7 条规定，非成套枪支散件以每 30 件为一套枪支散件计，被告人陈某应当以非法买卖 35 套枪支散件量刑。此外，被告人陈某还将 100 多套高压气枪枪身内部零部件销售给他人。被告人陈某犯罪后主动投案，并如实供述犯罪事实，具有自首情节，依法可减轻处罚。

（一）在涉非制式枪支案件中"枪支散件"的认定

有关涉枪违法犯罪的法律法规、部门规章、司法解释、司法文件中出现了枪支零部件、枪支主要零部件、枪支专用散件、枪支散件等术语。如《最高人民法院关于审理非法制造、买卖、运输枪支、弹药、爆炸物等刑事案件具体应用法律若干问题的解释》出现"枪支散件"概念。公安部《公安机关涉案枪支弹药性能鉴定工作规定》出现"枪支散件（零部件）""枪支专用散件（零部件）"概念。《枪支管理法》中出现"枪支的主要零部件"概念。故在涉非制式枪支案件中，如何认定"枪支散件"存在争议。主要有三种不同观点：

第一种观点认为，任何枪支零部件均为《最高人民法院关于审理非法制造、买卖、运输枪支、弹药、爆炸物等刑事案件具体应用法律若干问题的解释》中的"枪支散件"。持该种观点者认为，所谓"枪支散件"对应的是"整支枪"，换言之，组成枪支的任何部分都属于枪支散件。

第二种观点认为，组成枪支的主要的较大零部件才属于"枪支散件"。持该种观点者认为，"买卖枪支罪"之立法目的在于防止枪支的非法流转，而在控制枪支通过零部件方式流转方面，只要将枪支的较大零部件进行控制便可以达到。而且体积较大零部件往往运输、藏匿难度更大，更加易于管控。

第三种观点认为，组成枪支专用的主要零部件才属于"枪支散件"。持该种观点者认为，首先，应当把螺丝、铆钉、弹簧等通用型零件排除在"枪支散件"之外，因为此类零件使用范围广泛，通用性强，易于获取，难以控制。其次，不能单纯以零件体积大小为标准来确定"枪支散件"。有些枪支零件如击针，虽然体积很小，但却是火药类枪支的核心零件。最后，应当把可有可无的枪支零部件排除在"枪支散件"之外，如枪背带、枪支清洁保养使用的附品、防止枪口异物进入的堵头等。

我们赞成上述第三种观点。枪支散件首先是能够拼接为枪支的零部件，其次要体现用于枪支的专用性和组成枪支的主要性，如枪托、扳机、枪管等，而对于螺丝、铆钉、弹簧等可用于其他物品的小部件不能认定为《最高人民法院关于审理非法制造、买卖、运输枪支、弹药、爆炸物等刑事案件具体应用法律若干问题的解释》中的"枪支散件"。涉及非制式枪支的枪支散件与制式枪支的枪支散件在界定方面应当有所区别，特别是在微小散件方面（《公安部关于枪支主要零部件管理相关问题的批复》有关于枪支主要零部件的明细表），因为制式枪支有枪支结构图纸，且如击针簧、击锤簧、扳机簧等都是定制专用的，故可以认定为枪支散件。相比之下，非制式枪支的诸类弹簧都是市场上买的普通弹簧（长的可以剪短），或者用铁丝自制，如果把非制式枪支上一些辅助性、通用性、附属性的零件也解释为"枪支散件"，不符合立法原意。如把买卖60颗可用于制造枪支的普通的螺丝、铆钉、弹簧等同于买卖2套枪支散件而入罪，明显会导致刑法打击面过宽，不能体现刑法的谦抑性以及罪责刑相适应的刑法原则。

（二）鉴定意见中的涉枪概念与贩卖枪支犯罪相关司法解释不一致时如何采纳

本案中，辩护人对鉴定报告有异议，认为鉴定报告中的所用"枪支零部件"概念不能等同于《最高人民法院关于审理非法制造、买卖、运输枪支、弹药、爆炸物等刑事案件具体应用法律若干问题的解释》中的"枪支散件"概念，故鉴定报告部分内容不能作为定案依据。2012年修正的《刑事诉讼法》将证据种类中的鉴定结论修改为鉴定意见，说明鉴定报告在司法机关办案中所起参考作用，是否采信还要求办案人员结合具体案情、其他定案证据综合评判。本案中公安机关查获了大量气枪类枪支零部件，长沙市公安局物证鉴定所对送检的扣押检材共计3945件进行了鉴定。经鉴定，其中20类共计1488件为气枪类枪支零部件，3类2457件检材不能确定是否为枪弹零部件。该鉴定意见说明鉴定机构在对全部检材进行鉴定时，已经剔除了不能作为枪支主要零部件的检材，而鉴定报告作为刑事证据种类之一的鉴定意见，法院在认定其能否作为定案证据时，很好地运用了证据"三性"，排除了合理怀疑、综合考量了上述枪支零部件和枪支主要零部件、枪支散件的逻辑关系以及证人证言、被告人供述、扣押物品清单、物证照片等证据。另外，排除了送检的因为笔误问题被鉴定机构认为是气枪类枪支零部件的气枪铅弹436粒，并结合相关法律、司法解释和立法精神，将其中19类共计1052件气枪类枪支零部件确定为本罪相关司法解释中认定的枪支散件，非法买卖上述枪支散件的行为应当作为刑法规制的对象，进而体现了刑法对危害公共安全法益的保护。

（三）辨认笔录的制作不符合法律规定时，其记录内容可否作为其他证据类型而采信

《公安机关办理刑事案件程序规定》第260条规定，辨认时，应当将辨认对象混杂在特征相类似的其他对象中，不得给辨认人任何暗示。辨认物品时，混杂的同类物品不得少于五件。《最高人民法院关于适用〈中华人民共和国刑事诉讼法〉的解释》第105条规定了辨认笔录具有下列情形的，不能作为定案根据：辨认对象没有混杂在具有类似特征的其他对象中，或者供辨认的对象数量不符合规定的；辨认中给辨认人明显暗示或者明

显有指认嫌疑的。本案中公安机关制作的辨认笔录，在枪支散件存放的仓库后墙粘了案发地山东临沂几个大字，违反上述规定，不能作为刑事证据中的辨认笔录类证据。但是，根据辨认笔录的实质内容，公安机关是要被告人陈某指认哪些扣押的物品为他所有，哪些为他人所有，被告人陈某在扣押涉案物品的仓库，依照清单，逐一指认出为他所有的枪支零部件，与其供述及证人李某的证言一致，指认程序合法，故该辨认笔录实为指认笔录，可以作为本案的定案证据。

（四）枪支被公安机关查获而尚未卖出，是定非法持有枪支罪还是定非法买卖枪支罪

非法买卖枪支罪中的"买卖"，并不是有"买"或"卖"一个行为即可，也不是必须要求被告人一定要完成"买卖"这两种行为，而应当理解为行为人具有流转交易性质（贩卖）的行为或目的，而正是这种流转交易破坏了国家对特定物品的管制秩序，形成了刑事违法性的逻辑基础。这种"买卖"具体包括如下情形：购买后的贩卖行为；贩卖行为；以贩卖为目的的购买行为。这三类行为都具有流转交易性质，可以认定为刑法意义上的"买卖"。反之，则不能认定为刑法意义上的"买卖"。故不以出卖为目的的购买枪支行为，不宜认定为非法买卖枪支罪，而应认定为非法持有枪支罪。我国《刑法》对特定物品的交易规定了三种情形。一是运用"购买""收购"或者"出售""贩卖""倒卖"等概念，明确规定仅处罚购买或者仅处罚出售行为，将购买和出售行为分别定罪量刑。二是同时运用"出售、购买"概念，从而明确规定同时处罚出售与购买行为，即选择性罪名。三是运用"买卖"概念，如非法买卖枪支、弹药、爆炸物罪。而对于枪支犯罪，我们可运用体系解释的方法，并参照与枪支犯罪极其类似的毒品犯罪的构罪标准。根据《最高人民检察院、公安部关于公安机关管辖的刑事案件立案追诉标准的规定（三）》规定，毒品交易犯罪的核心乃是贩卖行为，如果仅以自用为目的的买入行为，不认定为贩卖而认定为持有。同理，在枪支犯罪中，或者是出卖，或者是以出卖为目的的买入，才能成立买卖枪支行为。如果既没有出卖事实，也没有出卖目的，不能称之为"买卖"行为。单纯的购买行为，应当认定为非法持有行为。综上，不以出卖为目的的单纯购买枪支行为不宜认定为非法买卖枪支罪，而应认定为非法持有枪支罪。具体到本案，被告人之前有贩卖过枪支散件的犯罪事实，对公安机关查获的枪支散件，自己供认是为了贩卖而购进，而且能与其他证据相互印证，故法院认定为其构成非法买卖枪支罪。

（五）枪支被公安机关查获而尚未卖出，是定非法买卖枪支罪的既遂还是未遂

1. 从立法精神和罪状表述看，本罪应当以枪支是否进入交易环节区分既遂与未遂。非法买卖枪支，应当是指明知是枪支或枪支散件而非法贩卖或以贩卖为目的而非法购进枪支或枪支散件的行为。

2. 本罪不是单纯的结果犯，只要行为人主观上具有贩卖的直接故意并且枪支已进入交易环节（即至少以贩卖为目的而非法购进）即可，不要求是否卖出。如果把以贩卖为目的而购进枪支的行为定性为非法持有，实际上混淆了非法买卖枪支罪和非法持有枪支罪的界限，不符合立法原意。非法持有枪支罪，是指没有证据证明行为人实施了制造、买卖、运输、邮寄、储存枪支的行为，非法持有枪支的数量又达到了该罪的入罪标准。

3. 从社会危害性来看，非法买卖枪支罪直接侵犯了公共安全和国家对枪支的管制秩序，以贩卖为目的而购进枪支就已经让枪支进入流通环节，其结果是行为人会积极促进枪支在社会上非法流通，从而导致对枪支管制秩序及公共安全等客体的侵害，这种行为包含着危害社会的现实危险，此时就应该追究行为人既遂的刑事责任。

问题3. 如何认定非法制造、买卖枪支、弹药罪的"情节严重"

【实务专论】

为依法严惩涉枪涉爆犯罪，最高人民法院于 2001 年制定了《最高人民法院关于审理非法制造、买卖、运输枪支、弹药、爆炸物等刑事案件具体应用法律若干问题的解释》，并于 2009 年修改后重新公布。2014 年，最高人民法院又会同最高人民检察院制定了《最高人民法院、最高人民检察院关于办理走私刑事案件适用法律若干问题的解释》，对走私武器、弹药罪的定罪量刑标准作了规定。由于涉枪犯罪危害公共安全，社会危害性大，相关司法解释设置了较低的入罪门槛和升档量刑标准，以彰显严厉惩治此类犯罪的立场。例如，根据司法解释的规定，非法制造、买卖、运输、邮寄、储存、持有、私藏军用枪支 1 支以上的，或者非法制造、买卖、运输、邮寄、储存、持有、私藏以火药为动力发射枪弹的非军用枪支 1 支以上或者以压缩气体等为动力的其他非军用枪支 2 支以上的，即构成犯罪；枪支数量达到上述标准五倍或者三倍以上的，要升档量刑，其中如认定为非法制造、买卖、运输、邮寄、储存枪支罪的，可以判处十年以上有期徒刑直至死刑。①

【刑事审判参考案例】吴某某非法制造、买卖枪支、弹药案②

一、基本案情

被告人吴某某，男，1978 年 3 月 28 日出生。

浙江省宁波市人民检察院以被告人吴某某犯非法制造、买卖枪支、弹药罪，向宁波市中级人民法院提起公诉。

被告人吴某某对指控的大部分事实无异议。辩护人对指控的事实和罪名均无异议，但提出吴某某非法制造、买卖枪支、弹药的行为没有造成严重后果，其认罪态度较好，主观恶性较小等，并以此为由请求对吴某某从轻处罚。

宁波市中级人民法院经公开审理查明：2006 年 5 月，同案被告人周某某、许某某（均已判刑）在广东省肇庆市商议非法制造枪支出售，后许某某介绍被告人吴某某加入。同年 7 月，吴某某到肇庆市与周某某、许某某商议，由吴某某、许某某制造枪支，周某某提供枪弹并贩卖，利润平分。随后，吴某某出资租房作为制造枪支场所并购买制造枪支所用的电焊机、车床、锉刀等设备、工具，在周某某提供枪样后又与许某某制作枪械部件图纸，并与周某某联系了制造枪械部件的四家加工点。吴某某与许某某对加工点生产出的枪械部件再行加工、组装，制造出猎枪及仿六四式手枪。这一年度，共制造枪支 10 余支，大部分枪支被吴某某销往浙江省慈溪市，少量枪支由周某某出售。2007 年年初，许某某因故退出，吴某某雇用同案被告人杨某 1（已判刑）及杨某 2 继续非法制造猎枪及仿六四式手枪销售，并从周某某处购买枪弹。

被告人吴某某在广东省肇庆市非法制造出枪支后，到浙江省慈溪市周巷镇找到同案被告人吴某 1、燕某某（均已判刑），商定将枪支、子弹卖给吴某 1、燕某某二人。自

---

① 最高人民法院研究室刑事处：《〈最高人民法院、最高人民检察院关于涉以压缩气体为动力的枪支、气枪铅弹刑事案件定罪量刑问题的批复〉的理解与适用》，载《人民法院报》2018 年 3 月 29 日，第 3 版。

② 杨华、丁成飞撰稿，耿景仪审编：《吴某某非法制造、买卖枪支、弹药案——如何认定非法制造、买卖枪支、弹药罪的"情节严重"（第 631 号）》，载中华人民共和国最高人民法院刑事审判第一、二、三、四、五庭主办：《刑事审判参考》（总第 75 集），法律出版社 2011 年版，第 1~8 页。

2006 年 9 月开始，吴某某将非法制造的枪支配上周某某提供或从周某某处购得的枪弹托运至慈溪市。吴某 1、燕某某提货后，分别伙同同案被告人余某等人将枪支非法出售给同案被告人陈某某等人，或通过同案被告人周某介绍，再非法出售给同案被告人陈某 1、张某 1（均已判刑）等人，又或由同案被告人田某等人非法持有。2007 年 9 月 6 日，陈某 1、张某 1、张某 2 等人在浙江省永康市为争夺赌客与他人发生冲突，携带从陈某某处购买的吴某某所制的 3 支猎枪并开枪射击，致三人重伤、一人轻伤。

被告人吴某某非法制造、买卖猎枪、仿六四式手枪共计 50 余支、枪弹约 200 发。其中，公安机关在吴某某、周某某所租房屋内查获猎枪 6 支及猎枪弹 77 发、手枪 9 支，查获已售出的猎枪 16 支及猎枪弹 68 发、手枪 9 支及手枪弹 18 发。经鉴定，查获的 22 支猎枪均系唧筒式猎枪，18 支手枪均系仿六四式手枪，均以火药为动力发射弹丸，有杀伤力；查获的 145 发猎枪弹均系 12 号标准猎枪弹，18 发手枪弹均为制式六四式手枪弹，均有杀伤力。

宁波市中级人民法院认为，被告人吴某某违反枪支管理规定，非法制造、买卖枪支、弹药，情节严重，其行为构成非法制造、买卖枪支、弹药罪。其所制造的枪支大部分流入社会，给社会安全带来极大隐患，且已造成三人重伤、一人轻伤的严重后果，依法应予严惩。依照《刑法》第 125 条第 1 款、第 25 条第 1 款、第 26 条第 1 款、第 57 条第 1 款、第 64 条和《最高人民法院关于审理非法制造、买卖、运输枪支、弹药、爆炸物等刑事案件具体应用法律若干问题的解释》第 1 条第 2 项、第 3 项，第 2 条第 1 项、第 4 项之规定，判决如下：被告人吴某某犯非法制造、买卖枪支、弹药罪，判处死刑，剥夺政治权利终身。

一审宣判后，被告人吴某某及其辩护人上诉提出：原判部分事实不清，部分缴获在案的枪支与其制造的枪支有区别，所制造的枪支杀伤力有限，且在制造枪支共同犯罪中的作用较小等，请求从轻处罚。

浙江省高级人民法院经二审审理认为，原判认定事实清楚，证据确实、充分。经鉴定，缴获的枪支枪身标识均与加工点查获的模板标识一致，且均有杀伤力。吴某某在共同犯罪中的作用大于同案被告人。被告人吴某某违反枪支管理规定，非法制造、买卖枪支、弹药，其行为构成非法制造、买卖枪支、弹药罪，且犯罪后果特别严重，情节特别恶劣，应认定构成情节严重。原判定罪及适用法律正确，量刑适当，审判程序合法。依照《刑事诉讼法》第 189 条第 1 项之规定，裁定驳回上诉，维持原判，并依法报请最高人民法院核准。

最高人民法院经复核认为，被告人吴某某违反国家枪支管理规定，结伙非法制造、买卖枪支、弹药，其行为构成非法制造、买卖枪支、弹药罪。吴某某非法制造、买卖枪支、弹药数量大，大部分流入社会，有部分枪支被不法分子购买后用于违法犯罪，已造成多人受伤的严重后果，犯罪性质恶劣，情节严重，对公共安全危害极大，且在共同犯罪中起主要作用，系主犯，应当依法严惩。第一审判决、第二审裁定认定的事实清楚，证据确实、充分，定罪准确，量刑适当，审判程序合法。依照《刑事诉讼法》第 199 条和《最高人民法院关于复核死刑案件若干问题的规定》第 2 条第 1 款之规定，裁定核准浙江省高级人民法院维持第一审对被告人吴某某以非法制造、买卖枪支、弹药罪判处死刑，剥夺政治权利终身的刑事裁定。

二、主要问题

1. 如何认定非法制造、买卖枪支、弹药罪的"情节严重"？

2. 非法制造、买卖枪支、弹药罪如何适用死刑？

三、裁判理由

（一）非法制造、买卖枪支、弹药罪"情节严重"的认定

涉枪、涉暴犯罪历来是打击的重点。由于枪支、弹药、爆炸物的杀伤力与破坏力相当大，一旦流入社会，可能成为犯罪分子进行暴力犯罪的作案工具，严重威胁人民群众生命财产安全，也给社会治安埋下隐患。保持对涉枪、涉暴犯罪高压态势，坚决遏制此类犯罪，是人民法院刑事审判工作的一项重要任务。

我国《刑法》第125条第1款规定："非法制造、买卖、运输、邮寄、储存枪支、弹药、爆炸物的，处三年以上十年以下有期徒刑；情节严重的，处十年以上有期徒刑、无期徒刑或者死刑。"2009年修订的《最高人民法院关于审理非法制造、买卖、运输枪支、弹药、爆炸物等刑事案件具体应用法律若干问题的解释》对非法制造、买卖枪支、弹药罪的定罪标准和"情节严重"的认定均作了相对明确的规定。根据《最高人民法院关于审理非法制造、买卖、运输枪支、弹药、爆炸物等刑事案件具体应用法律若干问题的解释》第1条第2项、第3项的规定，"非法制造、买卖、运输、邮寄、储存以火药为动力发射枪弹的非军用枪支一支以上"或者"非法制造、买卖、运输、邮寄、储存军用子弹十发以上、气枪铅弹五百发以上或者其他非军用子弹一百发以上"，即可以非法制造、买卖、运输、邮寄、储存枪支、弹药、爆炸物罪定罪处罚。对何谓本罪情节严重，《最高人民法院关于审理非法制造、买卖、运输枪支、弹药、爆炸物等刑事案件具体应用法律若干问题的解释》第2条第1项、第4项作了明确规定。《最高人民法院关于审理非法制造、买卖、运输枪支、弹药、爆炸物等刑事案件具体应用法律若干问题的解释》第2条第1项规定：非法制造、买卖、运输、邮寄、储存枪支、弹药、爆炸物的数量达到《最高人民法院关于审理非法制造、买卖、运输枪支、弹药、爆炸物等刑事案件具体应用法律若干问题的解释》第1条第1项、第2项、第3项、第6项、第7项规定的最低数量标准五倍以上的，属于《刑法》第125条第1款规定的"情节严重"。第2条第4项规定：非法制造、买卖、运输、邮寄、储存枪支、弹药、爆炸物的数量达到《最高人民法院关于审理非法制造、买卖、运输枪支、弹药、爆炸物等刑事案件具体应用法律若干问题的解释》第1条规定的最低数量标准，并具有造成严重后果等其他恶劣情节的，也属于"情节严重"。

从上述规定可以看出，认定非法制造、买卖枪支、弹药罪是否达到"情节严重"的程度，有单纯数量标准和数量加情节标准两种。单纯数量标准是枪支、弹药数量达到入罪最低数量标准的五倍以上即构成"情节严重"；数量加情节标准是数量达到入罪标准而尚未达到五倍以上，但具有造成严重后果等其他恶劣情节的，也构成"情节严重"。单纯数量标准不难掌握，但对"造成严重后果等其他恶劣情节"的理解和适用容易出现分歧。在实践中，"其他恶劣情节"包括以下几种：枪支弹药流散到社会后是否造成人身伤亡的结果；是否针对妇女、儿童等特定对象犯罪；非法制造、买卖的枪支、弹药是否被他人用于犯罪活动；是否出于自己实施犯罪的目的或者意图为犯罪分子提供枪支、弹药而非法制造、买卖枪支、弹药；等等。本案中，被告人吴某某非法制造、买卖枪支50余支已达到最低数量标准五倍以上，且具有造成三人重伤、一人轻伤的严重后果，应当认定为

"情节严重"情形。

(二）非法制造、买卖枪支、弹药罪适用死刑必须达到情节特别严重

非法制造、买卖枪支、弹药罪"情节严重"的，是判处十年以上有期徒刑至死刑的前提条件，而要判处死刑，除了数量达到"情节严重"的标准外，还要达到情节特别严重。把握情节特别严重，要根据非法制造、买卖枪支、弹药的数量，犯罪情节，危害后果，被告人的主观恶性，人身危险性，在共同犯罪中的地位，作用以及当地社会治安形势等因素综合考虑。只有对那些罪行极其严重、社会危害极大，依法应当判处死刑的，才能判处死刑。就本案而言，应当综合以下几个方面的因素考虑被告人的量刑问题。

1. 非法制造、买卖枪支、弹药的数量。在涉枪案件中，非法制造、买卖枪支、弹药的数量在一定程度上反映了犯罪行为对社会危害程度的大小。在本案中，被告人吴某某等人非法制造、买卖猎枪、仿六四式手枪多达 50 余支、枪弹约 200 发，为近年来全国涉枪案件所罕见，远高于"情节严重"的数量标准。需要强调的是，本案核准死刑的枪支数量是 50 余支，并不意味着该数量就是判处死刑的量刑标准，即并不是涉枪案件超出 50 支的就要判处死刑，或者低于 50 支的就不判处死刑。枪支、弹药数量是量刑的重要情节，但不是唯一情节，是否判处死刑，还要综合考虑数量以外的其他严重情节。

2. 非法制造、买卖枪支、弹药的规模。非法制造、买卖枪支、弹药的规模直接体现了该行为对社会的危害程度。一般而言，有组织地进行制售"一条龙"式的非法制造、买卖枪支、弹药行为的危害要大于单个行为人实施的制造、买卖枪支、弹药的行为。本案被告人吴某某与同案被告人在制售枪支、弹药的过程中，形成了相对固定的制售枪支、弹药的犯罪团伙。吴某某与周某某、许某某商议造枪并分工，购买了制造枪支的设备和工具，联系加工点，加工并组装枪支。制造出枪支后，吴某某再联系吴某 1、燕某某，将枪支非法出售给他人。本案被告人达 20 余人，涉案人数之多、规模之大在全国并不多见，因此，与一般制造、买卖枪支、弹药的案件相比，吴某某的犯罪情节更恶劣。

3. 造成危害后果的严重程度。从本案来看，非法制造、买卖枪支、弹药行为的危害后果主要体现在两方面：一是非法制造、买卖的枪支、弹药流入社会，对社会造成潜在的威胁。如果行为人非法制造枪支后尚未来得及出卖即被收缴，或虽卖出但案发后全部收缴，其危害后果相对较小；如果非法制造、买卖的枪支、弹药流入社会的数量较大，虽没有发现造成实际严重后果，但对社会造成较大的潜在危害，危害后果就相对严重。二是行为人非法制造、买卖的枪支、弹药被用于违法犯罪并已造成严重后果。非法制造、买卖枪支、弹药的犯罪行为具有特殊性，行为人制造、买卖的枪支、弹药可能成为实施暴力犯罪的工具，尽管持枪暴力犯罪的严重后果可能是本人也可能是他人造成的，但行为人在非法制造、买卖枪支、弹药时，对其行为可能造成枪支、弹药在社会上流散，从而可能引发其他严重后果在主观上应当明知，因此，这种相关联的严重后果也要纳入犯罪的危害后果予以评价。本案中，被告人吴某某共出售枪支 37 支、枪弹 110 余发，大部分枪支、弹药被社会闲散人员购买，除依法收缴的外，尚有 10 余支枪、30 余发子弹流入社会，下落不明，对社会治安构成潜在的威胁。同时，还查明，他人携带吴某某所制造的 3 支猎枪参与械斗并开枪射击，已经造成三人重伤、一人轻伤的严重后果，故吴某某实施的犯罪行为危害后果特别严重。

4. 其他严重情节。非法制造、买卖枪支、弹药的行为人是否具有其他主客观方面的严重情节，也应在量刑时予以考虑，包括犯罪动机、有无前科、是否构成累犯及平时表

现、犯罪后的认罪情况等。在共同犯罪案件中，还应考虑行为人在共同犯罪中的地位、作用。本案中，被告人吴某某参与了非法制造、买卖枪支、弹药的全过程，既非法制造枪支，又非法买卖枪支、弹药。在 2006 年的第一阶段，吴某某与周某某相比，其作用并不最为突出。但自 2007 年开始即第二阶段，吴某某表现出继续实施犯罪的积极态度和坚决犯意，许某某退出后又主动向周某某提出从其处购买子弹而不再给其分"利润"，并雇用他人继续制造枪支，又积极联系买家，将所制造枪支直接卖给吴某 1、燕某某，且涉案大部分枪支均系在此阶段制造、出售。综合全案看，被告人吴某某在共同犯罪中起主要作用，系主犯，且作用大于其他同案被告人。

本案是最高人民法院 2007 年收回死刑核准权以来首例以非法制造、买卖枪支、弹药罪核准死刑的案件。准确把握此类案件的定罪量刑标准，对于依法严厉打击涉枪犯罪，维护社会稳定和人民群众生命财产安全以及正确贯彻宽严相济的刑事政策，确保裁判的法律效果和社会效果统一，都具有十分重要的意义。从本案看，被告人吴某某非法制造、买卖枪支、弹药，犯罪情节特别严重，社会危害极大，依法判处死刑是适当的。

问题 4. 邀约非法持枪者携枪帮忙是否构成非法持有枪支罪的共犯

【刑事审判参考案例】叶某某非法持有枪支案[①]

一、基本案情

被告人叶某某，男，1977 年生。

四川省成都高新技术产业开发区人民检察院以被告人叶某某犯非法持有枪支罪，向成都高新技术产业开发区人民法院提起公诉。

被告人叶某某及其辩护人基于下述理由提请法院从轻处罚：叶某某对持有枪支的数量不清楚；对枪支的控制有限；本案犯罪情节轻微，且未造成严重后果；叶某某系初犯，且具有认罪、悔罪情节。

成都高新技术产业开发区人民法院经公开审理查明：同案被告人韩某某（已判刑）于 2008 年 12 月 8 日因犯非法持有枪支罪被判处有期徒刑二年，缓刑三年，其在缓刑考验期内仍继续非法持有枪支。2009 年 9 月 4 日 22 时许，被告人叶某某因朋友在成都发生纠纷，邀约韩某某以及陈某、胡某某帮忙并告诉韩某某要带枪，韩某某遂将两支仿制式手枪、三发子弹放入随身携带的挎包内，上了叶某某驾驶的轿车。上车时叶某某要求韩某某将枪支交由自己保管并让其不要去，被韩某某拒绝。该车应叶某某要求改由韩某某驾驶，途中接上受邀帮忙的陈某、胡某某后，四人一同从仁寿县前往成都市。途经成雅高速公路成都收费站时被巡警盘查，韩某某、叶某某被当场抓获，两支仿制式手枪、三发子弹被缴获。经鉴定，所缴两支手枪均属《枪支管理法》所规定的枪支。

成都高新技术产业开发区人民法院认为，被告人叶某某违反枪支管理规定，非法持有枪支，其行为构成非法持有枪支罪，且与韩某某系共同犯罪。叶某某非法持有两支枪支，属情节严重。鉴于其认罪态度较好，有悔罪表现，且系初犯，可酌定从轻处罚。依

① 何春燕、刘东撰稿，耿景仪审编：《叶某某非法持有枪支案——邀约非法持枪者携枪帮忙能否构成非法持有枪支罪的共犯（第 644 号）》，载中华人民共和国最高人民法院刑事审判第一、二、三、四、五庭主办：《刑事审判参考》（总第 76 集），法律出版社 2011 年版，第 11～16 页。

照《刑法》第 128 条第 1 款、第 25 条第 1 款、第 77 条第 1 款、第 69 条第 1 款之规定，判决如下：被告人叶某某犯非法持有枪支罪，判处有期徒刑三年。

一审宣判后，被告人叶某某提出上诉。其辩护人提出，韩某某事先已触犯非法持有枪支罪，叶某某只是向韩某某借枪而没有实际有效控制枪支，二人并非共同犯罪，叶某某不构成非法持有枪支罪，请求改判叶某某无罪。

四川省成都市中级人民法院经审理认为，被告人叶某某因他人纠纷主动邀约韩某某携带枪支，后共同携枪乘车前往成都，其行为构成非法持有枪支罪，且系共同犯罪。叶某某与韩某某共同持有仿制式枪支两支及子弹三发，情节严重，应当依法承担相应的刑事责任。叶某某的上诉理由及其辩护人的辩护意见不予采纳。原判认定事实清楚，证据确实、充分，适用法律正确，量刑适当。据此，裁定驳回上诉，维持原判。

二、主要问题

邀约非法持有枪支者携枪帮忙，能否构成非法持有枪支罪的共同犯罪？

三、裁判理由

本案审理过程中，对被告人叶某某是否与韩某某构成非法持有枪支罪的共同犯罪存在两种意见：

一种意见认为，被告人韩某某在受邀约携枪之前已经具备非法持有枪支罪的全部构成要件，其应邀携带枪支前往帮忙只是其非法持有枪支罪的一种表现形式；被告人叶某某主观上是邀约韩某某帮忙，客观上没有实际持有枪支，只是利用了韩某某的这种原本已经存在的违法状态，并不构成非法持有枪支罪的共犯。现亦无证据证明叶某某是为其他犯罪准备工具，不能以其他犯罪的犯罪预备定罪，故应宣告叶某某无罪。

另一种意见认为，被告人叶某某为帮他人解决纠纷而邀约韩某某携枪帮忙，主观上有非法控制、使用枪支的意图，客观上又通过韩某某实现了对枪支非法持有的状态，二人属于共同犯罪，叶某某的行为构成非法持有枪支罪。

我们同意第二种意见，被告人叶某某、韩某某的行为构成非法持有枪支罪的共同犯罪。具体理由如下。

（一）被告人叶某某邀约非法持枪者携枪帮忙的行为具有较大的社会危害性，应认定为犯罪

行为应否认定为犯罪，需要判断该行为是否具有社会危害性，以及这种社会危害性是否已经达到应受刑罚处罚的程度。本案中，叶某某因朋友与他人发生纠纷，邀约他人携枪帮忙，使得原本放在其他地方、被他人所非法持有的枪支发生了空间的转移，被非法持有的枪支因空间和环境的改变而具有了新的潜在危险性。同时，叶某某的主观内容不仅限于简单地持有枪支本身，而且具有明确的使用枪支的意图。虽然叶某某所欲实施的其他犯罪行为尚未具体实施，甚至其本人在未到达现场前对可能发生的行为也没有明确的认识，使用枪支实施何种犯罪也因证据问题无法证实。但该情形下，不能因为最终未造成严重危害后果而否认叶某某邀约他人携枪帮忙行为的社会危害性。综上，叶某某的行为具有较大的社会危害性，应当作为犯罪处理。

（二）被告人叶某某作为邀约者与受邀持枪帮忙者具有非法持有枪支的共同犯罪故意

共同犯罪的成立要件之一是各行为人主观上具有共同故意。共同故意包括两方面的内容：一是各行为人都明知共同犯罪行为的性质、危害社会的结果，并希望或者放任危害结果的发生；二是各行为人在主观上具有意思联络，都认识到自己不是在孤立地实施

犯罪，而是和他人在一起共同犯罪。非法持有枪支罪的共同犯罪，要求各行为人在主观上明知所持有的枪支为管制物品，明知自己缺乏持有枪支的合法条件和资格而持有，同时各行为人之间对持有枪支的行为具有意思联络。具体到本案中，被告人韩某某虽然在持有枪支前与叶某某并无通谋，但非法持有枪支属于继续犯，只要行为人处于非法持有枪支的状态中，这种不法行为就一直处于持续状态，即一直处于犯罪过程中。叶某某明知枪支属于管制物品，其和韩某某均不具有合法的持枪资格，但却在韩某某非法持有枪支期间邀约韩某某携枪帮忙。叶某某主观上具有非法使用韩某某所持枪支的意图，韩某某对此表示同意，而使用枪支的必然前提就是对枪支的持有，因此，自韩某某同意携枪与叶某某一道前去帮忙之时起，二人已就非法持有枪支达成合意，形成非法持有枪支的共同犯罪故意。

对于韩某某携枪支、弹药上车时，叶某某要求韩某某将枪支交由自己保管，并让韩某某不要一起去，被韩某某拒绝并坚持自己携带枪支一同前往这一情节，有观点认为，韩某某实际上是拒绝了叶某某对枪支的直接控制和持有，叶某某虽有非法持有枪支的意图，但被韩某某拒绝而未能直接持有枪支，二人未能达成非法持有枪支的共同故意，叶某某的行为可认定为非法持有枪支罪的未遂。我们认为，如前所述，在韩某某对叶某某所提携枪帮忙的要求表示同意时，两人事实上就已经达成了非法持有枪支的共同故意，而后由谁直接持有枪支，只是具体行为方式不同，并不影响共同犯罪故意的形成，且韩某某拒绝叶某某单独、直接持有枪支。无论韩某某出于何种考虑，只要没有拒绝叶某某让其持有枪支前去帮忙的邀请，二人在非法持有枪支的行为上就达成了共同的犯罪故意。

（三）被告人叶某某通过受邀者非法持有枪支达到对枪支的间接控制，属于非法持有枪支的方式之一

本案被告人叶某某是否构成非法持有枪支罪存在争议，涉及如何理解非法持有枪支罪等持有型犯罪中"非法持有"的理解。通常认为，"非法"是指行为人不符合合法持有的主体、程序及其他条件。"持有"是指一种事实上或法律上的支配，不管持有的具体形式如何，其根本特征都是行为人对物的支配，表现为行为人与物品之间存在一种支配与被支配的关系。"持有"需要具备两个要素：一是行为人在主观上对该物品具有支配意思；二是行为人在客观上对该物品具有支配力。二者紧密联系，构成了持有支配关系的完整内容。持有的具体方式，既可以是行为人本人随身携带，放在自己的住处或工作场所加以隐藏、保管，也可以表现为将物品委托他人保管或出租、出借给他人使用、保管等；既可以是公开持有，也可以是秘密持有；既可以是一人单独持有，也可以是两人以上共同持有；既可以是行为人直接持有，也可以是行为人通过实际持有人能够控制和使用枪支的间接持有。总之，持有从本质上说表现为行为人对特定物品的一种支配力、控制力，但无须特定物品必须处于行为人的物理力的控制之下。即使物品与行为人的人身或住所相分离，根据事实，只要物品实际上归行为人所支配、控制即可构成持有。在具体案件中判断行为人对管制物品是否存在事实上的控制、支配关系，应当根据行为时的时间、地点、场合、管制物品的具体性质、特点、数量、种类等各种客观因素综合予以判断。

就本案而言，被告人叶某某明知被告人韩某某非法持有枪支，还让其携带枪支上自己的车前去帮忙，目的是要利用韩某某的枪支，韩某某也正是为了帮助叶某某而携带枪支，二人相互配合、协助，使叶某某通过韩某某实现了对枪支的间接控制。枪支究竟由

谁具体持有的状态，并不影响共同犯罪的构成。因此，在共同犯意支配下对枪支的间接控制也应认定为对枪支的非法持有。

综上，被告人叶某某因介入他人纠纷而邀约本已构成非法持有枪支罪的被告人韩某某携枪帮忙，其行为构成非法持有枪支罪的共同犯罪，成都市两级法院对叶某某的定罪处罚是正确的。

问题5. 发生在1997年10月1日以前的非法买卖枪支行为应当如何适用法律及该罪追诉时效的起算时间节点

【刑事审判参考案例】张某某、方某某非法买卖枪支案[①]

一、基本案情

被告人张某某，男，1963年生。2013年7月30日被逮捕。

被告人方某某，男，1970年生。2013年7月30日被逮捕。

上海市人民检察院第二分院以被告人张某某、方某某犯非法买卖枪支罪，向上海市第二中级人民法院提起公诉。

上海市第二中级人民法院经公开审理查明：被告人张某某与范某某（另案被告人）系原上海混凝土制品六厂的同事，张某某在单位食堂工作，范某某任单位保卫科科长。被告人方某某与张某某系朋友。1997年前后，范某某向张某某提到组织单位民兵训练需要枪支，张某某遂从方某某处拿了一把猎枪借给范某某试用。随后，范某某以单位组织民兵训练为由，个人出资约人民币1万元通过张某某购买该猎枪，张某某将购枪款付给方某某。2013年6月22日晚，范某某使用该猎枪，在上海市浦东新区、宝山地区杀害5人并致3人重伤。同年6月24日，张某某、方某某到案，均如实供述自己的罪行。

上海市第二中级人民法院认为，被告人张某某、方某某非法买卖枪支的行为已过追诉时效期限，且不属于必须追诉的情形。公诉机关提出适用最高人民法院《关于办理非法制造、买卖、运输非军用枪支、弹药刑事案件适用法律问题的解释》（已废止，下同，以下简称《1995年解释》）第3条对二被告人定罪并在七年以上有期徒刑或者无期徒刑的幅度内量刑的主张，不予采纳。据此，依照《刑法》第87条、《刑事诉讼法》第15条第2项和《最高人民法院关于适用〈中华人民共和国刑事诉讼法〉的解释》第241条第1款第8项之规定，裁定终止审理。

二、主要问题

1. 对于发生在1997年以前的非法买卖枪支行为应当如何适用法律？

2. 应当如何确定非法买卖枪支罪追诉时效的起算时间节点？

三、裁判理由

（一）对于发生在1997年10月1日以前的非法买卖枪支行为，应当适用1979年《刑法》和《1995年解释》

本案中，现有证据可以认定被告人张某某、方某某非法买卖枪支的行为发生在1997

年前后，但无法确认该行为发生于 1997 年 10 月 1 日之前还是之后。鉴于 1997 年《刑法》对非法买卖枪支罪设置的法定刑重于 1979 年《刑法》，根据刑法从旧兼从轻原则，应当适用 1979 年《刑法》和《1995 年解释》。比较而言，1979 年《刑法》和 1997 年《刑法》对非法买卖枪支罪犯罪构成要件的规定并无大的变化，但 1997 年《刑法》对该罪设定的法定刑更重；同时，2001 年《最高人民法院关于审理非法制造、买卖、运输枪支、弹药、爆炸物等刑事案件具体应用法律若干问题的解释》（以下简称《2001 年解释》）比《1995 年解释》规定的定量因素减少，犯罪构成要件由"制造非军用枪支一支或者买卖、运输二支以上"变成"非法制造、买卖、运输、邮寄、储存以火药为动力发射枪弹的非军用枪支一支以上或者以压缩气体等为动力的其他非军用枪支二支以上"，对买卖、运输以火药为动力发射枪弹的非军用枪支的行为规定的入罪门槛降低，刑罚整体上更加严厉。

我国《刑法》中的犯罪概念同时包含定性和定量因素，具体犯罪大致可以分为三类：第一类是某种行为的社会危害性特别严重，只要实施该类行为即可构成该罪，无须考虑量的因素；第二类是《刑法》虽未规定该罪的定量因素，但考虑该罪的行为性质及对应的法定刑，须达到一定严重程度才构成犯罪；第三类是《刑法》直接规定该罪的定量因素，如情节严重或者明确的数量标准。对后两类犯罪中所要求的定量因素，一般通过司法解释的规定予以具体化。

非法买卖枪支罪属于上述第二种类型，虽然《刑法》并未明确规定该罪需要具备特定的定量因素，但鉴于该罪法定刑的严厉性，非法买卖枪支行为构成该罪，需要达到一定的严重程度，即具备一定的定量因素。司法解释对非法买卖枪支罪的定量因素作出了详细规定。依照 1979 年《刑法》及《1995 年解释》，非法买卖非军用枪支的行为构成非法买卖枪支罪，客观上需要买卖非军用枪支 2 支以上，或虽未达到该最低数量标准，但同时"具有其他情形"。此处的"其他情形"，通常是指买卖枪支行为造成了严重后果，即他人利用所买卖的枪支实施了犯罪行为。

本案中，虽然被告人张某某、方某某出售的枪支仅有 1 支，但购买该枪的范某某利用该枪杀害 5 人并致 3 人重伤，无疑属于"其他情形"。那么，在非法买卖枪支罪的客观构成要件中，对于行为人仅买卖 1 支枪支的情形，"其他情形"在客观构成要件中处于什么样的地位？是否要求被告人对这一要件持某种犯罪心理或者要求被告人的行为与他人使用枪支造成的严重后果之间存在因果关系？

我们认为，在行为人仅出售 1 支枪支的情况下，不具有"其他情形"的不构成犯罪。"其他情形"无疑是犯罪成立条件，但是，出售枪支的行为人对作为"其他情形"的严重后果无须存在故意或过失，其出售枪支的行为与购买枪支者利用枪支实施犯罪行为所造成的严重后果之间也不要求存在刑法上的因果关系。关于该问题，可参考学者提出的"客观超过要素"理论。[①] 所谓客观超过要素，属于犯罪成立客观要件，但这一要素的发生与否与行为人的主观心理甚至客观行为的联系并不大。例如，非法买卖枪支罪中，购买枪支的人利用枪支去实施何种行为，并不由出售枪支的人所决定。又如，丢失枪支不报罪，丢失枪支不及时报告的行为是否构成犯罪，取决于得到该枪支的人是否利用该枪支实施犯罪行为，但并不表明丢失枪支的人可以决定得到该枪支的人将会实施何种行为。

依照《刑法》规定，对于出售 1 支枪支的行为，如果购买枪支的人仅仅是收藏枪支，

---

① 张明楷：《"客观的超过要素"概念之提倡》，载《法学研究》1999 年第 3 期。

则出售枪支的行为不构成犯罪；但如果购买枪支的人利用该枪支实施杀人、抢劫或其他犯罪行为，则出售枪支的行为构成非法买卖枪支罪。泛泛而言，购买枪支的人无论利用该枪支实施何种行为，都不能说超出出售枪支的人主观上对后果的预料范围，但出售枪支的人主观上对可能发生的后果持何种心理态度，对非法买卖枪支罪的构成没有实际意义。同时，出售枪支行为与他人利用该枪支实施犯罪行为所造成的结果之间，也不存在刑法上的因果关系。

本案审理过程中，有意见认为，被告人张某某、方某某出售枪支的行为，与范某某持该枪射杀、射伤多名无辜人员之间具有刑法上的因果关系，但属于偶然（间接）因果关系。我们认为，这种意见不能成立。理由是，认定刑法上的因果关系，目的在于确定行为人刑事责任的客观基础；换言之，并不是所有事实上的因果关系都具有刑法上的意义。进一步来讲，偶然因果关系（或者间接因果关系）属于事实认定，而刑法上的因果关系则属于规范评价，二者是既有联系又有区别的两个层面的问题。必然和偶然因果关系是从后果发生概率角度进行的区分，而直接和间接因果关系是从是否有介入因素角度进行的区分，达到一定概率的偶然因果关系也可以成为刑法上的因果关系，而存在介入因素的因果关系，则需要依据介入因素是从属于先前行为还是独立于先前行为来确定是否构成刑法上因果关系。可见，刑法上的因果关系存在与否，本质上不是事实问题，而是刑事政策评价问题。[①] 诚然，没有张某某、方某某的出售枪支行为，范某某就不能使用该枪支实施犯罪行为，没有前者就没有后者，该出售枪支行为是范某某实施后续犯罪行为的条件，但张某某、方某某的出售枪支行为与范某某的后续犯罪行为后果之间并不存在刑法上的因果关系，因为两者之间存在一个独立的介入因素，即存在完全独立于出售枪支行为的范某某本人的行为。仅从因果关系的层面上讲，出售枪支行为和购枪者利用枪支造成的犯罪后果之间的关系，与丢失枪支行为和捡拾枪支者持枪造成的犯罪后果之间的关系，并无二致。

综上，非法买卖枪支罪的犯罪构成要件可以表述如下：具有一般主体资格的行为人故意实施了买卖枪支行为，买卖枪支达2支以上，或者虽然仅买卖枪支1支，但具备其他情形，即造成严重后果。在第二种情况下，"严重后果"属于犯罪成立条件，但属于一种"客观超过要素"，即行为人对这一严重后果主观上持何种心理态度并不具有刑法意义，也无须证明买卖枪支行为和该严重后果之间存在刑法上的因果关系。这一要素，是从行为的客观社会危害结果对发动刑罚权作出的限制。买卖枪支行为对社会安全造成潜在危险，但国家基于刑罚资源的有限性或其他考虑，并非对所有买卖枪支行为都予以刑事处罚，只在此种危险程度较高（即买卖枪支达2支以上）或者此种危险已经具备现实危害结果（即造成严重后果）的情形时才作为犯罪。

本案中，范某某购买枪支后，时隔十六年后使用该枪支实施严重犯罪，该后果仅仅是被告人张某某、方某某非法买卖枪支行为构成犯罪的要件中的客观超过要素，二被告人主观上对该后果无须具有故意或者过失，客观上与该后果也不存在刑法上的因果关系。简言之，范某某使用该枪支实施的后续犯罪行为，仅仅是对二被告人发动刑罚权的一个客观条件。有意见认为，范某某购买枪支后，时隔十六年才使用该枪支实施后续犯罪，据此追究张某某、方某某出售枪支行为的刑事责任，可能有违社会公众对公正的认知观

---

① 储槐植：《刑事一体化》，法律出版社2004年版，第157~162页。

念，但该问题与犯罪成立与否无关，而是涉及追诉时效问题。

（二）非法买卖枪支罪的追诉时效应从犯罪行为完成之日起计算

本案中，尽管被告人张某某、方某某的行为已构成非法买卖枪支罪，但由于买卖枪支行为和范某某利用该枪支实施后续犯罪之间间隔十六年之久，对二被告人刑事责任的追究还牵涉到追诉时效问题。

1979年《刑法》和1997年《刑法》对追诉时效的规定并无变化，即"追诉期限从犯罪之日起计算；犯罪行为有连续或者继续状态的，从犯罪行为终了之日起计算"。追诉期限的起算时间取决于对"犯罪之日"的理解，对此存在不同观点：有意见认为是指犯罪行为完成之日，也有意见认为是指犯罪成立之日。对于犯罪是以结果作为构成要件且行为与结果之间存在时间间隔的情形，上述两个标准存在实质性的差异。

我们认为，基于立法原意及设立追诉时效制度的目的考虑，追诉时效应从犯罪行为完成之日起计算。首先，从法律用语来看，虽然前文采用"犯罪之日"的措辞，但后文明确指向"犯罪行为终了"，犯罪行为有连续状态的，也不排除可能以某种结果作为构成要件，对此种情形，追诉期限应当自犯罪行为终了之日起计算。其次，追诉时效消灭是行为的法律后果，行为的性质并不会因为时间的流逝而发生变化，只是基于自然法的观念认为行为人实施犯罪行为后，经过长时间一直遵纪守法，对其进行处罚已无必要。所以，从各国立法例来看，追诉时效从来不是绝对的制度，某些特别严重的犯罪不存在追诉时效。最后，从犯罪行为完成之日起计算追诉时效，符合追诉时效制度设立的目的。关于时效制度的设立目的，理论上有多种观点。"推测改善说"认为，既然行为人在犯罪后长时间没有再犯罪，可认为其已经改过自新，没有处刑与行刑的必要。"证据湮灭说"认为，犯罪证据因时间流逝而消灭，难以达到正确处理案件的目的。"准受刑说"认为，行为人犯罪后虽然没有受到刑事追究，但因长时期的逃避和恐惧所造成的痛苦也等同于执行刑罚。还有观点认为，随着时间流逝，社会对犯罪的规范感情已经得到缓和，无须再进行现实处罚。笔者认为，追诉时效制度关注的是犯罪行为，考虑的是行为人在该次犯罪之后遵纪守法的表现，所以，追诉时效计算的意义仅仅是行为人在犯罪后的表现，至于犯罪结果何时出现，并不影响诉讼时效的起算。

对非法买卖枪支罪而言，该罪的客观行为仅指行为人买卖枪支的交易行为，该交易行为宣告完成，则追诉时效开始计算。本案中，如前所述，司法解释有关非法买卖枪支罪所规定的"其他情形"仅仅属于客观超过要素，与行为人的主观心态无关，也非行为人可控状态，该要素虽然是犯罪成立条件之一，但与追诉时效的计算无关。

明确了追诉时效的起算时间节点后，接下来就需要计算行为的具体追诉时效期限，这是由行为应判处的法定刑所决定的。1979年《刑法》对非法买卖枪支罪规定了两个法定刑幅度，即"七年以下有期徒刑"和"情节严重的，处七年以上有期徒刑或者无期徒刑"。依照《刑法》相关规定，在第一个法定刑幅度内量刑，追诉期限为十年；在第二个法定刑幅度内量刑，追诉期限为二十年。本案的关键问题在于，能否认定二被告人的行为属于"情节严重"？

有观点认为，非法买卖枪支并造成1人伤亡后果的，就应当认定为《1995年解释》第2条第5项中规定的"其他情形"，并据此定罪处罚。本案中，另案被告人范某某持张某某、方某某出售的枪支共造成5人死亡、3人重伤的后果，明显超过基本犯罪构成中的定量要素，超出的部分可以认定为《1995年解释》第3条规定的"其他严重情节"，并作为加重处罚的依据，这并不属于对同一情节的重复评价。

我们认为，《1995年解释》对非法买卖枪支罪所规定的"其他情形"，在性质上属于犯罪构成的客观要素，因此，无论范某某利用购买的枪支实施了多么严重的危害行为，其行为只能作为一个整体被评价为"其他情形"，即作为犯罪成立的条件，而不能在作为入罪条件后，再次作为量刑情节进行评价，否则即违背"禁止重复评价"原则。相应地，《1995年解释》第3条规定的"具有其他严重情节"，应当是指已符合非法买卖枪支罪基本犯的构成条件，同时又具有其他情节。实际上，针对"其他情形"在定罪量刑中的地位，《2001年解释》已经作出明确规定，依照该解释，未达到构成本罪的最低数量标准，但具有造成严重后果等其他恶劣情节的可构成本罪，这种情况下"其他恶劣情节"是犯罪成立条件；达到最低数量标准，即买卖枪支的行为已经满足基本犯罪构成的前提下，"其他恶劣情节"则成为法定刑升格的条件。'本案中，被告人张某某、方某某出售枪支给范某某后，范某某使用该枪支造成5人死亡、3人重伤的后果，应当被认定为《1995年解释》第2条所规定的"其他情形"，而不能再被认定为《1995年解释》第3条所规定的"其他严重情节"，据此，对二被告人应在七年以下有期徒刑的法定刑幅度内量刑，相应的追诉时效期限应为十年。

综上，本案中，被告人张某某、方某某的行为已经构成非法买卖枪支罪，应在七年以下有期徒刑的法定刑幅度内量刑，从二被告人的犯罪行为完成之日起计算追诉时效，该案的追诉时效应为十年，因现已超出追诉时效期限，故不应追究二被告人的刑事责任。

编后记

刑事审判要兼顾天理国法人情,以严谨的法理彰显司法的理性,以公认的情理展示司法的良知,做到既恪守法律,把案件的是非曲直、来龙去脉讲清楚,又通达情理,让公众理解和认同裁判结果,让人民群众感受到刑事司法有力量、有是非、有温度。为准确适用刑事法律规范,提高刑事法律工作者的办案水平,《刑事法律适用与案例指导丛书》应时而生。

丛书付梓在即,回顾成书之路,感慨万千。丛书自策划至今历时三年有余,其间虽有疫情的阻断,也有服务于最高人民法院的出版工作穿插,但编辑团队未曾懈怠,持续推进丛书的编辑工作,收集、筛选了刑事方面近十年的权威、典型、有指导意义的案例,刑事法律法规、司法解释、刑事审判政策,最高人民法院的权威观点等,线上线下召开丛书编撰推进会十七次,统一丛书编写内容要求、编写规范与体例,并先后赴天津高院、重庆高院、黑龙江高院、云南高院、上海一中院、重庆五中院等地方法院开展走访、座谈调研。为保证丛书内容权威、准确,不断充实作者团队,邀请最高人民法院咨询委员会副主任、中国法学会案例法学研究会会长胡云腾作为丛书总主编全程指导,吸纳最高人民法院对口领域的专家型法官作为审稿专家,对丛书内容观点进行审定。2023 年 8 月底,在云南省高级人民法院的大力指导协助下,出版社组织丛书各卷作者在云南召开编写统稿会,研讨争议观点,梳理类案裁判规则,对丛书的内容进行最后把关敲定。

丛书汇聚了诸多领导、专家及法官的思想、经验与智慧。最高人民法院刑二庭庭长王晓东、最高人民法院研究室主任周加海、上海市高级人民法院副院长黄祥青、最高人民法院刑三庭副庭长陈学勇、最高人民法院刑五庭副庭长欧阳南平、国家法官学院教授袁登明、最高人民法院研究室刑事处处长喻海松等领导专家在百忙之中抽出宝贵时间参与指导并审定具体内容,提供具体详细的修改建议,给予了大力支持与帮助,在此表示衷心的感谢!特别指出的是,陈学勇副庭长、欧阳南平副庭长克服巨大的工作压力,利用休息时间,认

真审读书稿，为我们提供了长达十几页的意见建议，让我们十分感动！北京高院、天津高院、黑龙江高院、上海高院、江苏高院、浙江高院、山东高院、云南高院、重庆高院、天津一中院、上海一中院、重庆五中院等各卷作者积极组织、参与线下座谈调研及线上统稿会，提供地方法院典型案例，充实丛书内容，感谢各法院的鼎力支持，感谢各位作者在繁忙的工作之余为撰写丛书付出的辛勤劳动和智慧！

同时，编辑团队也为丛书的出版做了大量工作，付出了大量心血。丛书策划方案形成后，出版社教普编辑部和实务编辑部随即组成丛书编辑团队落地推进。从前期资料收集与汇总整理、问题提炼、目录编制、内容填充修改、对接地方法院、形成初始素材，到后期提交专

家审定、再次打磨等，在编辑团队的合理分工和成员间的高效配合下，丛书最终得以顺利出版。在此，也要感谢我们曾经的伙伴杨钦云、邓灿、卢乐宁在丛书编创初期所做的大量工作和辛苦付出！

最后，特别感谢，最高人民法院咨询委员会副主任、中国法学会案例法学研究会会长胡云腾对整套丛书给予的指导与大力支持，感谢上海市高级人民法院副院长黄祥青在云南丛书编写统稿会期间的全程主持评议、研讨指导与帮助！

《刑事法律适用与案例指导丛书》的付梓凝聚了作者团队与编辑团队的辛勤付出与汗水，但面对刑事审判实践中层出不穷的问题，仍然显得汲深绠短，诚望广大读者提出宝贵意见，使本书不断完善，真正成为广大参与刑事诉讼工作的法律工作者把握刑事法律规范政策精神实质、解决刑事审判实务问题的良朋益友！

编者

2023 年 10 月 20 日